Der Zölibat
Geschichte und Gegenwart eines umstrittenen Gesetzes.
Mit einem Anhang wichtiger kirchlicher Quellentexte

Joachim S. Hohmann

Der Zölibat

Geschichte und Gegenwart eines umstrittenen Gesetzes

Mit einem Anhang wichtiger kirchlicher Quellentexte

PETER LANG
Frankfurt am Main · Berlin · Bern · New York · Paris · Wien

Die Deutsche Bibliothek - CIP-Einheitsaufnahme

Hohmann, Joachim S.:

Der Zölibat : Geschichte und Gegenwart eines umstrittenen Gesetzes ; mit einem Anhang wichtiger kirchlicher Quellentexte / Joachim S. Hohmann. - Frankfurt am Main ; Berlin ; Bern ; New York ; Paris ; Wien : Lang, 1993
ISBN 3-631-45635-2

ISBN 3-631-45635-2

Printed in Germany 1 2 3 5 6 7

INHALTSVERZEICHNIS

Die Aufnahme ins Kloster - hier dargestellt von Giovanni di Paolo, der wohl ab 1423 künstlerisch wirkte - verpflichtet gleichzeitig zur strengen Einhaltung des Zölibats, dem ebenso bedingungslos auch der römisch-katholische "Weltpriester" bis heute verbunden ist.

Dokumente zum Thema "Zölibat"

1/3 der Joh. nach Vatic. II.

Vorwort

Der Zölibat, die pflichtgemäße Ehelosigkeit der Kleriker, die geistliche Standespflicht, nicht zu heiraten und überdies in vollkommener Keuschheit zu leben, ist nicht allein in den zurückliegenden Epochen vielfach sowohl von Geistlichen als auch von außerhalb angegriffen worden, sondern befindet sich gegenwärtig in ihrer wohl schwersten Krise, wenn nicht bereits in substantieller Auflösung.

Verschiedene Befragungen aus der jüngsten Zeit zeigen, daß der Zölibat einerseits von einem nicht unerheblichen Teil der katholischen Priesterschaft nicht mehr wirklich gelebt wird - diese Geistlichen, zumeist "Weltpriester", geben ihren sexuellen Wünschen und Neigungen nach -, und andererseits bei den Betroffenen, eben weil er schwerlich zu befolgen ist, Gewissensnöte, Glaubenszweifel und Neurosen auslöst. Die Zahl der Priester, denen es aufgrund eines besonderen Charismas, also einer außergewöhnlichen Gnade oder Berufung, gelingt, freudig den Zölibat als unumstößliches Gesetz, ja sogar als herausragende Chance, anzunehmen, wird anscheinend immer geringer. Freilich werden die des Zölibates wegen unglücklichen und den Versuchungen des Fleisches erliegenden Priester zu allen Zeiten in der Überzahl gewesen sein.

Daraus erklärt sich die inzwischen unübersehbare Fülle der mit dem Zölibat befaßten Literatur. Seit Jahrhunderten preisen Autoren den Zölibat als unbestreitbares Zeichen auf dem Weg zum Heil, während andere ihn als überflüssiges Übel verdammen. Dabei ist die Wiege des Zölibats keineswegs ein Gesetz, sondern die kirchliche Gewohnheit. Ihr zufolge wird angenommen, daß der Zölibat auf die Worte Jesu vom "Sichbescheiden um des Himmelreiches willen" (Mt 19, 12), die Verheißung ewigen Lebens für den, der sein Weib um des Himmelreiches willen verlassen hat (Lk 18,29), den Wunsch des Apostels Paulus, alle Menschen möchten so sein wie er (1 Kor. 7,7) und seine Belehrung, daß nur der Unverheiratete einer ungeteilten Hingabe an den Herrn fähig sei (1 Kor 7,32) zurückgeführt werden könne. Allerdings hat die Übersetzung und Auslegung der genannten Bibelstellen in den vergangenen Jahrhunderten immer wieder Meinungsverschiedenheiten hervorgerufen, die bis in die gegenwärtige Zeit andauern. Zudem lassen weder die Worte Jesu noch die des Apostels einen tatsächlichen Bezug zum Priestertum erkennen. Sie dürfen aber durch den Hinweis auf die besondere Gnadengabe der Jungfräulichkeit die verbindliche Schaffung des Zölibats gefördert haben. Andere gewichtige Motive, den Zölibat - obgleich als Charisma gedeutet - für jeden römisch-katholischen Priester zur Gesetzespflicht zu erklären, liegen zweifellos in der besonderen Struktur der Kirche im allgemeinen, ihrer inneren Ordnung und Hierarchie, sowie im besonderen in der Bedeutung des Priesteramts.

Seit zu Beginn des vierten Jahrhunderts die ersten rechtlichen Bestimmungen zum Zölibat erlassen wurden, werden die Rechtmäßigkeit und Sinnhaftigkeit des Gesetzes in Zweifel gezogen, und zwar nicht in erster Linie von der Kirche fernstehenden Menschen, sondern vor allem von Geistlichen selbst und Mitgliedern ihrer Gemeinden. Das hat zwar in gesellschaftlichen Umbruchzeiten immer wieder dazu geführt, daß der Zölibat zu heftigen, oft unsachlichen Diskussionen Anlaß gab, aber das Papsttum hat praktisch zu keiner Zeit Anlaß zur Hoffnung gegeben, daß das umstrittene Gesetz jemals aufgehoben oder auch nur entscheidend gelockert werden könnte.

Der derzeit herrschende Streit über die Autorität der Kirche, wichtige Fragen der christlichen Sexualethik und nicht zuletzt auch den Zölibat benötigt nichts dringender als eine ergebnisorientierte Versachlichung.

Im vorliegenden Buch wird daher die Geschichte des Zölibats über nahezu zweitausend Jahre hin unter der Prämisse der Objektivität dargestellt; es war dem Verfasser hierbei um eine alles Wesentliche beinhaltende geschichtliche Übersicht getan, die Gründe, Argumente und Strömungen in bezug auf den Zölibat zu erkennen geben und im Zusammenhang sehen lassen soll.

Die Bibliographie und die Dokumentation bieten dem Leser Gelegenheit, sich über interessante Literatur zum Thema zu informieren und wichtige Quellentexte im Original zu lesen. Daß der Zölibat als eine alte kirchliche Tradition mit außergewöhnlicher struktureller Bedeutung nur mit Mühe und keineswegs ohne weitreichende Folgen beseitigt werden könnte, liegt auf der Hand; der Lebensfähigkeit der Kirche und des Glaubens wäre seine Abschaffung doch wohl nicht abträglich, sondern in vielerlei Hinsicht von Nutzen, wie nicht zuletzt dies um einen ernsthaften Dialog bemühte Buch belegt, bei dessen Entstehen Herr Diplomtheologe Thomas Wagner mitwirkte, dem ich auf diesem Wege ebenso Dank sage wie meinem Assistenten Thomas Happel und allen an der Fertigstellung des Manuskriptes Beteiligten.

Gründonnerstag 1993
PD Dr. Dr. Dr. habil. Joachim S. Hohmann

DAS ZÖLIBATSGESETZ IN DER VERGANGENHEIT

1. Das erste Jahrtausend: Von der apostolischen Zeit bis zum Investiturstreit

Die Geschichte ist eine große Lehrmeisterin. Wer die Kraft eines Ideals und die Durchführbarkeit einer Institution prüfen will, der prüfe die Vergangenheit. Er kann dann feststellen, wie hoch die Anforderungen sein dürfen, wie viele fähig sind, das Ideal zu halten und welche Änderungen sich empfehlen. Eine große Gefahr ist dann freilich zu beachten. Die Geschichte hält gern das Negative fest; das Positive wird als selbstverständlicher, gerader Weg nicht beachtet. Der Chronist schreibt es nur nieder, wenn es einen heroischen Grad erreicht, sonst nicht. Verfehlungen und Abweichungen stehen außerdem in Personalakten und Strafregistern und bewirkten in der Vergangenheit ständig neue Sicherungen und Gesetze. Wer rückhaltlos die Geschichte befragt, kann leicht zum Pessimisten werden und viel Tugend und Lichtes übersehen. Wer diese Befragung gänzlich ablehnt, treibt Vogel-Strauß-Politik. Er will nicht sehen, weil er umdenken müßte oder weil er glaubt, daß noch immer Gras gewachsen ist über die Vergehen der Menschen. Das ist unredlich, begünstigt die Heuchelei, aber nicht gesunden Fortschritt.

Die ersten Bischöfe und Priester des jungen Christentums waren verheiratet, auch Petrus, der erste Papst. Ihre Frauen werden nicht eingeführt, über ihr Familienleben so gut wie nichts berichtet. Als sicher darf jedoch gelten, daß die Berufung zum Apostolat nicht eine absolute und grundsätzliche Trennung von Frau und Kindern bedeutete, sondern eine Änderung des Berufs, die Zeiträume der Trennung nötig machte. Christus heilt selbst die Schwiegermutter des Petrus, muß also über den Apostel Nachricht erhalten und nicht verschmäht haben, hinzugehen. Daß Johannes vom Herrn vorgezogen und geliebt wurde, weil er jungfräulich war, ist eine klösterliche Sicht und eine mystische Betrachtungsweise. Die Frage des Zölibats ist keine dogmatische Angelegenheit, sondern eine zwar alte und ehrwürdige, aber doch nur disziplinäre Ordnung des Klerus. Da die Kirche selbst nur im Keime von Christus gegründet wurde, hat ihr Stifter keinerlei Kirchenordnung hinterlassen. Aus der nachösterlichen Zeit kennen wir Petrusamt, Bischofsamt und Diakonat, während der Presbyter- oder Priesterstand erst langsam in seiner heutigen Bedeutung heranwuchs und das Diakonat in gleicher Weise verkümmerte. Paulus, dem wir einen Großteil sittlicher Regeln und Vorschriften verdanken, der selber fähige junge Bischöfe einsetzte, kennt keinen Zölibat. In seinem Brief an

Timotheus[1] gibt er die klassische Schilderung seines Bischofsideals. Darin stehen die heute noch in der Kirche gelesenen Sätze:

"Der Vorsteher muß sein eines Weibes Mann (...) einer, der seinem eigenen Hauswesen trefflich vorsteht und seine Kinder in Zucht und Sittsamkeit hält. Denn wenn einer dem eigenen Hauswesen nicht vorzustehen weiß, wie wird der für die Gemeinde Gottes Sorge tragen?"

Der Bischof ist also noch nicht losgelöst von den natürlichen Bindungen des Mannes an Frau und Kinder, Hauswesen und weltliche Umgebung. Um wieviel weniger der Diakon! In demselben dritten Kapitel heißt es von ihm:

"Die Diakone sollen eines Weibes Mann sein; sie sollen ihren Kindern und dem eignen Hauswesen vorbildlich vorstehen."

Wenn also die hl. Schrift, die in den fünfziger Jahren mit den Paulusbriefen ihren Anfang nimmt und ungefähr gegen Ende des ersten Jahrhunderts abgeschlossen ist, keinen Zölibat kennt, wie kommt er dann in die Kirchenordnung hinein? Und wie entwickelt sich das Priesteramt? Universitätsprofessor Dr. Josef Schmid, der im Lexikon für Theologie und Kirche das Stichwort "Priester" abgehandelt hat, gibt eine breite religionsgeschichtliche Darstellung und weiß im Anschluß daran vieles über das israelitische Priestertum zu sagen. Doch sobald er über den Priester im neuen Testament berichtet, wird seine historische Darstellung auffallend kurz und die dogmatische umso länger. Er muß gestehen:

"(...) Die den Elfen übertragene Vollmacht, Sünden zu vergeben, und die nach Jacobus 5, 14 von den Presbytern zu vollziehende Krankensalbung sind ebenso wie die Taufe sakramentale Handlungen, werden aber im Neuen Testament nicht als 'priesterliche' Funktionen charakterisiert. Erst mit dem wachsenden Verständnis des Herrenmahles als Opferhandlung und des Todes Christi als Opfertod konnte auch die Leitung der Eucharistiefeier als priesterliche Funktion und der Presbyter als Priester deutlich werden. Es fällt auf, daß noch Ignatius von Antiochien den Terminus 'Priester' vermeidet, wenn er vom Kult spricht; doch ist nach ihm deutlich der Bischof der Verwalter des Sakramentes des Herrenmahles." Die Funktionen des frühchristlichen Gemeindevorstehers decken sich also noch nicht mit denen des späteren Priesters[2].

Was der Herr von den Verschnittenen um des Himmelreiches willen sagt[3] und was er jenen verheißt, die Haus, Weib, Brüder oder Eltern verlassen um seines Reiches willen, mag für spätere kirchliche Praxis Anstoß gewesen sein - eine Verpflichtung ist es im Evangelium nicht, auch nicht für einen besonderen Stand. Wenn die oben zitierten Paulusworte den Bischof als eines Weibes Mann fordern, so könnte der schlichte Bibelleser es verstehen als eine Einheit der Gleichzeitigkeit, nicht als eine sukzessive Einheit und Einmaligkeit.

Doch die Tradition und die Kirche fassen Pauli Wort als ein einmaliges Verheiratetsein. So konnte sich hier ebenfalls der Zölibatsgedanke entwickeln, wie auch durch die Stelle im Korintherbrief, alle möchten so sein wie der Apostel, unverheiratet - denn nur der Unverheiratete sei einer ungeteilten Hingabe an den Herrn fähig[4].

Paulus betont aber eigens, er sage das nicht, um eine Schlinge überzuwerfen, sondern um das Aushalten beim Herrn zu fördern - wie überhaupt der Schluß des ganzen Kapitels viel Lebensklugheit beweist und menschliche Freiheit gewährt. Wann aus den schwachen biblischen Ansätzen für den Zölibat eine Forderung und ein Gesetz wurde, können wir ziemlich genau sagen. Bis zum Jahre 300 und wenig darüber scheint es im Ermessen des einzelnen Bischofs, Priesters und Diakons gestanden zu haben, ob er verheiratet oder unverheiratet sein Amt versah. Zugleich scheint es eine nicht geringe Zahl von unverheirateten höheren Klerikern gegeben zu haben, welche die evangelischen Ratschläge befolgten. Durch lange Jahre der Christenverfolgung war ein reiches inneres Leben erstarkt, und religiöse Menschen hatten sich seit der Verfolgung unter Kaiser Dezius[5] in die Wüste Ägyptens zurückgezogen. Einflüsse auf das Leben der Kleriker können nicht ausgeblieben sein. Wüste ist Einsamkeit, fördert bei religiösen Menschen den engen Anschluß an Gott, läßt rein Materielles vergessen und - als Ablenkung von ihm - sogar bekämpfen. Die dauernde Lebensbedrohung des einzelnen mag den Zusammenschluß mit einem Ehepartner und die Zeugung von Kindern verhindert haben. Neben diesem Leben der christlichen Askese stehen die Lehren der Väterzeit. In Unterägypten lag Alexandria mit seiner berühmten Katechetenschule. Der glänzende Lehrer Origenes[6] hatte sie 28 Jahre geleitet und war nicht nur ein begnadeter Denker und Schriftsteller, sondern auch ein strenger Asket. Die Hochschätzung der Gnosis verleitete ihn zu einem überschwenglichen Spiritualismus.

Nicht nur in der Kosmologie, Eschatologie und Trinitätslehre sind ihm Irrtümer angekreidet worden, auch in der Askese verliert er sich ins Unnatürliche und Übertriebene. Sein Ideal der Jungfräulichkeit und des geistlichen Kampfes, seine Brautmystik des Hohen Liedes waren von großem Einfluß auf das mönchische Leben, lassen sich aber nicht schlechthin auf die Welt und die Menschen in ihr übertragen. Kirchenlehrer wie Basilius, Gregor von Nazians und Gregor von Nyssa, Ambrosius, Hilarius und Hieronymus bewunderten ihn. Schon vor dem Jahre 200 war der Schwärmer und Prophet Montanus aufgetreten. Seine Sekte der Montanisten verkündete das baldige Erscheinen des "Tausendjährigen Reiches", forderte zur Vorbereitung eine höhere Sittlichkeit, verbot eine zweite Ehe, gebot strenges Fasten und verlangte von Frauen und Jungfrauen das Tragen des Schleiers beim Gottesdienst. Der hochbegabte Kirchenschriftsteller Tertullian[7] verteidigte nicht nur die christliche Lehre, sondern auch die montanistische Moral und Askese. Noch im siebten und achten Jahrhundert hatten kirchliche Synoden gegen montanistische Splittergruppen zu kämpfen. Es wäre verkehrt, diese Sekten und Außenseiter als Wegbereiter des Zölibats und der Synoden von Elvira und Nizäa zu sehen; doch zeigen sie deutlich, welche Probleme die Väterzeit bewegten und wie das Evangelium weitergedacht und -gelebt wurde. Einhellig lehren die Väter im zweiten und dritten Jahrhundert den Vorzug der Jungfräulichkeit vor der Ehe.

Nicht anders ist es in der Blütezeit der patristischen Literatur, im vierten und fünften Jahrhundert. Hieronymus[8], der die letzten Jahre seines Lebens in Bethlehem, "bei der Krippe des Herrn" inmitten abendländischer Mönche und Nonnen lebte, ist fast ehefeindlich, Augustinus trotz oder wegen seiner Jugenderinnerungen ein Verfechter der Jungfräulichkeit mit Rücksicht auf Christus, Ambrosius mehr im Hinweis auf Maria. In der Ostkirche reden Johannes Chrysostomus und Gregor von Nyssa keine andere Sprache. So sind Jungfrauenweihe, Mönchtum und Zölibat nicht plötzlich da, sondern lange vorbereitet und die entsprechenden Bestimmungen der folgenden Synoden verständlich.

Im Westen ist Elvira in Spanien zu einem Begriff geworden. Hier forderte eine Synode im Jahre 306 in Kapitel XXXIII folgendes:

"Es wurde beschlossen, den Bischöfen, Priestern, Diakonen und Subdiakonen zu gebieten, daß sie sich von ihren Frauen gänzlich enthalten und keine Kinder zu erzeugen; die es aber nicht tun, denen soll die Ehre des Klerikates genommen sein"[9].

Das Gebot nimmt also den verheirateten Klerikern die Freiheit des ehelichen Lebens unter der Strafe des Ausschlusses aus ihrem Amt.

Der Gedanke liegt nahe, daß die Zölibatsforderung schon in ihrem Beginn auch eine Tugendlehre für das Volk sein sollte sowohl durch ihren Inhalt als auch durch die gehorsame Befolgung des Kirchengebotes. Das wäre freilich ein Ausgehen vom äußeren Schein: wer wirklich das größere Opfer bringt und mehr Tugend übt, ein Verheirateter mit der Last der Familie oder ein Unverheirateter ohne Anhang, das vermag kein Mensch zu entscheiden.

Im Osten brachten die Synoden von Ankyra und Neozasarea die ersten diesbezüglichen Gesetze: Der Priester soll nicht heiraten; wenn er es nach der Weihe trotzdem tut, ist er aus seinem Amt zu entfernen. Verfehlt er sich durch geschlechtlichen Umgang mit einer Unverheirateten oder Verheirateten, so soll er ganz und gar ausgestoßen und zur Buße geführt werden[10]. Canon 10 der Synode von Ankyra kennt eine Ausnahme für den Diakon, der seinem Bischof vor der Weihe erklärt hat, er müsse heiraten, da er anders nicht leben könne. Wenn er nach der Weihe eine Ehe eingeht, kann er im Amt bleiben; heiratet er aber heimlich, so ist er aus dem Diakonat zu entfernen.

Ein Unterschied zwischen Ost und West zeichnet sich hier schon klar ab. Während in der Ostkirche die vor der höheren Weihe Verheirateten ihre Ehe fortsetzen können, müssen sie sich in der Westkirche des ehelichen Verkehrs enthalten. Der Osten hat bis heute im wesentlichen die uralte Praxis beibehalten: der Kleriker heiratet vor Übernahme des Subdiakonats und später nicht mehr. Die Bischöfe müssen unverheiratet sein und sind deshalb meist Mönche. Die abendländische Kirche hat ihre strengere Handhabung immer weiter ausgebaut und in jedem Jahrhundert die Verbote verschärft, die Übertretungen bestraft und neue Sicherungen eingebaut. Das erste allgemeine Konzil von Nizäa vom Jahre 325 ist von Gelasius von Cyzikus ausführlich kommentiert worden[12]. In Canon 3 verbot die Synode allen Bischöfen, Priestern und Diakonen, Frauen um sich zu haben, höchstens Mutter, Schwester, Tante oder solche Personen, die über jeden Verdacht erhaben sind[13]. Nach 20 Definitionen fährt die Geschichte des Gelasius fort:

"Diese 20 Gesetze hat jene heilige Versammlung der Bischöfe in Gegenwart des Gott wohlgefälligen und berühmten Kaisers Constantin über die kirchliche Verwaltung verfaßt. Es hatten die Bischöfe beschlossen, auch ein anderes Gesetz zu erlassen, dem der heilige Paphnutius entgegentrat. Ich habe es der Mühe für wert gehalten, die merkwürdige Geschichte zu erzählen. Es hatte verschiedenen Bischöfen gut geschienen, ein neues Gesetz in der Kirche einzuführen und wie andere kirchliche Dinge, so auch dieses zu beantragen."

Im Kapitel 32 folgt dann die weitere Ausführung:

"Sie meinten nämlich, es sei nicht in Ordnung, daß kirchliche Leute, seien es Bischöfe oder Priester oder Diakone oder irgend welche andere des heiligen Standes, mit ihren Frauen schliefen, die sie schon vorher, als sie Laien waren, geheiratet hatten. Als sie dies beschlossen, erhob sich inmitten der Versammlung der Bischöfe der heilige Paphnutius und sagte mit klarer Stimme: 'Erschwert nicht das Joch der Kirchendiener. Denn ehrenvoll ist die Hochzeit für alle und ganz unbefleckt. Verletzet nicht die Kirche durch allzu strenges Überschreiten des Rechtes! Denn nicht alle können jene Lebenseinrichtung tragen, die aller Gefühle bar ist. Niemand glaubte ich, wird in der Liebe erhalten bleiben, wenn die Ehemänner ihrer Gattinnen beraubt werden. Das Leben der Männer mit ihren Frauen ist eine vorzügliche Enthaltsamkeit, und es kann diejenige nicht getrennt werden, die Gott verbunden hat und die er einmal, als er Lektor, Cantor oder Laie war, zur Frau nahm.' Dies riet der große Paphnutius, obgleich es eine Ehesache betraf und er selbst von Jugend auf im Kloster erzogen war. Durch den Rat dieses Mannes überzeugt, schwieg die Versammlung der Bischöfe über diese Frage und überließ sie dem Gutdünken jener, die aus gegenseitigem Entschluß sich der eignen Gattin enthalten wollten.

Der so sprach, war ein tief- und weitblickender Mann mit großer Lebenserfahrung und Menschenkenntnis, aber auch ebenso großem Mut, seine Meinung zu sagen und vielleicht als Unheiliger verkannt zu werden. Ihm kam es auf das Wohl der Kirche und ihrer Diener an, und das ist nicht bestens bestellt durch eine Vielzahl von Gesetzen und strengen Vorschriften, sondern durch einen heiligen Lebenswandel von Menschen, die sich frei für einen Weg entscheiden - den aber ohne Fehl und Tadel gehen."

Die Synode von Orange, im Jahre 441, betrat kein Neuland, wenn sie festsetzte:

"Es sollen keine Verheirateten zu Diakonen ordiniert werden, wenn nicht solche, die vorher durch den Vorsatz einer Umkehr Keuschheit gelobt haben."

Im folgenden Kapitel wird den Unenthaltsamen Strafe angedroht:

"Wenn einer nach Empfang der Weihe unenthaltsam mit seiner Gattin angetroffen wird, dann soll er aus dem Amt entfernt werden"[14].

Hier tritt der ganze Unterschied zur Praxis der Ostkirche scharf hervor: eine bestehende Ehe kann nicht weitergeführt werden, sondern wird zu dem, was die Westkirche bis heute eine Josefsehe nennt. Die römisch-katholische Kirche arbeitete mit dieser Bestimmung von Orange bis auf unsere Tage. Erst die neueste Zeit kennt Ausnahmen. Wenn Verheiratete ins Priestertum übernommen wurden, trennten sich die Ehegatten oder versprachen im vorgerückten Alter keusches Zusammenleben bzw. Enthaltsamkeit vom Geschlechtsverkehr. Dieselbe Synode von Orange verbot auch, daß Kleriker, die mehrmals verheiratet waren, eine höhere Weihe empfingen als das Subdiakonat[15]. Auf jede Weise wird eine Weihe von Diakoninnen verboten[16]. Wenn es solche schon gibt, dürfen sie nur dem Segen, den auch das Volk empfängt, ihr Haupt beugen. Also keine Weihe und kein Diakonat im sakramental-liturgischen Sinn für die Frau, geschweige denn ein Priestertum.

Das zweite Konzil von Arles aus dem Jahre 452 unter Papst Leo I. betont, daß kein Ehemann zum Priestertum gelangen kann, wenn nicht vorher seine Conversio stattfand[17]. Dieses immer wiederkehrende Wort bedeutete nicht schlechthin Bekehrung, sondern den Entschluß, die drei evangelischen Räte als Richtschnur des Lebens zu wählen. Wenn auch nicht der Eintritt ins Kloster gemeint ist, so doch eine mönchsähnliche Lebensweise der vorbenediktischen Zeit, gefördert durch den hl. Athanasius und seine Vita S. Antonii, des Einsiedlers[18], sowie durch den hl. Martin von Tours[19]. Der Weltpriester ist ein Mönch in der Welt, denn so ziemt es sich für den Presbyter oder Saceros. Canon III dieser Synode bestimmt:

"Wenn ein Kleriker vom Grad des Diakonates sich herausnimmt, in seinem Haus ein Weib als Ehegattin zu halten, außer der Großmutter, Mutter, Tochter, Nichte oder einer Bekehrten, der soll von der Gemeinschaft getrennt angesehen werden. Gleichfalls soll auch die Frau, wenn sie sich nicht trennen will, diese Strafe treffen."

Also immer noch viel Gebot, weil viel Abirrung.

Das Konzil von Agde in Gallien aus dem Jahre 506 schärft in Kapitel 9 alte Bestimmungen der Päpste Innozenz und Syricius für Priester und Diakone ein, die zum ehelichen Bett zurückkehren. Nach Kapitel 16 sollen die Bischöfe junge Männer unter 25 Jahren nicht weihen lassen, so ist auch der Wille der Gattin zu erforschen, und erst wenn sie der ehelichen Trennung in religiöser Umkehr zugestimmt hat, können die Männer ordiniert werden. Daß die synodalen Bestimmungen nicht nur als historisch bedingt erneuert werden, sondern daß man sie bewußt in eine asketisch-klerikale Gesamtlebenshaltung einzubetten versucht, beweisen die folgenden Kapitel, wie etwa c. 20, das den Klerikern den Haarkult verbietet, oder c. 34, das sie ermahnt, Hochzeitsfeiern zu meiden und c. 41, das vor der Trunkenheit warnt.

Nach diesen zwei Jahrhunderten von 306 bis 506 steht die Zölibatsforderung in der römischen Kirche fest. Alle Synoden und Konzilien der Folgezeit haben nichts mehr daran geändert. Ihre Verbote und Strafen zeigen nur immer wieder die menschliche Schwachheit der Ordinierten und den Versuch der Kirche, vorzubeugen, abzuhelfen oder zu bestrafen und zu bessern, je nach den Verhältnissen und Erfordernissen der einzelnen Jahrhunderte.

Der Osten ist seit 325 ebenfalls festgelegt. Die zweite Trullanische Synode, die von Kaiser Justinian II. für das Jahr 692 einberufen war, verwirft in c. 13 ausdrücklich den abendländischen Zölibat und gestattet Priestern und Diakonen die Ehe. Hier zeigt sich schon neben vielen anderen Gegensätzen zwischen Ost und West ein tiefer Riß, bis die Trennung im Jahre 1054 endgültig wurde.

Daß im Westen die Zölibatsgesetze nicht sofort überall Eingang fanden und verwirklicht wurden, begreift sich bei der Schwere des Gebotes von selbst. Den ständigen Kampf ersehen wir auch aus den Sendschreiben des Papstes Siricius[20] an die Bischöfe des Westens. Er wurde durch sie zu einem Schrittmacher der päpstlichen Jurisdiktion in Sachen der Liturgie und Disziplin. Einer seiner Briefe an Bischof Himerius von Tarragona in Spanien zeigt uns, daß fast hundert Jahre nach der Synode von Elvira im Ursprungsland des Zölibatsgesetzes noch viele verheiratete Priester lebten. Siricius beklagt, daß die meisten sowohl von der eigenen Gattin als auch "in schändlichem Verkehr" Nachkommenschaft gezeugt haben und ihr Verbrechen (crimen suum) damit entschuldigen, daß den Priestern und Leviten im Alten Testament die Möglichkeit des Zeugens gegeben war. Der Papst nimmt seine Gegenbeweise ebenfalls aus dem Alten Testament mit den Worten wie "Seid heilig, weil auch ich, euer Gott, heilig bin" oder aus der alttestamentlichen Bestimmung, daß die Leviten während ihres Dienstes im Tempel wohnen mußten, getrennt von der Gattin. Waren sie außerhalb des Dienstes zu Hause, dann sei der Verkehr nur der Nachkommenschaft wegen gestattet worden, da nur aus dem Stamme Levi die Priesterschaft genommen wurde: Eine merkwürdige Schriftexegese, wie man sie das ganze Mittelalter hindurch als Beweisführung vorfindet. Dann geht der Papstbrief auf Jesus und das Neue Testament über. "Der Bräutigam von schöner Gestalt" wollte, "daß auch die Kirche, seine Braut, im

Glanz der Keuschheit erstrahle, damit am Tage des Gerichtes, wenn er wiederkomme, er sie ohne Makel und Runzel, wie er sie durch seinen Apostel eingerichtet hat, wieder vorfinden könne." Der Papstbrief übersieht freilich, daß bei Einrichtung der Kirche durch Christus keine Rede war von Ehelosigkeit und Zeugung. Er fährt fort:

"Darum werden wir alle, Priester und Leviten, durch das unlösbare Gesetz dieser Bestimmungen vom Tag unserer Weihe an verpflichtet, daß wir der Enthaltsamkeit und Keuschheit unsere Herzen und Leiber zu eigen geben, um auf jede Weise unserem Gott in den Opfern, die wir täglich darbringen, zu gefallen."

Man hört die mystisch-asketische Sprache der Väterzeit, wenn es weiter heißt:

"Die im Fleische sind, spricht das Gefäß der Auserwählung, können Gott nicht gefallen. Ihr aber seid nicht im Fleische, sondern im Geiste, wenn wirklich der Geist Gottes in Euch wohnt. Und wo wird Gottes Geist wohnen können, als nur in heiligen Körpern, wie wir lesen. Und weil einige, von denen wir sprechen, bedauern, wie Deine Heiligkeit schreibt, durch Unwissenheit gefallen zu sein, so soll ihnen unter der Bedingung Barmherzigkeit nicht versagt werden, daß sie ohne jeden Zuwachs an Ehrenstellen, solange sie leben, in dem Amt verbleiben, in dem sie ertappt wurden, wenn sie nur später bemüht sind, enthaltsam sich zu erweisen.

Diejenigen aber, die sich mit einem unerlaubten Privileg entschuldigen und durch ein altes Gesetz dies als erlaubt beanspruchen, die sollen wissen, daß sie von jeder kirchlichen Ehrenstelle, deren sie unwürdig sind, durch die Vollmacht des apostolischen Stuhles verjagt seien und sie niemals die heiligen Geheimnisse berühren können. Das haben sie sich selber geraubt, indem sie auf unreines Verlangen gierig waren. Und weil die gegenwärtigen Beispiele uns mahnen, für die Zukunft Sorge zu tragen, so sollen alle wissen: wenn künftig irgend ein Bischof, Priester oder Diakon (was wir nicht wünschen) als ein solcher Frevler gefunden wird, daß ihm jeder Zugang zur Verzeihung unsererseits verriegelt ist; denn mit dem Messer müssen die Wunden ausgeschnitten werden, die für ein sanftes Heilmittel unempfindlich waren[21].

Diese rigoristische Haltung ist neu nach Inhalt und Form. Man wird erinnert an den Ton eines Gregor VII. aus den Kampfjahren der Investiturzeit in der zweiten Hälfte des 11. Jahrhunderts. Ähnlich wie 700 Jahre später scheinen auch damals schon die Verhältnisse gewesen zu sein: Der Zölibat war streng befohlen, aber weithin schlecht gehalten. Er hatte heilige Vorbilder und große Verteidiger, aber ein beachtlicher Teil des Weltklerus brachte, wie es scheint, kein Verständnis auf für mönchische Lebensweise, zumal die Ostkirche sich um die römische Praxis nicht kümmerte, ja sie verurteilte. Diese Verurteilung ging so weit, daß der Mönch Niketas Stethatos vom Kloster Studion sich zu schmählichen Äußerungen gegen den Zölibat der lateinischen Kirche hinreißen ließ[22].

Die Jahrhunderte von 500 bis 1000 sind keine glorreichen Zeiten für den Zölibat gewesen. Was die alten Konzilien gefordert und eingeschärft hatten, wurde längst vergessen, zumal in den neu gewonnenen Stämmen der Franken und Sachsen. Es fehlte der Schwung der ersten Jahrhunderte, weil die Verfolgungen ebenso beendet waren wie die großen Glaubenskämpfe. Askese aber braucht die Würze des Leides und der schmerzgeprüften Erkenntnis. Stete Ruhe verweichlicht oft Körper und Geist, scheint es. Weil die Menschheit aber auch Ruhe braucht und sucht, weckt Gottes Geist mitunter große Männer, die hinreißend leben und wirken und den äußeren Stachel ersetzen durch die Kraft ihrer Persönlichleit.

Oft sind aus stillen Klöstern Impulse ausgegangen, die ganze Völker und Zeiten umgestalteten. Das gilt nicht nur von Benedikt von Nursia, sondern ebenso vom Mönch Hildebrand als auch vom Reformator von Wittenberg. Die Mission des Hl. Bonifatius und die Reform Karls des Großen konnten wohl den christlichen Umkreis erweitern, aber zur durchgreifenden Erneuerung des Althergebrachten fehlten Zeit und Kraft. So mußte kommen, was menschlich nur zu begreiflich war, daß Bischöfe ebenso verheiratet waren wie Priester und die episcopa neben der presbytera eine häufige Erscheinung wird. Erst das 11. Jahrhundert ist von starken Reformgedanken erfüllt, die vom Kloster Cluny ausgingen, langsam bis zum päpstlichen Stuhl vordrangen und damit die ganze Kirche erfaßten. Schon die Päpste Leo IX. und Viktor I. hatten sich für den Zölibat eingesetzt. Seine Forderung über Rom und Italien hinaus erkämpfte erst derjenige Papst, der schon lange vorher die Triebfeder der Reform am päpstlichen Hofe war, Gregor VII. Laieninvestitur, Simonie und Zölibat stellen drei Forderungen dar, die eng miteinander verflochten sind. Wenn einflußreiche Laien sich in kirchliche Dinge einmischen, Bestechungsgelder annehmen und ins geistliche Amt einführen, muß man sich nicht wundern, wenn die meisten ihrer Kreaturen keine conversio kennen, eine Umkehr von weltlichem Treiben zu einem asketisch-geistlichen Leben. Das wurde aber schon vor Jahrhunderten gefördert und der Verzicht auf jede eheliche oder außereheliche geschlechtliche Betätigung in den Kreis des geistlichen Lebens und der klerikalen Standesforderungen einbezogen. Da die Reformbewegung der Gesamtkirche von der cluniazensischen Klosterreform ausging und von ihr getragen wurde, ist der Grundgedanke der evangelischen Räte stark herausgestellt und ihre Verwirklichung klosterähnlich auch vom Weltklerus in einem gemeinsamen Leben gefordert, das den einzelnen behütet, hält und stärkt. Seit der Mitte des 11. Jahrhunderts ging ein starker Einfluß vom Mönch Hildebrand aus. Vieles aus seinen jungen Jahren ist nicht restlos klar.

Fest steht, daß er in der Toscana geboren wurde, früh zu Rom in ein Benediktinerkloster trat und 1047 Gregor VI. nach seiner Absetzung auf der Synode zu Sutri durch Kaiser Heinrich III. nach Köln begleitete. Vermutlich im Jahre 1048 war er in Cluny, wo er sich mit den Idealen der neuen Zeit vertraut machte. Papst Leo IX.[23] brachte ihn nach Rom zurück. Die erste von Leo in Rom abgehaltene Synode vom Jahre 1049 erhebt das alte kirchliche Zölibatsideal als Forderung der ganzen Kirche. Die auf ihre ambrosianische Selbstherrlichkeit stolze Kirche Mailands muß sich der Macht Roms und seiner Forderungen beugen. Nach dem Tode des Mailänder Erzbischofs Heribert im Jahre 1045 hätten Bürger und Adlige gern einen der angesehensten Geistlichen, Landulph Cotta, Anselm von Badagio Ariald oder Atho als Nachfolger gesehen. Doch der deutsche König ernannte den ihm bekannten Guido, einen Mann von niederer Herkunft, zum Erzbischof. Unter seiner ganzen Regierungszeit bis zum Jahre 1069 war Mailand von Bürgerkrieg und geistlichem Parteigezänk erschüttert. Ja, noch weit über diese Zeit hinaus tobten innere Kämpfe, da Rom und seine Anhänger in Mailand den von Guido gewünschten und vom Kaiser ernannten Canonikus Gottfried als Nachfolger im erzbischöflichen Amt ablehnten. Unter Papst Gregor VII., der schon vielen früheren Päpsten Ratgeber war, entbrannte erst recht der alte Kampf in Mailand, bis schließlich Erlembald, der ritterliche Vorkämpfer päpstlicher Forderungen, im Jahre 1085 von erbosten Bürgern und Rittern erschlagen wurde.

Während der ganzen Kampfzeit brauchte das Papsttum nur die rebellierende niedere Geistlichkeit Mailands zu unterstützen und hatte in ihr die beste Hilfe für seine Ideale. Unter dem Namen der Pataria sind die dortigen Kämpfe in die Geschichte eingegangen. Als Pataria oder Lumpengesindel bezeichnete man in Mailand das kleine Volk der Händler, Handwerker und Trödler, die in scharfem Gegensatz standen zur hohen adligen Geistlichkeit - dem Erzbischof und den Domherren. Die Simonie war unter den hohen Herren im Schwange. Sie waren verheiratet oder lebten im Konkubinat, zogen mit viel Lärm auf die Jagd und zu Kampf und Spiel. Der Geist des Evangeliums lebte nicht in ihnen. Hier konnte die soziale Feindschaft den Hebel ansetzen. Der aus Como stammende Diakon Ariald wurde im Bündnis mit dem Subdiakon Landulph und dessen Bruder, dem Ritter Erlembald, die Triebfeder der Mailänder Kämpfe. Wie uns zeitgenössische Chronisten[24] berichten, ging die Bewegung in grober Weise gegen die Mißachter der Zölibatsgesetze vor. Man forderte das Volk auf, ihre Messen nicht zu besuchen, und wenn alles nicht fruchtete, drang der Pöbel in die Kirchen ein, jagte die verheirateten Priester und vermutlichen Konkubinarier vom Altar, oder er brach in die Häuser ein und trennte sie mit Gewalt von ihren Frauen. Der Bann, den der Erzbischof über Landulph und Ariald verhängte, blieb wirkungslos und schadete ihm nur selber. Landulph, der ein gewandter Redner war und große Macht über das Volk besaß, griff nun auch den Erzbischof an, und Ariald begab sich nach Rom, wo er den Schutz des Papstes Stephan IX. fand. Papst Nikolaus II. sandte 1059 Petrus Damiani als Legaten nach Mailand, und obwohl sein Erscheinen einen Sturm der Empörung bei der ambrosianischen hohen Geistlichkeit auslöste, mußte diese einlenken. Der Erzbischof, die Domherren und die anderen Geistlichen beugten sich dem päpstlichen Legaten und verpflichteten sich, die Simonie abzustellen und die Ehelosigkeit der Geistlichen, vom Subdiakon angefangen, anzuerkennen und zu beobachten. Wer sich schuldig gemacht hatte, nahm Bußen auf sich, sogar der stolze Erzbischof[25].

Mehrere Konzilien haben im 11. Jahrhundert die alten kirchlichen Zölibatsforderungen erneuert und zugleich deutlich gemacht, daß sie längst nicht mehr beachtet wurden. Zumal das neunte und zehnte Jahrhundert kannten keinen Hochstand priesterlicher Lebensführung, geschweige denn ein Ideal der Ehelosigkeit. In Deutschland wie in Frankreich und Italien scheinen die Priester zumeist verheiratet gewesen zu sein. In Italien und Frankreich gab es auch verheiratete Bischöfe. Das Bewußtsein, daß dies gegen die kirchliche Tradition verstieße, war indes nicht verschwunden. Schnürer hat eine Stelle aus einer Synodalpredigt des 10. Jahrhunderts angeführt, in der es heißt:

"Ein jeder ohne Zweifel, sobald er die Priesterweihe empfangen hat und mit der Verwaltung einer Pfarrei, so wenig würdig er auch dafür sei, betraut worden ist, bemüht sich zumeist, gegen die kanonischen Gesetze und die Beschlüsse der heiligen Väter, daß er sogleich eine Gattin finde und sie sich öffentlich als Lebensgefährtin beigeselle"[26].

In Frankreich waren die Kathedralen verfallen, die Schulen ohne Bedeutung, Pfarrer und Domherren verheiratet, unter den Bischöfen bildeten sich geradezu Dynastien aus, die das Bistum in ihrer Familie weitergaben. Auf dem Bischofsstuhl von Quimper in der Bretagne sind zu Anfang des 11. Jahrhunderts Vater, Sohn und Enkel in der hohen Würde. Wilhelm von Dijon[27] soll geäußert haben, in ganz Frankreich gebe es keinen Pfarrer, der ordentlich zu psalmodieren und die Lektionen zu lesen verstehe[28]. Der Erzbischof Hugo von Rouen[29] war verheiratet wie viele Bischöfe um ihn, und er verschleuderte das Kirchengut[30]. Aber dann macht sich sehr bald der Einfluß des Klosters Cluny geltend, das überall Reformklöster gründete, wie Fécamp in der Normandie.

Nach England hinüber wirkte die Reform nach dem Eindringen Herzog Wilhelms von der Normandie[31], der den gelehrten Lanfranc zum Erzbischof von Canterbury machte. Im Jahre 1066 hielt er zu Winchester ein Konzil ab. Dort wurde beschlossen, "daß kein Canoniker eine Frau habe. Priester aber, die in Städten oder in Dörfern wohnen und eine Frau haben, sollen nicht gezwungen werden, sie zu entlassen. Die keine haben, sollen auch künftig keine besitzen. Und zunächst sollen sich die Bischöfe hüten, Priester oder Diakone zu weihen, wenn sie nicht vorher versprechen, daß sie keine Gattin haben."

Die Formel des Eides der Weihekandidaten auf die Haltung der Keuschheit lautet: "Ich, Bruder N., verspreche Gott und allen seinen Heiligen, die Keuschheit meines Leibes nach den Bestimmungen des Kirchenrechts und dem mir auferlegten Stand zu halten in Gegenwart des Herrn Vorsitzenden"[32].

Die Vorschriften dieses Konzils sind klug ausgewogen, streng für die Zukunft und milde für die Vergangenheit. Sie vergessen auch nicht Gattin und Kinder, wo eine Familie gegründet ist. Zahlreich wurden die benediktinischen Reformklöster auch in Deutschland und Italien, wo die cluniazensischen Ideale mit Hildebrand den päpstlichen Stuhl erfaßten. Die Synode von Bourges hatte schon 1031 in Can. 5 daran erinnert, "daß Priester, Diakone und Subdiakone, wie das kanonische Gesetz vorschreibt, weder Gattinnen noch Konkubinen haben; und die solche haben, sollen sie nach Beendigung dieses Konzils ohne Verzug verlassen und niemals fortan zu ihnen zurückkehren. Die sie aber nicht verlassen wollen, mögen vom eigenen Grad und Amt zurücktreten und bei den Lektoren und Cantoren verbleiben. In ähnlicher Weise gestatten wir keinem aus dem Clerus fürderhin, eine Gattin oder Konkubine zu haben. Die oben Genannten mögen aber in den Chor nur treten zum Lesen und Singen. Zum Altardienst dürfen sie auf keinen Fall hinzutreten"[33]. Zweimal und doppelt ist dasselbe gesagt: alle Inhaber höherer Weihen müssen ehelos und keusch leben, keinem wird eine Ausnahme gewährt.

Can. 6 derselben Synode bestimmt weiterhin, "daß die Bischöfe keinen zum Subdiakon weihen, wenn er nicht in Gegenwart des Bischofs vor dem Altare Gott dem Herrn verspricht, daß er niemals eine Frau oder Konkubine haben werde; wenn er sie dann doch habe, daß er ihr bald den Abschied gebe, was wir in der französischen Sprache gurpire nennen"[34].

Die Lage solcher Frauen mag menschlich hart und bitter gewesen sein; doch solche Fragen erörtert das Kirchenrecht nicht. Nur haben Kanonisten der Zeit bisweilen ohne Scheu disputiert, ob die Aufrechterhaltung des Zölibates noch sinnvoll sei. Die strengen Zölibatsverordnungen durchzuführen, war auch für die Bischöfe nicht leicht. Als der Erzbischof von Rouen den verheirateten Priestern den Bann androhte, wenn sie ihre Frauen nicht entließen, vertrieb man ihn mit Steinwürfen aus seiner Kathedrale. Zu ähnlichen Tumulten kam es auf vielen Synoden, die gleiche Forderungen stellten. Noch zu Beginn des zwölften Jahrhunderts war die Zahl der verheirateten Priester in Lüttich so groß, daß die Verkündigung des Zölibatsgesetzes Unruhen verursachte[35].

Papst Nikolaus II. (1058-1061) hat das Verdienst, auf der Lateransynode von 1059 ein neues Papstwahldekret erlassen zu haben. Dem Einfluß der Laien auf die Besetzung des päpstlichen Stuhles wurde ein Ende gesetzt und die Papstwahl einzig den Kardinälen übertragen. Auf derselben Synode geht Nikolaus II. auch gegen die unenthaltsamen Kleriker vor. Can. 3 bestimmt, "daß niemand die Messe eines Priesters hört, der zweifellos eine Konkubine hat oder eine heimlich eingeführte Frau (...), und wir bestimmen, daß er keine Messe singe, noch das Evangelium oder die Messe lese, noch auch im Presbyterium zum göttlichen Offizium mit denjenigen verweile, die der vorgenannten Verordnung gehorchen. Er soll auch keinen Anteil von der Kirche empfangen, bis ein Urteil von uns ergangen ist"[36].

Can. 4 bestimmt, "daß diejenigen der vorgenannten Stände, die unserem Vorgänger gehorchen und die Keuschheit bewahrt haben, bei der Kirche, für die sie geweiht sind, wie es sich für gottesfürchtige Kleriker[37] gehört, gemeinsam essen und schlafen. Und was ihnen von der Kirche zukommt, sollen sie gemeinsam besitzen. Flehentlich bitten wir sie, um ein gemeinsames apostolisches Leben bemüht zu sein." Der Einfluß der benediktisch-clunyacensischen Reform des Weltklerus fördert das alte monastische Ideal des gemeinsamen Lebens. Auf diese Weise ist die Haltung des Zölibats leichter, weil einer den andern hält und führt und Frauen überflüssig werden zur Führung des Haushaltes.

2. Das zweite Jahrtausend: Von Gregor VII. bis zum Konzil von Trient

Papst Gregor VII. schließt zeitlich nicht genau das erste Jahrtausend nach Christus ab. Doch seine Reformgedanken beeinflussen von der Mitte des 11. Jahrhunderts an so sehr die Kirchengeschichte, daß sein Wirken der ganzen Folgezeit den Stempel aufdrückt. Das monastisch geprägte Priesterbild wird nicht nur für Rom und Italien, sondern für die ganze Christenheit als das einzig gültige festgesetzt. Am 22. April 1073 hatte Gregor den päpstlichen Stuhl bestiegen, und auf der Fastensynode 1074 konnte er zum ersten Mal selbständig auftreten. Das römische Konzil oder die Fastensynode in der Laterankirche vom März 1074 ebenso wie vom Februar 1075 erneuerte die Verordnungen Leos IX. und Nikolaus II. gegen Simonie und Priesterehe mit aller Schärfe. Die ursprünglichen Akten des Konzils sind nicht erhalten. Aus dem sermo apologeticus des Bernoldus, Mönchs zu St. Blasien, kennen wir aber den Wortlaut der Canones[38].

Can. 11. gibt eine Geschichte des Zölibats:

"Unser Gebot, das den unenthaltsamen Klerikern den Dienst am Altare untersagt, ist nichtsdestoweniger von den hl. Vätern auf dem Konzil von Nizäa niedergeschrieben worden, welches das größte unter den vier den Evangelien gleichgestellten Konzilien ist. Im dritten Kapitel verbietet die große Synode durchaus und bestimmt, daß es einem Kleriker gänzlich untersagt ist, eine heimlich eingeführte Frau zu haben, wenn nicht etwa Mutter, Schwester oder Tante oder nur solche Personen, die keinen Verdacht erregen."

Daß das Konzil von Nizäa die strengen Bestimmungen des Westens nicht mitmachte, die in Elvira erstmals gefaßt wurden, wird verschwiegen. Man hatte ja gerade deshalb Priestern und Diakonen die vor der Weihe geschlossene Ehe gestattet, damit keine ungesetzlichen Verhältnisse entstünden. Dann fährt der Text fort:

"Gleichfalls hat das Konzil von Neocaesarea, das vor Nizäa stattfand, im ersten Kapitel bestimmt: Wenn ein Priester heiratet, so soll ihm sein Weihegrad genommen werden; hat er Geschlechtsverkehr gehabt oder Ehebruch begangen, dann soll er entfernt und zur Buße gebracht werden. (...) Auch das Konzil von Chalcedon hat die Übertreter dieser Bestimmungen allgemein verurteilt. Gleichfalls tat dies der selige Papst Silvester, der das Konzil von Nizäa berufen hat, und der selige Papst Siricius im siebten Kapitel seiner Dekrete, ebenso der hl. Hieronymus. Doch wozu soll ich weiter davon reden; es fehlt mir die Zeit, um einzeln die heiligen Väter aufzuzählen, welche die Verordnungen unseres apostolischen Amtes unterschrieben haben."

In Kapitel XII behandelt der Papst den Unterschied von Altem und Neuem Testament in bezug auf die eheliche Aufgabe der Priester. Diese Aufgabe des Stammes Levi entfällt im Neuen Testament, weil die Priester nicht mehr von einem einzigen Stamm genommen werden, sondern von jedem beliebigen. Kap. XIII weist die Schulmeinung zurück, daß die Unenthaltsamkeit den Priestern gestattet sei, gemäß den Worten des hl. Paulus[39]: "Um aber Unzuchtsünden zu vermeiden, soll jeder Mann seine eigne Ehefrau haben." Kap. XIV interpretiert die Worte des hl. Paulus aus dem ersten Brief an Timotheus: "Der Vorsteher muß sein untadelig, eines Weibes Mann" fast ausschließlich nach der Erklärug des hl. Hieronymus.

Der entscheidende Can. 15, wie er sich bei Gratian findet, lautet:

"Priestern, Diakonen und Subdiakonen, welche in Unzucht leben, verbieten wir von seiten des allmächtigen Gottes und durch die Gewalt des hl. Petrus den Eintritt in die Kirche, bis sie Buße tun und sich bessern. Wenn aber einige weiterhin in der Sünde verharren wollen, so soll niemand sich unterstehen, ihrem Gottesdienst beizuwohnen, weil ihr Segen in Fluch, ihr Gebet in Sünde verwandelt wird, indem der Herr durch den Propheten bezeugt: ich werde fluchen ihren Segnungen[40]. Wer sich weigert, diesem so heilsamen Befehle zu folgen, der begeht die Sünde des Götzendienstes. Ja, in die Sünde der Heiden verfalle jeder, der behauptet, er sei ein Christ und der dennoch dem apostolischen Stuhle zu gehorchen verachtet."

Gregor sandte seine Beschlüsse an die ganze Christenheit und schrieb noch besonders an Bischof Otto von Konstanz, den Hirten des großen deutschen Bistums. Die neue Verordnung, Gläubigen die Teilnahme am Gottesdienst verheirateter Priester überall zu verbieten, erregte Aufsehen auch bei Anhängern des Zölibatsgesetzes und großen Widerspruch bei verheirateten Geistlichen, wie wir aus den Schriften des Mönches Sigebert aus dem Kloster Gembloux entnehmen können. Tumult gab es unter der großen Zahl verheirateter

Priester in Lüttich. Die Bischöfe Siegfried von Mainz und Altmann von Passau gerieten in Lebensgefahr, als sie auf der Durchführung der päpstlichen Verordnungen bestanden. Unruhen entstanden auch in Frankreich, da der Papst Legaten nach allen Richtungen aussandte, nach Italien, Deutschland, Frankreich und Spanien. Schon aus der Art der Beweisführung in Gregors Verordnungen kann man herauslesen, daß die Unerbittlichkeit seiner Forderungen bis in gelehrte Kreise hinein Widerspruch fand.

Das römische Konzil vom Jahre 1078 führt den Kampf weiter. Can. 11 macht den Bischof haftbar für die Durchführung der kirchlichen Zölibatsgesetze. Hat er dem Geschlechtsverkehr von Priestern, Diakonen oder Subdiakonen, durch Bitten oder Geschenke veranlaßt, zugestimmt oder das begangene und ihm bekannt gewordene Verbrechen nicht mit der Autorität seines Amtes bekämpft, dann solle er von diesem Amt suspendiert werden. Das Konzil von Melfi vom Jahr 1089 schließt noch einmal namentlich das Subdiakonat in die Zölibatsbestimmungen ein. Can. 2 sagt:

"In Erneuerung der heiligen kanonischen Verordnungen bestimmen wir, daß von der Zeit der Übernahme des Subdiakonates an es niemandem erlaubt ist, fleischlichen Verkehr auszuüben. Wird das Vergehen aufgedeckt, dann läuft der Betreffende Gefahr für seinen Weihegrad"[41]. Ehelosigkeit, aber trotzdem Unenthaltsamkeit, ist für die Kirche ein nie verschwindendes Problem. Es bedeutet jedesmal, daß für den Ausfall der Gattin und der Ehe kein vollgültiger Ersatz geschaffen ist. Das biblische Wort "um des Himmelreiches willen" hat ebensowenig die Seele füllen können wie der kirchliche Dienst am Nächsten, das priesterliche Amt oder die geistige Ehe mit Christus und seiner Kirche. Wieweit Schuld auf irgend einer Seite vorliegt oder nicht, steht hier nicht zur Erörterung. Lassen wir weiter die Konzilien sprechen und den Kampf durch die Jahrhunderte verdeutlichen.

Das Konzil von Clermont aus dem Jahre 1095 bestimmt in Can. 9, daß ein Kanoniker seine Stelle verliert, wenn er Geschlechtsverkehr ausübt. In Can. 11 wird den Söhnen, die im Konkubinat erzeugt sind, der Zugang zu kirchlichen Ehrenstellen verwehrt, wenn sie nicht klösterlich leben oder das gemeinsame Leben der Kanoniker führen[42]. Das Konzil von Nimes, 1096 unter Urban II., bestimmt in Can. 12, daß Kleriker, von denen öffentlich bekannt ist, daß sie Verkehr ausüben, zu degradieren sind[43]. Als letztes Konzil dieses Jahrhunderts sei noch das von Rom aus dem Jahre 1099 genannt. In Can. 13 ist der üblichen Strafandrohung gegen unenthaltsame Subdiakone eine interessante Begründung vorangestellt:

"Damit die einzigartige Braut unseres Herrn ohne Makel und Runzeln bleibe, erneuern wir die Einrichtungen der heiligen Canones ..."

Die Kirche als Braut Christi wird nach diesen Vorstellungen entstellt und altert durch Ungehorsam und Unbeherrschtheit, hier durch geschlechtlichen

Verkehr. Vom bloßen vacare ecclesiae, dem Freisein für die Kirche, ist längst keine Rede mehr. Nun sollte man meinen, der Zölibat stehe, und alles andere spiele sich in aller Stille oder höchstens in den Geheimarchiven der Diözesen ab. Aber so weit ist die gesellschaftliche Ordnung im Mittelalter noch nicht gegeben. Nachdem seit Gregor VII. die Zölibatsgesetze als Forderung für die gesamte Kirche feststanden und auch das Subdiakonat klar in die Verpflichtung einbezogen war, sorgten ununterbrochen bis zum Ende des Mittelalters allgemeine und Nationalkonzilien für die Überwachung und Durchführung der alten Lebensordnung. Nur so hoffte man, das Gewissen der Kleriker wach zu halten und ihre Bereitschaft für das Opfer stark zu machen. Zur Zeit des Papstes Paschalis II. wurde im Jahre 1102 ein Konzil in London gehalten. Can. 4 verbietet, daß "ein Archidiakon, Priester, Diakon oder Kanoniker heiratet oder die geheiratete Frau behalte. Jeder Subdiakon aber, der kein Kanoniker ist, wird, wenn er nach dem Gelöbnis der Keuschheit geheiratet hat, durch dieselbe Regel verpflichtet"[44]. Can. 5: "Solange ein Priester unerlaubten Umgang mit einer Frau hat, ist er nicht rechtmäßig und soll die Messe nicht feiern. Feiert er sie doch, dann soll seine Messe nicht gehört werden"[45]. Auch in England hatte sich die neue Ordnung, die Wilhelm der Eroberer und Lanfrank vom Festland mitbrachten, nicht durchgesetzt. Sechs Jahre später ist wieder ein Konzil in London, und Can. 2 bestimmt, daß "jene Priester, Diakone und Subdiakone, die nach dem Verbot des ersten Londoner Konzils ihre Frauen behalten haben oder andere heirateten, diese gänzlich von sich entfernen müssen, wenn sie weiterhin die Messe feiern wollen; und zwar so, daß jene nicht in ihre Häuser und sie selber nicht in deren Häuser gehen, noch auch in irgend einem andern Haus wissentlich zusammenkommen. Diese Frauen sollen auch nicht auf dem Territorium der Kirche wohnen."

Kann noch mehr getan und verboten werden, um die nächste Gelegenheit zur Verfehlung zu nehmen? Ja! Can. 4 greift zum äußersten Mittel, wenn Gefängnis- und Todesstrafe ausgeschlossen bleiben sollen: "Wer aber als Rebell und Verächter seine Frau nicht entläßt und sich herausnimmt, die Messe zu feiern, der soll zur Wiedergutmachung gerufen werden; und wenn er sie unterläßt, soll er am achten Tage exkommuniziert werden." Es wäre interessant zu wissen, ob und wie oft die Strafe wirklich angewandt wurde, wen sie betraf, und wie er sich verteidigte. Daß auf die Lage der durch eine rechtliche Scheinehe betrogenen Frauen keine Rücksichten genommen wurden, ist schon öfter gesagt worden. Vielleicht aber war mancher Kleriker nicht nur durch geschlechtliche Bande gefesselt, sondern fühlte sich in seinem menschlichen und sozialen Empfinden entgegen dem nüchternen Rechtsstandpunkt seiner Zeit und Kirche gebunden. Doch wer mag das ohne klare Quellenbelege entscheiden? Zum Selbstbewußtsein und zum Humanismus erwacht der Mensch erst

Jahrhunderte später. Bis sich beides im internen Raum der Kirche auswirkt, verstreicht noch einmal dieselbe Zeit.

Wie in England, so arbeiten die Kirchenversammlungen auch in Frankreich. Das Konzil von Reims vom Jahre 1131 unter Papst Innozenz II. sagt in Can. 5: "Den Fußtapfen unsrer Vorgänger, der römischen Päpste Gregor VII., Urban und Paschalis folgend, bestimmen wir, daß keiner Messen derjenigen höre, von denen man zweifellos weiß, daß sie eine Gattin oder Konkubine haben"[46].

Es ist ein Appell an das gläubige Volk, den wir öfter hörten und das hier zum Richter über seine Hirten und Geistlichen indirekt aufgerufen wird. Die wechselnde Volksgunst, aber auch das Volksgeschwätz, von der schon die alten Schriftsteller ein Lied zu singen wußten, hat sich in allen Jahrhunderten mit jenen beschäftigt, die aus der Menge herausragten. Zu Recht und Unrecht sind viele Kleriker verdächtigt und angeschwärzt worden, die hochverdiente Arbeit leisteten, und andere emporgehoben, die kraftlos in Herz und Hirn waren, auch dem Himmel gegenüber. So grausam hat die Geschichte immer zugeschlagen, wenn die Plebs im weitesten Sinn zu Hilfe gerufen wurde.

Ein zweites Laterankonzil tagt 1139 unter Innozenz II. Can. 6 bestimmt, daß "diejenigen, die als Subdiakone und in höheren Weihegraden heiraten oder Konkubinen halten, ihres kirchlichen Amtes und Einkommens verlustig gehen".

Es folgt wieder eine asketisch-mystische Begründung: "Da sie nämlich selbst Tempel Gottes, Gefäße des Herrn, Schatzkammer des hl. Geistes sein müssen und genannt werden, so ist es unwürdig, daß sie dem Schlafgemach und der Unreinheit dienen"[47]. Es war oben vom Heiraten die Rede; da die Ehe dem höheren Kleriker nicht erlaubt ist, wird sie dem Konkubinat gleichgestellt. In beiden Fällen ist nicht Liebe und Hilfe in allen Lebenslagen das Bezeichnende und Gesehene, sondern das, was oft sehr bald in den Hintergrund tritt, der Geschlechtsverkehr. Doch scheint nicht nur die kultische Reinheit in der Begründung zu liegen, sondern auch der Besitz Gottes an dem Geweihten des Herrn.

In Can. 7 folgt ein ähnlicher Zusatz wie auf dem letzten Konzil zu Reims 1131:

"Den Fußtapfen unserer Vorgänger Gregor VII., Urban und Paschalis folgend, verfügen wir, daß niemand die Messen derjenigen höre, von denen er weiß, daß sie Frauen oder Konkubinen haben. Damit aber das Gesetz der Enthaltsamkeit und eine gottgefällige Reinheit in den kirchlichen Personen und heiligen Weihegraden sich entfalte, bestimmen wir, daß die Bischöfe, Priester, Diakone, Subdiakone, Regularkleriker, Klosterleute und solche, die ihre Leben unter das Gelübde gestellt haben, wenn sie ihren unheiligen Vorsatz übertraten und sich herausgenommen haben, mit einer Gattin sich zu verbinden, voneinander sich trennen. Denn eine solche Verbindung, die offenbar gegen das kirchliche Gesetz vollzogen wurde, können wir nicht als Ehe bezeichnen. Wenn sie voneinander getrennt sind, sollen sie für so große Verfehlungen eine entsprechende Buße leisten"[48].

Edward Schillebeeckx[49] und mit ihm viele Kanonisten bis zur Untersuchung von Martin Boelens "Die Klerikerehe in der Gesetzgebung der Kirche" (S. 177-182) will erst seit diesem Konzil vom Zölibat im eigentlichen Sinne sprechen. Noch kurz vorher auf der Synode zu Pisa erklärte er zum erstenmal die Ehe als ungültig und setzte sie dem Konkubinat gleich. Ich glaube jedoch, daß damit mehr aus dem Text herausgeholt wurde, als darin steckt. Der Satz, "Denn eine derartige Verbindung, die offenbar gegen das kirchliche Gesetz vollzogen wurde, können wir nicht als Ehe bezeichnen", ist eine Art schwacher Nebensatz, der seine eigene Meinung darlegen will, nicht aber eine neue kirchliche Bestimmung für die Zukunft. Zudem handelt der ganze Abschnitt nicht nur vom Weltklerus, von dem man doch allein das Wort Zölibat gebrauchen kann, sondern auch von Klosterleuten jeder Art. Zölibat ist die Jahrhunderte alte Forderung der westlichen Kirche zur Keuschheit und Ehelosigkeit, einerlei ob eine gegen die kirchlichen Bestimmungen geschlossene Ehe im Sinne des Kirchenrechts gültig ist oder nicht. Deshalb sprechen wir seit Elvira zu Recht von Zölibat, während die Ungültigkeit einer Ehe der höheren Kleriker erst klar und deutlich im Protokoll der 24. Sitzung des Konzils von Trient angesprochen wird.

In Can. 21 heißt es: "Wir bestimmen, daß Priestersöhne vom heiligen Altardienst fernzuhalten sind, wenn sie nicht in Klöstern oder Stiften weltabgewandt und religiös leben."

Das Mittelalter war eine Zeit inbrünstigen religiösen, aber auch brünstigen irdischen Lebens. Die Kirche sucht den Lebenswillen zu zügeln im Hinblick auf die Nachkommenschaft. Die Väter sollen nicht belohnt werden für die verbotene Zeugung und die Söhne nicht in dieselben Fehler der Väter zurückfallen.Die Kirche selber möchte ihren Reinheitsgedanken strahlend hell erhalten. Can. 27 setzt diese Sicht fort und läßt zugleich einen Blick tun in eine mittelalterliche Gewohnheit, die harmlos aussieht, aber Gefahren birgt, zumal für Zölibatäre. "Auf ähnliche Weise verbieten wir, daß Nonnen mit Canonikern oder Mönchen in einer Kirche und einem Chor zusammenkommen zum Psallieren." Man braucht nicht gerade an "Doppelklöster" zu denken, aber an Kanonissen, die mit den Kanonikern zusammen das Chorgebet verrichten oder gottgeweihte Ordensfrauen, die in die Stiftskirche kamen, um mit den Stiftsherren gemeinsam das Officium zu beten.

Als im Jahre 1179 unter Papst Alexander III. das dritte Laterankonzil abgehalten wurde, finden sich in manchen Codices auch eine Reihe von Bestimmungen "über verheiratete Kleriker und andere, die sich Buhlweiber halten"[50];

außerdem werden 10 Dekrete überliefert: "Über die Weihe von Priestersöhnen, die in den väterlichen Kirchen nicht zu dulden sind."

Wenn Kleriker widernatürlicher Unzucht frönen, sollen sie aus dem Klerus ausgestoßen und zur Buße in Klöster verwiesen werden"[51]. Daß auf dem Pariser Konzil 1212 unter Innozenz III. sich Bestimmungen finden "über das Leben und den ehrbaren Wandel der Kleriker", ist nichts Außergewöhnliches. Solche Canones beschäftigen fast alle mittelalterlichen Synoden. Bemerkenswert scheint aber doch für den Geist der Zeit, daß die erste Bestimmung in Teil 3 lautet:

"Kleriker und verdächtige Dienerschaft sollen sich nicht bei Nonnen aufhalten; je schwächer das weibliche Geschlecht, desto größere Sorgfalt und Vorsicht müssen die Vorsteher für deren Bewachung aufwenden. Daher beschließen wir und bestimmen streng, daß die Bischöfe sorgfältig forschen und sorgen, damit um solche Frauen nicht Kleriker oder Diener sind, die mit Recht als verdächtig angesehen werden. Sie sollen nicht dulden, daß weltliche Kleriker mit jungen Frauen im Kloster oder in der Clausur, in den Werkstätten und besonders an verdächtigen Orten nutzlose Gespräche führen"[52].

Zu den sittlichen Forderungen des vierten Laterankonzils unter Innozenz III. vom Jahre 1215 gehört in can. 14 "die Bestrafung unenthaltsamer Kleriker". Can. 15 spricht "über die Verhütung der Trunkenheit bei Klerikern, die oft Ursache der Unenthaltsamkeit ist." "Daher beschließen wir, jenen Mißbrauch gänzlich abzustellen, bei dem in gewissen Gegenden die Trinker sich zu gleichzeitigem Trunk auf ihre Weise verpflichten und jener durch Urteilsspruch am meisten belobigt wird, der mehrere trunken machte und die ergiebigsten Becher geleert hat." Jagd und Vogelstellerei verbieten wir allen Klerikern. Daher sollen sie weder Hunde noch Vögel zur Jagd haben." Im engeren Sinne gehört diese Lebensordnung nicht zum Zölibat; im weiteren doch, da hier die Vermischung mit weltlichen Dingen vermieden wird und der Priester sich ausschließlich göttlichen und seelsorglichen Beschäftigungen zuwenden soll. Es ist dieselbe Einstellung, die seit Jahrhunderten und besonders im Investiturstreit gefordert wurde mit dem Schriftwort: "Kein Soldat Gottes gibt sich mit weltlichen Geschäften ab, damit er seinem Kriegsherrn gefalle"[53]. Ob die Gleichstellung solcher Tätigkeit mit Ehe, Frau und Kindern passend ist, sei dahingestellt. Jedenfalls ist der Eheabschluß dem höheren Kleriker bis heute versagt, viele "weltlicheren Tätigkeiten" nicht. Jagd und Spiel, Lärm und Gelage, Verwaltungsposten aller Art, technische Betriebsamkeit in einer modernen Welt mögen nicht gerne gesehen sein, aber man duldet sie, und niemand wird sie verbieten wollen, auch nicht im Kloster.

Das Wiener Konzil, 1267 unter Clemens IV. abgehalten, behandelt in Can. 3 die "Keuschheit der Priester". Eine legitime Ehe ist nicht möglich, das Konkubinat nicht auszurotten. Wiederum sollen die Konkubinarier durch geeignete Strafen gewarnt und gebessert werden:

"Mit Genehmigung des gegenwärtigen Konzils bestimmen wir, daß die Kleriker sich bemühen, enthaltsam und keusch zu leben, so daß sie rein an Leib und Seele Gott im kirchlichen Amt dienen können. Die aber in Zukunft dabei ertappt werden, daß sie öffentlich Konkubinen halten, die sollen sich innerhalb eines Monats von ihnen und ihrem Umgang trennen und zwar so, daß sie weder in deren Häusern noch auch in ihren eigenen oder in irgendwelchen anderen zusammenwohnen noch auch zu ihnen hingehen. Andernfalls sollen sie die kirchlichen Beneficien verlieren, so daß sie durch die zuständigen Stellen geeigneten Personen übertragen werden"[54].

Es will scheinen, daß die Strafandrohungen nicht so streng durchzuführen waren, wie sie ausgesprochen und niedergeschrieben wurden. Vielleicht fehlten auch jene "geeignete Personen", die das Kirchengut erhalten sollten. Man wird schließlich nicht nur einen verschwindend kleinen Prozentsatz von Verfehlungen annehmen dürfen, wenn die Konzilien dauernd mahnen und drohen.

Zur Zeit des Papstes Nikolaus III. tagt 1279 unter Vorsitz des päpstlichen Legaten Philipp ein Konzil zu Ofen in Ungarn[55]. Can. 26 bestimmt: "Sie sollen in ihren Häusern keinen Sprößling haben, den sie im heiligen Weihestand empfingen, und keine Würfel." "Wir verbieten den Priestern und anderen Klerikern, die die höheren Weihen empfangen haben, einen Sprößling bei sich zu haben, den sie im heiligen Weihestand gezeugt haben, wegen des Skandals." Der Skandal entstand meist nicht wegen krimineller Vergehen, sondern wegen Geboten, die von der Kirche selbst aufgestellt waren, und der "Schwäche" ihrer Diener, die nicht mit ihnen fertig wurden.

Wenn ein Konzil zu Bourges, 1286 unter Honorius IV., einen Can. 7 schafft[56], den der Herausgeber überschreibt "Kleriker sollen keine Küchenmädchen haben", dann wird das entscheidende Wort "focaria" im folgenden Text zum lautlich naheliegenden Wort "fornicaria", Buhlerin. Der volle Text lautet: "Gleichfalls soll kein Priester oder Beneficiatkleriker eine verdächtige Frau in seinem Haus haben. Den Erzpriestern wird kraft ihres geleisteten Eides befohlen, diesmal durch ihr Erzpriestertum hin- und herzueilen und alle verdächtigen Frauen aus den Häusern der Priester und Beneficiatkleriker zu vertreiben. Wenn einer schon vorher kanonisch ermahnt war und dann überführt wurde, daß er eine Konkubine oder ein unzüchtiges Weib in seinem Haus habe, dann soll er seiner Kirche oder seines Beneficiums verlustig gehen, wenn nicht sein Vorgesetzter glaubt, aus einem billigen Grund ihm Dispens gewähren zu müssen." Von einer Scheu vor der Würde des Menschen oder seiner Intimsphäre - auch des Priesters - kann zu dieser Zeit noch keine Rede sein. Und der gute Erzpriester? Konnte er das alles fertigbringen, ohne seiner eigenen Schwäche inne zu sein? Ein gutes Stück Arbeit muß er jedenfalls geleistet haben, denn die Verfehlungen scheinen nicht gerade selten gewesen zu sein.

Nach diesen Konzilien aus dem 13. Jahrhundert wollen wir noch einige aus dem 14. kennenlernen. Daß der Zölibat im Spätmittelalter schlecht eingehalten wurde, ist allgemein bekannt. Auf allen Gebieten ging es bergab, sei es in Politik, Literatur oder auch im sittlichen Leben. Der Ausdruck "Herbst des Mittelalters" ist nicht umsonst geprägt worden. Zur Zeit des Papstes Johannes XXII. tagte zu Palencia in Spanien im Jahre 1322 ein Konzil. In Can. 6 "Über das ehrbare Leben der Kleriker" heißt es:

"Da wir uns nicht nur vor Schlechten, sondern auch vor dem Schein des Schlechten und vor dem, was Ärgernis gibt, nach dem Apostel[57] hüten müssen, so setzen wir mit Zustimmung des hl. Konzils fest, daß kein Welt- oder Ordenskleriker, welches Amt oder welche Würde er auch hat, sei er dem Bischof unterstellt oder nicht, selbst wenn er in bischöflicher Würde glänzt, es wage, bei Verlobung, Taufe oder Hochzeit seiner Söhne und Töchter und in gerader Linie absteigender Enkel beizuwohnen, seien sie gesetzlich oder ungesetzlich: andernfalls soll er, wenn er Beneficiatkleriker ist, ohne weiteres der Hälfte seiner Einkünfte verlustig gehen in dem Jahr, da er solchen Feierlichkeiten beigewohnt hat[58]. Wenn aber einer von kirchlichen Gütern den oben genannten Kindern oder Enkeln eine Mitgift oder ein Geschenk aus Anlaß der Ehe gemacht hat, so soll diese Zuweisung rechtmäßigerweise nicht gelten."

Zu der Angst vor dem Ärgernis gesellt sich hier die Angst vor Verschleuderung des Kirchengutes, das die Naturalien für den Unterhalt auch künftiger Geistlicher liefern mußte. Da die Geldwirtschaft noch schwach entwickelt war, gab es kaum vererbbares Privateigentum im heutigen Sinn. Um dennoch besser leben zu können, haben manche Kleriker Nebenberufe ausgeübt, wie das Handwerk des Metzgers oder Schankwirtes. 1337 verbot ein Konzil[59] diese Tätigkeiten, wenn die Betreffenden ihr klerikales Privileg nicht verlieren wollten. Bei der schlechten Ausbildung der Geistlichen war vieles möglich. Deshalb verordnete ein Konzil zu Toledo in Spanien 1339, daß nur einer mit Schulbildung zum Klerikat befördert werde. Wenn es freilich heißt, daß er wenigstens gebildet sprechen müsse[60], dann sehen wir, daß der Ruhm der Kirche, die antike Bildung dem Abendland gerettet zu haben, bei vielen Klerikern keine Gültigkeit hatte, wenigstens nicht im Spätmittelalter. Unwissenheit und Dummheit sind gewiß ein schweres Hindernis für die Seelsorge, aber auch der Nährboden für viele Laster und ein Hemmschuh für die Erfüllung der übernommenen Pflichten. Ebenso verträgt sich ein üppiges Leben in Völlerei und Trunksucht schlecht mit einem keuschen Zölibat. Vielleicht ist das neben dem unmittelbaren Ärgernis der Grund, weshalb ein Konzil 1365 eine Verordnung erließ "Über die Speisen der Kleriker"[61]. Es heißt dort unter anderem:

Lodeves?

"Mit Billigung des Konzils bestimmen wir, daß keine kirchliche Person, gehöre sie zum Welt- oder Ordensklerus, in unserer Provinz, auch wenn sie die Bischofswürde oder irgend eine andere besitzt, mehr als höchstens zwei Gänge auch bei feierlichen Gastmählern oder an besonderen Festtagen zubereiten lasse; vielmehr sei man mit den vorgenannten zwei Gängen ohne jeden Überfluß zufrieden."

Das Konzil von Konstanz von 1414-1418 war eine der glänzendsten Kirchenversammlungen aller Zeiten. Der dritte unter seinen drei Programmpunkten behandelte auch die verdorbenen kirchlichen Sitten. Doch hatte das Konzil mit den beiden ersten Themen, dem Schisma und der Beseitigung der drei Päpste sowie der Häresie des Johannes Hus soviel zu tun, daß das Reformprogramm recht mager ausfiel. Die 43. Sitzung enthält ein Kapitel über das ehrbare Leben der Kleriker, in dem aber nur von Kleidung, Tonsur und einfacher Lebenshaltung die Rede ist[62]. Als 1431 das Konzil von Basel abgehalten wurde, waren die Sorgen der Kirche übergroß. Die Herde taugte so wenig wie die Hirten. Der seit Jahrhunderten umkämpfte Zölibat war keineswegs zur Selbstverständlichkeit geworden. Auch die strengsten Bestimmungen früherer Jahrhunderte schienen vergebens. So versucht Can. 1 der zwanzigsten Sitzung noch einmal mit scharfen Strafandrohungen eine Besserung zu erzwingen:

"Welcher Kleriker auch immer - wessen Standes, welcher Stellung, welchen Ordens, welcher Würde, und sei es auch die bischöfliche oder eine andere von bedeutendem Rang, nach Kenntnis dieser Verordnung zwei Monate nach ihrer Veröffentlichung in den Kathedralkirchen ein öffentlicher Konkubinarier war, der soll vom Genuß der Früchte all seiner Benefizien binnen eines Zeitraumes von drei Monaten ohne weiteres suspendiert sein, und sein Vorgesetzter ist verpflichtet, sobald er einen solchen Konkubinarier klar erkannt hat, ihn bald zu ermahnen, daß er innerhalb kürzester Frist die Konkubine entläßt.

Wenn er sie nicht entläßt oder die Entlassene oder eine andere öffentlich zurückgenommen hat, so befiehlt ihm diese heilige Synode, daß er ihm all seine Benefizien gänzlich wegnehme. Als öffentlich fehlende sind aber nicht nur diejenigen zu verstehen, deren Konkubinat durch Urteilsspruch oder Eingeständnis rechtskräftig geworden ist oder durch die Klarheit der Tatsache, die durch keine Schachzüge verheimlicht werden kann, offenkundig ist, sondern auch, wer ein der Unenthaltsamkeit verdächtiges und übel beleumundetes Weib hält und, obwohl durch seine Oberen ermahnt, es nicht wirksam entläßt. Weil aber in verschiedenen Gegenden einige ein kirchliches Amt inne haben und sich nicht scheuen, Geldgewinn von den Kubinariern zu erzielen, indem sie dulden, in solcher Scheußlichkeit schmutzig zu werden, so wird unter der Strafe ewiger Verdammnis befohlen, fernerhin nicht durch einen Vertrag, einen Vergleich oder die Aussicht auf irgend einen Gewinn solches irgendwie zu dulden oder zu übersehen. Andernfalls sollen sie gehalten sein und gezwungen werden, über die vorausgenannte Strafe für ihre Nachlässigkeit hinaus noch ein Doppeltes von dem, was sie dafür erhalten haben, zu frommen Zwecken zu erstatten. Die Vorgesetzten aber sollen sorgen, die Konkubinen selbst oder die verdächtigen Frauen mit allen Mitteln, wenn es nötig ist, auch mit Hilfe des weltlichen Armes, von ihren Untergebenen gänzlich fern zu halten. Sie sollen auch nicht dulden, daß die aus einem solchen Konkubinat hervorgegangenen Sprößlinge mit ihren Vätern zusammen wohnen. Die heilige Synode befiehlt darüber hinaus, daß auch in den vorgenannten Synoden und Kapiteln diese Konstitution veröffentlicht wird und ein jeder seine Untergebenen zur Entlassung der Konkubinen sorgfältig ermahne"[63].

Es werden schließlich noch die weltlichen Herren ermahnt, den Prälaten keine Schwierigkeiten zu machen, wenn sie gegen ihre Untergebenen in der befohlenen Art vorgehen. Der Schluß des Kapitels erinnert auch die Laien daran, daß durch göttliches Gesetz jedes Vergehen unkeuschen Verkehrs unter schwerer Sünde verboten ist. - Dies ist der ausführlichste Erlaß gegen Zölibatsübertretungen im 15. Jahrhundert. Die Ehelosigkeit wird weithin nur äußerlich beachtet, in Wirklichkeit führen viele Kleriker eine ungesetzliche heimliche Ehe. Für die Kirche ist es ein Ärgernis erregender, schmachvoller Zustand, wenn die eigenen Hirten ihre Gebote mißachten. Alle möglichen Ausflüchte scheinen manche gesucht und dunkle Irrwege gegangen zu sein.

Die Konzilskonstitution sucht jeden Irrweg zu verschließen und stellt die Umgehung des Gesetzes deutlich heraus. Zuerst droht Suspendierung der Beneficien, dann gänzlicher Verlust. Sie versucht genau zu beschreiben, wen sie als Konkubinarier ansieht und welche Frauen in Häusern von Klerikern besonders verdächtig sind. Wieweit die Gefahr der Schnüffelei und Verleumdung besteht, läßt sich nur ahnen: Ein besonders trauriges Kapitel war die Profitgier einiger Prälaten. Sie wollten sich bereichern, aber nicht in menschlicher Weise helfen. Ob die Buße des frommen Almosens wirklich Gewissen aufrütteln konnte, wo kein Gewissen gebildet war? Vermeidung von Ärgernis wird das Hauptmotiv für die Trennung von den Kindern gewesen sein, denn die Gefahr einer Entwendung von Kirchengut wäre in der Entfernung der Kinder unter Umständen noch größer gewesen. Das traurige Los derartiger Priesterkinder berührten die Erlasse früher Zeiten mit keinem Wort. Das soziale Zeitalter, von dem auch die Kirche erfaßt wird, liegt noch weit entfernt. -

Das Konzil von Basel, das 17. allgemeine, stand von Anfang an unter einem Unglücksstern[64]. Im März 1431 sollte es eröffnet werden, aber es wurde Juli, bis es soweit war. Kaum hatte man am 14. Dezember die erste feierliche Sitzung abgehalten, da löste es Papst Eugen IV. wieder auf und schrieb ein neues Konzil für den Sommer 1433 nach Bologna aus. Viele Konzilsväter tagten aber mit Billigung Kaiser Sigismunds in Basel weiter und erreichten schließlich die Wiederanerkennung durch den Papst[65]. Es kamen jetzt die Reformdekrete gegen Klerikerkonkubinat, Simonie und Mißbrauch der Kirchen zur Beschlußfassung, schließlich auch Maßnahmen gegen zweifelhaftes Finanzgebahren und für eine Kurienreform in Rom. Der Papst verlegte das Konzil nach Ferrara[66] und schließlich nach Florenz[67], wo besonders die Union mit den Griechen versucht wurde. Doch wie diese im Sande verlief, so zerrann auch die ganze Reform. Seit Jahrhunderten wurde bestimmt, gedroht und bestraft, aber das Übel nicht an der Wurzel angepackt. Entweder mußte die Kirche ihr im Lauf der Kirchengeschichte gebildetes Zölibatsgesetz radikal aufheben, wie es Kaiser Sigismund auf den Konzilien von Konstanz und Basel erfolglos anstrebte. Dann hätte viel Kraft und Reformwille in wichtigere Sparten der Seelsorgsarbeit fließen können. Oder man mußte ganz neue Wege zur Erziehung eines besseren Klerus suchen. Auch dann wird freilich der Zweifel bleiben, ob Gott für alle und fürs ganze Leben ein Charisma bereit hält, das so ungewöhnlich Opfer tragen hilft. Eine Pariser Synode vom Jahre 1429 muß in Canon 23 die merkwürdigen Auswege verbauen, die manche Kleriker suchten und fanden. Sie behaupteten anscheinend wie einfache Gläubige, daß Unzuchtsünden keine schweren Sünden seien. Damit aber wurde das Zölibatsgesetz nicht nur ausgehöhlt, sondern eine unsittliche Angelegenheit und ein bequemes Mittel, den lästigen Ehepflichten zu entgehen[68].

Wir befinden uns bereits in den letzten hundert Jahren vor der Reformation. Es war um die Kirche Gottes nicht gut bestellt, sonst wäre eine wirkliche Reform von oben her gesucht worden und gelungen. Wenn ein schlichter Augustinermönch von unten her eine Reform begann, kam das nicht von ungefähr. Die kirchlichen Zustände am Vorabend der Reformation hören Katholiken nicht gern. Doch hat es keinen Zweck, die Augen zu verschließen. Man sollte eher Gottes Langmut bewundern und die schwere, aber notwendige Operation und Amputation zur Gesundung der Kirche als Werk der Vorsehung anerkennen. Wer das religiöse Leben vor der Reformation kennenlernen möchte, lese das gleichnamige Kapitel in Bd. I bei Joseph Lortz nach[69]. Dort stehen die Sätze: "Die Zersetzung des Christlich-Priesterlichen vollzog sich damals nicht nur in einem da und dort lasterhaften Leben, sondern auch, und dies war gefährlicher, in einer Art des Daseins, in der das Unchristliche der Lebensführung gar nicht erkannt, sondern als normal hingenommen wurde. Die römische Kurie, der höhere und niedere Klerus des endenden 15. und beginnenden 16. Jahrhunderts bringen dafür eine leider allzu große Fülle verschieden abgestufter Illustrationen bis zu dem Grad, den Adrian VI. gleich in seiner ersten Konsistorialrede mit dem hl. Bernhard anprangert: "So sehr ist das Laster selbstverständlich geworden, daß die damit Befleckten den Gestank der Sünde nicht mehr merken"[70]. Nach der Schilderung kurialer Übelstände schreibt er[71]: "Diesem Papsttum entsprach ein Großteil des höheren Klerus, der Bischöfe und Domherren, vorab aber das Kardinalskollegium, aus dem der Papst hervorging". Das eigentliche Übel lag darin, daß der Einkommen bringende Grundbesitz der Kirche übermäßig gewachsen war. In Deutschland gehörte ihr zu Ende des 15. Jahrhunderts etwa ein Drittel des Bodens. Im Bistum Worms waren es etwa drei Viertel des ganzen Besitzes.

"Unter den Domherren und den Bischöfen war der Begriff und erst recht das Ideal des Geistlichen, bei den Bischöfen die Vorstellung des Seelsorglichen in einem die Idee von innen her sprengenden Ausmaß verschwunden[72]. "Dem Nachwuchs des Seelsorgeklerus galt schließlich das Interesse am wenigsten. Und wenn es darauf ankam, erlaubte man gegen Bezahlung den Pfarrern sogar den Konkubinat"[73]. Gewiß waren die Bischofsstühle den nachgeborenen Söhnen des Adels reserviert, spielte die Versorgung der noch Minderjährigen eine große Rolle, aber abgesehen davon, daß es auch tadellose Adlige gab, wird das ganze Problem damit nicht erklärt. Die große Menge des niederen Klerus ist für uns heutige Menschen unverständlich, seine scharfe Trennung vom hohen Klerus des Adels hingegen begreiflich.

"Es ergab sich ein geistliches Proletariat von erschreckender zahlenmäßiger Stärke und sinkender Qualität. Bis zu einem Zwanzigsten der Einwohnerzahl der Städte waren Geistliche, bis zu einem Zehntel Geistliche und Klosterinsassen"[74]. Wo aber die Masse herrscht, sinken die Ideale, die Opfer fordern. Da es auch in den Klöstern nicht zum Besten stand, mußte eine tiefere religiöse Natur leicht die Frage mit sich herumwälzen: Wie finde ich einen gerechten Gott? Die einmal ausgelöste Reformation kam über das mittlere und nördliche Europa wie eine Sturmflut, und mit ihr wurde auch das Zölibatsproblem für viele Geistliche in der einfachsten Weise gelöst: sie heirateten, wie die Väter der Reformation, wie Luther 1525 und Zwingli 1524. Zwingli hatte noch 1522 an seinen Bischof Hugo von Landenberg geschrieben[75]:

"Wenn wir der Fleischeslust frönen wollten, so würden wir uns besser dabei finden, keine Ehweiber zu nehmen. Wir wissen wohl, wie viele Mühen, Sorgen und Beschwerden mit der Ehe verbunden sind; also nicht aus Fleischeslust tun wir diesen Schritt, sondern aus Achtung für die Ehrbarkeit und aus Sorge für das Heil der uns anvertrauten Seelen." Darauf erschien ein Brief Hugos von Landenberg gegen die reformatorischen Bestrebungen des Klerus seiner Diözese. Er enthält u.a. die Verfügung, daß künftig für jedes illegitime Kind eines Geistlichen fünf statt vier Gulden Strafe an den Bischof zu zahlen seien. In einem von Zwingli und seinen Freunden in Basel herausgegebenen Kommentar wird der Bischof deshalb angegriffen. Unter anderem sind die bitteren Worte niedergeschrieben: "Darum will er's nicht leiden, daß die Pfaffen Weiber nehmen. Es ginge ihnen ein großes jährliches Einkommen ab." Von den verschiedenen Beschwerden, die dem Reichstag zu Speier 1526 übergeben wurden, handelt Artikel 19 über den Priesterzölibat. "Was Gott erlaubt und frei gelassen, komme keiner menschlichen Erkenntnis zu - das Gewissen könne und solle durch keine Creatur, weder im Himmel noch auf Erden, sondern allein durch Gott und sein Wort regiert werden, und wer das Widerspiel treibe, der sei der Antichrist, wie St. Paul (2 Thess. 2), gewaltig schließe."

Artikel 21: "Weil man den Unehelichen soll wehren, so soll man die Ehe frei lassen; denn die Ehe ist die einzige Arznei wider die unehelichen Laster."

Auf dem Reichstag zu Augsburg 1530 wurde das evangelische Glaubensbekenntnis verlesen. Darin stehen neben anderem betreffs der Pfarrerehe die Sätze:

"e) So groß Ärgernis, Ehebruch und andere Unzucht zu vermeiden, haben sich etliche Priester bei uns in den ehelichen Stand begeben. Dieselben zeigen als Ursachen an, daß sie dahin gedrungen und bewegt sind aus hoher Not ihrer Gewissen, nachdem die Schrift klar meldet, der eheliche Stand sei von Gott dem Herrn eingesetzt, Unzucht zu vermeiden" (1 Cor. 7, 2,9; Matth. 19, 11, Gen. 1, 27).

h) Es sind auch in Deutschland erst vor 400 Jahren die Priester zum Gelübde der Keuschheit vom Ehestand mit Gewalt abgedrungen, welche sich dagegen sämtlich gesetzet.

p) Wie aber kein menschlich Gesetz Gottes Gebot kann wegtun oder ändern, also kann auch kein Gelübde Gottes Gebot ändern"[76].

Die Confutatio oder Widerlegung der kath. Stände war von Faber, Eck und Cochlaus ausgearbeitet und antwortet auf die Forderung der Priesterehe durch die Protestanten:

d) "Die Pfaffen Ehe belangend: Diese der Fürsten Begehr sei Kais. Majestät wunderbarlich zu hören, dieweil seit der Apostel Zeit die Keuschheut bei den Priestern gewähret."

e) Im Anfang der Kirchen seien etliche Eheleut erwählt worden, aus Mangel der Personen, dieweil aber jetzt die Kirche vermehrt, sei es nicht mehr vonnöten.

f) Es sei eine Ketzerei, von alters her verdammt, deshalb von Fürsten von Städten im hl. Reich nicht zu leiden.

g) 'Besser heiraten als brennen' sei wahr in denen, die Keuschheit nicht gelobt.

m) 'Wachset und mehret euch' sei gesagt, solange die Welt nicht besetzt war, aber da es jetzt so viel Volk gebe, daß man einander schier erdrücke, habe das Gebot aufgehört, sonst hätten viel Heilige und Jungfrauen unrecht getan, da sie aus der Ehe blieben.

n) Zum Beschluß sei die Pfaffen-Ehe nicht zu leiden."

Eck machte den Vorschlag, man solle die Priester, die sich verheiratet hätten, bis zu einem Konzil als gemeine Hurer dulden. Doch Melanchthon und seine Freunde widersetzten sich entschieden[77].

Der Abschied des Augsburger Reichstages durch den Kaiser mit seiner Willenserklärung "bei dem alten, wahren, langhergebrachten christlichen

Glauben und Religion - Ceremonien und Gebräuchen - festiglich zu halten und vor Entscheidung eines künftigen allgemeinen Konzils keine Änderung zuzulassen"[78], hatte so wenig Wirkung, wie der Kaiser Macht im Reich hatte, eben keine.

Im ganzen gesehen ist die Confutatio der katholischen Seite kraftlos und redet am eigentlichen Problem der Reformatoren vorbei. Eine befriedigende Widerlegung ist sie nicht.

Viele Schriftsteller des 16. Jahrhunderts nahmen für oder gegen den Zölibat Stellung. Einer der Gegner war auch der 1553 katholisch gewordene kaiserliche Rat Staphyli. In seiner Schrift "De liberatio de instauratione religionis" schreibt er den Satz: "Denn unter dem übrigen katholischen Klerus Deutschlands, und sonst noch, herrscht die Ehe so allgemein, daß man unter hundert Personen kaum einen findet, der nicht heimlich oder öffentlich verheiratet ist"[79]. So sah es am Vorabend des großen Konzils aus, das die katholische Lehre neu und klar formulieren und das katholische Leben bei Klerus und Volk durch zeitgemäße Maßnahmen festigen sollte.

3. Von Trient bis zum Vaticanum II.

Einen entscheidenden Einschnitt in der Erziehung eines neuen Klerus versuchte das 19. allgemeine Konzil von Trient[80]. Sollte der Zölibat beibehalten werden, dann mußte man endlich neue Wege gehen, um die Einhaltung der alten Vorschriften besser zu erreichen. Die Hierarchie kümmerte sich endlich um den Nachwuchs und glaubte nicht nur an das Wunder der Gnade, sondern sah auch den menschlichen Faktor, die Wichtigkeit einer guten Erziehung des heranwachsenden Priesters. Mit der Pädagogik betrat man zugleich ein Gebiet menschlicher Wissenschaft, die wie jede andere Wissenschaft wächst und sich wandelt und in jeder neuen Phase der menschlichen Gesellschaft neu durchdacht und geordnet werden muß.

In der 23. Sitzung vom 15. Juli 1563 beschließen die Väter die Errichtung von Seminaren für die Heranbildung von Klerikern an Kathedralen und höheren Kirchen. Der Text lautet: "Das Jugendalter ist,wenn es nicht in rechter Weise angewiesen wird, geneigt, den Freuden der Welt zu folgen. Wird es nicht von zarter Jugend an zu Frömmigkeit und Religion angehalten, bevor die Gewohnheit zu Lastern den ganzen Menschen in Besitz nimmt, dann wird es niemals vollkommen und auch nicht mit der größten und geradezu einmaligen Hilfe des allmächtigen Gottes in der kirchlichen Disziplin aushalten. Die hl. Synode hat deshalb beschlossen, daß die Kathedral-, Metropolitan- und höheren Kirchen je nach ihren Möglichkeiten und der Größe der Diözesen gehalten sind, eine gewisse Zahl von Knaben dieses Staates und der Diözese oder auch der Provinz, wenn sie sich dort finden lassen, in einem Kolleg, das bei den

Kirchen selbst oder an einem anderen passenden Ort, den der Bischof bestimmt, zu unterhalten ist, religiös zu erziehen und in der kirchlichen Lehre zu unterweisen sind. In diesem Kolleg aber sollen solche aufgenommen werden, die mindestens 12 Jahre alt sind und aus rechtmäßiger Ehe stammen. Sie sollen lesen und schreiben können und ihre Anlagen und Neigungen die Hoffnung geben, daß sie sich dem kirchlichen Dienst für immer weihen. Söhne armer Leute will die Synode besonders ausgewählt wissen, ohne die Reichen auszuschließen. Nur sollen diese auf eigene Kosten unterhalten werden und den Eifer zeigen, Gott und der Kirche zu dienen."

In diesem Dekret finden sich interessante Feststellungen. Die Väter sehen ein und sprechen es aus, daß der ausgereifte Mensch von seinem Weg nicht mehr abzubringen ist. Hat er sich in "üblen Gewohnheiten" festgefahren, dann bleiben sie, und auch die Gnade Gottes wirkt für gewöhnlich keine Wunder der Umkehr. Das hatte die Erfahrung von Jahrhunderten gezeigt. Umgekehrt glauben auch die Väter, daß der noch nicht ausgereifte junge Mensch für sein ganzes Leben zu Frömmigkeit und religiösem Wandel ausgerichtet werden kann, so daß er die Hoffnung bietet, der Kirche in Treue bis zum Tode zu dienen. Dabei ist freilich das gesamte Tugendleben in einem gesehen und jede Tugend der anderen gleichgesetzt. Beten, arbeiten, Ordnung halten, sich überwinden, gehorchen, die Zunge zähmen und selbst fasten, reichen nicht so tief ins Leibliche hinab, wie die Abstinenz von allem Weiblichen, das doch erst durch das Zölibatsgesetz zu einer Tugend erhoben wird. Und gerade das soll doch hauptsächlich anerzogen werden. Das ist ein froher Optimismus, der zu dem angeführten Pessimismus der einleitenden Sätze gar nicht passen will.

Die Pädagogik arbeitet der Gnade Gottes vor; man wird an den Satz des hl. Thomas erinnert: gratia supponit naturam, die Gnade fügt die Natur hinzu und ordnet sie unter, doch wie und wann und wieviel und ob immer, das bleibt ein Geheimnis trotz aller Theologie. Über die geeigneten Pädagogen wird wenig gesagt. Gewiß ist von Doktoren, Magistern und Lizeaten für hl. Schrift und Kirchenrecht die Rede und von anderen, mit denen das Amt des Lesens und Lehrens verbunden ist, einen nach genauen Satzungen geprüften Lehrer im modernen Sinne gibt es freilich nicht. Und doch ist gerade ihre Persönlichkeit und ihr Können der bildende Faktor der Erziehung und nicht die Aufsicht eines bestellten Schulmeisters noch auch der Vortrag eines kontaktlosen Doktors. Auch die Psychologie mit ihrem Bild vom jungen Menschen hatte man nicht. Daß die Söhne armer Eltern besser für ein Leben der Entsagung passen als verwöhnte reiche Kinder, ist eine Erkenntnis aller Zeiten bis heute geblieben. Das 12. Lebensjahr als Mindestalter bedeutet einen Zeitpunkt, der das Pubertätsalter noch nicht einschließt. Das 14. Lebensjahr mag damals ungefähr den Eintritt bedeutet haben. Man wüßte auch gern ein Höchstalter, denn mit 17 und 18 Jahren dürften sich schon unausrottbare Gewohnheiten eingenistet haben, die den Zölibat sehr erschweren.

So beginnt denn ein neues Kapitel der Zölibatsgeschichte mit dem Jahre 1563. Das Konzil konnte das neue Reis, das es aufzog, nicht in das alte Mistbeet setzen, ohne es gleich zu infizieren. Das scheint der Grund zu sein für den überaus schweren und letzten Schlag, den ein großes Konzil gegen die Konkubinarier führt. Daß Kleriker mit höheren Weihen oder Ordensleute mit feierlicher Profeß keine gültige Ehe eingehen können, bestätigte das Konzil in der 24. Sitzung am 11. November 1563 in Canon 9 über das Sakrament der Ehe. Es werden diejenigen gebannt, die das Gegenteil behaupten. So zählen alle Kleriker, die mit einer Frau in einer der Ehe ähnlichen Weise zusammenleben, nach wie vor als Konkubinarier.

Im Dekret über die Reform der Ehe hatte Kapitel 8 schon schwere Strafen gegen Konkubinarier jeder Art, also auch des Laienstandes, ausgesprochen. Sie sollten, wenn sie nach dreimaliger Ermahnung durch den Bischof die Konkubinen nicht entlassen und sich von ihnen getrennt hatten, exkommuniziert werden. Wenn sie aber, unter Verachtung aller kirchlichen Strafen, ein Jahr lang im Konkubinat verharren, soll vom Bischof streng gegen sie vorgegangen werden, je nach der Art ihres Verbrechens. Strafarten sind nicht ausgesprochen, wohl aber gegen die Frauen, die mit solchen Männern öffentlich zusammenleben, seien sie verheiratet oder ledig. Nach dreimaliger vergeblicher Ermahnung durch den Bischof sind sie nach Art des Vergehens zu bestrafen und aus der Stadt oder Diözese auszuweisen, wenn nötig mit Hilfe staatlicher Gewalt. Wir befinden uns noch in einer Zeit, da die Kirche nicht nur geistliche Macht ausübte, sondern auch eine höchst fühlbare politische. Zwar hatte sie nicht überall die Landeshoheit und Polizeiorgane wie in den geistlichen Territorien, war aber meist mit der staatlichen Macht eng liiert. Es waren die Jahre, da der Grundsatz geprägt wurde: cuius regio, eius et religio. Mit Gewalt zwang der weltliche Herr alle Untertanen, seine eigene Religion anzunehmen. Er war in evangelischen Ländern auch Notbischof und geistlicher Oberherr, in katholischen Ländern, wenn kein Bischof, dann doch ein an bravem Untertanengeist interessierter Landesvater, dessen Auge über allem wachte. In den geistlichen Territorien katholischer Prägung herrschte mitunter mehr Duldsamkeit als in den weltlichen.

Besonders scharf sind die Konzilsbestimmungen gegen Kleriker, die im Konkubinat leben. Wichtig für unsere kritischen Erörterungen ist die einleitende Begründung des Kapitels 14 der 25. Sitzung vom 4. Dezember 1563. Es heißt da:

"Wie schimpflich und des Namens der Kleriker, die sich dem göttlichen Kult geweiht haben, unwürdig es ist, im Schmutz der Unzucht und des unreinen Konkubinates zu verweilen, das bezeugt die Sache selbst durch das allgemeine Ärgernis aller Gläubigen und durch die höchste Schande für den klerikalen Kriegsdienst. Damit aber die Diener der Kirche zu jener Enthaltsamkeit und Integrität des Lebens zurückfinden und das Volk sie von jetzt an um so mehr ehren lerne, je ehrenwerter es ihr Leben sieht, darum verordnet die hl. Synode ..."

Wir halten noch einmal fest: Seit Jahrhunderten verhindert die Kirche eine rechtmäßige Priesterehe. Vielen "schwachen" Menschen, die weder von ihrer Verpflichtung noch von ihrer Leidenschaft loskommen, bleibt nur der Ausweg in das Konkubinat, das unehrenhaft ist für Verheiratete und Unverheiratete. Für letztere ist mitunter die Verachtung des Volkes nicht so groß, wenn der legale Weg in die Ehe versperrt ist. Eher bekundet das gläubige Volk Mitleid und Erstaunen über die Schwäche der menschlichen Natur bis hinauf zu den "Gottbegnadeten". Eine andere Sache als diese Angst vor der öffentlichen Meinung ist die Rede von Schmutz und Unreinheit, die unbewußt ein altheidnisches Mitbringsel ist und zu scharf bei diesem starken Naturtrieb, der künstlich unterbunden wird, erscheint.

Am verständlichsten ist der Gedanke vom "Kriegsdienst für Gott", der dem berufenen "Soldaten" Opfer abverlangt, damit er frei und stark bleibe für höheren und dauernden Einsatz. Ob die Ehe, im streng christlichen Sinne geführt, einen solchen Einsatz hindert, wäre noch zu beweisen. Die Strafandrohungen sind die altbekannten: Klerikern wird untersagt, "verdächtige Frauen" innerhalb oder außerhalb ihres Hauses zu halten oder mit ihnen irgend einen vertrauten Umgang zu haben. Andernfalls sollen sie mit den kirchlichen Strafen belegt werden. Wenn sie nach Ermahnung durch den Oberen sich von den Frauen nicht trennen, verlieren sie den dritten Teil aller Einkünfte und Versorgungen aus dem Beneficium. Diese fallen nach Gutdünken des Bischofs der Kirche zu. Verharren sie hartnäckig bei dieser Frau oder einer anderen auch nach einer zweiten Ermahnung, dann verlieren sie nicht nur sämtliche Einkünfte, sondern werden auch der Verwaltung ihrer Güter enthoben. Treiben sie auch jetzt nicht die Frauen aus oder geben sich mit anderen ab, dann werden sie sämtlicher Beneficien, Ämter und Versorgungen für immer beraubt und unfähig und unwürdig für jegliche Ehren, Würden und Ämter für die Zukunft, bis sie nach einer offensichtlichen Lebensbesserung von ihren Oberen Dispens erhalten. Wenn sie aber nach Entlassung der Frauen eine zeitweilige Gemeinschaft wiederholen oder es wagen, sich mit anderen skandalösen Frauen zu verbinden, dann sollen sie außer mit den vorgenannten Strafen auch noch mit der Exkommunikation belegt werden. Keine Berufung oder Ausnahme soll die Vollziehung verhindern oder aufheben. Die Untersuchung der genannten Fälle ist nicht Sache des Archidiakons oder Dekans oder sonstiger niederer Stellen, sondern der Bischöfe selbst. Diese sollen ohne viel Aufhebens und Umstände des Urteilsspruchs vorgehen können, nachdem sie einzig die Wahrheit der Tat geprüft haben. Kleriker, die keine kirchlichen Beneficien oder Versorgungen haben, sollen nach Art und Dauer des Verbrechens und ihrer Widerspenstigkeit auf folgende Art bestraft werden:

"Entweder durch Einkerkerung, durch Suspension vom Weihegrad, durch die Unfähigkeit zur Erlangung von Beneficien oder andere Arten von Strafen. Wenn auch Bischöfe von derartigen Verbrechen sich nicht ferngehalten haben, von der Synode gemahnt wurden, ohne sich zu bessern, dann sind sie ohne weiteres suspendiert. Im Falle der Verstocktheit soll die Synode die Sache dem römischen Papst übergeben, der nach Art des Vergehens gegen sie vorgehen möge, wenn nötig auch durch Entsetzung"[81].

Es hat noch lange Jahre gedauert, bis die Bestimmungen des Konzils von Trient bekannt und beachtet wurden. In seinem Werk "Weltkonzil von Trient"[82] bringt Georg Schreiber Beispiele stolzer Meldungen von Bischöfen, daß es in ihrem Bezirk keine öffentlichen Priesterehen oder Konkubinarier mehr gebe. Durch systematische Erziehung des Nachwuchses wurde das alte Kirchengebot der Ehelosigkeit eine unbezweifelte Forderung bei Übernahme der höheren Weihen. Der öffentliche Widerspruch von Gebot und Mißachtung ging zurück, und viel Ärgernis verschwand. War damit aber auch die innere Wandlung der zur Zweisamkeit neigenden Menschennatur geschaffen und der neue Priester für alle Zeiten fertig? Eine tiefe Naturanlage kann nicht durch Erziehung, nicht durch Drohung und selbst nicht durch Gottes Gnade verschwinden. Der Mensch mag die Kraft finden, mehr oder weniger gut mit seinen Kämpfen fertig zu werden und besonders äußeres Ärgernis zu vermeiden. In das Innere aller Priesterherzen schauen höchstens der Beichtvater, der Arzt, ein guter Freund und manchmal die Behörde. In manchen Diözesen hatten heilige Priestergestalten großen Einfluß auf die Bildung des jungen Klerus, in anderen lebten gerade die adeligen Bischöfe noch wenig vorbildlich.

Es ist also nicht anzunehmen, der lästige Kampf um die Einhaltung der alten Zölibatsgesetze sei mit dem Konzil von Trient endgültig abgeschlossen. Nur gelegentlich habe die Kirche noch eingreifen müssen, wenn Zeitströmungen den Glauben zu verwirren und die Sitten zu lockern drohten, wäre eine irrige Meinung. Nach Trient gab es nur noch National- oder Partikularkonzilien, ein allgemeines fand erst wieder 1869/70 statt. Doch auch auf diesen spüren wir den öffentlichen oder geheimen Widerstand gegen die alte Kirchenzucht und lesen von Strafen, die an längst vergangene Jahrhunderte erinnern. Lassen wir einige sprechen:

Im Jahre 1573 scheint in Salzburg der Einfluß des Trienter Konzils noch nicht sehr tiefgreifend zu sein. Auf einer Provinzialsynode werden die vom Papst bestätigten Statuten der Salzburger Synode von 1569 verlesen und eingeschärft, ferner dem Erzbischof 40 Kapitel überreicht, welche der Papst ihm zur Beherzigung empfiehlt. Das dritte fordert zur strengen Bestrafung der konkubinarischen Geistlichen auf. Im 5. Kapitel heißt es unter anderem:

"Weil S. Heiligkeit erfahren hat, daß es in Deutschland viele Bischöfe gibt, welche in ihren Sprengeln nicht bloß einfache Priester und Pfarrer haben, sondern auch einige Archidiakone und Kuraldekane, und, was noch absurder ist, auch Prälaten einiger Klöster, die öffentlich Konkubinarier sind, die ihre Söhne und Weiber gleich Ehefrauen zum allgemeinen Ärgernis in ihren Häusern haben (die sie auch, was noch schlimmer ist, im Fahrzeug, das man Schlitten nennt, auf die Reise mitnehmen oder ihren Pferden rücklings aufsitzen lassen), die sie in die Bäder und öffentlichen Wirtshäuser mitnehmen und mit ihrem eigenen Geschlechts- oder Würdenamen rufen - so ermahnt S. Heiligkeit Eure Herrlichkeit (den Erzbischof), daß, wenn in eurer Diözese solche Offiziale gefunden werden, Ihr sie von Amt und Würde entsetzen und an ihrer Stelle andere von gutem Ruf und ehrbarem Wandel erwählen möchtet"[83].

Die Synoden von 1580 zu Breslau und 1582 zu Ermland führen ähnliche Klagen. In der Sessio II zu Breslau heißt es:

"Bischof Gerstmann klagt, daß es in der Diözese Kleriker, besonders Pfarrer gebe, welche in öffentlicher oder heimlicher Ehe Weibern Treue gelobt und mit ihnen Kinder gezeugt haben, und droht den Ungehorsamen mit den kirchlichen Zensuren, worauf die Trienter Dekrete verlesen werden"[84].

Die Synode von Ermland bestimmt 1582:

"Da einige, welche früher Konkubinen gehabt, sie hartnäckig beibehalten oder zurückrufen, so befehlen wir, daß die Konkubinarier nicht absolviert werden sollen, bis sie die Konkubinen wirklich entlassen haben."

Den Pfarrern wird verboten, ihre unehelichen Kinder bei sich zu behalten[85]. Eine Synode zu Olmütz, 1591 gehalten, spricht die Worte aus:

"Wir haben nicht ohne gerechten Schmerz wahrgenommen, daß die Sitten der Geistlichen unseres Sprengels so verdorben sind, daß sie, im Kothe fleischlicher Begierden begraben, mehr verruchter Wollust obliegen, als den göttlichen Dingen. Einige scheuen sich nicht, nach Empfang der heiligen Weihen vorgebliche Ehen einzugehen und diejenigen, mit denen sie sich verbunden, als rechtmäßige Frauen zu halten und mit ihnen sowie mit ihren Kindern öffentlich umherzufahren. Einige pflegen, auch wenn sie solche Ehen nicht eingehen, doch schändlichen Umgang mit unehrbaren Weiblein, die sie in ihrem Hause unter dem Namen Hausmutter, Köchin o.ä. zum großen Ärgernis des Volkes halten"[86].

Die Reformationszeit fand ihren kriegerischen Höhepunkt und zugleich ihren Abschluß im Dreißigjährigen Krieg. Große Teile Deutschlands waren verwüstet und menschenleer, die Kultur zerstört und die Sitten verwildert. Daß auch der Kleriker mit hineingerissen wurde in die Wirren der Zeit, ist nicht zu bezweifeln und zu verwundern. Der Simplizissimus Grimmelshausens bietet in grellen Farben ein Sittengemälde der traurigen Zeit. Nach jedem Krieg macht sich die lange unterdrückte und neu erwachte Lust am Leben bei weiten Volksteilen Luft in Orgien. Ging es schon im ganzen 16. Jahrhundert derb zu, dann kann man im ausgehenden 17. geradezu von einer Sauf- und Freßzeit sprechen, mit einem übertriebenen Kleiderluxus besonders an den Höfen der Großen. Mag die Geistlichkeit auch losgezogen sein gegen die Zuchtlosigkeit der Zeit, immer steht sie auch in der Zeit und ist mit ihr bedroht und gefährdet.

Wie im Jahrhundert zuvor sprechen viele Synoden dieselbe Sprache. Manches ist gebessert, anderes aber scheint unverbesserlich weiter zu bestehen. Ein Konvent zu Preßburg vom Jahre 1628 verfügt in Nr. 2: "Weil die meisten (Priester) auch jetzt noch Konkubinarier sind, so ist es notwendig, daß die Visitatoren die Geistlichen eigens zu dem Ende versammeln, sie vom Konkubinat abzumahnen. - Denjenigen aber, welche sich künftig zu verehelichen oder die sich Verehelichenden zu trauen erkühnen, sollen sie immerwährendes Gefängnis gewiß zusichern"[87].

1632, während Deutschland durch den Dreißigjährigen Krieg verheert wird, klagt eine Synode zu Minden in Dekret III, daß die Sitten des Klerus immer schlechter wurden. Das Verbot des Konkubinats wird erneuert. Die Konkubinen sollen, wenn sie nicht gehorchen, für öffentlich unehrbar erklärt und aus der Diözese verbannt werden. Da bisher viele Priestersöhne ihren Vätern in den Pfründen nachgefolgt sind, wird das Verbot solcher Nachfolge erneuert[88]. Genau so spricht 1651 eine Synode zu Osnabrück: "Der Bischof klagt, daß trotz seiner und seines Vorgängers Ermahnungen und Strafen und trotz eines vor kurzem erlassenen Dekrets 'Über die Entfernung der Hure und ehelichen Kinder' dennoch der Konkubinat fortdauernd beim Klerus herrsche." - Er gebot deshalb von neuem: "Diejenigen, welche dem bereits erteilten Befehle nicht innerhalb der bestimmten Zeit nachkommen oder in Zukunft mit verdächtigen Frauenspersonen sich einlassen, sollen ipso facto alle Pfründen verlieren. Die Unverbesserlichen sollen suspendiert und mit Gefängnisstrafe belegt werden": "Wir werden auch die weltliche Macht in Anspruch nehmen, die Häuser der Verdächtigen bei Tag und Nacht visitieren und die schändlichen Personen öffentlich durch den Henker brandmarken lassen, und wollten die Obrigkeiten lässig oder nachlässig sein, so sollen sie von uns bestraft werden"[89].

Ähnliche Bestimmungen wurden 1682 zu Avranches[90] und 1689 zu Posen[91] getroffen. Letztere erneuert den Canon einer Mainzer Synode, welcher den Geistlichen nicht einmal Mutter und Schwester bei sich zu haben erlaubt, da auch mit solchen Verbrechen begangen werden. Bei Strafe wird ferner den Geistlichen verboten, mit Weibspersonen auf einem Wagen zu fahren. Eine Synode zu Metz[92] verbietet 1699 allen Geistlichen, unter dem Vorwand des

Dienstes irgendwelche Frauen, die durch Alter und Gestalt verdächtig sind, zu halten; vor allem, wenn sie Mägde haben, sollen sie wenigstens 50 Jahre alt sein und auf keine Weise durch Unenthaltsamkeit oder Verführungskünste verdächtig. Gegen die Zuwiderhandelnden sollen die Erzpriester nachsichtslos gemäß den Trienter Dekreten verfahren.

Inzwischen erreichte der Absolutismus der europäischen Fürsten seinen Höhepunkt. In ihrer Erhabenheit stellten sich die absoluten Herren nicht nur über jedes Menschengesetz, sondern oft auch über jede moralische Bindung. Maîtressenwirtschaft, um nicht zu sagen Vielweiberei, war an den Höfen des 17. und beginnenden 18. Jahrhunderts das gewohnte Bild. Die Briefe der Liselotte von der Pfalz, Gemahlin des Bruders Ludwig XIV., überliefern uns ein deutliches Bild höfischer Verderbnis. Deutsche Fürsten ahmten den "Sonnenkönig" nicht nur in seinen Bauten und seinen Despotenlaunen nach, sondern auch in der Art der Hofhaltung in bezug auf ihre Liebhaberinnen. Die beiden Brüder Franz Ludwig von Erthal, Bischof von Würzburg und Bamberg, und Friedrich Karl Josef von Erthal, Erzbischof von Mainz und Bischof von Worms, waren hochbegabte Männer, die wertvolle Reformen für ihre geistlichen Territorien durchführten. Doch war der Bamberger, ohne die gesunde Seite der Aufklärung zu verkennen, von tieferer Religiosität, der Mainzer in seinem Stolz als Primas Germaniae förderte wohl Kunst und Wissenschaft, duldete aber auch das Treiben der französischen Emigranten in seinem geistlichen Fürstentum und hielt sich in der Freifrau von Coudenhove eine Oberhofmeisterin wie weltliche Fürsten ihre Maîtressen.

Die Synoden und Verordnungen dieser Zeit haben es immer noch mit unenthaltsamen Geistlichen zu tun. Zu Posen erneuert eine Synode vom Jahre 1720[93] die Verordnung des Bischofs Wierzbowski, daß die Geistlichen keine Frauenspersonen, auch nicht Blutsverwandte, bei sich im Hause haben sollen. Mit Geld- und anderen, nach Gutdünken festzusetzenden Strafen sollen die Geistlichen belegt werden, welche nicht innerhalb eines Jahres für ihr Hausgesinde eine völlig abgesonderte Wohnung besorgt haben. Bei Strafe für jeden Betretungsfall wird den Geistlichen verboten, sich von ihren Mägden in ihren Zimmern bedienen zu lassen oder ihnen zu gestatten, darin herumzulaufen.Ein Teil der erhobenen Geldstrafe soll dem Kirchenfond, einer dem Angeber, der dritte dem Dekan zufallen. Gegen hartnäckigen Ungehorsam soll der Dekan Suspension verhängen. Ist der Dekan selber der Schuldige, so soll er im ersten Betretungsfall die doppelte, im zweiten die dreifache Strafe erhalten, im dritten seines Amtes entsetzt werden.

Eine Verordnung des Papstes Benedikt XIII. vom Jahre 1724 ist ebenfalls zur Vermeidung öffentlichen Ärgernisses herausgegeben. Es heißt dort unter anderem:

"Damit die Laien in allem ein gutes Beispiel von den Kirchendienern erhalten und jede Gelegenheit für Schwätzereien entfernt wird, befehlen wir unter den oben genannten Strafen und anderen nach unserem Gutdünken, daß in den Wohnhäusern der Kanoniker, Pfarrer und andrer Kirchendiener keine Frauen wohnen nur unter dem Vorwand eines Verwandtschaftsgrades, ausgenommen bei einer rechtmäßigen und dringenden Ursache, die von uns oder unserem Stellvertreter zu billigen ist"[94].

Ein Edikt des Papstes Benedikt XVI. vom Jahre 1749 verbietet den Geistlichen, Mägde im Haus zu haben, welche noch nicht 40 Jahre sind[95]. 1774 verbietet ein Edikt Pius' VI. den Klerikern, öffentlich in Gesellschaft von Frauenzimmern zu erscheinen, sie am Arm zu führen, sie in das Schauspielhaus zu begleiten usw. unter Androhung der bereits durch frühere Verordnungen festgesetzten Strafen, und erneut die Verordnung Clemens' XI. vom 1. Februar 1703, welcher den Geistlichen untersagte, Frauen Unterricht in Musik zu geben. Kein Geistlicher soll mit jungen Frauen zusammenwohnen, mit Ausnahme derjenigen, die ihnen im ersten oder zweiten Grad der Blutsverwandtschaft oder Schwägerschaft verbunden sind[96]. Ein Umschreiben des Bischofs von Paderborn und Hildesheim erinnert 1783 den Klerus daran, daß beinahe auf allen Synoden den Geistlichen verboten worden ist, in ihrem Hause oder außerhalb desselben Frauen wohnen zu lassen und Umgang mit ihnen zu pflegen, und droht mit strengster Vollziehung der durch die Canones und noch von seinem Vorgänger Hermann Werner bestimmten Strafen, wenn die Geistlichen ihr Leben nicht so einrichten, daß sie keinen Anstoß geben und keinen Argwohn erregen[97].

Neben der Politik des Absolutismus läuft im bürgerlich-wissenschaftlichen Bereich das neue Denken der Aufklärung. Diese interessante Geistesbewegung hat tiefe Wurzeln, die sich nicht nur bis in die Zeit der Renaissance, sondern auch des mittelalterlichen Nominalismus zurückverfolgen lassen. Auf allen Gebieten menschlicher Kultur werden Überlieferung und Autorität angezweifelt und verlieren ihre bisherige erstrangige Beweiskraft. Der menschliche Verstand allein soll das Fundament alles menschlichen Wissens bilden; er soll die Sonne sein, die das Menschenleben erhellt und durchleuchtet und alle Wolken der Wunder und Mystik vom Himmel der Menschheit hinwegfegt. Die Aufklärung hat der Menschheit großen Segen gebracht, und wir möchten ein freies Denken heute nicht mehr missen. Sie beseitigte Folter und Hexenwahn ebenso, wie sie den Absolutismus eines Friedrich II. und Josef II. milderte und schließlich das Zeitalter der Demokratie heraufführte. Daß die Aufklärung auch Theologie und kirchliche Institutionen angriff, darf nicht ihre Verdammung und Verurteilung zur Folge haben. Es war nicht alles bestens auf dem kirchlichen Sektor und natürlich auch viel Überschwang in der Aufklärung. Doch der wilde Pendelschlag solcher Kämpfe findet gewöhnlich bald die richtige Mitte. Für Zölibat und Mönchtum hatten die Aufklärer wenig Verständnis. Beide erschienen den Vertretern der neuen Richtung als naturwidrig und waren deshalb abzulehnen. Sie wurden außerdem in ihrer langen Geschichte durch Gelübde und Zwang aufrecht gehalten und können einen Freigeist nur zum Widerspruch reizen. Der aufgeklärte Kaiser Josef II. hat in Österreich viele Klöster aufgehoben und gewiß auch geglaubt, letzten Endes Staat und Kirche zu dienen, wenn nur eine Elite bliebe.

Zu den "Emser Punktationen"[98] der vier Erzbischöfe von Mainz, Köln, Trier und Salzburg gehörte auch die Forderung, "die Verbindlichkeiten, die aus den heiligen Weihen entspringen, aufzuheben, und werden die Erz- und Bischöfe diese Befugnis bei eintretenden erheblichen und dringenden Ursachen in Ansehung der Sub- und Diakone brauchen." In Deutschland wirkten aufklärerische Ideen besonders im Erzbistum Konstanz, vertreten durch seinen Generalvikar Ignaz Heinrich Freiherr von Wessenberg. Nach dem zweiten Vatikanischen Konzil sehen und verstehen wir diesen Mann besser als weiter zurückliegende Jahrzehnte.

Wessenberg war eine echt religiöse Natur und viele seiner Maßnahmen zeigen tiefe pädagogische Einsichten. Bessere Ausbildung des Klerus und bessere Unterrichtung des Volkes durch regelmäßige Predigten, Lesung der Heiligen Schrift auch in deutscher Sprache, durch Singmessen, deutsche Ämter und Vespern, waren seine Hauptanliegen. Daß ihm das alles wichtiger erschien als das Rosenkranzgebet während der ganzen Messe, als "das Auslaufen der Gläubigen zu Wallfahrten, Bruderschaftsfesten, Kirchweihen, Patrozinien in fremden Kirchen", wer möchte ihm das verdenken! Daß einzelne seiner Ansichten und Verordnungen, aus der Gesamtkonzeption herausgerissen, wie erratische Blöcke im 19. Jahrhundert wirkten, entwertet das Positive an diesem Mann nicht[99]. Die Zölibatskämpfe, die in den Diözesen Freiburg und Rottenburg während der zwanziger Jahre des 19. Jahrhunderts tobten, hängen wohl zusammen mit der Aufklärungszeit und ihrer weiter wirkenden Ausstrahlung, können aber mit Wessenberg unmittelbar nicht begründet werden. Seine strenger geforderte Konvikts- und Seminarbildung hätte eher das Gegenteil bewirkt.

Doch zuvor wollen wir noch eine Direktfolge der Aufklärung im Nachbarland Frankreich betrachten, die Französische Revolution. Sicherlich hatte sie ein ganzes Bündel von Ursachen, politische, wirtschaftliche, gesellschaftliche und sogar persönliche. Doch sagt man nicht mit Unrecht, daß sie das geistige Kind der französischen Aufklärer sei. Besonders läßt sich das sagen von der Zivilkonstitution des Klerus, die schon 1790 von der konstituierenden Versammlung erlassen wurde. Die Hierarchie Frankreichs wurde zertrümmert, der Klerus von Rom getrennt und durch einen Eid auf die Verfassung nationalisiert. Etwa 25.000 - 30.000 Geistliche, die Hälfte aller Pfarrer und ein Drittel des Gesamtklerus, leisteten den Eid, wurden von den übrigen abgespalten und von Rom mit Suspension bedroht. Erst die gesetzgebende Versammlung ging gegen die eidweigernden Priester mit Terror vor, während schließlich der Konvent (1792-95) die Ehescheidung erleichterte, die Zivilehe einführte und die Zölibatsgesetze aufhob. Schon vorher war die Disziplin im Klerus gelokkert und das altkirchliche Gebot vielfach übertreten worden. Jetzt nahmen viele die Gelegenheit wahr, sich von einem Zwang zu befreien, der ihnen nicht mehr paßte: Gegen 2.000 Priester heirateten und auch mindestens 9 Bischöfe - die von Evreux, Beauvais, Saint Omer, Orleans, Bourges, Moulins, Perigeux, Angoulême und Nîmes. Die Staatsformen änderten sich in Frankreich zwischen 1789 und 1815 oft und schnell. Schon Napoleon schloß am 15. Juli 1801 ein Konkordat mit der Kirche. Sie erhielt ihre alten Privilegien nicht zurück, aber dennoch eine gesetzliche Grundlage, die bis zum Jare 1905 in Geltung blieb. Pius VII. befreite versöhnungsbereite Kleriker von den kirchlichen Strafen, wenn sie vor dem 15. August 1801 die Ehe geschlossen hatten. Ihre priesterlichen Funktionen durften sie freilich nicht mehr ausüben.

Wenn wir uns nun von Frankreich nach Deutschland zurückwenden, so wirkt hier die Bewegung der Aufklärung nicht direkt über die Politik auf die Kirche und ihre Institutionen. Sie bleibt eine bloße Geistesbewegung, die freilich mitunter versuchte, sich Hilfe und Erfolg durch die deutschen Länderregierungen zu sichern. In den Diözesen Rottenburg und Freiburg/Br. stellen wir auch in den Kämpfen um den Zölibat ihre Wirksamkeit fest. Im badischen Territorium hatten Laien, und zwar unter anderen die Professoren Duttlinger und besonders der bekannte Karl von Rotteck, Historiker und badischer Politiker (1775-1840), eine Petition an den Großherzog von Baden, die badischen Landstände und den Erzbischof von Freiburg mit der Bitte um Aufhebung des Zölibats gesandt. Die Frage liegt nahe, warum diese Männer sich für eine interne kirchliche Frage so stark engagierten. Sahen sie schwere Schäden für Kirche und Volk, die sie um jeden Preis abstellen wollten? Standen Kleriker hinter ihnen, die sich nicht selber vorwagten? War es überhaupt ein kirchliches Interesse, das sie dazu antrieb? Wir werden es schwerlich klären können; aber sicher standen bedeutende Geistliche gegen sie. J. A. Möhler[100] schreibt in seiner "Beleuchtung der Denkschrift", diese habe ihn "mit unendlicher Wehmut erfüllt." Er findet es erfreulich, wenn Laien in kirchlich-religiösen Angelegenheiten ihre Stimme erheben. "Aber sicherlich in anderer Weise muß dies geschehen, als es mit den Herrn Professoren der Fall ist, wenn wir der Kirche Glück wünschen sollen"[101]. Erst 1821 war durch die Zirkumskriptionsbulle Pius VII. nach langen und schwierigen Verhandlungen die Oberrheinische Kirchenprovinz mit Freiburg als Erzdiözese errichtet worden. Möhler meint, "mit Recht" erwarte man, "daß alle Bewegungen, die von diesem wichtigen Moment" ausgingen, "von der innersten Mitte des christlichen Lebens hervorquellen", "aber wie ein kalter Frost überfällt es, wenn man vernimmt, daß so viele Professoren von Freiburg, der Metropole, an die Aufhebung des Zölibates unter diesen Umständen denken, daran zuerst denken, und einzig daran denken!

Ein Gedanke, der schon deswegen ohne allen Gehalt ist, weil er mit etwas beginnt, das, wenn es auch sehr erwünscht wäre, doch nur als Folge am Ende von vielem anderen an die Reihe kommen könnte"[102]. Der Nebensatz "das, wenn es auch sehr erwünscht wäre", scheint kein Irrealis, sondern ein Conzessivsatz zu sein und wirft ein tiefes Licht auf das ehrliche gedankliche Ringen des edlen Möhler. Seine folgendenAusführungen nehmen den badischen Klerus, der in der Petition als ungeistig und ungeistlich, materiell und fleischlich geschildert wird, keineswegs in Schutz; doch führt er zur Erklärung "die negative Aufklärung" an, "die einseitig kritische Richtung, die beinahe seit einem halben Jahrhundert in Freiburg vorherrschend war." Gewiß stimme es, daß "die hier bezeichneten badensischen Priester, bloße Schatten von geistigen und geistlichen Männern, in ihrer inneren geistigen Armut und außer sich Lebensfreude suchend, gerufen: 'Gebt ihnen Weiber!' Glaubt ihr aber, daß Weiber geben, was sie nicht besitzen?"[103]

Hiermit ist der tiefe Mangel einer geistigen Erziehung in Wissenschaft und Askese als das Grundübel im Klerus erkannt und genannt, ein Übel, dem die Aufhebung des Zölibates allein nicht abhelfen kann. Auf 90 Seiten setzt sich der Verfasser mit der Eingabe an den Großherzog von Baden auseinander, zerpflückt ihre Beweise und Gegenbeweise aus Schrift, Tradition, natürlicher Einsicht und historischen Tatsachen. "Durch die seit etwa vierzig Jahren stets wiederholten Angriffe wurde vielen Klerikern die frühere heitere Unbefangenheit geraubt, die zu einem kräftigen Sein und gedeihlichen Wirken so unentbehrlich ist"[104]. Möhler erinnert an die heftigen Angriffe des in Freiburg redigierten "Freimüthigen" gegen den Zölibat durch Männer wie Werkmeister, Huber und Weinmann. "Wer die Untrüglichkeit der Kirche leugnet, wie Thomas Freikirch, und damit ihren Ursprung von Christus so wie ihren ewigen Bestand, wie kann ein solcher ein Institut begreifen und lieben, das ein völliges Hingeben an die Kirche, eine völlige Aufopferung seiner selbst, um nur ihr zu leben, für sie zu wirken, ihr Gedeihen zu befördern, fordert?"[105] Treffende Antworten hat Möhler für die Behauptung bereit, der Zölibat sei heidnischen Ursprungs[106]. "Nicht alles Heidnische ist Satans Werk. Auch die Heiden glaubten an Gott, sollen wir deshalb an keinen glauben? Auch sie bauten der Gottheit Tempel; sollten wir aus diesem Grund keine errichten? Durch die ganze heidnische Welt hindurch ziehen sich Bruchteile der Wahrheit und Spuren des Göttlichen"[107].

Der Einwurf vom "Zwangsgebot" des Zölibats, "das die härteste Beschränkung der persönlichen Freiheit verhänge"[108], wurde damals so oft ausgesprochen wie heute, aber doch unter veränderten persönlichen und gesellschaftlichen Verhältnissen. Große geschichtliche Linien in der Wesensdarstellung von Katholizismus und Protestantismus lassen den Fachmann der Symbolik erkennen, freilich in den Gegebenheiten seiner Zeit: "Je schwächer der kirchliche Sinn im Protestanten, je stärker im Katholiken, desto mehr ist jener, desto mehr dieser in seinem Elemente"[109]. "Es ist daher auch ganz in Ordnung, daß die Pastoren verheiratet sind und noch durch ein anderes Band an den Staat geknüpft werden. Sie wären z.B. zuverlässig nicht haufenweise der preußischen Agende, die ihnen zu christlich ist, beigetreten, wenn sie nicht auf ihre Stellen und auf weitere Beförderungen, die die Sorge für Weib und Kind notwendig macht, Bedacht genommen hätten. Ganz umgekehrt verhält es sich mit dem Katholiken; da er, wie gezeigt wurde, einzeln für sich nichts ist und nichts sein kann, sondern vom Ganzen, dem er nicht halb, sondern ganz gehört, gehoben werden muß. Nun mag von selbst beurteilt werden, welchen Eingang die Denkschrift bei vernünftigen Lesern gewinnen werde, wenn sie die katholischen Priester verehelicht wünscht, um die Kirche noch abhängiger vom Staate zu machen und dem Papst noch weniger Einfluß auf sie zu gestatten!"[110]

Die Petition behandelt in drei Teilen zunächst eine Geschichte des Zölibats, dann eine vergleichende Betrachtung der Vorteile und Nachteile und schließlich eine Erörterung, auf welche Weise und nach welchen kirchen- und staatsrechtlichen Grundsätzen die Aufhebung vorzunehmen sei. Möhler antwortet nur auf die beiden ersten Teile. "Über die dritte Abteilung der Denkschrift haben wir hier nichts zu sagen; bloß die Unbeholfenheit und den Mangel an praktischem Takt, der den Professoren eigen zu sein pflegt, müssen wir noch bewundern. Zuerst nämlich wollen sie die jetzige Kirchenverfassung durch Zeugnisse aus Cyprian und dergl. in die des dritten Jahrhunderts geschwind zurückversetzen, und dann mittelst der neuen den Zölibat aufheben, und das alles innerhalb vierzehn Tagen"[111].

Ich habe die Kampfschrift eingehender behandelt, weil vieles an heutigen Aussagen über den Zölibat anklingt, vieles aber auch zeitgeschichtlich bedingt ist und nach 150 Jahren anders gesehen werden muß.

Dramatischer als in der Diözese Freiburg und in Baden verlief der Antizölibatskampf in Württemberg mit seinem neu gegründeten Bistum Rottenburg. Schon 1821 hatte der Rottweiler Abgeordnete Burkhardt der zweiten württembergischen Kammer die Petition vorgelegt, man solle auf die Regierung einwirken, den Zölibat aufzuheben. Als Hauptgrund nannte die Eingabe den Priestermangel. Die Kammer erklärte sich als nicht zuständig und legte den Antrag ad acta. Entschiedener und tiefgreifender wurde die Bewegung zehn Jahre später. Verschiedene Blätter, wie der "Hochwächter"[112] und die "Konstitutionelle Kirchenzeitung", Hauptsprachrohr der Zölibatsgegner, hatten schon 1831 an König Wilhelm appelliert, "den tausendjährigen gordischen Knoten kraftvoll zu lösen." Man solle sich nicht feige fürchten "vor den schriftlichen Tränen, gedruckten Seufzern, fingiertem Kummer oder den bedeutungslosen Bannstrahlen der alten eigensinnigen Mutter und des welschen Steuermanns." Das Volk müsse besser über die Geschichte, Vor- und Nachteile des Zölibats für Kirche und Staat aufgeklärt werden. Vereine sollten gegründet werden, um den Widerstand Roms leichter brechen zu können. Würde im kanonischen Rechtsbuch der Kirche das Zölibatsgesetz getilgt, dann bringe das die Kirche nicht zum Umsturz. Denn das Zölibatsgesetz verletze heiligste Rechte und habe keinen andern Grund für sich als sein Alter. Aber tausend Jahre Unrecht schaffe keine Stunde Recht.

Der Kirchenratsdirektor von Camerer soll im Februar 1831 den zur Pfarrkonkursprüfung erschienenen Geistlichen abgeraten haben, über den Staat durch Petitionen etwas zu versuchen. Der Staat könne nur im Einverständnis mit der Kirche handeln, und diese gebe nicht nach. Sie sollten also zur Selbsthilfe greifen, als Muster der Rechtschaffenheit das Vertrauen ihrer Gläubigen gewinnen und dann einfach mutig heiraten. Schon Ende Februar 1831 wurden von Ehingen aus Statuten eines Antizölibatsvereins an eine große Zahl von Geistlichen des Landes Württemberg versandt. Geistige Väter der Bestrebungen waren Professoren des Rottweiler Gymnasiums, die literarisch die Ehelosigkeit des Klerus bekämpften, während die Ehinger Gymnasialprofessoren diese Ideen durch praktische Organisation propagierten. Ihre Namen im einzelnen aufzuführen, würde den Rahmen dieser Arbeit ebenso sprengen, wie eine Untersuchung, ob der bekannte Professor J.A. Möhler in Tübingen eine Wandlung vom Gegner zum Verfechter durchmachte[113]. Zu den Unterzeichnern des Vereins soll in Württemberg der spätere Bischof Lipp von Rottenburg gehört haben, wie auch in Baden der katholische Sozialpolitiker und spätere Vorkämpfer der Kirche Franz Josef Ritter von Buß die an die zweite Kammer gerichtete Adresse unterschrieben hatte. Der Antizölibatsverein sprach in seinen Statuten klar aus, daß es seine Absicht sei, Geistliche und Laien beider Konfessionen im Königreich Württemberg zu vereinen, "um auf ordentlichem und gesetzlichem Wege die Zurücknahme des Verbots der Ehe bei den katholischen Geistlichen zu bewirken."

Genaue Zahlen, wieviele Geistliche dem Verein beitraten, haben wir nicht. Doch mag es stimmen, daß es doppelt so viele unter den Jüngeren wie unter den Älteren waren. Im ganzen gesehen, scheinen sich die Gründer mehr versprochen zu haben, als sie erreichten. Wenn es wahr ist, daß einige Dekanate ihnen geschlossen zufielen, dann haben ebenso viele und mehr sich vollkommen abweisend verhalten. Auch der katholische Adel hat in seiner Mehrheit keine Unterstützung gewährt. Das katholische Volk konnte in seinem weitaus größten Teil nicht gewonnen werden. Gerade in Ehingen waren die einfachsten Leute nicht einverstanden, und in Rottenburg kämpfte man gegen Bischof und Domdekan, die als Freunde der Bewegung galten. In Ellwangen bildete sich gar ein Verein gegen die ehelustigen katholischen Geistlichen in Württemberg. Der Stadtrat von Riedlingen und die Vorsteher der 60 katholischen Orte des Oberamtes brachten eine Eingabe beim König ein, "um gerechten Schutz gegen die Umtriebe des Vereins für die Aufhebung des Zölibats der katholischen Geistlichen." Sie erklärten sogar, falls die Priesterehe gestattet würde, keinen verheirateten Geistlichen anzuerkennen oder eine Funktion geistlicher Art von ihm anzunehmen. Ein Verfechter der alten Zölibatsgesetze entstand ihren Anhängern in dem Freiherrn August von Hornstein, Königlichem Kammerherrn und Ritterschaftlichem Abgeordneten des Jagstkreises. Die Ehinger antworteten mit einer anonym erschienenen Schrift, die auf 39 Seiten die Gründe für die Zölibatsaufhebung zusammenstellte und sogar den Beifall der Tübinger Theol. Quartalschrift fand[114]. Gerade die Tübinger Professoren und Studenten verhielten sich übrigens in dem ganzen Kampf neutral, was wohl dem Einfluß Möhlers und seines Gesinnungsfreundes, des Konviktsdirektors Schönweiler zuzuschreiben ist. In einer gedruckten Ansprache an seine Zöglinge[115] steht der Satz, der wohl bedingt zutrifft: Wenn mancher es als eine unerträgliche Freiheitsbeschränkung ansehe, daß er sein ganzes Leben an das Zölibatsgesetz gebunden sei, so gebe es noch mehr Menschen, die es als unausstehliche Bürde betrachten, lebenslänglich an ein unseliges eheliches Verhältnis geheftet zu bleiben. Ohne Kampf, ohne Selbstverleugnung, ohne Sorgen gehe es in keinem Stande ab.

Die Entscheidung in der ganzen Angelegenheit brachte schließlich die Einstellung des Königs und seiner Regierung gegen die Ehinger, denen die höchste Mißbilligung ausgesprochen wurde. Die Erregung im katholischen Volksteil mag hierzu den Anlaß gegeben haben. Ehe ein volles Jahr verging, war auch in Württemberg der offene Zölibatskampf wie ein Spuk verschwunden. Der liberal gesinnte Bischof von Keller hatte lange geschwiegen, mußte aber schließlich doch zu Frieden und Eintracht mahnen. Die "Konstitutionelle Kirchenzeitung" stellte Ende März 1832 ihr Erscheinen ein, und die päpstliche Enzyklika Mirari vom 15. August 1832 durch Papst Gregor XVI. mag als der offizielle Sieg der alten römischen Forderung gelten.

An dieser Stelle sei noch ein Wort angefügt über den Theologieprofessor Joh. Bapt. Hirscher, geb. am 20. Januar 1788 zu Altergarden bei Ravensburg. Hirscher war von 1817 an Professor der Moral- und Pastoraltheologie in Tübingen und seit 1837 der Moraltheologie in Freiburg/Br., wo er am 4. September 1865 starb. Man hat ihn nicht selten verdächtigt, ein Gegner des Zölibatsgebotes gewesen zu sein, zumindest aber eine Wandlung durchgemacht zu haben. Nach neueren Forschungen läßt sich die Behauptung in dieser simplen Form nicht aufrechterhalten. Zudem ist auch die Wandlung eines ringenden und erkennenden Geistes etwas menschlich Schönes und Bewundernswertes[116].

Wir haben in den Jahren 1820 und 1831 Rezensionen aus der Feder Hirschers, die über einige Bücher zur Zölibatsfrage handeln. Schon 1820 ließ er klar durchblicken, daß der damalige Klerus, so wie seine Erziehung nun einmal war, unmöglich den Zölibat halten konnte. "Der äußere ehelose Zivilstand ist gewahrt, aber Geist und Übung der seelischen Virginität ist dahin." Unter solchen Umständen trat Hirscher für den fakultativen Zölibat ein, hatte aber nichts zu tun mit den süddeutschen "Zölibatsstürmern". In der Rezension von 1831 steht er in der Mitte zwischen den streng Konservativen und den "Zölibatsstürmern". Wir lesen jetzt den Satz von ihm: "Die kirchlichen Behörden müssen entweder für eine dem Zölibat entspechende Bildung von unten herauf auf eine eigne ganz neue Weise Sorge tragen; oder sie müssen entweder die Zurücknahme des Eheverbotes ernstlich, wiewohl weise und schonend anbahnen oder mindestens jedem Unzufriedenen den Austritt aus den Rechten und Lasten eines Geistlichen gestatten." Hatte er 1820 noch Dispens für Geistliche im Amt gefordert, so jetzt die Möglichkeit zum Rücktritt. Krebs findet freilich den Satz pädagogisch unklug, den Hirscher in diesem Zusammenhang niederschrieb: "Die Aufhebung des Zölibats wird kommen, aber wahrscheinlich im Gefolge mannigfacher Kämpfe der Zeit." Während seiner Freiburger Jahre klärten sich die Ansichten Hirschers noch weiter. Er sah ein, daß die Zeit so schnell nicht kommen werde und schrieb 1840[117]: "Dieses Gesetz ist der Berg Muhameds. Es bleibt, aller Beschwörung nicht achtend, unbeweglich stehen. Da es sich folglich nicht zu uns herbeilassen will, so bleibt nur übrig, uns ihm zu fügen." - In seinem Kolleg soll Hirscher mit Verehrung über den Zölibat gesprochen haben, mußte aber noch 1842 und 1843 eine Erklärung gegen heftige Angriffe seiner Gegner erscheinen lassen, in der er seine Grundsätze zusammenfaßte. Sie zeigen ihn als einen vernünftigen Mann der Mitte, der Verehrung und Beachtung auch noch in unserer Zeit verdient.

Dreißig Jahre später war das erste Vatikanische Konzil beendet. Die Definition der päpstlichen Unfehlbarkeit nahm die meiste Zeit in Anspruch, während Fragen der Kirchendisziplin kaum berührt wurden. Lediglich in der Zeit zwischen dem 8. Januar und 22. Februar 1870 beschäftigte sich das Konzil mit Anträgen über Disziplin und Seelsorge, die aus aller Welt eingegangen waren. Keines der behandelten Schemata aber konnte verabschiedet werden. Bekannt ist die altkatholische Bewegung, die durch das Konzil Auftrieb bekam. Eine Antizölibatsbewegung im strengen Sinne kann man das Abrücken der Altkatholiken von der alten Kirchenordnung nicht nennen. Die Altkatholische Kirche, die sich gegen die Warnung von Prof. Ignaz v. Döllinger, des Hauptes der Opposition gegen die päpstliche Unfehlbarkeitserklärung, gebildet hatte, war auch im Glauben von der römischen Kirche getrennt. Sie verwarf das Dogma von der Unbefleckten Empfängnis ebenso wie das Unfehlbarkeitsdogma. Beichtpflicht und Fastengebot wurden aufgehoben und 1878 die Zölibatspflicht abgeschafft. Gerade das letztere Vorgehen machte tiefer Denkende mißtrauisch, und nicht nur Professor Döllinger zog sich von der altkatholischen Bewegung zurück.

Wenn im Westen eine Bewegung in Gang kam, wurde in Schlesien gewöhnlich eine zweite Welle ausgelöst. Das war nicht nur 1870 so, als der Altkatholizismus sich bildete, sondern schon 50 Jahre früher als Gegenstück zum badisch-württembergischen Zölibatskampf. Damals standen die Brüder Johann Anton und Augustin Theiner an der Spitze eines Kampfes gegen ihre Kirche. Johann Anton (geb. 1799 zu Breslau, gest. 1860) war Priester, als er 1826 in erster und 1827 in zweiter Auflage das Buch herausgab: "Die katholische Kirche besonders in Schlesien in ihren Gebrechen dargestellt von einem katholischen Geistlichen". Das Werk enthält in den Paragraphen 6 und 7 (S. 56-95) eine Abhandlung über das Zölibatsgesetz, die dem "Pfaffenspiegel" Ehre machen würde. Theiner, der damals noch junger Priester war, beleidigte damit seinen Stand und seine Diözese. Das soll nicht heißen, daß seine Darstellung der kirchlichen Zustände lauter Lüge und Verleumdung sei. Doch seine Maßlosigkeit kennt keine Grenzen und reißt alles nieder; wie die weltlichen Aufklärer beschimpft er Rom; der Ton des ganzen Werkes ist pietätlos. Das gilt auch von den übrigen Abhandlungen, mögen sie "Die Bischöfe als Lehrer des Volkes" (§ 3) behandeln, den "Diözesan Klerus" (§ 5) oder die "Heiligenverehrung" (§ 43). Theiner zeigt, wie man ernstlich nicht zu einem fruchtbaren Dialog kommen kann.

Das genannte Buch läßt vermuten, welchen Geist die Kampfschrift atmet, die er 1828 zusammen mit seinem Bruder Augustin Theiner (geb. 1804 in Breslau, gest. 1874 in Civitavecchia) herausgab: "Die Einführung der erzwungenen Ehelosigkeit bei den christlichen Geistlichen und ihre Folgen". In dem mehrbändigen Werk ist ein immenses Wissen zusammengetragen, doch hat sein Sarkasmus und seine Schonungslosigkeit mehr Stoff für Feinde und Spötter als Hilfe für Freunde und Gönner seiner Kirche geliefert. Sie gefiel manchen Kämpfern im Streit so gut, daß sie nicht nur 1845 neu aufgelegt wurde, sondern auch zwischen 1891 und 1897, zwanzig Jahre nach dem Tod des jüngeren Bruders. Geholfen hat die umfangreiche Schrift so wenig wie all die kleineren und größeren Broschüren späterer Verfasser; die Zeit war zu einer echten Diskussion und Erneuerung nicht reif.

Wie das 19. Jahrhundert, so hat auch das zwanzigste Kämpfe und Überlegungen, Meinungen und Gegenmeinungen um die Zölibatsfrage gebracht. Meist schließen sich die Auseinandersetzungen an politische, soziale, wissenschaftliche oder auch kirchliche Bewegungen an. Um die Jahrhundertwende bis zu den Jahren vor dem Ersten Weltkrieg und hier und da noch bis 1920 kämpfte in der katholischen Kirche eine fortschrittliche Bewegung mit der streng konservativen. Die wissenschaftlichen Errungenschaften der Neuzeit sollten auf allen Gebieten der Kirche Reformen herbeiführen. Man nennt die verschiedenartigen Strömungen Reformkatholizismus. Dieser wollte die Häresie vermeiden, geriet aber in seiner schärfsten Form, dem Modernismus, in Konflikt mit der Kirche, die einstweilen noch in strengstem Konservatismus verharrte. Leider blieben viele edle Männer mit hohen Geistesgaben auf der Strecke. Ihr Kampf darf nicht als verloren und nichtig angesehen werden; denn schließlich hat das, was sie wollten, 50 Jahre später den rechten Weg der Reform gefunden und wird auf legalem Wege zum Ziel kommen.

Der Kampf gegen den Zölibat war kein Hauptpunkt des Reformkatholizismus. Vielmehr sollte die katholische Kirche mehr Wagemut und Großzügigkeit zeigen, sich nicht gegen die moderne Zeit und ihre wissenschaftlichen Strömungen abkapseln - so wollten es auch kirchentreue Männer, wie Hermann Schell und viele andere. Daß kleinere Geister die Stunde für gekommen glaubten, aus ihrer persönlichen Not ein allgemeines Anliegen zu machen, ist menschlich verständlich. In Württemberg und Bayern war es nur ein kleiner Kreis von Klerikern, die zum Teil ihr Gewand auszogen und heirateten oder - meist anonym - gegen den "Zwangszölibat" loszogen. Besonders Stadtpfarrer Buck in Walterburg machte sich als Hauptagitator und "Schütze aus dem Dunkel" verdächtig[118]. Einige Artikel im "Beobachter" vom Jahre 1909 liebäugelten mit dem Modernismus wie mit dem Altkatholizismus und führten viele Schäden im katholischen Klerus auf den Zölibat zurück. In dieselbe Kerbe schlug auch die Broschüre von Siegfried Hagen: "Zwangszölibat oder Priesterehe?" Der Klerus sollte aufgerüttelt werden und zur Selbsthilfe greifen. Der einzelne Priester sollte mindestens bis zum vierzigsten Jahr die Möglichkeit haben, zwischen Zölibat und Ehe zu wählen. Daß der verheiratete Geistliche ein brauchbares Werkzeug seiner Kirche sei, bewiesen die Priester der unierten Kirche. Wenn man trotzdem an einer Forderung festhalte, welche die Heilige Schrift nicht kennt und die bloßes Gesetz sei und kein Gelübde, beweise das nur die Herrschsucht, den Starrsinn und die Heuchelei der Amtskirche. Für die Broschüre wurde in der Presse geworben, viele Exemplare gratis versandt, so daß schon 1911 eine siebte Auflage nötig wurde. Eine zweite Schrift, unter dem Pseudonym Otto Schwab, 1910 erschienen, ist betitelt: "Das Elend des Priesterzölibats."

Drei offene Briefe an Bischof Paul Wilhelm von Keppler behandeln die sexuelle Not des Priesters, die Folgen des Zölibats und Skandalgeschichten aus aller Welt. Vermutliche Folgen der Zölibatsaufhebung und Gründe, die auch heute noch ins Feld geführt werden, sind zusammengetragen: Die Priester erhalten die Menschenrechte, die Gleichheit mit der orthodoxen und unierten Kirche wird erreicht, der Friede unter den Konfessionen gefördert. Nach der

Meinung von August Hagen ist Josef Kley, Pfarrer von Sießen bei Saulgau, der wahre Verfasser. Im November 1910 schickten die Zölibatskämpfer ein Flugblatt an die Eltern der Theologiestudenten mit der Aufforderung, ihren Sohn so lange vom geistlichen Stand zurückzuhalten, bis er frei wählen könne zwischen Zölibat und Ehe. Wiederum dürfte Stadtpfarrer Buck der Verfasser sein. "Ein zweites Wort an die Eltern von Theologiestudenten" fordern diese auf, ihren Sohn lieber Lehrer, Techniker oder Geschäftsmann werden zu lassen. Der Brief erreichte gerade das Gegenteil seiner Absicht: den Protest der meisten Eltern. Bischof Keppler begründete in seinem Fastenhirtenbrief 1911 den Zölibat der Kirche, erklärte die Ärgernisse und richtete schließlich an seine Gläubigen die Mahnung: "Glaubet nicht jedem Geiste, sondern prüfet die Geister, ob sie von Gott sind"[119].

Auf dem Mainzer Katholikentag 1911 hielt Bischof Faulhaber von Speyer eine Rede über "Priester, Volk unserer Zeit", in der er die Flugblattschreiber scharf geißelte und ihnen zurief: "Wenn wirklich Herz und Rock im Widerspruch liegen, dann habe man den Mut, kosequent zu sein!" Das könnte sowohl bedeuten, den Rock auszuziehen, als auch, das Herz zu wandeln. Für das erste fehlt gewöhnlich der Mut, für das zweite die Kraft und deshalb die Gnade. Daß die liberale Presse Württembergs Bischof Keppler angriff, ist zu verstehen, daß katholische Geistliche im April 1913 ein drittes Flugblatt "An Deutschlands Bürger und Frauen" herausbrachten und gegen den Hirtenbrief eiferten, stimmt nachdenklich. Eine Broschüre von Otto Sickenberger "Der Zölibatszwang und Bischof Keppler" war bereits im März 1911 herausgekommen und warf dem Oberhirten vor, ihm mangele "der Geist der Liebe, Menschlichkeit, Wahrhaftigkeit, Gerechtigkeit und Barmherzigkeit".

Ein Jahr zuvor hatte Sickenberger bereits geheiratet, nachdem er trotz zweimaliger Reisen nach Rom keine Dispens vom Zölibatsgebot erhalten hatte. Eine Selbsttäuschung dieser Zölibatskämpfer war ihr Glaube, daß der größte Teil von Klerus und Volk hinter ihnen stehe. Ihr Ungestüm und ihre Übertreibungen stießen selbst unkritische Menschen zurück. Der edle Philipp Funk, selbst ein Reformer und Redakteur der Zeitschrift "Das neue Jahrhundert", schrieb am 6. August 1913 an Stadtpfarrer Buck die Sätze[120]:

"Ich trage dem Interesse unserer Bewegung Rechnung, die nun einmal nicht von ferne einer Bewegung zur Verehelichung der Geistlichen ähneln darf. Ich kenne den Standpunkt vieler Leser und maßgebender Persönlichkeiten, die sehr degoutiert sind vom diesbezüglichen Emanzipationskampf eines Teiles des Klerus. Alle diese Kreise wissen, daß es fast für jeden Menschen ein sexuales Problem gibt, daß oft harte Nüsse zu knacken sind. Es gibt noch tragischere Sexualkrisen als die klerikale. Für einen verheirateten Klerus können sich übrigens das Volk und die gebildeten Stände im Katholizismus in gleicher Weise nicht begeistern. Das einzige, was man fordern kann und was auch vom

Neuen Jahrhundert gefordert werden muß, ist die legitime, kirchlich sanktionierte Ehe des ausgetretenen Klerikers." -

Ein Jahr später brachte der Erste Weltkrieg der Menschheit größere Sorgen als das Zölibatsproblem einiger Kleriker. Mit dem für Deutschland unglücklichen Ende des Krieges, mit dem Aufkommen freiheitlicher Demokratien und dem Sturz der alten Autoritäten hofften einige Geistliche in Württemberg auch das Zölibatsgesetz beseitigen zu können. Sie sandten eine Deputation an den Kultusminister Heymann (SPD), und Bischof Keppler beklagte auf der Diözesansynode 1919 diese "Judastat", die schlimmer sei als der "Gewaltfriede". Noch im selben Jahr erschien eine Schrift von Franz Mertens: "Die Sklaverei der katholischen Geistlichen", in der die Sätze standen: "Der heutige Priester wird nicht mehr von Gott berufen, sondern gezüchtet in den Seminaren, wovon das Hauptgefängnis das Priesterseminar ist." Der Staat möge Seminare und Konvikte aufheben. Hauptmittel der Knechtung seien Brevier und Zwangszölibat. Mit Schlagworten und Übertreibungen sollte die Masse des Volkes gegen die Kirche gehetzt werden. Trotz hoher Auflagen erreichte die Schrift das Gegenteil. Geistliche und Volk weisen sie energisch zurück. August Hagen wird nicht in die Irre gehen, wenn er wiederum Stadtpfarrer Buck als Verfasser bezeichnet. Nach 1920 erstickte allmählich die ganze Bewegung, und die ordentliche Gewalt in der Kirche beharrte in der Tradition. Erst wenn diese selbst ein zeitgemäßes Priesterideal schafft, mag die Wende kommen. Daran konnte damals noch niemand denken.

Nach dem Ersten Weltkrieg erlebte die Tschechoslowakei nicht nur ihre Eigenstaatlichkeit, sondern es erwachte auch der Familiensinn mancher Priester. Doch so wie politisch von Wien, gab es kirchlich keine Trennung von Rom. Papst Benedikt XV. erklärte sich zu keiner Milderung, geschweige denn zu einer Aufhebung des Zölibats, bereit. Ähnliche Bewegungen beobachten wir zur gleichen Zeit auch in Ungarn und Frankreich, während in Mexiko der Staat 1925 die Priester zur Heirat zwang. Daß kommunistische Staaten keine Begeisterung für den Zölibat aufbringen können, ergibt sich aus ihrer materialistischen Ideologie.

Noch befinden wir uns in der vielleicht letzten großen Bewegung um den Zölibat. Sie entsprang ganz naturgemäß dem aggiornamento, der Anpassung von Kirche und Klerus an die heutige Welt. Aber wie schon gesagt, gab es keine öffentliche Verhandlung über diesen Punkt, obwohl viele Reformvorschläge an das II. Vatikanum herangetragen wurden. Im Gegenteil: Das "Dekret über Dienst und Leben der Priester" enthält die bekannten Gedanken über Schönheit und Angemessenheit des Zölibats auch in der modernen Zeit. Um die neuerlichen Auseinandersetzungen besser zu verstehen, seien die wichtigsten Sätze hier aufgenommen. Im dritten Kapitel, das über das "Leben der Priester" handelt, sagt Abschnitt II, 16 folgendes:

"Die Kirche hat die vollkommene und ständige Enthaltsamkeit um des Himmelreiches willen, die von Christus dem Herrn empfohlen, in allen Jahrhunderten bis heute von nicht wenigen Gläubigen gern angenommen und lobenswert geübt worden ist, besonders im Hinblick auf das priesterliche Leben immer hoch eingeschätzt. Ist sie doch ein Zeichen und zugleich ein Antrieb der Hirtenliebe und ein besonderer Quell geistlicher Fruchtbarkeit in der Welt. Zwar ist sie nicht vom Wesen des Priestertums selbst gefordert, wie die Praxis der frühesten Kirche und die Tradition der Ostkirchen zeigt, wo es neben solchen, die aus gnadenhafter Berufung zusammen mit allen Bischöfen das ehelose Leben erwählen, auch hochverdiente Priester im Ehestande gibt. Wenn die heilige Synode dennoch den kirchlichen Zölibat empfiehlt, will sie in keiner Weise jene andere Ordnung ändern, die in den Ostkirchen rechtmäßig Geltung hat; vielmehr ermahnt sie voll Liebe diejenigen, die als Verheiratete das Priestertum empfingen, sie möchten in ihrer heiligen Berufung ausharren und weiterhin mit ganzer Hingabe ihr Leben für die ihnen anvertraute Herde einsetzen. (...)

Der Zölibat ist jedoch in vielfacher Hinsicht dem Priestertum angemessen. Die priesterliche Sendung ist nämlich gänzlich dem Dienst an der neuen Menschheit geweiht, die Christus, der Überwinder des Todes, durch seinen Geist in der Welt erweckt, die ihren Ursprung 'nicht aus dem Blut, nicht aus dem Wollen des Fleisches noch aus dem Wollen des Mannes, sondern aus Gott' (Joh. 1,13) hat. Durch die Jungfräulichkeit und die Ehelosigkeit um des Himmelreiches willen werden die Priester in neuer und vorzüglicher Weise Christus geweiht; sie hängen ihm leichter ungeteilten Herzens an, schenken sich freier in ihm und durch ihn dem Dienst für Gott und die Menschen, dienen ungehinderter seinem Reich und dem Werk der Wiedergeburt aus Gott und werden so noch mehr befähigt, die Vaterschaft in Christus tiefer zu verstehen. Auf diese Weise bezeugen sie also vor dem Menschen, daß sie sich in ungeteilter Hingabe der ihnen anvertrauten Aufgabe widmen wollen, nämlich die Gläubigen einem Mann zu vermählen und sie als keusche Jungfrau Christus zuzuführen; so weisen sie auf jenen geheimnisvollen Ehebund hin, der von Gott begründet ist und im anderen Leben ins volle Licht treten wird, in welchem die Kirche Christus zum Bräutigam hat. Darüber hinaus sind sie ein lebendiges Zeichen der zukünftigen, schon jetzt in Glaube und Liebe anwesenden Welt, in der die Auferstandenen weder freien noch gefreit werden.

Der so im Geheimnis Christi und seiner Sendung begründete Zölibat wurde zunächst den Priestern empfohlen und schließlich in der Lateinischen Kirche allen, die die heilige Weihe empfangen sollten, als Gesetz auferlegt. Diese Heilige Synode billigt und bekräftigt von neuem dieses Gesetz für jene, die zum Priestertum ausersehen sind, wobei ihr der Geist das Vertrauen gibt, daß der Vater die Berufung zum ehelosen Leben, das ja dem neutestamentlichen

Priestertum so angemessen ist, großzügig geben wird, wenn nur diejenigen, die durch das Sakrament der Weihe am Priestertum Christi teilhaben, zusammen mit der ganzen Kirche demütig und inständig darum bitten. Das Konzil mahnt daher alle Priester, die im Vertrauen auf Gottes Gnade in freier Entscheidung nach Christi Vorbild den Zölibat auf sich genommen haben, ihm großmütig und mit ganzem Herzen anzuhängen und treu in diesem Stand auszuhalten, in der Erkenntnis der hohen Gnadengabe, die ihnen vom Vater gegeben wurde und die der Herr so offenkundig gepriesen hat. Sie sollen dabei immer jene Geheimnisse vor Augen haben, die durch sie bezeichnet werden und ihre Erfüllung finden.

Und je mehr in der heutigen Welt viele Menschen ein Leben in vollkommener Enthaltsamkeit für unmöglich halten, um so demütiger und beharrlicher werden die Priester und mit ihnen die ganze Kirche die Gabe der Beständigkeit und Treue erflehen, die denen niemals verweigert wird, die um sie bitten. Zugleich werden sie alle übernatürlichen und natürlichen Hilfen anwenden, die jedem zur Verfügung stehen; sie sollen vor allem die durch die Erfahrung der Kirche bewährten asketischen Verhaltensweisen, die in der modernen Welt nicht weniger notwendig sind, befolgen. So bittet diese Heilige Synode nicht nur die Priester, sondern alle Gläubigen, sie möchten sich die kostbare Gabe des priesterlichen Zölibates ein wirkliches Anliegen sein lassen, und alle mögen Gott bitten, daß er dieses Geschenk Seiner Kirche stets in Fülle zukommen lasse."

Ein wesentlicher Zug des neuen Priesterbildes, von dem heute so viel geredet wird, steht damit im voraus fest. Wie einst im Konzil von Trient, so gilt auch heute noch, die rechten Erziehungsmethoden zur Ausformung und Fixierung dieses Bildes in der modernen Welt zu finden. Das "Dekret über die Ausbildung der Priester" entwirft zu diesem Zweck in Abschnitt IV folgende Gedanken:

"Die Alumnen, die gemäß den heiligen und festen Gesetzen ihres eigenen Ritus die verehrungswürdige Tradition des priesterlichen Zölibats auf sich nehmen, sollen mit großer Sorgfalt auf diesen Stand hin erzogen werden; sie verzichten darin um des Himmelreiches willen (vgl. Mt. 19,12) auf die eheliche Gemeinschaft, hängen dem Herrn in ungeteilter Liebe an, wie sie dem Neuen Bund in besonderer Weise entspricht; sie geben Zeugnis für die Auferstehung in der künftigen Welt (vgl. Lk 20,36) und gewinnen besonders wirksame Hilfe zur ständigen Übung jener vollkommenen Liebe, die sie in ihrer priesterlichen Arbeit allen alles werden läßt. Sie sollen tief davon durchdrungen sein, wie dankbar sie diesen Stand entgegennehmen sollen, nicht etwa bloß als eine Vorschrift kirchlicher Gesetzgebung, sondern als ein kostbares Geschenk Gottes, das sie in Demut erbitten und dem sie mit der erweckenden und helfenden Gnade des Heiligen Geistes frei und großherzig zu entsprechen suchen sollen.

Um die Pflichten und die Würde der christlichen Ehe, die ein Bild der Liebe zwischen Christus und seiner Kirche ist, sollen die Alumnen gebührend wissen; sie sollen aber klar den Vorrang der Christus geweihten Jungfräulichkeit erkennen, so daß sie nach reiflich überlegter Wahl und mit Großherzigkeit sich in ganzer Hingabe von Leib und Seele dem Herrn weihen.

Auf die Gefahren, die ihrer Keuschheit besonders in der gegenwärtigen Gesellschaft drohen, sollen sie hingewiesen werden. Sie müssen lernen, sich durch geeignete göttliche und menschliche Hilfsmittel zu schützen und den Verzicht auf die Ehe so in ihr Dasein zu integrieren, daß sie in ihrem Leben und in ihrer Wirksamkeit vom Zölibat her nicht nur keinen Schaden nehmen, vielmehr eine vollkommene Herrschaft über Seele und Leib und eine höhere menschliche Reife gewinnen und die Seligkeit des Evangeliums tiefer erfahren."

Das ganze Kapitel atmet einen unbeschwerten Optimismus und ist nicht belastet von den bitteren Erfahrungen der Geschichte noch von den Erkenntnissen der modernen Psychologie, Soziologie, Philosophie und auch Theologie. Einzelheiten dieser allgemeinen Richtlinien müssen Obere und Professoren und besonders der in IV, 8 genannte Spiritual ausdenken und durchprobieren. Gottes Gnade wirkt wohl ihre Wunder zu aller Zeit, aber Menschenwerk ist heute gefährdeter denn je. Wie viele junge Menschen sich nach oben öffnen können und wieweit sie es können und durchhalten, das wird die Geschichte künftig ausweisen.

DAS ZÖLIBATSGESETZ HEUTE

1. Zusammenfassender Rückblick

Was wir bisher erörtert haben, lag in der Vergangenheit. Jahrhunderte sind an unserem Auge vorübergezogen, und immer war es dasselbe Bild: Die Kirche des Westens hat vom späten Altertum an bis in die neueste Zeit den Zölibat für ihre Bischöfe, Priester und Diakone und später auch die Subdiakone gefordert. Die Motive lassen sich in zwei Hauptgruppen zusammenfassen: Der Kleriker soll frei und ungehindert durch eheliche Bande sein Amt ausüben können. Er soll sodann dem Glauben, den er verkündet und den großen Geheimnissen, die er vollzieht, geziemenden Ausdruck geben. Die ungeteilte Liebe für Gott entspreche dem Neuen Bund in besonderer Weise und gebe Zeugnis für die Auferstehung in der künftigen Welt ("Dekret über die Ausbildung des Priesters").

Das erste Motiv drückt ganz klar eine Nützlichkeitsabsicht aus: zunächst für die Kirche und ihre Belange, dann, eng damit verbunden, für das gläubige Volk. Ob der Priester selbst einen persönlichen Nutzen oder Schaden in dieser oder der anderen Welt hat, wird meist nicht erörtert. Für das zweite Motiv gab die Heilige Schrift gewiß den Anstoß, doch sind auch "heidnische" Einflüsse, die aus gnostischen, stoischen und manichäischen Quellen zuflossen, sicher festzustellen. Hierzu gehört ein Reinheitsbegriff, der Geschlechtsverkehr und Frauenliebe zur Liebe Gottes und seinem Dienst in Gegensatz bringt. So etwas können wir aus den Paulusbriefen nicht herauslesen. Ein signum künftiger Auferstehung wird ein nolens volens übernommener Zölibat niemals abgeben, wenn nicht ein "heiligmäßiges" Leben dahintersteht. Fast immer läßt sich feststellen, daß Mönche, Einsiedler, Mystiker und der Welt abgekehrte oder von der Welt enttäuschte Denker zur zweiten Motivierung Beiträge geleistet haben. In der Tat ist der Weltkleriker als Zölibatär ein Semimonachus geworden, ein halber Mönch, der Keuschheit streng, Armut und Gehorsam nicht oder nur abgeschwächt halten muß. Die Geschichte zeigt uns weiter, daß es kein Jahrhundert gab, in dem der Zölibat einwandfrei und allerorts gehalten wurde. Die dauernden Mahnungen und Strafandrohungen allgemeiner Konzilien und partikulärer Synoden reden eine klare Sprache. Seit dem Konzil von Trient ist es stiller geworden um die öffentliche Auseinandersetzung.

Gewiß hat die Seminarerziehung eine große Bedeutung für die Beseitigung der größten Ärgernisse und die durchschnittliche Haltung des Gebotes gehabt. Verschwunden aber sind Verfehlungen, Mahnungen und Strafandrohungen auch nicht in den Jahrhunderten nach Trient. In der Gegenwart zeigen die dauernden Gespräche um den Zölibat eine Unruhe, wenn nicht Unzufriedenheit, und die Ausklammerung der Frage auf dem letzten Konzil hat mehr enttäuscht, als zugestanden wird.

Die Archive der kirchlichen Behörden würden das Bild verschärfen, obwohl sie nur erfassen, was publik wird, aber kaum Einblick gewähren in das Wissen und Gewissen, in das letzte Denken, Kämpfen und Entscheiden ihrer Kleriker. Kirchlicher Eifer braucht so wenig das wahre Bild eines Priesters zu enthüllen wie die Titel und bunten Mäntelchen, die man ihm verdient oder unverdient umgehängt hat. Eine Tatsache ist bemerkenswert an dem langen historischen Kampf um den Zölibat: er wurde in den verschiedenst gelagerten historischen Epochen und gesellschaftlichen Strukturen gefordert, im leibeigenen und feudalen Mittelalter bis in die Verstädterung und Industrialisierung der neuesten Zeit, in Monarchien verschiedenster Prägung wie in republikanischen und sozialistischen Staatsgebilden unserer Tage. Alle wissenschaftlich gesicherten Erkenntnisse - etwa der Biologie und Psychoanalyse - scheinen spurlos an ihm vorübergegangen zu sein. Am merkwürdigsten scheint jedoch die Tatsache zu sein, daß jene Päpste, deren Vorleben nicht im ausgesprochenen Glanz der Tugend erstrahlte - und das war ja nicht nur Rodrigo de Borja - das Zölibatsgebot nicht aufhoben, als sie die Macht dazu hatten. Achteten sie die alte Tradition als etwas Gutes oder Unabänderliches, auch wenn sie oft verletzt wurde, waren die Verhältnisse stärker als sie, fürchteten sie den Nepotismus, seit Sixtus IV. ein so schlechtes Beispiel gab?

Heute steht jedenfalls mehr als je die Frage im Gespräch: Sind die alten Motivierungen für das Zölibatsgesetz in der modernen Zeit noch haltbar? Wäre es nicht sinnvoller, die Kräfte, die der unaufhörliche Kampf gegen eine Naturgewalt erfordert, direkt und positiv einzusetzen? Würde die Seelsorge nicht glaubhafter, der Priester nicht ehrlicher und froher? VomWeltkleriker wird ja der Zölibat als solcher nicht angestrebt, sondern das Priestertum ist sein Ziel. Als conditio sine qua non muß er ihn gern oder ungern mitübernehmen. Anders ist die Lage beim Ordenskleriker. Er geht ins Kloster, um mit Hilfe der drei evangelischen Räte der Armut, Keuschheit und des Gehorsams fern der Welt einen abgekürzten Weg der Vollkommenheit zu wandeln. Das Priestertum bringt ihm keine neue Belastung, sondern Herz und Gemüt füllenden Umgang mit Gott und göttlichen Dingen, sowie abwechslungsreiche Arbeit in der Seelsorge. Der Weltpriester trägt von Berufs wegen und an erster Stelle die ordentliche Seelsorge, die heute ungeahnte Ausmaße und Formen gegenüber früheren Zeiten angenommen hat. Er lebt nicht im Schutz klösterlicher Gemeinschaft, sondern in der Welt, wenn auch nicht in allem mit der Welt. Was ihn am meisten von den "Weltkindern" abhebt, ist sein Alleingang durch Freud und Leid abseits der helfenden Liebe einer Gattin und der sorgenden Liebe für eigene Kinder. Seit Hunderten von Jahren wird die Liebe in seinem Beruf nur als Liebe zu Gott und seiner Sache verstanden, dem er mystisch vermählt ist und für dessen Familie er sich in der Arbeit der Seelsorge abmüht.

Die Liebe zu Frau und Kind wird immer noch als Hindernis der ungeteilten Hingabe an Gott und seinen Dienst angesehen. Man kann sich auf Paulus berufen; aber der spricht nicht von Klerikern in 1 Kor. 7,32, sondern von allen Gläubigen und zudem in größter Freiheit. Die Kirche gönnt, ja wünscht dem Priester eine Freizeitbeschäftigung; mancher verirrt sich dabei weit vom engeren Territorium der Theologie und Seelsorge. Doch das würde ihn nicht so sehr als verlorenen Sohn stempeln, als wenn er Frauen, oder gar einer einzigen sein Sinnen und Sorgen zuwendet. Hier ist die Grenze, die gehalten werden muß - einst wie jetzt. An ihr beginnen Krisen und Katastrophen, die gut oder schlecht enden können. Wir wollen die Situation des katholischen Priesters im Lichte der heutigen Zeit näher prüfen.

2. Der Priester in der heutigen Zeit

Der Zölibat ist durch eine jahrhundertelange Dauer in den verschiedensten gesellschaftlichen Verhältnissen Gesetz gewesen. Die stärksten sozialen Veränderungen liegen nicht beim Übergang in das feudale Mittelalter und auch nicht in die wissenschaftliche Neuzeit. Der eigentliche Wendepunkt für eine vollständige Umbildung des gesellschaftlichen Lebens ist die Industrielle Revolution im 19. Jahrhundert. Wenn ich den Ausdruck "wissenschaftliche Neuzeit" gebrauche, so scheint mir mit Renaissance und Humanismus nicht nur die Neuzeit zu beginnen, weil griechische Kunst und griechisches Menschenbild das mittelalterliche Denken und Fühlen langsam ablösten, sondern auch, weil das gelehrte Arbeiten aus den Händen der Kleriker in die der Laien überging. Laien haben die Naturwissenschaften kräftig gefördert, wenn auch von Kopernikus bis Mendel und späterhin noch Geistliche dazwischen stehen. Ohne Naturwissenschaften gäbe es keine Maschinen und keine Industrie.

Die Tatsache, daß Laien forschen und gelehrte Systeme aufstellen, bringt Kritik bis in die kircheneigene Domäne von Religion und Bibel und vieler anderer Wissenssparten. Für die Kleriker selbst leitet es eine vertikale Mobilität ein, die einen sozialen Abstieg einschließt. Daß der Kleriker zölibatär lebt, bildet nur in seltenen Fällen einen Ausgleich, nämlich dann, wenn er damit ein wirklich vorbildliches Leben verbindet und auf der Gegenseite wenigstens eine Spur für religiöse Phänomene vorhanden ist.

Bis zur Industriellen Revolution im 19. Jahrhundert bildet der Bauernstand den höchsten Prozentsatz der Bevölkerung. Noch weit bis in die Mitte des 18. Jahrhunderts hinein hatte der Anteil von Adel, Geistlichkeit, Handwerk und

Handel in ganz Europa keine 10 Prozent betragen. Mit der bäuerlichen Bevölkerung aber war ein konservativer religiöser Geist gesichert. Das alles ändert sich im 19. Jahrhundert überraschend schnell. Der neue Stand der Arbeiter und Lohnempfänger bringt einen großen sozialen Strukturwandel mit sich. Waren die Menschen der vorindustriellen Zeit meist noch durch Gesetz an Beruf, Wohnort und Konfession gebunden, so gibt es jetzt Aufstieg im Beruf und Berufswechsel gegenüber der familiären Tradition - und heute sogar Stellenwechsel über Staatsgrenzen hinweg. Wir erleben nicht nur, wie ein Wirtschafts- und Sozialsystem mit einer vor hundert Jahren noch unvorstellbaren Mobilität jeder Art entsteht, sondern auch eines mit einer inneren Dynamik, die jetzt noch unglaubliche Verhältnisse in der Zukunft auf dem Gebiete des Konsums, der Freizeitgestaltung, der Literatur und Kunst und vieler anderer Lebenssparten bringen mag. Dabei ist die Welt weiträumig geworden; scharf abgegrenzte Kulturkreise der alten Zeit verschwinden, und Kulturelemente aller Zonen dringen ineinander ein.

Die sogenannten unterentwickelten Völker überspringen ganze Kulturperioden, und manche werden von der Steinzeit direkt in die moderne technische Welt versetzt. Reisebüros wecken Reiselust und organisieren verbilligte Studien- und Erholungsreisen. Die Massenkommunikationsmittel der Gegenwart bieten Unterhaltung, verbreiten Wissen und informieren schnellstens über alle Geschehnisse auf dem Erdball. Freilich bringt die Information nicht nur für den Ungebildeten, sondern bei der weiten Verästelung und Vertiefung unseres Wissens auch für den Gebildeten die Gefahr der Vereinfachung und oft auch der Verzerrung des Bildes mit sich. Richtet eine ganze Generation ihr Leben nach den übermittelten Denkmodellen ein, wird der Mensch der Zukunft dann nicht ein neuer manipulierter Menschentyp sein? Wird er noch weit- und tiefgehend ein religiöser Mensch bleiben?

Die christlichen Werte drangen in den vergangenen Jahrhunderten tief in das familiäre und staatliche Leben ein. In den engen sozialen Bezirken konnte der Mensch die Probleme, die sich ihm stellten, meist zufriedenstellend bewältigen.

Heute steht er in einer Menge nicht mehr konformer sozialer Gebilde, die oft miteinander in Konkurrenz treten: die Familie mit den vielen divergierenden Berufen, Familien- und Berufsleben wiederum mit der Religion und Konfession, die ihre Wurzeln nicht mehr so tief und fest in Familie und öffentliches Leben schlagen können. War die alte kirchliche Wertordnung schon seit der Reformation und der fortschreitenden Säkularisierung in der Neuzeit bei den oberen Schichten zurückgedrängt, so ist dieser Prozeß heute durch eine Unzahl neuer Werte, die den Menschen einer pluralistischen Gesellschaft suggeriert werden, bis in die untersten Schichten eingedrungen. Religiöse Symbole verblassen, das Dasein wird durch ein besseres Naturverständnis auch natürlich gemeistert und vom religiösen Hintergrund gelöst.

Der alte Mensch gilt weithin nicht mehr als der weise Mensch, auf den man hört, sondern als der zurückgebliebene, von dem man keine Lehren annimmt. Überall will der junge Mensch selbst entscheiden: in der Berufswahl, der Partnerwahl, in der Politik, auf der Universität und besonders ungeniert in seinem Lebensstil. Gegenüber der "alten Zeit" bedeutet das eine große Steigerung der Freiheit und des Freiheitswillens. Der junge Mensch will und darf wählen, und es ist oft schwer, ihm klarzumachen, daß es eine Freiheit ohne Begrenzung nicht gibt. Dabei merkt er meist nicht, wie sehr er durch gut gezielte Reklame, aber auch durch gelenkte Information jeder Art manipuliert wird. Ja, er ist sich seiner Kritiklosigkeit so wenig bewußt, daß er die Manipulation wünscht und so zu einem "Mitläufer" wird, der im Sog Gleichgesinnter ohne Entscheidungspflicht Freiheit genießen will, die nicht nur Entscheidungsrecht bleiben darf. Sagt der Kommunismus seinen jungen Menschen, Freiheit sei Einsicht in die Notwendigkeit, dann wird im demokratischen Staat westlicher Prägung oft allzuwenig an Einsicht und Einordnung verlangt. Konnte die Kirche vor einigen Jahrzehnten noch lenken und leiten, dann lebt die differenzierte Gesellschaft der Gegenwart in einem Spannungsfeld von Steuerungstendenzen, unter denen besonders die Jugend frei wählt oder sich von den Stärksten willenlos beherrschen läßt. Wenn das Elternhaus die Steuerungskraft verloren hat, hat meistens auch der Priester das Nachsehen.

In dieser Situation steht der Priester unserer Tage, der alte und der junge, der gelehrte und der ungelehrte, der Idealist und der Utilitarist. Aus der modernen Gesellschaft müssen auch neue Berufe geweckt werden und Bestand haben. Allen soll das Ideal keuschen und ehelosen Lebens genau wie vor siebenhundert und tausend Jahren Verpflichtung sein und bleiben bis zum Tode. Nun sind Standesideale gewiß schön und notwendig; aber wenn sie an die Wurzeln seines Menschseins rühren, wird jeder Mensch kritisch.

Die Kritik ist heute wacher denn je. Fragen über Natur und Mensch sind ihrer vordergründigen Geheimnisse entkleidet, und das Geschlechtliche wird in seiner vollen Bedeutung gewürdigt. Die katholische Theologie ist nicht revolutionär geworden, kaum hat sie Anschluß gefunden an die moderne Wissenschaft in allen Disziplinen, besonders der Exegese und der Moral. Die katholische Kirche hat viel von ihrem patriarchalischen Geist aufgegeben, und man kann sie nicht mehr hoffnungslos rückständig schelten. Man ist von oben her in Dialog gekommen mit den unteren Rängen in der Kirche, ja sogar mit den Laien, denen als "Volk Gottes" auch die "Hierarchie" angehört. Probleme werden angerührt und Antworten ausgesprochen, die um die Jahrhundertwende den Stempel des "Modernismus" erhalten hätten. Daß der junge Theologe das alles kennenlernt, ist gut für ihn, solange er das Glauben und Beten nicht verliert. Das verliert aber die wahre Wissenschaft nie, weil sie sich der Hintergründigkeit alles Seins bewußt ist und die sokratische Weisheit überall bestätigt findet: "Ich weiß, daß ich nichts weiß." Hier liegt deshalb auch weniger eine Gefahr für den Beruf des jungen Theologen, als in der Konfrontierung mit dem Image unsrer modernen Gesellschaft, wie ich sie oben zu zeichnen versuchte.

Durch die Öffnung des bäuerlichen Landes zur Stadt hin fließen Geld und Druckerzeugnisse herein, die man früher nicht kannte. Gehen die Kinder zur höheren Schule, dann führen sie die großen Ferien nicht nur weit ins eigene Land, sondern oft auch über die Landesgrenzen.Die Abwechslung, die früher die Kirche in ihren reichen Veranstaltungen während des Kirchenjahres bot, sucht die Jugend jetzt lieber vor dem Bildschirm, oder, da sie häufig motorisiert ist, in der Stadt. Der Geist, der von dorther weht, ist aber oft kirchenfremd, wenn nicht kirchenfeindlich. Sinnenfreude und Genuß stehen im Mittelpunkt, nicht Opfer und Verzicht. Der junge Theologe muß aber verzichten lernen, und er wird nie ein glücklicher Priester werden, wenn das Opfer in seinem Leben klein geschrieben wird. Zu seinen größten Opfern zählt der Verzicht auf Frau und Familie. Das Feminine steht jedoch meist im Mittelpunkt jeder Unterhaltungssendung und jedes weltlichen Vergnügens. Hält ein gläubiges, konservatives Elternhaus die Kinder fern von allen Gefahren, so dringt das "süße Leben" unserer modernen Welt doch auf vielen anderen Kanälen ins junge Herz, besonders in der Großstadt und auf Reisen. Meist geht dann der Beruf aus Angst, die Opfer nicht bringen zu können, oder zu viel im kurzen Leben zu entbehren, gänzlich verloren.

Entschließt sich der Junge dennoch zum Priesterberuf, dann bietet die Zukunft überaus mehr Kampf und Versuchung, als vergangene Jahrhunderte ahnen konnten. Zu diesen Schwierigkeiten stößt der persönliche Freiheitswille unserer modernen Zeit. Von der Schulerziehung bis in die politische Schulung wird dem jungen Menschen gesagt, daß er als freier Bürger in einem freien Staatswesen aufwächst, daß es sein gutes Recht ist, eine eigene Meinung zu haben und sie auch zu vertreten, daß Meinungs- und Pressefreiheit zu den Grundrechten gehören, die in einem freien Staat niemand antasten darf. In diesem Wissen geübt, tritt der junge Mensch allem kritisch gegenüber, was Forderungen an seinen Verstand und sein Leben stellt. Er will selber prüfen, ob jemand und wer die Berechtigung hat, ihm Lasten aufzulegen, an denen er schwer tragen muß.

Tritt ihm die Kirche gegenüber, dann beruft sie sich stets auf Gott und ihre Sendung als Stellvertreterin seines Sohnes. Doch hier setzt der Glaube ein, der Gnade, Einsicht und guten Willen verlangt. Wird die Forderung der Kirche zu hoch, dann schafft es der gute Wille nicht mehr, weil die moderne Zeit zu viele Gegeneinsichten bereit hält. Man kann dann nicht einfach sagen: die

Gnade fehlt oder ist verscherzt worden; das ist etwas Unbeweisbares. Vielmehr ist der moderne Mensch überfordert worden. In früheren Zeiten fehlten viele Einsichten unserer Tage. Der junge begabte Mensch nahm leichter die Opfer an, zumal ihm der Stand des Klerikers eine Berufs- und regionale Mobilität verhieß, die seine enge Umwelt nicht kannte.

Heute erreicht er dasselbe Ziel leichter und besser, wenn er Jurist, Arzt, Techniker oder Lehrer wird, da alle diese Berufe weniger Opfer abverlangen und mehr Aufstiegsmöglichkeiten bieten, als wenn er Landpfarrer würde und mit dem eigenen Tod auch sein Stamm erlischt. Es bleibt also nur ein starker Glaube in Verbindung mit großer Liebe zur Zurückgezogenheit, vielleicht zur Einsamkeit und zu den kirchlich liturgischen Feiern übrig. Möglich ist auch eine Vorliebe zur Theologie, die ein weites Gebiet modernen Wissens einschließt oder doch anrührt. Wie viele sollen das aber sein, die mit solcher Ausstattung das Studium beginnen? Wird ihre Zahl ausreichen, um das Inland, geschweige denn die Mission, mit hinreichend Nachwuchs zu versorgen? Und wird ihre vitale Kraft immer groß genug sein, um die moderne Welt zu verstehen, zu erobern und selber verstanden zu werden? Dürfte nicht eine gewisse Zahl von frigidi dazwischen sein, die ihr eigenes Opfer nicht sehr empfinden und auch für die "sündige Welt" und den fehlenden Mitbruder kein Mitgefühl haben?

Auf jeden Fall wird die Nachwuchsfrage immer kritischer für den Beruf des Theologen, zumal eine Kompensation und ein Lockmittel durch höhere Bezahlung nicht möglich ist und für den geistlichen Beruf ein schlechtes Mittel wäre.

Neben dem Nachwuchs müssen unsere Gedanken auch dem Priester gelten, der schon lange in Weihe und Beruf steht. Man kann nicht sagen: er hat's geschafft. So etwas gibt es nicht. Er hat seine liebe Not, daß er das Anfangsideal nicht aus dem Auge verliert und die "erste Liebe" nicht im Herzen erkaltet. Die moderne Welt stürzt ja in das verschlossenste Pfarrhaus ein, und hält er sich alles Gesprochene, Gedruckte und Gespielte aus der Wohnung, dann besteht die Gefahr der Verarmung und immer größeren Mißverstehens seiner Gemeinde.

Am besten ist immer noch ein offener Dialog mit dem Saeculum und ein kritisches Abwägen der pro et contra. Gottfern scheint die Welt oft zu sein und möchte doch manchmal in tausend Nöten aufschreien, wenn sie nur könnte, wenn nur einer wäre, der beide Welten verstünde. Doch ist es schwer und für den selber noch Ringenden nicht ganz gefahrlos. Der soziale Abstieg hat den Geistlichen, auch als "Pfarrherrn", von seinem Podest heruntergeholt; er ist der harten Kritik ebenso ausgesetzt wie der Versuchung durch zarte Annäherung weiblicher Unbefangenheit oder durch die Verschlagenheit einer modernen Frau.

Es ist ja die kritische und freie Welt, die ihm gegenübertritt, eine Welt, die Sex, Tanz und Vergnügen aller Art höher schätzt als Verzicht, Keuschheit, Einfachheit und Opfer. Das Wort Sünde wird entweder gar nicht verstanden oder nicht hoch gewertet. Gewiß werden die Spitzenvertreter solcher Anschauungen kaum in den Beichtstuhl kommen, noch zu kirchlichen Vereinen stoßen, aber angesteckt sind viele von modernen Wertschätzungen, und das Kreuz Christi ist nicht wenigen eine Torheit, die an Sonntagen zur Messe gehen und zu Ostern die Sakramente empfangen. Ein Priester, der glaubt, solche Menschen ließen sich bekehren, wenn er selber mittanzt und dazu noch die Fiedel spielt, der gibt sich einer Täuschung hin. Schneller kann er bekehrt sein und nichts Geistliches mehr an sich haben als sein Kollar, denn daß seine Schäflein innerlich umdächten und umkehrten. Viele Skandale sind schon in der Kirchengeschichte dagewesen und wieder vergessen worden, doch für den Betroffenen sind sie nichtsdestoweniger hart und bitter. Nicht ganz vergleichbar scheint mir die Lage der sogenannten Arbeiterpriester zu sein. Sie spielen nicht, sondern arbeiten, sie sprechen oft weniger, als daß sie mit ihren Händen zugreifen. Ihre Gefahren liegen mehr in der Überforderung des armen Menschen, der neben schwerer Handarbeit noch ein konzentriertes Innenleben führen soll und dessen Pastoration oft nicht von der Verflechtung in Streiks und Gewerkschaftsarbeit zu trennen ist, ohne daß ihn ein liebes Zuhause erwartet.

In glücklicher Ehe geschützt, könnte mancher Priester oft mehr wagen und sagen, besonders wenn schwierige Fälle mit einer klugen und intelligenten Frau geklärt und abgewogen würden. Er könnte auch, zumal als junger Priester, vielen Gefahren ausweichen, wenn eine "Diakonin" an seiner Seite ihm die Arbeit an der weiblichen Jugend abnähme, wenn er nichts mehr suchen würde bei all seinem Dienst als einzig Gott und die Seelsorge um der andern willen.

3. Das Zölibatsgesetz im Gespräch der sechziger Jahre

Geistliche und Laien machen sich heute mehr Gedanken über ihre Kirche als in der Vergangenheit und sprechen sie offen aus. Es gibt Aussprachen in Tagungen und Kursen, auch über den Zölibat, und der Dialog wird in der amtlichen und nichtamtlichen Kirche geführt. Die Literatur über die Zölibatsfrage ist heute stark angeschwollen, der Fortschrittlichen nicht weniger als der Konservativen. Das Problem bestand schon immer, und es ist besser, man spricht es offen aus und klärt es nach allen Seiten, als daß man es ängstlich umgeht und großen Schaden anrichten läßt. Wenn im folgenden die Hauptprobleme an einigen wichtigen Werken der Gegenwart aufgezeigt werden, dann scheiden von vornherein Produkte aus, die die Fachdiskussion nicht weiterbringen, z.B. das Werk, das Gustav Wyneken mit fast 90 Jahren schrieb[121]. Bibel, christliches Dogma und Kirche werden von ihm mit leichter Hand zerpflückt und beiseite geschoben.

Die Kirche bestehe noch, weil der Priesterstand sie künstlich am Leben erhalte. Doch gebe es nur einen echten Priesterstand, den katholischen. "Aber die Pastoren sind ja keine echten Priester, sondern nur noch ein Schatten des alten katholischen Priestertums. Sie werden weder durch ein Sakrament geweiht, noch sind sie im Alleinbesitz sakramentaler (also magischer) Begabung, und sie sind auch nicht durch ihre Lebensordnung (Zölibat) aus der bürgerlichen Gesellschaft herausgehoben und als Stand organisiert.

Dem Priestertum hat Luther den tödlichen Stoß versetzt durch seine Lehre vom allgemeinen Priestertum aller Gläubigen." So schreibt der ehemalige evangelische Theologe (S. 215). Der Katholik kann sich über solche Worte durchaus nicht freuen; denn wenn Christentum und Kirche nur durch eine magische und zölibatäre Priesterschaft am Leben erhalten werden, dann muß es um ihre innere Wahrheit schlecht bestellt sein.

Von welch tiefem Ernst zeugt hingegen die französische Schrift von Pierre Hermand, die 1963 erschienen ist und die Lage des katholischen Priesters von heute behandelt[122]. Es sind wirklich "aktuelle Fragen", die in sieben Kapiteln abgehandelt werden mit viel praktischer Kenntnis der Menschen wie der Kirche und dem besten Willen, aus Not, Heuchelei und Verdächtigung herauszuhelfen. Hermand trat 1939 mit 19 Jahren bei den Dominikanern ein, wurde Professor der Philosophie in St. Maximin und Prior des Konventes zu Marseille. Durch die Zensoren seines Ordens wurde ihm zweimal die Erlaubnis versagt, die vorliegende Schrift zu veröffentlichen. Daraufhin ließ er sich laisieren, um sie herausgeben zu können, soviel lag ihm daran. Hermand sieht die Lage der Geistlichen sehr schwarz, wenn er schreibt (S. 14):

"Ich will also die globale Tatsache nennen, die euch an die Gurgel faßt, die verkehrten Zustände, die in der Tat an den priesterlichen Zölibat gebunden sind: in allen Ländern gibt es Priester, die Gefangene sentimentaler und unlösbarer sexueller Schwierigkeiten sind, die ihre Verpflichtung übertreten, die Bindungen haben und in Angst leben; andere organisieren geschickt ihr Doppelleben: auf der einen Seite die Sucht nach Ehrenstellen, auf der anderen eine unverantwortliche Liebe; es gibt Frauen, die leiden, oft mehr Opfer als Schuldige; es gibt getäuschte Eheleute, von denen einige Kluge aber vorziehen, zu schweigen oder schweigen müssen; es gibt Laien, Christen und Nichtchristen, die Ärgernis nehmen, mehr über alle Arten zweideutigen priesterlichen Benehmens, als über die Verfehlungen selbst, besonders über die Weigerung, einzugestehen, daß überhaupt ein Problem besteht; eine ganze Masse endlich, die nicht glaubt an die Keuschheit der Priester, die sich für die Kirche nicht interessiert oder sie verachtet, die an der Tür stehenbleibt auf Grund des Gegenzeugnisses. Ich will auch die andere Tatsache nennen, der Splitter in der

Seite Christi: Obere gibt es, deren Hauptsorge es ist, daß man um die Sache nichts weiß, deren ganze Überlegung dahin geht, Skandale zu vertuschen. Wenn ihre Vorsorge doch wirksam wäre! Aber um die Sache weiß man immer. Für diese Zustände bin ich seit Jahren Zeuge gewesen. Es kommt eine Zeit, wo eine Sache nicht mehr tragbar ist: die Feigheit, die Furcht, die Heuchelei, der Zweifel, die Zugeständnisse, die Dummheit. Die Tugenden der vornehmen Seelen sind nichts mehr als ein Zerrbild: die Klugheit entartet in Furcht, die Geduld in Schlaffheit, die Gelassenheit in Feigheit; ja, es kommt eine Zeit, wo das 'ja ja - nein, nein' des Evangeliums eine Einstellung befiehlt, welche die Weisen übertrieben finden. Die Kirche muß den Menschen dienen in Wahrheit, Rechtschaffenheit, Klarheit, der Armut des Herzens und Geistes, der demütigen Bruderliebe. Würde es ihre Schande sein, die Tatsachen anzuerkennen, die ich geschildert habe? Schlechte Berechnung übrigens, da niemand betrogen ist.

Ich habe die Priester von diesen Seiten in Kenntnis gesetzt: Alle erkannten an, daß die angeführten Probleme wirklich sind und schmerzhaft. Der eine von ihnen, ein bedeutender Theologe, sagte mir: 'Das Problem ist tatsächlich sehr real. Man will es nicht sehen, nicht studieren.' Aber alle, oder fast alle, rieten mir ab, diese Arbeit zu veröffentlichen.

Das christliche Volk ist nicht bereit, diesen Umsturz hinzunehmen, diese Einstellung, den Zölibat betreffend, noch auch die Hierarchie, welcher die Entschlußfassung in der Streitfrage von Grund auf zukommt. Zu schwer ist das Gewicht der Tradition, zu viele Tabus umfassen Liebe und Sexualität, die unvermeidlich aufgerichtet sind bis zum Herzen des Problems. Sie schicken sich an, Verwirrung anzurichten, im Volk zu zerstören, was ihm an Vertrauen in den Priester noch bleibt. Ihr Text wird von gewissen Priestern ausgenutzt werden, um den Zölibat zu verlassen. Sie blockieren Arbeiten der Annäherung, sie hätten die Fragen besser liegen und ausreifen lassen."

Doch P. Hermand ließ seine eigenen Arbeiten nicht liegen. Und was nach Jahrhunderten des Kampfes und der Diskussion noch ausreifen soll, das vermag niemand zu sagen. Wie der Verfasser (S. 16) schreibt, liegt die Entschlußfassung für dieses Problem bei der kirchlichen Hierarchie und letztlich beim Papst. Wie schwer es aber in solcher Stellung ist, ein Jahrhunderte altes Kirchengesetz abzuschaffen, schildert uns Etienne Gilson in seinen Erinnerungen an ein vertrauliches Gespräch mit Johannes XXIII[123]:

"Das Gesicht des Papstes verdüsterte sich; dann ergriff er wieder das Wort: 'Wollen Sie, daß ich Ihnen sage, welches meine größte Sorge ist? Ich sage es nicht als Mann, sondern als Papst. Mein ständiges Leiden ist der Gedanke an diese jungen Priester, die so mutig das Joch des kirchlichen Zölibates tragen." Mit einer gewissen Leidenschaft, fast einem Schrei, fuhr er fort: "Für einige unter ihnen ist es ein Martyrium. Es scheint mir oft, ich höre ein gewisses

Wehklagen - ich spreche nicht von hier, sondern von viel weiter weg - wie wenn Stimmen forderten, daß die Kirche sie befreie von dieser Bürde. Kann ich es tun? - Das ist in sich nicht unmöglich. Der kirchliche Zölibat ist kein Dogma. Die Schrift fordert ihn nicht. Das ist sogar leicht. Wir nehmen eine Feder, unterzeichnen einen Akt, und morgen werden die Priester, die es wollen, heiraten können. Aber wir können es nicht. Der Zölibat ist ein Opfer, das die Kirche sich freiwillig, großmütig und heroisch auferlegt hat. Ich sagte es kürzlich den Kardinälen: werden wir es hinnehmen, daß man bald nicht mehr sagen kann: eine heilige keusche Kirche? Wir können es nicht. Nein, wir können das nicht tun."

Bis zum letzten Konzil übte ein Katholik gewöhnlich keine Kritik an einer Stellungnahme des Papstes, auch wenn sie ganz privat abgegeben wurde. Auch Hermand tut das nicht; aber die letzten Sätze seines Werkes können wir doch als solche auffassen, wenn er schreibt:

"Johannes XXIII. wollte, daß die Kirche zurückkehre zu den Quellen des Evangeliums und sich erneuere. Verwirklicht im Prinzip, muß diese Erneuerung jetzt das Leben der Kirche erfassen und ihren Stil der Präsenz in der Welt. Wenn die Freiheit, zu optieren für den Zölibat oder für die Ehe, dem Priester überlassen bleibt, dann scheint uns die Möglichkeit eines verheirateten Priesters eine neue Schöpfung, wie sie durch das Evangelium gefordert wird, das gemäß den Formen gelebt und verkündet werden muß, die es ausdrücken, nicht verschleiern oder entstellen.

Die Zeit schreitet fort.Wie müßte man nicht mit großer Traurigkeit nachdenken über die verfehlten Gelegenheiten, über die verpaßten historischen Wendepunkte! Wird man später sagen, daß das, was eines Tages unausweichlich nötig sein wird, zu spät in Erfüllung geht?"

Was in deutscher Sprache zu dem behandelten Problem geschrieben wurde, ist Legion. Unter den einhundert Titeln von Monographien und Zeitschriftenartikeln, die K. Mörsdorf und L.M. Weber in den beiden Abhandlungen über Zölibat und Jungfräulichkeit im "Lexikon für Theologie und Kirche" anführen, gehören 4/5 dem deutschen Sprachraum an. Fast ausnahmslos wird in herkömmlicher Weise über Ursprung, Wesen, Sinn, Wert und Schönheit des Zölibats geschrieben und versucht, das alte Thema in eine neue Beleuchtung zu rücken. Die große Zahl von Verfehlungen zu allen Zeiten, die vielen verunglückten und unglücklichen Zölibatäre, sieht man nicht oder will sie nicht sehen, genau wie der "bedeutende Theologe" zu P. Hermand sagte: "Das Problem ist tatsächlich sehr real, aber man will es nicht sehen, nicht studieren."

Der Kirchenrechtler und Universitätsprofessor Dr. Klaus Mörsdorf, der in Punkt III des erwähnten Lexikons "Grundsätzliches und Gedanken zur Reform" bringt, schreibt immerhin den mutigen Satz: "Die zur Zeit gegenüber Priestern geübte Dispenspraxis steuert der Heilsnot einzelner, bringt aber keine befriedigende Lösung des Zölibatsproblems, das seinem Wesen nach die kirchliche Öffentlichkeit angeht." Was der Kirchenrechtler dann vorschlägt, sind "genaue Richtlinien der Voraussetzungen bei Übernahme der Zölibatspflicht mit Anerkennung eines rechtlichen Anspruchs auf Entbindung von der Zölibatspflicht, falls eine gesetzliche Voraussetzung fehlt." Die Priesterweihe eines Verheirateten - wie in der Ostkirche - oder gar die Heirat eines Priesters gegen eine lange Tradition scheinen ihm nicht erstrebenswert, oder er schreibt es wenigstens nicht.

Auch L.M. Weber, der in Teil IV das Thema pastoraltheologisch abhandelt, sieht die Problematik und wünscht Überlegungen zur rechten Selektion, ein aggiornamento der Priesterbildung, und nennt Mittel zur "Lebensentfaltung und -ertüchtigung" des Zölibatärs, die bekannt sind. Aber schließlich meint er doch: "Eine grundsätzliche und allgemeine Preisgabe des Zölibats würde aber (besonders bei den unstabilen Formen der heutigen Ehe) die Schwierigkeiten nicht beheben, sondern vermehren." Nun wäre es ja wirklich nicht nötig, den Zölibat preiszugeben, aber gewiß nötig, daß eine ganze Anzahl von Priestern mithälfe, die Unstabilität der heutigen Ehe zu beheben und für "vermehrte Schwierigkeiten" die vermehrte Kraft der Gnade ad oculos zu demonstrieren. Das naturgemäße Mittel zur Lebensentfaltung und -ertüchtigung und zur "gesamtmenschlichen Integration" (Bd. 10, S. 1401) ist die eheliche Frau; sonst besteht leicht die Gefahr - besonders in jüngeren Priesterjahren -, daß tatsächlich eine oft gefährliche "Verkümmerung der Geschlechtlichkeit" eintritt oder aus der "gesunden Begegnung der Geschlechter" eine ungesunde wird. Die gute Frau entspannt und ertüchtigt, behütet und fördert den Mann in allen Lebenslagen. Sie ist Berater, Helfer und Schutzengel, wie es eine an der Peripherie stehende und oft noch beschränkte Haushälterin nie sein kann.

Von den vielen konservativen Darstellungen der jüngeren Zeit wähle ich eine, die der Jesuit Wilhelm Bertrams geschrieben hat und die inzwischen auch in andere Sprachen übersetzt wurde[124]. P. Bertrams lebt in Rom und hat über das Thema viel in Vorlesungen und Konferenzen besonders vor jungen Theologen gesprochen. Darum unterläßt das Buch auch alle Polemik und vermeidet bewußt "eine eingehende Auseinandersetzung mit andren Auffassungen" (Vorwort). Ein großer Teil des Werkes soll die These erläutern und beweisen, daß die "Virginitas" der Sinn des priesterlichen Zölibates ist, d.h. "die Ganzhingabe an den Herrn in ungeteilter Liebe und immerwährender Lebensgemeinschaft mit ihm" (S. 33). Diese "Virginitas besteht darin, daß der Mensch, obwohl er das Streben nach der menschlich erfüllenden Liebe in der Lebensgemeinschaft mit einem Menschen, das Streben nach dem eigenen Kind und der eigenen Familie genauso empfindet wie jeder andere, auf die natürliche Erfüllung dieses Strebens verzichtet, daß er, obwohl er diese Werte auch für sich als bereichernd ansieht, um der Lebensgemeinschaft mit dem Herrn willen die menschliche Einsamkeit wählt" (S. 22).

Nachdem gezeigt ist, daß Priestertum und Virginitas wegen der ungeteilten Hingabe und der Teilnahme am Kreuzesopfer Christi zusammengehören, wird die theologische Grundlage der Zölibatsverpflichtung erörtert. P. Bertram verwendet viel Mühe darauf, zu beweisen, daß diese Verpflichtung nicht nur eine kanonische Gesetzesvorschrift ist, sondern ein Keuschheitsgelübde einschließt. Damit glaubt er den festen Boden gefunden zu haben, um freiwillig auf Ehe und Familie, "die höchsten natürlichen Werte des Menschen" (S. 59), zu verzichten und freiwillig einen "schweren harten Lebensweg" in der Virginitas zu wählen.

Nur "das Gelübde hebt die Zölibatspflicht als von außen auferlegte Pflicht auf und erhebt sie auf die Ebene der freien personalen Selbstbindung" (S. 77). "Der Weg zur geistigen Vaterschaft" (S. 78) soll schließlich zeigen, daß eine wahre Erfüllung des Priesterlebens, eine "echte Sublimierung" und Vergeistigung der "gesamten geschlechtlichen Kräfte" möglich ist (S. 87 f.). Die letzte "Erfüllung" ist freilich nur "von oben" möglich (S. 90 f.). Daß es Priester gibt, die diesem Ideal nahekommen, ist sicher; daß es aber auch Priester gibt, die trotz der Gelübdetheorie praktisch den "schweren harten Weg" nicht weitergehen wollen, ist P. Bertrams bekannt. Ihm ist es aber wesentlich, "daß er die Überzeugung hat, um das Opfer grundsätzlich gewußt, sowie diesen Stand überlegt und frei auf sich genommen zu haben; dann ist ihm auch klar, daß es eine Entschuldigung für ihn nicht geben kann, wenn er nicht dazu steht" (S. 73).

Als ob Überzeugungen sich nicht ändern und Willensentschlüsse eine ganz andere Richtung nehmen könnten! Den ewigen unveränderlichen Wahrheiten, die hier postuliert sind, entspricht keine ewige Erkenntnisgarantie auf seiten des Einzelmenschen. Bertrams ist schlechthin der Meinung: "Fehlt diese Überzeugung, dann können die Erfahrungen im Laufe des Lebens zu einer eigentlichen Berufskrise, ja zur Apostasie vom Priestertum und sogar vom Glauben führen.

Solche Fälle sind gewiß nicht alltäglich, aber auch nicht so selten, daß sie keine Bedeutung haben" (S. 73). Ich meine, sie seien so häufig, daß ihnen etwas mehr Aufmerksamkeit gebührt. Die "Herder Korrespondenz" vom Juni 1964[125] referiert über einen Artikel von Robert Serron im"Paris Match" vom 30. November 1963. Darin stehen die Sätze: "Ein furchtbares Drama der abgesprungenen Priester: das hl. Offizium rechnet damit, daß etwa 10 Prozent aller Priester wegen Nichteinhaltung ihrer Zölibatsverpflichtung suspendiert seien, und zwar 4.000 davon in Frankreich, 15.000 (von 70.000) in Italien und 30.000 - 40.000 auf der ganzen Welt, so daß allein Frankreich und Italien etwa zwei Drittel aller suspendierten Priester stellten." Und wie viele mögen das

Kirchengebot nicht einhalten, ohne suspendiert zu sein? Wie viele nur gelegentlich, wie viele grundsätzlich? Wäre das Bild bei verheirateten Priestern ein ebenso furchtbares Drama? Ich glaube es nicht; es hätte auch seine Probleme, aber nicht derartige konträre Fälle, die ein Außenstehender entweder schadenfroh oder kopfschüttelnd zur Kenntnis nimmt, die das persönliche Gewissen zum Einsturz bringen oder zu einer Umstellung, die den priesterlichen Menschen zum Heuchler stempelt. Er muß ja dauernd das Gegenteil von dem predigen, was er denkt und lebt.

In solche Tragik fällt kein tröstender Lichtstrahl dieser Erde. Auch der historischen Sicht von P. Bertrams kann man nicht ganz beipflichten. Wenn er schreibt: "Und es ist wiederum nicht zufällig, daß auch im Leben der Kirche von Anfang an die Ausübung des priesterlichen Amtes gleichsam von innen heraus zu ehelosem gottgeweihtem Leben strebte." Er kann diesen Anfang weder in den Worten Christi noch des hl. Paulus finden. Es brauchte immerhin Jahrzehnte und Jahrhunderte, bis die Keime, die im Evangelium lagen - und das sind nur Ansätze, Räte und Seligpreisungen - in den ordnenden Kanal der amtlichen Kirche kamen. Denkt er freilich an den Geist Gottes, der aus dem kleinen Samenkorn des Beginns Triebe und Äste wachsen läßt, wie er will, dann ist nicht zu widersprechen.

Doch derselbe Gottesgeist kann auch manche Äste wieder absterben lassen und das ganze Aussehen des Baumes grundlegend ändern, wenn die Zeitumstände es erfordern, ohne daß seine Wesenheit schwindet oder weniger Früchte zeitigte. Im ganzen gesehen, wurde Ehelosigkeit um des Himmelreiches willen "von Anfang an" in der Kirche hochgeschätzt, aber Ehelosigkeit als Standespflicht des Priesters bildete sich erst langsam seit dem vierten Jahrhundert.

Ein Mitbruder von W. Bertrams, der bekannte Theologe Karl Rahner, veröffentlichte in der Zeitschrift "Geist und Leben" Heft 2/1967 einen offenen Brief, den er überschreibt "Der Zölibat des Weltpriesters im heutigen Gespräch". Er kann und will nicht "von allem reden, was in einer Abhandlung zum Zölibat gesagt werden müßte." Er tritt für eine "wirkliche Großzügigkeit der Kirche" ein. Auch ihn "quält bis zur Verzweiflung die Lebensnot vieler Priester", aber sie kann ihn darum allein nicht von seiner letzten Haltung abbringen, eben weil sie zum Leben gehört. Das Leben sei, so Rahner, eine unbegreifliche Sache; fast jeder Beruf werde zur harten Pflicht, tapfer in der Routine des Alltags auszuhalten" (S. 123). Nun ist es aber keineswegs der Beruf, der das Priesterleben schwer macht, sondern der Lebensstand, der mit dem Beruf eng verschweißt wird. Auch die Ehe hat ihre Probleme, gewiß; dennoch glaube ich nicht, daß nur "geglückter Zölibat" mit "geglückter Ehe" verglichen werden kann (S. 124).

Die Ehe ist trotz Marc Oraison doch dem Menschen naturhafter auf den Leib geschnitten als der Zölibat gnadenhaft auf die Seele. Der Ehemann mag gewiß mehr äußere Schwierigkeiten bewältigen müssen, die seelischen meistert er sicher mit weniger Kraft und schwachen Stunden als der Zölibatär die seinen. Verzicht und Opfer gibt es fraglos hier wie dort; entscheidend ist nur, wo sie leichter zu tragen sind. Würden Eheleute solche asketischen Übungen und seelischen Vorbereitungen für ihren Stand einsetzen wie der Zölibatär für den seinen, es brauchte nicht so viele verunglückte Ehen zu geben. Rahner schreibt zwar: "Es darf, es muß im Leben die Entscheidung im Sinne des Ein-für-Allemal geben, die ins Unvorhergesehene führt und die nicht nach rückwärts revidiert werden darf" (S. 129). Er schränkt aber sofort den Satz ein, wenn er meint, daß es ohne "die unbegreifliche Torheit des Kreuzes, ohne Hoffnung wider alle Hoffnungslosigkeit nicht geht" (S. 129). Rahner, der Philosoph und spekulative Theologe, interessiert sich begreiflicherweise für die Geschichte des Zölibats "herzlich wenig" (S. 136). "Fast alles, was zum Christentum gehört, ist 'geschichtlich' geworden, mußte einmal erst zu sich selbst kommen" (S. 136). Entscheidend ist nur, wie alles zu sich selbst kam, warum und mit welcher Vollkommenheit. Die Ehe mag heute noch so "sehr gefährdet und fragil" (S. 137) sein, sie ist immer noch unbedingt besser als Halbheiten oder Konkubinat.

Nach diesen Schriften zweier Ordensleute werfen wir einen Blick auf die Bücher zweier Frauen, die Welt und Kirche kennen. Ida Friederike Görres veröffentlichte 1961 "Laiengedanken zum Zölibat". Görres schreibt klug, mutig und gewandt. Eine eigene Meinung zu haben und sie auch auszusprechen, ist man von ihr gewohnt. Wer aber nach ihren "Laiengedanken" greift und glaubt, Grundstürzendes zu finden, wird das Schriftchen enttäuscht aus der Hand legen. Die geschichtliche und heutige Problematik ist klar erkannt und herausgestellt (S. 8/9). Doch das "Menschenbild, das durch den Zölibat bedingt ist und ihn bedingt" (S. 18), wird in vier Punkten einer mystischen Schau als unveränderlich dargestellt. Dabei sind die Symbole der Braut, des Knechtes, Wächters und Boten sowie des engelhaften Menschen nicht ihre stärksten Beweismittel. Dies sieht sie vielmehr in dem Bild von der Ehe Christi mit der Kirche (S. 44 f.). Aber diese Ehe liegt auf einer so andersartigen Ebene, so rein im Seelischen, Glaubensmäßigen und Mystischen, daß man gegen eine Ehe im leiblich-geistigen Raum des Menschenwesens schlecht argumentieren kann, ja daß beide sich gar nicht auszuschließen brauchten. Wie die "geschichtliche Entwicklung" und späte Durchsetzung des Zölibates statt zum Einwand vielmehr als "Argument dafür" benutzt wird, entzieht sich einem nüchternen Verständnis der Geschichte. Was Görres vom "Ausbruch aus der Familie" (S. 47) sagt, ist nur mit dem charismatischen Leben großer Heiliger belegt und könnte im natürlich-menschlichen Bereich zum direkten Gegenbeweis benutzt werden. Mancher Priester wäre gelöster von den Banden seiner Herkunft und den Rücksichten auf Verwandte, wenn er selbst durch Familiengründung sich herausgelöst hätte. Die Autorin meint, "dem heutigen Verständnis des geistlichen Amtes" entspreche "der zölibatäre Priester" (S. 50).

Nun, wie die zölibatären Priester es waren, die sich ihren Amtsbegriff bildeten, so würden die verheirateten Priester ihn neu verstehen. Ob dann weniger Gläubige "dieser Gestalt mit glühendem Dank bezeugen, daß sie ihr begegnet sind", wäre abzuwarten. Erschrecken mag der harte Satz: "Und mögen noch so viele auf diesem Wege versagen, noch so viele in ärmlichen Teilskizzen stekkenbleiben: diese Gestalt ist nicht nur ein Ideal, eine Forderung, ein Entwurf: sie ist tausendmal gültig und exemplarisch verleiblicht worden..." (S. 50/51). Wenn das "ebenso wenig" ein Einwand gegen den Zölibat ist, wie der Ehebrecher gegen die Ehe, dann ist dieser "Beweis" kein Beweis, denn er liegt auf einer anderen Ebene: Der Zölibatär bricht eine mystische Ehe und bleibt im Naturgesetz, der Ehebrecher bricht die Einmaligkeit der natürlichen Liebe und handelt gegen das Naturgesetz.

Es geht ja schließlich nicht um die Destillation eines "homo sacerdotalis caelibi vita sanctus", aus dessen Masse ein großer Teil auf den Komposthaufen fliegt, sondern um den Priester als Vorbild schlechthin. Dazu bietet aber die moderne Welt auch andere Opfer, die "zeichenhaft" wirken, in großer Auswahl. - Im letzten Teil, dem "Exkurs ins Praktische", hat I.F. Görres gute Beobachtungen und Urteile zusammengestellt. Sie spricht aus, was schon viele erfahren mußten, daß es keine Haushälterin alten Stiles mehr gibt. "Sie würde sich's grimmig verbitten, auch nur entfernt als 'Magd' zu gelten. Sie ist ausdrücklich die 'Frau des Hauses', sie ist dem Pfarrer gesellschaftlich völlig gleichgestellt, sie ist, außer in rein seelsorglichen Sprechstunden, stets anwesend, sie teilt seine Mahlzeiten, sie bestimmt die Gäste, sie werden gemeinsam eingeladen, sie gehen zusammen aus, ins Theater oder Kino, auf Reisen, sie teilt gelegentlich sogar seine Ferien.Und zwar wohlgemerkt, dies alles, ohne daß es moralisch verdächtig oder anstößig wäre" (S. 57). Görres schreibt selbst, daß sie nur Diasporaverhältnisse kennt; im Westen sind die Katholiken, je geschlossener sie wohnen, um so engstirniger und die Pfarrer meist um so ängstlicher.

Eine feinsinnige, typisch weibliche Abhandlung von nur 46 Seiten[126] hat uns Luise Rinser zu dem anstehenden Problem geschenkt. Rinser geht von einer Gegenüberstellung aus: von den mahnenden Worten vor einer falschen Seelsorge in der diese betreffenden päpstlichen Enzyklika und einem Schreiben des Bischofs von Münster an seine Geistlichen, das auch von einer "Pflege der Freundschaft und menschlichen Begegnung auch und gerade mit der Frau" spricht. Sie will zeigen, daß so etwas möglich ist, für den Zölibatär vielleicht etwas Gutes, wenn auch unter "gewissen Bedingungen". Gott hat nach ihrer Meinung nichts geschaffen, "was lediglich die Natur der Versuchung, die Funktion des Fallstrickes besäße" (S. 17). Einer Reihe von Priestern legte sie die Frage vor: "Was soll geschehen, wenn ein Priester einer Frau begegnet, die er, wie er unmißverständlich erkennt, liebt und von der er wiedergeliebt wird und von der er mit Fug und Recht annehmen darf, daß sie sein Du ist, die er aber nicht heiraten will, weil er seinen Zölibat halten will?" (S. 18)

Alle neun Antworten sind klar und interessant. Keiner sagt etwas Leichtfertiges, aber alle weichen zum Teil stark voneinander ab. Rinser selbst scheint der siebten Antwort zuzuneigen, die "eine geistige Freundschaft aufzubauen" für möglich hält (S. 19). Sie hält es nicht für gut, sein ganzes Leben auf der Flucht vor Geschlechtlichkeit und Sexualität zu sein; das könne leicht in die Neurose führen, zudem sei das Christentum nicht leibfeindlich, auch wenn Theologen unserer Zeit anders schreiben (S. 23). Was sie einmal in einer Predigt hörte: "Zu einem ganzen Menschen gehören zwei", ist auch ihre Meinung, selbst wenn ein Stück Eros beigemischt sein sollte (S. 34). "Es gibt Zölibatäre, welche den sublimen Ehrgeiz des Märtyrertums haben und welche die 'Heiligkeit' auf dem Wege radikaler und nach allen Seiten rücksichtsloser Askese anpeilen, ohne dabei zu bemerken, daß diese Askese eher einem modernen Vereisungs-Verfahren gleicht als dem Befolgen des einen, einzig-wichtigen Gebotes: Liebe!" (S. 37) Aber dennoch: "Je mehr Verzicht auf den Egoismus der Liebe zu zweien geleistet wird, desto offener werden Liebende für die Weltliebe, und diese schließt auch die Liebe zu Gott ein" (S. 36). "Alles in allem: es ist nicht wahr, daß der eine Frau liebende Zölibatär eben kein Zölibatär mehr sei; es ist nicht wahr, daß eine Liebe eo ipso eine gefährliche Neigung sei; es ist nicht wahr, daß die Liebe zu einer Frau in Widerspruch steht und bringe zur Liebe zu Gott; es ist nicht wahr, daß die 'Ganzhingabe an den Herrn' nicht auch geleistet werden könne zusammen mit einer Frau" (S. 45). Schön gesagt. Doch weiß man nicht, ob der Mann schließlich nicht mehr verlangt als bloß den Zucker vom Kuchen, ob er sich damit zufriedengibt, "einmal aus dem verbotenen Becher" (S. 21) getrunken zu haben, anstatt dauernd danach zu verlangen, sei es illegitim - ob bei einer, ob bei vielen oder legitim in der Ehe, die von der Kirche nicht anerkannt wird.

Im deutschen Sprachraum ist uns bereits vor 20 Jahren eine Schrift bekanntgeworden, die mutig, wie P. Harmand in Frankreich, die Aufhebung des Zölibats fordert[127]. Das Buch, im Glock und Lutz Verlag Nürnberg erschienen, hat leider einen Anonymus zum Verfasser. Der sich hinter dem "Catholicius" verbirgt, ist kein schlichter Landpfarrer oder Kaplan, sondern ein gebildeter Theologe, der kenntnisreich in die Vergangenheit und klar in die Zukunft blickt.

In drei Hauptpunkten behandelt das Buch das katholische Tabu, den biblischen Befund, Gründe für die Einführung des Zölibates und schließlich die Gründe für die Aufhebung. Das letzte Kapitel umfaßt nur 25 Seiten (S. 73-98) mit fünf kurzen Begründungen, die aber alles Wesentliche kurz und klar aussprechen: das häufige Scheitern, die fehlenden Priesterberufe, der mangelhafte akademische Nachwuchs, die fehlenden Leitbilder und schließlich die Schwierigkeiten zölibatären Lebens. Gerade hier ließe sich eine fruchtbare Diskussion anschließen. Hat die Schrift etwa eine weite Diskussion ausgelöst? Mitunter will es scheinen, es sei eher eine Mauer des Schweigens um sie aufgerichtet worden. Tabus lassen sich anscheinend nur mit Gewalt sprengen, nicht vornehm und leise, sondern nur knallig und zündend, wie im "Spiegel" oder im "Stern" oder anderen Illustrierten zeitgemäße Probleme unter das Volk gebracht werden. Darf man noch hoffen, daß Vernunft und Wahrheitsliebe über Angst und Heuchelei siegen werden? Was Rainer Mahr über "Catholicus" zu sagen weiß[128], ist nicht überzeugend. Diskutieren läßt sich um so besser, je radikaler die Behauptungen der einen Seite sind. Es gilt dann eben, die rechte Mitte zu finden. Liebe hat freilich verschiedene Formen; aber wer große Gottesliebe hat, ist nicht immer befreit von der Sehnsucht nach geschlechtlicher Liebe und umgekehrt.

Die "realen Probleme" der Frau würden nicht nur die Gattin eines Großstadtpriesters betreffen, sondern ebenso die Frauen aller Männer, die angespannt im öffentlichen Leben stehen: Politiker, Ärzte, Industriemanager - eben auch Menschen aller Art. Daß aber Männer, die in solchen Berufen heiraten, Egoisten sind, würde weit über das Ziel hinausschießen.Wenn der angeführte Moraltheologe Prof. Heinen behauptet, daß die Hintergründe, die über das mögliche Gelingen zölibatären Lebens entscheiden, identisch sind mit denen für ein gutes eheliches Leben, bleibt das seine unbewiesene und unbeweisbare Meinung. Gewiß wären mit der Aufhebung des Zölibats nicht alle Schwierigkeiten beseitigt und manche sicherlich in die Ehe verlagert, aber dort doch gemeinsam gemeistert oder wenigstens getragen.

Die Priesternachwuchsfrage mag nicht einzig gelöst werden durch Aufhebung des Zölibats, aber die Persönlichkeit mancher Priester würde besser entfaltet und in der natürlichen ehelichen Gemeinschaft stabilisiert. Jede Gemeinschaft ist unvollkommen: die "erfahrbare Gemeinschaft" von Priestern der Diözese bleibt meist auf der untersten Ebene von Seelsorgsproblemen und Pfarreralltag hängen und ist nicht frei von Aufpasserei und geistlicher Eitelkeit. Die Gemeinschaft der Ehe hat es oft zu tun mit Anschaffungs-, Geld- und Kindersorgen, verzehrt sich im täglichen Einerlei und reibt sich nicht selten wund in der allzu engen Lebensnähe. Doch bietet sie Schutz, Sicherheit und öffentliche Rechte, wie ein Pfarrhaus sie nicht bieten kann. Das "Aufbegehren und Kapitulieren der Theologen" würde eher verschwinden, weil die Mängel in der "Institution der Kirche" weniger spürbar wären. Darum ist es keine Illusion zu glauben, daß mit der "Abschaffung des Zölibates" zwar nicht alles, aber vieles im Priesterleben "geordnet und gesichert" wäre.

Ein Gegenstück zu "Catholicus" erschien 1968 im Rex-Verlag. Es trägt den Titel: "Zölibat - Gesetz oder Freiheit. Kann man ein Charisma gesetzlich regeln?" Der Verfasser ist kein Anonymus, sondern der Münchner Professor für Philosophie und Religionsphilosophie Fritz Leist. Das Ziel des Werkes ist aber dem des Catholicus nicht unähnlich, wenn die Ankündigung des Werkes sagt:

"Aus dem erneuerten Verständnis der Ehe formuliert er (sc. der Verfasser) die Bitte, die Zölibatsverpflichtung der Priester aufzuheben, damit ihnen jenseits aller Tabuierung und Magisierung des Priestertums der Weg zur freiwilligen Übernahme des charismatischen Verzichts in der Jungfräulichkeit oder zur vollen männlichen Reifung in der Ehe offenstehe. Aus der Erneuerung des Presbyterats kann schließlich die künftige Kirche hervorgehen."

Das Werk sagt in seinen sechs Kapiteln viel Bekanntes, aber ebenso vieles und mehr in einer neuen Sicht und einer tiefen Kenntnis des Lebens. Was Leist schreibt über die "Situation der Not" (S. 26 ff), zum Echo auf die Enzyklika "Sacerdotalis coelibatus" (S. 39 ff) und zum Thema "Die Priestermütter" (S. 55 f), ist ebensogut gesehen wie etwa die Abhandlungen "Der Geist schämt sich" (S. 105), "Man kann nicht Gott dienen und zugleich den Frauen" (S. 115 ff) und die ausführliche und mutige Antwort auf Karl Rahners offenen Brief[129] (S. 125-141 und S. 207-209). Für den wertvollsten Beitrag des Werkes halte ich den sechsten und letzten Teil "Das Wagnis der Freiheit" (S. 178-214). "Es wird kein Dammbruch entstehen, den viele befürchten, wenn der Zölibat freigegeben wird" (S. 184). "Wir brauchen einen männlichen und ausgereiften Priestertyp. Ihn gewinnt die Kirche allein durch die Freigabe des Zölibats" (S. 193).

Die "künftige Kirche" sieht Leist schon zu Beginn des dritten Jahrtausends in einer Vision, die schön, wahrscheinlich aber zu schön ist, um so früh wahr zu werden: "Der Bischof wird nicht mehr wie zu unseren Tagen der Nachfahr der Herzöge und Landesfürsten sein in einer Kleidung, die einer längst vergangenen Epoche entstammt. Auch der Bischof von Rom wird nicht mehr im triumphierenden Zeremoniell erscheinen. Die Kirche wird nicht mehr auf die Straßen ziehen in großen Kundgebungen. Die Kämpfe um den Zölibat sind verstummt, nicht durch die Gewalt einer herrschenden Richtung, sondern weil die Kirche aus einer wahrhaften Umkehr heraus gelernt hat, daß Ehe wie Ehelosigkeit ein Weg sein können. Sie hat von einem bestimmten Zeitpunkt ab den Zölibat freigestellt. Die Kirche hat einen neuen Priestertypus und Typus des Ordens gewonnen." Er denkt an Laientheologen, die man zu Priestern weihen könnte, und an "Hausgemeinden", die künftige Presbyter aufbauen könnten (S. 210-214). Leider wird die Kirche nicht "aus einer Umkehr lernen", sondern die Umkehr wird durch Ausweglosigkeit und bittere Erfahrungen langsam heranreifen.

Eine große Vorankündigung über ein antizölibatäres Buch machte der Rowohlt Verlag anfangs 1968. Der Verfasser, der sich hinter "Gerd Hamburger" versteckt, ist katholischer Priester. "Diese auch für den Laien leicht verständliche, gleichzeitig aber historisch und theologisch überzeugend dokumentierte Streitschrift setzt sich mit dem im kanonischen Recht geforderten Zölibatsgelöbnis der römisch-katholischen Priester auseinander." Die Vorankündigung verteilt noch weitere Vorschußlorbeeren, wenn sie fortfährt:

"Es ist eine sorgfältige Darlegung der kulturgeschichtlichen, theologischen und kirchenrechtlichen Sachverhalte, die - unter Papst Gregor VII. - zu dem vielleicht problematischsten Kirchengesetz, dem Verbot der Priesterehe, führten. Nachdem auch Papst Paul VI. erst auf dem jüngsten Konzil die Notwendigkeit des Zölibats bekräftigt hat, ist diese Arbeit von höchster Aktualität und großem Wert nicht nur für die innerkirchliche Diskussion."

Mußte man vor dem Erscheinen des Taschenbuches bezweifeln, ob neben der höchsten Aktualität ein Minimum von sentire cum ecclesia, Fühlen mit der Kirche und ihrer großen Tradition, übrigbleibt, so läßt sich dieser Zweifel nach Erscheinen des Werkes - trotz mancher Bedenken im einzelnen - nicht aufrecht halten. Vieles ist gut zusammengestellt, wie z.B. die philosophisch-weltanschaulichen Strömungen zur Zeit des entstehenden Christentums (S. 61ff) oder die Abhandlung "Zölibat und Mönchtum", in der der Verfasser mit Ives Congar der Meinung ist: "Bei uns sind seit dem Mittelalter und besonders seit dem Konzil von Trient Ziel und Mittel der Priesterheiligung dem Mönchtum entlehnt und der Geisteshaltung des monastischen Lebens oder doch in jedem Fall der Geisteshaltung des Ordensstandes angepaßt. Es ist notwendig, die Eigenständigkeit des Weltpriestertums zurückzugewinnen. Das Konzil machte da nur zaghaft winzige Schritte" (S. 85). Schwierig ist nur die Frage des "Wie?", die auch "Hamburger" nicht beantwortet oder zu beantworten versucht.

Durch Bücher und Schriften allein ist jedenfalls kein Fortschritt zu erwarten - zumal wenn sie anonym bleiben -, solange nicht das gesamte Kirchenvolk - und das sind meist keine Bücherleser - innerlich aufgerüttelt ist und eine Änderung wünscht bzw. ihr zustimmt. Wenn man immer wieder in der Zölibatsliteratur auf die Frage stößt, "Wieweit die Gegner des verheirateten Priestertums die evangelische und apostolische Überlieferung (sc. der völligen Wahlfreiheit) überhaupt ernst nehmen" (S. 107), so könnte man eine zweite Frage anschließen: Ist es nicht natürlich, daß ein lebendiger Organismus sich selbständig weiterbildet und zeitgemäße Lebensäußerungen findet? Neue Zeitverhältnisse müßten dann veraltete Triebe wegschneiden, um neuem Wachstum Raum zu geben. Apostolische Überlieferung bliebe dann dennoch in den Keimtrieben vorhanden und könnte jederzeit wirksam werden.

"Der Amtszölibat" des holländischen Dominikaners Prof. E. Schillebeeckx ist wohl das am tiefsten und gründlichsten bohrende Werk über den betreffenden Fragenkomplex der nachkonziliaren Zeit. Es ist keine leichte Lektüre für besinnliche Stunden, sondern erfordert ein ernstes Mitdenken und Mitfolgen. Die Stärke des Werkes ist eine klare phänomenologische Erhellung der biblischen und historischen Situation des Amtszölibates, während der zweite Teil eine kritische Besinnung und Neubesinnung versucht. Dabei liegt der Nachdruck stark auf den objektiven Gegebenheiten von Amt, Motivierung, Kirchenrecht, biblischer, pastoraler und dogmatischer Sicht der Sachen, während der Mensch in seiner historischen und existentiellen Gegebenheit allerdings kaum phänomenologisch durchleuchtet wird. Auch der Priester bleibt Mensch trotz aller Weihen und Gesetze. Seine Inkonstanz und Insuffizienz erweisen sich aller Orten und können nicht mit "Versündigung gegen Gottes Gnadenangebot" aus der Welt geschafft werden.

Die Motivierung des menschlichen Willens durch den intellektuellen Bereich und dessen fortschreitende Erkenntnis mit oftmaliger Änderung gestriger Ansichten müßte gegenüber einem alten, aber veränderlichen oder veränderbaren Kirchengesetz eingehend geklärt werden. Der moderne Mensch will nicht nur Barmherzigkeit und Liebe, so wenig wie der werktätige Mensch Mitleid und Almosen. Der moderne Mensch verlangt sein Recht und seine unverzichtbare Entscheidung in jeder Lebensphase. Wenn Schillebeeckx in seinen "pastoral-theologischen Folgerungen für die Zukunft" (S. 91 f) den durch das ganze Buch anklingenden "Affinitätsgedanken - die höchst sinnvolle Angemessenheit des Zölibats für das Priestertum" als eine wesentliche Aussage des Konzilsdekrets über Amt und Leben des Priesters darstellt, so mag das richtig sein, und sie wird, wie er zeigt, von der Ostkirche trotz Trullanischer Synode anerkannt. Doch gerade der eigene Weg der Ostkirche beweist, daß die Affinität des Mannes zur Ehe mindestens ebenso stark und noch stärker ist. Nur wenn eine Übernahme des charismatischen Amtes volle Entscheidungsfreiheit für beide Lebensformen gewährt, werden wirklich die letzten Reste " kultischer Reinheit" ausgemerzt, statt bloß durch Ummotivierung verdeckt zu werden. Die Motivierungsforschung hat Schillebeeckx übrigens stark betont, stärker als die Quellen seine scharfen Formulierungen vielleicht zulassen. "Die evangelische Wende im Mittelalter" (S. 47) mag der Systematiker deutlicher sehen als der unvoreingenommene Historiker; aber eine klare "Wende" ist so wenig spürbar wie heute im Zeitalter der Eschatologie und des Existentialismus. Auf "kultische Reinheit" können heute viele Exerzitienmeister noch immer nicht verzichten.

Alles in allem steht Schillebeeckx neutral zwischen den Parteien, ohne einen Fortschritt für die Zukunft auszuschließen: "Wohl mache ich mir Sorgen um einen weltlichen Sachverstand, der nicht aufgenommen ist in das christliche Gespür für das Biblische. Es gibt Menschen, die um des Reiches Gottes willen unfähig geworden sind für das Eheleben! Ist dieses Gespür wirklich vorhanden, dann können wir einen Wechsel auf die Zukunft ziehen, auch wenn diese vielleicht anders ausfallen sollte, als wir von der Tradition her gewohnt sind" (S. 100).

Einen guten "Querschnitt der Erfahrungen und Meinungen" vermittelt Franz Böckle aus dem Nachlaß seines Kollegen und Freundes Prof. Filthaut[130]. "Hierbei kommen Universitätsprofessoren, Beamte kirchlicher Verwaltung, Pfarrer, Religionslehrer ebenso zu Wort wie Studenten, Laien, Psychologen und Frauen". Wir finden vier Zukunftswünsche von Karl Rahner - ohne letzte Aussöhnung von Priesterweihe und Ehesakrament - neben Beiträgen von Roger Schutz und zwei Antworten aus dem Priesterkreis Salzkammergut an Karl Rahner. Die Möglichkeit eines Berufswechsels für Geistliche, mit dem das Buch schließt, ist kein guter Aspekt, sondern ein Bruch, der oft in einem langen Leben nicht völlig ausheilt.

Von der Besprechung von Monographien und Zeitschriftenartikeln über die Zölibatsfrage aus den sechziger Jahren, die natürlich bei weitem nicht vollständig sein konnte, nun zu einigen Urteilen aus Priester- und Laienmund, wie sie in der Tagespresse und anderen Publikationsmitteln zu lesen waren.

Im "Dekret über Dienst und Leben der Priester" haben wir den Satz kennengelernt (S. 53): "Die hl. Synode billigt und bekräftigt von neuem dieses Gesetz, wobei ihr der Geist das Vertrauen gibt, daß der Vater die Berufung zum ehelosen Leben, das ja dem neutestamentlichen Priestertum so angemessen ist, großzügig geben wird." Die alten kanonischen Vorschriften über das keusche Leben der Kleriker (can. 132, §1) über Vorsicht im Umgang mit dem weiblichen Geschlecht (can. 133), über Einschreiten des Bischofs (can. 133, §3), über die Vermutung des Konkubinates (can. 133, §4) und besonders das Vorgehen gegen Konkubinarier mit den Strafandrohungen früherer Jahrhundete (can. 2176-2181) wurden auf dem Konzil mit keinem Wort erwähnt. Es folgen noch einige Sätze der Mahnung, alles zu tun, um in der heutigen Welt Christus "großmütig und mit ganzem Herzen anzuhängen und treu in diesem Stande auszuhalten." Die starke Sprache früherer Jahrhunderte ist einem Mahnen, Bitten und Flehen gewichen. Das ehelose Leben, "das dem neutestamentlichen Priestertum so angemessen ist", regte zu Fragen und Diskussionen an. Wir wissen, daß das Dekret nicht ganz reibungslos und ohne allen Einspruch angenommen und verkündet wurde. Die französische Zeitung "Le Monde" berichtete bereits am 27. Oktober 1965[131] über ein Kollektivschreiben von Laien aus 12 Ländern an die Konzilsväter. Darin stehen die Sätze: "Besonders das unlösliche Band zwischen Priestertum und Zölibat muß oft in vielen Gegenden verhindern, daß das Bild der Kirche sich auf dieselbe Weise darstellen kann. Unwillkürlich denkt man dort an die zahlreichen verheirateten Bischöfe und Priester, die während der Jahrhunderte auf ausgezeichnete Weise Christus in der Kirche vertreten haben. Und auch heute noch gibt es in vielen Bezirken der Kirche verheiratete Priester, die ein wirkliches Zeichen für Christus sind. Wir wollen keineswegs sagen, daß es besser wäre, wenn alle Priester verheiratet wären; wir möchten es nur unterstützen, daß die Kirche sich fragen sollte, ob sie es nicht den Priestern gestatten müßte, ihr Priestertum zu leben im Zölibat oder als verheirateter Mann. -

Man kann von einer Krisensituation sprechen, sei es, daß die Priester den zölibatären Stand als ein Hindernis für die Fruchtbarkeit ihres Priestertums empfinden, sei es, daß sie glauben, nicht mehr nach dem Stand der Keuschheit leben zu können und folglich auf ihren Dienst verzichten oder praktisch dahin kommen, ihre Keuschheitsverpflichtungen nicht mehr zu beobachten, wenn sie diesen Entschluß nicht wagen oder nicht wählen können." - Zum Schluß erklärt die Bittschrift: "Wir legen Wert darauf, zu erklären, daß wir auf keine Weise einen Stoß gegen die großen Verdienste führen wollen, die das Gesetz des Zölibats für die Erbauung der Kirche und die Heiligkeit ihrer Priester gehabt hat. Wir wollen auf keine Weise zur Diskussion stellen, daß die erwählte Jungfräulichkeit ein vorzügliches und bewährtes Mittel ist für das Himmelreich."

In demselben Zusammenhang druckte "Le Monde" die Meinung des Geistlichen Georg Michonneau ab und bemerkt dazu: "Es ist klar, daß diese Idee eines doppelten Klerus einer heftigen Opposition bei zahlreichen Bischöfen, Nonnen, Ordensleuten usw. begegnet. Es geht aber schließlich nicht anders, als daß man die Priester befragt, die ja die meist Engagierten im Dienst und im Apostolat sind. Das letzte bemerkenswerte Beispiel ist die Meinung des Geistlichen Michonneau, Pfarrer vom hl. Johannes dem Täufer de la Sa Salle zu Paris, der einer der geschätztesten Priester des Kardinals Feltin ist und der kürzlich in "Témoignage chrétien" schrieb:

"Ich stelle die Frage, ob neben den zölibatären Priestern, die ganz für ihre Sendung geweiht sind, es nicht möglich wäre, auch verheiratete Männer zu ordinieren. Ich frage, ob es nicht sein könnte, daß in der Kirche ein Klerus bestünde, der deutlicher als bisher mit dem Leben verbunden wäre, wobei dieser Klerus sich nicht nur aus Diakonen, sondern auch aus Priestern zusammensetzen würde und nicht ein Klerus zweiter Güte wäre, dem man sich allein auf Grund der Verhältnisse fügen würde, sondern ein doppelter Klerus, im vollen Kampf der modernen Welt. - Ich begnüge mich nach vielen andern, die Frage danach zu stellen, und ich danke dem Herrn, sie nicht entscheiden zu müssen."

In einem Artikel: "Ein weiterer Angriff auf das Zölibat" berichtet die "Frankfurter Allgemeine Zeitung" am 14. Oktober 1965, daß dem sechzigjährigen holländischen Missionsbischof Krop aus Brasilien vorgeworfen worden sei, "sich nicht an die Schweigepflicht über das Zölibat gehalten zu haben, das der Papst in der Konzilsaula verlangt hatte. Er habe unter den Konzilsvätern den Text einer Rede in Umlauf gesetzt, die er habe vortragen wollen." Der Inhalt wurde auch in einigen italienischen Zeitungen verbreitet. Darin ist drastisch die Alternative gestellt: entweder gestatte die Kirche den Priestern die Eheschließung oder ihre Zahl werde sich in kurzer Zeit erschöpfen. Der Bischof hat in Abrede gestellt, das Dokument der Presse übergeben und seine Veröffentlichung gestattet zu haben. Er habe das Schriftstück lediglich dem Generalsekretär des Konzils zur Weiterleitung an den Papst zugestellt und einigen hundert Vätern zur Kenntnis gebracht, um ihre Meinung darüber einzuholen.

In dem Schriftstück wird vor allem auf die Verhältnisse in Südamerika Bezug genommen. Um die Kirche in Südamerika zu retten, wird gesagt, müsse im Klerus so rasch wie möglich auf verheiratete Männer zurückgegriffen werden. Das Gesetz des Zölibats bleibe nichtsdestoweniger im Grundgesetz unangetastet. Aus den Statistiken gehe hervor, daß die katholische Kirche in der Welt im allgemeinen und in Südamerika im besonderen wegen der rascheren Bevölkerungsvermehrung unter den nichtchristlichen Völkern und wegen der Angriffe des Atheismus, der Sekten und der großen nichtkatholischen Religionen fortschreitend zurückgehe. Die Hauptursache liege in der unzureichenden Zahl der Priester und dem Mangel an Priesterberufungen in der Jugend.

Diese Lage verschlimmere sich von Tag zu Tag. Südamerika umfasse 33 Prozent der katholischen Kirche, und doch gebe es hier nur sechs Prozent der Priester aus der ganzen Welt. In 35 Jahren, d.h. im Jahre 2000, werde Südamerika 600 Millionen Seelen zählen. Es werde damit die Hälfte der katholischen Kirche umfassen und einen Bedarf von mindestens 120.000 Priestern haben, wenn auf 500 Seelen ein Priester kommen solle. Es sei deshalb dringend erforderlich, die Zahl der Priester zu verhundertfachen. Im Namen des göttlichen Gebots schlage er für die Erhaltung des Glaubens dem Konzil vor, daß die Möglichkeit gegeben werde, das Priestertum geeigneten Laien zu verleihen, die mindestens seit fünf Jahren verheiratet seien. Nach einer nicht zu langen Vorbereitung sollten sie das Amt ausüben. Diese Lösung sei die gleiche, wie sie in den orientalischen Kirchen bestehe, wo die verheirateten Priester sich große Verdienste erworben hätten.

Die Bischöfe dürften sich keinen Illusionen hingeben. Das Schicksal der Kirche in Südamerika sei in großer Gefahr. Die Alternative lautet: Entweder wird die Zahl der zölibatären und verheirateten Priester vervielfacht, oder man muß dem Ende der Kirche in diesen Bereichen entgegensehen. Den Bischofskonferenzen solle mit Billigung des hl. Stuhles die Entscheidung zufallen, ob und wo das Priestertum Männern reifen Alters verliehen werden solle, die schon mindestens fünf Jahre im Ehestand lebten, nach den vom Apostel Paulus in den Briefen an Titus und Timotheus aufgestellten Normen.

Einen anderen Ton als diese Stellungnahme schlug die offizielle Antwort an, die Kardinaldekan Tisserant auf die päpstliche Aufforderung erteilte, eine öffentliche Diskussion über das Zölibat auf dem Konzil zu unterlassen. Sie war eine Versicherung des absoluten Gehorsams. Es heißt darin: "Wir sind immer bereit, Heiliger Vater, Deinen Willen zu befolgen und Deinen Befehlen zu gehorchen."

So weit die "Frankfurter Allgemeine". Zu Bischof Krops Ausführungen möchte man sagen: hier werden nur praktisch-seelsorgliche Probleme gesehen, aber keine individuell-menschlichen. Die Lösungsvorschläge sind nicht grundsätzlicher Natur, sondern Notbehelfe für Südamerika, während die Zölibatsfrage der Gesamtkirche ihn nicht interessiert und deshalb nicht angesprochen wird.

"Der christliche Sonntag" schrieb 1966: "Professor Küng hat in seinem großen Artikel vor der Eröffnung der Vierten Session die Einführung des Bischofsrates als das Wichtigste für das Gelingen des Konzils gefordert, damit eine Institution da sei, die den Geist des Konzils wachhalte, weiterführe; die Kurie sei nach allen bisherigen Erfahrungen nicht imstande dazu. Der Papst hat jetzt angedeutet, daß die neu gegründete Synode der Bischöfe vielleicht schon in allernächster Zeit zusammentreten wird, um über die schwierigen Fragen, die aus dem Konzil herausgenommen worden sind, zu beraten: Geburtenregelung, Mischehe - und vielleicht jetzt auch der Zölibat in afrikanischen und südamerikanischen Ländern. Es ist der Tagespresse bekannt geworden, wie einige Konzilsväter vorhatten, die ostkirchliche Praxis des verheirateten Presbyters für einige Länder mit großem Priestermangel vorzuschlagen. Der Papst hat einen eigenen Brief an das Konzil geschrieben: der Zölibat in der Westkirche sei nicht Thema des Konzils und er bitte, von diesem Punkt abzusehen. Aber er wird ganz bestimmt Thema der Bischofssynode sein. So wird diese Synode, die schon 'kleines Konzil' genannt wird, die ungelösten Fragen im Geiste der Kollegialität, des Aggiornamento, des ganzen innerlichen Aufbruchs, weiterführen.

Inzwischen hat der Bischofsrat in Rom längst getagt; aber die Presse war nicht zugelassen und die Berichterstattung war dürftig. Es ist zu wünschen, daß die Beratungen auch in kleineren Gremien allerorts aufgenommen und ihre Ergebnisse von den größeren dankbar gehört und berücksichtigt werden. Dann dürfte man von einem neuen Geist und wirklichem Fortschritt reden."

Schlagzeilen in der deutschen Presse machte Ende 1968 der Abt von Siegburg, Alkuin Heising, der nicht einfach durch Zölibatsgesetz, sondern durch seine Mönchsgelübde gebunden war. Er ließ sich laisieren und heiratete in Gibraltar eine in Spanien tätige deutsche Lehrerin. Die rationalen Begründungen seines Schrittes scheinen nicht so stark gewesen zu sein wie die im Unterbewußtsein drängenden irrationalen. Daß auch Prälaten und Bischöfe schwach werden im Kampf gegen den starken Geschlechtstrieb, beweist der Schritt des Weihbischofs von Lima, Mario Cornejo Ravadero, der von seinem Amt zurücktrat und in Buenos Aires angeblich standesamtlich getraut wurde ("Frankfurter Allgemeine" vom 28. März 1969). Ähnlich erstaunt auch die Handlungsweise des römischen Monsignore Giovanni Mussante aus der geistigen "Familie des Papstes". Er verstand es, Laisierung und Heiratserlaubnis in kurzer Zeit zu erhalten und sich mit 53 Jahren kirchlich trauen zu lassen. "Dies ist nicht der erste und nicht der letzte Fall", soll ein römischer Prälat dazu bemerkt haben ("Frankfurter Allgemeine" vom 14. März 1969). Bis in die alte Welt hinein erregte die Amtsniederlegung und Verheiratung des amerikanischen Weihbischofs James Patrick Shannon die Gemüter. In vielen Priesterexerzitien war Shannon mit dem Zölibatsproblem konfrontiert worden. Manche Mitbrüder in Not hatten ihn gebeten, den andern Bischöfen ihre Ansichten über die Forderungen der Zeit vorzutragen. Er tat es und spürte bald, daß er mißverstanden, im Stich gelassen und von den Mitbischöfen unter demVorsitz eines mächtigen Kardinalbischofs isoliert war. Enttäuscht und vereinsamt sah der feinfühlige Mann keinen andern Weg als den einen, den er nun geht (vergl. "Orientierung" 33. Jahrg. Nr. 22, S. 249 f.).

Wenn wir Geistliche, den Pfarrer und Kaplan, nach seiner Meinung über den Zölibat befragen, bekommen wir nicht immer eine ehrliche und klare Antwort. Trotzdem sind Umfragen verschiedentlich angestellt worden. Über eine solche Meinungsforschung in den USA berichtete die "Bildpost"[132]. Die Beantwortung der dem Zölibatsproblem gewidmeten Fragen zeigte, daß über 60 Prozent der Priester, die den Fragebogen ausfüllten, die Ansicht vertraten, auch Priestern des lateinischen Ritus sollte die Möglichkeit gegeben werden, zu heiraten, wenn sie es wünschten. Allerdings war über die Hälfte aller Antwortenden der Ansicht, daß ein unverheirateter Geistlicher seine Arbeit als Priester besser verrichten könne als ein verheirateter. Trotz der 62 Prozent Antworten zugunsten der Aufhebung des Zölibates sprachen sich nur 32 Prozent in dem Sinne aus, daß sie heiraten würden, wenn es erlaubt wäre. Es scheint jenes Drittel zu sein, von dem die "Frankfurter Allgemeine" schon früher schrieb[133]: "Fast ein Drittel aller katholischen Priester in den Vereinigten Staaten würde wahrscheinlich oder 'ohne Frage' heiraten, sobald die katholische Kirche die Verpflichtung der Priester zum Zölibat (Ehelosigkeit) aufheben würde. Dies wird in einem Untersuchungsbericht behauptet, den der Jesuit, Soziologe und Professor an der Harvard-Universität, Fichter, erstellt hat. Der Bericht wurde in der von Laien herausgegebenen Wochenzeitschrift 'National Catholic Reporter' veröffentlicht. Der Untersuchungsbericht basierte, den Angaben des Blattes zufolge, auf einer Umfrage, an der sich 3.000 katholische Priester in den Vereinigten Staaten beteiligt hatten. Aus der Studie geht hervor, daß 62 Prozent der Priester sich die Entscheidungsfreiheit darüber wünschten, ob sie heiraten wollten oder nicht." - Über eine ähnliche Umfrage in den Niederlanden war schon im August 1966 in der Presse berichtet worden. Rund 1.800 katholische niederländische Priester sollen sich damals für die Abschaffung der Zölibatsverpflichtung ausgesprochen haben. Die Umfrage wurde 5.000 Priestern vorgelegt und der Widerhall, den diese Aktion gefunden hat, erfordere nach Ansicht der Kommission bald eine gründliche Untersuchung.

Die Zahl der Zölibatsgegner war sehr hoch und gab nicht nur einer Kommission, sondern auch dem katholischen Volk zu denken. Kein Wunder, wenn verschiedene Blätter im Februar 1967 melden konnten, daß bei einer Umfrage des Tübinger Wickert-Instituts nahezu drei Viertel der befragten Bundesbürger - sowohl Männer als auch Frauen - sich gegen den Zölibat ausgesprochen haben. Bei zunehmendem Bildungsgrad sei die Zahl der Gegner des Zölibats stark angestiegen. In einer rationalisierten Welt kann man nicht einfach verfügen und befehlen. Der an Freiheit gewöhnte und zur Freiheit erzogene junge Mensch muß überzeugt werden und will dann wählen und selbst entscheiden können. Das Weltverständnis auch der katholischen Kirche blieb durch die Jahrhunderte nicht das gleiche. Ohne daß der Grundriß sich ändert, ist der darauf errichtete Bau des Wissens und Glaubens stets ein neuer im Aussehen und der alte im Wesen. Wenn das von der Verkündigung gilt, dann erst recht von der disziplinären Ordnung. Vorschriften aus dem vierten Jahrhundert nach Christus müssen nicht auch im zwanzigsten Jahrhundert gelten. Sie können ursprünglich ein Vorteil gewesen sein und sich heute längst zu einem Nachteil für alle Seiten gewandelt haben. Der junge Mensch kann nicht nach einem Abschnitt seelischer Hochstimmung für das ganze Leben durch Außenstehende festgelegt werden: unter schwerer Sünde, unter Sakrileg und Androhung der Verstoßung. Soll dieser Menschenwille wirklich Gottes Wille sein? Wenn das pastoral-theologische Institut Innsbruck nach Mitteilung eines nichtöffentlichen Informationsblattes der ausgehenden sechziger Jahre tatsächlich Fragebogen an alle deutschsprachigen Seminare, den Zölibat betreffend, geschickt hat, ist das ein lobenswerter Fortschritt.

Die Befragten sollten ihr Ja oder Nein zu 20 Kernsätzen aussprechen, wie zum Beispiel: "Die zölibatäre Einsamkeit hilft dem Weltpriester, Christus verbunden zu werden" oder: "Der Zölibat ist ein Hindernis für die Entfaltung der Persönlichkeit" oder: "Auch nach der Weihe soll der Priester die Freiheit haben, zu heiraten und als verheirateter Priester sein Amt auszuüben." Ob es einem jungen Seminaristen möglich war, solche Fragen gründlich und überzeugend zu beantworten? Fehlt dazu nicht oft die Lebenserfahrung, die nicht lange genug sein kann. Was soll er über zölibatäre Einsamkeit sagen, solange er in der Gemeinschaft junger gleichgesinnter Menschen lebt? Sitzt er 20 Jahre später als Pfarrer in einem verlorenen Bergdorf, einem stillen kleinen Bauernnest oder in einer verlorenen Großstadt, dann mag er eher feststellen, ob ihm die Stille und Einsamkeit fruchtet oder ob er sie flieht und fürchtet, ob er Christus näher kommt oder eher ferner als in seinen Anfängerjahren. Auch über die Entfaltung der Persönlichkeit läßt sich schwer sprechen, solange man die andere Möglichkeit nicht kennt. Rein theoretisch über solche Fragen zu diskutieren, nützt wenig. Leicht werden fremde Gedanken wiedergekäut, die man gelesen oder vom Pater Spiritual gehört hat. Was gar die letzte Frage betrifft ("Auch nach der Weihe soll der Priester die Freiheit haben, zu heiraten und als verheirateter Priestr sein Amt auszuüben"), so wäre ein Ja darauf der äußerste Grad des Fortschritts. Wenn aber ein Seminarist dieses Ja spricht, kann er es nur aus der dunklen Sehnsucht seines Herzens tun, nicht aus großer Kenntnis der Geschichte und des Lebens. Aus seinem Herzen macht er aber nur dann keine Mördergrube, wenn er sicher ist, daß man ihn ernst nimmt und ihm keinen Strick drehen will.

Viel Mut und klare Sicht bewies ein Pfarrer, der mit seinem vollen Namen folgende Zuschrift der "Bildpost" zusandte:

"Heute Ihnen einen besonderen Dank dafür, daß Sie die Frage der Ehelosigkeit der Priester mit Mut aufgreifen; denn mir scheint diese Frage heute eine wirklich akute Frage zu sein. Zu danken haben wir aber auch für die sachlichen Zuschriften zu diesem Thema, besonders den Geistlichen, die sich für eine freie Entscheidung des einzelnen ausgesprochen haben. - Es gibt in der Frage der Ehelosigkeit doch ganz bestimmte Tatsachen, die heute niemand mehr abstreiten kann, wenn auch leider manche Büchlein über den Zölibat ausschließlich glorifizierende Töne über dieses Problem zu lange anschlagen konnten. - Niemand will die Ehelosigkeit abschaffen; denn die Bibel nennt uns diese 'um des Himmelreiches willen' als hohes Gut. Aber sie soll in freiwilliger, persönlicher Entscheidung gewählt werden. Es weiß auch jeder, der für diese Freiwilligkeit ist, daß die Priesterehe viele Probleme und Fragen mit sich bringen wird. - Diese gemeinsam und gründlich miteinander zu überlegen, sollte unser Bestreben sein - nicht etwa, diese Fragen in Verdächtigungen ausarten zu lassen, als ob es den Verfechtern etwa nur um billige Gleichmacherei mit der Welt ginge. Erst die freiwillige Ehelosigkeit wird nach meiner Meinung die volle Kraft dieser Gottesgabe entfalten können"[134].

Hier ist mit kurzen Worten das zu erstrebende Fernziel ausgesprochen: freier persönlicher Entscheid des Priesters, ob er ehelos bleiben will oder nicht.

Wenn in den letzten Jahrzehnten Berichte über die Priesterweihe verheirateter Männer durch die Presse gingen, wie etwa über einen früheren anglikanischen Geistlichen, der sieben Kinder haben soll und in Rottenburg geweiht wurde, oder den früheren Pfarrer der evangelisch-lutherischen Landeskirche Sachsen, Glöckner, so sind das Sonderfälle. Wenn freilich letzterer in einem Interview gesteht: "Sie werden vielleicht staunen, ich bin trotzdem Befürworter des zölibatären Priesters als Normalfall. Gerade ich weiß, daß nur ein vollkommen von familiären Problemen unabhängiger Priester seine Pflichten als

Seelsorger hundertprozentig erfüllen kann"[135], so weiß er auch nur das. Um das andere Problem des jahrelangen Durchkämpfens und seelischen Leidens weiß er nichts oder wenig. Beides muß aber gesehen werden: nicht nur die Kirche und die Seelsorge, sondern auch der Priester und der Mensch.

Wenn "Mann in der Zeit" in den sechziger Jahren die Meinung eines Lesers und Priesters abdruckte[136]: "Priester sein verlangt heute einen anderen persönlichen und menschlichen Einsatz als früher. Wer nicht in der Lage ist, auf die Ehe zu verzichten, ist unter den gegebenen Umständen auch nicht in der Lage, diesen Priesterdienst hinreichend zu erfüllen", so ist dieser "andere, persönliche und menschliche Einsatz" in allen modernen Berufen hektisch gewachsen, beim Arzt, beim Reporter, bei vielen Angestellten und selbständigen Handwerkern. Verzichten lernt man in der Ehe oft mehr als im Junggesellendasein, denn die Ehe ist nicht Genuß und lautere Freude, sondern zuerst und zumeist Geborgenheit und fester Standort. Den brauchte aber mancher Priester dringend notwendig. Da scheint eine andere Meinung besser in die moderne Zeit zu passen, die einige Wochen früher in derselben Zeitschrift zu lesen war[137]:

"Angenommen, die katholische Kirche gestattet ihren Priestern die Ehe - was, nebenbei bemerkt, auch viele aktive Christen befürworten - würde die Kirche dadurch etwas von ihrem Prestige einbüßen? Wohl kaum! Ganz im Gegenteil, auch das wäre ein nicht unwesentlicher Schritt auf dem Weg zur Einheit der Christen. Hier drängt sich unwillkürlich die Frage auf: Verkünden die evangelischen Theologen das Wort Gottes weniger glaubhaft, weil sie Familie haben? Es steht außer Frage, daß ein verheirateter katholischer Priester wenig Zeit für seine Familie erübrigen könnte. Von seiner Gattin müßte ebensoviel Opfergeist verlangt werden, wie von ihm selbst. Man könnte argumentieren, daß kein Mädchen und keine Frau bereit wäre, eine solche Ehe einzugehen. Doch wie steht es um jene Frauen und Mädchen, die ins Kloster gehen, um durch Entsagung Gott zu dienen? Könnte diese Bereitschaft zum Verzicht nicht auch in der Ehe mit einem Priester ihre Erfüllung finden?" -

Ob gerade eine zum Klosterleben berufene Frau Glück und Wärme in ein Pfarrhaus brächte, bloß weil sie Opfergeist besitzt, vermag man nicht zu entscheiden. Viel wichtiger erscheint der Gesichtspunkt der Ökumene. Die katholische Kirche käme mit der Aufgabe des Zölibats als conditio sine qua non für die Übernahme des Priestertums den "Andersgläubigen" ein großes Stück entgegen. Daß es andererseits auch "Protestantenlob für Zölibat" gibt[138] und der "Zölibat Kraft der Kirche" bedeute, wie ein Konvertit schreibt, ist nicht zu bezweifeln, immer vorausgesetzt, daß er gut und gern gehalten wird. Das Lob wäre noch größer und die Kraft noch stärker, wenn viele, vielleicht die Hälfte der Priester und mehr, ihn freiwillig hielten, ohne jeden Abstrich und jeden Ersatz.

Eine weitere Frage sei noch angeführt: ist der Zölibat schuld am sogenannten "katholischen Defizit", an der Rückständigkeit in der Bildungs- und Führungselite in unserem Land und in der Welt?

Was den Priesterberuf selbst betrifft, so ist der Zölibat gewiß nicht die einzige Ursache für Nachwuchsmangel, wenigstens nicht in Westeuropa. In Afrika und Südamerika dürften es mehr junge Leute sein, die durch das Zölibatsgesetz abgeschreckt werden, diesen Beruf zu ergreifen, der immerhin in ihren Ländern eine soziale Besserstellung bedeutet. Im alten Europa ist die Kirche nicht mehr das, was sie einmal in früheren Jahrhunderten war. Sie mag vielen rückständig erscheinen, langsam nur den Fortschritt bejahend und immer im Kampf um ihre alten Bastionen. Wenn die Jugend auch den Glauben nicht über Bord wirft, so ist sie doch meist nicht glaubensfroh und -überzeugt genug, um in die Reihe der Vorkämpfer einzutreten. So wählen nur wenige Abiturienten das Theologiestudium, vorgeprägt durch das Elternhaus und, wenn sie Glück hatten, geleitet durch einen guten Religionslehrer. Die übrigen verteilen sich auf alle möglichen Säkularberufe. Das Bild ist auf evangelischer Seite ähnlich, was die Theologie betrifft, trotz des Fehlens des Zölibatsgebotes. Was jedoch die weltlichen Berufe angeht, so führt der Protestantismus mehr Begabungen in die meisten Sparten der Wirtschaft, Wissenschaft und der Lehrberufe als bekanntlich der katholische Volksteil.

Hängt das mit dem Zölibat zusammen? Nirgends stoßen die Meinungen schroffer aufeinander als in diesem Punkt. Nirgends aber läßt sich auch ein stringenter Beweis schwerer führen. Von dem vielen, was man darüber liest, nur zwei gegenteilige Meinungen, die im März 1967 in der "Frankfurter Allgemeinen" zu lesen waren. Ein Dr. Richard Böhm aus Freiburg war überzeugt, daß der katholische Teil des Volkes sich schon dadurch "dezimiere", daß er "seine Priester nicht heiraten" lasse[139]. Ein Dr. Walter Roth, Düsseldorf, gab dagegen zu überlegen, ob aus dem freiwilligen Verzicht auf Ehe und Familie der Kirche nicht Kräfte erwüchsen, die Nachteile in der sozialen Stellung der Glaubensgemeinschaft aufwögen.

Die päpstliche Enzyklika vom 24. Juni 1967 über den priesterlichen Zölibat scheint ein endgültiges Wort gesprochen zu haben: die römisch-katholische Kirche ist entschlossen, unbeirrt den Weg der Tradition weiterzugehen im Vertrauen auf die Fürbitte Mariens, "die ebenfalls als Jungfrau und Mutter gepriesen wird" und "gestützt auf die unermeßlichen geheimnisvollen Quellen der Gnade, daß die geistlichen Vorzüge der Priester auch die notwendige Zahl hervorbringen werden, denn bei Gott ist alles möglich."

Wenn Rom auch gesprochen hat, so ist die Sache doch keineswegs in der Diskussion beendet. Das "umstrittene Zeichen"[140] bleibt Anregung und Auftrag zu vertieften Überlegungen. Am ausführlichsten hat sich auf deutschem Boden Dr. Antweiler, zuletzt Professor der Theologie in Münster, mit der päpstlichen

Enzyklika in der Schrift "Zum Pflichtzölibat der Weltpriester" befaßt. Die Arbeit ist nicht nur eine gründliche Analyse und Erwiderung, sondern zeigt auch eine lange Lebenserfahrung des Verfassers, der in allen Sparten seelsorglicher Arbeit tätig war. Antweiler kommt zu dem Ergebnis: "Die Enzyklika will nicht in bezug auf den Zölibat die Gründe und Gegengründe klären und ggf. zurückweisen, sondern die Entscheidung rechtfertigen, daß der Papst nicht willens ist, den obligatorischen Zölibat aufzuheben oder zu lockern. Weder werden die Gegengründe den Gründen für den Zölibat zugeordnet, noch werden sie entkräftet.

Die vorgebrachten Gründe treffen nicht oder nur teilweise zu, und die wirklichen Gründe werden nur versteckt oder überhaupt nicht genannt" (S. 73). Er ist ein Charisma. Aber: "Charisma kann weder befohlen noch organisiert werden." Die mutige Schrift wurde nur als Manuskript gedruckt, doch im Oktober 1968 nach 4.000 verkauften Exemplaren bereits in der dritten Auflage veröffentlicht. Später gab Professor Antweiler Zuschriften auf seine Arbeit heraus, ebenfalls als Manuskript gedruckt unter dem Titel: "Stimmen zum Pflichtzölibat". Es handelt sich um eine Auswahl von 123 Briefen von rund 80 Personen aus allen Volksschichten, meistens von Priestern. Gerade die letzteren wirken großenteils erschütternd in ihren Aussagen und regen sehr zum Nachdenken an. Vielleicht mag man einwenden, solche und ähnliche Briefe könnten auch Familienväter schreiben, die unter dem Ehejoch seufzen. Doch ist es nicht dasselbe, ob der junge Mensch sich für die falsche Frau entschied oder für gar keine entscheiden durfte, ob er einen geistigen Kampf allein ausficht oder im allgemeinen Erdenjammer steht, ob er Vorbild für alle seine Gemeindemitglieder und Richtung weisen muß in seinem Alleingang oder nur für die kleine Familie da ist, ob er fällt und verachtet wird oder sein Leben als Weltmann ohne jeden Ehrverlust ändert. Auch die relativ kleine Zahl von 80 Schreibern bei mehr als 4.000 verkauften Exemplaren besagt nichts. Die meisten stimmen zu und schreiben nicht aus Gründen, die bereits mehrmals anklangen. Was aber geschrieben wurde, ist das Jahrhunderte alte Lied, das man bald anders hören möchte und könnte.

Eine weitere Schrift Antweilers erschien unter dem Titel: "Zölibat. Ursprung und Geltung". Wer von dem lange erwarteten Buch hoffte, es gehe zu einem schnellen Angriff gegen veraltete Institutionen über, wurde enttäuscht. Antweiler behandelt philosophisch und religionswissenschaftlich mit dem Zölibat zusammenhängende Fragen. In einem tiefen Suchen nach den Wurzeln wird zuerst der charismatische Zölibat behandelt, dann ebenso ausführlich der obligatorische. Diesen schwierigen Vorarbeiten folgt eine Bewertung der allgemeinen und kirchlichen Gründe, die nie den hohen Ansatz der Schrift vergessen lassen, aber wissenschaftlich um so überzeugender wirken. "Man sollte also auf den obligatorischen Zölibat verzichten. Um so wirksamer und glaubwürdiger wäre dann der charismatische" (S. 153).

Die Diskussion ging weiter, nicht nur im alten Europa, sondern auch in den Missionsländern. Der Fuldaer "Bonifatiusbote" veröffentlichte in seiner Weihnachtsnummer 1968 einen Brief des Franziskanerbischofs von Rondopolis, P. Wunibald Talleur. Darin stehen (S. 30) die Sätze: "Die Mission hat seit dem Konzil 14 Priesterberufe verloren. Doch sind alles tüchtige Männer geworden. Die große Hoffnung sind verheiratete Priester (als Ergänzung zum hauptamtlichen unverheirateten Priester. Die Redaktion). Der Plan für Südamerika sieht Priester vor, die aus einem kleineren Ort stammen, angesehen sind, mit Familie. Priester nur für diesen Ort. Mit gesichertem Lebensunterhalt. Die nach kurzem Studium geweiht werden können. Sicher die Mehrzahl der brasilianischen Bischöfe befürwortet dies. Verheiratete Diakone bringen uns keine Lösung, das Volk will die eucharistische Feier, will beichten. Wir hoffen, daß Rom in Südamerika die Erlaubnis gibt - früher oder später, hoffentlich, ehe es zu spät ist. Sonst verfällt das Volk in seiner Suche nach Gott in Sekten."

Der holländische Missionsbischof Krop aus Brasilien ist anscheinend nicht der einzige, der klar die Lage und auch die einzig mögliche Abhilfe sieht. Doch dürfte es auch für die Missionen bei solchen "trullanischen Lokalpriestern" nicht bleiben, die erst verehelicht sind und dann geweiht werden. Müßten sie nach einem frühen Tode der Frau ehelos bleiben? Für Brasilien undenkbar! Würde man bei einem ortseingesessenen Familienvater lieber die Beichte ablegen oder bei einem verheirateten fremden Priester? Immerhin bedeutete diese Regelung als vorläufiger Lösungsversuch auf Probe einen großen Fortschritt.

Auf dem alten Kontinent ist der Priestermangel noch nicht entfernt so groß wie in Südamerika, aber die Diskussion nicht geringer. Zwar ergreifen nicht Bischöfe die Initiative, aber um so mehr der junge Klerus, der sich vielerorts in Priestergruppen zusammenschließt und mehr oder weniger frei alle Sach- und Personalprobleme der Kirche erörtert. In Holland kann man seit dem Nationalkonzil geradezu von einer Antizölibatswelle bei Klerikern und Laien sprechen. Die Meldung, die Ende Januar 1969 durch die deutsche Presse ging, daß von fünf Studentenpfarrern der Studentengemeinde Amsterdam vier bis zum ersten März des Jahres ihr Amt niederlegen und außerhalb der Kirchengemeinschaft arbeiten wollten, wenn der Zölibat verpflichtend bleibe, schien auf Schisma zu deuten. Zwar ist nach dem 1. März keine Trennung von der Gesamtkirche erfolgt, aber zwei der Studentenpfarrer, die Jesuitenpatres waren, wurden aus dem Orden ausgestoßen. Sie hatten sich solidarisch mit P. Vrijburg erklärt, der im November des vorhergehenden Jahres in einem Gottesdienst bekanntgab, er habe sich verlobt, werde den Orden verlassen und zum Weltklerus übertreten. Hier würde für ihn freilich die Zölibatsverpflichtung anfangen, wenn das Gelübde der Keuschheit aufhört.

"Die holländischen Bischöfe haben auf einer Konferenz in Breda beschlossen, beim Vatikan darauf zu drängen, daß für die Zölibatsfrage bald eine Lösung im Rahmen der Weltkirche gefunden wird und eine entsprechende Eingabe gemacht", so die "Frankfurter Allgemeine" am 15. Februar 1969. Das war ein ganz neuer Geist in der Kirche und ein Mut bischöflichen Selbstbewußtseins, wie ihn die Kirchengeschichte der letzten Jahrhunderte nicht mehr kannte. Ein Jahr später sehen wir sie noch präziser in dieselbe Richtung weitergehen. Doch was bedeuten sieben Bischöfe unter mehr als zweitausend in der ganzen Welt! Der Vatikan ist bis zur Stunde nicht bereit, an der alten Tradition rütteln zu lassen, ja nicht einmal, sich auf Diskussionen über den Zölibat einzulassen. Bischöfe, Priester und Laien senden wohl Ergebenheitstelegramme an den Papst, aber wer denkt an die Not jener Menschen, die die Einheit im Glauben über das alte Disziplinargesetz des Zölibates stellen. Auch Bischöfe können nichts retten und durchführen, wenn nicht der Klerus geschlossen hinter ihnen steht. Der junge Klerus aber ist geformt durch die moderne Welt und bringt ein anderes Glaubensverständnis mit als die Konfratres der Vorkriegszeit. Solange nicht ein neues Priesterbild mehrere Möglichkeiten des priesterlichen Lebensstils offenläßt, wird eine weitgehende Unruhe bleiben, die rein autoritär nicht zu lösen ist.

In Deutschland brachten die letzten Monate des Jahres 1968 Priestergruppen ins Gespräch, die Fragebogen verschickten. Die Bischöfe glaubten wegen ihrer Anonymität warnen zu müssen. Doch am 21. Januar 1969 berichtete die Presse von einer Tagung solcher Priester, die keineswegs anonym bleiben wollten. "Etwa 70, zumeist noch jüngere Geistliche, keineswegs nur Kapläne, sondern auch viele Pfarrer, vertraten über zwanzig Gruppen in der Bundesrepublik und in Österreich. Trotz unterschiedlicher Erfahrungen mit ihren Bischöfen und trotz unterschiedlicher Entwicklungen in den einzelnen Diözesen haben sich alle Sprecher über die weitere Entwicklung optimistisch ausgesprochen. Überall sei Zulauf festzustellen. Die klarste rechtliche Struktur hat bis jetzt die Gruppe der Diözese Limburg, die sich als eine Arbeitsgemeinschaft bischöflichen Rechts bezeichnen kann", hieß es. Diese Priester sollen 15.000 Umfragebögen verschickt haben, von denen über 3.000 beantwortet wurden. Die Auswertung wurde der Bischofskonferenz des deutschen Episkopates vorgelegt. Dieselben Bischöfe haben freilich bei einer außerordentlichen Tagung im Dezember 1968 noch gesagt[141]: "Die Bischöfe stehen zu dem, was das Konzil beschlossen hat und was die Notwendigkeit der Kirche verlangt."

Beide Forderungen - die des Priesterteams und die der deutschen Bischöfe - gingen hinsichtlich der Zölibatsfrage in konträre Richtungen. Eine nationale Bischofskonferenz mag die Gegenseite liebevoll anhören, mag einzelnen Priestern in Not helfen - aber anders entscheiden als Rom und die Spitze der Kirche kann sie nicht. Das spricht auch klar aus dem "Wort der deutschen Bischofskonferenz zu Fragen des Glaubens und des kirchlichen Lebens"[142]. Es heißt dort unter anderem:

"Wir wissen um die ernsten Schwierigkeiten, die dem Zölibat heute erwachsen, vor allem aus dem tiefgehenden Umbruch des gesellschaftlichen Lebens und aus der Änderung in der Denk- und Verhaltensweise des Menschen. Unbeschadet der Argumente für oder gegen den Zölibat halten wir es für notwendig, uns klar zu den Beschlüssen des Konzils zu bekennen und der mancherorts zu beklagenden Verwirrung durch einige Feststellungen entgegenzutreten. Alle Priester haben den Zölibat nach jahrelanger Prüfung in einem freiwilligen Entschluß um des Reiches Gottes willen auf sich genommen. Priestern, die der heilige Vater von ihrer Verpflichtung entbindet, wollen wir helfen, daß sie einen anderen Beruf ergreifen können. Gott allein steht das Urteil zu, wie dieser Schritt für den einzelnen Menschen zu bewerten ist. Wir können aber keinen ausgeschiedenen Priester erneut mit Aufgaben betrauen, die einem Priester oder Diakon vorbehalten sind. - Alle Priester und Priestergruppen, die sich gegen die Zölibatsverpflichtung wenden, sollen ehrlich sagen, wie sie weiterhin zu ihrem persönlichen Entschluß der Ehelosigkeit stehen. Es geht nicht an, daß in der Gemeinschaft der Kirche in dieser Frage eine Unklarheit besteht und daß so eine Atmosphäre wächst, die das Leben in der Ehelosigkeit erschwert. Die jungen Männer, die sich auf das Priestertum vorbereiten, müssen wir bitten, sich freiwillig und ohne Vorbehalt für die Ehelosigkeit zu entscheiden, damit sie zum priesterlichen Amt zugelassen werden können. Wer glaubt, er sei für diese Lebensform nicht geeignet, möge rechtzeitig eine andere Berufswahl treffen. Alle Glieder der Kirche fordern wir auf, dem Anruf des Konzils zu folgen und Gott zu bitten, daß er die Berufe zur Ehelosigkeit und zum Priestertum schenke, deren sein Volk in dieser Zeit bedarf."

Hier klingt noch hierarchische Führung an, in Holland dagegen ein in der Kirche ungewohntes demokratisches Hinhören auf das "Volk Gottes". Alles wird schließlich von der Zahl der künftigen Berufe, dem geschlossenen Vorgehen der Bischöfe und dem Mut des Gottesvolkes für neue Wege in einer neuen Zeit abhängen.

Vor die Entscheidung einer geschlossenen Stellungnahme in der Zölibatsfrage wurden die holländischen Bischöfe durch die Januartagung 1970 des niederländischen Pastoralkonzils in Nordwijkerhout erneut gestellt. Prof. Antweiler, der selbst als Beobachter anwesend war, berichtete sachlich in der "FAZ" vom 19. Januar 1970. "Publik" brachte in seiner Nr. 3, 1970 eine emotionsgeladene Darstellung unter dem Titel: "Aufstand gegen den Zölibat. Hollands Bischöfe vor einem schweren Gang". Tatsache ist, daß von 106 anwesenden stimmberechtigten Teilnehmern 93 (gegen 2 Stimmen bei 3 Enthaltungen) für die grundsätzliche Trennung von Amt und Zölibat stimmten. Ähnlich hoch waren auch die Stimmen bei fünf anderen Beratungspunkten, die mit dem Zölibatsgesetz zusammenhängen. Die Bischöfe sollten in nicht allzu langer Zeit die Beschlüsse durchführen. Sie seien rechtlich nicht an Weisungen des Konzils gebunden. Sie hätten selbst nicht mit abgestimmt, müßten die Situation der Weltkirche beachten und dabei das Vertrauen der eigenen Kirche nicht aufs Spiel setzen.

Zwölf Tage nach dem Konzil tagten die Bischöfe mit den Vorstehern der Orden bei Utrecht und sprachen die Meinung aus, "daß ihrer Glaubensgemeinschaft damit geholfen würde, wenn neben dem in klarer Freiheit gewählten zölibatären Priestertum in der lateinischen Kirche der verheiratete Priester zugelassen würde, indem verheiratete Männer geweiht werden und indem, in bestimmten Fällen und unter bestimmten Bedingungen, Priester, die in die Ehe traten, wieder in die Amtsbedienung aufgenommen werden"[143]. Was konnten sie mit dem Papst besprechen, der schon vor dem Konzil seine warnende Stimme erhob? Wie hätte man ein Schisma vermeiden können, wenn keine Seite nachgab? Würde auch nur ein Drittel aller Geistlichen oder weniger der radikalen Gruppe "Septuagint" folgen und "Fakten setzen", dann dürften Kampf und Zwietracht den einst so stolzen Katholizismus Hollands zersetzen. Wie schwierig die Lage bereits vor 20 Jahren war, zeigte die Priestergruppe auf dem Bischofssymposium in Chur vom 7. bis 10. Juli 1969 und ebenso auf der außerordentlichen Bischofssynode, die im Oktober 1969 siebzehn Tage lang in Rom tagte. Bischöfe und Priester der brasilianischen Nordoststaaten sprachen sich auf ihrem ersten Regionalkongreß einstimmig für die Abschaffung des Pflichtzölibates aus und befürworteten außerdem die Wiedereingliederung verheirateter Priester in den Seelsorgedienst[144]. Gewiß ist dort der Priestermangel besonders groß, aber eine Sonderstellung durfte und darf es nicht geben. Die beste Lösung der verschiedensten Nöte würde in einer Grundsatzentscheidung Roms geschaffen, wie man es in Nordwijkerhout mit überwältigender Mehrheit wünschte: Trennung von Amt und Charisma, von Priestertum und Zölibat.

Rom scheint einstweilen die Tradition nicht aufgeben zu wollen, obwohl in der Kurie auch andere Strömungen vermutet werden. "Rom läßt sich nicht aus den Angeln heben", schrieb der "Vorkämpfer der Unnachgiebigkeit", Kardinal Danielou, im "Osservatore Romano". Der Papst selbst sprach am 1. Februar 1970 vom Fenster seines Arbeitszimmers und nannte das Zölibatsgesetz "Hauptgesetz unserer lateinischen Kirche". Daß in dieser Ansprache sogar die Diskussion über dieses Gesetz untersagt wurde, erregte großes Aufsehen in der Weltpresse und den schärfsten Widerspruch der internationalen Paulusgesellschaft[145]. Einen Brief des Papstes an Kardinalstaatssekretär Villot vom 2. Februar 1970 veröffentlichte der "Osservatore Romano" am 4. Februar 1970 in großer Aufmachung auf der ersten Seite[146]. War er eine öffentliche Antwort auf den Brief Kardinal Alfrinks? Sollte er die Wogen glätten, indem die Holländer im Gegensatz zu dem Ausfall Danielous nicht verdächtigt wurden? Auf jeden Fall wich er kein Jota von der Haltung des Papstes zum Zölibatsproblem seit der Enzyklika von 1967 ab. Das letzte Wort ist trotzdem nicht gesprochen. Die Bischöfe Hollands fanden die öffentlichen Sympathien des Weltepiskopates zwar nicht, wollten aber auf jeden Fall ein Schisma vermeiden.

Die Zukunft mag sie als diplomatische Sieger erweisen, wie es in ihrem Kampf um den holländischen Katechismus schon einmal war. Einstweilen stellte sich dieser Kampf für sie als um so schwerer heraus, desto ablehnender sich andere Bischöfe gegen sie stellten. Solche Stimmen kamen nicht nur von Kardinal Bengsch, sondern auch vom spanischen und französischen Episkopat. In Deutschland legten die Bischöfe auf einer Konferenz in Essen vom 16. bis 19. Februar 1970 ihren Standpunkt fest. "Sie bekräftigt den Beschluß des zweiten Vatikanischen Konzils vom 7. Dezember 1965, ihre eigene Erklärung vom 27. Dezember 1968 und ihre Aussagen im Schreiben über das priesterliche Amt vom 11. November 1969. Die deutschen Bischöfe stehen zu den Erklärungen, die Papst Paul VI. in seinem Schreiben an Kardinal Villot vom 2. Februar 1970 über die Ehelosigkeit der Priester in der lateinischen Kirche abgegeben hat." - "Wir sind entschlossen", fährt die Erklärung fort, "auch in Zukunft die Priester aus den Reihen derer zu berufen, die die Gnadengabe der Ehelosigkeit um des Himmelreiches willen ergreifen. Wir werden Priester, die von ihren Verpflichtungen entbunden worden sind, nicht wieder zum priesterlichen Dienst zulassen. Wir verkennen dabei nicht, daß in der Zukunft ernste pastorale Schwierigkeiten entstehen können. Wir werden gemeinsam mit Priestern und Laien nach Wegen suchen, die der Sicherung einer geordneten Seelsorge dienen können."

Ob dieser eindeutige Wille so sicher die Zukunft meistern wird, bliebe zu untersuchen. Solange Klerus und Laien bereitwillig mitgehen, mögen sich manche Schwierigkeiten beheben lassen. Kommt kein Nachwuchs an Priesterkandidaten mehr, dann könnte der Weg der holländischen Kirche sich empfehlen. Priestergruppen, deren Arbeitsgemeinschaft 1.500 Mitglieder zählen sollte, gaben schon vor 20 Jahren in Tübingen und Frankfurt eine Erklärung ab: Nach ihrer Meinung ließ der deutsche Episkopat in seinem Schweigen gegenüber den holländischen Bischöfen Kollegialität, Wahrhaftigkeit und Mut vermissen. Außerdem habe er sich nach der Frühjahrsbischofskonferenz in Essen "einseitig festgelegt". -

Stimmen aus dem Lager der Theologen dürften schwerer wiegen. Sie kennen die geschichtlichen und wissenschaftlichen Zusammenhänge des Zölibatsproblems ebenso gut wie die praktischen und scheuen vor einem offenen Wort nicht mehr zurück. In "Publik" 9 vom 27. Februar 1970 behandelt Prof. Dr. Pfürtner "Das Zölibatsgesetz im Disput zwischen Holland und Rom" unter der Überschrift: "Die Glaubwürdigkeit der Kirche ist in Gefahr". Nach der Darstellung der Sorgen des holländischen Episkopates und denen des Papstes fragt er, ob der tabuierte, lang verdrängte Pflichtzölibat wirklich ein "unvergleichlicher Schatz" und theologisch verantwortbar sei. "Hierauf antwortete ich mit einem klaren Nein; die freiwillige Ehelosigkeit um des Himmelreiches willen wird hiermit nicht berührt".

Es folgen acht kurze Begründungen:

1. Der Pflichtzölibat läßt sich nach dem Stand der heutigen Bibelwissenschaften nicht auf das Neue Testament zurückführen.
2. Die Rede von der vollkommenen Keuschheit und vom besseren und seligeren Leben des zölibatären Standes gegenüber der Ehe weist sich unverkennbar als Relikt offenbarungsfremder Einflüsse aus und ist theologisch unhaltbar geworden. Wer auf die Ehe verzichtet, ist für das Priestertum nicht "würdiger", als wer die Ehe aus Christusverbundenheit lebt.
3. Die geschichtliche Entwicklung des Pflichtzölibates ist mit erheblichen Diskriminierungen der Frau und zahlreicher Rücksichtslosigkeiten gegen eventuell vorhandene Kinder verbunden.
4. Wer frei der Kirche seinen Dienst angeboten hat, muß auch in der Lage sein, sich in Freiheit davon zurückzuziehen, wenn sein Gewissen es von ihm verlangt. Der jetzt eröffnete Dispensweg weist darauf hin, daß im Prinzip immer noch die alten Vorstellungen eines Hoheitsrechtes der Kirche über die Menschen und ihre religiösen Entscheidungen walten.
5. Die Kirche muß sich endlich neu befragen, welche Zuständigkeit sie überhaupt hat, Grundrechte des Menschen wie die auf Ehe und Familie durch ihre Gesetzgebung entscheidend zu tangieren.
6. Das Problem ist nicht von der Hand zu weisen, daß die Zölibatspflicht unvermerkt zum Mittel geworden ist, Herrschaftsstrukturen in der Kirche aufzurichten und zu erhalten.
7. Die Vorstellung, der Pflichtzölibat bilde für den größeren Teil der Priester einen geeigneten Weg zur harmonischen Integration ihrer Sexualität, ermangelt vorerst jeder präzisen Beweisunterlage. Eine allseitige Untersuchung wird Kirche und Öffentlichkeit sehr ernüchtern.
8. Der pflichtmäßig unverheiratete Priester ist heute kein Leitbild mehr[147].

So standen die Zeichen der Kirche schon vor Jahrzehnten auf Sturm. Doch war es ein anderer Sturm als je zuvor. In der Vergangenheit kämpften immer nur einzelne - oft anonym - gegen eine überstarke Herrschaftsstruktur. Nun kämpften und kämpfen viele - und es sind nicht die schlechtesten - gegen eine Autoritätsform, die ein Relikt in der modernen Gesellschaft darstellt. Ihr Kampf kann sich auf bessere Beweismittel der Wissenschaft stützen, als es in früheren Zeiten möglich war, denen nur Geschichte und eigene Erfahrung zur Verfügung standen. Man darf als interessierter Zuschauer gespannt sein, wann und wie der Kampf endet. Der wahrhaft Gläubige weiß, daß das Schicksal seiner Kirche mit der Aufgabe des Zölibates nicht besiegelt ist.

Wir schließen diesen Teil mit der Feststellung ab, daß der Zölibat in den langen Jahrhunderten seines Bestehens die verschiedenartigsten Wirkungen hatte. Für die Kirche als hierarchische Institution brachte er in der Hauptsache Vorteile. Die Ausrichtung der Amtsträger von unten nach oben vollzog sich leichter in den Bahnen des Gehorchens und sich Einordnens, als es bei verheirateten Untergebenen möglich wäre. Rücksichten auf Frau und Kinder spielten nie eine Rolle, auch wenn diese hier und da gegen die Ordnung einem Priester anhingen.

In den Augen des einfachen Volkes erfuhr die Kirche für Opferforderung und Opferdienst eine Hochschätzung, die ungerechtfertigt war, wenn sie das Wesentliche übersah: die Gottes- und Nächstenliebe und die aus ihr geborenen Tugenden. In dieser Hochschätzung wurden in allen Jahrhunderten Berufungen ebenso geweckt wie vereitelt, und viele Gläubige fanden Vertrauen und übersahen zuweilen gern manche Fehltritte. Mißtrauen und Zweifel stehen ebenfalls da, wo Vertrauen zu schenken ist, und wecken bei den Betroffenen Ängstlichkeit oder Heuchelei. Durch den Zölibat wurde in früheren Jahrhunderten das Kirchengut leichter beisammen gehalten, wenn Frau und Kinder fehlten, und auch heute noch wird dadurch der ganze Kirchendienst vereinfacht. Für den Weltklerus war der Zölibat im Laufe der Jahrhunderte vielfach eine Quelle der Kraft und des Einsatzes für Christus und seine Kirche. Für nicht wenige war er aber auch die Ursache vieler Fehlgriffe und Irrungen.

Im Hinblick auf die menschliche Schwäche wurde in fast allen Jahrhunderten versucht, das Zölibatsgesetz aufzuheben oder zu mildern. Besonders die Reformationszeit, aber auch die Zeit der Französischen Revolution brachten viel Kampf und Abkehr von Berufung und Kirche. Doch diese blieb unerbittlich und berief sich auf die lange Tradition selbst in den trübsten Jahren der Papstgeschichte. Erst die neueste Zeit brachte da und dort Dispensen, die früher unmöglich gewesen waren, aber sie brachte bis jetzt keine Aufhebung des Zölibates für Priester und Bischöfe.

Die moderne Wissenschaft hat den Kosmos erweitert, die Stellung der Erde in ihm relativiert, das Wissen und Können des Menschen erhöht und den Glauben an das direkte Eingreifen Gottes zurückgedrängt. Sie hat Leib und Seele des Menschen erforscht und in die rechte Beziehung zueinander gebracht. Durch Wissenschaft und Technik ist auch unsere Gesellschaft umgestaltet worden. Es gibt heute Freiheit und Gleichheit in staatlicher Demokratie wie in wirtschaftlicher Mitbestimmung. Zur wahren Freiheit gehören die allgemein anerkannten Menschenrechte; in westlichen Demokratien zählen zu diesen Menschenrechten: das Recht, als Persönlichkeit geachtet zu werden, das Recht auf Leben und Gesundheit, auf den Besitz persönlicher Güter, auf Glaubens- und Gewissensfreiheit, freie Berufswahl, auf Ausbildung und Vervollkommnung der Persönlichkeit sowie auf Ehe und Familie und auf ein menschenwürdiges Dasein. In dem bekannten Rundschreiben von Papst Leo XIII. "Rerum novarum" heißt es: "Bei der Wahl des Lebensstandes ist es zweifellos dem freien Belieben des einzelnen anheimgestellt, welchem von beidem sie den Vorzug geben wollen: dem Rate Christi, jungfräulich zu leben, oder sich durch Eingehen der Ehe zu binden.

Kein menschliches Gesetz vermag das naturhafte und ursprüngliche Recht zur Ehe dem Menschen zu nehmen oder den von Gott im Anfang bestimmten Hauptzweck zu beschränken: Wachset und mehret euch!" - Die Kirche selbst freilich hat den Beruf ihrer Priester seit Jahrhunderten von einer bestimmten Vorgabe abhängig gemacht: im Osten von einer einmaligen, vorher abgeschlossenen Ehe, im Westen von der lebenslänglichen Jungfräulichkeit, und sie sträubt sich vorläufig noch gegen eine breite und allseitige Weiterentwicklung. Werden die Umwälzungen in der menschlichen Gesellschaft, der Freiheitsdrang und die veränderte Weltsicht von Priestern und Theologen allmählich stärker werden, als der Wille zu Tradition und Bewahrung?

4. Der Zeitraum von dem Rundschreiben "Über den priesterlichen Zölibat" Papst Paul VI. bis zur Gegenwart (1993)

Die ausgehenden 60er Jahre und die anschließende Zeit bis zur unmittelbaren Gegenwart (1993) ist, wenn dies auf den ersten Blick auch so scheint, keineswegs eine qualitativ neue Epoche in der Geschichte des Zölibats. Vielmehr müssen wir eingestehen, daß sich der Zölibat trotz der vielfältigen gesellschaftlichen, politischen und sozialen Umwälzungen der zurückliegenden 30 Jahre im allgemeinen und trotz der innerkirchlichen Widerstände und Kritik behauptet hat und wohl auch auf unabsehbare Zeit wird behaupten können, da er zur strukturellen Substanz des römisch-katholischen Klerikertums gehört, obgleich seine quasi historischen Wurzeln umstritten bleiben müssen.

Wir erinnern daran, daß die biblischen Grundlagen des Zölibats dürftig und umstritten sind: Der evangelischen Rat der freiwilligen Ehelosigkeit "um des Himmelreiches willen", den Christus gegeben hat und den Paulus mit besonderer Eindringlichkeit wiederholte, sowie der Hinweis Pauli, daß nur der Unverheiratete sich ganz und ungeteilt dem Dienst Gottes widmen könne, erscheinen keineswegs von solcher Vehemenz, daß sie den "Amtszölibat" für das gesamte Priestertum rechtfertigen könnten.

Ende der 60er Jahre, als alles in Unordnung und in Umbruch geriet, was bis dahin seine Geltung hatte behaupten können, mag mancher junge oder auch ältere Priester hoffnungsfroh daran gedacht haben, daß der Zölibat nun die längste Zeit bestanden hätte. Es mag sein, daß der Zölibat tatsächlich "die längste Zeit" seinen Bestand bewahrt hat, doch täuschte die rege und seitens der Kirche nur mühsam bewältigte damalige Kritik und Diskussion um den

Zölibat darüber hinweg, daß die Preisgabe der zölibatären Verpflichtung für den einzelnen Priester sowie für den Klerus wohl zu keinem Zeitpunkt in Frage stand. Schon im 19. Jahrhundert hatte es Zeiten gegeben, in denen seitens der Geistlichkeit in Fragen der Sexualität und mithin auch in der Frage des Zölibates heftig gestritten und polemisiert wurde - manches Pamphlet aus jener Zeit ist uns erhalten geblieben -, aber die Position Roms und somit die der Kirche blieb dieselbe. Danach widerspricht der Zölibat keineswegs der Natur, da beim Menschen die Freiheit des Willens über dem Trieb stehe und die mit dem Zölibat erstrebte und grundgelegte ungehemmte und ungeteilte Hingabe an das Göttliche einen vom Evangelium gepriesenen, auch von seinen Gegnern anerkannten höchsten sittlichen Wert, ein Ideal geistiger Freiheit darstelle.

Der Zölibat befähigt nach der Auffassung seiner Befürworter den Priester zum rückhaltlosen Einsatz für Christi Reich und dessen leidende Glieder, für die Erhaltung des Glaubens und der christlichen Sitte und entspricht idealiter dem Ziel, "in geistiger Vaterschaft allem alles sein zu können" wie es in 1 Kor 9, 22 heißt. Der Zölibat wird hierbei ausdrücklich in seiner "Einsamkeit" und "Entsagung" gerühmt, da er, wie Scharnagl ausführt[148], "beispielgebend gegenüber einer nur diesseitigen Weltschau" der "gelebte Hinweis auf den rein geistigen Gott" sei. Hatte man in den 30er Jahren noch eine derart ostentativ idealistische Erklärung des Zölibats parat, deutete sich Mitte der 60er Jahre doch auch hier der Gedanke der Reform an, wenngleich vom Zölibat des Priesters nicht abgelassen werden sollte. 1965 wird vom Geistlichen der Zölibat wegen der "auf Gewohnheit und Gesetz beruhenden Ordnung der Kirche gefordert", was theologisch allein mit der Dienstfunktion des Priesters begründet wird[149].

Auch hier befindet sich der durch ein amtliches Gelübde zur Jungfräulichkeit verpflichtete Kandidat in der "Rolle des Bräutigams", der seine Liebe auf die Kirche hinordnet, um ganz für seine priesterlichen Aufgaben frei zu sein. Dennoch hielt man es Mitte der 60er Jahre für erstrebenswert, daß eben nur Priester definitiv zum Zölibat verpflichtet seien, Diakone und Subdiakone nur solange, als sie Anwärter auf die Priesterweihe sind. Vor allem die Frage der Dispens beschäftigte in den 60er Jahren das Priestertum und die Kirche. Man strebte eine gesetzliche Regelung an, in der die Voraussetzungen zur definitiven Übernahme der Zölibatspflicht im einzelnen festzulegen sein sollten, mit Anerkennung eines rechtlichen Anspruchs auf Entbindung von der Zölibatspflicht, falls eine gesetzliche Voraussetzung fehlt.

Mit einer solchen gesetzlichen Regelung sollte versucht werden, der problematischen Situation innerhalb der Priesterschaft insoweit gerecht zu werden, als viele mit dem Zölibatsgesetz in Konflikt geratene Priester sich in besonderen Notsituationen wiederfanden. Man strebte angesichts der heftigen

Kritik am Zölibat in den 60er Jahren seitens der Kirche nicht die Aufhebung des Gesetzes, sondern ihre geistige Erneuerung an[150] und verwies darauf, daß die grundsätzliche und allgemeine Preisgabe des Zölibats die vorhandenen Schwierigkeiten nicht beheben, sondern vermehren würden. Um das Jahr 1970 herum erschienen denn auch Aufsätze und Bücher, in denen der Zölibat in seiner charismatischen Bedeutung gepriesen und gegenüber dem als weltlich verstandenen Anspruch auf gelebte Sexualität verteidigt wurde. Zweifellos verhielt sich der jüngere römisch-katholische Priester damals mehr denn je als "Mann in der Zeit", der sich nicht ohne weiteres damit bescheiden mochte, daß seine Geschlechtlichkeit im Charisma des Zölibats aufgehoben sei.

Die Kirche konnte und kann bis heute es nicht verhindern, daß mancher zum Priestertum berufene junge Mann an seiner Sexualität scheitert und in sexualibus Probleme in Erscheinung treten, mit denen Beschämung, Tragödien und Skandale einhergehen. 1968 veröffentlichte Fritz Leist in der Schriftenreihe "Eheseminar in dieser Zeit" im Rex-Verlag München das Buch "Zölibat - Gesetz oder Freiheit", in dem er sich anschickt, die Frage zu klären, ob man ein Charisma gesetzlich regeln könne[151]. Mit seiner in einem katholischen Verlag publizierten Schrift drückt der Hochschullehrer und Theologe Leist seine Bitte aus, man möchte die Verpflichtung zur Ehelosigkeit der Priester aufheben und den Priestern die Ehe freistellen. Bischof Leist gelangte zu dieser Bitte "aus der Not der Stunde und um der Zukunft der frohen Botschaft willen", aber er versteht seine Publikation nicht als "Revolte" oder Aufruf zum "Ungehorsam gegen den Zölibat".

Leists Motive, mit seiner für sein Amt auch in jener Zeit ungewöhnlichen Bitte an die Öffentlichkeit zu treten, sind stark und vollständig uneigennützig: Der Priesterschwund schien unaufhaltsam zu sein, erstmals seit Kriegsende zeigte sich drastisch, wie stark zudem der Autoritätsverlust der Institution Kirche war. Die Gottesdienste leerten sich, Kirchenaustritte waren längst keine Seltenheit mehr. Die "Kirche am Beginn des dritten Jahrtausends" (Leist) würde ein völlig anderes Aussehen und Ansehen haben als die der zurückliegenden zweitausend Jahre. Leist sah die Erdbevölkerung sich zwar verdoppeln, aber die Zahl der Christen keineswegs ebenso anwachsen. Vieles, was gegenwärtig noch unabdingbar erscheine, werde "gefallen sein"; der Bischof von Rom, also der Papst, werde "nicht mehr im triumphierenden Zeremoniell erscheinen", er werde "die Insignien des Priesterfürsten" abgelegt haben, um in einer gewandelten Zeit ursprünglicher, d.h. biblischer, das Petrusamt zu verwalten. In dieser Zukunft, so sah es der Autor 1968 voraus, würden die "Kämpfe um den Zölibat" verstummt sein, "weil die Kirche aus einer wahrhaften Umkehr heraus gelernt hat, daß Ehe wie Ehelosigkeit ein Weg sein können". Deshalb habe sie von einem bestimmten Zeitpunkt ab den Zölibat freigestellt, so daß viele Priester die Möglichkeit würden ergreifen wollen, "die eheliche Partnerschaft" zu wagen.

Leists Zukunftsvision über die künftige Kirche - seine Gedanken zielen u.a. auch auf die Beschaffenheit der Festtage und eine mögliche Zusammenführung der Konfessionen ab - muten heute, ca. 25 Jahre später, als die Formulierung einer auf nichts begründeten Wunschvorstellung an, und dennoch bedeutet sie uns Ausdruck eines Zeitgefühls, das um das Jahr 1970 zahllose um das Priesteramt und die Kirche besorgte Theologen ergriffen hatte. Nichts von alledem, was Leist für die Zukunft voraussieht, deutet sich an der Schwelle zum 3. Jahrtausend des Christentums an. Stattdessen erneuert sich die römisch-katholische Kirche in ihren autoritären Strukturen, was z.B. durch die Wahl bei der Besetzung vakanter Bischofsämter zum Ausdruck gelangt. Weniger als vor Jahrzehnten kann davon die Rede sein, daß der Pflicht- und Amtszölibat infrage stehe. Unterhalb der "Charisma"-Interpretation bleibt für Deutungen und Kritik innerkirchlich kein Raum, wie die Auseinandersetzung Anfang der 90er Jahre mit einzelnen Theologinnen und Theologen einmal mehr zeigt.

Bis dahin jedoch bewegen wir uns durch die 60er, 70er und 80er Jahre, die es zuließen, daß innerhalb der Theologie eine Diskussion über den Zölibat in gewissen Grenzen noch möglich war. Antweilers erwähnte Schrift "Zur Problematik des Pflichtzölibats der Weltpriester", die er als "Kritische Erwägungen zur Enzyklika Papst Paul VI. über den priesterlichen Zölibat" verstanden wissen wollte[152] und die 1968 schon in dritter Auflage erschien sowie die von Franz Böckle ebenfalls 1968 herausgegebene Schrift "Der Zölibat", in dem Erfahrungen, Meinungen und Vorschläge versammelt sind[153], mögen dies belegen.

Während Antweiler als strikter Gegner des Zölibats verstanden werden will, finden sich in der von Böckle herausgegebenen Schrift unterschiedliche Meinungen und Erfahrungen wieder, die eine Art Querschnitt durch die oft leidenschaftlich geführte Diskussion über den Zölibat Ende der 60er Jahre dokumentieren. Zu Recht äußerte der zum Zeitpunkt der Veröffentlichung bereits verstorbene Theodor Filthaut in dem von Böckle edierten Buch die Ansicht, das eigentliche Problem sei nicht der Zölibat, sondern der "Dienst der Kirche an der heutigen Welt"; dabei sei es die Frage, "ob der Zölibat für diesen Dienst notwendig ist, ob er nicht sogar eine Erschwernis darstellt, da durch den Zölibat eine große Anzahl von jungen Männern, die diesen Dienst als ihre Lebensaufgabe ansehen, aber sich nicht in der Lage fühlen, den Zölibat zu halten, von diesem Dienst abgehalten werden".

Die Frage nach dem Sinn mündet also wieder in der Überlegung, ob der Priesterstand nicht sozusagen "austrockne", wenn der Zölibat zukünftig seinen Bestand bewahre. Nicht wesentlich anders als Leist, deutet Filthaut seine Zweifel daran an, daß es zum Wesen des Priestertums gehöre, zölibatär zu leben. Für ihn stellt sich die Frage, ob der Zölibat nicht vielmehr im allgemeinen und im wesentlichen die Aufgabe des Priesters innerhalb der römisch-katholischen Kirche erschwere und im Einzelfall unmöglich erscheinen lasse, ohne daß hierdurch tatsächlich etwas substantielles zu gewinnen sei.

Die Frage, wie wesenhaft der Zölibat dem Priesteramt entspreche, hat die Kirche, hat Rom auch in den letzten Jahrzehnten nicht ernstlich in Frage gestellt, da sie sich mit dem Charakter der hierarchischen Struktur der Kirche und nicht mit Würde und Charisma des Amtes beantworten würde. Der Verzicht auf partnerschaftliche Sexualität als "hohes Gut" war von jeher das eine, Zweifel und Verzweiflung von Priesteramtskandidaten und Priestern das andere; der Hinweis der Zölibats-Verteidiger, die Ehe stehe in unserer Zeit mehr als früher unter dem Zeichen ihrer Fragwürdigkeit, führt sich indes selbst ad absurdum, denn die Institution der Ehe ist es ja gerade, die seitens der Kirche keineswegs zu Unrecht betont und durch ihre besondere Weihegebung hervorgehoben wird.

Daß die Ehelosigkeit einerseits ein Charisma sei, das andererseits jedoch an ein Amt gebunden werden könne und solle, bleibt ein Paradoxon, dem mit logischen Schlüssen nicht beizukommen ist. Hamburgers 1968 in hoher Auflage publizierte Streitschrift über die "Katholische Priesterehe"[154] als eine ihrem Ende entgegensehende tabuisierte Zielstellung formuliert Thesen und Forderungen, die damals so aktuell sind wie heute. Der verheiratete Priester sei nicht nur für die Menschheit Gewinn, die in ihm auf einmal ihren echten Bruder erkenne, sondern er bereichere auch die Kirche, die dann für manches mehr Verständnis aufbringen werde, wozu eine zölibatäre Kirche erst durch äußeren Druck gezwungen werden müsse. Vor allem wendet sich der im Anonymen verbliebene Verfasser gegen das "Zwielicht des Tabus" mit der "faulen, ungerechten und unfreien Atmosphäre von Denunziantentum, Erpressungen, schwarzen Kassen für ledige Priesterkinder" usw. Da mutet es fast wie Ironie an, wenn der junge Ordensgeistliche Martin Boelens seine mit kirchlicher Druckerlaubnis publizierte Dissertation über "Die Klerikerehe in der Gesetzgebung der Kirche unter besonderer Berücksichtigung der Strafe" als eine "rechtsgeschichtliche Untersuchung von den Anfängen der Kirche bis zum Jahre 1139" (1968) mit der Bemerkung schließt, seine Arbeit habe "positiv aufgezeigt, daß die Kirche das Ideal der Enthaltsamkeit nie aus dem Auge verloren" und "trotz einer entgegenstehenden Praxis" "nie den Mut aufgegeben" habe, "immer und immer wieder auf die Enthaltsamkeit zu drängen"[155].

Ein Jahr später veröffentlichte, ebenfalls mit kirchlicher Druckerlaubnis, August Franzen sein Buch über den "Zölibat und Priesterehe in der Auseinandersetzung der Reformationszeit und der katholischen Reform des 16. Jahrhunderts"[156]; 1975 folgte Paul Picards Schrift "Zölibatsdiskussion im katholischen Deutschland der Aufklärungszeit - Auseinandersetzung mit der kanonischen Vorschrift im Namen der Vernunft und der Menschenrechte"[157]. Mindestens ebensoviele wissenschaftlich fundierte Manuskripte, wie die Imprimatur erhielten und veröffentlicht werden konnten, blieben in den Schubladen der bischöflichen Ordinariate in den 60er und 70er Jahren liegen, da sie die Geschichte des Zölibats bis auf den heutigen Tag fortschrieben und ihre Verfasser eine kritische Position zum Zölibatsproblem zu verstehen gaben. Bei diesen Verfassern handelte es sich vornehmlich um in Amt und Würden befindliche Priester, die nur ausnahmsweise beabsichtigten, zur Kirche in Konfrontation zu gehen. Sie suchten vielmehr angesichts der bereits entfachten Diskussion über das Problemfeld Zölibat und Sexualität die innerkirchliche sachliche Auseinandersetzung in der Absicht, vermeintlich sich abzeichnende Veränderungen zu beschleunigen und zu vertiefen.

Die mit kirchlicher Druckerlaubnis veröffentlichten Abhandlungen über die Geschichte des Zölibats im ersten Jahrtausend oder doch zumindest in früheren Jahrhunderten in der Geschichte des Christentums dienten vermutlich dem Zweck, das Problem des Zölibats gewissermaßen zu historisieren, d.h. zu verdeutlichen, daß der Amtszölibat zum Wesen des Priestertums gehört und alle Kritik überdauert hat. Diese Form der Darstellung ist als Entgegnung gegenüber einer Los-vom-Zölibat-Bewegung zu begreifen, die 1969 vom Bischof von Münster, Joseph Höffner, diagnostiziert wurde[158]. Höffner wendet sich in einem u.a. in der "Katholischen Frauenbildung" veröffentlichten Aufsatz gegen den Begriff des Amts- oder Pflichtzölibats, denn im Priesteramtskandidaten verkörpere sich im Zeichen der Berufung jene "beharrliche innere Neigung" zum Priestersein, welche die Bereitschaft zum Zölibat einschließe. Somit sei die Ehelosigkeit keineswegs eine in Kauf zu nehmende "lästige Bedingung", sondern vielmehr Teil einer ernstlichen Prüfung, "ob der Herr ihm das Charisma des "Fassenkönnens" gegeben habe. Höffner verweist desweiteren auf eine im Oktober 1965 in der Konzilsaula des Vatikans stattgefundene Abstimmung darüber, ob die priesterliche Ehelosigkeit "um des Himmelsreiches Willen" erhalten bleiben solle. Die im Konzilsdekret "Obtatum totius", 10, festgehaltene Abstimmung zeigte, daß von 1.989 Stimmberechtigten 1.971 für die Beibehaltung des Zölibats stimmten, während lediglich 16 dagegen sprachen und 2 Stimmen als ungültig vermerkt wurden.

Die Abstimmung zeigt wenigstens zweierlei: Zum einen hielt man es für angebracht, über eine bis dahin nicht in Rede oder Frage stehende Einrichtung - den Zölibat - auf höchster Ebene eine Abstimmung herbeizuführen, die zwar keinen bindenden, aber doch wegweisenden Charakter haben sollte; zum anderen zeigten Kardinäle und Bischöfe nahezu ausnahmslos ihren Gehorsam zu den Traditionen der "Amtskirche", indem sie den Zölibat begrüßten. Gleichwohl darf diese Abstimmung nicht als Bejahung des Zölibats durch den Klerus gesehen werden. Denn die Situation des "Weltpriesters" entspricht keineswegs der jener Würdenträger, die in Rom über den Fortbestand des Zölibats abstimmen durften. Hätte innerhalb der Priesterschaft eine ähnliche Meinungsumfrage oder Abstimmung stattgefunden, wäre das Ergebnis vermutlich völlig anders gewesen; die große Zahl der um Dispens bittenden Priester, die eine Heirat anstreben und realisieren, zeigt, daß der Zölibat für einen Kardinal oder Bischof eine völlig andere Bedeutung innehat als für einen Kaplan oder Pfarrer. Für diese "Weltpriester", die ihr Tun im Kontext ihrer Gemeinde planen, praktizieren und deuten, war es von jeher schwierig, die Ehelosigkeit "um des Himmelreiches willen" als ein eschatologisches Zeichen zu verstehen, das auch für die christliche Ehe und Familie von Bedeutung sei.

Der auch von Höffner angebrachte Hinweis auf die zunehmende Fragwürdigkeit der Ehe, die sich insbesondere durch hohe Scheidungsraten zeige, läßt die Frage aufwerfen, ob es der Kirche nicht vielleicht darum getan sei, das Ansehen des Priesterstandes dadurch zu schützen, daß man dem einzelnen Priester die Möglichkeit verweigere, eine Ehe einzugehen, die möglicherweise disharmonisch verlaufe und an deren Ende ein Auseinanderleben oder gar die Scheidung stehe. Die Krise der Ehe, wie sie in unserer Gesellschaft in den 60er Jahren einsetzte, wird von der Forderung begleitet, den Zölibat in einen freiwilligen Rahmen zu verweisen und dem Priester den Ehestand zu ermöglichen. Kein Wunder, daß die Amtskirche die Gefahr zu sehen glaubte, daß die Zulassung des Priesters zur Eheschließung jene Gefahren, Schwierigkeiten und Unzulänglichkeiten mit sich brächte, die Ende der 60er, Anfang der 70er Jahre als Zeichen des Umbruchs sozialer und institutioneller Werte erstmals seit langem innerhalb Europas und mithin in der Bundesrepublik sichtbar wurden. Kein Wunder auch, daß die Öffentlichkeit in Gestalt der Medien auf das Zölibatsproblem als eine Art kirchlichen Autoritätskonflikt aufmerksam wurden; hatte man zunächst auch hinsichtlich der Frage des Zölibats auf Veränderungen durch das Konzil gehofft, blieb jetzt nurmehr die Möglichkeit, die Zukunftsfrage aus den konziliaren Ergebnissen heraus zu diskutieren, wozu die Medien umso bereiter schienen, als der Zölibat nicht allein für den Kleriker, sondern auch für die Gläubigen, also die Gemeinden, von Interesse war, denn hier zeigten sich Mißstände und Probleme am deutlichsten und dringlichsten, und der Nachwuchsmangel innerhalb des Priesterstandes war inzwischen unübersehbar.

1969 veröffentlichte der Münchner Kösel-Verlag unter dem Titel "Existenzprobleme des Priesters" ein anspruchsvolles Buch, an dem zahlreiche namhafte Theologen, allerdings auch der damalige Fernsehdirektor des Bayerischen Rundfunks, Dr. Clemens Münster, mitwirkten[159]. Die Veröffentlichung geht auf Referate zurück, die im Rahmen einer Tagung der Katholischen Akademie in Bayern gehalten worden waren; nicht alle Beiträge beschäftigen sich mit dem Zölibat, sondern es geht um die Frage, wie der "Weltpriester nach dem Konzil" leben und arbeiten könne, ohne sich selbst zu verleugnen. Die Autoren sind sich darüber einig, daß die Rolle und der Status des heutigen Priesters neu interpretiert werden müßten; hierzu zählt auch die Klärung der Frage, wie sinnvoll der historisch hergeleitete Amtszölibat denn sei, wenn er den Priesterstand in jeder Hinsicht beeinträchtige, wenn nicht beschädige.

Andererseits, so war man sich einig, dürfe die heutige Kirche nicht mit überzogenen Ansprüchen belastet werden: Rechte und Funktion der Kirche in vergangenen Zeiträumen haben sich demnach inzwischen insoweit nivelliert, daß die Preisgabe bestimmter Befugnisse und Rechte unübersehbar ist, so daß auch die Persönlichkeit des einzelnen Priesters unter veränderten Gesichtspunkten bewertet werden muß. Vermutlich ist diese Feststellung so zu verstehen, daß das in früherer Zeit beim Priesterberuf als zwingend gegeben unterstellte Charisma zumindest in Frage gestellt werden solle. Man könnte desweiteren annehmen, daß ein nicht geringer Teil der in den 60er und 70er Jahren in der Lehre tätigen Moraltheologen die Auffassung teilten, daß die Kirche und somit der Priesterstand in der Weise als "lebendig" zu verstehen seien, daß beide angesichts gesellschaftlicher Veränderungen ebenfalls tiefgreifenden Wandlungsprozessen unterworfen werden, die keineswegs schädigend oder zerstörend wirken müssen. Demgegenüber verharrten Rom und die Mehrzahl der hohen geistlichen Würdenträger auf der Position des ewig Gültigen, das es erforderlich werden lasse, die Geschichte nicht allein des Zölibats ohne Wenn und Aber fortzuschreiben, d.h. den Zölibat auch ins dritte Jahrtausend der Christenheit zu retten. "Existenzprobleme des Priesters" spielten hierbei, wenn überhaupt, eine völlig untergeordnete Rolle. Schon damals, Ende der 60er Jahre, zeigte sich, daß z. B. der niederländische Katholizismus von den von Rom verkündeten Grundannahmen in mancherlei Hinsicht deutlich abwich, so daß sich die Gefahr andeutete, daß die päpstliche Autorität in einzelnen Ländern in Frage gestellt werde.

Mit Blick auf den "holländischen Katholizismus" der ausgehenden 60er Jahre glaubte man in kirchlichen Kreisen der Bundesrepublik die erheblich zunehmende Zahl der Amtsniederlegungen und Ordensaustritte in den Niederlanden zuweilen damit erklären zu können, daß hier eine Art "Zersetzung" der von Rom vorgegebenen kirchlichen Gesetzmäßigkeiten unerwünschte Früchte trüge. Im Dezember 1968 fand in Fulda eine außerordentliche Vollversammlung der Deutschen Bischofskonferenz statt, bei der eine "wachsende Unruhe um Grundfragen des Glaubens und des kirchlichen Lebens" konstatiert wurde. Man gelangte zu der Überzeugung, der Zölibat folge keineswegs "mit innerer Notwendigkeit aus dem Priestertum", doch erhalte man den Zölibat bei, da er der durch das Evangelium und die überlieferte Auffassung der Kirche bestimmten Einsicht folge, "daß die Vorläufigkeit dieser Welt und die Erweiterung des kommenden Gottesreiches besonders in der Ehelosigkeit des Priesters zeichenhaft zum Ausdruck" komme. Desweiteren wird einmal mehr die durch die Ehelosigkeit ermöglichte Freiheit und Verfügbarkeit für den Dienst am Volk Gottes als Argument für den Zölibat gebraucht. Die Bischofskonferenz gibt allerdings auch zu verstehen, daß sie um die "ernsten Schwierigkeiten" wisse, "die dem Zölibat heute erwachsen, vor allem aus dem tiefgreifenden Umbruch des gesellschaftlichen Lebens und aus der Änderung in der Denk- und Verhaltensweise des Menschen"[160].

Damit begegnete die Bischofskonferenz einer Situation, die sich in besonderer Weise zuzuspitzen schien: Innerhalb der Priesterschaft forderte man - wenn auch oft in Form nicht namentlich gekennzeichneter Artikel - die Aufhebung der Zölibatspflicht[161], namhafte Theologen an den Universitäten pflichteten dem bei, in den Gemeinden befürwortete man das als verständlich und menschlich empfundene Verlangen, und in benachbarten Ländern formierte sich anscheinend eine starke und generell gegen Rom eingestellte Opposition, die neben dem Zölibat weitere grundlegende Kräfte der römisch-katholischen Kirche infrage stellte oder auf ihre Abschaffung hinarbeitete. So schien es kaum noch legitim, lediglich von einer "Zölibatskrise" zu sprechen, wie dies Friedrich Wulf in der in Würzburg erscheinenden Zeitschrift "Geist und Leben" 1969 tat, indem er Vorschläge für die "Bewältigung" eben dieser Krise unterbreitete[162]. Immerhin sieht Wulf den Zusammenhang zwischen "Zölibatskrise" und dem veränderten Rollenverständnis des heutigen Priesters. Der von den Gegnern des Zölibats in gewisser Hinsicht angestrebten "Verbürgerlichung", die mit Eheschließung und Vaterschaftsverhältnis gemeinhin einhergeht, stellt er das Konzept eines missionarischen, von Verkündigung und Seelsorge geprägten Priesterbildes gegenüber, wie es in der von den Evangelien geschilderten Berufung zur Jüngerschaft oder auch in der Apostolischen Sendung bei Paulus grundgelegt ist. Nur dort läßt sich die innere theologisch-spirituelle Konvergenz von priesterlichem Dienst und Ehelosigkeit aufweisen und nachvollziehen, nicht primär und isoliert vom Kult, insbesondere von der Eucharistie her, wie es in der bisherigen kirchlichen Überlieferung fast ausschließlich geschah. Wulf will daher die Priesterausbildung mit neuen Prämissen ausstatten, um die Frage der "Berufung" neu zu stellen. Wulf, der den Jesuiten angehört, schlägt vor, daß es auch nicht zölibatär lebende, vielmehr verheiratete Priester geben solle, die nach einer Art Bewährungszeit in der Seelsorge oder auf anderen Aufgabenfeldern im kirchlichen Dienst zum priesterlichen Vollamt ordiniert werden könnten.

Um dem in der heutigen Zeit als "erschwert" erkannten Zölibat eine "echte Chance" zu geben, so Wulf, müßten die Lebens- und Arbeitsbedingungen des ehelosen Priesters gründlich umgestaltet und verbessert werden; der Autor kritisiert vor allem das "Einzelpfarrhaus", in dem der "Weltgeistliche" allzusehr von der Gemeinde und den Menschen abgesondert leben müsse.

Inzwischen kamen von überall her Gedanken und Vorschläge, wie die Situation des Priesters in einer unübersichtlich gewordenen, von vielen miteinander in Konkurrenz stehenden gesellschaftlichen Kräften beeinflußten Gesellschaft zu verbessern sei. Der Zölibat war dabei stets ein Hauptthema, wenngleich die Sorge um die Erhaltung des Priesterberufs und der Kampf gegen den Zölibat sogleich auch die Frage enthielt, inwieweit der an die Amtskirche gebundene Glaube noch von Belang für den einzelnen, das Individuum, sowie für die Gesellschaft als Ganzes denn sein könne, wenn verläßliche Strukturen und außer Frage stehende Autoritäten nicht mehr zur Verfügung stünden.

Das 1970 von Erwin Kleine veröffentlichte Buch über die 5. Plenarsitzung des Pastoralkonzils der niederländischen Kirche mit dem programmatischen Titel "Es geht um mehr als Zölibat"[163] deutet hierauf hin; mit dem Zölibat verband sich für nicht wenige Gläubige die "Sinnfrage" schlechthin: Wieviel konnte man von einem Priester erwarten und fordern, und welche Bedeutung hatte der priesterliche Daseinswandel an sich, wenn zwischen dem Anspruch auf das Charisma des Geistlichen und seinem lebendigen Alltag nicht selten ein ebenso großer Unterschied bestand, wie man ihn zwischen Himmel und Hölle erwartete? Schon im Oktober 1966 hatte ein holländischer Priesterkreis etwa 5.000 Amtsbrüder um Unterzeichnung einer Erklärung gebeten, die die Lösung der "gesetzlichen Bindung" von Amt und Zölibat als "vordringliche Aufgabe" beschwor. Im Frühjahr 1969 verdichtete sich das Priesterproblem in Holland in einer Weise, der den Episkopat vor Entscheidungen von bislang nicht gekannter Schwere stellte. Eine Theologenkommission kam auf der Basis einer Umfrage unter holländischen Geistlichen zu dem Ergebnis, die Zölibatspflicht und die Gründe, die dafür angeführt würden, seien "von der übergroßen Mehrheit der Priester nicht mehr mit dem Erleben von Kirche und Glauben zu vereinbaren". So glaubte man, mit dem in Holland zusammengestellten Material in Rom als eine Art "Brecheisen" wirken zu können, also in der Frage des Zölibats Bahnbrechendes zu leisten. Daß diese Hoffnungen übertrieben waren, zeigte sich schon wenig später, wie Kleines Buch dokumentiert.

Zwar zeigt sich bis heute, daß der sozusagen "niederländische Katholizismus" in einem latenten Konflikt zum Episkopat steht, aber die Vorstellung, die vergleichsweise unbedeutende Klerikerschaft Hollands sei imstande, den Zölibat auszuhebeln und den Priesterberuf neu zu definieren, erwies sich als überzogen und letzthin naiv. Dabei kann nicht verkannt werden, daß eine Umfrage innerhalb der in Westdeutschland lebenden Priesterschaft nach dem niederländischen Vorbild vermutlich zu ähnlich deutlichen Ergebnissen geführt hätte. Die in den letzten Jahrzehnten publizierten Dokumentationen, in denen Priester, Priesteramtskandidaten und neuerdings auch die Frauen und Kinder vom Zölibat daher in besonderer Weise betroffener Geistlicher zu Wort kommen, zeigen einmal mehr, daß der Zölibat auf das stets erwartete und unterstellte Charimsa allenfalls in Ausnahmefällen fußen kann. Wenn die katholische Weltkirche als hierarchische Institution auch im nächsten Jahrtausend von Bestand sein will, so kann sie vermutlich nicht allein auf wenige charismatische Gestalten hoffen und bauen, sondern benötigt unzählige zum Priesterberuf entschlossene gewöhnliche Menschen, die auf Grund ihres Verstandes und Gemütes befähigt sind, als Seelsorger und Verkünder der Frohen Botschaft zu wirken. Es wird der Kirchengeschichte wenig trostreich sein, neben den vielen moralischen und menschlichen Niederlagen, von denen Priester und ihre Gemeinden betroffen waren und sind, auch vergleichsweise seltene Fälle geradezu überirdischer Berufung herausstellen zu können.

Die existentielle psychische Not vieler Priester bleibt dabei ohnehin unbemerkt und soll seitens der Amtskirche auch unbemerkt bleiben. In dem katholischen Christiana-Verlag Stein am Rhein veröffentlichte Dietrich von Hildebrand 1970 das Buch "Zölibat und Glaubenskrise", das als Gegenangriff de caelibatu zu verstehen ist. In der mit bischöflicher Druckerlaubnis publizierten Schrift[164] wendet sich der Autor gegen jeden Versuch, die "Form" der Offenbarung der jeweiligen Zeitepoche anzupassen, wie er es bei den Gegnern des Zölibats beobachtet habe. Die "Entsakralisierung" auch des Priesteramtes wertet Dietrich von Hildebrand als einen schweren Verstoß gegen Kirche und Glauben und deutet sie als "Gotteshaß". Für ihn ist der Zölibat eine "heilsame Barriere", die jene vom Priestertum abhalte, die dazu keine "wirkliche Berufung" hätten. Die "Zölibatsverpflichtung" sei daher als "heilsamer Prüfstein echter Berufungen" zu werten; es sei leichter, den gegenwärtigen Priestermangel hinzunehmen, als Menschen in das Priesteramt zu berufen, die den Zölibat innerlich oder sogar nach außen hin ablehnen und in ihrer von den Gläubigen aufmerksam verfolgten Praxis dem depositum catholicae fidei widersprächen. Für Dietrich von Hildebrand ist die Enthaltsamkeit propter regnum coelorum, der Zölibat der Priester, keineswegs eine "Pflicht" oder Last, sondern wirkt seiner Ansicht nach als eine "einzigartige Manifestation des Glaubens und der Liebe zu Christus".

Es ist nicht zu verkennen, daß "Zölibat und Glaubenskrise" eine in den ausgehenden 60er Jahren innerhalb des Klerus durchaus vorhandene, den Zölibatsgegnern widersprechende Position darstellt, die den Gesetzen der inneren Logik folgt und somit - läßt man sich nur hinreichend auf diese ein - nachvollziehbar und überzeugend erscheint. Der Verfasser sieht den Priesterberuf in völlig anderem Licht als jener Teil des Klerus, der den Zölibat ablehnt und Aufgaben, Rolle und Funktion des "Weltpriesters" neu interpretiert sehen will.

Man kann die Publikation in die neuere Zölibats-Literatur in der Weise einordnen, als sie eine auch heute noch gegenwärtige Grundströmung innerhalb der innerkirchlichen Diskussion widerspiegelt, ohne daß Aussicht bestünde, daß die jeweiligen, emotional gestimmten Gegner einander überzeugten. Die Positionen erscheinen so gegenläufig, daß die Befürworter des Zölibats und ihre Widersacher kaum zu einem wirklichen Austausch der Gedanken finden mögen.

Die beginnenden 70er Jahre führten zu einer durchaus sichtbaren Spaltung, die im wesentlichen bis heute fruchtlos geblieben ist, denn die brennenden Probleme um Fragen der Sexualität nicht allein der Priester, sondern der Gläubigen insgesamt werden mit immer denselben Antworten bedacht, ob es sich um den Zölibat oder - was wesentlich wichtiger erscheint - um die Empfängnisverhütung handelt, die verständlicherweise innerhalb der römisch-katholischen Kirche inzwischen zu heftigeren Auseinandersetzungen führt, als der Zölibat es vermag. 1970 erschien in zweiter Auflage die von Ernst Ell verfaßte Streitschrift "Sexualmoral, voreheliches Geschlechtsleben und Zölibat"[165], in der der Autor zu der Überzeugung gelangt, von der Berufsarbeit des Weltpriesters her gebe es keine zwingenden Gründe für den "Pflichtzölibat", der sowieso "in keiner Weise der sonst als Norm herausgestellten Natur" entspreche. Ell versucht, wie andere Autoren vor und nach ihm, den priesterlichen Zölibat mit den Maßstäben einer gleichsam psychosexuellen und sexualbiologischen Anthropologie zu prüfen, wie der Titel es bereits andeutet. Wenn die Körperlichkeit des Menschen nach der Befriedigung sexueller Triebkräfte verlangen dürfe - und wer möchte dies generell verneinen? - dann muß, so Ell, das aktive voreheliche Geschlechtsleben ebenso bejaht werden, wie der Zölibat nach seiner Abschaffung verlangen müsse.

Beides, so denkt der Autor, widerspreche in sich selbst der "Natur" des Menschen. Vom tiefenpsychologischen und sexualbiologischen Gesichtspunkt her überzeugt diese Argumentation bestimmt, doch sieht der Befürworter des Zölibats den Priesterberuf eben nicht mit den Augen der biologischen Anthropologie oder denen des Psychoanalytikers, sondern er glaubt fest an die über die Forderungen der Leiblichkeit hinausweisende "Berufung" und "Begabung" des künftigen Priesters, der eben - um es einmal mehr zu zitieren - "um des Himmelreiches willen" zölibatär lebt, ohne darunter zu leiden, sondern weil dies die Berufung fordert, da nur so das Priestersein überzeugend und glaubwürdig gelebt werden könne.

Im Januar 1970 machte man in Holland erneut von sich reden, da ein Beschluß der 5. Vollversammlung des niederländischen Pastoralkonzils die nahezu einstimmige Empfehlung enthielt, den Zölibat aufzuheben und es künftig jedem Priester freigestellt sein zu lassen, ob er ehelos leben wolle oder nicht. In der Bundesrepublik forderte fast zur selben Zeit der etwa 170 Mitglieder zählende und überwiegend aus Priestern bestehende "Aktionskreis München" den damaligen Kardinal Döpfner und die deutschen Bischöfe "mit Dringlichkeit" auf, eine Aufhebung des Zölibates zu erwirken. Katholische Zeitschriften wie die "Werkhefte", eine Publikation "für Probleme der Gesellschaft und des Katholizismus", unterstützten in der "Zölibatsdiskussion" die Gegner des Zölibats, die, so wähnte man bereits, die reale Möglichkeit eines Schismas z.B. in den Niederlanden heraufbeschworen[166]. Kurz nach dem erwähnten Pastoralkonzil in Holland veröffentlichte der römische "Osservatore romano" einen Brief des Papstes, den dieser am 24.12.1969 an Kardinal Alfrink geschrieben hatte und in dem er sich gegen jede Änderung der Zölibatspraxis aussprach. Nicht an den Problemen des vorehelichen Verkehrs oder der Empfängnisverhütung, sondern ausgerechnet am Zölibat drohte die Gemeinschaft der Gläubigen und die Kirche Anfang der 70er Jahre auseinanderzubrechen. Joseph Kardinal Höffner, Erzbischof von Köln, trat im selben Jahr, 1970, mit den später vielfach nachgedruckten "zehn Thesen" mit dem Titel "Die Ehelosigkeit um des Himmelreiches willen" im deutschen Sprachraum in Erscheinung[167], um die "Verwirrung der Geister" zu überwinden. Der Kardinal begegnet der Forderung nach Abschaffung des Zölibats im wesentlichen mit folgenden Feststellungen:

1. Der Vorwurf, die Ehelosigkeit mache den katholischen Priester weltfremd und hindere ihn daran, diese Welt zu heiligen und die irdischen Lebensverhältnisse auf das Ewige auszurichten, sei theologisch falsch und widerspreche den geschichtlichen Tatsachen.

2. Das Zweite Vatikanische Konzil habe sich weder gegen die Belange der Kirche noch gegen die Rechte irgendeines Menschen vergangen, als es das Gesetz bekräftigt habe, daß der Ruf zum Priestertum und der zur Ehelosigkeit untrennbar miteinander verbunden seien.

3. Die Behebung des Priestermangels sei durch die Aufhebung des Zölibats nicht zu erwarten.

4. Sowohl die Berufung zum Priesteramt als auch die zur Ehelosigkeit "um des Himmelreiches willen" müsse als eine "gnadenhafte Erwähnung durch Jesus Christus" verstanden werden.

5. Der Vorwurf, die Kirche zwinge durch die "Koppelung von Priestertum und Zölibat" jemanden zur Ehelosigkeit, sei eine Verleumdung.

6. Da der Mensch als selbstverantwortliche Person zu endgültigen und nicht mehr widerrufbaren Entscheidungen fähig sei, könne er sich auch befähigt sehen, die endgültige Entscheidung zur Ehelosigkeit "um des Himmelreiches willen" zu treffen.

7. Die Freiheit der persönlichen Entscheidung dürfe weder durch Druckausübung zur Übernahme der Ehelosigkeit noch durch Druckausübung gegen die Bereitschaft zur Ehelosigkeit beeinträchtigt werden.

8. Aus der "Entkoppelung" von Priesteramt und Zölibat würde die "Koppelung" von Priesteramt und Ehe entstehen.

9. Die Zölibatskrise unserer Zeit dürfe nicht isoliert gesehen werden, da sie innerlich mit der Priesterkrise, der Kirchenkrise und der Glaubenskrise zusammenhänge.

10. Gerade deshalb sei die um des Himmelreiches willen gelebte Ehelosigkeit des Priesters in der Welt von heute ein eschatologisches Zeichen, das der gläubigen Gemeinde zeige, wohin sie eigentlich unterwegs sei.

Die in 10 Thesen formulierte unmißverständliche Position des Kardinals, die weite Verbreitung erfuhr, behandelt das Thema Zölibat auf zwei voneinander getrennten Ebenen: Auch die Gegner des Zölibats werden der Analyse zugestimmt haben, als deren Ergebnis die Feststellung erwächst, die sogenannte "Zölibatskrise" müsse im Zusammenhang mit der Rolle des Priesters, der Situation der Kirche und den Problemen des Glaubens in der modernen Welt gesehen werden. Allerdings bedeutet die "Zölibatskrise", die ja im Grunde so lange besteht, wie der Zölibat als Institution Geltung und Rechtskraft innehat, für Höffner ein Hinweis auf ein Eindringen sekularisierter Ideen und Überzeugungen in innerkirchliche Bereiche, während die Gegner des Zölibats die Auffassung vertreten, der Zölibat gehöre von Anfang an nicht zum Wesen des Priestertums und müsse daher geschichtlich überwunden werden. Was den einen - als "Zölibatskrise" - Zeichen endlich gewonnener Souveränität war, erscheint in den Augen des Kölner Erzbischofs Merkmal sträflichen "Abfalls" von den Gesetzen der Kirche. Weshalb aber soll der Zölibat in der heutigen Welt als eschatologisches Zeichen den Gläubigen zeigen, "wohin sie eigentlich unterwegs" seien? Diese Frage weist über das bloße Zölibatsproblem des Priesters in der Weise hinaus, als es die gesamte gläubige Gemeinde betreffen müßte.

Höffner beantwortet diese Frage - unzulänglich, wie wir finden -, indem er darauf verweist, auf diese Weise gelinge es dem Priester auch unter schwierigen Bedingungen, seine ganze Existenz bis zum äußersten in den Dienst für die Gemeinde zu stellen und in vollem Umfang verfügbar für die priesterlichen Aufgaben zu sein. Möglicherweise versteht der Kardinal dies vorgelebte Christentum der völligen Hingabe und Selbstentäußerung als Zeichen für den sich - ohne Priester zu sein - auf die substantielle Bedeutung des Christentums besinnenden und danach wirkenden Menschen unserer Tage.

Im dritten Hörfunkprogramm des Westdeutschen Rundfunks Köln fand am 30. Mai 1970 eine Diskussion "Über den Zölibat der Priester" statt, bei der Joseph Kardinal Höffner seine Überzeugungen zum Zölibat wiederholte. Er diskutierte seine 10 Thesen mit Alfons Auer, Professor für Moraltheologie an der Katholisch-Theologischen Fakultät der Universität Tübingen, Raymund Kottje, Professor für Kirchengeschichte an der Katholisch-Theologischen Fakultät der Universität Regensburg sowie Paul Mikat, Professor der Rechte an der Universität Bochum. Erzbischof Kardinal Höffner, der übrigens bis zu seiner Berufung auf den Bischofsstuhl als Professor christliche Sozialwissenschaften an der Universität Münster lehrte, wurde desweiteren mit sogenannten "Sachverständigen" konfrontiert, unter denen sich ein Studentenpfarrer, der Regens eines Priesterseminars, eine Diplompsychologin und Ärztin, ein Psychotherapeut und Eheberater und der Rektor eines Theologenkonvikats befanden. Die noch im selben Jahr in Buchform veröffentlichte Niederschrift der Diskussion[168] zeigt, daß die Zölibatsproblematik inzwischen eine veränderte Form und einen erweiterten Gegenstandrahmen erhalten hatte. Nicht mehr die von den betroffenen oft als belastend empfundene Zölibatskrise des einzelnen Priesters war jetzt alleiniger Diskussionsanlaß, sondern es trat die Frage hinzu, in welchem Zustand sich die römisch-katholische Kirche denn gegenwärtig befinde und ob sie durch die Aufhebung des "Amtszölibats" zu verbessern sei oder gerade hierdurch erneut Schaden nehme.

Raymund Kottje wies in diesem Zusammenhang darauf hin, daß auch in Zeiten lebendigen Glaubens und einer umfassenden Bejahung der Kirche der Zölibat ein Problem dargestellt habe, somit also die Zölibatskrise und die übrigen Schwierigkeiten zwar zu selben Zeit aufträten, aber dennoch in keinem zwingenden Zusammenhang gesehen werden dürften. Der Zölibat habe stets in besonderer Weise ein Problem für das Priesteramt und somit für die Kirche dargestellt. Andererseits kann nicht übersehen werden, daß die heftige und teilweise unerbittliche Auseinandersetzung über den Zölibat Anfang der 70er Jahre die allgemeine Krise innerhalb der Kirche ans Tageslicht brachte und die Unumstößlichkeit päpstlicher Äußerungen mehr als je zuvor problematisierte. Je energischer die Zölibatsgegner die Aufhebung des fraglichen Gesetzes und die Zulassung zur Eheschließung forderten, umso intensiver bemühten sich Männer wie Höffner, die besondere Stellung des Priesters auch in der pluralistischen Gesellschaft unserer Tage zu betonen, wobei zur gleichen Zeit der Hinweis erfolgte, der Priester befinde sich keineswegs sozusagen "weltfremd" jenseits seiner Gemeinde, sondern werde gerade durch die besondere Gabe des Zölibats dazu befähigt, ganz für die Gläubigen zur Verfügung zu stehen. Es war offenbar der Amtskirche ein geradezu lebensnotwendiges Bedürfnis, in einer Zeit der Umbrüche und des Infragestellens aller Normen und Werte - auch der Ehe - die Rolle des Priesters vor dem Verlangen nach Neudefinition und Veränderung zu schützen.

Eine solche Haltung hat sich bis zur unmittelbaren Gegenwart fortgesetzt, aber keineswegs dazu geführt, daß die Glaubwürdigkeit der Kirche - und nicht allein der römisch-katholsichen Kirche - zugenommen hätte. Zwar spielt der Zölibat gegenwärtig nicht mehr jene Rolle in der öffentlichen Diskussion, die ihm in den 70er Jahren zugesprochen worden ist, doch ziehen vor allem junge

Menschen die kirchliche Autorität gerade deshalb in Zweifel, weil diese in Fragen der Sexualität und somit auch in bezug auf den Zölibat Gesetze verteidigt und bekräftigt, die vom modernen Christen mehrheitlich anscheinend nicht mehr verstanden werden. Diese Feststellung stellt zugleich nicht in Abrede, daß es in den zurückliegenden 25 Jahren nicht an Versuchen gefehlt hat, dem Zölibat und den von Rom ausgehenden Verlautbarungen zur Frage vorehelichen Verkehrs, der Empfängnisverhütung usw. in Wort und Schrift beizustehen. So publizierte mit kirchlicher Druckerlaubnis 1973 in deutscher Übersetzung der Theologe Alvaro del Partillo, der als Präsident der Vorbereitenden Konzilskommission für die Laien und später als Sekretär der Konzilskommission für die Priester gewirkt hatte, 1973 sein Buch "Der Zölibat des Priesters"[169], in dem er den Bezug zu den einschlägigen Lehrdokumenten aufnimmt und auf der Grundlage der für ihn wegweisenden Enzyklika Papst Paul VI. "Sacerdotalis caelibatus" vom 24. Juni 1967 bekräftigt, daß die "persönliche Treue zum Charisma" von existentieller Bedeutung für das Priesteramt sei. Die "bewährten asketischen Verhaltensweisen und Normen", die für den Priester gelten, seien auch in der heutigen modernen Welt notwendig. Für den Autor schließt der Zölibat des Priesters die Freude und das menschliche Glück keineswegs aus, wenngleich die "freudige Selbstentsagung" der "täglichen Erneuerung und Aktualisierung" bedarf. Während Alvaro del Partillo die "Spiritualität" des Priestertums hervorhebt und auf der Basis der Enzyklika keinen Zweifel daran läßt, daß der Zölibat auch im dritten Jahrtausend der Kirche von Bestand sein wird, trat 1973 der bereits erwähnte Theologe Fritz Leist mit einer Dokumentation "Zum Thema Zölibat" in Erscheinung, in der er "Bekenntnisse von Betroffenen" vorstellt[170]. Erstmals seit langem erschien damit im deutschsprachigen Raum ein Buch, in dem - oft anonym - Kleriker und die ihnen am nächsten stehenden Menschen über das Zölibatsproblem ihre Ansichten äußern und Erfahrungen schildern. Hatte sich der Herausgeber des Werkes in früherer Zeit noch in gewisser Weise verständigungsbereit gezeigt, gerät die Dokumentation mehr oder weniger zu einer Art "Abrechnung" mit dem Zustand der Amtskirche in bezug auf den Zölibat. Leist gelingt es, quasi das Leben sprechen zu lassen, indem er zeigt, wie Priester im Amt, Ordensfrauen sowie Gefährtinnen und Ehefrauen von Priestern das Zölibatsproblem erlebt haben.

Spätere ähnlich gelagerte Veröffentlichungen mögen in dieser Publikation ihr Vorbild gehabt haben. Schon zuvor war Fritz Leist mit einer Dokumentation über den "sexuellen Notstand und die Kirche" in Erscheinung getreten und hatte für Unruhe und entsprechende Angriffe eingestanden. Bitter das Resümee, das am Ende dieses seines neuen Buches seine Erfahrungen und Einschätzungen zusammenfaßt: Die Unbelehrbarkeit und Beharrlichkeit, mit der man die Ideologisierung der Zölibatsforderung in den Dienst der Machtstrukturen der Hierarchie der römischen Kirche stelle, erschüttert den Herausgeber. Für ihn ist der Zölibat "um des Himmelreiches willen" ohne historischen Bezug zu Jesu und zeigt sich als "Umbiegen biblischer Aussagen ins Ideologische".

So neu ist Fritz Leists Wertung keineswegs, sie ist auch nicht sonderlich originell, aber sie entspricht ganz und gar auch unserer Überzeugung. Mit den Argumenten einer soziosexuellen Anthropologie, wie Leist sie vorbringt, ist dem Zölibat aber nicht beizukommen, solange er aus der Sicht der Fundamentaltheologie verteidigt wird. Was angeblich "um des Himmelreiches willen" geschieht, kann dann nicht aus Gründen des natürlichen menschlichen Sexus und dem ebenso natürlichen Anspruch auf irdische Erfüllung und weltliches Glück beseitigt werden.

Die für die Betroffenen im wesentlichen fruchtlose und bittere Diskussion um den Fortbestand des Zölibats setzte nur kurze Zeit aus; es ist aber nicht zu leugnen, daß der Höhepunkt der Auseinandersetzung um das Jahr 1970 herum zu verzeichnen war und danach zumindest die Öffentlichkeit sich anderen Themen zuwandte, offenbar also das ungeschmälerte Interesse an den Problemen der Priesterschaft einbüßte.

Erst in der zweiten Hälfte der 70er Jahre belebte sich die Diskussion erneut, zumal der Zölibat nach wie vor als einer der Hauptgründe dafür galt, daß der Priesterberuf immer weniger junge Männer begeisterte und die Glaubwürdigkeit der Kirche in Mitleidenschaft gezogen wurde. Der im Ruhestand lebende Münchner Moraltheologe Richard Egenter veröffentlichte in der Zeitschrift "Stimmen der Zeit" Überlegungen zum "Pflichtzölibat der katholischen Priester"[171]. Er führt aus, das Zölibatsgesetz für die katholischen Priester gehöre zu den Themen, die wegen ihrer existentiellen Bedeutung immer wieder ins Bewußtsein gerufen werden müßten, auch im Hinblick auf Menschen, die man verehre, auf kirchliche Amtsträger, deren Autorität man bejahe. Für Egenter machen es sich die Befürworter des Gesetzes bei ihrer Argumentation nicht selten zu leicht, wenn sie vom Zölibat sprechen und die Motive für diesen mehr oder weniger stillschweigend auch für das Zölibatsgesetz in Anspruch nehmen. Egenter weist auf die Bibelstelle hin, die immer wieder - und oft polemisch - als Grundlage des Zölibats herhalten mußte und noch heute hierfür ins Feld geführt wird: Jesus faßt aber den Zölibat allein für jene Jünger ins Auge, "die sich um des Himmelreiches willen selbst zu Eheunfähigen (Eunuchen) gemacht haben" (Mt 19,12). In seinen in zwei Heftnummern der erwähnten Zeitschrift publizierten Ausführungen belegt der Münchner Moraltheologe mit zwingender Überzeugungskraft, daß der Zölibat keine biblische Legitimation beanspruchen könne.

Egenter zeigt, daß der Pflichtzölibat - obgleich häufig zum der Kirche anvertrauten Glaubensgut, also zum depositum fidei, zählend - im Neuen Testament und in der urkirchlichen Tradition ohne Beleg auskommen muß. Für ihn spricht sich das Neue Testament eher gegen den Pflichtzölibat aus. Bei Mt 19, 11 ff. erscheint zwar die religiöse Ehelosigkeit als persönliches Charisma; dieses Schriftstück enthält jedoch keinen Bezug auf Dienste oder Dienstämter innerhalb der Jüngergemeinde. Auch Paulus betrachtet die Ehelosigkeit als seine persönliche Entscheidung (1 Kor 7, 6 f.). Er sieht diese Entscheidung nicht im Zusammenhang mit den charismatischen Diensten in der Kirche, die er an anderer Stelle aufzählt (1 Kor 12, 4 ff., 27 ff.). Egenter weist darauf hin, daß seine - Pauli - Empfehlung der Ehelosigkeit der christlichen Spiritualität im allgemeinen gilt: "Daß alle Menschen so wären wie ich" (1 Kor 7, 7). Für den Völkerapostel Paulus ist die Ehe ein Recht, das durch den Dienst in der Kirche nicht beschränkt wird: "Hätten wir kein Recht, eine Schwester als Frau mitzuführen wie die übrigen Apostel, die Brüder des Herrn und Kephas?" (1 Kor 9, 3). Diese Schriftstelle läßt nach Auslegung des Moraltheologen ebenso wie 1 Tim 3, 2 und Tit 1, 6 den verheirateten Bischof als das Normale in der Urkirche erscheinen. Richard Egenters "Erwägungen" zum Zölibat der katholischen Priester orientieren sich streng an biblischen und historischen Gegebenheiten; er kommt zu dem naheliegenden Ergebnis, daß das oft beschworene persönliche Charisma "offensichtlich nicht die Regel" sei, so daß "die Ehe als der normale Weg zu menschlicher Reife und Hingabefähigkeit zu betrachten" sein solle. Nüchtern formuliert er, daß "Konvenienzsgründe für den Pflichtzölibat" zurücktreten müßten, wenn das "Heil der Menschen" besonders heute unüberhörbar nach der Freigabe der Ehe für die Priesterschaft rufe. Das Argument des "ungeteilten Herzens" will Richard Egenter mit Vorsicht gebraucht wissen, denn dieses werde grundsätzlich von jedem Christen verlangt und bestimme sich nicht nach einer isolierten Entscheidung im Geschlechtsbereich, sondern nach dem Gesamt der in die christliche Liebe integrierten sittlichen und religiösen Haltungen. Die "allmähliche Freigabe" der Ehe für die Weltpriester müsse selbstverständlich auch die pastoralen und emotionalen Schwierigkeiten der "Übergangsgenerationen" bei Klerus und Laien Rücksicht nehmen. Der Aufsatz des Münchner Prälaten in den "Stimmen der Zeit" zog wohl einige Aufmerksamkeit auf sich, da hier kein der Kirche fernstehender Anonymus oder auf spektakuläre Enthüllungen aufgehender Journalist das Wort ergriff, sondern ein bereits betagter Gottesmann und kompetenter Theologe.

So sah sich der Erzbischof von München und Freising, Kardinal Joseph Ratzinger, veranlaßt, in den "Stimmen der Zeit" dem "Sehr geehrten, lieben Herrn Prälaten" in einer Art öffentlichem Brief zu entgegnen. Ratzinger, der Egenters Äußerung als eine "noble und sachliche Wortmeldung" apostrophiert, widerspricht den Auffassungen des Moraltheologen im vollen Umfang, ja er gesteht, daß es ihm schwerfalle, dessen Argumentation zu verstehen. Die

Stellungnahme des Erzbischofs und Kardinals zeigt, daß anscheinend der Begriff des "Charismas" von beiden Priestern und Theologen unterschiedlich gedeutet wird. In gewisser Hinsicht behauptet Ratzinger, dies "Charisma" fehle jungen Männern in der heutigen Zeit umso mehr, als "die Kirche selbst nicht mehr zu wissen" scheine, "ob sie es noch wollen soll". So werde sich ein junger Mensch nur schwerlich für das "eschatologische Abenteuer" des Zölibats entscheiden können. Wenig später unterstellt Ratzinger, Richard Egenter behandle die Ehe im Zusammenhang mit der Zölibatsdiskussion allzusehr unter dem Gesichtspunkt des "remedium concupiscentiae", wogegen sich Egenter wiederum verwahrte. Im übrigen verzichtete er darauf, seinerseits auf den öffentlichen Brief des Bischofs zu entgegnen.

Der kurze "Schlagabtausch" genügte jedoch, Aufmerksamkeit zu erwecken: In der Herder Korrespondenz (12/1977) wurde der "Vorgang" unter der Überschrift "Neue Diskussionen über den Zölibat" dargestellt[172]. Der nur mit seinen Initialen zeichnende Verfasser des Artikels stellt die Positionen Egenters und Ratzingers dar und verweist auf Picard 1975 erschienenes Buch über die "Zölibatsdiskussion im katholischen Deutschland der Aufklärungszeit", das bereits Ratzinger als Beleg dafür zitiert hatte, daß eine Aufhebung des Zölibats als bindendes Gesetz keineswegs den "freiwilligen Zölibat" der Weltpriester in Gang bringen könne und werde.

In den "Stimmen der Zeit" kam in November 1977 Karl Rahner zu Wort, der zum Zölibatsthema bemerkte, die Sorge um einen genügend zahlreichen Seelsorgeklerus sei "eine Verpflichtung, die als göttliches Recht auf der Kirche" liege, eine Verpflichtung, die im Konfliktfall das legitime Bestreben der Kirche nach einem zölibatären Seelsorgeklerus überbiete.

Rahner erinnerte dabei an eigene Ausführungen des Jahres 1967 in "Geist und Leben", in denen er den Zölibat zwar mit Nachdruck verteidigt hatte, um zugleich jedoch festzustellen, daß man auf den Zölibat werde verzichten müssen, wenn die Kirche faktisch überall oder in bestimmten Gebieten einen genügend zahlreichen Klerus nicht mehr finden könne, da der Berufung zum Priesteramt der Zölibat entgegenstehe. 1977 äußerte sich Rahner zu der damaligen Feststellung: "Die Stimmen mehren sich, die die Überzeugung aussprechen, daß dieser Konfliktfall heute für Europa gegeben sei." Die "Herder Korrespondenz" bemerkt zu dem Disput zwischen Egenter und Ratzinger, es falle auf, daß dieser sich "vornehmlich auf die theologische und ekklesiologische Motivation der Ehelosigkeit des Priesters als Pflichtzölibat und auf die positiven bzw. negativen atmosphärischen Aufwirkungen der Gesellschaft auf die zölibatäre Lebenserfahrung" beschränke.

Der Verfasser ist sich nicht im klaren, welche Argumentationskette überzeugender erscheint, die Ratzingers oder die Egenters, und er kommt zum Ergebnis, daß das Hauptargument gegen den Zölibat wohl nach wie vor die

"Heilssorge der Kirche" sein müsse, die gegen alle anderen Erwägungen und sogar das "hochgeschätzte Traditionsgut der Kirche" Vorrang haben müsse. Schließlich findet er zu der Überlegung, daß eine Öffnung der Zugänge zum Priestertum in der Weise, daß man ohne Rücksicht auf die Auswirkung des Pflichtzölibats Menschen, die sich im kirchlichen Dienst menschlich und beruflich - also seelsorglich - bewährt hätten, zur Ordniation zuließe, letzthin ein "breiteres Geflecht von mit der Kirche und ihrem Dienst sich voll identifizierenden Personen" würde schaffen helfen, auf die die Kirche vor allem in ihren Grunddiensten alsbald auf keinen Fall verzichten könne. Unter diesem Aspekt erscheine eine relecture früherer Zölibatsdiskussionen in einem ruhigeren und daher ersprießlicheren Klima unausweichlich.

Kaum hatte der Autor in der Herder Korrespondenz ein "ruhigeres Klima" in der Zölibatsdiskussion festgestellt, da verwirrte der Theologieprofessor Hubertus Mynarek mit seinem populärwissenschaftlichen Buch "Eros und Klerus - vom Elend des Zölibats" (1978)[173] die Geister. Einen solchen Angriff auf die Institution Kirche war man bislang allenfalls von dem sich als "Atheisten" verstehenden Publizisten Dr. Karlheinz Deschner gewohnt gewesen, auf dessen Attacken man innerhalb der Institution Kirche erst gar nicht einging. Mynarek beginnt sein Buch mit Bemerkungen zur Geschichte des Zölibatsgesetzes und seinen Übertretungen, geht auf das "kirchlich sanktionierte System der Strafen für die Zölibatsbrecher" und sodann auf die "Folgen des Zölibatsgesetzes" ein, die er im wesentlichen in "Schuldbewußtsein und Neurosen bei Klerikern" sieht.

In einem großen vierten Kapitel behandelt der Autor die "giftigen Früchte" des Zölibatsgesetzes, indem er "authentische Berichte und Kommentare" ausbreitet, die insgesamt dazu angetan sind, nicht allein den Zölibat, sondern die gesamte katholische Kirche in Gestalt ihres Klerus zu kompromittieren. Man kann darüber unterschiedlicher Auffassung sein, ob dies spektakuläre Buch der Diskussion über den Zölibat genutzt oder geschadet hat oder ob überhaupt irgendeine produktive Wirkung von "Eros und Klerus" ausgegangen sein mag. Die "Schlußbemerkungen" und "Schlußthesen" Mynareks bringen die Auseinandersetzung über den Zölibat jedenfalls kaum weiter, denn sie zielen einmal mehr darauf ab, der römisch-katholischen Kirche vorzuwerfen, sie zeige deutliche Züge sexualpathologischen Verhaltens, gekoppelt mit dem "System totalitärer Repression".

Ohne weiteres ist zuzugeben, daß gerade in Fragen der Sexualethik die römische Lehrmeinung nicht allein in Deutschland aufs heftigste umstritten war und ist, jedoch Bücher wie die Mynareks ihre Wirkungen sicherlich nahezu vollständig außerhalb der Kirche und des Glaubens haben, da sie in ihrer Substanz und ihrer Absicht völlig der Polemik bzw. dem Pamphlet gleichkommen. In gewisser Hinsicht haben Autoren wie Mynarek nicht verstanden, daß es im Ringen um die Abschaffung des Zölibats nicht gleichzeitig auch um die Beseitigung der Kleriker oder sogar der gesamten Kirche als Institution getan ist; gerade weil sie den christlichen Glauben und die Kirche als deren legitimen Bewahrer und Verbreiter akzeptieren, geraten ja so viele Geistliche in Gewissens- und Autoritätsnöte, aus denen sie in vielen Fällen nurmehr in irgendeiner Hinsicht "beschädigt" hinausfinden.

Mynareks Rundumschlag gegen die "Sexualfeindlichkeit" der katholischen Kirche kommt wohl auch wenigstens ein Jahrzehnt zu spät, denn inzwischen hatten sich innerhalb der Moraltheologie die Ansichten und Lehrmeinungen über die Bedeutung der Leiblichkeit und Sexualität doch ins Positive hinein verändert, und "Ekel, Abscheu und Widerwillen gegen das Geschenk des Lebens" (Mynarek), die Sexualität, war längst nicht mehr die Regel - wenn es sie denn zuvor gewesen sein mag.

Der Tübinger Theologieprofessor Hans Küng beriet in den 70er Jahren einen "Arbeitskreis Zölibat und Kirche", der im Sommer 1978 mit einer Materialveröffentlichung hervortrat, die sich für die Aufhebung des Zölibatsgesetzes einsetzte[174]. Dem Initiativkreis gehörten katholische Theologiestudenten an, die Küng wohl als seine "Schüler" bezeichnen konnte. Der Arbeitskreis hatte 1976 begonnen, Materialien und Informationen zum Thema "Zölibat und Frau in der Kirche" zu sammeln und weiterzuleiten. Für das Entstehen des Arbeitskreises gaben ihre Vertreter "persönliche Betroffenheit und Schwierigkeiten bei der Frage nach Sinn und Grund der Verpflichtung zur zölibatären Lebensform für Priester" an. Ein wichtiger Aspekt war für die Mitglieder des Arbeitskreises jedoch auch der Wunsch und das Interesse, "kirchenpolitische Themen aufzuarbeiten und auf ihren Sinngehalt in der Gegenwart zu überprüfen". Die Wirkung des Arbeitskreises nach außen hin war größer, als ihre Mitgliederzahl dies vermuten ließe: Im Sommer 1977 hatte der Arbeitskreis "Zölibat und Kirche" weniger als 20 Mitglieder, je zur Hälfte Diplomtheologen und Priesteramtskandidaten; etwa ein Drittel der Mitglieder waren Frauen. Diese Protagonisten einer veränderten Zölibatssituation initiierten Leserbriefdebatten (z.B. im Bistumsblatt der Diözese Rottenburg/Stuttgart) und stellten sich mit einer Veranstaltung dem Fachbereich Katholische Theologie der Universität Tübingen vor. Außerdem versuchten sie, mit einer Umfrage unter den Studenten des Fachbereichs ein Meinungsbild zu ihrer Arbeit und Fragestellung zu erhalten. Von 248 Studenten, die sich an der Umfrage beteiligten, hielten 89 % es für richtig, "daß auch Frauen zum Priesterberuf zugelassen werden".

Obgleich wir über die näheren Umstände der Befragung und ihre wissenschaftliche Stichhaltigkeit nichts näheres wissen, läßt sich - bei vorsichtiger Handhabung des Ergebnisses - hieraus doch entnehmen, daß innerhalb des theologischen und des Priesternachwuchses eine tiefe Skepsis, ja Ablehnung gegenüber der damals wie heute gültigen Zölibatspraxis und der Situation der Frau innerhalb der Kirche vorherrschten. Der Arbeitskreis trat insoweit an die Öffentlichkeit, als er Materialien über die studentischen Kreise hinaus auch an interessierte Gläubige, Pfarrer, Pastoralreferenten, Professoren und bischöfliche Ordinariate weitergab. Die Zahl der Bezieher war im Sommer 1978 auf über 100 angewachsen. Mit Leserbriefen, Flugblättern und Aufklebern, die die Aufschrift "Zölibat, muß das sein?" trugen, trat der Arbeitskreis in Erscheinung. Innerhalb von vier Wochen gab er etwa tausend Aufkleber an Privatpersonen, kirchliche Verbände, Pfarrer, Ordensleute und Laien ab. Wenn auch möglicherweise schon früher seitens des theologischen und des Priesternachwuchses die Forderung nach der Beseitigung des Zölibates gestellt worden sein mag, so zeigte der "Arbeitskreis" sich doch in der Öffentlichkeit mit einer solchen Vehemenz und einem solchen Selbstbewußtsein, wie man es zuvor nicht hatte beobachten können. Nun waren es nicht mehr kirchenfeindliche Autoren oder bemooste Häupter von der Profession des Moraltheologen, die die Abschaffung des Zölibats forderten, sondern der Nachwuchs selbst, der sich auf vielfältige Weise eine Stimme gab. Dabei kann allerdings nicht verkannt werden, daß ohne die "Vorarbeit" jener Kräfte diese neue Dimension der Auseinandersetzung schwerlich denkbar erscheint. Ob man es im Guten oder im Schlechten betrachtet: In gewisser Weise ging nun die "Saat" auf, die mehr als ein Jahrzehnt zuvor ausgebracht worden war. Im "Arbeitskreis" ging es vornehmlich um konkrete, aus der täglichen Erfahrung gewonnene Probleme, wie etwa die pastorale Notsituation im ländlichen Raum.

So stellte im Zusammenhang mit dem "Arbeitskreis" der pastorale Arbeitskreis der katholischen Landjugendbewegung der Diözese Rottenburg fest, die "Notsituation" auf dem Lande sei besonders krass. Andererseits seien Jugendliche und Erwachsene im ländlichen Raum gern bereit, verheiratete Priester zu akzeptieren: "Der Zölibat hat in den Gemeinden seinen Zeichencharakter verloren. Ob dies auch damit zusammenhängt, daß die Zahl der Priester, die diesen Verzicht voll und ganz nach eigener reflektierter Entscheidung auf sich genommen haben, immer mehr sinkt, soll dahingestellt bleiben", schreibt einer der Mitarbeiter des "Arbeitskreises" in den hektographierten "Mitteilungen".

Seitens der "Amtskirche" beobachtete man die neue, von Tübingen ausgehende Entwicklung anscheinend mit großer Besorgnis und mit der Entschlossenheit, dem vermeintlichen oder tatsächlichen "geistigen Vater" des "Arbeitskreises", Hans Küng, Einhalt zu gebieten. Dies geschah im Winter 1979/80 in der Weise, daß man dem Tübinger Theologieprofessor die Missio canonica entzog, er also der kirchlichen Lehrerlaubnis verlustig ging. Die Glaubenskongretation wird sich zu diesem Schritt entschlossen haben, da sie in Küng eine sozusagen "lebendige Gefahr" für die Verbreitung von Unruhe und Irrlehre sah. Hauptsächlich warf man Küng vor, daß seine Ansichten zu

Zölibat und Frauenordination im Widerspruch zur allgemeingültigen Lehre stünden.

Die Situation Ende der 70er Jahre brachte anscheinend eine Verschärfung der Fronten in punkto Zölibatsdiskussion mit sich. Gründonnerstag 1979 hatte sich Papst Johannes Paul II. in einem Brief an alle Priester der Kirche gewandt und das Festhalten der lateinischen Kirche am Zölibat erneut bekräftigt. Gleichzeitig hatte es den Anschein, daß das Oberhaupt der römisch-katholischen Kirche nicht mehr oder doch zumindest nicht mehr so leicht bereit war, Laisierungsverfahren durchzuführen. Die dem Arbeitskreis angehörenden oder ihm nahestehenden jungen Theologen forderten zur selben Zeit die "sachliche Diskussion über die Problematik der Zölibatsverpflichtung" und verlangten die Stellungnahme der Bischöfe.

Zeitgleich erschienen wiederum die unterschiedlichsten historischen, soziologischen, anthropologischen und - vor allem - theologischen Arbeiten und Stellungnahmen zur Zölibatsproblematik, u.a. Bernhard Schimmelpfennigs Studie zum Thema "Zölibat und Lage der 'Priestersöhne' vom 11. bis 14. Jahrhundert" in der "Historischen Zeitschrift" (1978)[175], ein Artikel über "Priestermangel und Zölibat" des Pfarrers Georg Woratsch in der "Offertenzeitung für die katholische Geistlichkeit Deutschlands" (8/1979) und der Band "Pflichtzölibat - eine kritische Untersuchung"[176] von Heinz-Jürgen Vogels (München 1978).

Bei dem "Pflichtzölibat" handelt es sich um eine der wohl grundlegendsten Auseinandersetzungen mit unserem Thema in den 70er Jahren. Vogel hält sich exegetisch sauber an das Neue Testament und argumentiert gleichzeitig mit dem Kirchenrecht, um den Verteidigern des Zölibatsgesetzes entgegenzuhalten. Im ersten Kapitel seines Buches geht es hauptsächlich um Mt 19, 11 ff. des Neuen Testamentes. Vogel will zeigen, daß es nach Jesu Ansicht einerseits Menschen gebe, die ehelos leben können, und andere, die dies nicht vermögen. Die, die es können, sollen es auch tun, und zwar "um des Himmelreiches willen". Für Vogel - und wir schließen uns seiner Auffassung an - ist dabei keine Rede davon, daß es jene anderen auch versuchen sollten oder daß man sie gar dazu veranlassen müsse. Jesu Worte, wer dies "fassen" könne, solle es tun, interpretiert Vogel mithin als Warnung, sich zu prüfen und nicht gegen die eigene "Natur" zu entscheiden.

Im nächsten Kapitel will Vogel "die Konsequenzen für das Zölibatsgesetz" darlegen, das er für unvernünftig und auch unbiblisch hält. Mit Bezug auf 1 Kor 9, 5 zeigt der Autor, daß Paulus zwar ehelos lebte, jedoch sich und anderen jederzeit das Recht einräumte, eine Mitchristin als Frau mitzuführen, so wie Petrus und andere Jünger. Daraus folgt - getreu einem allem Kirchenrecht vorgelagerten Grundsatz -, daß das positive göttliche Recht, bestehend aus Rechten und Pflichten der Menschen, sich aus den Büchern des Alten und

Neuen Testaments erschließen lasse. Da das göttliche Recht in Kraft sei und die Menschen zu seiner Befolgung verpflichte, auch ohne daß es von der Kirche in kirchlichen Gesetzen gefaßt wird, zieht Vogel den Schluß, daß das Recht des Priesters auf die Eheschließung biblisch abgeleitet und mit göttlichem Recht legitimiert werden könne.

Folgende Punkte sprechen nach Vogels Auffassung gegen den bestehenden Pflichtzölibat:

Gott beruft auch Verheiratete, eben solche wurden durch die Apostel geweiht, das Charisma der Ehelosigkeit war und ist nur wenigen gegeben, jeder Amtsträger darf nach göttlichem Recht "eine Frau mitführen", d.h. heiraten oder verheiratet sein. Zwingend das Ergebnis der "kritischen Untersuchung": Priesterweihe und Ehe sind als Sakramente miteinander vereinbar. Dennoch warnt Heinz-Jürgen Vogels im letzten Kapitel seines Buchs vor einer plötzlichen Abschaffung des Zölibatsgesetzes. Mit den durch viele Schriftstellen belegten Argument, daß es in der christlichen Nachfolge sowohl für Ehelose als auch für Verheiratete letztlich um das eine Ziel, die Liebe, gehe, spricht er den Wunsch aus, "daß sich die päpstliche Autorität zu einer beherzten und zugleich beherrschten Freigabe des Ehesakramentes" für Priester entschließen möge. Die Gründe, die Vogels veranlassen, vor einer übereilten Abschaffung des Zölibats zu warnen, erscheinen wenig überzeugend. Er führt an, daß die Priester, "denen der Weg über die Ehe ins Priestertum früher nicht geöffnet worden" sei, "sich nachträglich über eine ungerechte Behandlung beklagen könnten".

Zudem warnt er vor der Reaktion der laisierten Priester, die im Einzelfalle "dann wirklich nicht mehr einsehen könnten, warum ihnen die Verbindung von Priestertum und Ehe nicht gestattet" worden sei. Daß jede tiefgreifende Veränderung in heiklen Gesetzesfragen einen solchen Unmut hervorrufen kann - und zwar sowohl innerhalb des öffentlichen wie auch des Kirchenrechts - steht außer Frage. Dies jedoch kann und darf niemals dazu führen, daß einmal gewonnene Überzeugungen, sobald sie Rechtskraft erlangt haben, nicht auch zu verbindlichem Recht erklärt werden. Wenn der Zölibat in den Augen Roms - aus welchen Gründen auch immer - nicht mehr Wert ist, aufrechterhalten zu werden, dann wird er trotz aller Bedenken und der Verzagtheit seiner Befürworter exekutiert werden müssen. Selbstverständlich ist ein solcher Schritt gerade für jene Geistlichen tragisch, die sich - über den Zölibat ergraut - in gewisser Hinsicht als zu spät Geborene, als Verlierer verstehen müßten. Es gehört zu den tragischen Besonderheiten unserer menschlichen Existenz, daß wir uns in bestimmten Epochen mißverstanden und schließlich nicht "aufgehoben" sehen, so daß unser Blick in die Vergangenheit oder Zukunft gewandt ist, da wir eben dort ein größeres Maß an Glück vermuten, als uns gegenwärtig beschieden ist. Eine hieraus entstehende Unzufriedenheit zeugt jedoch von einem Mangel an Reife, denn auch in den vermeintlich "besseren Zeiten" könnten Unzulänglichkeiten und Schwächen unsere psychisch-physische Existenz gefährden, kränken oder sogar vernichten. Das Akzeptieren der Gegenwart und der eigenen Existenz als irdisches Sosein gehört zu den Zielen des menschlichen Reifungsprozesses.

Etwa seit der zweiten Hälfte der 70er Jahre ging man seitens der römisch-katholischen Kirche in Deutschland vorsichtiger mit dem Zölibatsthema um, als dies noch wenige Jahre zuvor geschehen war. 1979 erschien in 5. Auflage ein Vortrag Kardinal Dr. Hermann Volks, des Bischofs von Mainz, den dieser 1975 bei der Bundestagung des Päpstlichen Werkes für geistliche Berufe in Stuttgart-Hohenheim gehalten hatte[177]. Er beschäftigte sich in seinem Referat mit "theologischen Grundlagen" der "christlichen Ehelosigkeit". Kardinal Volk ging es dabei nicht darum, "das Junktim zwischen Priestertum und Zölibat zu begründen", sondern mit einer gewissen Bescheidenheit äußerte er einleitend die Intention, "Ehelosigkeit aus christlichen Gründen als Möglichkeit christlichen Daseins zu beschreiben", sie "theologisch zu fundieren". Dabei fällt auf, daß der Referent weitgehend darauf verzichtet, die Zwangsläufigkeit des Zölibats zu behaupten und zu beweisen. Ihm scheint es darum getan zu sein, Ehelosigkeit und Keuschheit als Formen der Reaktion auf das "liebende Angesprochensein durch Gott" zu interpretieren; Zölibat könne nicht bedeuten, "liebelos zu leben": "Zölibat ist nicht etwas Altjüngferliches. Zölibat ist etwas Junges, Kraftvolles, weil darin eine Entschlossenheit liegt. Zölibat kann also nicht Verknöcherung sein, sich damit abgefunden haben, nicht zu lieben oder nicht geliebt zu werden. Das darf Zölibat nicht bedeuten; sondern bejahte Ehelosigkeit um Christi willen ist ein extremer Ausdruck dessen, daß man geliebt ist und Liebe erwidert."

Der Kardinal räumt in seinem Vortrag also ein, daß der Zölibat im Kontext zu konkreten Erfahrungen und Erlebnissen des Alltags und der augenblicklichen Biografie des zölibatär lebenden Menschen gesehen werden müsse. Inwieweit er durch die besagten Erlebnisse und Erfahrungen des Einzelnen in Frage oder sogar in Abrede gestellt werden könne und müsse, ergebe sich erst in der entscheidenden Situation. Ein bestimmtes Vertrauen auf Gott und die Bereitschaft, den eigenen Lebensplan kritisch und verantwortungsbewußt jeweils neu zu prüfen und zu korrigieren, setzt er als Ausdruck des freien Willens des Individuums voraus. Eine solche Position wird seitens der Moraltheologie schon wesentlich früher fußgefaßt haben, als dies Mitte der 70er Jahre durch Volk geschah. Die Betonung auf dem Prinzip des Gehorsams war aber zuvor unverkennbar; nun wird - vielleicht zum ersten Mal in dieser Deutlichkeit - gesagt, daß der Einzelne ohne Schuldgefühle und Gewissensbisse den Zölibat als positive Erfahrung erleben, aber unter Umständen auch als für ihn nicht mehr gültige Lebensform in Frage stellen kann. Die freie Entscheidung des Einzelnen erhielt nun viel stärkeres Gewicht als die Frage der Gesetzestreue nicht allein "um des Himmelreichs willen", sondern quasi "um jeden Preis".

Die Worte Kardinal Volks mögen stille Hoffnungen und innere Zustimmung bei den Tagungsteilnehmern hervorgerufen haben, und doch wird jedem klar gewesen sein, daß die konkrete Umsetzung der dargestellten Position auf vielfältige administrative, soziale und ökonomische Schwierigkeiten stieße, wenn die Lebenssituation eines Zölibatären es mit sich brächte, fortan radikal anders zu leben als bisher. Auf der selben Tagung des Päpstlichen Werkes für geistliche Berufe äußerte sich der Bischof von Rottenburg, Georg Moser, "Zum Zölibat des Priesters"[178]. Der Bischof brachte in der Einleitung seiner Ansprache das Zitat eines mit der zölibatären Lebensform ringenden Priesters, das noch wenige Jahre zuvor allenfalls bei den erklärten Gegnern des Zölibats als stichhaltiges Argument für dessen Abschaffung zu finden gewesen wäre. "Es gibt Augenblicke, in denen ich das Wort Zölibat nicht mehr hören kann. Es weckt in mir dann die Assoziation an eine Zelle, in der ich gefangen bin. Ja, es kommt mir in solchen Augenblicken leichter vor, unter einer Diktatur zu leben als im Zölibat", wird ein "immer wieder angefochtener" Priester zitiert.

Vor dem Hintergrund dieser zwar erschreckenden, längst aber nicht einzig dastehenden Äußerung eines Betroffenen versucht der Bischof von Rottenburg, ähnlich Bischof Volk, den Zölibat als eine "neue Freiheit" zu deuten, aus der Möglichkeiten und Chancen erwüchsen, die dem nicht zölibatär lebenden Menschen verschlossen bleiben müßten. Nachdem jahrelang die Lehre galt, der Zölibat sei nicht bloß dem priesterlichen Amt "angemessen", sondern ihr substantieller Bestandteil, und die Gehorsamspflicht gebiete, ihn ohne Wenn und Aber zu leben, kam man nun zu der Überzeugung, der Zölibat enthielte - positiv gelebt - Perspektiven und Erfahrungswerte, die ihn wertvoll und unentbehrlich sein ließen. Nicht als ein "Verlust an Liebesfähigkeit" könne die Ehelosigkeit begriffen werden, sondern aus der Sicht der "Hingabe an Christus", der "erstrebten Einheit" mit ihm. Die "wahre priesterliche Ehelosigkeit" gewähre die "ungeteilte Freiheit für den in Christus ankommenden und persönlich anrufenden Gott". Schließlich relativiert Moser die Bedeutung und die Schwierigkeiten, welche vom Zölibat ausgehen, durch seinen Hinweis auf andere Lebensformen, die ebenfalls die ihnen eigenen Probleme zeigen. Zu allen Lebensformen - so Moser - gehören Rückschläge, Spannungen oder Enttäuschungen, ohne daß der Mensch sich selbst oder sein Dasein aufgebe.

Die beiden vorgestellten Referate zum Thema "Christliche Ehelosigkeit heute verkündigen" markieren einen qualitativen Schritt nach vorn innerhalb der langwierigen und oftmals bitteren Zölibatsdiskussion in Deutschland. Vor allem wird der Begriff und Anspruch des Charismas nicht weiter überstrapaziert, wie dies in den zurückliegenden Jahrzehnten regelmäßig der Fall war.

Priester, denen der Zölibat jedoch auf Grund ihrer Beschaffenheit lediglich als Terrorinstrument erschien, mögen aus den Worten der beiden Bischöfe wenig Trost gezogen haben, deuten die Referenten doch trotz ihrer Aufgeschlossenheit keineswegs auch nur an, daß der Zölibat grundsätzlich in Frage stehe oder in absehbarer Zeit beseitigt werden solle. Es geht den Bischöfen in erster Linie darum, die Beziehung des Priesters zum Zölibat positiv zu interpretieren, wozu auch gehört, daß die vom Zölibat ausgehenden Schwierigkeiten und Versuchungen nicht weiter tabuisiert werden. Der gesamte Schuldkomplex, der bei sich am Zölibat verfehlenden Geistlichen zu menschlichen Katastrophen führte und führt, bleibt ab Mitte der 70er Jahre nicht länger in Schweigen gehüllt und tabuisiert. Ob diese Veränderung durch die vehementen Angriffe auf den Zölibat durch die Betroffenen selbst oder durch die beobachtbare Entchristlichung Deutschlands - verbunden mit weiter sinkenden Zahlen beim Priesternachwuchs - bewirkt wurde, ist nicht zu beantworten. Möglicherweise spielt beides ineinander. Die Situation zu Beginn der 80er Jahre ist für die römisch-katholische Kirche in Deutschland und in vergleichbaren europäischen Ländern besorgniserregend. Die Zahl der Priesterweihen geht nach wie vor zurück, viele jüngere Geistliche geben ihr Amt auf, andere haben die Treue zum Zölibat und zu anderen für sie bindenden Gesetzen heimlich oder sogar sichtbar aufgegeben, die Kirchen bleiben leer, die Zahl der Kirchenaustritte nimmt dagegen ständig zu.

Gegenüber den durch Rom verbreiteten Lehrmeinungen wird vor allem bei jüngeren Kirchenangehörigen Desinteresse oder Ablehnung geäußert. Die römisch-katholische Kirche - aber nicht sie allein - scheint trotz ihrer administrativen, wirtschaftlichen und gesellschaftlich-funktionalen Stärke, die sie nach wie vor besitzt, einem "Verfall" besonderer Art anheimgegeben zu sein. Die Frage nach den seit Jahrzehnten verwaisten bzw. verwaisenden Klöstern soll an dieser Stelle erst gar nicht gestellt werden; hier bieten sich jungen Frauen und Männern Lebensformen an, die Attraktivität und Sinngehalt offenbar nahezu gänzlich verloren haben.

Unter dem Eindruck dieser betrüblichen Situation veröffentlicht 1981 Ferdinand Klostermann das Buch "Gemeinde ohne Priester", in dem er der Frage nachgeht, ob dafür der Zölibat eine Ursache sei. Die Fragestellung wirkt auf den ersten Blick naiv, denn man meint, sie beantworte sich von allein, berücksichtigt man nur die vielen Bekenntnisse von Priesteramtskandidaten und jungen Geistlichen, die gerade wegen des Zölibats mit dem ihnen angetragenen oder übertragenen Amt hadern. Man kann die von Klostermann etwas unbeholfen gestellte Frage "Ist der Zölibat eine Ursache?" des Priestermangels getrost als Ungeschicklichkeit abtun, denn viel interessanter sind seine Darlegungen zum Problem selbst.

Erstmals wird die bindende Ansicht des derzeitigen Papstes Johannes Paul II. kritisch gewürdigt. Johannes Paul II. läßt - so hat es den Anschein - keine Gelegenheit aus, nicht nur den Wert des Zölibats der Diözesanpriester in der Westkirche zu unterstreichen, sondern auch jegliche Änderung der derzeitigen Zölibatsgesetzgebung zu verneinen, obgleich in dem Brief "An alle Priester der Kirche" zum Gründonnerstag 1979 noch ausdrücklich von der "Achtung vor den verschiedenen anderen Traditionen anderer Kirchen" (als der westlichen) die Rede ist. Zum Zölibat erklärte der Papst: "Die Kirche ist entschlossen, diese lateinische Tradition fortzusetzen trotz aller Schwierigkeiten, denen eine solche Treue vielleicht ausgesetzt ist, wie auch trotz verschiedener Anzeichen der Schwäche und Krise bei einzelnen Priestern."

Klostermanns Beurteilung dieser auf das Zölibatsproblem abzielenden Äußerung überrascht keineswegs. Angesichts der Zölibatspraxis in apostolischer Zeit und der zum Teil bis in die Gegenwart reichenden kirchlichen Tradition falle es schwer, die Behauptung des Gründonnerstagsbriefes 1979 zu verstehen, die lateinische Praxis "entspreche der apostolischen Lehre und der ganzen diesbezüglichen Tradition". Alle ernstzunehmenden diesbezüglichen kirchengeschichtlichen Veröffentlichungen im deutschsprachigen Raum und auch im Ausland belegen, daß die Stellungnahme des Papstes in dieser Hinsicht in die Irre geht. Gleichwohl läßt der Papst keinen Zweifel daran, daß er sich in seiner Einstellung weder von einzelnen Bischöfen noch von Bischofskonferenzen, noch von sonstigen kollegialen Gremien beeinflussen lasse. Der in entsprechenden Arbeitskreisen mit Enttäuschung aufgenommene Gründonnerstagsbrief verdeutlicht den Geistlichen der römisch-katholischen Kirche, daß der Papst vom Zusammenhang zwischen Zölibat und Priesteramt nicht abzulassen gedenke. Das Charisma der Ehelosigkeit scheint für Johannes Paul II. weniger wichtig zu sein als das "Auf-sich-nehmen dieses Verzichtes um des Himmelreiches willen", wie es in dem Brief u.a. heißt.

Dies bedeutet, daß der "Papst aus dem Osten" sich einer pro-zölibatären Argumentation bedient, die in etwa der der 60er Jahre entspricht. Jedenfalls müssen insbesondere in Deutschland jüngere Geistliche die Stellungnahme des Papstes so verstanden haben, als sei in der Auseinandersetzung um den Zölibat ein Rückschritt hinter die moraltheologischen Positionen der 70er Jahre zu erwarten bzw. bereits eingetroffen. Auch in späteren Reden und Schreiben läßt Johannes Paul II. erkennen, daß er die Treue zum Zölibat der Treue zu Christus und seiner Kirche gleichstellt bzw. hiervon ableitet. Das von Gott gegebene Geschenk dürfe nicht zurückgegeben werden, so daß die Aufgabe des Zölibats für den gegenwärtigen Bischof Roms geradezu zum Abfall von Christus, zur Apostasie, führe.

Man kann sich in etwa vorstellen, in welche Abgründe ein Priester stürzt, der den Zölibat als persönliches Problem erlebt und damit zufolge der päpstlichen Auffassung die Existenzfrage verbinden muß. Die Einstellung des Papstes zum Zölibat zeigt sich nach der Ansicht Klostermanns am deutlichsten in den neuen Laisierungsbestimmungen, die nach einer zweijährigen Laisierungspause im Oktober 1980 zunächst nur "geheim" den Bischöfen zugeleitet wurden. Es handelt sich bei den Bestimmungen um acht Artikel und ein Begleitschreiben der Glaubenskongregation, das sich auf den erwähnten päpstlichen Gründonnerstagsbrief bezieht und mit ihm erklärt, jeder Christ, der das Weihesakrament empfange, verpflichte sich zum Zölibat "voll bewußt und freiwillig".

Erste Regelungen für die Laisierung römisch-katholischer Geistlicher waren schon im Februar 1964 erlassen worden. Der Dispens von der Zölibatsverpflichtung ging danach ein förmliches "Verfahren" in gerichtlicher Form voraus, das - auch in der von Papst Johannes Paul II. sanktionierten Fassung - im wesentlichen als ausreichende Gründe für den Antragsteller lediglich einen physisch-psychischen Defekt oder ein sittlich schuldhaftes Versagen anerkannte und somit sozusagen vorkonziliare Härten und Unmenschlichkeiten gerade nicht ausschloß, sondern ihnen Tür und Tor öffnete.

Hinzu kam, daß Johannes Paul II. weniger die Situation des Bittstellers, der seinen Antrag übrigens "im Geist der Demut" abfassen müsse, im Auge hatte, als die Situation der Kirche insgesamt, deren "innerster Lebensquell" durch die vielen Dispensgesuche Schaden erleide. Somit kündigte er 1980 auch eine individuelle strenge Überprüfung jedes einzelnen Falles an, was möglicherweise potentiellen Antragstellern Kraft und Zuversicht nehmen sollte und nahm. Mancher mag sich vor dem Problem der Dispensgewinnung in der Weise selbst in Schutz genommen haben, daß er sich für ein unauffälliges Doppelleben entschied.

Die "Herder-Korrespondenz" urteilte nach Bekanntwerden der von Johannes Paul II. bestätigten Laisierungsbestimmungen, es bleibe nun fraglich, ob auf diesem Weg die der Kirche durch die nachkonziliare Identitätskrise vieler Priester geschlagene Wunde wirklich geheilt werden könne. Jedenfalls werde die Zölibatsdiskussion in der Kirche zweifellos weitergehen. Man mußte kein Prophet sein, um dies vorauszusagen, denn solange der "Pflichtzölibat" existiert, wird heftig über ihn gestritten werden, und sollte er eines Tages nicht mehr gelten, werden sich innerhalb der Kirche konservative Kräfte finden lassen, die seine Rekonstituierung verlangen.

Die Fortsetzung der Zölibatsdiskussion mußte nicht lange auf sich warten lassen: Joseph Maria Reuss brachte seine "Überlegungen zum Zölibatsproblem" unter dem Titel "In der Sorge um die Priester und das ganze Gottesvolk" 1982 zum Vorschein[179]. Ausgang seiner Überlegungen waren Gedanken, die bereits am 29. Mai 1967 (sic!) in München in einem Kreis von Theologen und Psychologen besprochen worden seien. Die Niederschrift jenes Gesprächs war den Mitgliedern der Deutschen Bischofskonferenz zugeleitet worden. "Aus Zeitmangel" sei es bei der Bischofskonferenz im Herbst 1967 nicht zu einer Diskussion des Gesprächsprotokolls und der darin enthaltenen Fragen gekommen. Daß verdiente Kirchenmänner erst lange, nachdem sie ihre kritischen Gedanken zum Zölibat formuliert hatten, ihrer Veröffentlichung näher traten, war und ist offenbar nichts Außergewöhnliches. Herbert Doms "Historische und systematische Erwägungen" zu unserem Thema unter dem Haupttitel "Vom Sinn des Zölibats" erschienen 1954, nachdem sie schon 1942 unter einem anderen Titel in besonders kleiner Auflage erschienen waren, so daß sie in Deutschland wenig bekannt und kaum erreichbar blieben.

Andere Theologen wurden in den 60er Jahren bei ihrem Bischof abgewiesen, wenn sie für eine zölibatskritische Veröffentlichung die kirchliche Druckerlaubnis erbaten. Manches Manuskript ging auf diese Weise erst wesentlich später in Druck, dann nämlich, als die Notwendigkeit der Imprimatur nicht mehr in jedem Fall der Veröffentlichung eines Geistlichen vorausgesetzt war.

Reuss, der in den 60er Jahren Weihbischof und Regens des Mainzer Priesterseminars sowie Personalreferent der Diözese Mainz war, findet in seiner Veröffentlichung zu dem Schluß, der Rückgang der Zahl der Priesterkandidaten und die "erschreckende Zahl von Priestern, die ihre Laisierung und Dispens vom Zölibat beantragt" hätten, hingen "zweifellos mit der Zölibatsverpflichtung der katholischen Priester zusammen". Weil durch die Abschaffung des priesterlichen Zölibats der katholischen Kirche etwas "Unersetzliches" verlorenginge, müsse man über das Problem "sehr behutsame Überlegungen" anstellen. Die Ehelosigkeit "um des Himmelreiches willen" wird von dem Autor als "erstrebenswertes Gut" bezeichnet, da der Verzicht auf die Ehe als Zeichen besonderer Ausschließlichkeit zu werten sei. Gewiß hat Reuss damit Recht, daß im Grunde nur derjenige zur zölibatären Lebensweise fähig sei, der auch für eine Ehe und alle damit verbundenen Aufgaben und Schwierigkeiten tauge. Psychisch labile, beziehungsgehemmte oder gar gestörte Personen mit ausgeprägtem "Mutterkomplex" oder homosexuellen Tendenzen hält er mit den meisten anderen maßgeblichen Theologen für dem Priesteramt wesensfremd; allerdings ist nicht zu übersehen, daß viele jüngere Priester zumindest den Eindruck vermitteln, daß sie einer der genannten Kategorien angehören.

Als einen möglichen Ausweg aus diesem Dilemma betrachten nicht wenige Befürworter eines Kompromisses das Modell der "viri probati", also der in Familie und Beruf bewährten Männer, die zu einem bestimmten Zeitpunkt die Priesterweihe empfangen sollen, um dem chronischen Mangel an Nachwuchs Einhalt zu gebieten. Verschiedene Varianten sehen vor, daß diese "viri probati" nicht zu Priestern geweiht, aber mit einer Vielzahl priesterlicher Aufgaben betraut werden könnten: Verkündigung und Sakramentenspendung, allerdings ohne Eucharistiefeier, Bußsakrament, Krankensalbung, Firmung und

Weihe. Es liegt auf der Hand, daß es sich bei dieser Denkkontruktion um einen "Mittelweg" handelt, der nicht nach Jedermanns Geschmack sein kann. Er flickt, aber heilt das Problem, welches vom Zölibat ausgeht, nicht. Denn die auf diese Weise in ihr Amt eingeführten Männer tun ihren Dienst in der Weise eines "Hilfsgeistlichen", der zwar möglicherweise in seiner Gemeinde geschätzt, anerkannt und unterstützt wird, aber eben kein Priesteramt innehat, sondern lediglich priesterliche Aufgaben übernimmt.

Das ganze Problem ist damit nicht beseitigt, und man wird doch nicht umhin können, als den für manchen jungen Mann hinderlichen Zölibat als Bremse auf dem Weg zur Beseitigung des Priestermangels zu betrachten. In den letzten Jahren hat sich zudem gezeigt, daß der Zölibat mit Schwierigkeiten behaftet ist, die man bislang zwar ahnte, die aber im allgemeinen verborgen blieben. Verschiedene Veröffentlichungen der 80er Jahre zeigen, daß der Zölibat nicht allein für den Betroffenen selbst, sondern für seinen näheren Lebenskreis und unter Umständen für seine Gefährtin und die Kinder unlösbare Konflikte jeder Art erzeugt. Man könnte fast annehmen, die römisch-katholische Kirche müsse eine ihrer Hauptaufgaben darin sehen, die sittlichen Verfehlungen oder doch zumindest problematischen Verhaltensweisen ihrer Geistlichen durch Maß, Strenge, Duldsamkeit und ein waches Auge in den Griff zu bekommen, so häufig dringen Skandale, die keineswegs von kirchenfeindlichen Kräften erfunden und erdacht wurden, an die Öffentlichkeit. Hinter der spektakulären Szene eines beliebigen "Skandals" verbirgt sich meist tiefes menschliches Leid, die Biografie einer menschlich - und meist auch seelsorgerisch - gescheiterten Existenz.

Wir wollen es uns versagen, einige Fälle aus eigener Anschauung darzustellen, zumal sie in gewisser Hinsicht die getroffene Feststellung lediglich illustrieren und den Wahrheitsgehalt bekräftigen könnten. Ursula Goldmann-Posch legte 1985 mit dem Buch "Unheilige Ehen"[180] eine aufrüttelnde Dokumentation vor, in der "Gespräche mit Priesterfrauen" den Mittelpunkt bilden. Die Autorin zeigt, wie schwierig das Leben zum Zölibat verpflichteter, ihn gleichwohl nicht mehr lebender Priester sein muß, und wie stark Priesterfrauen und die gemeinsamen Kinder unter dem "Joch" meist zu leiden haben. Nur wenige finden zu der gleichgültigen Bemerkung, mit dieser "Todsünde" lebe sich doch "ganz gut"; wer sein Priesteramt ernst nimmt und dennoch das Zölibatsgesetz bricht, findet am wenigsten Trost und Erfüllung. Die heimlich existierende Ehe gerät häufig einem solchen Priester zur zusätzlichen Belastung und Strafe, aus der er keinen Ausweg mehr sieht. Der einzige Weg aus dem Dilemma jenes von Papst Paul VI. als "kapitales Gesetz unserer lateinischen Kirche" apostrophierten Zölibats sehen seit den 60er Jahren immer mehr zum Priester geweihte Männer in der Preisgabe ihres Amtes, also in der Laisierung.

Während der Amtszeit Papst Paul VI. (1963 - 1978) sollen etwa 32.000 Priester aus aller Welt von ihrem Amt und somit von der Verpflichtung zur Ehelosigkeit und Keuschheit entbunden worden sein. Anfang der 80er Jahre, dies deutete ich bereits an, verschärften sich die Bedingungen für eine Laisierung erheblich; Mitte der 80er Jahre rechnete man mit über 10.000 unbearbeiteten Anträgen, d.h. ebensovielen Priestern unseres Erdkreises, die unterm Zölibat zusammenzubrechen drohten oder bereits in gewisser Hinsicht "kapituliert" hatten. Daß vielfach die persönliche Aufgabe des Zölibats tatsächlich als "Kapitulation", verbunden mit Selbstekel, Scham und Schuldgefühlen, erlebt wird, zeigen Gespräche mit Betroffenen ebenso wie moraltheologische Ausführungen zum Zölibatsproblem, die auf pastorale Kenntnisse fußen. Nach Schätzungen der im März 1984 in Bad Nauheim gegründeten "Vereinigung katholischer Priester und ihrer Frauen" müsse man weltweit von über 80.000 Priestern ausgehen, die mit oder ohne kirchliche Erlaubnis geheiratet haben. Bei 409.000 Geistlichen, die das Vatikanische Jahrbuch 1982 verzeichnete, heißt das, daß Mitte der 80er Jahre ein Fünftel des Weltklerus die Ehe dem kirchlichen Amt vorgezogen hatte, wie Goldmann-Posch schlußfolgert.

Vom 25. - 31. August 1985 trafen sich Zölibatsgegner aus vielen Teilen der Erde zu ihrer zweiten "Allgemeinen Synode der verheirateten Priester und ihrer Frauen" in Rom. Heinz-Jürgen Vogels, dessen Veröffentlichungen wir bereits vorstellten, und der seit 1979 als verheirateter Priester lebt, war Mitglied der Vorbereitungskommission der Anti-Zölibats-Synode. Man hatte Rom als Tagungsort gewählt, weil diese Stadt auf dem Grab des Apostels Petrus erbaut ist, der als verheirateter Priester und erster Papst für die Zölibatsgegner Symbolkraft besitzt. Obgleich die katholische Kirche weltweit immer weniger Priester zählt - die Zahl der Laisierungen überschreitet derzeit wohl sogar die der Neuberufungen -, haben solch spektakuläre Ereignisse wie die Anti-Zölibats-Synode offenbar keine sichtbaren Wirkungen auf den Episkopat. Tausende von Schriften sind seit den Beschlüssen der Laterankonzile im 12. Jahrhundert über den Zölibat erschienen, ohne daß "Rom" in Gestalt des Papstes den einzigen wesentlichen Schritt zur Aufhebung des Zölibatsgesetzes ermöglicht hätte. Die Auseinandersetzung über den Zölibat hat am Ende der 80er und zu Beginn der 90er Jahre unseres Jahrhunderts einen anderen Ton bekommen; die Unnachgiebigkeit in der Zölibatsfrage, die wir im vorliegenden Buch über zwei Jahrtausende hin verfolgten, hat endlich dazu geführt, daß die Gegner des Zölibats sich kaum mehr in der Gewißheit befinden mögen, daß eines Tages das menschenfeindliche Gesetz aufgehoben werden könnte.

Päpste und dem Oberhaupt der katholischen Kirche aufs engste verpflichtete konservative Bischöfe hingegen verteidigen den Zölibat, ohne daß seine Gegner dies in ihrem Tun und Lassen berührt - Ausnahmen bestätigen auch in diesem Fall die Regel. Die Diskussion von Befürwortern und Gegnern, die für eine kurze Zeitspanne durchaus fruchtbar schien[181], ist in Polemik und Besserwisserei verflacht und sogar die an Selbstaufopferung grenzenden Vorstöße des Paderborner Privatdozenten Eugen Drewermann erscheinen bei Lichte besehen nurmehr als eine Art letzter Versuch, die Tür zur Freigabe der Eheschließung für den Priester mit der Brechstange zu öffnen; wirkliche Dialogbereitschaft, wie wohl vielfach von Drewermann beschworen und reklamiert, ist weder in seinen Schriften noch seinen zahlreichen Ansprachen und Reden zu erkennen und auch bei seinen Gegnern nicht zu beobachten.

Ohne daß Drewermann dies problematisiert, erscheint er bei aller Gelehrsamkeit und Wahrhaftigkeit seiner Gedanken doch stets als von seiner eigenen Biografie her "beschädigter" Mensch, hat er doch sicher nicht ernstlich daran geglaubt, daß sich die Kirche ausgerechnet durch ihn, den Psychotherapeuten und Seelsorger im Nebenamt, aus der Bahn bringen ließe. Bücher wie die von Drewermann[182] oder von Alfons Kraus[183], der bereits 1988 in zweiter Auflage mit dem Buch "Für einen gefallenen Engel beten sie nicht - die katholische Kirche und ihre verheirateten Priester" in Erscheinung trat, zeigen das ganze Dilemma der römisch-katholischen Kirche, nicht allein in bezug auf den Zölibat, an der Schwelle zum dritten Jahrtausend. Daß ehemalige Priester oder solche, die längst in Ungnade gefallen sind, durch Veröffentlichung zölibatsfeindlicher Schriften ihr eigenes Leben abarbeiten, findet dabei anscheinend trotz des allgemeinen Desinteresses an kirchlichen Belangen, wie wir es in der Öffentlichkeit beobachten müssen, noch neugierige, aber auch mitbetroffene und ehrlich teilnehmende Leser.

1989 legte der ehemalige Priester und spätere Professor für Kirchengeschichte an der Universität Bamberg, Georg Denzler, in der Funktion des Herausgebers als "Autobiografische Zeugnisse zum Konflikt zwischen Ehe und Zölibat" 15 "Lebensberichte verheirateter Priester" vor, die einerseits einer gewissen Tradition folgen - indem ähnliche Lebensberichte spätestens seit den 60er Jahren bekannt sind -, andererseits ein Novum darstellen, da hier erstmals eine größere Anzahl Betroffener ihren Namen preisgeben und sich somit den Vorurteilen und Gehässigkeiten der Bekannten und Amtskollegen früherer Zeit aussetzen[184]. Allerdings findet Denzler in seiner Einleitung, daß ein zölibatsbrüchiger Priester heute "nichts zu fürchten" habe, solange er sich zu seinem Verhalten nicht selbst bekenne oder von dritter Seite denunziert werde. Inwieweit diese Aussage der Wirklichkeit entspricht, ist schwer zu beurteilen. Denzler meint, der Grund für die "Nachlässigkeit kirchlicher Autoritäten in unserer Zeit" sei leicht zu erraten und bestehe im wesentlichen darin, daß die stärkere Kontrolle über das zölibatäre Leben der Priester zu Verfahren und Dispensentscheidungen führen müßte, die den Priestermangel nur noch verstärken würden. So kämen zu den derzeit weltweit 85.000 verheirateten Priestern, die freilich ihres Amtes in der Regel verlustig gegangen sind, weitere hinzu. Dies wolle die Kirche vermeiden. Ob die Glaubenskongregation wirklich von solch pragmatisch-zweckdienlichen Überlegungen ausgeht, erscheint zumindest fraglich; noch stehen den genannten 85.000 suspendierten Geistlichen etwa 420.000 amtierende Welt- und Ordenspriester gegenüber.

Es wäre schwer vorzustellen, daß die Kirche die Handhabung des Zölibatsgesetzes in den letzten Jahren vernachlässigt hätte, um den Mangel an Priesternachwuchs nicht zu gefährden; es hat vielmehr den Anschein, als daß gerade in Fragen der Moraltheologie ein gewisses Maß an Strenge zum Tragen kommt, um der Entwicklung auf dem Gebiet des Zölibats bzw. in Fragen der Geschlechtlichkeit im allgemeinen nicht völlig aus dem Ruder geraten zu lassen. Immerhin erhalten unter dem derzeitigen Papst Johannes Paul II. Priester nur noch in Ausnahmefällen die Entpflichtung vom Zölibatsgelöbnis, das übrigens erst seit 1930 schriftlich abgegeben werden muß.

Heftigste Angriffe auf die Sexualethik der katholischen Kirche gingen Ende der 80er Jahre von der in hohen Auflagen veröffentlichten Schrift "Eunuchen für das Himmelreich - Katholische Kirche und Sexualität" der Hochschullehrerin Uta Ranke-Heinemann aus[185], die sogleich die kirchliche Lehrerlaubnis verlor. Das Buch handelt vom Problemkreis der Sexualität und spannt den Zeitbogen von der Zeit vor Jesu Geburt bis zur Moraltheologie des 20. Jahrhunderts. Schon die Kapitelüberschriften verdeutlichten, daß es der Theologieprofessorin kaum um eine von Polemik und Häme freie Auseinandersetzung mit dem Problemfeld Sexualität und Kirche geht, und ihre zahlreichen Auftritte und Talkshows und bei anderer Gelegenheit bestätigen dies Urteil nur noch.

Dabei soll nicht in Abrede gestellt werden, daß Ranke-Heinemann im Kern mit ihrer Darstellung und Interpretation des Geschehens historische Wahrheit aufarbeitet, aber es ist eine Frage des Stils und des Angemessenseins, ob dies auf diese Weise geschehen sollte. Die Erfahrung lehrt, daß sich der Episkopat gegenüber unsachlichen und in der Form des Vorwurfs vorgetragenen Argumenten verschließt; man kann dies deuten, wie immer man mag, doch ist die Kirche nun einmal von jeher hierarchisch gegliedert, und wer ihr nicht bloß als Gläubiger angehören will, sondern in Amt und Würde an ihr teilhaben möchte, wird sich bis auf weiteres auf die gegebenen Regeln und Gebote soweit einlassen müssen, wie es die Kirche will und sein persönliches Gewissen gebietet. Für Haß, Verachtung und Schmähung wird aber auch in Zukunft kein Platz sein. Das Buch Uta Ranke-Heinemanns enthält sicherlich diese fragwürdigen Elemente, wenn die Verfasserin auch auf der Grundlage ihrer wissenschaftlichen Kompetenz argumentiert. Das 29. Kapitel mit der Überschrift "Zur Moraltheologie des 20. Jahrhunderts" zeigt, daß die Autorin an der ernsthaften Auseinandersetzung mit Fragen der Sexualethik und mithin dem Problem des Zölibats allenfalls am Rande interessiert ist, indem sie z.B. eben in diesem Abschnitt unter Berufung auf den erwähnten Atheisten Karlheinz Deschner Alfons von Liguori sozusagen als "komischen Heiligen" vorstellt, der sich als besonders körper- und frauenfeindlich gezeigt habe und deshalb oder trotzdem 1839 heilig gesprochen worden sei. Ranke-Heinemann behauptet nun, der 1787 verstorbene Bischof und Gründer des Ordens der Redemptoristen werde bis in unsere Tage hinein als verläßliche Autorität in Fragen der Sexualmoral bemüht, so daß "Sexualmoral" nichts als eine "Spezialwissenschaft für Zölibatäre" geworden sei.

Nun entfaltet die Theologieprofessorin das Szenarium einer weltfremden und den Belangen der Gläubigen ferngerückten theologischen Welt innerhalb der katholischen Kirche, in der jede Geschlechtlichkeit sogleich auch Sünde sein solle; das in den 60er Jahren erschienene, längst vergriffene Taschenbuch Schwengers über "Antisexuelle Propaganda" in Traktatschriften vor allem der katholischen Kirche hat in dieser Hinsicht manche Feststellung Ranke-Heinemanns vorweggenommen. Tatsächlich zeigt die katholische Kirche bis in die 60er Jahre hinein eine Form der "Schamhaftigkeit", die aus der heutigen Perspektive ungesund und vollständig überholt erscheinen muß. Zugleich muß aber der historische Kontext (den die Autorin weidlich außer Acht läßt) bedacht werden: Körperfeindlichkeit, die Unterdrückung des Sexuellen und falsch verstandene Scham charakterisieren nicht bloß die katholische Kirche, sondern die Gesellschaft schlechthin in weiten Teilen bis zum Zeitpunkt der vielfach gefeierten, aber auch mit ängstlichen Augen beobachteten "sexuellen Revolution" Mitte der 60e Jahre. Man muß nicht den Kirchenlehrer Alfons Maria von Liguori heranziehen, um die Leibfeindlichkeit unserer Eltern und Großeltern zu erklären; einen solchen Einfluß hatte der offenbar tatsächlich seltsame, doch gottesfürchtige Kirchenmann gewiß nicht. Und Deschner als Gewährsmann zu verpflichten, um die vermeintliche Verschrobenheit eines Kirchenlehrers zu erweisen, zeugt nicht eben von der erforderlichen kritischen Distanz zu Autoren, die es gewöhnlich unterlassen, ihre Quellen nachprüfbar zu belegen.

Wie dem auch sei, so müssen wir festhalten, daß die katholische Kirche in ihren Auffassungen zu Fragen der Sexualmoral von den üblichen Vorstellungen in der Bevölkerung nicht so stark abwich, daß man davon sprechen könnte, die Kirche habe sich von jeher kraß von den moralischen Einstellungen, die in einem Land wie Deutschland vorherrschten, unterschieden. Dabei wird nicht verkannt, daß die Kirche durch ihre Seelsorger, Religionslehrer usw. die moralische Erziehung und sexuelle Sozialisation junger Menschen mitprägte und in mancher Hinsicht auch heute noch mitgestaltet. Greift man aber in dieser Hinsicht die Kirche an, so müßte man - der Redlichkeit wegen - auch angetan sein, andere gesellschaftliche Gruppen bis hin zu den Ideologen linker

Parteien anzugreifen. Denn was z. B. sozialistische und kommunistische Parteien bis zu ihrer Demontage oder Selbstauflösung an moralischen Verpflichtungen auch in bezug auf das Sexualverhalten gepredigt haben, steht den altbackenen Forderungen der Kirche aus den 50er Jahren kaum in etwas nach. Damit soll, ohne aufzurechnen, gesagt werden, daß die historische Darstellung des Zusammenhangs von "katholischer Kirche und Sexualität", die Ranke-Heinemann verspricht, eine gesellschaftliche Kontextbildung nicht erübrigen kann, obgleich die Verfasserin fast ganz hierauf verzichtet.

Das Kapitel "Zur Moraltheologie des 20. Jahrhunderts" zeigt dies besonders deutlich, zumal Ranke-Heinemann 10 von 16 Seiten dieses Abschnitts auf den Zeitraum vor 1945 verwendet, um auf den letzten Seiten, ohne die Auseinandersetzung mit diskussionswürdigen moraltheologischen Veröffentlichungen zu suchen, zu dem Schluß zu kommen, "in der jüngsten Vergangenheit" habe "die katholische Moraltheologie viel an Ansehen verloren". Sie stehe mit ihrem "ausgeklügelten Sexualkunstwerk" heute vor einem Scherbenhaufen: "Sie ist eine sich religiös gebende und sich auf Gott berufende Narrheit, die viele menschliche Gewissen verbog. Sie hat die Menschen mit spitzfindigem Unsinn belastet und zu Moralakrobaten zu dressieren getrachtet, statt sie menschlicher und menschenfreundlicher zu machen. Sie hat im Namen einer menschenfremden und menschenfeindlichen Übernatur die Natur und die Natürlichkeit des Menschen zu sehr unterdrückt, als daß der von ihr überspannte Bogen nicht einmal reißen müßte. Es ist ihre anmaßende Torheit, an der sie scheiterte. Sie glaubte, sie könne dem Menschen die je persönliche Erfahrung des Willens Gottes abnehmen und die Findung dieses Willens durch ein auswucherndes kasuistisches System ersetzen. Es ist ihre eigene Unbarmherzigkeit, an der sie versagte, indem sie den Menschen ihren eigenen kettenden Grenzen zu unterwerfen suchte, statt ihn den zur Freiheit rufenden Geboten Gottes Gehorsam sein zu lassen."

Was bei diesem Urteil besonders erschüttert, ist die gewählte grammatische Form des Imperfekts; für Ranke-Heinemann ist alles entschieden, die Moraltheologie der römisch-katholischen Kirche hat sich für sie als Trugbild erwiesen, sie liege sozusagen in Trümmern oder Scherben und habe das selbst angemaßte Recht der Weisung und des Gebotes für immer verwirkt. Eine wirkliche Auseinandersetzung mit dem Andersdenkenden, auch jenem, der sich im Besitz der Wahrheit und der entsprechenden Autorität, diese zu verbreiten und umzusetzen, befindet, läßt die von der Kirche offenbar abgefallene Theologin nicht erkennen. "Eunuchen für das Himmelreich" erregte einiges Aufsehen, so wie fast jedes Buch, dem es an Sachlichkeit mangelt und das stattdessen, mit der erforderlichen Publicity ausgestattet, auf die Destruktion kirchlicher und anderer Institutionen ausgerichtet ist.

1990 reagierte u.a. die katholische Kirchenzeitung "Avvenire" auf das Erscheinen der italienischen Übersetzung des Buches, das mit Interviews und Rezensionen begleitet war, mit einem Artikel über den Zölibat der Priester und die gesellschaftliche Freiheit[186]. Der Autor, Vittorio Messori, stuft die Veröffentlichung als "Schmähschrift" ein und weist beiläufig darauf hin, gerade der Zölibat habe es verhindert, daß der Klerus im Laufe der Entwicklung des Abendlandes eine "Kaste" im Sinne einer gesellschaftlichen Kategorie geworden ist, die Ansehen, Reichtum und Macht auf sich vereint und so den Fortgang der abendländischen Geschichte in eine völlig andere als die tatsächliche Richtung gelenkt hätte. So spekulativ diese These auch ist, so bemerkenswert erscheint der auf Ranke-Heinemanns Buch Bezug nehmende Artikel. Denn in ihm wird das "wütende Buch" nicht nur als "höhnisch" und "polemisch" bezeichnet, sondern das von ihm ausgehende Problem als das eines "bestürzend permissiven Episkopats" und nicht etwa als das der Theologin Uta Ranke-Heinemann benannt.

Mit anderen Worten, Vittorio Messori fordert, ohne dies direkt auszusprechen, ein härteres Durchgreifen seitens des Episkopats, eine beherztere Verteidigung des Zölibats gegen Angriffe wie diese. Da wir kaum zu glauben vermöchten, Uta Ranke-Heinemann habe ihr unkluges Werk im Auftrage der Gesellschaft Jesu verfaßt und veröffentlicht, um dem allzu "permissiven Episkopat" eine Lektion zu erteilen, können wir lediglich feststellen, daß Bücher wie das besprochene kontraproduktiv wirken und an der Sache selbst sich durch sie bestenfalls nichts ändert oder schlechterdings die Zustände auf einen früheren Zustand zurückgeworfen werden.

Im "Rheinischen Merkur / Christ und Welt" vom 25. Mai 1990 wird denn auch durch tatsächlich unberufenen Mund, nämlich eine zu allem und jedem Stellung beziehende evangelische Pfarrersfrau, die sich publizistisch und politisch u.a. in der "Funk-Uhr" darstellt, die Aufhebung des Zölibats und die damit verbundene Pfarrersehe als Schreckensbild gemalt, denn nach der Auffassung der Autorin halten viele evangelische Pastorenehen der Mehrfachbelastung nicht stand, sind viele Pfarrersfrauen unglücklich und scheitern immer mehr Pastorenehen[187]. Mag sein, daß die Verfasserin dieser höchst privaten, auf die Ebene fachlicher Einschätzung gehobenen Äußerung aus Erfahrung spricht, ein Argument gegen die Beseitigung des Zölibats sind ihre Erfahrungen in summa keineswegs. Man muß aber den zitierten Beitrag im Zusammenhang mit Ranke-Heinemanns Schmähschrift sehen und feststellen, daß konservative Kreise in der denunziatorischen Attitüde der suspendierten Theologin einen willkommenen Anlaß sahen, eine Art "härtere Gangart" vom Episkopat zu verlangen und genüßlich darauf hinzuweisen, daß die Gegner des Zölibats, wie das Beispiel lehre, nicht ernst zu nehmen seien und in schlampig niedergeschriebenen Pamphleten ihr Niveau sich erschöpfe.

Da half es auch nichts, daß der katholische Theologieprofessor Waldemar Molinski SJ aus Wuppertal zur selben Zeit ein kühles Plädoyer für die Revision der Zölibatsbindung vorbrachte und dies mit der Feststellung verband, daß Zweite Vatikanum hätte die Sicht des Priestertums korrigiert sowie eine "Vertiefung des Verständnisses von Sexualität, Ehe und Familie gebracht". Molinski kommt sogar zu dem Schluß, daß die Auflösung des Zölibats geboten sei, was in konservativen Publikationen wie der "Offertenzeitung für die katholische Geistlichkeit Deutschlands" zu empörtem Widerspruch führte, wie die Juliausgabe 1990 des Blattes zeigt, in der der Wuppertaler Jesuit für jene "Wunde am Leib der Kirche", mitverantwortlich gemacht wird, "die die Untreue und Verheiratung von Priestern, massenhaft besonders in der Nachkonzilszeit, erzeugt" habe und "schauerlich" offenhalte[188]. Ähnliche Meinungen und Urteile innerhalb des Klerus sind inzwischen keine Seltenheit mehr, hat sich die Kirche doch offenbar in gewisser Weise "pluralistisch" aufgespalten, und neben gleichsam "fortschrittlichen" Kräften wirken solche, die davor warnen, den Zölibat dem "Zeitgeist zu opfern", wie in einer in Fulda erscheinenden Wochenzeitung ein katholischer Priester fürchtet, der bereits vor Jahrzehnten sein kirchliches Amt niederlegte, um in bequemer Weise mit Frau und Kindern zusammenzuleben und als Gelegenheitsjournalist, Buchautor und Reiseleiter in Erscheinung zu treten.

Wenn sich solch fragwürdige Geister anschicken, davon zu schreiben, der Zölibat sei ein "zu hohes Gut, als daß man ihn Zeitströmungen opfern könnte, die sehr bald abklingen werden" und zu den Grundzügen christlicher Verkündigung gehörte neben dem Gebet auch der "Verzicht"[189], so kommt man möglicherweise allzuleicht zu der Überzeugung, daß mancher Zölibatsgegner - wie Ranke-Heinemann - und streibarer Verteidiger des Gesetzes - wie der eben zitierte - ein persönliches Interesse haben, so und nicht anders zu reden; mancher von ihnen wird, in welche Richtung auch immer, nichts anderes tun, als - bewußt oder unbewußt - pro domo zu argumentieren. Dies ist zunächst keineswegs verwerflich, grenzt aber wohl doch an Heuchelei und Lüge, wenn der Verteidiger des Zölibats gegen die Anfechtungen des Zeitgeistes sich sagen lassen müßte, daß er den Zölibat, den er öffentlich so hoch hält und preist, seit mehr als 20 Jahren in der eigenen Lebenspraxis ablehnt. Die Strömungen innerhalb der katholischen Kirche sind derart vielgestaltig, daß man davon sprechen muß, daß die episkopale, somit bindende Auslegung des Zölibatsgesetzes das eine und die Kirche der Gläubigen in Deutschland und der Welt das andere ist, wobei Übereinstimmungen und Gegensätze sowohl bei den Laien als auch den Priestern festzustellen wären. Gläubige und Geistliche zeigen längst nicht mehr jene Treue zu Rom und den Stuhl Petri, die von ihnen jederzeit als "Gehorsamspflicht" verlangt wird.

Die katholische Wochenzeitschrift "Weltbild" brachte am 29. November 1991 einen mehrseitigen Bericht zum Zölibat unter der Überschrift "Zölibat - kein Tabu mehr?" Anlaß des Artikels waren die Stellungnahmen zweier deutscher Bischöfe zu dem strittigen Gesetz; Kardinal Georg Sterzinsky und der Bischof von Rottenburg-Stuttgart, Walter Kasper, hatten den Zölibat in gewisser Weise in Frage gestellt, in dem der Eigenwert des Gesetzes und seine unbedingte, gegen die Persönlichkeit des Priesters gerichtete Einhaltung nicht mehr als um jeden Preis schützenswertes Gut angesehen wird. Der Berliner Kardinal Sterzinsky hatte in einem Interview Anfang November 1991 gesagt, wenn der Zölibat nicht von innen bejaht werde, sei er fragwürdig. Die Ehelosigkeit von Priestern sei zwar nach wie vor für ihn eine "sinnvolle Lebensform", die er beibehalten wolle, sie sei jedoch theologisch gesehen "nicht zwingend erforderlich". Kasper hatte ebenfalls Anfang November 1991 im Südwestfunk dargetan, "verheiratete Priester" könnten zu einer neuen "Erfahrungsdimension" im Klerus beitragen und somit auch eine "Bereicherung" darstellen. Die "Weltbild"-Redaktion hatte schon 1988 durch eine Fragebogenaktion zum Thema Glaube und Kirche festgestellt, daß etwa die Hälfte der über Zehntausend befragten Leser - allesamt wohl Kirchgänger und Gläubige - dafür seien, daß Priester zur Eheschließung zugelassen werden. Die Zeitschrift resümiert, daß nun wohl wieder diskutiert werde. Zahlreiche Zeitschriftenaufsätze und Bücher, die zu Beginn der 90er Jahre erschienen, unterstreichen diese Einschätzung, ob wir nun Veröffentlichungen wie den "Kleriker"-Band Eugen Drewermanns, der bereits 1989 erschien, oder Karin Jäckels Buch "Sag keinem, wer dein Vater ist! - Das Schicksal von Priesterkindern" (1992) anführen.

Der ehemalige katholische Geistliche Heinz-Jürgen Vogels überraschte die Leserschaft 1992 mit der Mitteilung: "Priester dürfen heiraten" - so der Titel seines neuen Werkes, in dem er "biblische, geschichtliche und rechtliche Gründe gegen den Pflichtzölibat" vorbringt. Schon 1991 publizierte Klaus Dämmer "Gedanken zum priesterlichen Zölibat" unter dem Titel "Zumutung aus dem Ewigen"[182]. Artikel wie "Der Schmutz der Ehe" - "Der Zölibat ist theologisch nicht begründbar und lichtet die Reihen der Kirche. Reform ist trotzdem keine in Sicht" in der Zeitschrift "Profil" vom 10. August 1992[190] verdienen bei der Literaturschau nur insoweit Beachtung, als sie zeigen, daß das Zölibatsproblem auf allen Ebenen diskutiert und in Gestalt von Lebensbeichten und -berichten dokumentiert wird. Angesichts der zunehmenden Gleichgültigkeit, mit der Menschen als getaufte Christen in den Tag hinein leben und die Belange ihrer Konfession bestenfalls zur Nebensache erklären, muß hinter diesem unaufhörlichen Interesse mehr verborgen sein als das Wohl des nächstbesten Priesters, der in seiner Sexualnot und Einsamkeit innerlich verbrennt, wenn er nicht gar sein Amt aufgibt oder seine Sexualität im Verborgenen zu leben beschließt.

Wir kommen nicht umhin, als dies unausgesetzte Interesse als Chiffre zu verstehen: Als Chiffre für die meist unausgesprochene Frage nach der Glaubwürdigkeit und der Verbindlichkeit der Normen und Grundsätze der Kirche und des von ihr verbreiteten Glaubens. Der antizölibatäre Priester oder Gläubige sieht die Kirche im Widerspruch zum biblischen Wort und dringt durch unaufhörliche Nachfrage z. B. nach dem Stellenwert und der Rechtmäßigkeit des Zölibats in jene Prozesse vor, die die irdische Gestaltwerdung der Kirche lenken und fortsetzen. Damit verbunden ist der prüfende Blick, der darauf aus ist, sich zu vergewissern, was die Kirche in ihren Lehrmeinungen und Verkündigungen für das Individuum und die Gesellschaft heute noch Wert sei. Viele als "lau" abgetane Christen warten wohl darauf, daß die Kirche auf die Belange der Menschen eingehe und sich - freilich ohne Preisgabe der Substanz - im Sinne heutiger Belange und Probleme umgestalte. Das "Priestertum im 20. Jahrhundert" - so der Titel eines 1988 veröffentlichten Buches von Johannes Lenz[191] - ist anders, vielleicht vielgestaltiger, möglicherweise auch schwieriger, als zu anderen Zeiten. Der "Weltpriester" findet sich mit seinem Amt in einem gesellschaftlichen Kontext wieder, der meist widersprüchlich, problembeladen und kaum mit Lösungsmustern früherer Jahrhunderte zu bewältigen ist. "Menschliche Nähe in der Seelsorge" (1987 erschien Wunnibald Müllers gleichnamiges Buch) ist heute weitaus schwieriger herzustellen als noch vor wenigen Jahrzehnten[192]. Als Ehemann und Familienvater könnte es, wie Lenz schreibt, ein Priester in Zukunft leichter haben, die Probleme der Gemeinde aufzugreifen, als "Seelsorger" im wahrsten Sinne des Wortes zu wirken und glaubwürdig zu erscheinen. Er selbst wird seinen neuen Status nicht nur als willkommenes Geschenk oder längst fällige Selbstverständlichkeit, sondern auch als Möglichkeit betrachten, sein eigenes Menschsein zu prüfen und zu vervollkommnen. Daß es in unserer Zeit nicht einfach ist, verantwortungsbewußt eine Partnerschaft zu leben und die Erziehung der Kinder zu gewährleisten, liegt auf der Hand. Dies ist jedoch keinesfalls ein Argument für den Zölibat, in dessen Umkreis sich allzuviele defekte Menschen befinden und andere, ursprünglich Gesunde, erkranken.

An der Schwelle zum nächsten Jahrtausend hat die Menschheit gewiß andere existentielle Probleme als den Zölibat, das ist sicher. Millionen und Abermillionen unschuldiger Menschen leiden unter Hunger, Vertreibung und Krieg. Wichtige Frage des Überlebens der gesamten Erdbevölkerung z.B. im ökologischen Bereich blieben bislang unbeantwortet. Da ist die Frage des Zölibats sicherlich eine Nebensache, über die auf Dauer streiten mag, wer andere Probleme nur aus den Nachrichten kennt. Mit einer solchen Feststellung wird die Diskussion über das Zölibatsgesetz aber nicht überflüssig, denn die Frage nach der Beschaffenheit unserer Gesellschaft, unseres Denkens, unserer Religion und nicht zuletzt die nach der persönlichen Entfaltung des Einzelnen und seinem Anspruch auf Glück - auf irdisches Glück - dürfen wir selbst in Zeiten wie diesen nicht aus den Augen verlieren. Das uns geschenkte Leben ist viel zu kostbar, als es in der Summe der Jahrtausende als unwichtig, ja gänzlich bedeutungslos abzurechnen.

Vielen Menschen - Priestern oder Laien - bedeutet der Zölibat die letzte und - sofern er gelebt werden kann - großartigste Prüfung auf dem Wege zum Himmelreich[193]; anderen ist er die Hölle auf Erden, die den inneren Glauben angreift und zerstört. Die Geschichte, unsere große Lehrmeisterin, die am Anfang des vorliegenden Buches erwähnt wird, teilt uns mit, daß Ehelosigkeit und Keuschheit "um des Himmelreichs willen" niemals zur höheren Ehre Gottes gelebt werden kann, wenn die innere Bereitschaft des Subjekts dies nicht gewährt. Die Geschichte des Zölibats ist hauptsächlich die der Niederlagen und der Verzweiflung. Unsere Hoffnung gilt einem Papsttum, das sich erkühnt, das Zölibatsgesetz von Grund auf zu reformieren und dabei den Zölibat weitgehend oder ganz außer Kraft zu setzen, um Neues zu bewirken[194]. Vieles kann hierunter verstanden werden; wie soll die Kirche, wie sollen die Priester in Zukunft ihre Existenz legitimieren und den Glauben verkünden? Wie soll der Klerus im nächsten Jahrtausend ohne weiteren Verlust an Identität und Autorität existieren? Viele, häufig miteinander verwandte Konzepte sind in den vergangenen 30 Jahren zu diesem Fragekomplex entwickelt worden. Sie alle haben gemeinsam, daß das Priesteramt neu definiert werden muß, um ihm in einer veränderten Welt, in hochindustriellen und auch in völlig verarmten und unterentwickelten Ländern jene Berechtigung zu geben und zu erhalten, die die Bibel vorsieht. Kirche und Klerus müssen sich wandeln - soviel ist sicher.

DAS ZÖLIBATSGESETZ MORGEN

Überlegungen zu einem künftigen Modell

Die meisten Reformschriften über den Zölibat fordern: es muß anders werden, und glauben, daß es bald anders wird: "Die Kirche kann den Kairos, die rechte Stunde, versäumen. Sie kann aus Angst oder Feigheit zögern, die notwendigen Entscheidungen zu treffen, die jahrhundertealten und tief eingewurzelten Vorurteile und einen beträchtlichen apologetischen Aufwand revidieren. Aber sie muß es tun und zwar noch im 20. Jahrhundert"[195].

Doch in nicht demokratischen Gesellschaftsstrukturen braucht eine Änderung - wenn sie nicht revolutionsartig erfolgt - oft viel Zeit. Die Hierarchie ist ein alter, traditionsgebundener Apparat. Seine Vertreter sind meistens älter als 50 und 60 Jahre, Zölibatsprobleme für sie persönlich nicht mehr drängend, und der Mut für völlig neue, unbekannte Wege gering. Die plötzliche Beseitigung des Zölibats zu seiner Gänze würde gewiß für einige Zeit zu Unruhe und vielfältigen Übergangsproblemen führen, so wie jede politische und gesellschaftlich wirksame Reform von tiefgreifender Bedeutung.

Die Lösung von der Tradition des Zölibatsgesetzes brächte die Kirche Christi freilich nicht ins Wanken, vielleicht eher zu einer ungeahnten Entfaltung neuer Kräfte. Privatdozent Dr. Josef Blank meint: "Eine entschlossene Änderung der Zölibatsverpflichtung wäre schon ein entscheidender Schritt" (sc. "für eine breitere Vielfalt von Diensten, als sie der traditionelle Ordo erlaubt oder vorsieht"). Er würde das Bild mit einem Schlage weitgehend verändern.Wenn die christliche Ehelosigkeit in die Freiheit des einzelnen gestellt werde, dann sei der entscheidende Effekt eine größere Freiheit im ganzen und damit verbunden eine größere Glaubwürdigkeit[196].

Die Ansichten Karl Rahners standen in den sechziger Jahren dem entgegen: Er meinte, "daß dem Heil der Kirche und des Priestertums durch eine weitere Verbürgerlichung des Klerus nicht gedient ist und der Priester dazu berufen ist, seinen Glauben an das ewige Leben, das nicht von dieser Welt stammt, zu bezeugen, auch durch den Verzicht auf das hohe Gut der Ehe gemäß der Empfehlung der Schrift"[197].

Wer in dieser Welt lebt, ist vermenschlicht - und verbürgerlicht werden viele auch ohne Ehe. Glauben und ewiges Leben stammen gewiß nicht von dieser Welt, lassen sich aber auch nicht manichäisch von diesem Weltgeschehen abspalten. Das Reich Gottes hat schon seit Christi Tod und Auferstehung begonnen, und jeder, der an ihn lebendig glaubt, dient dem Heil der Kirche.

Auf das "hohe Gut der Ehe" zu verzichten, wird nirgends in der Schrift allein den Bischöfen und Diakonen empfohlen, sondern allen Gläubigen durch den hl. Paulus in der nahen Enderwartung, deren er sicher war. - Gewiß würde mit der Freistellung des Zölibats viel Ärgernis verschwinden, viele Schwierigkeiten und Halbheiten wären ausgeräumt und die Bahn frei zum Einsatz im wesentlichen.

Daß die Priesterehe anders geartete Probleme brächte, ist klar, aber sie wären in der Kirche so wenig unlösbar wie in Staat und Gesellschaft. Zuerst freilich müßte das alte, traditionsgebundene Denken vom Priestertum radikal neu durchdacht und ein gewandeltes Priesterbild geschaffen werden.

Daß in Holland derartiges versucht wurde und wird, berichtete "Christ in der Gegenwart" schon in Nr. 15, 1967. Es heißt dort u.a.: "Zukünftige Priester werden auch die Möglichkeit haben, sich in einem zweiten Beruf ausbilden zu lassen. Sie sollen so befähigt werden, ihren eigenen Lebensunterhalt zu verdienen." Noch einschneidender aber scheint der Satz: "Die Bischöfe werden den Pfarrern mehr Freiheit geben, ihr Leben nach ihren Maßstäben einzurichten..." Bisher waren die alten Priesterideale ein gutes Stück Wegs identisch mit den alten Mönchsidealen. Der Priester ist nicht für alle Vorbild und Lebensform, sondern er geht einen Sonderweg abseits der großen Menge. Sein misereor super turbam spricht er nicht aus gleicher Leidenshaltung und Leiderfahrung heraus, wie die meisten der ihm Anvertrauten, sondern froh, dem Ehejoch entronnen zu sein, in glücklicher Freiheit - wenn er so empfinden kann.

Wer eine katholische Zeitung aufschlägt und von den Priesterweihen und Primizfeiern liest, findet immer wieder die Redewendung vom Opfernden und Geopferten, vom Opfer Christi, das die Priester der Welt lebendig erhalten und vom Priestertum, das Opfer bedeutet. Doch das sind Redewendungen mit viel Wenn und Aber. Nur dem geradezu "heiligmäßigen" Priester sei das volle Ausmaß solcher Worte zugebilligt. Alle übrigen haben große persönliche Vorteile aus ihrer Ehelosigkeit und können sich in den Ländern, in denen sie wie ein Staatsbeamter bezahlt werden, vieles leisten, an das ein Ehemann oft nicht denken kann; sie sind häufig Lebenskünstler mit verschieden weitem Gewissen. Wo ist Ehelosigkeit da noch Opfer, wenn die Freiheit von Frau und Kindern nur der Person des "geistlichen Herrn" und am wenigsten der Kirche und der Seelsorge zugute kommt?

Statt Zölibat müßte für viele das Priesterideal heißen: Kreuzweg des Herrn in Familie und Beruf, Einordnung ins "Ehejoch", Sorgen um die menschliche und religiöse Erziehung der eigenen und fremden Kinder, Sparsamkeit und Vorbild in Verzicht und Treue. Will der Priester aber zölibatär leben, dann auch ganz, am besten durch freiwillige Selbstsicherung in einer säkulären Art des Zusammenlebens. In größeren Städten könnten die zölibatären Priester leichter eine Gemeinschaft bilden als auf dem flachen Land. Hier wäre vielleicht das Dekanat der gegebene Standort.

Die radikale Abschaffung des Zölibats ohne Wenn und Aber wäre das eine, eine "Zwischenlösung" oder ein Kompromiß das andere.

Die Überlegungen, verheiratete, erprobte Männer zu weihen, erscheinen jedoch zu wenig fortschrittlich. Sie würden noch mehr vom Theologiestudium abschrecken und das Hauptproblem, den Zwang und die ewige Bindung, nicht beseitigen. Auch das Vorbild der orthodoxen Kirche, die jungen Kleriker vor der Weihe heiraten zu lassen, scheint eine verengte und veraltete Sicht.

Ist es nicht würdiger, einem jungen Priester nach mehreren Priesterjahren die Ehe zu gestatten, anstatt die jungen, unerfahrenen Theologiestudenten in einen Heiratsurlaub zu schicken mit der Absicht: jetzt oder nie. Ist solches Denken nicht für den Menschen ebenso wie für das Sakrament der Ehe erniedrigend? Der Zölibat oder der um des Himmelreiches willen ehelose Priester müßte ein Ideal bleiben, allerdings freiwillig und ungezwungen bis ans Lebensende. Der junge Theologe erhielte eine weltoffene, religiös tiefe Bildung und Erziehung von Diözesanpriestern, die bewährt im Leben stehen. Er müßte genau erfahren, wie schön und schwer beides sein kann, die Ehe wie die Ehelosigkeit.

Gibt Gott ihm die Gnade, nur für ihn und sein Reich zu arbeiten - gut. Soll er in der Familie mit Gattin und Kindern ihn als letztes Ziel anstreben, dann ja, aber nicht sofort. Der Zölibat entfiele als conditio sine qua non für den Empfang der höheren Weihen. Wäre der junge Priester mit dem Studium fertig und hätte die Cura, dann sollte man ihm eine Zeit von vielleicht fünf Jahren zur Prüfung seiner Kraft und Gnade lassen; und nicht vor dem dreißigsten Jahr sollte er in die Ehe treten können. Gewiß mögen auch dann Fehlgriffe vorkommen können; aber durch den Umgang mit Menschen im Beichtstuhl, in der Jugendführung und in der gesamten Pfarrseelsorge würde die Gefahr einer übereilten und falschen Wahl bedeutend verringert. Heiratet der Priester nicht, dann müßte er sich für jeweils weitere fünf Jahre binden, eventuell durch ein einfaches Gelübde oder Versprechen. Dieses Versprechen der Ehelosigkeit bräuchte nicht jeweils erneuert zu werden, sondern würde sich von selbst um weitere fünf Jahre verlängern, wenn der Priester nicht eine angemessene Zeit vor ihrem Ablauf dem Bischof seine Sinnesänderung mitgeteilt hat. Im Heiratsfalle wäre ein Urlaub mit anschließender Versetzug angebracht.

In Ländern, die Trennung von Kirche und Staat reinlich durchgeführt haben, wäre die Versorgungsfrage anders und schwieriger als etwa in der gegenwärtigen Lage Deutschlands. Ob die Bistumskasse ein über das bisherige Maß höheres Gehalt zahlen kann und will, müßten die jeweiligen Diözesansynoden eines Landes entscheiden. Hat der Priester einen zweiten Beruf, dann bereitet die Versorgung der künftigen Familie weniger Sorgen; hat er ihn nicht, dann könnte er eine angemessene Arbeit suchen, die sich neben der Seelsorge ausüben ließe, oder die Frau könnte in einer Berufsarbeit stehen, zum Beispiel als Seelsorgehelferin an seiner Seite. Vielleicht würde die Tatkraft und der sichtbare Tagesablauf des armen "Arbeiterpfarrers" mehr apostolisch wirken, als die unkontrollierbare Spontaneität manch moderner Kaplans- und Pfarrertätigkeit.

Auf keinen Fall dürfte das Bischofsamt eine Domäne von Ordensleuten und stolzen Strebern werden. Der Tüchtige gehört an die Spitze und nicht, wer hochkommen will. Das würde bedeuten, daß auch ein verheirateter Pfarrer Bischof werden könnte. Nur eine Eheschließung im Bischofsamt könnte als Erinnerung an die alte Tradition unerwünscht bleiben. In den Missionsländern könnte man noch großzügiger entscheiden; alles bliebe zu überlegen und zu probieren, sollte aber nicht von oben einheitlich geregelt werden.

Schließlich ergeben sich eine Reihe von Fragen, die im Hinblick auf die Priesterehe sofort gestellt werden:

Würde durch eine solche Wendung die Kirche nicht ihre ganze Vergangenheit verleugnen? Würden nicht ungezählte Priestergenerationen umsonst gekämpft und gelitten haben? Nun, die Kirche hat schon viele Korrekturen auf den verschiedensten Gebieten vornehmen müssen. Der Priesterzölibat der römisch-katholischen Kirche ist ein deutlich sichtbares, aber kein wesentliches Merkmal ihrer Repräsentation in der Welt. Nur die Tabuisierung alles Geschlechtlichen in vergangenen Zeiten und in manchen Kreisen unserer Tage hat Angst und Scheu heraufbeschworen.

Je wahrer, offener und vernünftiger man die Sache anpackt, um so leichter wird der Einschnitt gelingen. Vergangene Priestergenerationen hätten nicht umsonst gelitten. Der einzelne Priester der Zukunft würde möglicherweise unter seinem "Ehejoch" leiden und seufzen, aber anders und weniger spektakulär. Mancher Kaplan, der heute den Zölibat bekämpft, würde sich möglicherweise wieder nach der Ruhe seiner Zölibatsjahre sehnen.

Ein moderner Ehekenner sagt: "Zahllos sind die Probleme, die wir im Zusammenleben zu lösen haben. Unsere ganze Lebenszeit vergeht damit, Hindernisse zu überwinden. Die Ehe hat einen ganz eindeutigen Vorteil: sie bringt zwei Menschen zu gegenseitiger Hilfe im Kampf ums Dasein zusammen. Aber obwohl uns die Ehe hilft, die Lebensaufgaben zu bewältigen - so ist sie selbst auch eine Aufgabe, die wir lösen müssen. Im Ehestand stehen wir nicht nur den allgemeinen Lebensproblemen gegenüber, sondern auch den besonderen Problemen, die sich in der Ehe zeigen. Wir können Probleme als einen Test für unsere Fähigkeit, sie zu lösen, betrachten. Unsere Eheprobleme sind dann ein Prüfstein unserer Fähigkeit, mit einem Menschen eng zusammenzuleben"[198].

Von diesen Problemen macht auch das sexuelle Erlebnis keine Ausnahme: "Sehr häufig ist die Hochzeitsnacht die erste große Enttäuschung, und nur zu oft stellt sie den Beginn der Ernüchterung und des Nichtglücklichseins in der Ehe dar"[199]. Jedenfalls könnte kein Kleriker seiner Kirche nach Aufhebung des Zölibats öffentlich oder geheim den Vorwurf machen, ihn um seine Jugend und sein Lebensglück betrogen zu haben.

Und wie würde sich das einfache katholische Volk zu solch einer radikalen Umstellung seiner Kirche verhalten? Es heißt, man habe geradezu Angst vor Gerede und dem scandalum pusillorum. Würde die Unruhe, die einst bei der Liturgiereform des Konzils hier und da zu beobachten war, zu Proteststürmen führen, zu Kirchenaustritten, zu inneren Zweifeln und Schwierigkeiten "frommer Seelen", zu einem Autoritätsverlust der Kirche? Wenn die Reform klug angepackt wird, wohl nicht!

Klugheit ist aber zunächst die offene und ganze Wahrheit: nicht Geheimniskrämerei hinter verschlossenen Türen treiben, nicht tun, als ob der menschlichen Schwäche ein Tribut gezahlt werden solle! Die Zeit ist reif für die echte Demokratisierung in der Kirche, für die Freigabe und Vollnahme der menschlichen Persönlichkeit, auch der priesterlichen. Wer könnte das nicht begreifen! Klugheit geht auch nicht im Sturmschritt zur Offensive über; sie ist taktisch und gewandt. Hat Rom erst seinen Widerstand gegen die Aufhebung des Zölibatsgesetzes fallengelassen, dann könnten die Bischofskonferenzen langsam und überlegt in dem großen Rahmen der Gesamtkirche ihre praktischen Maßnahmen ansetzen - nicht ohne Beratung mit Klerus und Volk. Die Aufnahme verheirateter Priester, die jetzt noch eine Seltenheit ist, könnte vorher als Vorbereitung des notwendigen letzten Schrittes intensiviert werden.

Innere Zweifel mancher Gläubigen sind wahrscheinlich heute größer und schlimmer als nach Aufhebung des Zölibats. Wer aus der Kirche wegen ihrer allerdings in der Zukunft liegenden gesunden und natürlichen Einstellung zum Geschlechtstrieb austreten will, der ist selbst wohl kein gesundes Glied am Lebensbaum der kirchlichen Gemeinschaft. Autoritätsverlust hatte die apostolische Kirche nicht, haben keine verheirateten Autoritätspersonen und wird auch ein ordentlich und vorbildlich verheirateter Priester nicht haben.

Eine andere Frage ist es, ob der verheiratete Priester sich auch noch an Kirche und Obrigkeit gebunden fühlt, oder ob ihm die eigene Familie über alles geht. Diese Frage ist aber keine speziell kirchliche; man müßte sie überall stellen, wo verheiratete Männer und Frauen in einem verantwortungsvollen Beruf stehen. Überall leisten sie Großes und sind an der Werkbank, im Büro, in der Direktion aller Betriebssparten eher gefördert als gehemmt, wenn ein glückliches Familienleben ihnen Ruhe und Sicherheit garantiert.

Man mag einwenden, daß die Seelsorge ein andersartiges, nicht vergleichbares Berufsethos verlange, absolute Freiheit und Einsatzbereitschaft bei Tag und Nacht. Doch zeigen solchen zelus domini längst nicht alle modernen Priester. Zudem hat der Priesterberuf auch außerhalb jeder menschlichen Sphäre seine besondere Begnadung. Schließlich dürfen wir nicht vergessen, daß der Arzt einen eher noch intensiveren Einsatz als der des Seelsorgers fordert.

Eine wichtige Frage bleibt noch zu erörtern: würde der Stand des Weltpriesters nicht in zwei Klassen zerfallen, in einen höheren und einen niederen, einen vollkommneren und einen unvollkommenen, einen angesehenen und einen eher weniger angesehenen? Nun, der Priesterstand in der Kirche war schon seit Jahrhunderten geteilt: es gab Priester im Kloster und solche "in der Welt". Bis heute haben oft "fromme Seelen" dem Ordensklerus in ihren Herzensangelegenheiten gegenüber dem eigenen Pfarrer den Vorzug gegeben. Bis heute ist leider bei vielen Katholiken die außerordentliche Seelsorge der Klöster angesehener als die alltägliche Kärrnerarbeit der Pfarrer. Was würde sich ändern? Für die Augen manches Gläubigen würde der eine Pfarrer näher an das Kloster rücken, besonders bei gemeinsamem Leben, der andere ein wenig nach der Welt hin.

Bei kritischeren Geistern würden allein charakterliche Haltung, religiöser Eifer und Gottverbundenheit den Grad ihrer Wertschätzung abgeben. - Untereinander brauchten keine Risse im Klerus zu entstehen. Kapläne könnten wünschen, wo sie Dienst tun möchten, ohne daß der Wunsch für die Behörde verbindlich sein müßte, die Geistlichkeit könnte Dekanatstreffen und Diözesanversammlungen gemeinsam halten und die Exerzitien getrennt. Wer brauchte da auf den anderen neidisch zu sein?

Die in diesem Kapitel angestellten "Überlegungen" müssen begreiflicherweise unfertig und vorläufig bleiben. Denn noch hat der Zölibat nichts an seiner bindenden Kraft verloren, wenngleich mancher Weltpriester sich um ihn nicht mehr kümmern mag - ob ruhigen Gewissens, gleichgültig oder voller innerer Probleme und Schuldgefühle, entscheidet sich von Fall zu Fall.

Im kommenden Jahrtausend wird die römisch-katholische Kirche u.U. dazu finden, daß der Zölibat angesichts der schon heute erkennbaren Situation nicht mehr aufrecht zu erhalten ist und beseitigt werden sollte bzw. abgeschafft werden muß.

Was jetzt noch auf dem Wege einer grundlegenden Reform möglich ist, wird in wenigen Jahrzehnten möglicherweise radikal und plötzlich geschehen und viel mehr Irritationen und Probleme mit sich bringen, als eine im Sinne päpstlicher Autorität eingeleitete konsequente Veränderung auf dem Gebiet der Sexualethik und des Zölibats.

Der "Edelstein", das Zölibat, den die Kirche in ihrer Krone hütet, wie Papst Paul VI. es so poetisch formulierte, hat - ob man es zugesteht oder nicht - wohl längst seinen Glanz verloren.

Anmerkungen:

1 3, 2-7
2 Ignatius erlitt um 110 den Märtyrertod.
3 Mt. 19, 10-12
4 1 Kor. 7,32
5 249-251
6 185/86 - 254/55
7 160 - nach 220
8 349 (?) - 419/20
9 Delectus Actorum ecclesiae universalis seu nova Summa conciliorum, epistolarum, decretorum SS. Pontificum, Capitularium etc. Lugduni, Sumptibus Joannis Certe, Bibliopolae, in vico Mercatorio, sub signo sanctissimae Trinitatis MDCCVI, tom I S. 21. Abk. hier: Certe
10 Certe S. 37
11 Certe S. 32
12 Mansi, Conciliorum collectio II 759-946. Für die allgemeinen Konzilien auch: Herder, Conciliorum oecumenicorum Decreta S. 1-15.
13 a.a.O., S. 892 bzw. S. 6
14 Mansi II S. 822 caput IX Certe I S. 214 c. XXIII
15 c. XXV S. 214
16 c. XXVI S. 214
17 Certe S. 233
18 Athanasius: 295-373, Antonius +356
19 Martin v. Tours: 316-397/401
20 384-399
21 a.a.O., S. 116/117
22 Lebte ungefähr von 1000 - 1080 und schrieb im Winter 1053/54 "Dialexis" mit den angedeuteten Schmähungen. (Siehe: Migne, Patrologia Graeca 120)
23 1048-1054
24 vgl. Vita Arialdi, Patrologia Latina 143 S. 1437-1486. Landuphi, Mediolanensis historiae libri IV M.G. SS VII, S. 32-100. Petrus Damiani, liber Gomorrhianus. Migne P.L. 144 u. 145.
25 cfr. Schnürer, Kirche und Kultur im Mittelalter,Bd. II, S. 227 f.
26 Schnürer S. 224
27 gest. 1031
28 Schnürer S. 213
29 942-989
30 a.a.O., S. 214
31 1066
32 Delectus I S. 1153/54
33 a.a.O., S. 1107/08
34 a.a.O., S. 1107 - Guerpire (nach Du Cange) = den Besitz verlassen.

35 cfr. Schnürer, a.a.O., S. 227
36 a.a.O., S. 1125/26 und Mansi XIX S. 907/08
37 Der Ausdruck "religiosos clericos" wird auch benutzt für regulierte Kleriker oder Ordenskleriker. So lebten im ganzen Mittelalter die Canoniker und Stiftskleriker meist nach den Regeln des hl. Augustin bis in die neuere Zeit hinein.
38 abgedruckt bei Mansi Bd. XX
39 1 Kor. 7,2
40 Maleachi 2,2
41 Ähnlich auf dem Konzil zu Rom 1099 Delectus I S. 1169
42 Delectus a.a.O., S. 1158
43 a.a.O., S. 1167
44 a.a.O., S. 1173
45 ebd.
46 a.a.O., S. 1176
47 a.a.O., S. 1183
48 a.a.O., S. 1189, Herder a.a.O., S. 171 f.
49 Edward Schillebeeckx, Der Amtszölibat. Eine kritische Besinnung. Deutsch im Patmos Verlag 1967. Wenn Schillebeeckx das zweite Laterankonzil unter Papst Alexander II. tagen läßt, so ist das wohl ein Druckfehler, denn Alexander II. war der Vorgänger Gregor VII. und starb 1073.
50 a.a.O., S. 1232. In der Herder-Ausgabe ist für die fehlenden Konzilsakten eine andere Zusammenstellung getroffen (cfr. S. 182), doch enthält can 11 (S. 193) eine ähnliche Bestimmung.
51 Herder a.a.O., S. 193
52 Delectus a.a.O., S. 1285
53 2 Tim. 2,4
54 Delectus 1417/18
55 Delectus I S. 1477
56 Delectus I S. 1502
57 Mt. 18,7
58 Delectus S. 1565/66
59 Zu Avignon in Gallien unter Benedikt XI., a.a.O., S. 1598
60 nisi saltam litteraliter sciat loqui S. 1599
61 Concilium Andegarense in England unter Urban V. a.a.O., S. 1621
62 Was die Nachwelt zum Lachen oder auch zur Entrüstung reizt, ist eine Bemerkung des zeitgenössischen Stadtchronisten Ulrich von Richental. Er schildert anschaulich das äußere Bild und farbenfrohe Gepräge der vielen großen und kleinen, geistlichen und weltlichen Herren. Darin steht auch die Bemerkung, daß über 700 übel beleumundete Frauen ihren Einzug in die Stadt hielten. Wenn Schnürer schreibt: "Zu einer nicht zu tilgenden Schande", so muß man doch fragen: zu wessen Schande? Es ist leider zu allen Zeiten so gewesen, daß dort, wo viele Menschen wohnten, auch dies Gewerbe sich breitmachte. Unter den vielen Tausenden von Männern, die nach Konstanz strömten, waren nur ein Zehntel Kleriker und von allen noch weniger ernste Reformer und Heilige. Zu drastisch wirkt freilich der Gegensatz von unheiliger Leidenschaft eng neben heiligem Wollen, und man muß bedauern, daß ausgerechnet ein Konzil den Schauplatz eines solch weltlichen Treibens abgibt, das eine Reform an Haupt und Gliedern anstrebte.

63 a.a.O., S. 1693-1695
64 vom Jahre 1431 bis 1447
65 durch die Bulle "Dudum sacrum" vom 15. Dezember 1433
66 durch die Bulle "Doctoris gentium" vom 18. September 1437
67 anfangs 1439
68 Mansi tom VIII S. 1046/47; vgl. auch den Schluß des "Decretum de concubinariis" der 20. Sitzung zu Basel (Herder a.a.O., S. 461), wo es heißt: "... da jedes Vergehen unerlaubten Geschlechtsverkehrs durch göttliches Gesetz verboten und unter der Strafe schwerer Sünde unbedingt zu meiden ist ..." Auch schon die Fastensynode von 1074 hatte eine ähnliche Schulmeinung zurückgewiesen, die sich auf den hl. Paulus stützte. Vgl. S. 23
69 Die Reformation in Deutschland, 2 Bd., Herder 1948.
70 Bd. I S. 80
71 S. 82
72 S. 82
73 S. 83
74 S. 86
75 Nach Carové: Vollständige Sammlung der Cölibatsgesetze für die katholischen Weltgeistlichen von den ältesten bis auf die neuesten Zeiten. Frankfurt a.M. bei Heinrich Ludwig Brömer 1833, hier S. 413/14
76 Carové a.a.O., S. 423-426
77 a.a.O., S. 428
78 a.a.O., S. 433
79 a.a.O., S. 475 f.
80 1545-1563
81 Herder, Conciliorum decreta S. 769
82 2 Bd., Herder 1951
83 Carové, Nr. 846
84 a.a.O., Nr. 861
85 a.a.O., Nr. 864
86 a.a.O., Nr. 880
87 a.a.O., Nr. 936
88 a.a.O., Nr. 942
89 a.a.O., Nr. 963
90 a.a.O., Nr. 984
91 a.a.O., Nr. 989
92 a.a.O., Nr. 996
93 a.a.O., Nr. 1007
94 a.a.O., Nr. 1010
95 a.a.O., Nr. 1018
96 a.a.O., Nr. 1021
97 a.a.O., Nr. 1023
98 a.a.O., Nr. 1026
99 Vgl. Wessenberg in heutiger Sicht von Wolfgang Müller; abgedruckt in ZSKG 58, 1964, S. 293-308
100 Vgl. Dr. J.A. Möhlers gesammelte Schriften, Bd.I., Regensburg 1839 herausgegeben von D. Joh. Ign. Döllinger.

101 a.a.O., S. 177
102 a.a.O., S. 178
103 a.a.O., S. 180
104 a.a.O., S. 185
105 a.a.O., S. 183
106 a.a.O., S. 204
107 ebd.
108 a.a.O., S. 236
109 a.a.O., S. 261
110 a.a.O., S. 263
111 a.a.O., S. 267
112 1830 gegründet
113 zu diesen Fragen vgl. Pfr. Hammer in Westhausen, der Zölibatssturm in Württemberg 1831. Rottenburger Monatsschrift, Jg. 1919/20,S. 111-133.
114 Jg. 1831, S. 371 ff.
115 Langs Kirchenblätter, Jg. 1831, Bd. 2, S. 41-49
116 Vgl. den Aufsatz von Engelbert Krebs im Oberrheinischen Pastoralblatt Jg. 1913, S. 165-169
117 Im Archiv für die Geistlichkeit der oberrheinischen Kirchenprovinz, III, Freiburg, 1840, S. 278
118 Zu dem ganzen Fragenkomplex vgl. August Hagen, Der Reformkatholizismus in der Diözese Rottenburg, Stuttgart 1962, hier: S. 187
119 1 Joh. 4,1
120 Der ganze Brief ist abgedruckt bei Hagen a.a.O., S. 195/96
121 Gustav Wyneken, Abschied vom Christentum, München 1963
122 P. Hermand, Condition du prêtre. Mariage ou célibat? Questions d'actualité, Paris 1963
123 abgedruckt bei Hermand in den Notes bibliographiques, S. 213 f.
124 Wilhelm Bertrams, Der Zölibat des Priesters. Sinngehalt und Grundlagen, Würzburg 1960.
125 Heft 9, Jg. XVIII
126 L. Rinser, Zölibat und Frau, Würzburg 1967; Dieselbe: Von der Möglichkeit und Unmöglichkeit, heute Priester zu sein, Würzburg 1968
127 Catholicus, Um den Zölibat. Eine Studie und Diskussionsgrundlage, Nürnberg 1966
128 Christ in der Gegenwart 1967, Heft 15, S. 116
129 Leist, S. 73
130 Böckle, Franz (Hg.): Der Zölibat. Erfahrungen, Meinungen, Vorschläge. Mainz 1968
131 Das "Dekret über Dienst und Leben der Priester" wurde am 7.12.1965 vom Papst verkündet
132 am 22.1.1967
133 FAZ vom 14.12.1966
134 Neue Bildpost vom 15.1.1967
135 Neue Bildpost vom 8.1.1967
136 Nr. 9 September 1966
137 Mann in der Zeit vom 7.7.1966
138 Mann in der Zeit vom 9.9.1966
139 FAZ vom 4. März 1967

140 Thema der Tagung der Rabanus-Maurus-Akademie Fulda, Limburg, Mainz, Speyer am 16. und 17.12.1967 im Bonifatiushaus Fulda
141 Weihbischof Dr. Kampe in der Sendung: "Die Zeit im Funk" am 28.12.1968
142 Zitiert nach: "Amtsblatt für die Diözese Fulda", 85. Jg., Stück I, S. 3
143 FAZ vom 21.1.1970, S. 3
144 FAZ vom 15.1.1970, S. 3
145 "Auf einer Tagung vom 20. bis 22. März 1970 in Kronberg bei Königstein/T. stellt sie existentielle Probleme zur Diskussion, ohne deren Lösung das Christentum in der modernen Gesellschaft keine Funktion ausüben kann." - Aus einer Einladung der Paulus-Gesellschaft international.
146 Publik am 6.2.1970
147 In Publik Nr. 10 vom 6.3.1970 versuchte Prof. Dr. Iserloh zu beweisen, es gehe nicht um den Zölibat, indem er zeigt, daß die Hauptsorge des Papstes darin liege, daß in Holland "das kath. Verständnis des kirchlichen Amtes aufgelöst wird" und die Priesterweihe nur noch als "Brauch" gilt. Die Zölibatskrise sei eine Glaubenskrise, und die Kirchengeschichte lehre, daß es "in solch fundamentalen Krisen" höchst gefährlich sei, nur den Symptomen nachzugeben und so den nicht aufgedecken Ursachen eine noch fatalere Auswirkung zu ermöglichen.
148 Stichwort "Zölibat", in: LThK, Bd. 10, Freiburg 1938, Sp. 1087 ff.
149 "Zölibat", in: LThK, Bd. 10, Freiburg 1965.
150 Enzyklika über den priesterlichen Zölibat Lateinisch-deutsch. Von den dt. Bischöfen approbierte Übersetzung, Paulinus Verlag, Trier 1968.
151 Leist, Fritz: Zölibat - Gesetz oder Freiheit. Kann man ein Charisma gesetzlich regeln, München 1968.
152 Antweiler, Anton: Zur Problematik des Pflichtzölibats der Weltpriester. Kritische Erwägungen zur Enzyklika Papst Paul VI. über den priesterlichen Zölibat, 3. Aufl., Münster 1968.
153 Böckle, Franz (Hrsg.): Der Zölibat. Erfahrungen, Meinungen, Vorschläge, Mainz 1968.
154 Hamburger, Gerd: Katholische Priesterehe oder Der Tod eines Tabus?, Reinbek 1968.
155 Boelens, Martin: Die Klerikerehe in der Gesetzgebung der Kirche unter besonderer Berücksichtigung der Strafe. Eine rechtsgeschichtliche Untersuchung von den Anfängen der Kirche bis zum Jahre 1139, Paderborn 1968.
156 Franzen, August: Zölibat und Priesterehe in der Auseinandersetzung der Reformationszeit unter der katholischen Reform des 16. Jahrhunderts, Münster 1969.
157 Picard, Paul: Zölibatsdiskussion im katholischen Deutschland der Aufklärungszeit, Düsseldorf 1975.
158 Höffner, Joseph: Los-vom-Zölibat-Bewegung?, in: Kath. Frauenbildung, 70. Jg., Paderborn 1969, S. 79 ff.
159 Existenzprobleme des Priesters, München 1969.
160 Wort der deutschen Bischöfe zu Glaubens- und Kirchenfrage, in: Herder Korrespondenz, 23. Jg., 1969, S. 74 ff.
161 Stimmen zum Pflichtzölibat. Herausgegeben von Anton Antweiler, Münster 1969.
162 Wulf, Friedrich: Die heutige Zölibatskrise und ihre Bewältigung, in: Geist und Leben, 1969, S. 137 ff.

163 Kleine, Erwin: Es geht um mehr als Zölibat. Ein Bericht über die V. Plenarsitzung des Pastoralkonzils der niederländischen Kirche, München 1970.
164 Hildebrand, Dietrich von: Zölibat und Glaubenskrise, Stein am Rhein 1970.
165 Ell, Ernst: Sexualmoral, voreheliches Geschlechtsleben und Zölibat, 2. Aufl., Zürich 1970.
166 Friemond, Hans: Zur Zölibatsdiskussion, in: Werkhefte - Zeitschrift für Probleme der Gesellschaft und des Katholizismus, München 1970, S. 36 f.
167 Die Ehelosigkeit um des Himmelsreiches willen. Zehn Thesen von Joseph Kardinal Höffner, Erzbischof von Köln, in: Kath. Frauenbildung, 1970, Heft 3, S. 130 ff.
168 Über den Zölibat der Priester. Niederschrift einer Diskussion, herausgegeben von Leo Waltermann, Köln 1970.
169 Partillo, Alvaro del: Der Zölibat des Priesters, Köln 1973.
170 Leist, Fritz: Zum Thema Zölibat. Erkenntnisse von Betroffenen, München 1973.
171 Egenter, Richard: Erwägungen zum Pflichtzölibat der katholischen Priester, in: Stimmen der Zeit, 195. Band, 1977. Darin auch: Antwortschreiben von Joseph Kardinal Ratzinger.
172 Neue Diskussionen über den Zölibat, in: Herder Korrespondenz, Heft 12, 1977, S. 593 ff.
173 Mynarek, Hubertus: Eros und Klerus. Vom Elend des Zölibats, Düsseldorf/Wien 1978.
174 Die Flugschrift des Arbeitskreises Zölibat und Kirche erschien erstmals im Juli 1978. Im Januar 1980 veröffentlichte der Arbeitskreis unter dem Titel "Kirche und Zölibat" eine "zweite Dokumentation".
175 Schimmelpfennig, Bernhard: Zölibat und Lage der "Priestersöhne" vom 11. bis 14. Jahrhundert, in: Hist. Zeitschrift, 227. Bd., München 1978, S. 1 ff.
176 Vogels, Heinz-Jürgen: Pflichtzölbat. Eine kritische Untersuchung, München 1978.
177 Volk, Hermann: Christliche Ehelosigkeit. Theologische Grundlagen, 5. Aufl., Freiburg 1979.
178 Moser, Georg: Zum Zölibat des Priesters, 5. Aufl., Freiburg 1980.
179 Reuss, Josef Maria: In der Sorge um die Priester und das ganze Gottesvolk. Überlegungen zum Zölibatsproblem, Mainz 1982.
180 Goldmann-Posch, Ursula: Unheilige Ehen. Gespräche mit Priesterfrauen, München 1985.
181 Vgl. hierzu z.B. Baumert, Ehelosigkeit und Ehe im Herrn. Eine Neuinterpretation von 1 Kor. 7, 2. Aufl., Würzburg 1986.
182 Zu den vorerst letzten Äußerungen zum Zölibat zählen u.a.: Drewermann, Eugen: Kleriker. Psychogramm eines Ideals, Olten 1989; Jäckel, Karin: Sag keinem, wer dein Vater ist! Das Schicksal von Priesterkindern, Recklinghausen 1992; Vogels, Heinz-Jürgen: Priester dürfen heiraten, Bonn 1992.
183 Kraus, Alfons: Für einen gefallenen Engel beten wir nicht. Die katholische Kirche und ihre verheirateten Priester, 2. Aufl., Ingolstadt 1988.
184 Denzler, Georg (Hrsg.): Lebensberichte verheirateter Priester. Autobiographische Zeugnisse zum Konflikt zwischen Ehe und Zölibat, München 1989.
185 Ranke-Heinemann, Uta: Eunuchen für das Himmelreich. Katholische Kirche und Sexualität, 3. Aufl., Hamburg 1988.
186 Messori, Vittorio: Der Zölibat der Priester und die gesellschaftliche Freiheit, in: Avvenire (italienische kath. Zeitung).

187 Rheinischer Merkur/Christ und Welt Nr. 23 vom 25. Mai 1990.

188 Offertenzeitung für die kath. Geistlichkeit Deutschlands, Juli 1990.

189 Wird der Zölibat dem Zeitgeist geopfert?, in: Fuldaer Wochenzeitung "Marktkorb" vom 16.7.1992.

190 Der Schmutz der Ehe. Der Zölibat ist theologisch nicht begründbar und lichtet die Reihen der Kirche. Reform ist trotzdem keine in Sicht, in: profil Nr. 33 vom 10.8.1992.

191 Lenz, Johannes: Priestertum im zwanzigsten Jahrhundert, Stuttgart 1988.

192 Müller, Wunnibald: Menschliche Nähe in der Seelsorge, Mainz 1987.

193 Vgl. hierzu z.B. Grün, Anselm: Ehelos - des Lebens wegen, Münsterschwarzbach 1989.

194 In Deutschland setzen sich zahlreiche Organisationen für die Beseitigung des Zölibats, andere auch für seine besondere Würdigung ein. Zölibatskritische Gruppen sind u.a.: "Initiative Kirche von unten", "Ökumenische Arbeitsgruppe Homosexuelle und Kirche" und der "Arbeitskreis Christenrechte in der Kirche", der in seinen Rundbriefen u.a. den "Herderbrief der Katholiken an ihre Hirten" verbreitet, mit dem der jeweils Unterzeichnende vom Papst die Aufhebung des Zölibatsgesetzes verlangt. Der "Herderbrief" wird in Deutschland, Österreich und in der Schweiz veröffentlicht. Gruppen wie die "Vereinigung katholischer Priester und ihrer Frauen" setzen sich für die Belange der unmittelbar Betroffenen und ihrer Angehörigen ein. Andererseits bemühen sich zahlreiche Gebets- und Priesterkreise für die Beibehaltung des Zölibats und die Bewahrung der tradierten Sexualethik.

195 Catholicus, a.a.O., S. 98 f.

196 "Weltpriester nach dem Konzil", 1969, S. 49

197 "Weltpriester nach dem Konzil", S. 116

198 Rudolf Dreikurs, Die Ehe - eine Herausforderung, Stuttgart 1968, S. 157

199 Rudolf Dreikurs, a.a.O., S. 165

AUSWAHLBIBLIOGRAPHIE

1. Quellensammlungen

Acta Apostolicae Sedis (AAS). Rom 1909-1970

Acta Sanctae Sedis (ASS). Rom 1870-1908

Barbieri, A./ Segreti, R. (Hg.): Magnum Bullarium Romanum. Band 19. Rom 1857

Carové, Friedrich Wilhelm (Hg.): Vollständige Sammlung der Cölibatgesetze für die katholischen Weltgeistlichen von den ältesten bis auf die neuesten Zeiten, mit Anmerkungen (= Über das Cölibatgesetz des römisch-katholischen Klerus, 2. Abtheilung) Frankfurt/a.M. 1833

Mansi, Giovanni Domenico (Hg.): Sacrorum conciliorum nova et amplissima collectio, Bd. 2. Florenz 1759; Bde. 49 und 50, hrsg. von L. Petit und J.B. Martin. Arnhem, Leipzig 1923 u. 1924

Martin, Konrad (Hg.): Omnium Concilii Vaticani documentorum collectio. Paderborn 1873

Roskovany, Augustin von: Coelibatus et Breviarium. Duo gravissima clericorum officia, e monumentis omnium seculorum demonstrata. Accessit completa literatura. 13 Bde. Pest bzw. Nitra 1861-1888

Walter, Ferdinand (Hg.): Fontes iuris ecclesiastici antiqui et hodierni. Bonn 1862 = Aalen 1966

2. Literatur

Amery, C.: Die Kapitulation oder Der real existierende Katholizismus. München 1988

Antweiler, Anton: Der Priester heute und morgen. Erwägungen zum Zweiten Vatikanischen Konzil. Münster 1967

Antweiler, Anton: Priestermangel. Gründe und Vorschläge. Altenberge 1982

Antweiler, Anton: Stimmen zum Pflichtzölibat. Münster/Westf. 1969

Antweiler, Anton: Wider die zehn Thesen über den Pflichtzölibat. Mit einem Anhang "Der Freiwilligkeitseid". Nürnberg 1970

Antweiler, Anton: Zölibat. Ursprung und Geltung. St. Ottilien 1969

Antweiler, Anton: Zur Problematik des Pflichtzölibats der Weltpriester. Erwägungen zur Enzyklika Papst Paul VI. über den priesterlichen Zölibat. Münster/Westf. 1968

Arbeitsgemeinschaft Priester ohne Amt: Abtrünnige oder Diener einer neuen Kirche? Frankfurt 1971

Arbeitskreis Zölibat und Kirche Tübingen (Hg.): Kirche und Zölibat. Eine Dokumentation. Tübingen 1978

Auer, A.: Diakonat und Zölibat. in: Diaconia in Christo. Freiburg, Basel, Wien 1962 (S.325-339)

Auer, A./ Böckle, F.: Priesterlicher Lebensstil der Gegenwart. Würzburg 1962 (S. 119-193)

Bachl, G.: Der beschädigte Eros. Frau und Mann im Christentum. Freiburg, Basel, Wien 1989

Balzli, Johannes: Das Problem des Cölibats vom Standpunkte des Okkultismus. Leipzig 1917

Bauer, Johannes B.: Entstehung des Zölibats. in: Wort und Wahrheit, Jg.25, 1970, (S. 492-506)

Baumert, Norbert: Ehelosigkeit und Ehe im Herrn. Eine Neuinterpretation von 1.Kor 7. Würzburg 1986 (2.Aufl.)

Benedikt XV.: Briefe vom 12.3.1919, 3. und 29.1.1920 und Ansprache vom 16.12.1920. in: Acta Apostolicae Sedis (AAS) 11. Rom 1919 (S.122f); AAS 12. Rom 1920 (S.33-35.57f.585-588)

Bertrams, Wilhelm: Der Zölibat des Priesters. Sinngehalt und Grundlagen. Würzburg 1960

Blank, Josef: Abbau kultischer Sexualtabus und überholter Machtstrukturen. in: Diakonia/ Der Seelsorger. II. 1970 (S. 105-109)

Blank, Josef: Prophetische Ehelosigkeit und kultisches Sexualtabu. in: Diakonia/ Der Seelsorger. I. 1970 (S. 373-382)

Blank, Josef: Weltpriester nach dem Konzil. München 1969

Böckle, Franz (Hg.): Der Zölibat. Erfahrungen, Meinungen, Vorschläge. Mainz 1968

Boelens, Martin: Die Klerikerehe in der Gesetzgebung der Kirche unter besonderer Berücksichtigung der Strafe. Eine rechtsgeschichtliche Untersuchung von den Anfängen der Kirche bis zum Jahre 1139. Paderborn 1968

Bonnet, Gerard: Warum ich gehe. Das Dokument eines Priesters, der sein Amt verläßt und heiratet. Luzern, München 1970

Bours, J./Kamphaus F.: Leidenschaft für Gott. Ehelosigkeit, Armut, Gehorsam. Freiburg 1981

Brummet, Jakob: Warum heiraten die Priester nicht? Leutesdorf/Rhein 1965 (4.Aufl.)

Carové, Friedrich Wilhelm: Über das Cölibatgesetz des römisch-katholischen Klerus. Frankfurt/Main 1832-33

Catholicus (Pseudonym): Um den Zölibat. Eine Studie und Diskussionsgrundlage. Nürnberg 1966

Catholicus (Pseudonym): Um die Meinungsfreiheit. Das Diskussionsforum um "Zölibat" und "Kirche". Nürnberg 1968
De disciplina sacramenti matrimonii pro Ecclesia Orientali. cc.48 §1 n.2.62. in: Acta Apostolicae Sedis (AAS) 41. Rom 1949 (S.100.102)
Degenhardt, J.J.: Gott braucht Menschen. in: Erzbischöfliches Generalvikariat (Hg.): Priestertum. Paderborn 1982
Deininger, Franciscus: Vom Zölibat. Paderborn, Wien, Zürich 1938
De judiciis pro Ecclesia Orientali. cc.501-506. in: Acta Apostolicae Sedis (AAS) 42. Rom 1950 (S.106f)
Demmer, Klaus: Zumutung aus dem ewigen Gedanken zum priesterlichen Zölibat. Freiburg 1991
Denzler, Georg: Das Papsttum und der Amtszölibat. in: Päpste und Papsttum , Bd.5 (2 Teile). Stuttgart 1973.1976
Denzler, Georg (u.a.): Existenzprobleme des Priesters. München 1969
Denzler, Georg (Hg.): Lebensberichte verheirateter Priester. Autobiographische Zeugnisse zum Konflikt zwischen Ehe und Zölibat. München, Zürich 1989
Denzler, Georg: Priesterehe und Priesterzölibat in historischer Sicht. in: F. Henrich (Hg.): Existenzprobleme der Priester. München 1969 (S.13-52)
Denzler, Georg (Hg.): Priester für heute. München 1980
Denzler, Georg: Zur Geschichte des Zölibats (bis 1139). in: Stimmen der Zeit (StdZ) 183. Freiburg i.Br. 1969 (S.383-401).
De ritibus orientalibus, de personis pro Ecclesiis Orientalibus. cc.68-75.157.158. in: Acta Apostolicae Sedis (AAS) 49. Rom 1957 (S.456-458.477)
Deschner, Karlheinz: Das Kreuz mit der Kirche. Eine Sexualgeschichte des Christentums. München 1973
Deschwanden, L. von: Eine Rollenanalyse des katholischen Priesters. in: Internationales Jahrbuch für Religionssoziologie 4. 1968
Die Wahrheit über das Cölibat. Von einem katholischen Priester. Wien 1901
Dillersberger, Josef: Wer es fassen kann... Gedanken über Jungfräulichkeit und Zölibat aus Schrift und Liturgie. in: Bücher der Geisteserneuerung, Bd.1. Salzburg 1932
Döllinger, D.Joh.Ign. (Hg.): Dr.J.A. Möhlers gesammelte Schriften (Bd 1). Regensburg 1839
Döpfner, J.: Um des Himmelreiches willen. München 1967
Dombois, H.: Das Recht der Gnade. Ökumenisches Kirchenrecht I. Bielefeld 1961 (S.639f)
Doms, Herbert: Vom Sinn des Zölibats. Historische und systematische Erwägungen. Münster/Westf. 1954
Dordett, A.: Lex coelibatus. in: Der Seelsorger 39, 1969 (S.242-254)

Dreikurs, Rudolf: Die Ehe - eine Herausforderung. Stuttgart 1968
Dresdner, Albert: Kultur- und Sittengeschichte der italienischen Geistlichkeit im 10. und 11. Jahrhundert. Breslau 1890
Drewermann, Eugen: Kleriker. Psychogramm eines Ideals. Olten 1989
Ebertz, M. N.: Die Bürokratisierung der katholischen "Priesterkirche", in: P. Hoffmann (Hg.): Priesterkirche. Düsseldorf 1987 (S.132-161)
Egenter, Richard: Erwägungen zum Pflichtzölibat der katholischen Priester. in: Stimmen der Zeit (StdZ) 195, 1977 (S.635-638)
Egenter, Richard (u.a.): Jungfräulichkeit und Zölibat. Wien 1964
Eicher, P.: Priester und Laien - im Wesen verschieden, in: G. Denzler (Hg.): Priester für heute. München 1980 (S.34-51)
Eingabe des VKDL an die Deutsche Bischofskonferenz (u.a. zur Zölibatsfrage). in: Katholische Frauenbildung, Jg.71, 1970 (S.174-176)
Ell, Ernst: Sexualmoral, voreheliches Geschlechtsleben und Zölibat. Zürich, Einsiedeln, Köln 1970
Enzyklika über den Zölibat. Von den deutschen Bischöfen approbierte Übersetzung. in: Nachkonziliare Dokumente 8. Trier 1968
Exeler, A.: Priesterliche Lebensformen und ihre Bedeutung für die Seelsorge (1967), in: Lebendige Seelsorge 33, 1982 (S.226-233)
Fahrnberger, Gerhard: Die Entlassung aus dem Klerikerstand. in: Listl/Müller/Schmitz (Hg.): Handbuch des katholischen Kirchenrechts. Regensburg 1983 (S.214-222)
Feine, Hans E.: Kirchliche Rechtsgeschichte. Die katholische Kirche. Köln 1972 (5.Aufl.)
Forster, K. (Hg.): Priester zwischen Anpassung und Unterscheidung. Auswertungen und Kommentare zu den im Auftrag der Dt. Bischofskonferenz durchgeführten Umfragen unter allen Welt- und Ordenspriestern in der BRD. Freiburg 1974
Franzen, August: Zölibat und Priesterehe in der Auseinandersetzung der Reformationszeit und der katholischen Reform des 16. Jahrhunderts. Münster 1969
Frassinetti, Josef: Das Paradies auf Erden in der christlichen Ehelosigkeit. München um 1933 (2.Aufl.)
Friemond, Hans: Zur Zölibatsdiskussion. in: Werkhefte, Jg.24, 1970 (S.36f)
Gahlen, Clemens: Der Teufel in der Kirche. Recklinghausen 1937
Galli, M. von: Zur Frage des Zölibats. in: Orientierung 32, 1968 (S.96-99)
Gemeinsame Synode der Bistümer in der Bundesrepublik Deutschland: Beschluß: Die Pastoralen Dienste in der Gemeinde. Bonn 1975
Görg, M.: Der Kollaps eines Klerus. Zu einem Musterfall der Religionsgeschichte, in: P. Hoffmann (Hg.): Priesterkirche. Düsseldorf 1987 (S.327-333)

Görres, A.: Psychologische Bemerkungen zur Krise eines Berufsstandes, in: F. Henrich (Hg.): Weltpriester nach dem Konzil, Münchner Akademie-Schriften, Bd. 46. München 1969 (S.119-141;143-175)
Görres, Ida Friederike: Laiengedanken zum Zölibat. Frankfurt/Main 1962
Göttler, N.: Die Abschaffung des Zölibats als Ziel. Für immer mehr Geistliche ist die Verpflichtung zur Ehelosigkeit ein unbiblisches Gesetz, Süddeutsche Zeitung, 12.Oktober 1988 (S.10)
Goldmann-Posch, Ursula (Hg.): Unheilige Ehen. Gespräche mit Priesterfrauen. München 1985
Grabner-Haider, A.: Priester und Orden heute. Linz 1975
Greinacher, N./Küng, H. (Hg.): Katholische Kirche - wohin? Wider den Verrat am Konzil. München, Zürich 1986
Greshake, G.: Priestersein. Zur Theologie und Spiritualität des priesterlichen Amtes. Freiburg, Basel, Wien 1982
Griesl, Gottfried: Berufung und Lebensform des Priesters. Innsbruck, Wien, München 1967
Grün, Anselm: Ehelos des Lebens wegen. Münsterschwarzach 1989
Gspann, Johannes Chrysostomos: Warum Zölibat unserer Priester? Innsbruck, Wien, München 1918
Haag, H./Elliger, K.: "Stört nicht die Liebe". Die Diskriminierung der Sexualität - ein Verrat an der Bibel. Olten 1986
Häring, B. (u.a.): Der Zölibat des Priesters. in: Theologie der Gegenwart Bd.9, 1966 (S.125-129)
Hagemann, Kurt: Der Zölibat der römisch-katholischen Kirche. Meisenheim am Glau 1971
Hagen, August: Der Reformkatholizismus in der Diözese Rottenburg. Stuttgart 1962
Hagen, Siegfried (Hg.): Zwangszölibat oder Priesterehe? Ein Aufruf an alle Edelgesinnten, im Namen vieler katholischer Geistlicher. Würzburg 1913
Hamburger, Gerd (Pseudonym): Katholische Priesterehe oder Der Tod eines Tabus? Reinbek bei Hamburg 1968
Hammer (Pfr. in Westhausen): Der Zölibatssturm in Württemberg 1831. in: Rottenburger Monatsschrift, 1919/20 (S.111-133)
Hampe, J.Chr. (Hg.): Die Autorität der Freiheit II. München 1967 (S.235-245)
Hartmann, Otto Julius: Antworten auf aktuelle Lebensfragen. Freiburg i.Br. 1978
Heimerl, Hans: Der Zölibat. Recht und Gerechtigkeit. Wien, New York 1985
Heinemann, G.: Zur gegenwärtigen Situation der Priester in Deutschland. in: Lebendige Seelsorge 33, 1982 (S.165-169)
Henrich, F.(Hg.): Existenzprobleme des Priesters. München 1969

Hermand, P.: Condition du pretre. Mariage ou célibat? Questions d'actualité. Paris 1963

Hesse, Erwin: Jungfräulichkeit und Zölibat. Der ungeteilte Dienst der Kirche in unserer Zeit. Weihnachtsseelsorgertagung 7.-9.Jänner 1964. Wien 1964

Hildebrand, Dietrich von: Zölibat und Glaubenskrise. Regensburg 1970

Hinner, Heinrich: Ehelos. 1.Enthaltsamkeit, 2.Zölibat. Wien 1931

Hinschius, Paul: Das Kirchenrecht der Katholiken und Protestanten in Deutschland I, 1869 (S.131ff.144ff); V, 1895 (S.816ff). Graz 1959 (Nachdruck von Berlin 1869-1897)

Hirschauer, Gerd: Schwierigkeiten mit dem Zölibat. in: Werkhefte, Jg.18, 1964 (S.151-153)

Hödl, L.: Die lex continentiae. in: Zeitschrift für katholische Theologie (ZkTh) 83, 1961 (S.325-344)

Höffner, Joseph: Die Ehelosigkeit um des Himmelreiches willen. Zehn Thesen. in: Katholische Frauenbildung, Jg.71, 1970 (S.130-136)

Höffner, Joseph: Los-vom-Zölibat-Bewegung? in: Katholische Frauenbildung, Jg.70, 1969 (S.79-81)

Höffner, Joseph: Über den Zölibat der Priester. Um des Himmelreiches willen. Zehn Thesen des Erzbischofs von Köln Kardinal Joseph Höffner. Köln 1984 (9.Aufl.)

Hoffmann, P. (Hg.): Priesterkirche. Düsseldorf 1987

Holenstein, Carl: Der Protest der Priester. Kritische Texte 3. Zürich, Einsiedeln, Köln 1970

Holl, Adolf: Der Fisch aus der Tiefe oder Die Freuden der Keuschheit. Reinbek bei Hamburg 1990

Hornef, J.: Kommt der Diakon der frühen Kirche wieder? Wien 1959

Hostie, R.: Kriterien geistlicher Berufung. Salzburg 1964

Hünermann, Josef: Freisein und Dienen. Priesterliche Existenz und Zölibat, Chance und Gefahren. Ein Buch für Priester und Laien und alle, die sich auf das Priestertum vorbereiten. Donauwörth 1963

Hürter, Otto: Der Zölibat des Weltpriesters im Aspekt der Sozialpsychologie. in: F. Henrich (Hg.): Existenzprobleme des Priesters. München 1969 (S.53-71)

Huthmann, M.: Mit Jesus auf dem Weg. Grundzüge einer priesterlichen Spiritualität. Düsseldorf 1973

Jacobson, Heinrich Friedrich: Geschichte der Quellen des Kirchenrechts , 1. Theil, I. Bd. Königsberg 1837

Jäckel, Karin: Sag keinem, wer dein Vater ist! Das Schicksal von Priesterkindern. Zeugnisse - Berichte - Fragen. Recklinghausen 1992

James, E.O.: Das Priestertum in Wesen und Funktion. Eine vergleichende und anthropologische Studie. Wiesbaden 1957

Johannes XXIII.: Konzilsakten "Lumen Gentium" vom 21.11.1964, "Perfectae caritatis" und "Optatum totius" vom 28.10.1965, Presbyterium ordinis" und "Gaudium et spes" vom 7.12.1965. in: Acta Apostolicae Sedis (AAS) 57. Rom 1965 (S.5-75); AAS 58. Rom 1966 (S.702-712.713-727); AAS 58. Rom 1966 (S.991-1024.1025-1120)

Johannes XXIII.: Enzyklika "Sacerdotii Nostri primordia" vom 1.8.1959. in: Acta Apostolicae Sedis (AAS) 51. Rom 1959 (S.554-556)

Johannes Paul II.: Die Erlösung des Leibes und die Sakramentalität der Ehe. Katechesen 1981-1984. in: Johannes Paul II.: Communio Personarum (Bd.II). Vallendar 1985

Johannes Paul II.: An alle Bischöfe der Kirche und an alle Priester der Kirche zum Gründonnerstag 1979. Verlautbarungen des Heiligen Stuhles 7, 8. April 1979

Kleine, Erwin: Es geht um mehr als Zölibat. Ein Bericht über die 5. Plenarsitzung der niederländischen Kirche. München 1970

Klinger, E.: Der Zölibat von der Ehe her gesehen. in: Geist und Leben 41, 1968 (S.377-381)

Klostermann, Ferdinand: Der Priestermangel und seine Konsequenzen. Düsseldorf 1977

Klostermann, Ferdinand: Gemeinde ohne Priester. Ist der Zölibat eine Ursache? Mainz 1981

Klostermann, Ferdinand: Müssen die Priester aussterben? 1976

Klostermann, Ferdinand: Priester für morgen - pastoraltheologische Aspekte, in: Priestertum. Kirchliches Amt zwischen gestern und morgen. Aschaffenburg 1971 (S.71-100)

Kötting, Bernhard: Der Zölibat in der Alten Kirche. Münster 1968

Kommt die Zerreißprobe? in: Herder Korrespondenz, Jg.24, 1970 (S.97-102)

Kongregation für das katholische Unterrichtswesen (Hg.): Leitgedanken für die Erziehung zum priesterlichen Zölibat vom 11.4.1974. Trier 1975

Kongretation für die Glaubenslehre. Erklärung zur Frage der Zulassung der Frauen zum Priesteramt. Rom 1976

Kopp, Thomas: Zölibat heute. Beiträge zu einem Glaubensgespräch. Leutesdorf 1971 (2.Aufl.)

Kottje, Raymund (u.a.): Ehelosigkeit des Priesters in Geschichte und Gegenwart. Regensburg 1970

Kraemer, Konrad W./Schuh, Karlheinz (Hg.): Zölibat in der Diskussion. Katholische und evangelische Aspekte. Essen 1969

Kraft, S.: Zur Vereinbarkeit von geistlichem Amt und Ehe. in: Der Seelsorger 38, 1968 (S.312-318)

Kraus, Alfons: Für einen gefallenen Engel beten sie nicht. Die katholische Kirche und ihre verheirateten Priester. Aktionskreis Regensburg (Hg.). Oberursel 1989

Kuby, Alfred Hans: Polemik um den Coelibat 1589. Ein altes Buch, sein Autor und seine Leser. in: Blätter für pfälzische Kirchengeschichte und religiöse Volkskunde. Zweibrücken, Jg.44, 1977 (S.155-160); Jg.45, 1978 (S.207)

Küble, Philipp: Lebensentfaltung in Ehe und Zölibat. Saarbrücken 1939

Küng, Hans: Strukturen der Kirche. München, Zürich 1987

Küng, Hans: Wozu Priester? Eine Hilfe. Zürich, Köln 1971

Kuhlmann, Jürgen: Treu oder neu - oder den Papst zu verstehen. Eine Übung im katholischen Stereodenken. in: Geist und Leben. Zeitschrift für Askese und Mystik. Würzburg, Jg.53, 1980, Heft 1 (S.55-61)

Lehmann, K.: Das dogmatische Problem des theologischen Ansatzes zum Verständnis des Amtspriestertums. in: F. Henrich (Hg.): Existenzprobleme des Priesters. München 1969 (S.121-175)

Leist, Fritz: Zölibat - Gesetz oder Freiheit. Kann man ein Charisma gesetzlich regeln? München 1968

Leist, Fritz: Zum Thema Zölibat. Bekenntnisse von Betroffenen. München 1973

Leistner, Ernst: Wie das Volk über die Pfaffen spricht. Neuer Kloster- und Pfaffenspiegel. Lahr 1877

Lenz, Johannes: Priestertum im 20. Jahrhundert. Stuttgart 1988

Lippert, Peter: "... wie es dem Herrn gefalle." Pastoraltheologische Bemerkungen zur Theorie des ehelosen Lebens in den Orden heute. in: Studia moralia Academia Alfonsiana. Institutum superioris theologiae moralis. Vol.15. Rom 1977 (S.759-791)

Listl/Müller/Schmitz (Hg.): Handbuch des katholischen Kirchenrechts. Regensburg 1983

Lortz, Joseph: Die Reformation in Deutschland. 2 Bde. Freiburg i.Br. 1948

Luthe, Friedhelm: Der Berufswechsel der Priester. Eine empirische Studie. Düsseldorf 1971

Maas, Cornelius: Affektivität und Zölibat. Dargestellt aufgrund einer Untersuchung der holländischen Literatur 1960-1978. Nettetal 1979

Matura, Thaddée: Ehelosigkeit und Gemeinschaft. Die Grundlegung des Ordenslebens nach dem Evangelium. Werl/Westf. 1969

Mauer, Otto: Zölibat. in: Wort und Wahrheit, Jg.25, 1970 (S.193f)

May, G.: Zölibat und Zölibatkrise. in: Das Zeichen. Limburg 1969

Messori, Vittorio: Der Zölibat der Priester und die gesellschaftliche Freiheit. in: Offertenzeitung für die katholische Geistlichkeit Deutschlands,

Klöster, Krankenhäuser, Anstalten und Vereine. Jg.43. Abensberg/Ndb., Juli 1990 (S.389-394)
Mischler, K.: Haben die Priester Zukunft? Untersuchungen am Beispiel des französischen Klerus. Befragung aus dem Jahre 1982, hrsg. von der Aktion "Contact Abbé". Speyer 1983
Mörsdorf, K./Weber, L.M.: Zölibat. in: LThK (2.Aufl.) Bd.X (S.1395-1401). Freiburg i.Br. 1957-1967
Molinski, Waldemar: Zölibat als Charisma und Institution. in: Orientierung 33, 1969 (S.110ff)
Molinski, Waldemar: Zölibat morgen. Recklinghausen 1970
Morel, J.(u.a.): Priesteraustritte, Ordensaustritte, Seminaristenaustritte: Votum der Füße? Innsbruck 1974
Moser, Georg: Zum Zölibat des Priesters. Freiburg 1980 (5.Aufl.)
Moßhamer, O.: Priester und Frau. Freiburg 1958
Müller, Alois: Der ehelose Priester. in: Diaconia 1, 1966 (S.316-328)
Müller, Alois: Für und wider den Zölibat. in: Lebendiges Zeugnis, 1969, Heft 1, (S.53-63)
Müller, Alois: Priester - Randfigur der Gesellschaft. Einsiedeln 1974
Müller, Wolfgang: Wessenberg in heutiger Sicht. in: ZSKG 58, 1964 (S.293-308)
Müller, Wunibald: Menschliche Nähe in der Seelsorge: sich selbst annehmen, den anderen annehmen. Mainz 1987
Mynarek, Hubertus: Eros und Klerus. Vom Elend des Zölibats. Düsseldorf, Wien 1978
Neue Diskussion über den Zölibat. in: Herder Korrespondenz, Jg.31, 1977, (S.593-596)
Oraison, Marc: Psychologie des ehelosen Lebens. Mainz 1969
Paul VI.: Rundschreiben an die Bischöfe, die Priester und die Gläubigen der gesamten katholischen Welt über den priesterlichen Zölibat (dt./lat.). München-Freising 1968
Paul VI.: Rundschreiben über den priesterlichen Zölibat (dt./lat.). Trier 1968
Paul VI.: Enzyklika "Sacerdotalis caelibatus" vom 24.6.1967. in: Acta Apostolicae Sedis (AAS) 59. Rom 1967 (S.657-697)
Paul VI.: MP (Motu Proprio) "Sacrum diaconatus ordinem" vom 18.6.1967. in: Acta Apostolicae Sedis (AAS) 59. Rom 1967 (S.697-704)
Pfister, Paul Franz: 23 Thesen zum Zölibat der römisch-katholischen Kirche. Bonn 1963
Pfister, Paul Franz: Sendschreiben über den Zölibat. Graz, Wien, Köln 1971
Pfliegler, Michael: Der Zölibat. Köln 1966 (2.Aufl.)
Pfürtner, Stephan H.: Kirche und Sexualität. Reinbek bei Hamburg

Pfürtner, Stephan H.: Sexualfeindschaft und Macht. Eine Streitschrift für verantwortete Freiheit in der Kirche. Mainz 1992

Picard, Paul: Zölibatsdiskussion im katholischen Deutschland der Aufklärungszeit. Auseinandersetzung mit der kanonischen Vorschrift im Namen der Vernunft und der Menschenrechte. Düsseldorf 1975

Pius X.: Exhortatio "Haerent animo" vom 4.8.1908. in: Acta Sanctae Sedis (ASS) 41. Rom 1908 (S.555-577)

Pius XI.: Enzyklika "Ad Catholici Sacerdotii" vom 20.12.1935. in: Acta Apostolicae Sedis (AAS) 28. Rom 1936 (S.24-30)

Pius XII.: Adhortatio "Menti nostrae" vom 23.9.1950. in: Acta Apostolicae Sedis (AAS) 42. Rom 1950 (S.657-702)

Pius XII.: Ansprache vom 8.12.1950. in.: Acta Apostolicae Sedis (AAS) 43. Rom 1951 (S.29)

Pius XII.: Enzyklika "Sacra virginitas" vom 25.3.1954. in: Acta Apostolicae Sedis (AAS) 46. Rom 1954 (S.161-191)

Portillo, Alvaro del: Der Zölibat des Priesters. Köln 1973

Rahner, Karl: Der Zölibat des Weltpriesters im heutigen Gespräch. in: Geist und Leben, Jg.40, 1967 (S.122-138)

Rahner, Karl: Der Zölibat des Weltpriesters im heutigen Gespräch (II). Eine Antwort. in: Geist und Leben, Jg.41, 1968 (S.285-304)

Rahner, Karl: Einübung priesterlicher Existenz. Freiburg, Basel, Wien 1970

Rahner, Karl: Knechte Christi. Meditationen zum Priestertum. Freiburg, Basel, Wien 1967

Rahner, Karl: Priesterliche Existenz, in: Schriften zur Theologie, Bd. 3. Zürich, Köln 1962 (S.285-312)

Rahner, Karl: Zur Theologie der Entsagung, in: Schriften zur Theologie, Bd. 3. Zürich, Köln 1962 (S.61-72)

Rahner, Karl/Lehmann, Karl: Die gegenwärtige Diskussion über den Zölibat. in: Concilium, Jg.5, 1969 (S.222-239)

Rahner, Karl/Vorgrimler, H. (Hg.): Diaconia in Christo. in: Quaestiones disputatae 15.16. Freiburg 1962

Rajsp, A.: "Priester" und "Laien". Ein neues Verständnis. Düsseldorf 1982

Raming, I.: Der Ausschluß der Frau vom priesterlichen Amt - Gottgewollte Tradition oder Diskriminierung? Köln 1973

Ranke-Heinemann, Uta: Eunuchen für das Himmelreich. Katholische Kirche und Sexualität. Hamburg 1988

Rasso, Bernhard (d.i. Franzl, Josef): Warum heiraten Priester nicht? Wien 1946

Ratzinger, Joseph: Zum Zölibat der katholischen Priester. in: Stimmen der Zeit, Bd.195, 1977 (S.781-783)

Reuss, Josef Maria: In der Sorge um die Priester und das ganze Gottesvolk. Überlegungen zum Zölibatsproblem. Mainz 1982

Rey, K.G.: Das Mutterbild des Priesters. Zur Psychologie des Priesterberufes. Zürich, Köln, Einsiedeln 1969

Rinser, Luise: Von der Möglichkeit und Unmöglichkeit, heute Priester zu sein. Würzburg 1968

Rinser, Luise: Zölibat und Frau. Würzburg 1967 (3.Aufl)

Rohrbasser, A. (Hg.): Sacerdotis imago. Päpstliche Dokumente über das Priestertum von Pius X. bis Johannes XXIII. Freiburg (Schweiz) 1963

Rudolfi, Carl W.: Die Askese und ihre Verirrungen. Leipzig 1908

Ruf, Norbert: Das Recht der Katholischen Kirche nach dem neuen Codex Iuris Canonici für die Praxis erläutert. Freiburg 1983

S. Congregatio de Sacramentis. Instructio vom 27.12.1930. in: Acta Apostolicae Sedis (AAS) 23. Rom 1931 (S.127)

S. Congregatio pro Ecclesia Orientali. Dekret vom 1.3.1929, Art.12 und Dekret vom 23.12.1929, Art.6. in: Acta Apostolicae Sedis (AAS) 21. Rom 1929 (S.155) und AAS 22. Rom 1930 (S.102f)

S. Paenitentiaria. Dekrete vom 18.4.1936 und 4.5.1937. in: Acta Apostolicae Sedis (AAS) 28. Rom 1936 (S.242f) und AAS 29. Rom 1937 (S.283f)

Sartory, Thomas und Gertrude: Strukturkrise einer Kirche. Vor und nach der Enzyklika "Humanae vitae". München 1969

Sayer, J.: Sozialer Wandel in der Kirche - eine empirische Untersuchung zur Sozialisation des Priesterberufs. Düsseldorf 1977

Schelkle, K.H.: Der Geist und die Braut. Düsseldorf 1977

Schelkle, K.H.: Ehe und Ehelosigkeit im Neuen Testament, in: ders. Wort und Schrift. Beiträge zur Auslegungsgeschichte des NT. Düsseldorf 1966 (S. 183-198)

Schillebeeckx, Edward: Christliche Identität und kirchliches Amt. Plädoyer für die Menschen in der Kirche. Düsseldorf 1985

Schillebeeckx, Edward: Das kirchliche Amt. Düsseldorf 1981

Schillebeeckx, Edward: Der Amtszölibat. Eine kritische Besinnung. Düsseldorf 1967

Schimmelpfennig, Gert: Zölibat und Lage der "Priestersöhne" vom 11.-14. Jahrhundert. in: Historische Zeitschrift München, Bd.227, 1978, Heft 1 (S.1-44)

Schmidtchen, G.: Priester in Deutschland. Forschungsbericht über die im Auftrag der Deutschen Bischofskonferenz durchgeführte Umfrage unter allen Welt- und Ordenspriestern in der Bundesrepublik Deutschland. Freiburg, Basel, Wien 1973

Schmidtchen, G.: Umfrage unter Priesteramtskandidaten. Studien- und Lebenssituation, Amtsverständnis, Berufsmotive, Einstellung zu Kirche und Gesellschaft. Forschungsbericht des Instituts für Demoskopie Allensbach über eine im Auftrag der Deutschen Bischofskonferenz durchgeführte Erhebung. Freiburg 1975

Schneider, Albert (Hg.): Frei für die Welt. Anthropologische, psychologische und theologische Aspekte zur freigewählten christlichen Ehe- und Familienlosigkeit. Trier 1970

Schreuder, Osmund (Hg.): Der alarmierende Trend. Ergebnisse einer Umfrage beim gesamten holländischen Klerus. Mit einer pastoraltheologischen Nachbetrachtung. München, Mainz 1970

Schutz, R.: Über den Zölibat. in: Theologie der Gegenwart 11, 1968 (S.203-206)

Schwendenwein, Hugo: Die Rechte und Pflichten der Kleriker. in: Listl/Müller/Schmitz (Hg.): Handbuch des katholischen Kirchenrechts. Regensburg 1983 (S.206-213)

Semmelroth, Otto: Vom Sinn des priesterlichen Zölibats. in: Lebendiges Zeugnis, Heft 14, 1952 (S.20-28)

Siefer, G.: Sterben die Priester aus? Soziologische Überlegungen zum Funktionswandel eines Berufsstandes. Essen 1973

Stenger, H.(Hg.): Eignung für die Berufe der Kirche. Klärung, Beratung, Begleitung. Freiburg, Basel, Wien 1988

Stenger, H.: Wissenschaft und Zeugnis. Die Ausbildung des katholischen Seelsorgeklerus in psychologischer Sicht. Salzburg 1961

Sulzer, Johann Anton: Die erheblichen Gründe für und gegen das katholisch-kirchliche Cölibatsgesetz zu nochmahliger Prüfung vorgelegt. Constanz/Wallis 1820

Theiner, Johann Anton und Augustin: Cölibat und Sittlichkeit. "Die Einführung der erzwungenen Ehelosigkeit bei den christlichen Geistlichen und ihre Folgen." 1828 (1.Aufl.), Neu herausgegeben von W. Mehnert. Leipzig 1932

Thimotheus (d.i. Majic, Johannes): Die Priesterehe. Dinkelsbühl 1965 (2.Aufl.)

Thoma, F.: Um die Grundlagen einer katholischen Auffassung von Diakonie und Diakonat. in: MThZ 13, 1962 (S.26-46)

Thüsing, W.: Freiwillige Ehelosigkeit und Zölibat. in: A. Exeler (Hg.): Fragen der Kirche heute. Würzburg 1971

Tschoepl, Karl: Der Zölibat der katholischen Geistlichen. Ein Wort an das Volk. Von einem schlesischen Kaplan (d.i. Tschoepl, Karl). Breslau 1919

Türkisches im Christentum oder Volksprotest gegen die fernere Duldung einer mit den Interessen des allgemeinen Wohles unvereinbaren priesterlichen Verletzung der öffentlichen Moral. München 1899

Um des Himmelreiches willen. Zwei Aufsätze über den Amtszölibat des Priesters. Leipzig 1968
Vogels, Heinz-Jürgen: Pflichtzölibat. Eine kritische Untersuchung. München 1978
Vogels, Heinz-Jürgen: Priester dürfen heiraten. Biblische, geschichtliche und rechtliche Gründe gegen den Pflichtzölibat. Bonn 1992
Volk, Hermann: Christliche Ehelosigkeit. Theologische Grundlagen. Freiburg 1979 (5.Aufl.)
Volk, Wilhelm Gustav Werner: Der Cölibat. 2 Bde. Regensburg 1841
Waesberghe, H. von: Vom Wirken verheirateter Priester. in: Orientierung 32, 1968 (S.27ff)
Wahl, H.: "Priesterbild" und "Priesterkrise" in psychologischer Sicht, in: P. Hoffmann (Hg.): Priesterkirche. Düsseldorf 1987 (S.164-194)
Wahrmund, Ludwig: Bilder aus dem Leben der christlichen Kirche des Abendlandes. Gesammelte Vorträge aus dem Gebiete des Kirchenrechtes und der kirchlichen Rechtsgeschichte. Reichenberg 1925
Waltermann, Leo (Hg.): Über den Zölibat der Priester. Niederschrift einer Diskussion. Eine Sendung aus dem Westdeutschen Rundfunk Köln, 3.Hörfunkprogramm. Köln 1970
Weber, L.M.: Mysterium magnum. Freiburg, Basel, Wien 1965 (2.Aufl.), S.87-121
Weinreich, M.: Das Priestertum ohne Priesteramt, in: P. Hoffmann (Hg.): Priesterkirche. Düsseldorf 1987 (S.242-258)
Wolf, Erik: Ordnung der Kirche. Frankfurt/Main 1961
Wolf, Hans-Jürgen: Neuer Pfaffenspiegel. Sünden der Kirche. Das Geschäft mit dem Glauben. Herrsching 1990
Wort der deutschen Bischöfe zu Glaubens- und Kirchenfragen. in: Herder Korrespondenz, Jg.23, 1969 (S.74-76)
Wulf, Friedrich: Die gegenwärtige Diskussion um den Weltpriesterzölibat im französischen, niederländischen und deutschen Sprachraum. in: Concilium, Jg.5, 1969 (S.223-226)
Wulf, Friedrich: Die heutige Zölibatskrise und ihre Bewältigung. in: Geist und Leben 42, 1969 (S.137-145)
Wulf, Friedrich (Hg.): Mitten unter den Menschen. Spiritualität, Aufgaben und Probleme der Priester. Düsseldorf 1979
Wulf, Friedrich: Nachkonziliare Dokumentation VIII. Trier 1968 (S.9-26)
Wyneken, Gustav: Abschied vom Christentum. München 1963
Zerfass, R.: Der Seelsorger - ein verwundeter Arzt, in: Lebendige Seelsorge 34, 1983 (S.77-82)
Zirker, L.: Leben im Dialog. Perspektiven für ein zeitgemäßes Priesterbild. Mainz 1976

Zollitsch, R.: Amt und Funktion des Priesters. Freiburg 1973
Zulehner, Paul: Kirche und Priester zwischen dem Auftrag Jesu und den Erwartungen der Menschen. Wien 1974
Zur Auseinandersetzung über die Zölibatsfrage. in: Herder Korrespondenz, Jg.24, 1970 (S.128-139)

Dokumente zur Geschichte des Zölibats - vom Beginn des 4. Jahrhunderts bis zur Gegenwart

ZWISCHEN GESETZ UND DOGMATISCHEM BEGRÜNDUNGSVERSUCH
Überlegungen zur Zölibatsgeschichte

Die in der nachfolgenden Dokumentation aufgeführten Texte zur geschichtlichen Entwicklung des Zölibats in der Römisch-Katholischen Kirche machen etwas von der Spannung deutlich, die diesem Thema und Begriff eigen ist. Von dem frei gehaltenen Verzicht auf die Ehe als einer Möglichkeit verengt sich dies hin zu dem, was heute vielfach "Pflichtzölibat" oder anders auch "Amtszölibat" genannt wird. Zugleich wird aus dem lateinischen Wort "caelebs"="unverheiratet, ehelos" seit dem 16. Jahrhundert das "caelibatus", die Ehelosigkeit. In ihm klingt auch immer etwas von dem Wort "caeles"="himmlisch" mit[1] - ein Vorgriff auf die später immer wieder gebrachte Begründung des Zölibates durch das Wort von Matthäus 19: "um des Himmelreiches willen ..."

Der inhaltlichen Entwicklung des Zölibatsgrundes entspricht die veränderte Formulierung amtlicher Texte. Sie reichen von ersten rechtlichen Texten der Synode von Elvira in Spanien (306) bis zur endgültigen rechtlichen Regelung auf dem II. Laterankonzil (1139). Danach begann verstärkt auch die inhaltliche Hinterfragung und auch Stützung des Zölibates. Auch kündet die Literatur davon, daß die Einhaltung dieser Vorschrift oft zu wünschen übrig ließ. Schon vor der Reformation haben kritische Stimmen in der Kirche das Problem des Zölibates als Verpflichtung des Klerus aufgezeigt und teilweise seine Abschaffung gefordert.

Die vielfach gestellte Frage, was denn nun die Ehelosigkeit der Geistlichen mit dem monastischen Gelübde der Keuschheit oder Jungfräulichkeit zu tun hat, zielt in den Kern der reformatorischen Überlegung: Ist auch hier zu vermuten, daß durch das Versprechen der Ehelosigkeit himmlischer Gewinn erzielt werden soll? Und dann auch: Handelt es sich um ein einfaches Versprechen oder um ein Gelübde? Die Fragen kommen nicht von ungefähr, läßt sich aus der Entwicklung des Zölibates doch nämlich ersehen, daß vor allem die Klöster - und die aus ihnen entstammenden Bischöfe und Päpste - die glühendsten Verfechter der Idee der priesterlichen Ehelosigkeit waren.[2] Die Reformatoren lehnten daher den Pflichtzölibat ab, sowohl aus Gründen, die in deren Verbindung zur Werkgerechtigkeit lagen, als auch in der

Triebstruktur des Menschen: Luther legt hier die paulinische Stelle von 1. Korinther 7,25-38 entsprechend aus: besser heiraten als in Sünde leben ...[3]

Immer wieder gab es solche Stimmen gegen den Zölibat, gerade im letzten Jahrhundert. Auch diesen soll in der Dokumentensammlung Platz gegeben werden. Neben einzelnen Geistlichen, die sich z.B. in Zölibatsvereinen gegen diese Vorschrift des Zölibates engagierten,[4] nenne ich hier nur die Bewegung des Deutschkatholizismus (der teilweise eng mit der Revolution von 1848 gekoppelt war) und die Altkatholische Kirche. Auf der 5. Synode dieser Kirche 1878 in Bonn ist das Thema sehr heftig diskutiert worden. Letztlich sprach man sich für die Freiwilligkeit des Zölibates und gegen den Pflichtzölibat aus.[5] Gerade diese beiden Bewegungen zeigen deutlich, wie stark die Zölibatsfrage mit Fragen der Kirchenstruktur zusammenhängt. Die Themen kirchlicher Zentralismus (bzw. Ultramontanismus) und presbyterale bzw. synodale Leitungsstruktur sind oft mit dem Thema priesterlicher Ehelosigkeit in einem Bündel von Forderungen enthalten.

Während der CIC von 1917 noch etwas von der Debatte um den römischen Zentralismus widerspiegelt, ist spätestens seit dem Ende des II. Vatikanischen Konzils klar, daß hier Erklärungs- und Handlungsbedarf besteht. Dem hat Papst Paul VI. mit der Enzyklika "Über den priesterlichen Zölibat" von 1967 Rechnung zu tragen versucht, indem er quasi lehramtlich klären wollte, was auf dem Konzil durch die verhinderte Zölibatsdiskussion verunmöglicht wurde. (Vgl. hierzu den Brief des Papstes an Kardinaldekan Tisserant vom 11.10.1965.)[6] Diese Interventionspolitik wiederholten die deutschen Bischöfe interessanterweise während der Gemeinsamen Synode der Bistümer in der Bundesrepublik Deutschland in Würzburg. Am 13.4.1972 entscheidet die Deutsche Bischofskonferenz, daß auf der Synode über das Thema der Weihe von verheirateten "viri probati" nicht diskutiert werden sollte, was schon von der Vorgehensweise her herbe Kritik auslöst.[7] In der Schweiz, in der fast zur gleichen Zeit in den einzelnen Bistümern Synoden tagen, wird dagegen offen diskutiert (s. die entsprechenden Dokumente), ebenso in den Niederlanden auf dem Pastoralkonzil.[8]

Trotz dieser offenen Fragen - immerhin ist auch das Würzburger Dokument sehr deutlich in der Beschreibung der Situation, auch der Darlegung der verhinderten Diskussion - ist man vor allem in Rom in dieser Frage keinen Schritt weiter gekommen. Seit Beginn des Pontifikates Papst Johannes Paul II. 1978 hat dieser mehrfach den unveränderten römischen Standpunkt deutlich gemacht und zunehmend versucht, die eigentlich kirchenrechtliche Frage theologisch zu untermauern, wobei Matthäus 19 der zentrale Text bleibt. Vor allem die seit 1979 fast jährlich veröffentlichten Briefe an alle Priester der Kirche zum Gründonnerstag haben sich immer wieder dem Thema gewidmet. 1992 erschien am 25. März das nachsynodale Schreiben "Pastores da vobis", in dem im Rückblick auf die Bischofssynode im Oktober 1990 in Rom (daher auch "nachsynodales" Schreiben) der bisherige Standpunkt wieder deutlich gemacht wird.[9]

Doch gibt es auch andere Stimmen. So hat sich z.B. der Französische Bischof Jacques Gaillot 1988 in Lourdes während der französischen Bischofskonferenz deutlich für die Weihe verheirateter Männer zu Priestern und den Zölibatsdispens für Priester ausgesprochen, die verheiratet weiterarbeiten wollen.[10] Neuerdings haben weitere Bischöfe ähnliche Voten abgegeben. So sprach sich der Wiener Alterzbischof Kardinal Franz König in einem Interview u.a. für die Überlegung der Weihe verheirateter Männer aus und unterstützte damit den Vorstoß des Wiener Weihbischofs Helmut Krätzl.[11] Und mehrfach hat auch der Bischof von Trier, Hermann Josef Spital, die Priesterweihe für Verheiratete als Möglichkeit gesehen, um einen "pastoralen Notstand" zu beheben. Der Ansatz von Spital ist wie der von Gaillot und auch König ein pastoraler und zutiefst gemeindezentrierter: Mitte der Gemeinde ist die Feier der Eucharistie. Da jede Gemeinde das Recht auf diese Feier fundamental hat, muß ihr auch dazu die Möglichkeit gegeben werden. Daher die Notwendigkeit, für entsprechende Priesterzahlen zu sorgen, damit dies gewährleistet ist. In diesem Kontext kommt es auch zur Überlegung, Frauen zum Priesteramt zuzulassen.[12]

Wichtig sind nun auch zunehmend andere Stimmen: Auf den verschiedenen Diözesansynoden in Rottenburg-Stuttgart (1985/86), Hildesheim (1989/90) und Augsburg (1990) und dem Diözesanforum in Freiburg (1992) ist das Thema angesprochen worden. Lediglich in Augsburg hat der Bischof kräftig in die Dokumente hineinredigiert und entsprechende Passagen nicht zugelassen in dem von ihm zu billigenden Text. So ist in den Dokumenten der beiden anderen Diözesansynoden jeweils das Votum für die Weihe verheirateter Männer zu Priestern enthalten. Alle drei Synoden nehmen sich auch des Themas des aus dem Dienst scheidenden Priesters an.

Zudem haben sich schon seit Jahren verschiedene Gruppen von der Basis her mit dem Thema Zölibat beschäftigt. Dazu gehören teilweise Selbsthilfegruppen verheirateter Priester, die inzwischen in vielen Ländern bestehen. Aufgrund der Vorarbeit einer solchen italienischen Gruppe, "Unione sacerdoti familiari cattolici", fand 1983 in Chiusi eine Synode verheirateter Priester und ihrer Frauen statt, 1985 eine große Synode mit internationaler Beteiligung in Ariccia. Deren Dokument 1, eine Erklärung zur Vereinbarkeit von Priestertum und Ehe, findet sich in unserer Dokumentensammlung. In der Bundesrepublik Deutschland gibt es zwei derartige Gruppen: 1. Die Vereinigung katholischer Priester und ihrer Frauen und 2. Die Initiativgruppe der vom Zölibat betroffenen Frauen.[13] Andere Gruppen sprechen sich u.a. auch für die Freiwilligkeit des Zölibats aus, so z.B. schon seit Jahren das

Komitee "Christenrechte in der Kirche". Auch kirchenkritische Publikationen wie z.B. "Publik-Forum" oder "Imprimatur" beschäftigen sich immer wieder mit diesem Thema.

Derzeit ist auch sonst in den Medien das Thema wieder "in". Die Wochenzeitung "Rheinischer Merkur/Christ und Welt" hat mit einer Serie zum Thema "Zölibat in der Diskussion" begonnen, in der in bisher (20.11.1992) 8 Artikeln die verschiedenen Meinungen zu Wort kamen.[14] Neben den vom Zölibat betroffenen Frauen, die mit einem Priester in Gemeinschaft leben, stehen dabei zunehmend auch die Kinder aus solchen Beziehungen im Mittelpunkt der Überlegungen.[15] Die großen Probleme einer solchen jahrelang geheimgehaltenen Beziehung müssen jedem als unwürdig, somit auch als unchristlich erscheinen. Um der Menschen und damit um Christi selber willen ist es notwendig, dem Zölibat wieder seine Freiwilligkeit zu geben, wie er dem Text bei Matthäus entspricht, um dem Menschen nicht unnötige Lasten aufzubürden. Es geht ja nicht eigentlich gegen den Zölibat an sich, sondern um seine Verrechtlichung und seine Zwangsbindung an das Priestertum. Zeugt nicht gerade das ständige Betonen, daß die Aufhebung der Verpflichtung zum Zölibat der Priester zu dessen generellen Abschaffung führe, von einem "kleinen Glauben"? Und die theologische Aufrichtigkeit erfordert es auch, um eine weitere Strapazierung des Matthäustextes zu verhindern, zur Diskussion zurückzukehren.

Und ein letztes noch: Auch das Menschenrecht auf Ehe widerspricht dem Zölibat. Und wie will Rom, das sich doch sonst immer als Verfechter der Menschenrechte sieht, diesen innerkirchlichen Mißstand begründen? Schon fordern Politiker, den Kirchen wegen Verstoßes gegen Grundrechte ihre Anerkennung als "Körperschaften des öffentlichen Rechtes" zu versagen.[16] Und auch eine Diskussion um Artikel 140 Grundgesetz und möglicher konkoratärer Bestimmungen über den priesterlichen Zölibat sind nicht unmöglich. Eine um Glaubwürdigkeit bemühte Kirche sollte dies nicht abwarten, sondern im eigenen Interesse die Menschenrechte in ihren Reihen durchsetzen. Um der "Würde des Menschen" willen.

Diplomtheologe Thomas Wagner

Anmerkungen:

1. Hier sei an ein Wort Papst Innozenz III. (1198-1216) erinnert, der die Priester in Anlehnung an Exodus 22,28 als "Götter" titulierte. (vgl. dazu: Rudolf Schermann, Woran die Kirche krankt. Kritische Betrachtungen eines engagierten Priesters. Düsseldorf 1981, S. 149)

2. Vgl. John Boswell, Christianity, Social Tolerance and Homosexuality, Chicago/London 1980, p. 216ff.
3. Vgl. Reinhold Seeberg, Luthers Anschauung von dem Geschlechtsleben und der Ehe und ihre geschichtliche Stellung, in: Luther-Jahrbuch 1925, Hrsg. D.J. Jordan, Neudruck: Amsterdam 1966, S. 91ff.
4. Vgl. dazu z.B. Klaus Schatz, Aufklärung, Staatskirchentum und Ultramontanismus im ersten Viertel des 19. Jahrhunderts, in: Karl-Heinz Braun (Hg.), Kirche und Aufklärung - Ignaz Heinrich von Wessenberg (1774-1860), bes. S. 27.
5. Vgl. dazu das gedruckte Protokoll der Synode, ebenso: Urs Küry, Die Altkatholische Kirche, Hrsg. Christian Oeyen, in der Reihe: Die Kirchen der Welt Bd. III., Frankfurt/M. 1982, S. 74-75 (3. Aufl.).
6. Vgl. Dekret über Dienst und Leben der Priester: Joseph Lécuyer, Die Geschichte des Dekrets, in: Das Zweite Vatikanische Konzil, III. Teil, im Rahmen des Lexikons für Theologie und Kirche, Freiburg/Basel/Wien 1968, S. 136-140.
7. Vgl. die Einleitung zum Beschluß der Synode: Die pastoralen Dienste in der Gemeinde vom 10.5.1975, in: Gemeinsame Synode der Bistümer in der Bundesrepublik Deutschland, Offizielle Gesamtausgabe, I. Bd., Freiburg 1976, S. 590-592; vgl. auch: Manfred Plate, Das deutsche Konzil. Die Würzburger Synode. Bericht und Deutung, Freiburg 1975, S. 25.
8. Vgl. dazu: Erwin Kleine, Es geht um mehr als Zölibat, Ein Bericht über die 5. Plenarsitzung des Pastoralkonzils der niederländischen Kirche, München 1970; Kurze Zusammenfassung in: Erwin Kleine, Hollands Kirche unterwegs. Perspektiven des Niederländischen Pastoralkonzils '68-'70, Essen-Werden 1970, S. 98-102; ders., Holland-Kirche contra Rom?, Essen-Werden 1967, S.101-103.
9. Herausgegeben vom Sekretariat der Deutschen Bischofskonferenz in der Reihe "Verlautbarungen des Apostolischen Stuhls" als Nr. 105.
10. Jacques Gaillot, "Eine Kirche, die nicht dient, dient zu nichts". Erfahrungen eines Bischofs, Freiburg 1990, S. 177- 179 (Dokument) und S. 68-71 (Erläuterungen von Bischof Gaillot dazu).
11. Interview mit Kardinal Franz König: "Nicht so ängstlich und engstirnig" - Kardinal Franz König über österreichische Flüchtlingspolitik, den jugoslawischen Völkermord und die innerkirchliche Gegenreformation, in: profil Nr. 40, 28.9.1992.
12. z.B.: "Bischof: Priesterweihe für Verheiratete wird kommen", in: Kölner/Bonner Rundschau, 15.9.1992 (Bericht über Bischof Spitals Interview mit der Zeitschrift "Stadt Gottes"); ebenso das ausführliche Interview mit Spital: "Mit Wegdrücken kommen wir nicht weiter". Der Trierer Bischof Dr. Hermann Josef Spital zur Rolle des Papstes, zu künstlichen Verhütungsmitteln, Zölibat, Frauen als Priester und Eugen Drewermann, in: Saarbrücker Zeitung Nr. 237, 10/11.10.1992, S. 33 "Themen der Zeit".
13. Anschriften: Vereinigung katholischer Priester und ihrer Frauen: Carmen und Reinhold Wanke, Glockenweg 10, 4800 Bielefeld-Brackwede; Initiativgruppe der vom Zölibat betroffenen Frauen: Anne Dördelmann-Lueg, Uhlandstr 7, 5650 Solingen-11.
14. Reinhard Körner, Der Verzicht als große Chance, RM Nr. 36, 4.9.1992; Klaus H., Wenn ein Lebensentwurf schließlich scheitert, RM Nr. 37, 11.9.1992; Bernd Kettern, Es ist wie beim Verlieben; RM Nr. 39, 25.9.1992; Gudula Burckhardt, Mein Mann ist katholischer Priester, RM Nr. 41, 9.10.1992; Denis Martin (Ps.), Wenn die Kirche

mich nicht weiter brauchen will, RM Nr. 42, 16.10.1992; Heinrich Basilius Streithofen, Entscheidung für das Himmelreich, RM Nr. 43, 23.10.1992;Carl-Josef Reitz, Auch der Priester ist ein echter Mann, RM Nr. 45, 6.11.1992; Joachim Kardinal Meisner, Erst der Verzicht macht richtig reich, RM Nr. 47, 20.11.1992; Peinliche Bekenntnisse oder ehrliche Debatte? Leserbriefe zur Serie "Zölibat in der Diskussion" in: RM Nr. 47, 20.11.1992 Ein weiterer längerer Artikel zum Thema aus letzter Zeit: Wolfgang Wischmeyer, Er kam erst nachts, und in der Frühe ging er wieder. Leidensweg unter dem Zölibat, in: Frankfurter Allgemeine Sonntagszeitung, Nr. 42 vom 18.10.1992.

15. Vgl. Karin Jäckel, Sag keinem, wer dein Vater ist! Das Schicksal von Priesterkindern. Zeugnisse - Berichte - Fragen. Recklinghausen 1992; dies., O Gott! Ich bin das Kind eines Priesters, in: COSMOPOLITAN 9/1992, S. 53-56. Auch das Fernsehen brachte (Sonntag 15.11.1992) einen entsprechenden Bericht: ARD 17.30: Verstoßen und verschwiegen - Mutter Kirche und das Tabu der Priesterkinder (in der Sendung "Regenbogen").
16. Saarbrücker Zeitung Nr. 225 vom 26./27.9.1992: "Berlin (AP). Die Vorsitzende des Bundestagsausschusses für Frauen und Jugend, Edith Niehuis (SPD), will einen Antrag in der Verfassungskommission einbringen, wonach Religionsgemeinschaften, die gegen Grundrechte verstoßen, nicht mehr als Körperschaften des öffentlichen Rechts anerkannt werden sollen. Dazu gehöre auch die katholische Kirche, weil sie massiv die Gleichstellung von Mann und Frau sowie den Schutz von Ehe und Familie mißachte. Das Zölibat und das Berufsverbot für Frauen in der katholischen Kirche müssen abgeschafft werden.'"

Synode von Elvira
Um das Jahr 324

Kanon 18:
Episcopi, presbyteri et diacones si in ministerio positi detecti fuerint quod sint moechati, placuit propter scandalum et propter profanum crimen nec in finem eos communionem accipere debere.

Kanon 27:
Episcopus vel quilibet alius clericus aut sororem aut filiam virginem dicatam Deo tantum secum habeat; extraneam nequaquam habere placuit.

Kanon 30:
Subdiaconos eos ordinari non debere, qui in adolescentia sua fuerint moechati, eo quod postmodum per subreptionem ad altiorem gradum non sint promovendi; si autem aliqui sunt in praeteritum ordinati, amoveantur.

Kanon 33:
Placuit in totum prohibere episcopis, presbyteris et diaconibus vel omnibus clericis positis in ministerio abstinere se a coniugibus suis et non generare filios. Quicumque vero fecerit, ab honore clericatus exterminetur.

Konzil von Nikaia
Im Jahre 325

Conciliorum oecumenicorum decreta 6.
Kanon 3:
Interdixit per omnia magna synodus, nec episcopo nec presbytero nec alicui prorsus, qui est in clero, licere subintroductam habere mulierem, nisi forte matrem aut sororem aut amitam vel eas tantum personas quae suspicionem effugiunt.

Papst Damasus I. (oder Siricius) an die Bischöfe in Gallien
Um das Jahr 375

Ea de sacerdotibus primo in loco statuta, tum et de (episcopis) presbyteris et diaconibus, quos sacrificiis divinis necesse est interesse, per quorum manus et gratia baptismatis traditur et corpus Christi conficitur: quos non solum nos, sed et scriptura divina conpellit esse castissimos, et patres quoque iusserunt continentiam corporalem servare debere. Qua de re non praetereamus, sed dicamus et causam. Quo enim pudore viduae aut virgini ausus est episcopus vel presbyter integritatem vel continentiam praedicare, vel suadere castum cubile servare, si ipse saeculo magis insistit filios generare quam deo? Adam, qui praeceptum non servavit, eiectus foras paradysum caruit regnum, et praevaricatorem putas posse ad regna caelestia pervenire? Ob quam rem Paulus dicit: Vos iam non estis in carne, sed in spiritu (Röm 8,9), et item: Et qui habent uxores ita sint quasi non habeant (1 Kor 7,29). An populum hortetur, et levitis et sacerdotibus blandiens licentiam praebeat opus exhibere carnale, idem ipse dicens: Et carnis curas ne feceritis in concupiscentiis (Röm 13,14), et alibi: Uellem autem omnes sic esse sicut meipsum (1 Kor 7,7)? Qui militat Christo, qui in sede residet magistri, qui militiae disciplinam non potest custodire?

De his itaque tribus gradibus, quos legimus in scripturis, a ministris dei munditia praecepta est observari, quibus necessitas semper in promptu est: aut enim baptisma tradendum est, aut offerenda sunt sacrificia. Numquid inmundus ausus erit contaminare quod sanctorum est, quando quae sancta sunt sanctis sancta sunt? Denique illi qui in templo sacrificia offerebant, ut mundi essent, toto anno in templi solo observationis merito permanebant, domus suas penitus nescientes; certe idolatrii, ut impietates exerceant et daemonibus immolent, imperant sibi continentiam muliebrem, et ab escis quoque se purgari volunt: et me interrogas si sacerdos dei veri spiritalia oblaturus sacrificia purgatus perpetuo debeat esse, an totus in carne carnis curam debeat facere? Si commixtio pollutio est, utique sacerdos stare debet ad officium coeleste praeparatus, qui pro alienis peccatis est postulaturus, ne ipse inveniatur indignus. Nam si ad laicos dicitur: Abstinete ad tempus ut vacetis orationi (1 Kor 7,5), et illi creaturae utique generatione deserviunt, sacerdotale possunt habere nomen, meritum habere non possunt. Quod si ita est et permanet ista praesumptio, oportet iam episcoporum vel presbyterorum aut diaconorum discine cum publicanorum discine cum publicanorum vita sociari. Quamobrem, mihi carissimi, huiusmodi hominibus coinquinatis et infidelibus, in quibus sanctitudo corporis per inluviem et incontinentiam videtur esse polluta, misterium Dei credere non oportere, veneratione religionis ipsa suadente moneo; hos enim et ratio iusta secernit. Audiunt certe quoniam caro et sanguis regnum Dei non possidebunt, neque corruptio incorruptelam (1 Kor 15,50); et audet presbyter aut diaconus animalium mori subiacere contendere?...

Romana ecclesia hoc specialiter custodit, ut si quis puerulus baptizatus integritatem corporis servaverit, admitti potest ad clerum; vel qui maior fuerit baptizatus, et si manserit pudicus, (et si) unius uxoris vir, potest clericus fieri, si nullis aliis criminum funiculis alligetur. Ceterum qui corruperit carnalibus vitiis aquae sacramenta, post fornicationem etiamsi ducat uxorem, quomodo poterit ad dimittenda peccata ministerio adsistere? qui prioris vitae repetierit caecitatem? Quomodo illud intellegitur: neque fornicarii, neque idolatrii et caeteri tales regnum Dei possidebunt (1 Kor 6,9-10), si nihil inter bonum et malum, inter iustum et impium, inter luxuriosum et pudicum, inter observantem legem et publicanum? Fiant tales ministri vel sacerdotes non Christi sed potius Antichristi. Et ubi est illud quod sanctus apostolus Paulus, qui formam tulit episcopi qualis esset ordinandus, ante praecepit dicens: inrepraehensibilem, sobrium et pudicum et caetera (1 Tim 3,2)? Quomodo hic inrepraehensibilis est qui baptismi sacramentum non potuit custodire? O nova praesumptio, huic sacerdotium creditum, cui poenitentia sola debetur, ut longa satisfactione sordidata veniae beneficia possit abluere.

Siricius an Bischof Himerius von Tarragona
10. Februar 385

1. Directa ad decessorem nostrum sanctae recordationis Damasum fraternitatis tuae relatio me iam in sede ipsius constitutum, quia sic Dominus ordinavit, invenit. Quam cum in conventu fratrum sollicitius legeremus tanta invenimus, quae reprehensione et correctione sint digna, quanta optaremus laudanda cognoscere. Et quia necesse erat, nos in eius laboribus curisque succedere, cui per Dei gratiam successimus in honore; facto, ut oportebat, primitus meae provectionis indicio, ad singula, prout Dominus aspirare dignatus est, consultationi tuae responsum competens non negamus: quia officii nostri consideratione non est nobis dissimulare, non est tacere libertas, quibus maior cunctis christianae religionis zelus incumbit. Portamus onera omnium, qui gravantur: quin immo haec portat in nobis beatus apostolus Petrus, qui nos in omnibus, ut confidimus, administrationis suae protegit et tuetur haeredes ...

6. Praeterea monachorum quosdam atque monacharum abiecto proposito sanctitatis in tantam potestatis demersos esse lasciviam, ut prius clanculo velut sub monasteriorum praetextu illicita ac sacrilega se contagione miscuerint: postea vero in abruptum conscientiae desperatione perducti de illicitis complexibus libere filios procreaverint; quod et publicae leges et ecclesiastica iura condemnant. Has ergo impudicas detestabilesque personas a monasteriorum coetu ecclesiarumque conventibus eliminandas esse mandamus: quatenus retrusae in suis ergastulis tantum facinus continua lamentatione deflentes purificatorio possint poenitudinis igne decoquere, ut eis vel ad mortem saltem solius misericordiae intuitu per communionis gratiam possit indulgentia subvenire.

7. Veniamus nunc ad sacratissimos ordines clericorum, quos in venerandae religionis iniuriam ita per vestras provincias calcatos atque confusos caritate tua insinuante, reperimus, ut Ieremiae nobis dicendum sit voce: >Quis dabit capiti meo aquam, et oculis meis fontem lacrimarum, et flebo populum hunc

die ac nocte?< Si ergo beatus propheta ad lugenda populi peccata non sibi ait lacrymas posse sufficere: quanto nos possumus dolore percelli, cum eorum, qui in nostro sunt corpore, compellimur facinora deplorare? Praecipue quibus secundum beatum Paulum >instantia quotidiana, et sollicitudo omnium ecclesiarum indesinenter incumbit? Quis enim infirmatur, et ego non infirmor? Quis scandalisatur, et ego non uror?< Plurimos enim sacerdotes Christi atque levitas post longa consecrationis suae tempora tam de coniugibus propriis quam etiam de turpi coitu sobolem didicimus procreasse, et crimen suum hac praescriptione defendere, quia in Veteri Testamento sacerdotibus ac ministris generandi facultas legitur attributa. Dicat mihi nunc, quisquis ille est sectator libidinum, praeceptorque vitiorum, si aestimat quia in lege Mosis passim sacris ordinibus a Domino laxata sunt frena luxuriae, cur eos, quibus committebantur sancta sanctorum, praemonet dicens: >Sancti estote, quia et ego sanctus sum, Dominus Deus vester< (Lev 20,7). Cur etiam procul a suis domibus anno vicis suae in templo habitare iussi sunt sacerdotes? (Num 18, 1-6; Lk 1, 8). Hac videlicet ratione, ne vel cum uxoribus possent carnalem exercere commercium, ut conscientiae integritate fulgentes acceptabile Deo munus offerent. Quibus expleto deservitionis suae tempore uxoris usus solius successionis causa fuerat relaxatus, quia non ex alia, nisi ex tribu Levi quisquam ad Dei ministerium fuerat praeceptus admitti (Num 3, 5-13).

Unde et Dominus Jesus cum nos suo illustrasset adventu, in Evangelio protestatur, quia legem venerit implere, non solvere (Mt 5,17). Et ideo Ecclesiam, cuius sponsus est speciosus forma, castitatis voluit splendore radiare (Mt 5,27s), ut in die iudicii, cum rursus advenerit, sine macula et ruga eam possit, sicut per Apostolum suum instituit, reperire (Eph 5,27). Quarum sanctionum omnes sacerdotes atque levitas insolubili lege constringimur, ut a die ordinationis nostrae sobrietati ac pudicitiae et corda nostra mancipemus et corpora, dummodo per omnia Deo nostro in his, quae quotidie offerimus, sacrificiis placeamus. Qui autem in carne sunt, dicente electionis vase, Deo placere non possunt. Vos autem iam non estis in carne sed in spiritu, si tamen spiritus Dei habitat in vobis (Röm 8,8). Et ubi poterit nisi in corporibus, sicut legimus (Sap 1,4), sanctis Dei spiritus habitare? Et quia aliquanti, de quibus loquimur, ut tua sanctitas retulit, ignoratione lapsos esse se deflent, his hac conditione misericordiam dicimus non negandam, ut sine ullo honoris augmento, in hoc quo detecti sunt, quamdiu vixerint, officio perseverent, si tamen post haec continentes se studuerint exhibere. Hi vero qui illiciti privilegii excusatione nituntur, ut sibi asserant veteri hoc lege concessum, noverint se ab ecclesiastico honore, quo indigne usi sunt, Apostolicae Sedis auctoritate deiectos, nec umquam posse veneranda attrectare mysteria, quibus se ipsi, dum obscoenis cupiditatibus inhiant, privaverunt. Et quia exempla praesentia cavere nos praemonent in futurum, si quilibet episcopus, presbyter atque diaconus - quod non optamus - deinceps fuerit talis inventus, iam nunc sibi omnem per nos indulgentiae aditum intelligat obseratum, quia ferro necesse est excidantur vulnera, quae fomentorum non senserint medicinam.

8. Didicimus etiam licenter ac libere inexploratae vitae homines, quibus etiam fuerint numerosa coniugia, ad praefatas dignitates, prout cuique libuerit, aspirare. Quod non tantum illis, qui haec immoderata ambitione pervertunt, quantum metropolitanis specialiter pontificibus imputamus, qui dum inhibitis ausibus connivent, Dei nostri, quantum in se est, praecepta contemnunt. Et ut taceamus, quod altius suspicamur, ubi illud sit, quod Deus noster data per Mosen lege constituit dicens: >Sacerdotes mei semel nubant<? Et alio loco: >Sacerdos uxorem virginem accipiat, non viduam, non repudiatam, non meretricem.< Quod secutus Apostolus ex persecutore praedicator, unius uxoris virum tam sacerdotem quam diaconum fieri debere mandavit. Quae omnia ita a vestrarum regionum despiciuntur episcopis, quasi in contrarium magis fuerint constituta. Et quia non est nobis de huiusmodi usurpationibus negligendum, ne nos indignantis Domini vox iusta corripiat, qui dicit: >Videbas furem, et currebas cum eo, et ponebas tuam cum adulteris portionem.< Quid ab universis posthac ecclesiis sequendum sit, quid vitandum, generali pronunciatione decernimus.

9. Quicunque itaque se ecclesiae vovit obsequiis a sua infantia, ante pubertatis annos baptisari et lectorum debet ministerio sociari. Qui ab accessu adolescentiae usque ad vicesimum aetatis, annum, si probabiliter vixerit, una tantum, et ea, quam virginem communi per sacerdotem benedictione perceperit, uxore contentus, acolythus et subdiaconus esse debebit, post quae ad diaconi gradum, si se ipse primitus continentia praeeunte dignum probaverit, accedat. Ubi si ultra quinque annos laudabiliter ministraverint, congrue presbyterium consequatur. Exinde post decennium episcopalem cathedram poterit adipisci, si tamen per haec tempora integritas vitae ac fidei eius fuerit approbata.

10. Qui vero iam aetate grandaevus melioris propositi conversatione provocatus ex laico ad sacram militiam pervenire festinat, desiderii sui fructum non aliter obtinebit, nisi eo, quo baptisatur, tempore statim lectorum aut exorcistarum numero societur, si tamen eum unam habuisse vel habere, et hanc virginem accepisse constet uxorem. Qui dum initiatus fuerit, expleto biennio per quinquennium aliud acolythus et subdiaconus fiat, et sic ad diaconatum, si per haec tempora dignus iudicatus fuerit, provehatur. Exinde iam accessu temporum presbyterium vel episcopatum, si eum cleri ac plebis evocari electio, non immerito sortietur.

11. Quisquis sane clericus aut viduam aut certe secundam coniugem duxerit, omni ecclesiasticae dignitatis privilegio mox nudetur, laica sibi

tantum communione concessa. Quam ita demum poterit possidere, si nihil postea, propter quod hanc perdat, admittat.

12. Feminas vero non alias esse patimur in domibus clericorum, nisi eas tantum, quas propter solas necessitudinum causas habitare cum iisdem Synodus Nicaena permisit.

(...)

15. Et quia in his omnibus, quae in reprehensionem veniunt, sola excusatio ignorationis obtenditur, cui nos interim solius pietatis intuitu necesse est clementer ignoscere: quicunque poenitens, quicunque digamus, quicunque viduae maritus ad sacram militiam indebite et incompetenter irrepsit, hac sibi conditione a nobis veniam intelligat relaxatam, ut in magno debeat computare beneficio, si ademta sibi omni spe promotionis, in hoc in quo invenietur ordine perpetua stabilitate permaneat; scituri posthac omnium provinciarum summi antistites, quodsi ultra ad sacros ordines quemquam de talibus crediderint assumendum, et de suo et de eorum statu, quos contra canones et interdicta nostra provexerint, congruam ab Apostolica Sede promendam esse sententiam.

Siricius an die Bischöfe in Nordafrika
Im Jahre 386
(Das Schreiben enthält die Kanones der Synode von Rom aus demselben Jahr.)

Kanon 4:
Ut mulierem, id est, viduam clericus non ducat uxorem.

Kanon 5:
Ut hic, qui laicus viduam duxerit, non admittatur ad clerum.

Praeterea quod dignum et pudicum et honestum est, suademus, ut sacerdotes et levitae cum uxoribus suis non coeant: quia in ministerio ministri quotidianis necessitatibus occupantur. Ad Corinthios namque sic Paulus scribit dicens: >Abstinete, ut vacetis orationi.< Si ergo laicis abstinentia imperatur, ut possint deprecantes audiri: quanto magis sacerdos utique omni momento paratus esse debet, munditiae puritate securus, ne aut sacrificium offerat, aut baptizare cogatur? Qui si contaminatus fuerit carnali concupiscentia, quid faciat? Excusabit? Quo pudore, qua mente usurpabit? Qua conscientia, quo merito hic exaudiri se credit, cum dictum sit: >Omnia munda mundis, coinquinatis autem et infidelibus nihil mundum.< Qua de re hortor, moneo, rogo, tollatur hoc opprobrium, quod potest iure etiam gentilitas accusare. Forte hoc creditur, quia scriptum est, >Unius uxoris virum<. Non permanentem in concupiscentia generandi dixit, sed propter continentiam futuram. Neque enim integros non admisit, quo ait: >Vellem autem omnes homines sic esse, sicut et ego.< Et apertius declarat dicens: >Qui autem in carne sunt, Deo placere non possunt. Vos autem iam non estis in carne, sed in spiritu.<

Synode von Mailand an Siricius
Im Jahre 390

Neque vero nos negamus sanctificatum a Christo esse coniugium, divina voce dicente: Erunt ambo in carne una (Mt 19,5), et in uno spiritu:; sed prius est quod nati sumus, quam quod effecti, multoque praestantius divini operis mysterium, quam humanae fragilitatis remedium. Iure laudatur bona uxor, sed melius pia virgo praefertur, dicente Apostolo: Qui iungit virginem suam, bene facit: et qui non iungit, melius facit; haec enim cogitat quae Dei sunt, illa quae mundi (1 Kor 7,38). Illa coniugalibus vinculis colligata est, haec libera vinculorum: illa sub lege, ista sub gratia. Bonum coniugium, per quod est inventa posteritas successionis humanae, sed melior virginitas, per quam regni coelestis haereditas acquisita, et coelestium meritorum reperta successio. Per mulierem cura successit, per virginem salus evenit. Denique speciale sibi donum virginitatis Christus elegit, et integritatis munus exhibuit, atque in se repraesentavit, quod elegit in matre.

Aus der Sammlung "Von den Pflichten der Kirchendiener" (1.Buch) des Kirchenvaters Ambrosius
Um das Jahr 391

248. Was soll ich aber von der Reinheit sprechen? Ist doch nur eine Ehe und keine weitere erlaubt. Und in der Ehe selbst liegt das Gesetz, die Ehe nicht zu wiederholen und keine zweite eheliche Verbindung einzugehen. Verwunderlich erscheint so manchem nur das, warum sogar aus einer vor der Taufe wiederholt eingegangenen Ehe für die Wahl zum (Leviten-) Amte und für das Vorrecht zum Weiheempfang Hindernisse erwachsen sollen, während selbst Verfehlungen, wenn sie durch das Taufsakrament nachgelassen sind, kein Hindernis bilden. Doch wir müssen bedenken, daß durch die Taufe zwar die Schuld nachgelassen, nicht aber ein Gesetz aufgehoben werden kann. In solcher Ehe liegt nicht Schuld, sondern Gesetz. Was Schuld ist, wird in der Taufe getilgt, was Gesetz ist in der Ehe, nicht aufgehoben. Wie könnte aber auch einer zum Witwenstand aufmuntern, der selbst mehrere Ehen eingegangen hat?

249. Ihr, die ihr in leiblicher Unversehrtheit, in unverletzter Reinheit, selbst in ehelicher Enthaltsamkeit das Gnadenamt eures heiligen Dienstes empfangen

habt, begreift wohl, daß dieser Dienst sonder Tadel und Makel geleistet werden muß. Das ließ ich deshalb nicht unerwähnt, weil vielfach an abgelegeneren Orten Kleriker, da sie den Kirchendienst oder selbst das Priesteramt bekleideten, Kinder bekamen. Sie wollen dies gleichsam mit einem alten Herkommen beschönigen aus der Zeit, da man nach tagelangen Unterbrechungen das Opfer darbrachte. Und doch beobachtete, wie wir im Alten Testamente lesen, das gewöhnliche Volk, um rein zum Opfer zu treten, durch zwei und drei Tage hindurch keusche Enthaltsamkeit und wusch sich die Kleider (Ex 19,10f). Wenn schon im vorbildlichen Kulte so strenge Observanz herrschte, wie streng muß sie im wahren sein! Verstehe, Priester und Levite, was es bedeutet: 'deine Kleider waschen'. Du sollst einen reinen Leib zur Feier der Geheimnisse mitbringen! Wenn es dem Volke verboten war, ohne Reinwaschung seiner Kleider zum Opfer hinzutreten: du wolltest es wagen, unreines Geistes und Leibes zugleich für andere zu beten, für andere des Dienstes zu walten?

Papst Innozenz I. an Bischof Exuperius von Toulouse
20. Februar 405

(XXI. De incontinentia sacerdotum vel levitarum)
Proposuisti quid de his observari debeat, quos in diaconii ministeriis aut in officio presbyterii positos incontinentes esse aut fuisse generati filii prodiderunt. De his et divinarum legum (manifesta) est disciplina, et beatae recordationis viri Siricii episcopi monita evidentia commearunt, ut incontinentes in officiis talibus positi omni honore ecclesiastico priventur nec admittantur (accedere) ad (tale) ministerium quod sola continentia oportet impleri. Est enim vetus admodum sacrae legis auctoritas iam inde ab initio custodita, quod in templo anno vicis suae habitare praecepti sunt sacerdotes, ut servientes sacris oblationibus puros et ab omni labe purgatos sibi vindicent divina mysteria, neque eos ad sacrificia fas sit admitti, qui exercent vel cum uxore carnale commercium, quia scriptum est: sancti estote, quoniam et ego sanctus sum Dominus Deus vester. Quibus utique propter sobolis successionem propterea uxorius usus fuerat relaxatus, quia ex alia tribu ad sacerdotium nullus fuerat praeceptus accedere. Quanto magis hi sacerdotes vel levitae pudicitiam ex die ordinationis suae servare debent, quibus vel sacerdotium vel ministerium sine successione est, nec praeterit dies, qua vel a sacrificiis divinis aut a baptismatis officio vacent? Nam si Paulus ad Corinthios scribit dicens: abstinete vos ad tempus ut vacetis orationi, et hoc utique laicis praecepit, multo magis sacerdotes, quibus et orandi et sacrificandi iuge officium est, semper debebunt ab huiusmodi consortio abstinere. Qui si contaminatus fuerit carnali concupiscentia, quo pudore vel sacrificare

usurpabit, aut qua conscientia quove merito exaudiri se eredit, cum dictum sit: omnia munda mundis coinquinatis autem et infidelibus nihil mundum? Sed fortasse hoc licere eredit, quia scriptum est: unius uxoris virum; non permanentem in concupiscentia generandi hoc dixit, sed propter continentiam futuram. Neque enim integros corpore non admisit, qui ait: vellem autem omnes sic esse, sicut et ego; et apertius declarat dicens: qui autem in carne sunt, Deo placere non possunt; vos autem iam non estis in carne, sed in spiritu. Et habentem filios non generantem dixit. Sed ea plane dispar et divisa sententia est: nam si ad aliquos forma illa ecclesiasticae vitae pariter et disciplinae, quae ab episcopo Siricio ad provincias commeavit, non probabitur pervenisse, his ignorationis venia remittitur, ita ut de cetero penitus incipiant abstinere: et ita gradus suos, in quibus inventi fuerint sic retentent, ut ad potiora eis non liceat ascendere; quibus in beneficio esse debet, quod hunc ipsum locum quem retinent non amittunt. Si qui autem scisse formam vivendi missam a Siricio deteguntur, neque statim cupiditates libidinis abiecisse, ille sunt modis omnibus submovendi, qui post admonitionem cognitam praeponendam arbitrati sunt voluptatem.

Hieronymus in seiner Schrift "Gegen Vigilantius"
Im Jahre 406

2. O Schande! Er soll Bischöfe zu Genossen seiner Freveltat haben, wofern man jene noch Bischöfe nennen kann, welche keinen zum Diakon weihen, der nicht vorher eine Gattin heimgeführt hat, die keinem Ehelosen Keuschheit zutrauen, offenbar weil sie dartun wollen, wie heilig sie leben, die bei allen Böses vermuten, die dann nur die Sakramente Christi spenden, wenn sie wahrnehmen, daß die Frauen der Kleriker in Hoffnung sind und Kinder auf den Armen der Mütter schreien. Was sollen die Kirchen des Orientes tun? Was die Ägyptens und des Apostolischen Stuhles, die nur Jungfräuliche und Enthaltsame zu Priestern annehmen oder solche, welche zwar Frauen gehabt haben, aber aufhörten, ein eheliches Leben zu führen? In diesem Geleise bewegen sich der "Schlafmütze" Lehren, die ihren Lüsten die Zügel schießen läßt und den natürlichen Brand des Fleisches, der in der Jugend meist zu größter Glut angefacht wird, durch ihre Ratschläge verdoppelt, oder besser gesagt zum Erlöschen bringt durch den Beischlaf mit Frauen. Schließlich unterscheiden wir uns durch nichts mehr von den Schweinen, es bleibt kein Abstand zwischen uns und den unvernünftigen Tieren, zwischen uns und den Pferden, von denen eine Schriftstelle sagt: "Gegen die Frauen sind sie geworden gleich tollen Pferden; ein jeder wieherte nach der Gattin seines Nächsten" (Jer 5,8). Der Heilige Geist aber spricht durch David: "Werdet nicht wie Pferd und Maultier, die keinen Verstand besitzen" (Ps 31,9). Über die

"Schlafmütze" und ihre Genossen äußert er sich: "Mit Trense und Zügel schnüre die Kinnladen derer zusammen, die sich dir nicht nahen" (Ps 31,9).

Papst Leo I. an die Bischöfe in Mauretanien (Afrika)
Rom, 10. August 446

Dicente enim Apostolo, ut inter alias electionis regulas in episcopus ordinetur, quem unius uxoris virum fuisse aut esse constiterit, tam sacra ta semper habita est ista praeceptio, ut etiam de muliere sacerdotis eligendi eam intelligeretur servanda conditio, ne forte illa, priusquam in matrimonium eius veniret, qui aliam non habuisset uxorem, alterius viri esset experta coniugium. Quis igitur tolerare audeat, quod in tanti sacramenti perpetratur iniuriam, cum huic magno venerandoque mysterio nec divinae quidem legis statuta defuerint, quibus evidenter est definitum, ut virginem sacerdos accipiat uxorem, et alterius thorum nesciat coniugis, quae uxor futura est sacerdotis? Iam tum enim in sacerdotibus figurabatur Christi et Ecclesiae spirituale coniugium, ut quoniam vir caput est mulieris, discat Sponsa Verbi non alium virum nosse quam Christum, qui merito unam elegit, unam diligit et aliam praeter ipsam suo consortio non adiungit. Si ergo etiam in veteri Testamento haec sacerdotalium coniugiorum forma servata est, quanto magis sub Evangelii gratia constituti, apostolicis debemus inservire praeceptis, ut quamlibet quis bonis moribus praeditus, et sanctis operibus inveniatur ornatus; nequaquam tamen vel ad diaconi gradum, vel ad presbyterii honorem, vel ad episcopatus culmen ascendat, si aut ipsum non unius uxoris virum, aut uxorem eius non unius viri fuisse claruerit?

Papst Leo I. an Bischof Rusticus von Narbonne
Um das Jahr 456

Lex continentiae eadem est ministris altaris quae episcopis atque presbyteris, qui cum essent laici sive lectores, licito et uxores ducere et filios procreare potuerunt. Sed cum ad praedictos pervenerunt gradus, coepit eis non licere quod licuit. Unde, ut de carnali fiat spirituale coniugium, oportet eos nec dimittere uxores, et quasi non habeant sic habere, quo et salva sit charitas connubiorum, et cessent opera nuptiarum.

Papst Hilarius I. an den Episkopat der Kirchenprovinz Tarragona
Im Jahre 463

1. Postquam literas vestrae dilectionis accepimus ... hac ratione decernimus ... ut nihil deinceps contra praecepta beati apostoli, nihil contra Nicaenorum canonum constitutum tentetur.

...

5. Ordinatos nunc episcopos ... hac ratione firmamus, si nec viduae maritus fuerit quisquam, et in unius virginis nuptias ac vota convenerit, sicut et legalia constituta praecipiunt dicendo: Sacerdos virginem uxorem accipiat, non viduam, non repudiatam, secundum quod etiam beatus apostolus Paulus magister gentium de his, qui fieri desiderant sacerdotes, propria institutione non tacuit, dicens: Unius uxoris virum. Cuius sane tenore sententiae ita informati esse debetis, fratres carissimi, ut inter cetera, quae cavenda sunt, haec studeatis praecipue custodire, quae cognoscitis ante universa mandari.

Synode von Rom
Im Jahre 465

Kanon 2:
Cavendum ergo imprimis est, ne ad sacratos gradus, sicut gestis prioribus ante praescriptum est, quisquam, qui uxorem non virginem duxit, aspiret. Repellendus est etiam quisque, qui in secundae uxoris nuptias contra apostolica praecepta convenit.

Pelagius I. an Patricius Cethegus
Im Februar 559

Quod de ordinando ecclesiae Catanensi episcopo salubris electione iudicii fieri desiderastis, agnovimus, confestim sequenti die eum iuxta morem discutientes, tertio quo venit die episcopum consecrare curavimus. Simili quidem modo et de Syracusanae urbis antistite potaveramus in ipso initio gloriae vestrae desideriis obedire, nisi nos multiplex ratio ipsius non paucis temporibus ordinationem differre sacerdotii coegisset; ob hoc quod vel personae qualitas, et sicut vos melius nostis, vel superstes uxor, aut filii per quos ecclesiastica solet periclitari substantia, nostros animos diutius ab eius ordinatione suspenderent. Et quantum ad cautelam humanam pertinet, integro pene anno distulimus; opinantes quod melius Syracusanorum provenire electio potuisset. Sed quia in voluntatis suae proposito irrevocabiliter perstiterunt, et nullus est alius in eadem repertus ecclesia, nisi longioribus adhuc temporum differetur spatiis, ne paulo amplius insanirent, sicut filii nostri magnifici viri praetores testificatione didicimus, inter huiusmodi ambiguitates illud consultius iudicavimus faciendum, ut congrua providentia causam, propter quam principalis constitutio habentes filios et uxores ad episcopatus prohibet ordinem promovere, salva dispositione concilii muniremus. Qua de re summo studio ab eodem priusquam a nobis eum contingeret ordinari, huiusmodi exegimus cautionem, per quam et suam fateretur quantula esset praesentis temporis habita rerum descriptione substantiam, et nihil unquam per se, aut per filios, aut per uxorem, sive per quamlibet propinquam, aut domesticam, vel extraneam forte personam, de rebus usurparet ecclesiae; et universa sui episcopatus quaesita tempore ecclesiae domino sociaret; nihil ultra id quod modo descriptum est, filiis suis vel haeredibus relicturus.

Papst Gregor I. an den Subdiakon Petrus in Sizilien
Mai 591

Ante triennium subdiacones omnium ecclesiarum Siciliae prohibiti fuerant, ut more Romanae ecclesiae suis uxoribus nullatenus miscerentur. Quod mihi durum atque incompetens videtur, ut qui usum eiusdem continentiae non invenit, neque castitatem ante proposuit, compellatur a sua uxore separari, atque per hoc, quod absit, deterius cadat. Unde videtur mihi, ut a praesenti die episcopis omnibus dicatur, ut nullum facere subdiaconum praesumant, nisi qui se victurum caste promiserit, quatenus et praeterita, quae per propositum mentis appetita non sunt, violenter non exigantur et futura caute caveantur. Qui vero post eandem prohibitionem, quae ante triennium facta est, continenter cum suis coniugibus vicerunt, laudandi atque remunerandi sunt et ut in bono suo permaneant exhortandi. Eos autem qui post prohibitionem factam se a suis uxoribus continere noluerunt, pervenire ad sacrum ordinem nolumus, quia nullus debet ad ministerium altaris accedere, nisi cuius castitas ante susceptum ministerium fuerit approbata.

Papst Gregor I. an Bischof Januarius von Cagliari
Mai 594

Dumque solum simplicitati a vobis studetur, quantum videmus, disciplina neglegitur. Unde hortor, ut omni excusatione postposita ecclesiam quam suscepisti auctore Deo regas, disciplinam clericis tenere, nullius verba metuere studeas. Archidiaconem vero tuum, ut audio, habitare cum mulieribus prohibuisti, et nuncusque in ea prohibitione despiceris. Qui nisi iussioni tuae paruerit, eum a sacro ordine volumus esse privatum...

Pervenit etiam ad nos, quosdam de sacris ordinibus lapsos, vel post poenitentiam, vel ante poenitentiam ad ministerii sui officium revocari, quod omnino prohibemus, et in hac re sacratissimi quoque canones contradicunt. Qui igitur post acceptum ordinem lapsus in peccato carnis fuerit, sacro ordine ita careat, ut ad altaris ministerium ulterius non accedat. Sed ne umquam hi qui ordinati sunt pereant, provideri debet quales ordinentur, ut prius aspiciatur, si vita eorum continens in annis plurimis fuit, si studium lectionis, elemosynae amorem habuerunt. Quaerendum quoque est, ne fortasse fuerit bigamus. Videndum etiam, ne sine litteris, aut ne obnoxius curiae compellatur post sacrum ordinem ad exactionem publicam redire. Haec itaque omnia fraternitas vestra diligenter inquirat, ut dum diligenter quilibet exquisitus ordinatur, non celeriter post ordinationem deponatur.

Synode von Konstantinopel, Trullanum II
Im Jahre 691

Kanon 13:
Quoniam im Romana ecclesia pro canonis ordine traditum esse cognovismus, ut diaconi vel presbyteri, qui ut ordinentur digni existimati sunt, profiteantur se non amplius suis uxoribus coniungendos, nos antiquum canonum apostolicae perfectionis ordinisque servantes, hominum qui sunt in sacris coniugia etiam ex hoc temporis momento firma et stabilia esse volumus, nequaquam eorum cum uxoribus coniunctionem dissolventes vel eos mutua tempore convenienti consuetudine privantes. Quamobrem si quis dignus inventus fuerit qui subdiaconus vel diaconus vel presbyter ordinetur, is ad talem gradum assumi nequaquam prohibeatur, si cum legitima uxore cohabitet. Sed neque ordinationis tempore ab eo postuletur, ut profiteatur se a legitima cum propria uxore consuetudine abstenturum, ne ex eo a deo constitutas et sua praesentia benedictas nuptias iniuria afficere cogamur, evangelica voce exclamante: >Quae deus coniunxit, homo ne separet<, et apostolo docente: >Honorabiles nuptias et thorum immaculatum<, et: >Alligatus es uxori? noli quaerere solutionem<...

Si quis ergo praeter apostolicos canones incitatus sit aliquem eorum qui sunt in sacris, presbyterorum, inquimus, vel diaconorum vel subdiaconorum coniunctione cum legitima uxore et consuetudine privare, deponatur; similiter et si quis presbyter vel diaconus suam uxorem pietatis praetextu eiecerit, segregetur; et si perseveret, deponatur.

Kanon 48:
Uxor eius qui ad episcopalem dignitatem promotus est, ex communi consensu a viro suo prius separata, postquam hic in episcopum est consecratus,

monasterium ingrediatur procul ab episcopi habitatione exstructum et episcopi providentia fruatur; sin autem digna visa fuerit, etiam ad diaconatus dignitatem provehatur.

Papst Gregor II. an Klerus und Volk im Frankenreich
Rom, 1. Dezember 722

Probabilibus desideriis nihil attulimus tarditatis, fratrem iam et coepiscopum nostrum Bonifatium vobis ordinavimus sacerdotem. Cui dedimus in mandatis, ne umquam ordinationes praesumat inlicitas; ne bigamum aut qui virginem non est sortitus uxorem neque inlitteratum vel in qualibet corporis parte vitiatum aut ex penitente vel curiae aut cuilibet conditioni obnoxium notatumque ad sacros ordines permittat accedere, sed si quos huiusmodi forte reppererit, non audeat promovere. Afros passim ad ecclesiasticos ordines praetendentes nulla ratione suscipiat, quia aliqui eorum Manichei, aliqui rebaptizati sepius sunt probati.

Bonifatius an Papst Zacharias
Im Jahre 742

Si invenero inter illos diaconos quos nominant, qui a pueritia sua semper in stupris, semper in adulteriis et in omnibus semper spurcitiis vitam ducentes sub tali testimonio venerunt ad diaconatum et modo in diaconatu concubinas IIII vel V vel plures noctu in lecto habentes evangelium tamen legere et diaconos se nominare nec erubescunt nec metuunt et sic in talibus incestis ad ordinem presbiteratus venientes in hisdem peccatis perdurantes et peccata peccatis adicientes presbiteratus officio fungentes dicunt se pro populo posse intercedere et sacras oblationes offerre, novissime, quod peius est, sub talibus testimoniis per gradus singulos ascendentes ordinantur et nominantur episcopi: ut habeam preceptum et conscriptum auctoritatis vestrae, quid de talibus diffiniatis, et per responsum apostolicum convincantur et arguantur peccatores. Et inveniuntur quidam inter eos episcopi, qui, licet dicant se fornicarios vel adulteros non esse, sed sunt ebriosi et incuriosi vel venatores, et qui pugnant in exercitu armati et effundebant propria manu sanguinem hominum, sive paganorum sive christianorum.

Papst Zacharias an Bischof Bonifatius
1. April 743

De eo autem, quod nobis intimasti, quod te Carulomannus filius noster apud se rogavit accedere, ut in parte regni Francorum in sua ditione sive potestate constituta synodum celebrari, eo quod omnis ecclesiastica regula sive disciplina ab eadem provincia funditus abolita est, quod nimis merendum, quod per spatia temporum ibidem synodus sacerdotum minime celebraretur, unde neque, quid sit sacerdotium, ab eis, qui se sacerdotes esse existimant, cognoscitur. Sed dum iuvante Deo, quae a prefato filio nostro promissa sunt, ad effectum perducta fuerint, tua fraternitas memorato concilio consederit cum eodem excellentissimo viro, si quos reppererit episcopos presbiteros aut diaconos contra canones vel statuta patrum excessisse, - id est in adulterio vel si plures uxores abuerunt aut si sanguinem christianorum sive paganorum effuderunt vel etiam aliis capitulis, quibus canonibus obviasse reppererit tua sanctitas -: nulla ratione apostolica auctoritate permittat sacerdotium fungi, quia tales a suo tantum proprio ore falsae nominantur sacerdotes et deteriores secularium esse noscuntur, qui se neque a fornicationibus neque a nefariis matrimoniis abstineunt neque ab hominum saguinis effusione manus servant innoxias. Quales se esse sacerdotes existimant aut quid inde sentiunt dicente Deo: Sacerdotes mei semel nubant, et apostolus: >Unius uxoris virum< et cetera. Et hoc ante susceptum sacerdotium uti licitum est; nam a die suscepti sacerdotii etiam ab ipso proprio coniugio prohibendi sunt. Quomodo se sacerdotium fungi considerant, qui talibus sceleribus involuti esse monstrantur, ut neque seculares fideles his facinoribus obvolutos optemus? Quomodo non pertimescunt divina mysteria contingere? Aut quomodo ad orandum pro peccata populi accedere presumunt, dum sacri canones neque purum clericum, cui sacerdotium non est, secundis copulari nuptiis precipiunt? Isti enim e contrario, non solum quia post susceptum sacerdotium se abstinere nolunt ab una uxore, immo luxoriae obvoluti peiora secularium scelera committunt, ut plures uxores habere presumant, quorum nique una concessum est post susceptum ministerium adtractare. Sed et ista parvipendentes atque Domini iracundiam provocantes maiora committunt facinora, dum propriis manibus christianos atque paganos homines necant; et fit, ut quorum in remissionem peccatorum debuerunt lavacrum regenerationis inpendere atque Christi sacramenta donare, ne in aeternum perirent, eorundem sacrilegis manibus extinguantur. Quis enim sapiens habens cor eos aestimet sacerdotes, qui neque a fornicationibus abstineunt neque ab effusione sanguinum manus servant innoxias? Quisve eorum sacrificiis Deum esse credit placatum dicente propheta: >Virum sanguinum et dolosum abhominabitur Dominus.< Isti namque, ut premisi, ne sacerdotium fungi patiantur neque divina contingere misteria commonemus. Quicquid vero aliud, ut dictum est, eos contra aecclesiasticam regulam excessisse reppereris, canones sive instituta patrum pre manibus habeto et, iuxta quod in eis edoctus fueris, discerne.

Synode von Rom (unter Vorsitz von Papst Zacharias)
Im Jahre 743

Praeterito autem anno archiepiscopi et reges illius provinciae (scil. Germaniae) litteras ad nos miserunt, apostolica petentes praecepta, qualiter liceat eis coniugia copulari; quibus, quantum Dominus dignatus est donare, admonitionis praecepta direximus.

I. Ut episcopi cum mulieribus omnino non habitent.

II. Ut presbyteri, diaconi subintroductas mulieres secum non habeant.

V. Ut presbyteram, diaconam, monacham vel etiam spiritalem commatrem nullus praesumat coniugio nefario copulare. Si quis talibus communionem dederit, honore privetur. Si autem fuerint divisi, paenitentiae submittantur.

Papst Zacharias an Pippin und die fränkischen Bischöfe, Äbte und Grossen
5. Januar 747

Unidecimum capitulum: qui clerici etiam ab uxoribus abstinere debeant.

Ex concilio Affricano; capitulo XXXVII. ita continetur: Preterea cum de quorundam clericorum, quamvis erga uxores proprias, incontinentia referetur, placuit, episcopos et presbiteros seu diaconos secundum propria statuta etiam ab uxoribus continere; quod nisi fecerint, ab aeclesiastico removeantur officio. Caeteros autem clericos non cogi, sed secundum uniuscuiusque aeclesiae consuetudinem observari debere ...

Octavum decimum capitulum: qui clerici uxore sortiri debeant.

In XXVII. capitulo canonum sanctorum apostolorum decretum est: Innuptis autem, qui ad clerum provecti sunt, praecipimus, ut, si voluerint, uxores accipiant, sed lectores cantoresque tantummodo.

2. Konzil von Nikaia
Im Jahre 787

Conciliorum oecumenicorum decreta 128.

Sine offensione estote his etiam qui foris sunt, divinus dicit Apostolus. Feminas autem commorari in episcopiis, vel etiam monasteriis, omnis est offensionis materia. Quisquis ergo ancillam vel liberam in episcopio possidere claruerit, vel in monasterio ad opus ministerii alicuius, increpetur: si autem permanserit, deponatur. Porro si contigerit in proastiis feminas esse, et voluerit episcopus vel abbas iter ad eas facere, praesente episcopo vel abbate nullatenus monasterii opus facere eo tempore mulieri liceat, sed seorsum moretur in alio loco, donec episcopus vel abbas recedat, propter irreprehensibilitatem.

Synode von Pavia
Im Jahre 1022

a. Eröffnungsrede Papst Benedikts VIII.

Ipsi quoque clerici qui sunt de familia ecclesiae, si sunt dicendi clerici qui vivunt ut ethnici, cum sint ab omni muliere legibus exclusi, ex liberis mulieribus filios procreant, ancillas ecclesiae hac sola fraude fugientes, ut matrem liberam filii quasi liberi prosequantur. Ampla itaque praedia, ampla patrimonia et quaecumque bona possunt de bonis ecclesiae, neque enim aliunde habent, infames patres infamibus filiis acquirunt. Et ut liberi non per rapinam appareant - volunt enim in terra rapere libertatem, ut diabolus in caelo voluit deitatem - in militiam eos mox faciunt transire nobilium.

Hi sunt, o coelum, o terra! qui tumultuantur contra ecclesiam. Nulli peiores hostes ecclesiae quam isti. Nulli paratiores ad insidiandum ecclesiae et Christo quam isti. Sic filiis servorum in libertatem, ut falso commentantur, remanentibus, ecclesia utrumque et servos perdit et conquisita. Sic ecclesia olim ditissima, incuria et malignitate praedidentium et incorrecto ausu clericorum, pauperrima nostris est effecta temporibus. Sic annulatur ecclesia, sic mendicat. Sic aut perrarus aut es familia ecclesiae nullus iam invenitur qui valeat, quia hac fraude omnes filii servorum ecclesiae ad clericatum aspirant, non ut Deo serviant sed ut scortati cum liberis mulieribus, filii eorum de famulatu ecclesiae cum omnibus bonis ecclesiae raptis quasi liberi exeant ...

Taceo nunc de filiis, qui ingenuo clerico et libera matre, licet contra leges nascantur: contra quos alia manu erit agendum et in proxima synodo consilio altiore tractandum.

b. Kanones 1 bis 4

Kanon 1:
Nullus presbyter, nullus diaconus, nullus subdiaconus, nullus in clero uxorem aut concubinam admittat, cum nulli quoque laicorum scire liceat mulierem praeter uxorem. Quod si fecerit, secundum ecclesiasticam regulam deponatur.

Sed neque secundum humanas leges ex longo factas et receptas ullius administrationis locum in plebe habeat.

Kanon 2:
Episcopus sicut nullam habebit, ita cum nulla penitus habitabit. Quod si fecerit, et nostris regulis et mundanis legibus concordantibus honore quo se ipse fecit indignum abicietur.

Kanon 3:
Filii et filiae omnium clericorum omniumque graduum de familia ecclesiae, ex quacumque libera muliere, quocumque modo sibi coniuncta fuerit, geniti, cum omnibus bonis per cuiuscumque manus adquisitis servi proprii suae erunt ecclesiae nec umquam ab ecclesiae servitute exibunt.

Kanon 4:
Quicumque filios clericorum, servorum ecclesiae, de quacumque libera procreatos, liberos esse iudicaverit, anathema sit et habeat in iudicio quod fecit, quia ecclesiae tulit quod non dedit.

Synode von Rom
Im April 1049

Petrus Damiani berichtet darüber in einem Brief an Bischof Kunibert von Turin:

In plenaria plane synodo sanctae memoriae Leo papa constituit, ut quaecunque damnabiles feminae intra Romana moenia reperirentur presbyteris prostitutae, extunc et deinceps Lateranensi palatio adiudicarentur ancillae. Quod videlicet salutare statutum aequitatis iustitiaeque plenissimum, nos etiam per omnes Ecclesias propagandum esse decernimus: quatenus percepto prius apostolicae sedis edicto, unusquisque episcopus Ecclesiae suae vindicet famulas, quas in sua parochia deprehenderit sacrilega presbyteris admistione substratas. Aequitatis scilicet iure, ut quae sacris altaribus rapuisse servorum Dei convincuntur obsequium, ipsae hoc saltem episcopo per diminuti capitis sui suppleant famulatum.

Papst Leo IX. an die Domkanoniker in Lucca
Im Jahre 1051

Cum ad bona Ecclesiarum firmiter obtinenda magna sit adhibenda sollicitudo, ut eorum qui caste ac regulariter sancto altari servire desiderant, animae serventur et corpora, avidiori est procurandum desiderio, quia, dum inibi

PETER LANG AG Europäischer Verlag der Wissenschaften

BERN, BERLIN, FRANKFURT AM MAIN, NEW YORK, PARIS, WIEN

Jupiterstrasse 15, CH-3015 Bern
Postfach 277, CH-3000 Bern 15
Telefon 031 941 11 22
Telefax 031 941 11 31
Schweiz / Suisse / Switzerland

Schweizerische Volksbank, Bern 10.005741 / 0
Postcheckkonto Bern 30-2699-7
Postcheckkonto Frankfurt / M., BLZ 500 100 60 Kto. 3005 93-604
Dresdner Bank Frankfurt / M. 1, BLZ 500 800 00 Kto. 4 497 958 00
Banque Nationale de Paris, Paris-Opéra 00023057268

Das Historisch-Politische Buch
Vereinigung f.Geschichte im öff.Le
Prof.Dr.Michael Salewski
Olshausenstr. 40
D -24098 Kiel

029587 4231994
Das Historisch-Politische Buch
Vereinigung f.Geschichte im öff.Leben
Prof.Dr.Michael Salewski
Olshausenstr. 40
D - 24098 Kiel

▶ Rechnungs- **und** Kunden-Nr. angeben. Danke. Veuillez indiquer le no de la facture **et** le no de client. Merci. Quote invoice-number **and** client-number. Thank you.

	Rechnung Nr.	Rechnungsdatum	Ihre Bestellung / Votre ordre / Your order:
REZENSIONSEX. KOSTENLOS	0000000	3.02.94	v. 31.01.94 Seite 1

Artikel nummer	Autor Titel	Reihe	Menge	Preis / Stück *	Rabatt %	Betrag DM

Lieferbedingungen

Unsere Verlagshäuser befassen sich hauptsächlich mit der Veröffentlichung wissenschaftlicher Werke in Kleinauflagen. Unsere Bücher werden ausschliesslich von Bern aus ausgeliefert. Sie können Ihre Bestellungen jedoch auch in Frankfurt oder New York aufgeben.

1. Wir liefern mit einer generellen Marge von 10% auf den empfohlenen Richtpreisen bei Auflagen von 100 bis 500 Exemplaren; mit 15% bei Auflagen von 501 bis 1000 Exemplaren; mit 20% bei Auflagen von 1001 bis 2000 Exemplaren; mit 25% von 2001 bis 3500 Exemplaren und mit 30% ab 3501 Exemplaren. Bücher, die von rechtlich selbständigen Körperschaften subventioniert werden, liefern wir mit der von diesen Institutionen eingeräumten Marge.

2. Da die Verkaufspreise frei sind, ist es jedem Zwischenhändler anheimgestellt, unsere Titel an Dritte zu kostendeckenden Ansätzen weiterzuverkaufen. Die Staffelung der Rabatte nach Auflagen rechtfertigt sich betriebswirtschaftlich.

3. Alle Zwischenhändler sind bei uns gleichgestellt. Sonderrabatte können nicht eingeräumt werden.

4. Unsere Rechnungen sind innerhalb von 30 Tagen ohne Skonto zahlbar. Die Lieferung erfolgt ausschliesslich auf Gefahr und alleiniges Risiko des Empfängers. Porto und Bearbeitungs-

5. Wir bitten darum, bei Zahlungen jeweils Rechnungs- und Kundennummer anzugeben.

6. Da wir mit Kleinauflagen in grosser Zahl arbeiten, können wir Bücher weder zur Ansicht noch mit Remissionsrecht versenden. Wer sich für Inhaltsangaben unserer Bücher interessiert, erhält gerne unsere ausführlichen Werbekarten.

   Wir liefern grundsätzlich nur fest und können keine Rücksendungen annehmen, die auf Doppel- oder Fehlbestellungen beruhen. Eine Rücksendeerlaubnis räumen wir in zwingenden Fällen dann ein, wenn ein Zwischenhändler glaubhaft geltend macht, dass er ein bestelltes Buch nicht verkaufen kann.

7. An uns unbekannte Kunden Liefern wir gegen Vorausrechnung. Kunden, die unsere Zahlungsfristen nicht einhalten, werden ebenfalls gegen Vorausrechnung beliefert.

8. Mit Ihrer Bestellung akzeptieren Sie unsere Lieferbedingungen. Rechtsstand und Erfüllungsort ist der Sitz des Berner Verlages; anwendbares Recht ist das Schweizerische Obligationenrecht.

Über unsere Lieferbedingungen kann keine Korrespondenz geführt werden. Für Ihren Auftrag danken wir Ihnen im voraus bestens und versichern Ihnen, dass wir Sie stets rasch und sorgfältig bedienen werden.

45635	HOHMANN JOACHIM S. ZOELIBAT Rezensionsexemplare geben wir kostenlos gegen 1 Besprechung im Doppel ab. Mit Angabe v.Zeitschr.,-Nr., -Datum, bitte an unsere Berner Verlagsadr. schicken. Im Interesse Ihrer Leser und unserer Autoren, bitten wir Sie, eine ausführliche Besprechung innerhalb 12 Monaten vorzuzusehen. Bibliographische Daten gelten nicht als Rezension!	1	98,00	Danke, Hag.!

* Richtpreise / Prix recommandés / Recommended prices

0,530 KG	1	Versandkosten Frais d'expédition Postage + packing

Zahlbar netto innerhalb von 30 Tagen / Payable net dans les 30 jours / Payable net within 30 days laborant fideliter deservire, oportet eos in canonicum usum victus ac vestitus accipere, ne, dum ista prae necessitate quaeritant, culpam vagationis incurrant. Huic siquidem vestro defectui benevolam compositionem ac benignam provisionem volentes impendere, piae apostolicae auctoritatis pagina omnia quae ad communem usum regulariter vivendi modo habetis, vel in perpetuum habituri estis, aut episcopi vestri concessione, qui nunc est benevolus et hilaris vester adiutor frater, et coepiscopus noster Joannes, aut successorum suorum, vel aliquorum fidelium charitativa donatione, volumes rata vobis, et confirmata, et nulla ratione violanda esse, et si Dominus Deus humilitatem Ecclesiae suae misericorditer respiciens Ecclesiam vestram ab uxoratis presbyteris, et omnino a Dominica oblatione repellendis liberaverit, pro incestis casti, pro immundis mundi restituantur, et bona quae habent ecclesiastica, quae illi luxuriose vivendo dissipantur, in communem usum canonice cohabitantium redigantur, sicque horum ecoptabilius interitus pastoralis fiat familiae desideratissima salus, nec in praebendis dandis aliquam pretii aut venditionis molestiam ab episcopo suo sustineant hic fidelis conventus. Usque modo igitur tenebrae, nunc autem lux facta in Domino, ut filii lucis ambulate, ut unanimes uno ore honorificetis Deum, et Patrem D. Jesu Christi.

Kardinal Humbert antwortet dem Mönch Niketas vom Kloster Studiu in Konstantinopel
Um das Jahr 1053

XXV. Hinc perpendentes a te tam perverse defendi adulteria potius, quam nuptias sacerdotum, arbitramur ab inferis emersisse principem hujus haeresis nefandum diaconum Nicolaum. De quo Epiphanius vester sic scripsit: >Quarta Nicolaitarum a Nicolao haeresis est adinventa, uno ex septem diaconibus ab apostolis ordinatis. Iste cum zelo pulcherimae conjugis culparetur, docere coepit indifferenter debere uti conjugibus non solum laicos, sed etiam qui sacerdotii fungerentur officio. Hos damnavit sanctus evangelista et apostolus Ioannes et jussit, ut quicunque cum eis vel sermonem colloquii miscuissent, ex hoc ipso communione privandos. Docens rationabiliter a mundi origine Deo castitatem plurimum placuisse. Tunc etiam in seipso Christum Dei Filium castitatis gloriam dedicasse, cum virginem possidens matrem virgo mansurus nullum discipulorum suorum commistione etiam legitima conjugii uti permisist dicens: >Si quis vult post me venire, abneget semetipsum sibi et tollat crucem suam et sequatur me (Mt 16,24).< Unde idem Dominus Jesus in apocalypsi praecipiens apostolo Ioanni scribere angelo Ephesi inter alia inquit: >Hoc habes, quia odisti facta Nicolaitarum, quae et ego odi (Apk 2,6).< Hinc etiam angelo Pergami inquit: >Habeo adversum te pauca, quia habes illic tenentes doctrinam Balaam, qui docebat Balac mittere scandalum coram filiis Israel, edere et fornicari: ita habes et tu tenentes doctrinam Nicolaitarum (Apk 14,15).<

XXVI. Suffecerant quidem haec, o Nicolaita, ad convincendum errorem tuum, sed quia canonibus sub nomine apostolorum editis nos urgere videris: exponere tibi tua capitula decrevimus, quamvis ea inter apocrypha usque nunc magna ex parte computaverimus, ut aperte cognoscatur nec apocryphis nec authenticis vos vestras ineptias posse defendere. Ante omnia autem comprobamus te esse mentitum ipsi veritati in eo, quod dixisti nostros prius ordinari, deinde uxores sortiri. Quia apud nos nec ad subdiaconatus gradum quisquam admittitur, nisi perpetuam continentiam etiam a propria conjuge profiteatur. Nec post gradum cuiquam uxorem ducere unquam conceditur. Sed tu ecclesiam Dei volens efficere synagogam Satanae et prostibulum Balaam et Jezabel cum Nicolao dicis: >Episcopum et presbyterum et diaconum dicimus, qui unam habet uxorem, ordinari, quamvis vivant eorum conjuges, quamvis defunctae. Nec licet eos post manus impositionem innuptos esse, nec insuper ad nuptias ire, aut, si nupserint, alteras amplecti, sed sufficere eis, quas habent, cum ad ordinationem venerunt.< O abominabilis cynice, quomodo non erubuisti tantum nefas evomere? Ergo non licet aliquem post manus impositionem sine uxore esse? Si ita est, ipse Ioannes apostolus et Paulus et Barnabas et omnis continens in gradu ecclesiastico in culpa est procul dubio. Unde necesse est, ut futurus episcopus, presbyter, diaconus et subdiaconus, prius uxorem sortiatur, quae sibi sufficere debeat ad carnales amplexus? Nunquid laicis non sufficit una? nisi forte discipulis maligni Muhamed, cujus farinae totus es. Tu quoque, quia presbyter es, sine uxore esse non debes secundum assertiones tuas.

XXVII. Sed jam videamus capitula, quibus putas posse defendi adulteria sacerdotum, non conjugia. >Episcopus, inquam, presbyter aut diaconus uxorem suam non abjiciat obtentu religionis. Si autem abjecerit, sequestretur, perseverans autem deponatur.< Omnino confitemur non licere episcopum, presbyterum, diaconem vel subdiaconem uxorem propriam causa religionis abjicere a cura sua, scilicet, ut ei victum et vestitum non provideat, non ut cum illa ex more carnaliter jaceat. Sic et sanctos apostolos legimus egisse beato Paulo dicente: >Nunquid non habemus potestatem sororem mulierem circumducendi, sicut fratres Domini et Cephas?< (1 Kor 9,5). Vide insipiens, quia non dixit: Nunquid non habemus potestatem sororem mulierem amplectendi, sed circumducendi, scilicet ut de mercede praedicationis sustentaretur ab eis, nec tamen foret deinceps inter eos carnale conjugium. Praeterea cur aliquis laicus uxoratus dubitabit ad ecclesiasticos gradus ascendere, cum ei una, sine qua esse non debet, possit ad carnales amplexus sufficere? Et quare tu, qui tantopere Clementis capitula proponis, epistolam ejus, de qua superius dicimus, non attendis? Ibi enim ita dicitur: >Tribus gradibus divinorum commissa secretorum sunt sacramenta, id est, presbyteris, diaconibus et subdiaconibus.< Et post nonnulla: >Ministri altaris ad Dominica tales eligantur officia, qui ante ordinationem conjuges noverint, scilicet si semper continere noluerint. Quod si post ordinationem contigerit ministrum propriae invadere cubile uxoris, secretarii non terat limina, nec sacrificii portitor fiat, nec altare contingat, nec ab offerentibus holocausta vel oblationes suscipiat nec ad Dominici corporis portionem accedat. Aquam sacerdotum porrigat manibus, ostia forinsecus claudat; minora tantum gerat officia, urceum sane ad altare non suggerat.<

XXVIII. Porro synodus Nicaena omnino venerabilis et authentica sic definit actis, id est, subintroductis habet: >Omnimodis interdicit sancta synodus, et neque episcopo, neque presbytero, neque diacono, neque ulli omnino clericorum permittit habere secum mulierem extraneam, nisi forte mater sit aut soror aut amita. In his namque personis et horum similibus omnis suspicio declinatur. Qui autem praeter haec agit, periclitabitur de ordine suo.

XXIX. Beatus quoque papa Innocentius latius hinc scribens Exsuperio episcopo Tolosano dicit: >Proposuisti, quid de his observari debeat, quos in diaconii ministerio, aut in officio positos incontinentes esse aut fuisse generati filii prodidere. De his et divinarum legum est disciplina et beatae recordationis viri Siricii episcopi monita evidentia commonuerunt, ut incontinentes in officiis talibus positi omni honore ecclesiastico privarentur nec admitterentur accedere ad ministerium, quod sola continentia oportet impleri.< Idem ad Victricium episcopum: >Praeterea quod dignum et pudicum et honestum tenere ecclesia omnimodo debet, ut sacerdotes et levitae cum uxoribus suis non coeant, quia ministerii quotidiani necessitatibus occupantur. Scriptum est enim: >Sancti estote, quoniam ego sanctus sum, dicit Dominus Deus vester (Lev 11,44).< Nam priscis temporibus de templo Dei sacerdotes anno vicis suae non discedebant, sicut de Zacharia legimus, nec domum suam omnini tangebant, quibus utique propter sobolis successionem uxorius usus fuerat relaxatus; quia ex alia tribu et praeter semen Aaron ad sacerdotium nullus fuerat permissus accedere. Quanto magis hi sacerdotes vel levitae pudicitiam ec die ordinationis suae servare debent, quibus sacerdotium vel ministerium sine successione est, nec praeterit dies, qua vel a sacrificiis divinis aut baptismatis officio vacent? Nam si Paulus ad Corinthios scribit dicens: >Abstinete vos ad tempus, ut vacetis orationi< (1 Kor 7,3); >et hoc utique laicis praecepit; multo magis sacerdotes, quibus et orandi et sacrificandi juge officium est, semper debebunt ab hujusmodi consortio abstinere: qui si contaminati fuerint carnali concupiscentia exaudiri posse se credunt? cum dictum sit: >Omnia munda mundis; coinquinatis autem et infidelibus nihil mundum< (Tit 1,15). Sed fortasse hoc licere credit, quia scriptum est: >Unius uxoris virum< (1 Tim 3,2). Non propter permanentiam in concupiscentia generandi hoc dixit, sed propter continentiam futuram. Neque enim integros corpore non admisit, qui ait: >Vellem autem omnes esse sicut et ego< (1 Kor 7,7). Et apertius declarat dicens: >Qui autem in carne sunt, Deo placere non possunt. Vos autem jam non estis in carne, sed in spiritu< (Röm 8,8). >Et habentem filium<, non >generantem< dixit.

XXX. Et venerabilis papa Siricius: >Feminas non alias esse patimur in domibus clericorum, nisi eas tantum, quas propter solas necessitudinum causas habitare cum iisdem synodus Nicaena permisit.<

XXXI. Sanctus deinde Leo papa, mirabilis doctor et sanctae Chalcedonensis synodi auctor, omnem ambiguitatem hujus rei abscindens ait: >Lex continentiae eadem est altaris ministris, quae episcopis atque presbyteris. Qui cum essent laici, sive lectores, licite et uxores ducere et filios procreare potuerunt. Sed cum ad praedictos pervenere gradus coepit eis non licere, quod licuit. Unde ut de carnali fiat spirituale conjugium, oportet eos nec dimittere uxores et quasi non habeant sic habere: quo et salva sit charitas connubiorum et cessent opera nuptiarum.< Ecce isti cum Petro et per Petrum effecti clavigeri regni coelorum ita confringunt omnes claviculas infernalium portarum, ut nulla jam supersit haeresis Nicolaitarum.

XXXII. Sed ne quid minus factum dicas, seriatim et aperte prosequemur, quid Romana ecclesia in gradibus clericorum agat. Clericos tantum ostiarios, lectores, exorcistas et acolythos, si extra votum et habitum monachi inveniuntur et continentiam profiteri nolunt, uxorem virginem ducere cum benedictione sacerdotali permittit, non autem viduam aut repudiatam; qui propter hoc solum deinceps nec ad subdiaconatum provehi poterunt, nec laicus non virginem sortitus uxorem, aut bigamus ad clericatum. Quod si quis praefatorum ordinum desiderat ad subdiaconatum ascendere, nequibit hoc sine consensu uxoris suae, ut de carnali deinceps fiat conjugium spirituale nemine eos ad hoc cogente. Nec permittitur postea uxor jungi eidem suo marito carnaliter, nec cuiquam nubere in vita aut post mortem illius, alioqui anathematizanda est: sicut et diaconus et subdiaconus et presbyter aut episcopus deponendus suam repetens aut extraneam ducens juxta quod in Neocaesariensi concilio orthodoxi sanxerunt patres.

XXXIII. Talibus ergo traditionibus usque nunc sancta Romana ecclesia et apostolica sedes omni mundo refulsit, nec aliquando Judaicis fabulis et apocryphis scripturis acquievit, sed per primos apostolorum in ipso summo angulari lapide Christo Jesu fundata nullis haeresibus cessit, nec prohibuit a conjugio laicos: sed sacri altaris ministros et apostolicam perfectionem professos monachos.

XXXIV. Illa tamen ecclesia, quam Arius corrupit, Macedonius prostituit, quae genimina viperarum, id est, Nestorium, Eutychen, Monothelitas et

Theupaschitas et reliquas haereticorum pestes peperit et aluit, adhuc a Nicolai haeresiarchae complexibus abstrahi non potuit adeo, ut ad sacri altaris ministerium ordinandos interroget, an habeant uxores. Qui si responderint se non habere, compelluntur primum ducere et sic impositionis manum accipere: ut novi mariti et recenti carnis voluptate toti resoluti et marcidi et inter sancta sacrificia cogitantes, quomodo placeant uxoribus, immaculatum Christi corpus tractent atque populo distribuant indeque sanctificatas manus ad tractandum membra muliebria mox referant et sit sicut populus sic et sacerdos et tandem populi sint sacerdotes mali.

Synode von Rom
Im Jahre 1059

Kanon 3:
Ut nullus missam audiat presbyteri, quem scit concubinam indubitanter habere aut subintroductam mulierem. Unde etiam ipsa sancta synodus hoc capitulum sub excommunicatione statuit, dicens: Quicunque sacerdotum, diaconorum, subdiaconorum post constitutum beatae memoriae predecessoris nostri sanctssimi Leonis Papae de castitate clericorum, concubinam palam duxerit vel ductam non reliquerit, ex parte omnipotentis Dei auctoritate beatorum apostolorum Petri et Pauli precipimus et omnino contradicimus, ut missam non cantet neque evangelium vel epistolam ad missam legat, neque in presbyterio ad divina officia cum iis qui praefatae constitutioni obedientes fuerint maneat, neque partem ab aecclesia suscipiat, quousque a nobis sententia super huiusmodi Deo concedente procedat.

Kanon 4:
Et praecipientes statuimus, ut ii predictorum ordinum, qui eidem predecessori nostro oboedientes castitatem servaverunt, iuxta aecclesias quibus ordinati sunt, sicut oportet religiosos clericos, simul manducent et dormiant et quicquid eis ab aecclesiis venit communiter habeant.

Papst Gregor VII. an Erzbischof Siegfried von Mainz
Februar 1075

... sed nec illi qui in crimine fornicationis iacent missas celebrare aut secundum inferiores ordines ministrare altari debeant. Statuimus etiam ut si ipsi contemptores fuerint nostrarum immo sanctorum patrum constitutionum, populus nullo modo eorum officia recipiat, ut qui pro amore Dei et officii dignitate non corriguntur verecundia saeculi et obiurgatione populi resipiscant.

Papst Gregor VII. an die Gläubigen in Italien und Deutschland
Im Jahre 1079

Si qui sunt presbiteri vel diaconi vel subdiaconi qui iaceant in crimine fornicationis, interdicimus eis ex parte omnipotentis Dei et auctoritate sancti Petri introitum aecclesiae usque dum peniteant et emendent. Si qui vero in peccato suo perseverare maluerint, nullus vestrum officium eorum auscultare praesumat; quia benedictio illis vertitur in maledictionem et oratio in peccatum, testante Domino per prophetam: >Maledicam<, inquit, >benedictionibus vestris.< Qui vero huic saluberrimo praecepto obedire noluerit idolatriae peccatum incurrit, testante Samuhele et beato Gregorio astruente: >Peccatum enim ariolandi est repugnare et scelus idolatriae nolle acquiescere.< Peccatum ergo paganitatis incurrit quisquis, dum Christianum se asserit, sedi apostolicae obedire contempnit. Vos queso apostolicis praeceptis obedite ut ad hereditatem celestis regni meramini pervenire.

Synode von Melfi
Im Jahre 1089

Kanon 2:
Sacrorum canonum instituta renovantes praecipimus, ut a tempore subdiaconatus nulli liceat carnale commercium exercere. Quod si deprehensus fuerit, ordinis sui periculum sustinebit.

Kanon 3:
Nemo praeterea ad sacrarum ordinem permittatur accedere, nisi aut virgo, aut probatae sit castitatis, et qui usque ad subdiaconatum unicam et virginem uxorem habuerit.

Kanon 4:
Igitur ut haec, annuente domino valeant conservari, sanctorum patrum decretis obsecundantes, et eorum praecepta apostolico moderamine temperantes, constituimus ut nemo ante annos quindecim aut quatuordecim subdiaconus ordinetur, nemo ante annos viginti vel viginti quatuor diaconus fiat, nemo ante trigesimum in presbyterum consecretur.

Kanon 12:
Porro eos, qui in subdiaconatu uxoribus vacare voluerint, ab omni sacro ordine removemus, officio atque beneficio ecclesiae carere decernimus. Quod si ab episcopo commoniti non se correxerint, principibus licentiam indulgemus, ut eorum feminas mancipent servituti. Si vero episcopi consenserint eorum pravitatibus, ipsi officii interdictione mulcetentur.

Kanon 14:
Presbyterorum filios a sacri altaris ministeriis removendos decernimus, nisi aut in coenobiis aut in canonicis religiose probati fuerint conversati.

Papst Urban II. an Bischof Pibo von Toul
Im Jahre 1089

Super quaestionibus, quas ad nos Adalbero vestrae Ecclesiae filius detulit, haec a nobis sunt in synodalis assensu concilii capitula per Dei gratiam confirmata ...

Cap. 2:
Eos, qui a subdiaconatu uxoribus vacaverint, ab omni sacro ordine removemus, officioque atque beneficio ecclesiae carere decernimus. Si vero episcopi consenserint eorum pravitati, asuis se noverint officiis interdictos.

Cap. 3:
Presbyterorum filios a sacri altaris ministeriis removendos decernimus, nisi aut in coenobiis aut in canoniis religiose probati fuerint conversati; absque praeiudicio tamen capitulorum istorum, eis qui praebendas aut ipsi ante hanc sedis apostolicae interdictionem emerunt, aut emptas se nescientibus possederunt, habendas eis permittimus, si eorum personae tuo arbitratu visae fuerint promereri. Eis autem qui fidem professionis suae irritam facientes post subdiaconatus acceptionem vacare uxoribus praesumpserint, et officium et coniugium penitus interdicimus, eisque quoniam seipsos apostatando destruxerunt, et voluptatem corporis Domino praetulerunt, omni vitae suae tempore aut in coenobiis aut in canonicis regularibus poenitentiam decernimus iniungendam. Presbyterorum vero filios, qui secundum praecepti nostri conditionem aut in coenobiis aut in canonicis religiose probati fuerint conversati, quia patrum peccata cum seculi possessionibus abdicarunt, pro religionis ac scientiae praerogativa apostolico moderamine tolerandos ducimus et ad sacros ordines et ad honores ecclesiasticos permittimus provehendos.

Cap. 7:
Bigamus et viduarum maritos a sacris ordinibus secundum communem ecclesiae consuetudinem auctoritate nostri officii segregamus. Haec universa tamquam apostolicae sedis praecepta Sanctorum conciliorum sententiis consonantia religionis tuae strenuitas et in ecclesia sibi commissa Deo iuvante custodiat, et custodienda aliis innotescat, nec senectutem tuam oblatrantium canum multitudo perterreat.

Papst Urban II. an Bischof Gebhard von Konstanz
Im Jahre 1089

De presbyteris, diaconis, aut subdiaconis, qui post acceptum ordinem in aliquo crimine lapsi fuerint sive palam sive clam, constat quidem canonum censura ab ecclesiasticis eos officiis inhibere: tuae tamen discretioni providentiaeque committimus, utrum aliqui, qui tamen infamiae notis non fuerint aspersi, necessitate Ecclesiae urgente et ipsorum sancta conversatione promerente in suis gradibus recuperari debeant. Hoc autem secundum indulgentiam dico, non secundum imperium, ut vestra maior vestris in partibus contra haereticos habeatur auctoritas, salva tamen auctoritate canonum et s. patrum decretalibus institutis. Si quem vero, quod absit, aut post acceptum aut ante acceptum officium contigerit peremtorio sive clam sive palem occupatum crimine inveniri: eos maxime, qui mundo adhuc vivunt, ab omni altaris ministerio sequestramus.

Synode von Rom
Im Jahre 1099

Kanon 13:
Ut unica domini nostri sponsa sine macula et ruga permaneat, sacrorum canonum instituta renovantes praecipimus, ut a subdiaconatus tempore nulli liceat carnale commercium exercere: quod qui deprehensus fuerit, ordinis sui periculum sustinebit.

Kanon 14:
Nemo praeterea ad sacrum ordinem permittatur accedere, nisi aut virgo, aut probatae sit castitatis, et qui usque ad subdiaconatum unicam et virginem uxorem habuerit.

Papst Paschalis II. an den Klerus der Diözese Thérouanne
Zwischen 1099 und 1118

Gravem valde rem ex partibus vestris audivimus: quia post tanta sanctorum decreta pontificum, post interdicta conciliorum, clericalis ordinis viri, qui audent, publice, qui non audent, occulte mulieribus sociantur. Super quibus praeter ceteros piae memoriae praedecessor noster Urbanus Papa constituit, ut officiis simul ac beneficiis ecclesiae privarentur. Nos quoque eiusdem praedecessoris nostri sententiae consonantes, per praesentia scripta praecipimus, ut quicunque inter vos clerici ab Episcopo suo canonice admoniti ab huiusmodi nequitia cessare noluerint, tam officiorum quam beneficiorum privatione plectantur.

1. Laterankonzil
Im Jahre 1123

Conciliorum oecumenicorum decreta 167.

Kanon 7:
Presbyteris, diaconibus vel subdiaconibus concubinarum et uxorum contubernia penitus interdicimus et aliarum mulierum cohabitationem, praeter quas synodus Nicaena propter solas necessitudinum causas habitare permisit, videlicet matrem sororem amitam vel materteram aut alias huiusmodi, de quibus nulla iuste valeat suspicio oriri.

2. Laterankonzil
Im Jahre 1139

Conciliorum oecumenicorum decreta 174-178.

Kanon 6:
Decernimus etiam ut ii, qui in ordine subdiaconatus et supra uxores duxerint aut concubinas habuerint, officio atque ecclesiastico beneficio careant. Cum enim ipsi templum Dei, vasa Domini, sacrarium Spiritus sancti debeant esse et dici, indignum est eos cubilibus et immunditiis deservire.

Kanon 7:
Ad haec praedecessorum nostrorum Gregorii VII, Urbani et Paschalis Romanorum pontificum vestigiis inhaerentes, praecipimus ut nullus missas eorum audiat, quos uxores vel concubinas habere cognoverit. Ut autem lex continentiae et Deo placens munditia in ecclesiasticis personis et sacris ordinibus dilatetur, statuimus quatenus episcopi presbyteri diaconi subdiaconi regulares canonici et monachi atque conversi professi, qui sanctum transgredientes propositum uxores sibi copulare praesumpserint, separentur. Huiusmodi namque copulationem, quam contra ecclesiasticam regulam constat esse contractam, matrimonium non esse censemus. Qui etiam ab invicem separati, pro tantis excessibus condignam poenitentiam agant.

Kanon 17:
Sane coniunctiones, consanguineorum omnino fieri prohibemus; huiusmodi namque incestum, qui fere (stimulante humani generis inimico) in usum

versus est, sanctorum patrum instituta et sacrosancta Dei detestatur ecclesia. Leges etiam saeculi de tali contubernio natos, infames pronuntiant et ab hereditate repellunt.

Kanon 21:
Presbyterorum filios a sacri altaris ministeriis removendos decernimus, nisi aut in coenobiis aut in canonicis religiose fuerint conversati.

3. Laterankonzil
Im Jahre 1179

Conciliorum oecumenicorum decreta 193-194.

Kanon 11:
Clerici in sacris ordinibus constituti, qui mulierculas suas in domibus suis incontinentiae nota tenuerint, aut obiciant eas et continenter vivant, aut ab officio et beneficio ecclesiastico fiant alieni. Quicumque incontinentia illa, quae contra naturam est, propter quam venit ira Dei in filios diffidentiae et quinque civitates igne consumpsit, deprehensi fuerint laborare, si clerici fuerint eiciantur a clero vel ad poenitentiam agendam in monasteriis detrudantur, si laici excommunicationi subdantur et a coetu fidelium fiant prorsus alieni. Monasteria praeterea sanctimonialium si quisquam clericus sine manifesta et necessaria causa frequentare paesumpserit, per episcopum arceatur, et si non destiterit a beneficio ecclesiastico reddatur immunis.

Papst Alexander III. an Bischof Wilhelm von Champagne
Im Jahre 1180

Pervenit ad nos, quod S. Ursmari et Antonienses canonici, qui praelationi Lobiensis Ecclesiae subesse noscuntur, enormiter et dissolute viventes, fornicarias in propriis domiciliis tenere praesumunt, et quidam eorum, sicut audivimus, matrimonia contraxerunt. Unde quoniam hoc SS. Patrum institutionibus noscitur omnimode obviare, ut hi qui aliis exemplum honi praebere deberent, male vivendo pravis operibus ad illicita provocent; discretioni tuae per apostolica scripta praecipiendo mandamus, quatenus universos, qui fornicarias tenere noscuntur, aut beneficiis ecclesiasticis cedere, aut eas prorsus dimittere districtius compellas. Eos vero qui infra ordinem subdiaconatus existunt et coniuges habent, uxoribus adhaerere, et ecclesiasticis beneficiis penitus carere facias. Si autem ad subdiaconatum vel maiorem ordinem sunt promoti, et aliquam sibi contubernio ausi sunt copulare tu ipsos ab huiusmodi copula prorsus discedere, et in ecclesiis suis omnipotenti Domino fideliter deservire, omni cum districtione cogas.

Papst Lucius III. an den Magister und die Mitglieder des Ordens vom Hl. Jakobus
Vermutlich im Jahre 1181

Vestra devotio duxit inquirendum, utrum vobis ecclesias parochiales adeuntibus utile sit Missas eorum audire, qui concubinas habere creduntur. De hoc enim videntur diversae sacrorum canonum sententiae manasse. Alicubi enim dicitur: Nullus audiat Missam presbyteri, quem scit indubitanter concubinam habere. Alicubi legitur: Non potest quis quantumcunque pollutus, divina sacramenta polluere quae purgatoria cunctarum pollutionum existunt. Quicumque enim sacerdos sit, quae sancta sunt coinquinare non potest. Sumite ergo ab omni sacerdote intrepide Christi mysteria, quia omnia in fide Christi purgantur. Ceterum alius crimen est notorium, aliud occultum. Notorium diffinitur, de quo presbyter canonice condemnatur: occultum, quod adhuc ab ecclesia toleratur. Item aliud est a talium officiis abstinere, ut peccandi licentia ceteris auferatur, et huiusmodi ad poenitentiae fructum trahantur: atque aliud, si tanquam falsa in fornicatione iacentium talia mysteria respuantur. Sine dubitatione itaque teneatis, quod a clericis et presbyteris quamvis fornicariis, quamdiu ab ecclesia tolerantur, nec est crimen evidens, licete audiuntur Divina officia, et alia recipiuntur ecclesiastica sacramenta.

Papst Innozenz III. an Erzbischof Andreas Sunesen von Lund
Anagni, 17. Januar 1203

Ad nostram noveris audientiam pervenisse, quod, cum detestabile fornicationis vitium persequaris, et munditiam ministris altaris indicas, si multi ad exhortationem et correctionem tuam a volutabro luti surrexerint et proposuerint in castitate corporis et puritate cordis Domino deservire, quidam tamen in sordibus suis sordescunt adhuc, et redeunt ad vomitum suum, plures etiam cathedralium ecclesiarum canonici publice tenent in suis domibus concubinas, et quasi effectum eis exhibent coniugalem. Volentes igitur, quantum in nobis fuerit, adhibere remedium huic morbo, fraternitati tuae per apostolica scripta mandamus atque praecipimus, quatenus tam canonicos ipsos quam alios clericos in tua provincia constitutos, si tamen eorum episcopos super hoc inveneris negligentes, ut focarias quas publice tenent abiiciant, monitione praemissa, per suspensionem, et privationem, si necesse fuerit, beneficiorum suorum, appellatione remota, compellas. Ad recipiendas autem huiusmodi mulieres, patres, fratres, et consanguineos moneas diligentius et inducas, et cogas etiam, prout videris expedire.

4. Laterankonzil
Im Jahre 1215

a. Rede von Papst Innozenz III.

Dormiendum est quoque nobis ab omni concupiscentia, praesertim a concupiscentia rerum quae procedit ex avaritia, et concupiscentia mulierum quae provenit ex luxuria ... Caveamus nihilominus a concupiscentia mulierum. Nam vinum et mulieres faciunt apostatare sapientes. Et propter speciem mulieris multi perierunt. Viae inferi domus eius: penetrantes in interiora mortis. Semper illam praecedunt ardor et petulantia, semper comitantur foetor et immunditia, semper sequuntur dolor et poenitentia. Favus enim distillans labia meretricis, et nitidius oleo guttur eius, novissima autem illius amara sicut absynthium, et acuta quasi gladius biceps. Familiaris est inimicus, habitans non procul, sed prope, non extra, sed intra. Nam virtus eius in lumbis eius, et fortitudo illius in umbilico ventris eius. Nunquam fugatur, nisi cum fugitur: nunquam mactatur, nisi cum maceratur. Nos autem in sacris ordinibus constituti, iam ex necessitate tenemur pudicitiam custodire. Scriptum est enim, quod cum David fugeret persecutionem Saul, venit in Nobe ad Achimelech sacerdotem, postulans sibi dari quinque panes ad esuriem expellendam. Et respondit sacerdos: Non habeo panes laicos ad manum, sed tantum panem sanctum. Si mundi sunt pueri, maxime a mulieribus, manducent. Non dixit, si habent fidem, spem, et caritatem: si habent iustitiam, fortitudinem, prudentiam et temperantiam; si habent spiritum sapientiae et intellectus, spiritum consilii et fortitudinis, spiritum scientiae et pietatis, et spiritum timoris Domini: sed dixit: si mundi sunt, maxime a mulieribus, manducent: quia panem sanctum digne manducare non possunt, nisi qui mundi sunt a coitu mulierum. Quiescat ergo concupiscentia, et concupiscibilitas incendatur, secundum illud: Concupivit anima mea desiderare iustificationes tuas in omni tempore.

b. Kanones 14 und 31

Conciliorum oecumenicorum decreta 218 et 225.

Kanon 14:
Ut clericorum mores et actus in melius reformentur, continenter et caste vivere studeant universi, praesertim in sacris ordinibus constituti, ab omni libidinis

vitio praecaventes, maxime illo propter quod ira Dei venit de coelo in filios diffidentiae, quatenus in conspectu Dei omnipotentis puro corde ac mundo corpore valeant ministrare. Ne vero facilitas veniae incentivum tribuat delinquendi, statuimus ut qui deprehensi fuerint incontinentiae vitio laborare, prout magis aut minus peccaverint, puniantur secundum canonicas sanctiones, quas efficacius et districtius praecipimus observari, ut quos divinus timor a malo non revocat, temporalis saltem poena a peccato cohibeat. si quis igitur, hac de causa suspensus, divina celebrare praesimpserit, non solum ecclesiasticis benificiis spolietur, verum etiam pro hac duplici culpa perpetuo deponatur. Praelati vero qui tales praesumpserint in suis iniquitatibus sustinere, maxime obtentu pecuniae vel alterius commodi temporalis, pari subiaceant ultioni. Qui autem secundum regionis suae morem non abdicarunt copulam coniugalem, si lapsi fuerint, gravius puniantur, cum legitimo matrimonio possint uti.

Kanon 31:
Ad abolendam pessimam quae in plerisque inolevit ecclesiis corruptelam, firmiter prohibemus, ne canonicorum filii, maxime spurii, canonici fiant in saecularibus ecclesiis, in quibus instituti sunt patres; et si fuerit contra praesuptum, decernimus non valere. Qui vero tales, ut dictum est, canonicare praesumpserint, a suis beneficiis suspendantur.

Papst Gregor IX. an alle Bischöfe
28. August 1227

Desiderantes plurimum, ut mundentur, qui ferunt vasa Domini, cum per fornicationis contagium honestas Ecclesiae nimium inquinetur, pro correctione clericorum maxime super incontinentiae vitio vobis sub certa forma direximus scripta nostra. Quia vero iacentium in fornicatione sunt aliqui, qui tamquam iumenta computrescentes in stercore suo, correctionem nullo modo recipiunt, eligendo perire potius quam parere, quorum quidam, ut hoc effugiant, interponentes ad Sedem Apostolicam appellationis obstaculum, aliqui autem citra appellationem in forma communi literas obtinent ab eadem, per quas eos, a quibus corriguntur, de huiusmodi vitio indebite inquietant: nos ne vel tales correctionem super hoc eludere valeant, vel vos hac occasione vexari possitis, providere volentes, cum ad peccatorum defensionem trahi non debeat, quod ad innocentum et oppressorum praesidium est statutum, nec deceat inde defendi crimina, unde consueverunt gravamina relevari, auctoritate praesentium vobis indulgemus, ut per huiusmodi literas nequaquam conveniri possitis, nec etiam teneamini a correctione cessare, nisi seriem facti contineant, et plenam de ipso fecerint mentionem.

Papst Gregor IX. an Erzbischof Johannes de Faye von Tours
Im Jahre 1228

Nimis in tua provincia ecclesiae deformatur honestas ex eo, quod filii sacerdotum et alii non legitime nati ad dignitates et personatus et alia beneficia curam animarum habentia sine dispensatione sedis apostolicae promoventur. Quocirca mandamus, quatenus praedictis personis a personatibus et dignitatibus, et huiusmodi beneficiis prorsus amotis, ea personis idoneis conferri facias per illos, ad quos collationem ipsorum de iure noveris pertinere. Et ne id de cetero praesumatur, districtius inhibemus.

Papst Alexander IV. an Bischof Guillaume von Sens
9. Oktober 1259

Cum itaque Johannes presbiter, prior prioratus Sancti Illarii Aurelianensis, tuae diocesis, ordinis Sancti Augustini, nobis humiliter supplicarit ut cum eo super defectu natalium quem patitur, de presbitero genitus et soluta, dispensare misericorditer curaremus, nos attendentes quod ad religionem conversi, si in monasteriis suis fuerint laudabiliter conversati, illigimitatis (sic) macula non obstante, juris permissione licenter possint ad ordines promoveri, presentium tibi auctoritate committimus ut cum eodem presbitero, ejus suffragantibus meritis, quod hujusmodi non obstante defectu, in susceptis ministrare ordinibus possit, et ad sui ordinis administrationes assumi necnon ad abbatiam si Deus dederit, tam in suo quam in alio monasterio auctoritate nostra dispenses, prout secundum Deum anime sue saluti videris expedire.

2. Konzil von Lyon
Im Jahre 1247

Conciliorum oecumenicorum decreta 298

Constitutio 16:
Altercationis antiquae dubium praesentis declarationis oraculo decidentes, bigamos omni privilegio clericali declaramus esse nudatos et coerdioni fori saecularis addictoes, consuetudine contraria non obstante. Ipsis quoque sub anathemate prohibemus deferre tonsuram vel habitum clericalem.

Papst Johannes XXII. an den Erzbischof Johannes von Gran (Ungarn) und dessen Suffraganbischöfe
Im Jahre 1317

Ad nostri siquidem apostolatus auditum non absque mentis amaricatione pervenit, quod inter cetera, quibus in Strigoniensi provincia decor ecclesie dehonestatus esse dinoscitur, pudiciciae lapsus graviter deploratur, dum ecclesiastici viri, etiam sacerdotes, quibus est precipuum debitum observatio castitatis, et qui cum vasa ferre Domini debeant, presipiuntur in lege mundari et vas suum in sanctificatione et honore possidere tenentur, servituti carnis expositi et motum sequentes ipsius concubinas, ymmo foccarias tenere publice non verentur. Ex quibus oculos divine maiestatis offendunt, sacerdotis officio derogant, mentesque fidelium multipliciter scandalizant. Et cum non sit aliquis, quem in hiis zelus domus domini mordeat, non qui manum correctionis appponat, peccandi consuetudinem quasi pro lege deffendere satagunt, et velut Iumenta in suo stercore computrescunt. Quia igitur, fratres, ad hoc estis in partem sollicitudinis advocati, ut gregem dominicum vigilanciae vestre commissum salutaribus exemplis instruatis, et monitis ac doctrinis verbalibus et exemplaribus informetis, ut per abrupta vitiorum gradientes inprovide studeatis in viam rectitudinis et semitam mandatorum dei revocare; illosque presetim, qui in vocatione, qua vocati sunt a domino, digne debent rectis incedere gressibus, passionibus desiderii omnino reiectis, et qui subditarum sibi plebium animas ad materna sacraria perducendas in sue conversationis fide, custodieque periculo susceperunt: fraternitatem vestram monemus, rogamus et hortamur attencius, et obsecramus in filio dei patris, vobisque per apostolica scripta districte precipiendo mandamus, quatenus in subditis vestris, clericis et sacerdotibus maxime huiusmodi vicium incontinencie detestantes, sic curetis in eis illud et alia delicta corrigere, quod Christi bonus odor sitis deo magisque vedeamini viciis quam subditis dominari, nosque percipientes odoris huiusmodi cum spirituali delectatione fragranciam, vos et ecclesias vestras favorabilius apostolice benevolencie gratia prosequamur. Sic super hiis vos laudabiliter habituri, quod nos, qui ex dissimulatione nollemus fieri culpe vestre participes, apostolice correctionis manum in hiis apponere non cogamur.

Papst Benedikt XII. an das Domkapitel in Narbonne
3. April 1335

Nam in Ecclesia ipsa que sicut caput existit aliarum Ecclesiarum provincie Narbonensis sic pre illis exemplari vita et operibus virtuosis cultusque divini decore fulgere deberet, idem cultus propter quem clerus ibidem principaliter constitutus est negligitur, beneficiatis et intitulatis eiusdem Ecclesiae laxatis rationis et honestatis abensis per campum licencie post suas currentibus indomitas voluntates, et quod est pernitiosum ac detestandum plurimum quamplures ex eis continencie iugo cui se summiserunt voluntarie dampnabiliter et inverecunde in maiorem suam confusionem abiecto, sicut mulus et equus quibus non est intellectus, pocius suas inordinatas voluntates sequentes quam rationis imperio se regentes, fetoribus luxurie turpiter se involverunt, mulieres suspectas seu fatarias concubinas tenendo in illa que mater pudoris ac mundicie conservatrix debet existere scilicet Ecclesia sancta Dei, quantum in eis est constituentes prostibulum et lupanar eiusque nobilitatem in ignominiam convertentes, non attento quam crudeliter famam suam negligunt et quam graviter tam ipsi quam illi qui hec sic abominanda tenerntur et deberent corrigere in conspectu Domini ex hiis cadunt verisimiliter ...

Cum autem premissa et alia multa que circa materiam huiusmodi quo ad preseus ex causa honestatis sub silencio preterimus non intendamus ulterius, ne culpam aliorum nostram videamur facere, per tepiditatem et negligenciam tolerare, discretionem vestram attentius exhortamur in Domino, vobisque nichilominus per apostolica scripta destrictius iniungendo mandamus quatinus primo quod in vobis, previa diligenti mentis discussione, viciosum vel tenebrosum repereritis, ne in vultu medentis vulnus quod opus eius reddat contemptibile vel reprehensibile appareat purgantes, abicientes et clarificantes omnino, circa divinum officium et utilitatem Narbonensis Ecclesie prout ad hec tenimini et statuta ipsius Ecclesie vos adstringunt vacare ac intendere, omni semota negligencia studeatis, et nichilominus per ordinationes et statuta salubria facta vel auctoritate nostra prout opportunum extiterit facienda, taliter non solum verbis sed effectivis operibus disponatis et ordinetis quod omnes et singuli beneficiati et intitulati in eadem Ecclesia ... abiciant nichilominus a se penitus concubinas et quasvis mulieres suspectas, honestam de cetero et exemplarem vitam ducentes, alias vero si fuerint incorrigibiles in hac parte a corpore cleri eiusdem Ecclesie tanquam infecta membra et putrida, ne corpus ipsum inficiant abscindantur, appellatione remota et ab Ecclesia ipsa removeantur omnino, loco illorum aliis viris honestis et ydoneis qui honeste Deo serviant et suum expleant ministerium surrogatis ..., pro certo scituri quod si premissa non adimpleveritis quavis cessante dilatione morosa nosque illa non audiverimus improximo realiter esse facta, nequaquam ulterius dissimulabimus sed de alio curabimus opportuno remedio providere.

Die 12 Thesen der Lollarden (1395), aus: Wegbereiter der Reformation, Hrsg. Gustav Adolf Benrath, in der Reihe: Klassiker des Protestantismus, Bremen 1967.

Die dritte These, traurig anzuhören: Das dem Priestertum auferlegte Gesetz der Enthaltsamkeit, das anfangs im Blick auf die Frauen erlassen war, führt die Sodomie in die ganze heilige Kirche ein. Aber wir entschuldigen uns mit der Bibel, weil ein verdächtiges Dekret besagt, wir dürften diese Sünde nicht bei ihrem Namen nennen. Vernunft und Erfahrung liefern den Beweis für diese These. Die Vernunft: Weil die üppigen Speisen der Geistlichen ihre natürliche Reinigung haben wollen oder auch Schlimmeres; die Erfahrung: weil die geheime Rede solcher Männer ist, sie hätten an Frauen kein Vergnügen. Und wenn du einen solchen Mann auf die Probe gestellt hast, so merk ihn dir wohl, denn er ist einer von jenen. Die Folgerung aus dieser These ist: Die privaten Orden, die Anfänger dieser Sünde, hätten es sehr wohl verdient, ganz und gar vernichtet zu werden. Aber Gott in seiner Macht möge für die verborgene Sünde offenbare Strafe schicken.

Konzil von Konstanz: Aus einer Reformschrift, unter dem Namen von Kaiser Sigismund eingebracht
Im Jahre 1414

Kapitel 33: (De concubinatu)
Ad arcendum concubinatus crimen, et de clero penitus ad eliminandum, summo studio per sacros canones provisum est.

Quia tamen quam plures Ordinarii et alii, ad quos pertinet, non adhibuerunt, nec adhibent diligentiam, quam haberent in eisdem provisionibus: Crimen praefatum in multis locis cum maximo catholicorum scandalo, et in totius clericalis contemtum ordinis frequentatur. Cui morbo haec sacra synodus volens occurrere decernit, ut deinceps omnes in sacris ordinibus existentes, vel religionem aliquam de apparatis professi, qui votum continentiae, ad quod se sponte obligarunt, concubinatus foeditate violarunt, poenis infra scriptis ipso facto subjacent. Ut videlicet, si habuerint beneficia secularia vel regularia, etiam si sint episcopatus vel firmiora beneficia, et concubinas notorie tenuerint, nisi infra mensem prorsus a se removerint, ipso jure intelligantur suis beneficiis per hanc constitutionem privati. Et possint ipsa beneficia libere per habentes potestatem aliis conferri et impetrari, vel aliis canonicis modis de aliis idoneis reformari.

Si vero beneficiati non fuerint, sint ipso jure inhabiles ad consequenda quaecunque beneficia: Poenis aliis a sacris canonibus contra tales praedictos in suo robore remanentibus.

Quia vero circa evitationem talium diversae reperiuntur opiniones, aliis asserentibus, quod a presbyteris notoriis concubinariis, quam diu tolerantur ab episcopis et aliis superioribus, ita, quod per eos non est facta mentio specialis, et nominatim quod evitentur, licitum sit audire divina, et talia alia suscipere Ecclesiastica sacramenta ab eis; aliis confirmantibus, ipsam notorietatem sufficere, ut quilibet possit et debeat etiam alia monitione non praecedente tales evitare: Volens eadem synodus animarum saluti consulere, et sentiens, ex huiusmodi evitatione, quam privati autoritate propria fecerunt, in nonnullis locis gravissima scandala exorta fuisse, decernit, priorem opinionem, quae monitionem praecedentem exigit, tanquam tutiorem et non scandalosam esse praeferendam.

Konzil von Basel
Sessio XX, 22. Januar 1435

Conciliorum oecumenicorum decreta 461-463.

Decretum de concubinariis (Dekret über das Konkubinat)

Sacrosancta Basileensis, generalis synodus in Spiritu sancto legitime congregata, universalem ecclesiam repraesentans, ad perpetuam rei memoriam. Tanto sumus ad concedendum petentibus laudabili per nos ordinatione statuta et decreta sub forma authentica proniores, quanto ex hoc statutis et decretis huiusmodi circa eorum observationem valeat fides certior adhiberi. Hinc est quod nos tenores constitutionum inferius descriptarum, per nos dudum editarum et in sessione publica per nos in maiori ecclesia Basileensi undecimo kalendas februarii, anno Domini millesimo quadringentesimo trigesimoquinto celebrata publicatarum, et apud acta nostra de mandato nostro descriptarum, ad dilectorum ecclesiae filiorum, etc. N. et N. qui tenores huiusmodi se in iudicio et extra asserunt indigere, supplicationis instrumentum de actis ipsis extrahi et praesentibus annotari fecimus, quae sequuntur in haec verba: Quicumque clericus, cuiuscumque status, conditionis, religionis, dignitatis, etiamsi pontificalis vel alterius praeeminentiae existat, qui post huius constitutionis notitiam, quam habere praesumatur, per duos menses post publicationem eiusdem in ecclesiis cathedralibus, quam ipsi dioecesani omnino facere teneantur, postquam eadem constitutio ad eorum notitiam pervenerit, fuerit publicus concubinarius, a perceptione fructum omnium suorum beneficiorum trium mensium spatio sit ipso facto suspensus, quos suus superior in fabricam vel aliam evidentem ecclesiarum utilitatem, ex quibus hi fructus percipiuntur, convertat: nec non et huiusmodi publicum concubinarium, ut primum talem esse innotuerit, mox suus superior monere teneatur, ut infra brevissimum terminum concubinam dimittat. Quam si non dimiserit, vel dimissam aut aliam publice resumpserit, iubet haec sancta synodus ut ipsum suis omnibus beneficiis omnino privet. Et nihilo minus hi publici concubinarii, usquequo cum eis per suos superiores post ipsarum concubinarum dimissionem, manifestamque vitae emendationem, fuerit dispensatum, ad susceptionem quorumcumque bonorum, dignitatum, beneficiorum vel officiorum sint inhabiles. Qui si post dispensationem recidivo vomitu ad huiusmodi publicum concubinatum redierint, sine spe alicuius dispensationis ad praedicta prorsus inhabiles existant. Quod si hi, ad quos talium correctio pertinet, eos, ut praedictum est, punire neglexerint, eorum superiores tam in ipsos de neglectu, quam in illos pro concubinatu, modis omnibus digna punitione animadvertant. In conciliis etiam provincialibus et synodalibus adversus tales punire negligentes, vel de hoc crimine diffamatos, etiam per suspensionem a collatione beneficiorum vel alia condigna poena severiter procedatur. Et si hi, quorum destitutio ad summum pontificem spectat, per concilia provincialia aut suos superiores propter publicum concubinatum reperiantur privatione digni, statim cum processu inquisitionis ipsi summo pontifici deferantur. Eadem diligentia et inquisitio in quibuscumque capitulis generalibus et provincialibus quoad suos servetur, poenis aliis contra praedictos et alios non publicos concubinarios statutis in suo robore permansuris. Publici autem intelligendi sunt non solum hi quorum concubinatus per sentientiam aut confessionem iniure factam, seu per rei evidentiam, quae nulla possit tergiversatione celari, notorius est, sed qui mulierem de incontinentia suspectam et infamatam tenet, et per suum superiorem admonitus ipsam cum effectu non dimittit. Quia vero in quibusdam regionibus nonnulli iurisdictionem ecclesiasticam habentes, pecuniarios quaestus a concubinariis percipere non erubescunt, patiendo eos in tali foeditate sordescere: sub poena maledictionis aeternae praecipit, ne deinceps sub pacto, compositione, aut spe alicuius quaestus, talia quovis modo tolerent aut dissimulent: alioquin ultra praemissam negligentiae poenam, duplum eius quod propterea acceperint, restituere ad pios usus omnino teneantur et compellantur. Ipsas autem concubinas, seu mulieres suspectas, praelati modis omnibus curent a suis subditis etiam per brachii saecularis auxilium, si opus fuerit, penitus arcere: qui etiam ex tali concubinatu procreatos filios apud patres suos cohabitare non permittant. Iubet insuper haec sancta synodus, ut etiam in praedictis synodis et capitulis haec constitutio publicetur, et quilibet suos subditos ad ipsarum concubinarum dimissionem moneat diligenter. Iniungat praeterea omnibus saecularibus viris, etiamsi regali praefulgeant dignitate, ne ullum qualecumque inferant impedimentum, quocumque quaesito colore, praelatis qui ratione sui officii adversus suos subditos pro huiusmodi concubinatu procedunt. Et cum omne fornicationis crimen lege divina prohibitum sit, et sub peccati mortalis poena necessario evitandum, monet omnes laicos tam uxoratos quam solutos, ut similiter a concubinatu abstineant. Nimis enim reprehensibilis est qui uxorem habet, et ad alienam mulierem accedit: qui vero solutus est, si continere nolit, iuxta apostoli consilium, uxorem ducat. Pro huius autem divini observatione praecepti, hi, ad quos pertinet, tam salutaribus monitis quam aliis canonicis remediis omni studio laborent.

5. Laterankonzil
Sessio IX, 5. Mai 1514

Bulla reformationis curiae:

... Quare pro dicti pastoralis officii solicitudine cum ecclesiasticam disciplinam, ac per omnes fere Christi fidelium gradus bene recteque vivendi regulam temporum difficultate ac hominum malitia, licentiaque et impunitate in deterius ita labi, diffluere, aberrareque longius a recta via animadvertimus, ut nisi provida corrigatur emendatione, in varios errores securitate peccandi quotidie magis incidere, moxque obortis publice scandalis, prorumpere sit verendum. Cupientes igitur, quatenus nobis ex alto permittitur, ea iam nimium invalescentia mala corrigere, ac pleraque in pristinam sacrorum canonum observantiam reducere, ac in melius iusta sanctorum patrum instituta dante Domino reformare, eaque omnia, sacro approbante Lateranensi concilio, a felicis recordationis Iulio papa secundo praedecessore nostro inter alia propterea incepto, et per nos continuato, salubriter moderari ...

(De cardinalibus)

... Quapropter non modo hortamur eos ac monemus, verum etiam statuimus et ordinamus, ut de cetero quilibet cardinalium pro tempore existens, iuxta doctrinam Apostoli, ita sobrie, caste ac pie vivat, ut non solum a malo, sed ab omni etiam specie mali abstinens, coram hominibus luceat ...

(Reformationes curiae et aliorum)

... Ut clerici praesertim caste continenterque iuxta canonum praecepta vivant, statuimus ut contra facientes acriter secundum canones puniantur. Si quis vero tam laicus, quam clericus, de crimine, propter quod venit ira Dei in filios diffidentiae, convictus fuerit, poenis per sacros canones aut ius civile respective impositis puniatur. Concubinarii autem, sive laici sive clerici fuerint, eorumdem canonum poenis multentur: neque superiorum tolerantia seu prava consuetudo, quae potius curruptela dicenda est, a multitudine peccantium, aliave quaelibet excusatio eis aliquo modo suffragetur, sed iuxta iuris censuram severe puniantur.

Martin Luther: An den christlichen Adel deutscher Nation von des christlichen Standes Besserung (1520), in: Klassiker d. Protestant., II. Bd. D. Glaube d. Reformatoren, Bremen 1964.

Zum Zölibatsproblem. Man findet manchen frommen Pfarrer, den sonst niemand irgendwie tadeln kann abgesehen davon, daß er gebrechlich und mit einer Frau zu Schanden geworden ist, wobei sie aber beide so gesinnt sind in ihres Herzens Grund, daß sie gerne wollten immer beieinander bleiben in rechter ehelicher Treue, wenn sie das nur mit gutem Gewissen tun könnten. Wenn sie auch gleich die Schande öffentlich tragen müssen, sind die zwei gewiß vor Gott Eheleute. Und hier sage ich: Wenn sie so gesinnt sind und in ein Leben kommen wollen, daß sie nur ihr Gewissen frisch erretteten, dann nehme er sie zum Eheweibe, behalte sie und lebe sonst anständig mit ihr wie ein Ehemann, ohne Rücksicht darauf, ob das der Papst will oder nicht will und behauptet, es sei gegen geistliches oder fleischliches Gesetz. Es liegt mehr an deiner Seelen Seligkeit als an den tyrannischen, eigenmächtigen, freventlichen Gesetzen, die weder zur Seelen Seligkeit nötig noch von Gott geboten sind. Und ihr sollt es halten wie die Kinder von Israel, die den Ägyptern ihren verdienten Lohn stahlen. Oder: Wie ein Knecht seinem böswilligen Herrn seinen verdienten Lohn stahl, so stiehl auch dem Papst deine Ehefrau und deine Kinder. ...

Papst Hadrians VI. Instruktion an den Legaten Francesco Chieregati Im Jahre 1522

Item dices, nos ingenue fateri, quod Deus hanc persecutionem ecclesiae suae inferri permittit propter peccata hominum, maxime sacerdotum et ecclesiae praelatorum ... Scimus in hac sancta sede aliquot iam annis multa abominanda fuisse abusus in spiritualibus, excessus in mandatis, et omnia denique in perversum mutata. Nec mirum si aegritudo a capite in membra, a summis pontificibus in alios inferiores praelatos descenderit. Omnes nos (id est praelati et ecclesiastici) declinavimus unusquisque in vias suas, nec fuit iam diu, qui faceret bonum, non fuit usque ad unum. Quamobrem necesse est, ut omnes demus gloriam deo et humiliemus animas nostras ei, videatque unusquisque nostrum unde ceciderit et se potius quilibet iudicet quam a deo in virga furoris sui iudicari velit. Qua in re, quod ad nos attinet, polliceberis nos omnem operam adhibituros, ut primum curia haec, unde forte omne hoc malum processit, reformetur: Ut sicut inde corruptio in omnes inferiores emanavit, ita etiam ab eadem sanitas et reformatio omnium emaneat. Ad quod procurandum, nos tanto arctius obligatos reputamus, quanto universum mundum huiusmodi reformationem avidius desiderare videmus ... Quamquam nemo mirari debebit, si non statim omnia errata et abusus omnes per nos emendatos viderit: inveteratus nimium morbus est, nec simplex, sed varius et multiplex; pedetentim in eius cura procedendum est et prius gravioribus magisque periculosis occurendum, ne omnia pariter reformare volentes omnia perturbemus; omnes subite mutationes (inquit Aristoteles) in republica periculosae sunt; qui nimis emungit, elicit sanguinem.

Quod autem ultimis literis tuis scribis questos fuisse tecum principes istos, quod concordatis eorum per hanc sedem derogatum sit, dices: nos de his, quae ante nos facta fuere, culpari non posse nec debere, nobisque eiusmodi derogationes, etiam dum in minoribus essemus, semper displicuisse. Proinde nobis certissimam sententiam esse, etiamsi ipsi non requirerent, illis nostri pontificatus tempore penitus abstinere, partim ut unicuique ius suum servemus, partim quia aequitas et humanitas exposcit, ut inclitam nationem nostram non solum non offendamus, sed etiam peculiares ei favores impendamus ...

Item quia intelleximus in Germania esse multos bonos et doctos viros pauperes, aliqua etiam praeclara ingenia, quae ex dignitate apostolicarum provisionum, histrionibus et stabulariis potius quam viris doctis fieri solitarum, a sedis huius devotione aversa, cupimus, ut inquiras, quinam illi sint eorumque nomina ad nos transmittas, ut occurrente beneficiorum Germanicorum vacatione illos proprio motu providere possimus. Scimus enim, quantum dei honori et animarum saluti ac aedificationi obfuerit, quod iam diu ecclesiastica beneficia maxime curam et regimen animarum habentia data fuerunt hominibus indignis.

Philipp Melanchthon: Unterricht der Visitatoren (1528), aus: Reformatorische Verkündigung und Lebensordnung, Hrsg. Robert Stupperich, Klass. d. Protest., III. Bd., 1963.

Das dritte Stück christlicher Freiheit betrifft menschliche Kirchenordnung, wie fasten, feiern und dergleichen. Da ist vonnöten zu wissen, daß solche Ordnung halten nicht hilft, Frömmigkeit zu erlangen vor Gott, wie Christus spricht, Matth. 15, 9: "Sie ehren mich vergeblich mit Menschengeboten." Von diesem Stücke aber haben wir droben angezeigt, daß dreierlei Kirchenordnungen sind.

Etliche können nicht ohne Sünde gehalten werden, wie die Satzung, dadurch die Ehe verboten ist. Solche Ordnung soll man nicht halten; "denn man muß Gott mehr gehorchen als den Menschen!" Apg. 5, 29. So nennt es Paulus I. Tim. 4, 1 "Teufelsehre". Zudem, so schilt Christus selbst solche Aufsätze, die zu sündigen gebieten, Matth. 15, 3.

Die andern Ordnungen sind gemacht, nicht damit Gnade zu erwerben oder für die Sünde genugzutun, auch nicht, daß nötig sei, dieselben zu halten, sondern weil sie nützlich sind; daß man am Sonntag, Ostern, Pfingsten, Weihnachten feiere, welche Zeit geordnet ist, daß die Leute wissen, wann sie zusammenkommen und Gottes Wort lernen sollen; nicht daß nötig sei, eben solche Zeit zu halten, oder daß Sünde sei, daran Handarbeit zu tun, sondern weil jedermann solche Zeit weiß, ist's gut, daß man sie halte, zusammenzukommen und zu lernen.

Die dritte Ordnung ist gemacht, damit Gnade zu erwerben für unsere Sünde; als gesetzte Fasten, am Freitage nicht Fleisch essen, die sieben Gezeiten (Stundengebete (Horen)) beten und dergleichen. Solche Meinung ist wider Gott, darum mag man auch solche Gebote fallen lassen; denn Paulus heißt es "Teufelslehre", solche Ordnung der Meinung halten oder fordern, daß damit Gnade erworben werde, daß sie vonnöten sind, Gnade von Gott zu erlangen.

Papst Clemens VII. Bulle "Ad Canonum Conditorem"
3. Juni 1530

Sane, postquam felicis recordationis Alexander Papa III, praedecessor noster, filios, praesertim sacerdotum, in ecclesiis paternis succedere prohibuerat, easque nihilominus, media intercedente persona, filios ipsos habere disposuerat, cum passim sacerdotes, ut ecclesiis suis eorum filii potirentur satagentes, in Alexandri praedecessoris huiusmodi dispositione confisi, ecclesias suas, quas ad eorum pervenire filios constituebant, in favorem personarum, quae ecclesias ipsas, etiam illarum possessione non habita, in ipsorum resignantium filios, ex fornicatione genitos, illico mox resignare; ipsique filii ecclesias ipsas, dispensatione super defectu natalium, quem, ex dictis sacerdotibus resignantibus geniti, patiebantur, etiam patris nomine expresso, obtenta, consequi, hactenus consueverint, profecto perniciosum semper et abominabile ac in gravem divinae Maiestatis offensam tendere, videlicet quod ipsi presbyteri eorum crimen, quod erat occultum, non sine turpitudine, ob inordinatum spuriorum filiorum amorem, detegere non erubescerent.

Iudicavimus propterea quod, ubi tempus quod omnia palam facit, et praesentium ratio, quid in futurum cavendum sit admonet, merito admonemur; et, ad tollendum huiusmodi abusum, necessarium arbitrari sumus eiusdem Alexandri praedecessoris canonem corrigere, potius quam talia, cum tanto hominum scandalo, tollerare. Habita igitur super his cum venerabilibus fratribus nostris sanctae Romanae Ecclesiae cardinalibus matura deliberatione, de eorum consilio et unanimi consensu, auctoritate apostolica, tenore praesentium statuimus et ordinamus, quod de cetero filii presbyterorum, ex fornicatione nati, ecclesias cathedrales, etiam metropolitanas, ac monasteria, quibus eorum patres praefuerunt, seu illa et illas dignitates, etiam maiores et principales, personatus, administrationes et officia, etiam curata et electiva, et alia quaecumque beneficia ecclesiastica, cum cura et sine cura, saecularia et quorumvis Ordinum regularia, quae presbyteri et clerici ac religiosi eorum patres in titulum vel commendam aut administrationem, ad tempus seu in perpetuum, aliquando obtinuerunt, nullo umquam tempore quoquomodo obtinere possint, nec cum eis super hoc dispensare intendimus. Et si quas dispensationes per nos concedi contigerit, tamquam per praeoccupationem et contra mentem nostram concessas, eis nullatenus suffragari, talesque dispensationes nostris volumus exultare temporibus; et, quod nobis non patimur, nostris successoribus indicamus.

Confessio Augustana (25.6.1530), hier: Das Augsburger Bekenntnis Deutsch, 1530-1980, Revidierter Text, Göttingen-Mainz, (4. Aufl.), 1980.

Artikel 23

Über Priesterberuf und Ehestand

Leute aus allen Schichten haben überall in der Welt schon lange heftig geklagt über die große Unzucht und das wilde Leben jener Priester, die das Keuschheitsgebot nicht halten konnten. Mit solchen abscheulichen Lastern war es immer schlimmer geworden. Um dieses häßliche große Ärgernis, Ehebruch und andere Unzucht zu vermeiden, haben bei uns einige Priester geheiratet. Sie begründen dies damit, daß sie aus großer Gewissensnot zu diesem Schritt gedrängt und bewegt worden sind. Denn die Heilige Schrift bezeugt eindeutig, daß die Ehe von Gott dem Herrn eingesetzt worden ist, um Unzucht zu vermeiden. So sagt Paulus: "Um Unzucht zu vermeiden, soll jeder seine eigene Frau haben ..." (1. Kor. 7,2); und: "Es ist besser, zu heiraten als sich in Begierde zu verzehren" (1. Kor. 7, 9). Indem Christus, der genau gewußt hat, was dem Menschen möglich ist, sagt: "Dies Wort fassen nicht alle" (Matth. 19, 11), macht er deutlich, daß nur wenige die Gabe haben, ehelos (urspr.: keusch) zu leben; denn "Gott schuf den Menschen als Mann und Weib" (1. Mose 1, 27). Ob es in menschlicher Macht oder Kraft steht, ohne besondere Gabe und Gnade Gottes, durch eigenen Entschluß oder ein Gelübde das zu verbessern oder zu ändern, was der allmächtige Gott geschaffen hat, hat die Erfahrung allzu deutlich gezeigt. Denn was an gutem, ehrbarem, zuchtvollem Leben, was an christlichem, ehrlichem oder redlichem Wandel bei vielen daraus folgte, und welche grauenhafte Unruhe und schreckliche Gewissensqual viele an ihrem Lebensende deshalb gehabt haben, das liegt auf der Hand, und viele von ihnen haben es selbst zugegeben. Weil also Gottes Wort und Gebot durch kein menschliches Gelübde oder Gesetz geändert werden kann, haben aus diesen und anderen Ursachen und Gründe Priester und andere Geistliche geheiratet.

Es kann auch aus der Geschichte und den Schriften der Kirchenväter bewiesen werden, daß es in der christlichen Kirche von alters her Brauch war, daß Priester und Diakone Ehefrauen hatten. So sagt Paulus: "Ein Bischof aber soll untadelig sein, Ehemann einer einzigen Frau" (1. Tim. 3, 2). Es wurden auch in Deutschland erst vor vierhundert Jahren die Priester mit Gewalt gezwungen, den Ehestand für das Keuschheitsgelübde aufzugeben. Sie haben sich sämtlich so geschlossen und nachdrücklich dagegen gewehrt, daß der Erzbischof von Mainz, der das neue päpstliche Edikt in dieser Sache bekanntgab, bei einem Aufruhr der ganzen Priesterschaft (im Jahre 1075) beinahe im Gedränge umgebracht worden wäre. Gleich von Anfang an wurde dieses Verbot so hart und rücksichtslos durchgesetzt, daß der Papst zu jener Zeit nicht nur den Priestern eine künftige Ehe verbot, sondern auch diejenigen Ehen auseinanderriß, die schon lange bestanden. Dies ist nicht nur gegen alle göttlichen, natürlichen und weltlichen Rechte, sondern widerspricht auch entschieden den Kirchengesetzen, die von Päpsten selbst gemacht worden waren, und den wichtigsten Konzilien.

Auch haben viele bedeutende, gottesfürchtige, verständige Leute immer wieder zu bedenken gegeben, daß dieser erzwungene Zölibat - das Verbot des Ehestandes, den Gott selbst eingesetzt und jedem freigestellt hat - nichts Gutes, sondern nur viele große, böse Laster und viel Schlimmes bewirkt habe. Selbst einer der Päpste, Pius II. (1458 - 1464), hat, wie seine Biographie zeigt, oft gesagt und in seinem Namen erklären lassen: Es möge wohl einigen Grund dafür geben, warum den Geistlichen die Ehe verboten sei; es gäbe aber viel höhere, größere und wichtigere Gründe, weshalb man ihnen die Ehe wieder erlauben sollte. Zweifellos hat Papst Pius dies als ein verständiger, weiser Mann nach sorgfältiger Erwägung geäußert.

Deshalb vertrauen wir in Untertänigkeit gegenüber Eurer Kaiserlichen Majestät, daß Eure Majestät als ein christlicher, hochlöblicher Kaiser gnädig beherzigen werde, daß jetzt in diesen letzten Zeiten und Tagen, von denen die Heilige Schrift spricht, die Welt immer schlechter und die Menschen (dem Bösen gegenüber) immer anfälliger und schwächer werden.

Darum ist es im höchsten Maße nötig, nützlich und christlich, sich um diese Einsicht zu bemühen, damit nicht, wenn der Ehestand weiterhin verboten bleibt, noch ärgere Unzucht und schändlichere Laster in deutschen Landen einreißen. Denn es wird niemand diese Sache ändern oder sie besser machen können als Gott selbst, der den Ehestand eingesetzt hat, um menschlicher Schwachheit zu helfen und der Unzucht zu wehren.

Auch sagen die alten Kirchengesetze, man müsse zuweilen die Schärfe und Strenge lindern und abschwächen um der menschlichen Schwachheit willen und um Schlimmeres zu verhüten und zu vermeiden.

So zu handeln wäre auch in diesem Falle christlich und dringend erforderlich. Warum soll der Ehestand der Priester und Geistlichen für die allgemeine christliche Kirche nachteilig sein, und das gerade bei Pfarrern und bei anderen, die der Kirche dienen sollen? Es wird wohl künftig an Priestern und Pfarrern mangeln, wenn dieses harte Verbot des Ehestands länger gelten sollte.

So ist nun die Tatsache, daß die Priester und Geistlichen heiraten dürfen, auf das göttliche Wort und Gebot gegründet. Außerdem beweist die Geschichte, daß es verheiratete Priester gegeben hat und daß das Gelübde der Keuschheit viele häßliche, unchristliche Ärgernisse, viel Ehebruch, schreckliche und unerhörte Unzucht und abscheuliche Laster verursacht hat. Einige ehrliche Domherren sowie einige Angehörige der Kurie (urspr.: Kurtisan) in Rom geben es selbst zu und klagen darüber, wie furchtbar und übermächtig solche Laster im Klerus sind und Gottes Zorn erregen. Darum ist es erbärmlich, daß man den christlichen Ehestand nicht nur verboten, sondern an einigen Orten auch ganz hart bestraft hat, als handle es sich um eine große Übeltat, während doch Gott in der Heiligen Schrift geboten hat, den Ehestand in allen Ehren zu halten. So wird auch der Ehestand nach kaiserlichem Recht und in allen Staaten, in denen es je Gesetze und Rechte gegeben hat, hochgelobt. Erst in letzter Zeit beginnt man, die Leute nur ihrer Ehe wegen unschuldig zu quälen, noch dazu Priester, die man mehr als andere schonen sollte. Dies geschieht nicht nur gegen das göttliche Recht, sondern auch gegen die Kirchengesetze. Der Apostel Paulus nennt 1. Timotheus 4, 1.3. die Lehre, die die Ehe verbietet, eine teuflische Lehre. Christus selbst sagt Johannes 8, 44, der Teufel sei von Anfang an ein Mörder. Beides stimmt zusammen: Es muß eine Teufelslehre sein, die Ehe zu verbieten und sich zugleich anzumaßen, eine solche Lehre mit Blutvergießen aufrechtzuerhalten.

Ebenso wie kein menschliches Gesetz Gottes Gebot außer Kraft setzen oder ändern kann, so kann auch kein Gelübde Gottes Gebot ändern. Darum gibt auch Cyprian (gest. 258) den Rat, daß die Frauen, wenn sie die von ihnen gelobte Keuschheit nicht halten können, heiraten sollen. So sagt er in einem seiner Briefe: "Wenn sie aber die Keuschheit nicht halten wollen oder können, ist es besser, daß sie heiraten, als daß sie wegen ihrer Begierde ins Feuer fallen, und sie sollen sich vorsehen, daß sie den Brüdern und Schwestern kein Ärgernis bereiten."

Außerdem wenden auch alle Kirchengesetze große Milde und Nachsicht gegenüber denjenigen an, die in der Jugend Gelübde abgelegt haben; das gilt auch für die Priester und Mönche, von denen die meisten in ihrer Jugend aus Unwissenheit in einen solchen ehelosen Stand gekommen sind.

Martin Luther: Die Schmalkaldischen Artikel (1537), 3. Teil, hier nach: Martin Luther, Der große Katechismus, Calwer Luther-Ausgabe, 1. Bd. München-Hamburg 1967

Von der Priesterehe

Das Eheverbot für die Geistlichen ist folgenschweres Unrecht gegen Gott

Daß sie die Ehe verboten und den göttlichen Stand der Priester mit der Forderung dauernder Keuschheit belastet haben, dazu haben sie weder Fug noch Recht gehabt, sondern sie haben damit als antichristische, tyrannische, heillose Bösewichte gehandelt und Anlaß gegeben zu erschreckenden, greulichen, unzähligen Unkeuschheitssünden aller Art, in welchen sie denn auch heute noch stecken. So wenig nun uns oder ihnen die Macht gegeben ist, aus einem männlichen ein weibliches Wesen oder aus einem weiblichen Wesen ein männliches zu machen oder beides zu nichts zu machen, so wenig haben sie auch Macht gehabt, diese Geschöpfe Gottes zu scheiden oder zu verbieten, ehrlich und ehelich beieinander zu wohnen. Darum wollen wir in ihren leidigen Zölibat nicht einwilligen, ihn auch nicht dulden, sondern wollen die Ehe freigegeben wissen, wie Gott sie angeordnet und gestiftet hat, und wollen sein Werk weder zerreißen noch hindern; denn S. Paulus sagt (I. Tim 4, I ff), es sei das eine teuflische Lehre.

Papier der Reformkommission von Kardinälen zur Vorbereitung eines Konzils:
"Consilium Delectorum Cardinalium et Aliorum Praelatorum de Emendanda Ecclesia"
Im Jahre 1537

Beatissime pater ... Certissimam divinae huius sententiae coniecturam nos facere valemus, quibus sanctitas tua ad se vocatis mandavit, ut nullius aut commodi tui, aut cuiuspiam alterius habita ratione, tibi significaremus abusus illos, gravissimos videlicet morbos, quibus iam pridem ecclesia Dei laborat, ac praesertim haec Romana curia: quibus effectum prope est, ut paulatim ac sensim ingravescentibus pestiferis his morbis, magnam hanc ruinam traxerit, quam videmus. Et quoniam sanctitas tua Spiritu Dei erudita, qui (ut inquit

Augustinus) loquitur in cordibus nullo verborum strepitu, probe noverat principium horum malorum inde fuisse, quod nonnulli pontifices tui praedecessores prurientes auribus, ut inquit apostolus Paulus, coacervaverunt sibi magistros ad desideria sua, non ut ab eis discerent quid facere deberent, sed ut eorum studio et calliditate inveniretur ratio qua liceret id quod liberet ... Ex hoc fonte, sancte pater, tanquam ex equo Troiano, irrupere in ecclesiam Dei tot abusus et tam graves morbi, quibus nunc conspicimus eam ad desperationem fere salutis laborasse, et manasse harum rerum famam ad infideles usque (credat sanctitas vestra scientibus) qui ob hanc praecipue causam Christianam religionem derident adeo, ut per nos, per nos inquimus, nomen Christi blasphemetur inter gentes ...

Primus abusus in hac parte est ordinatio clericorum et praesertim presbyterorum, in qua nulla adhibetur cura, nulla adhibetur diligentia: quod passim quicunque sint, imperitissimi sint, vilissimo genere orti, sint malis moribus ornati, sint adolescentes, admittantur ad ordines sacros et maxime ad presbyteratum, ad characterem, inquam, Christum maxime exprimentem ...

Item lex est antiqua instaurata a Clemente, ne filii presbyterorum habeant parentum beneficium, ne scilicet res communis hoc modo fiat privata: dispensatur tamen (ut audimus) in hac veneranda lege ...

Abusus alius turbat Christianum populum in monialibus, quae sunt sub cura fratrum conventualium, ubi in plerisque monasteriis fiunt publica sacrilegia cum maximo omnium scandalo. Auferat ergo sanctitas vestra omnem eam curam a conventualibus, eamque det aut ordinariis, aut aliis, prout melius videbitur ...

Primus est in fratribus seu religiosis apostatis, qui post votum solenne a sua religione recedunt, impetrantque ne teneantur gerere habitum sui ordinis, imo nec vestigium habitus, sed tantum vestem honestam clericalem ...

Abusus alius in dispensatione cum constituto in sacris ordinibus, ut possit uxorem ducere. Haec dispensatio non esset ulli danda, nisi pro conversatione populi cuiuspiam, vel gentis, ubi esset publica causa gravissima, praesertim his temporibus, in quibus urgent Lutherani hanc rem maxime.

In hac etiam urbe (Roma) meretrices ut matronae incedunt per urbem, seu mula vehuntur, quas affectantur de media die nobiles familiares cardinalium clericique. Nulla in urbe vidimus hanc corruptionem, praeterquam in hac omnium exemplari, habitant etiam insignes aedes: corrigendus etiam hic turpis abusus.

Papst Pauls III. Bulle an die Bischöfe Petrus Bertano von Fano, Aloysius Lippomani von Verona und Sebastianus Pighi von Ferrentino (3. Ausfertigung)
31. August 1548

Ad diligentem patrem familias pertinet, cum sibi salvandorum omnium suorum negociorum spes non affertur, aliqua ex illis despicere, ne cunctorum dispendia patiatur: sic enim et qui mare navigant, tempestate urgente navique periclitante quaedam exonerant ut caetera salva permaneant. Licet igitur magnopere praecavenda sint quae sine manifesta decoloratione recipi non possunt, illa tamen nonnunquam permittenda sunt quae, si caeterorum constet integritas, sola nocere nequeunt; nam dispensationes rerum nonnunquam cogunt a debito rigore exire, ut majus aliquid lucrifaciant, et praecepta canonica aliquando indulgent ut, quae rerum et temporis cogit intuitus, pro necessitate aut utilitate ecclesiae relaxentur. Etenim non ignoramus in pluribus sanctorum patrum oecumenicis probatisque conciliis ab universis episcopis dictum fuisse ut episcopi, praesbyteri et diaconi ac qui sacramenta contractant, ab uxoribus abstineant, idque nos, cum etiam id idem apostoli docuerint exemplo et ipsa servaverit antiquitas, similiter custodire debere.

Verum cum charissimus in Christo filius noster Carolus Romanorum imperator semper augustus suo et omnium nobilissimae provintiae Germaniae statuum nominibus nuper significaverit quod pro restituendis ad ecclesiae unitatem iis qui esse dinoscitur ut cum aliquibus clericis in sacris ordinibus constitutis, quod cum in ipsa Germania ab eadem ecclesia desieverunt (!), non tam utile quam necessarium mulieribus, quas tanquam uxores retinent, remanere aut legitime matrimonium contrahere possint, de apostolicae sedis benignitate dispensetur: nos, cupientes fidem catholicam ubique vigere et propagari et nolentes restitutionem huiusmodi, quae ad ipsius fidei exaltationem pertinet et bonum universale concernit, ex denegata paucorum in praemissis dispensatione impediri: habita super his cum venerabilibus fratribus nostris sanctae Romanae ecclesiae cardinalibus deliberatione matura, de ipsorum consilio et assensu ac apostolicae potestatis plenitudine vobis, quos hodie ad excipiendos eos qui ex dicta provintia ad gremium ecclesiae sponte redire voluerint, nostros et dictae sedis nuntios de simili consilio et assensu destinavimus, quibusque diversas alias facultates apostolica auctoritate concessimus, prout in nostris inde confectis literis plenius continetur, ut vos conjunctim seu cum reliquorum duorum consensu quilibet vestrum aut, si aliquis legitimo impedimento detentus interesse non potuerit, duo ex vobis in praeteritis dumtaxat casibus aliquos clericos saeculares tantum, praesbyteros, diaconos aut subdiaconos, qui matrimonium cum aliquibus virginibus vel corruptis saecularibus etiam mulieribus de facto hactenus contraxerint, considerata aliqua ipsorum singulari qualitate et cognita in eis vera et non ficta ad Christi fidem conversione ac aliis circumstantiis et modificationibus vestro arbitrio adhibendis, ex quibus aliis scandalum omnino non generetur, citra tamen altaris at alia sacerdotum ministeria ac titulos beneficiorum ecclesiasticorum omnique ipsorum ordinum exercitio sublato, ab excommunicationis sententia et aliis reatibus propterea incursis, injuncta eis etiam vestro arbitrio pro modo culpae poenitentia salutari, absolvere ac cum eis, dummodo alteri eorum superstes remaneat sine spe conjugii, quod inter se matrimonium legitime contrahere et in eo, postquam contractum fuerit, licite remanere possint prolem exinde legitimam decernendo, misericorditer dispensare possitis plenam et liberam dicta auctoritate concedimus potestatem et facultatem, non obstantibus quibusvis apostolicis ac in provincialibus et synodalibus ac generalibus conciliis aeditis constitutionibus et ordinationibus etiam pluries emanatis ac in corpore juris clausis contrariis quibuscumque.

Papst Julius III. Bulle an Kardinal Reginald Pole
8. März 1554

Dudum cum charissima in Christo filia nostra Maria Angliae tunc princeps regina declarata fuisset, et speraretur regnum Angliae, quod saeva tyrannide ab unione sanctae ecclesiae catholicae separatum fuerat, ad ovile gregis Domini et eiusdem ecclesiae unionem, ipsa Maria primum regnante, redire posse; nos te, praestanti virtute, singulari pietate, ac multa doctrina insignem ad eandem Mariam reginam, et universum Angliae regnum de fratrum nostrorum consilio et unanimi consensu nostrum et Apostolicae Sedis legatum de latere destinavimus; tibique inter caetera omnes et singulos utriusque sexus tam laicas quam ecclesiasticas seculares, et quorumvis ordinum regulares personas in quibusvis etiam sacris ordinibus constitutas ... quarumcunque haeresium aut novarum sectarum professores, aut in eis culpabiles vel suspectas, ac credentes, receptatores et fautores eorum, etiamsi relapsae fuissent, eorum errorem cognoscentes, et de illis dolentes, ac ad orthodoxam fidem recipi humiliter postulantes, cognita in eis vera et non ficta, aut simulata poenitentia, ab omnibus et singulis per eos perpetratis ... peccatis ... absolvendi et liberandi, ac aliorum Christi fidelium consortio aggregandi; necnon cum eis super irregularitate per eos praemissorum occasione ... contracta; necnon bigamia per eosdem ecclesiasticos, seculares vel regulares, vere aut ficta, seu alias qualitercunque incursa (etiamsi ex eo quod clerici in sacris constituti cum viduis vel aliis corruptis matrimonium contraxissent praetenderetur) reiectis et expulsis tamen prius uxoribus, sic de facto copulatis; quodque bigamia et irregularitate, ac aliis praemissis non obstantibus in eorum ordinibus, dummodo ante eorum lapsum in haeresim huiusmodi rite et legitime promoti vel ordinati fuissent, etiam in altaris ministerio ministrare, ac quaecunque et qualitercunque etiam curata beneficia, secularia vel regularia ut prius, dummodo super eis alteri ius quaesitum non existeret, retinere; et non promoti ad omnes etiam sacros ordines et presbyteratus ordines ab eorum ordinariis, si digni et idonei reperti fuissent, promoveri, ac beneficia ecclesiastica, si iis alias canonice conferentur, recipere et retinere valerent, dispensandi et indulgendi ... Necnon per te in praeteritis duntaxat casibus, aliquos clericos seculares, tantum presbyteros, diaconos aut subdiacones, qui matrimonium cum aliquibus virginibus, vel corruptis secularibus, etiam mulieribus, de facto eatenus contraxissent, considerata aliqua ipsorum singulari qualitate, et cognita eorum vera ad fidem Christi conversione, ac aliis circumstantiis ac modificationibus tuo tantum arbitrio adhibendis, ex quibus aliis praesertim clericis in sacris ordinibus huiusmodi constitutis, quibus non licet uxores habere, scandalum omnino non generetur, citra tamen altaris ac alia sacerdotum ministeria, et titulos beneficiorum ecclesiasticorum, ac omni ipsorum ordinum exercitio sublato ab excommunicationis sententia, et aliis reatibus propterea incursis, iniuncta inde eis etiam tuo arbitrio poenitentia salutari, absolvendi, ac cum eis dummodo alter eorum superstes remaneret, de caetero sine spe coniugii, quod inter se matrimonium legitime contrahere, et in eo postquam contractum foret, licite remanere possent, prolem exinde legitimam decernendo, misericorditer dispensandi ... Necnon catholicos locorum Ordinarios, aut alias personas Deum timentes fide insignes, et literarum scientia praeditas, ac gravitate morum conspicuas et aetate veneranda, de quarum probitate et circumspectione ac charitatis zelo plena fiducia conspici posset, ad praemissa omnia cum simili vel limitata potestate (absolutione et dispensatione clericorum circa connubia, ac unione beneficiorum, seu eorum fructuum et bonorum separatione et applicatione ac concordia cum possessoribus bonorum ecclesiasticorum et eorum liberatorum duntaxat exceptis) substituendi et subdelegandi, ac diversas alias facultates per diversas alias nostras tam sub plumbo quam in forma brevis confectas literas, concessimus, prout in illis plenius continetur. Verum cum tu ad partes Flandriae, ex quibus brevissima ad regnum transfretatio existit, te contuleris, ac ex certis rationibus nobis notis inibi aliquamdiu subsistere habeas, ac a nonnullis nimium forsan scrupulosis haesitetur, an tu in partibus huiusmodi subsistens praedictis ac aliis tibi concessis facultatibus uti, ac in eodem regno locorum ordinarios aut alias personas, ut praemittitur, qualificatas, quae facultatibus per te iuxta dictarum literarum continentiam pro tempore concessis utantur, alias iuxta earundem literarum tenorem substituere et delegare possis.

Instruktion des Bayernherzogs Albrecht V. an Papst Paul IV. München, 21. September 1555

Secundo quia maxime necessarium est, si vel veram et christianam religionem nostram conservare vel afflictis in ea rebus succurrere contendimus, ut scandala, quibus populus ex clericorum vitiis offensus et exasperatus est, tollantur et clerus iuxta sacros veteres orthodoxorum patrum et conciliorum canones, traditiones maiorum et sacrae scripturae normam reformetur, (nam constat, totam ecclesiae faciem hoc malo confusam esse) quamvis nunc eo in loco cum catholicae ecclesiae ordinationibus et praeceptis in sacra scriptura fundatis constanter sentiamus, quod is, qui sine uxore est, curet ea, quae domini sunt eaque de causa optandum esse, ut clericorum plures reperiantur, qui, sicut uxoribus carent, ita vere continerent, paucissimos tamen inter nostros ecclesiasticos in Germania inveniri, qui non concubinas alant aut plures filios ex his procreatos publice nutriant, quin profecto maior pars hac perversitate ita depravatur, ut citius beneficia sibi auferri et isto munere interdici, quam a mulierum consuetudine avelli et reperiri, qui concubinis matrimonio sibi iunctis ad adversarios transeant secedantque. Quae quidem res quam ipsis auctoribus contrahat perniciem et populo grave obiciat scandalum et causam det eidem, ut ab ecclesia catholica eo facilius deficiat, novit S. B. satis satisque animo perpendere. Nos quotidie experimur, multos doctos ad ecclesiasticum statum valde idoneos viros nomina sua propter celibatus continentiam, quam custodire sese posse minime confidunt, ordinibus sacris dare non velle. Atque eadem ratione iuniores etiam, qui in catholicorum scholis erudiuntur, postquam ad maiorem aetatem pervenirunt, ad populum et saecularia studia relictis sacris litteris transcendere. Nullos vero aut raros idoneos ad animarum curam gerendam adhiberi beneficiisque ecclesiasticis recte administrandis praefici posse. Hinc populum pastorum suorum ignorantia fidei doctrina vera et catholica suppressa in diversos errores multasque haereses incidere, a quibus ab ipsis rectoribus suis caecis errantibus et indoctis reduci nequeant. Esse praeterea plurimos apud catholicos et in nostro dominio parochos, qui suas concubinas aeque ut protestantium praedicatores in uxores duxerunt, et, quamvis clandestine et secreto hoc fecerint, nihilominus intra populum divulgari novosque parere errores. Nam ut huiusmodi illicita sua matrimonia defendant suaeque libidini honestum aliquem titulum praetegant, novas doctrinas de coniugio sacerdotum inducere, eas approbare, docere et commendare. In quo articulo si ita persuadere cupiunt suis parochianis, ut concubinas pro legitimis uxoribus observent, in multis aliis ut sese cum erroneis ac novis doctrinis conforment, oportet. Alias enim in isto unico articulo, videlicet de permisso sacerdotum coniugio, nullam adhiberent fidem nec tam reverenter concubinas tractarent vel etiam tolerarent.

Porro et usu venire, quod ex adversariorum concionibus, scriptis et tractatibus, quibus in hanc ecclesiasticorum scortationem et turpitudinem vehementissime invehuntur, tantam indignitatem, invidiam et odium vulgus contra clerum nostrum concipiat, ut eum omnino extinctum cupiat et moliatur, ipsorum etiam doctrinam quamvis sanam et catholicam contemnat, repudiet, fugiat et aversetur. Quare si huic malo, quo in ecclesia nullum fere est gravius vel scandalosum magis (immo totus ecclesiae status propter hanc frequentem fornicationem labefactatur) mederi volumus, salubre est hoc consilium Pii secundi pont. max., quo ait, sibi visum esse, postremas hisce temporibus non minores causas esse, quod constitutio illa de celibatu abrogetur, quam olim fuerint, cum eadem introduceretur.

Humillime igitur Smo D.N. praedictus noster secretarius supplicabit, ut S.S. pro ratione istorum locorum, temporum et personarum dispensando permittat ac toleret viros coniugatos, qui vitae alias inculpatae et exemplaris sunt, doctos et idoneos ad sacros etiam maiores et praebendas eorumque legitimam functionem et executionem ac beneficia ecclesiastica potissimum curata et in iure existentia, ubi nostri rectores parochialium ecclesiarum sine familia vivere non possunt, admittere. Quod si concedatur, quemadmodum hoc urgentissima necessitas postulat, licebit plurimos et innumeros viros doctos catholicos vitae inculpatae invenire, qui copiosissimo cum fructu ubique in ecclesia dei indefesso studio laborent, populum ad antiquam pietatem, devotionem, disciplinam et sanctimoniam verbo et exemplo reducant, haereses et falsas doctrinas oppugnent et confundant deoque placentem ac novum quasi populum plantent, constituant et confirment ...

In his tribus articulis si desideratam et plane necessariam moderationem, tolerantiam et relatationem, prout omnino confidimus, a Ste S. obtinebimus, quousque per sacrum oecumenicum concilium de his definiatur, hoc apud nostros subditos deo auxiliante in universum praestabimus et efficiemus, ut eos, qui necdum a catholica religione desciverunt, retineamus in officio, seductos autem et vacillantes ab erroribus et sectis revocemus ac in fide catholica obedientiaque sedis apostolicae omnes confirmemus.

Papst Pauls IV. Instruktion für Nuntius Zaccaria Delfino
Rom, Dezember 1555

Et il medesimo farete nel secondo articolo del matrimonio de sacerdoti, il quale quanto sia indecente all' ordine presbiterale, lo testificano tutti li padri antichi, et lo sanno quelli, i quali per esperienza provano, che cosa sia attendere alla cura delle anime, cio è à pregar Dio, à studiar la scrittura sacra, à predicar al popolo, ad udir le confessioni et amministrare tutti li altri sacramenti et à far quella vita, la qual si conveniene a persone, ch' habbino ad esser mezzane tra Dio et il popolo à lor commesso. Et oltre di questo non si trovò mai in tempo ne in loco alcuno, che quelli, che gia son sacerdoti, pigliassero moglie. Et sopra di cio, come ho detto, ne vederete in trattati di quelli, ch' hanno scritto pienamente contra tal novità.

Ma perche esso s^r Duca dimandava, che si concedesse questo per li molti vitii, nei quali vive il clero della sua provincia, et non volendosi o non potendosi concedere, dimandava qualche reformatione del detto clero. Farete intendere a S. Ecc.a, che tal dimanda è parsa honesta à S.S.a et per ciò ha dato commissione a voi di trattare con lei del modo, che s' havesse à tenere per riformare cosi il clero secolare come il regolare. Et benche in una parola si possa dire, che quanto al clero secolare la reformatione sarà presto fatta, se si faranno osservare li sacri canoni de nostri antiqui, et quanto alli regolari, se si faranno osservare le regole et constitutioni loro antique, nelle quali hanno fatto professione, non dimeno bisognando in ciò il brazzo temporale di S.Ecc.a, ne trattarete à longo con lei per farla ben capace, et per indurla à prestarvi ogni suo aiuto, accioche si pongano in essecutione i detti canoni et regole et constitutioni antique con quella moderatione, che comporterà la lor debolezza, salva la sustantia.

Konzil von Trient
Im Jahre 1563

a. Sessio XXIII, 15. Juli 1563

Dekret über die Reformation

...

Canon VI: Nullus prima tonsura initiatus, aut etiam in minoribus ordinibus constitutus, ante quartum decimum annum beneficium possit obtinere. Is etiam fori privilegio non gaudeat, nisi beneficium ecclesiasticum habeat, aut clericalem habitum et tonsuram deferens alicui ecclesiae ex mandato episcopi inserviat, vel in seminario clericorum, aut in aliqua schola vel universitate de licentia episcopii quasi in via ad maiores ordines suscipiendos versetur. In clericis vero coniugati, servetur constitutio Bonifatii VIII, quae incipit: Clerici, qui cum unicis, modo hs clerici, alicuius ecclesiae servitio vel ministerio ab episcopo deputati, eidem ecclesiae serviant vel ministrent et clericali habitu et tonsura utantur; nemini quoad hoc privilegio vel consuetudine, etiam immemorabili, suffragante.

b. Sessio XXIV, 11. November 1563

Kanones über das Ehesakrament

...

9. Si quis dixerit, clericos in sacris ordinibus constitutos, vel regulares, castitatem solemniter professos, posse matrimonium contrahere, contractumque validum esse, non obstante lege ecclesiastica vel voto, et oppositum nil aliud esse, quam damnare matrimonium; posseque omnes contrahere matrimonium , qui non sentiunt se castitatis (etiam si eam voverint) habere donum: a.s. Cum Deus id recte petentibus non deneget, nec patiatur, nos supra id, quod possumus, tentari.
10. Si quis dixerit, statum coniugalem anteponendum esse statui virginitatis vel coelibatus, et non esse melius ac beatius, manere in virginitate aut coelibatu, quam iungi matrimonio: a.s.

Papst Pius V. an Erzbischof Johann Jakob von Kuen-Belasy von Salzburg
17. Juni 1566

Relatum est nobis a viris rerum Germaniae peritis et Dei zelo praeditis, plerosque eorum, qui beneficia et dignitates obtinent, quos oporteret officii sui memores laicis exempla praebere recte honesteque vivendi, abiecto Dei timore et sine ulla hominum verecundia concubinas palam habere, easque perinde ac si legitimae eorum uxores essent, in ecclesiis et aliis locis publicis conspici, vulgo iisdem, quibus illi vocantur, officiorum et dignitatum nominibus appellatas; eoque haereses tantopere crevisse ac multiplicatas fuisse, quod ecclesiastici tam turpiter et nequiter vivendo omnem plane existimationem amiserint, et in summam non apud haereticos modo sed ei tam catholicos contemptionem venerint. Quo tam gravi scandalo commoti ad illud tollendum non mediocriter pro nostri officii sollicitudine exarsimus. Nisi enim tam nefandum concubinatus vitium exstirpetur, nullam spem reliquam esse videmus, reprimi posse haereses: sed timemus (quod Deus avertat) ne brevi tempore istae, quae supersunt, catholicorum reliquiae amittantur, et omnis prorsus catholicae religionis cultus apud vos extinguatur. Etsi autem te hortatione nostra non egere confidimus, tamen pium animum tuum apostolicis monitis et hortationibus incitandum duximus. Proinde fraternitatem tuam etiam atque etiam hortamur et monemus, ut cum scias ruinam populi esse improbos sacerdotes, et pro tua prudentia intelligas, si ecclesiastici corrigantur, sperari posse, futurum, ut laici quoque emendentur, atque ita haereticis propagandarum haeresum materia subtrahatur, clerum tam diocesis tuae quam civitatis primo quoquo tempore visites, et vita omnium ac moribus inquisitis quaecunque in eis corrigenda repereris, Deum tantum respiciens corrigas, et cum alia vitia, tum inprimis tam detestandum concubinatus vitium exstirpes: subiectos tibi ordinaria tua, exemtos autem nostra, quam tibi quatenus opus sit tenore praesentium delegamus, auctoritate iuxta canonicas sanctiones coerceas ac punias. Quia vero suffraganeos quoque tuos ad idem hortandos duximus, petimus, ut nostras ad singulos eorum literas, quas cum his coniungendas esse iussimus, diligenter cures perferendas.

Catechismus Romanus
Im Jahre 1566

a. Pars II, Caput VII: De Sacramento Ordinis.
(Quaestio XIX)

Haec autem, quae ad subdiaconi ministerium spectant, ex solennibus caeremoniis, quae in illius consecratione adhibentur, licet cognoscere. Primum enim episcopus legem perpetuae continentiae huic ordini impositam esse admonet, edicitque, neminem in subdiaconorum ordinem cooptandum esse, cui ultro hanc legem accipere non sit propositum.

b. Pars II, Caput VIII: De Sacramento Matrimonii.
(Quaestio XII)

Quod vero a Domino dictum est: >Crescite et multiplicamini<, id eo spectat, ut cuius rei causa matrimonium institutum erat, declaret, non ut singulis hominibus necessitatem imponat; nunc enim, aucto iam humano genere, non solum ulla lex uxorem ducere aliquem non cogit, sed potius virginitas summopere commendatur, et unicuique in sacris literis suadetur, ut quae matrimonii statu praestantior sit, maioremque in se perfectionem et sanctitatem contineat. Dominus enim Salvator noster ita docuit: >Qui potest capere, capiat<; et Apostolus ait: >De virginibus praeceptum Domini non habeo; consilium autem do, tanquam misericordiam consecutus, ut sim fidelis.

Papst Gregor XIII. an seinen Sohn Giacomo Boncompagni
13. Juni 1572

Quos divina bonitas spectatis moribus insignivit, equum est in eos vitium originis abolere et quecunque impedimenta sunt quominus ipsi proficiant ac pro meritis honestentur penitus submovere. Quo circa te olim ex nobis, cum in minoribus constituti, clericali tantum caractere insigniti essemus, et soluta genitum, optimis moribus cognitum, nostra huiusque sedis benignitate prosequi volentes, Teque a quibusvis excommunicationis suspensionis et interdicti aliisque ecclesiasticis sententiis censuris et penis a iure vel ab homine quavis occasione vel causa latis, si quibus quomodolibet innodatus existis, ad effectum presentium duntaxat consequendum, harum serie absolventes et absolutum fore censentes, Motu proprio et ex certa scientia nostra, deque apostolice potestatis plenitudine absoluta et sine preiudicio aliarum legitimationum de persona tua et habilitationum tuarum ad successiones res et munera quocunque modo et quacunque auctoritate factarum, que quatenus opus sit salve sint, auctoritate apostolica tenore presentium te legitimum facimus et ad primeva omnia legitima nature iura et quoscunque actus legitimos restituimus omnemque abs te geniture maculam atque notam abolemus.

Papst Gregor XIII. an Erzherzog Karl II. von Innerösterreich
19. September 1575

Quo turpius est impurissimae veneri ac libidinibus inservire, eo est hoc vitium omnibus fugiendum magis, in clericis vero ac sacerdotibus intolerabile plane est. Sunt enim proprio quodam iure Domino consecrati, inque eius sortem electi ad sacra mysteria peragenda ac tractanda et populo distribuenda, in quo oporteret esse similes Angelorum, id quod castitas maxime praestare potest. Quodsi ad omnes Catholicos inquit Paulus: an nescitis, quoniam corpora vestra templum sunt Spiritus S. et membra Christi? quanta puritate esse oportet ipsos sacerdotes! quid ergo, tollunt membra Christi, et faciunt membra meretricis. Siquidem qui adhaeret meretrici, unum cum ea corpus efficitur. Quo quidem nihil potest dici horribilius, tam turpiter inquinato corpore cordeque sulphureo igne accenso ad sacrosanctum Christi altare accedere, sanctissimamque Eucharistiam conficere atque attrectare.

Prohibuerunt S. Patres, ne clerici cum mulieribus habitarent, ut omnem scilicet illis peccandi facilitatem adimerent, aut certe ne quem ceterorum suspicioni ac sermonibus locum darent; et tolerabimus huiusmodi homines concubinis addictos cumque eis senescentes? Hoc scelus longe lateque per Germaniam diffusum esse et ipsi accepimus, et Nobilitas tua non ignorat. Et quamquam difficile est illud ex universa illa regione exterminare, tamen iis in locis, quae Catholicis Principibus parent, non existimamus difficile id factu esse. Verum quia periculum est, ne si huiusmodi concubinas istinc statim eieceris, sese conferant ad loca confinia Archiepiscopi Salisburgensis et Ducis Bavariae, hortamur ac rogamus Nobilitatem tuam, ut velis primum tecum statuere eiiciendas omnino esse, inque eo serviendum Deo tuamque pietatem et zelum illi probandum, tum consilium hoc aperias Archiepiscopo et Duci. Hoc illis etiam vehementer probatum iri idemque eos suis in locis facturos confidimus: sic enim coniunctim loca ista, purgabitis, tamque tetrum et foetidum malum inde eiicietis, idque ut quantocius faciatis, quantum possumus, etiam atque etiam rogamus. Erit hoc Deo acceptissimum, nobis ultra quam dici possit optatissimum.

Papst Gregor XIII. an Erzherzog Karl II. von Innerösterreich
28. Januar 1581

Quantam esse oporteat Clericorum omnium sanctitatem, tum ipsorum professio, qua se praeter ceteros christianos proprio et peculiari sacramento Deo addixerunt, tum innumera S. Patrum, Oecumenicorumque Conciliorum usque a Nicaeno decreta de ipsorum officio et vitae honestate edita apertissime declarant. Videbant enim viri sapientissimi, non posse clericos labi, ut non eodem quoque casu ceterae Christianae Reipublicae partes labefactatae corruerunt. Cum enim clericorum cura duabus potissimum in rebus versetur, in populo edocendo quid agi conveniat, idque non tantum verbis, sed quod maxime opus est factis, inque Deo sanctis atque assiduis precibus propitio et placato reddendo: utrique muneri gravissime obstant ipsorum crimina; vita enim impura omnem adimit verbis fidem, et victimae impiorum sunt abominabiles Domino, votu iustorum placabilia. Ex omnibus autem criminibus foedissimum est, concubinis hoc est satanae membris affixos esse homines in sortem atque haereditatem Domini adscriptos. Itaque gravissimis edictis Patres animadverterunt in eos, qui non vererentur in tanta turpitudine volutare. Quin etiam voluerunt eos non solum crimine sed suspicione etiam vacare, et davere, ne cum iis mulieribus habitarent, de quibus posset aliquid turpe existimari. Immortali igitur laude dignus est dil. filius Gulielmus Bavariae Dux, qui decrevit tam tetram luem in sua ditione extinguere, certissimumque habemus, maximam illum hoc facto a Deo, cuius honori et voluntati inservit, mercedem relaturum. Sic summa Dei benignitas, quae tam praestantem illi mentem immisit, adsit eius conatibus omni memoria et honore celebrandis, aderit certe neque deerit suae causae. Sed humana etiam consilia adhibenda sunt, providendumque, ne dum clerici eligunt patria potius et ecclesiis quam concubinis carere (huc enim insaniae miseros illos perventuros magnopere verendum est), sese ad vicinos conferant, sentinamque omnem in eos derivent. Certum habemus, Nobilitatem Tuam nemini pietate et Dei gloriae zelo cedere; sed tamen pro nostro officio et munere facere non possumus, quin rogemus et obsecremus in Domino, ut non solum non patiaris tam impuram fecem in tuis locis subsidere, sed ut eos etiam, qui tuae ditionis sunt, eadem peste correptos sanari, aut certe a reliquis abscindi cures. Scribimus item ad alios vicinos in eandem sententiam; nihil enim magis cupimus, quam iustissimum bellum nullo cum sanguine aut periculo, immortali autem cum gloria et fructu suscipi adversus satanam pro Christo. Tantum autem tribuimus Nobilitati tuae, quantum debemus tribuere Principi optimo et laudatissimo, ac religione et pietate nemini inferiori. Itaque illud etiam rogamus, ut quae Venerabilis frater Episcopus Vercellensis Nuncius noster decrevit Curiensis Ecclesiae salutis causa, ea quantum in te erit inviolate servari cures.

Papst Clemens' VIII. Instruktion für Nuntius Hieronymus von Portia 13. April 1592

Primum studium atque adeo prima maiorque in tota visitatione difficultas circa Ecclesiasticorum concubinatum atque utinam etiam non putativa matrimonia versabitur. Paucissimi enim maxime inter minores presbiteros caelibes invenientur. Hoc morbo laborant parochi, laborant monachi et abbates multi, estque is omnium malorum fomes. Offenduntur enim et scandalizantur boni atque mali; nec non monasteriorum ac alia ecclesiastica bona dilapidantur, ut concubinis et liberis de praesenti futuraque sustentatione quomodocunque provideatur. Unde postmodum fuit, ut ad necessarias contra Turcam contributiones arrogandas difficiliores existant rationes, omniaque cenobia ac alia ecclesiastica beneficia aere alieno premantur ac obruantur, et sic deinde disciplina omnis omnisque regula corruat. Remedia ad mala haec iam inveterata haud quidem facilia, attamen non relinquenda sunt intentata omnibusque eleborandum conatibus, ut visitationis solidi durabilesque fructus ad omnipotentis Dei gloriam constent.

Inprimis vero praecavendum est diligenter, ne praelati aut parochi aliive ecclesiastici viri, turpitudinis suae conscii, imitare correctorem praesenserint, aut concubinam emandent, quam revocaturi postmodum sint, aut vero vicinorum nobilium vel satraporum haereticorum patrocinio fulti, visitationem evitare aut eludere praesumant. Ne illud contingat, opus erit solertia quadam et praecedenti singulari notitia per fideles viros; alterum non erit timendum, si principis in visitatione accesserit auctoritas, eaque de causa horum etiam conciliariorum praesentia utilis ac propemodum necessaria esset.

At si concubinarii omnes pellendi sint, verendum esset, ne quam paucissimi relinquantur in tota provincia pastores. Ideoque tria videntur hac in re observanda, quae etiam alibi observata saepe fuere.

Primum est, ut ante visitationis initium quaerantur aliunde operarii aliqui idonei vel ex Graecensi collegio vel ex aliis locis, habeaturque cathalogus, quot et quales (sacerdotes) sint, undeque avocari possint, ut, ubi opus fuerit, statim constituantur, ad quem usum forte et Germanicum hoc, quod Romae est, collegium aliquam suppeditabit copiam.

Alterum est, ut quando nullus sit prae manibus, qui (constituatur parochus), binae ternaeve vicinae parochiae uni commendentur pastori. Satius tamen est, semel tantum in mense habere plebem sacerdotis copiam, quam continua cuiuspiam mali praesentia vel turpiter offendi vel male doceri.

Tertium est, ut si quis continentiam quidem clericalem minus custodiat, plebs tamen alias non multum inde percipiat offendiculi, et is ipse sanam doctrinam in omnibus profiteatur et officium suum diligenter praestet, is tantisper toleretur, donec substituere honestiorem liceat eiusmodi ... neminem correctus ad munus, ad quod antea non invenietur adhibitus esset de novo ex quacumque necessitate praemovendus, ac ne quidem in veteri functioni tolerandus nisi per speciem dissimulationis aut per emendationis spem quomodocumque conceptam. Verum hoc insuper animadvertendum bonos etiam pastores, qui pauci quidem sunt.

Papst Clemens VIII.: Revidierte Fassung des "Pontificale Romanum" Rom 1595

Zu Beginn der Subdiakonatsweihe wendet der Bischof sich so an die Kandidaten:

Filii dilectissimi, ad sacrum Subdiaconatus Ordinem promovendi, iterum, atque iterum considerare debetis attente, quod onus hodie ultro appetitis. Hactenus enim liberi estis, licetque vobis pro arbitrio ad saecularia vota transire, quod si hunc Ordinem susceperitis, amplius non licebit a proposito resilire, sed Deo, cui servire, regnare est, perpetuo famulari; et castitatem, illo adiuvante, servare oportebit; atque in Ecclesiae ministerio semper esse mancipatos. Proinde, dum tempus est, cogitate, et, si in sancto proposito perseverare placet, in nomine Domini, huc accedite.

Zu Beginn der Diakonatsweihe wendet der Bischof sich folgendermaßen an die Kandidaten:

... Et vos filii dilectissimi, qui ab haereditate paterna nomen accipitis, estote assumpti a carnalibus desideriis, a terrenis concupiscentiis, quae militant adversus animam: estote nitidi, mundi, puri, casti, sicut decet ministros Dei, et dispensatores mysteriorum Dei; ut digne addamini ad numerum Ecclesiastici gradus; ut haereditas, et Tribus amabilis Domini esse mereamini. Et quia comministri, et cooperatores estis corporis, et sanguinis Domini, estote ab omni illecebra carnis alieni, sicut ait scriptura, Mundamini, qui fertis vasa Domini ...

Zu Beginn der Priesterweihe wendet der Bischof sich wiederum an die Kandidaten:

... Itaque, filii dilectissimi, quos ad nostrum adiutorium fratrum nostrorum arbitrium consecrandos elegit, servate in moribus vestris castae, et sanctae vitae integritatem. Agnoscite quod agitis. Imitamini quod tractatis; quatenus mortis Dominicae mysterium celebrantes, mortificare membra vestra a vitiis, et concupiscentiis omnibus procuretis. Sit doctrina vestra spiritualis medicina populo Dei. Sit odor vitae vestrae delectamentum Ecclesiae Christi; ut praedicatione, atque exemplo aedificetis domum, id est, familiam Dei.

Papst Benedikts XIV. Konstitution "Etsi Pastoralis"
26. Mai 1742

(De sacramento ordinis)

XXI. Maxime autem neque permittendum neque ullo modo tolerandum, ut Latini ex Latinis progeniti ac latino ritu educati, qui continentiam profiteri nolunt, iuxta ritum Graecum sub spe retinendi uxores ad sacros ordines a quocumque Antistite quavis auctoritate fulgente promoveantur, tam in locis, in quibus non sunt populi graeco ritu viventes, sed Latini, quam in locis in quibus sunt populi, qui a Graecis antiquitus fuerint oriundi, seu a Graecis originem ducant, vel alias retroactis temporibus ritum graecum servaverint, seu apud illos, vel in eorum aliquibus Ecclesiis ritus huiusmodi ab antiquo hactenus fuerit observatus.

XXVI. Etsi expetendum quam maxime esset, ut Graeci, qui sunt in sacris ordinibus constituti, castitatem non secus ac Latini servarent: nihilominus, ut eorum clerici, Subdiaconi, Diaconi, et Presbyteri uxores in eorum ministerio retineant, dummodo ante sacros ordines virgines, non viduas neque corruptas duxerint, Romana non prohibet Ecclesia. Eos autem, qui viduam, vel corruptam duxerunt, vel ad secunda vota prima uxore mortua, convolarunt, ab Subdiaconatum, Diaconatum, et Presbyteratum promoveri omnino prohibemus.

XXVII. Praeterea si quis Subdiaconus, Diaconus, vel Presbyter, post sacram ordinationem uxore mortua aliam duxerit, vel si uxorem non habebat, ducere praesumpserit, nedum excommunicationis latae sententiae poena aliisque nostro et successorum nostrorum Romanorum Pontificum arbitrio infligendis severissime punietur; verum etiam statim ab ordine erit deponendus et ab illegitima uxore separandus. Matrimonium enim post recensitos ordines contractum nullum irritumque declaramus.

XXVIII. Presbyter graecus coniugatus, antequam ad sacrum sacrificium seu sanctam missam celebrandam accedat, vel per hebdomadam vel per triduum ab uxore curet abstinere.

Papst Pius' VII. Breve an den Legaten Giuseppe Spina
Rom, 15. August 1801

Etsi apostolici Principatus culmen, in quo tamquam in pastorali specula Deo sic disponente sumus constituti, vigilari diligenter postulat a nobis, ut in Ecclesiae administratione omnia ad sacrorum canonum normam exigantur; non obliviscimur tamen, qua ratione quandoque haec S. Sedes Apostolica sic exigentibus temporum circumstantiis apostolicae pietatis et clementiae remediis canonum ipsorum severitatem temperare, et ecclesiasticae disciplinae rigorem mitigare consuevit. Recordamur sane, quae S. Leo Magnus praedecessor noster ad episcopos Africanos scribebat: >Circumstent nos hinc mansuetudo clementiae, hinc censura iustitiae; et quia universae viae Domini misericordia et veritas, cogimur secundum Sedis Apostolicae pietatem ita nostram temperare sententiam, ut quaedam credamus utcunque toleranda, quaedam vero penitus amputanda.< Itaque praedecessorum nostrorum exemplis nobis ad imitandum propositis, dum ad restituendam catholicam religionem in Gallia e re christiana esse duximus ad maiora, quae per nos dari possunt, indulgentiae ac benignitatis exempla descendere, convertimus oculus nostros ad multitudinem illam secularium ecclesiasticorum, qui impetu quodam praeteritarum perturbationum abrepti matrimonia, licet iidem essent in sacris ordinibus subdiaconatus, diaconatus atque etiam presbyteratus constituti, nulliter contrahere non reformidarunt; atque etiam ad alios pariter ecclesiasticos, qui aut ex scripto sacris ordinibus sese abdicarunt, aut facto testimoniales illorum literas ultro abiecerunt et repudiarunt, ac laicorum statum se suscipere declararunt. Haud potuit paterna caritas nostra tam multorum ecclesiasticorum statu non commoveri, quorum conditio eo magis paternas curas nostras ad se convertit, quia persuasi sumus per mansuetudinem atque indulgentiam nostram facilius nos esse consecuturos, ut eos Deo atque Ecclesiae reconciliare possimus. Commovent praeterea nos ad hanc indulgentiam erga eos exercendam instantes atque iteratae postulationes eorum, a quibus Respublica Gallicana gubernatur. His igitur aliisque gravissimis causis animum nostrum impellentibus post maturam deliberationem, audito etiam consilio Congregationis selectae venerabilium fratrum nostrorum S.R.E. Cardinalium, exempla Pontificum praedecessorum nostrorum, ac praesertim Julii III fel. rec. sequi constituimus, qui Apostolicis litteris in forma Brevis incipientibus >Dudum< datis die 8 Martii 1554 Reginaldo Polo S.R.E. Cardinali potestatem fecit canonum et ecclesiasticae disciplinae severitatem remittere in favorem eorum presbyterorum, diaconorum, subdiaconorum secularium, qui matrimonia contrahere ausi erant.

Hinc est, quod nos de apostolicae potestatis plenitudine plenam et amplam facultatem Tibi, venerabile frater, concedimus: Clericos saeculares duntaxat in sacris ordinibus subdiaconatus aut diaconatus vel etiam presbyteratus constitutos, qui ausi sunt sacros ordines et ecclesiasticam professionem palam eiurare, vel nulliter nuptias attentarunt cum secularibus mulieribus sive virginibus sive corruptis, quique veniam postulantes sincerae emendationis exhibeant indicia, absolvendi quoad praeteritos duntaxat casus in utroque foro sive per te, sive per idoneas personas ecclesiasticas specialiter a te ad hunc effectum subdelegandas, ab excommunicationis sententia aliisque censuris et poenis ecclesiasticis ob praemissa quomodolibet incursis, iniuncta eis pro modo culpae congrua poenitentia salutari admonitisque, ut quos exemplo suo offenderint, novae vitae testimonio ad rectam revocent viam.

Praeterea facultatem Tibi impertimur, aliis quoque ecclesiasticis viris, quos magis idoneos iudicaveris subdelegandam, cum iisdem Clericis saecularibus tantum in sacris ordinibus constitutis, qui nuptias modo superius expresso attentarunt, misericorditer dispensandi, ad hoc, ut cum praefatis mulieribus saecularibus sive virginibus sive corruptis, dummodo praeter illud ex sacris ordinibus resultans nullum aliud eis obstet canonicum impedimentum, matrimonium denuo in facie Ecclesiae servata forma Concilii Tridentini coram proprio parocho aut alio abs te delegando presbytero contrahere, et contracti matrimonii testimonium in libros matrimoniales propriae paroeciae referre, ac in eo postmodum remanere libere et licite valeant, prolem susceptam vel suscipiendam legitimam declarando. Quod si praeter illud ex sacris ordinibus resultans impedimentum aliud aliquod obstaret, quominus haec matrimonia valide contrahi possent, Tibi pariter facultatem concedimus impedimenta illa, quae ex iure tantum ecclesiastico non autem divino procedunt, dispensandi in singulis casibus pro hac vice tantum, et in contractis, non autem in contrahendis, prout necessitas tulerit, et salubriter in Domino noveris expedire. Volumus autem, quod huiusmodi dispensatio ad revalidenda duntaxat matrimonia iam nulliter, ut praefertur, contracta, non autem ad nova contrahenda suffragetur, ita ut iidem Clerici in sacris ordinibus constituti, quoties uxoribus suis supervixerint, absque spe alterius coniugii remaneant.

Volumus etiam, ut iidem ecclesiastici, qui aut praedicta matrimonia inire ausi sunt, aut manifeste ac palam ecclesiasticam professionem eiuraverunt, nullo unquam tempore in posterum ecclesiasticos ordines exercere valeant, ac quibuscunque ecclesiasticis redditibus et beneficiis, omnibusque iuribus ac privilegiis, quae propria Clericorum sunt, omnino spoliati, ac prorsus ad communionem laicorum tamquam simplices laici traducti censeantur.

Mandamus praeterea prudentiae tuae, ut dum his facultatibus uteris, diligenter caveas, quantum difficultas temporum pati poterit, ne extraordinaria haec concessio nostra, ad quam tam multarum animarum salus, Ecclesiae pax ac Reipublicae honum compulit, scandalo sit caeteris ecclesiasticis, ac praecipue Clericis maioribus, quibus non licet uxores habere.

Denique ut ecclesiastici ii omnes, quos haec concessio respicit, facilius hac indulgentia nostra frui possint, potestatem tibi facimus, has ipsas facultates cum iisdem clausulis ac conditionibus communicandi cum Ordinariis etiam dioecesium Gallicanarum, illudque praeterea iisdem concedendi, ut eas et ipsi communicare possint cum aliis ecclesiasticis viris, quos ad eam potestatem sancte atque cum animarum salute exercendam magis idoneos iudicabunt. Non obstantibus apostolicis, ac in synodalibus, provincialibus generalibusque conciliis editis, vel edendis constitutionibus, et ordinationibus caeterisque contrariis quibuscumque.

Rundschreiben des Erzbischofs von Freiburg an die gesamte Geistlichkeit des Erzbisthums
13. Juli 1832.

a. Es kam nicht unerwartet, theure Amtsbrüder und Mitgenossen des seelsorglichen Berufes, daß in einer Zeit, in der man durch zusammentretende Vereine zu erzwecken strebet, was auf gewöhnlichen Wegen zu erreichen unthunlich ist, der Versuch gemacht wurde, katholische Geistliche zu einem Vereine zu bereden durch das Vorgeben: die Verhältnisse der Staaten, wie sie sich durch das Zusammenwirken ächter Volksfreunde gebildet haben, eröffnen eine günstige Aussicht, dem kirchlichen Zölibatgesetze ein Ende zu machen, wozu es weiter nichts bedürfe, als daß die also gesinnten Geistlichen unter sich Verbindungen eingehen, um ihre Stimme laut zu erheben, und den ständischen Versammlungen Petitionen zu überreichen, welche solchen Anforderungen bereitwillig entgegenkommen, und zur Verwirklichung derselben die Macht ihres Einflusses aufbieten werden. Wir gehen auf den Anfang zurück, um den Verlauf dieser Geschichte verständlich zu machen.

b. Es verabredeten sich einige, übrigens wohlmeinende, Männer von Ansehen ohne Beizug der Geistlichen, eine Petition zur Abschaffung des ehelosen Lebens der Priester bei den hohen Ständen des Großherzogthums zu übergeben, was sie auch thaten, aber zur Antwort erhielten: die Stände erachten sich nicht für competent, in dieses Anbringen einzugehen.

c. Ein Theil der Herren Petitionäre beruhigte sich mit dieser Aeußerung; einige, weniger geneigt, das Vorhaben aufzugeben, unterhielten die Hoffnung, diese hohe Versammlung werde zu anderer Zeit ihre Competenz besser einsehen. In dieser Hoffnung wurde nun das Geschäft von zwei Lehrkanzeln an einer höheren Studienanstalt, die sonst eben so berühmt war wegen ihrer Wissenschaftlichkeit als wegen ihrer Mäßigung, mit Eifer betrieben, und die Jugend zweckdienlich vorbereitet. Schon schien die Zeit vorhanden zu seyn, die Früchte der Aussaat zu ärndten. Man sammelte Unterschriften von den Studirenden der Theologie zum Behufe einer abermaligen Petition desselben

Inhalts: sie ließen sich für den Augenblick bereden, verlangten aber bald ihre Unterschriften zurück, nachdem sie sich selbst verständigt hatten, daß sie diese Sache nicht ausmachen werden, eben so wenig als die, von denen die Aufforderung dazu ausgegangen war (?).

d. Dieser Versuch war verfehlt, aber führte zu einem anderen. Das schöne vertrauliche Band des Lehramtes, welches den Schüler an den Lehrer knüpft, bot immerhin noch Mittel an, auf eine andere Klasse junger Männer zu wirken, die schon des Unterrichts entlassen, und unter andere Aufsicht gestellt waren. Nebenbei ermüdete man nicht, Laien und Geistliche um Unterschriften anzugehen; es wurde sogar eine erdichtete Petition, (?) bei der neuen hohen Ständeversammlung eingereicht;

e. aber der Blick war besonders auf die Alumnen des erzbischöflichen Seminariums gerichtet, die man schon früher in Arbeit genommen hatte. Sie wurden bei ihrem Austritte aus dieser geistlichen Bildungsanstalt, ehe sie die Stadt verließen, um nach ihren Berufs-Plätzen zu wandern, auf eine freundschaftliche Abendzusammenkunft eingeladen, und sohin zu einer nochmaligen Versammlung an der hohen Schule, wo ihnen Briefe in die Feder angegeben, und von dem gegenwärtigen Haupte dieser Unternehmung besiegelt wurden, mit dem Auftrage, sie sollten, wo sie immer hinkommen, diese Zuschriften an Geistliche abgeben, welche empfänglich für dergleichen Wahrheiten schienen. Um aber das Gewissen Solcher zu beschwichtigen, die mit Ehrerbietung an ihrer kirchlichen Verfassung hingen, und Schritte dagegen für unbefugt ansahen, ward die Versicherung hinzugethan, daß Nichts durch die weltliche Macht, sondern einzig Alles durch die kirchliche Gewalt nach katholischen Institutionen erreicht werden soll; eine fromme Clausel, hinter der sich im Grunde doch der Gedanke verbarg, den nicht jeder ahnete: die Kirche müsse zur Abänderung des Bestehenden genöthigt, sie müsse durch heftigen Andrang gezwungen werden.

Die Zuschriften, die, in allen Richtungen des Erzbisthums vertragen, die Geistlichen in Bewegung bringen sollten, wurden in einigen Landkapiteln, ohne Aufsehen zu erregen, unterdrückt oder hierher mitgetheilt, und blieben im Ganzen wirkungslos bei unserem achtungswürdigen Clersus. Nur durch Nachschüren wurden Einzelne vermocht, sich mit Gleichgesinnten in eine Verbrüderung zu einigen, deren Haupt und Vorstand zu Freiburg die Geschäfte leitet. Ihm wurde dieser Tage zum Anerkenntnis seiner Verdienste ein Ehrengeschenk von einem Abgeordneten der Brüderschaft mit neunzig Unterschriften aus Baiern, Würtemberg, und leider auch Baden und den Hohenzollernschen Fürstenthümern überbracht, und der Abgeordnete mit einem veranstalteten nächtlichen Lebehoch begrüßt.

f. So sehr Wir von den Werbungen und der unberufenen Einmengung des hiesigen sogenannten Cölibatvereins unterrichtet waren, so verschmähten Wir dennoch jedes öffentliche und Aufsehen erregende Einschreiten und zogen vor, auf jene Stellen, welche uns als krankhaft erschienen, mit Vorsicht heilend einzuwirken. Es würde uns auch das, was in dieser Stadt unter unseren Augen vorgegangen ist, an unserer bisherigen Gleichmüthigkeit nichts geändert haben, wäre es in den Gränzen hiesiger Oertlichkeit eingeschlossen geblieben. Als aber ein öffentliches Blatt den 11. Julius den letzten Vorfall zur allgemeinen Kenntniß brachte, konnten Wir nicht länger schweigen, ohne den Schein auf Uns zu laden, als billigten Wir selbst Dinge, die einigen Unüberlegten zur Last kommen, oder als verkannten Wir Unsre Pflicht, zur Ehrenrettung der Uns anvertrauten, alle Hochachtung verdienenden Geistlichkeit aufzustehen, damit Niemand ihr beimesse, was neunzig, zum Theile Fremde, zur eigenen Unehre thun und gethan haben.

g. Indem Wir nun durch oberhirtlichen Erlaß dieses erklären, und Unserem wohlgesinnten Klerus die verdiente Anerkennung mit freudigem Gemüthe kund geben, entsagen Wir aber der Hoffnung nicht, daß der Ueberrest der irregeleiteten und durch täuschende Vorgebungen verlockten Geistlichen die Schlingen abstreife, durch die man sie gefangen hat. Die Rede geht die Unserigen an; denn was ziemt es mir, die außen sind zu richten? I. Kor. V. 12.

h. Wenn der Augenblick ruhiger Fassung eintritt, und sie sich dann selbst befragen, ob ihr nunmehriger Anführer, der das Getreibe leitet, eine so gebietende Stellung in der Welt einnehme, daß er eine Abänderung der kirchlichen und bürgerlichen Verhältnisse von den größten Folgen zu verwirklichen im Stande sey, so werden sie mehr den guten Willen an ihm gewahren, als einen Einfluß in die Berathungen der Mächte, die allein den Schlüssel haben, so folgereiche Veränderungen in's Leben einzuführen. Oder soll es mit Umgehung derselben durch ungesetzliche Bewegungen geschehen? Wo wäre dann die fromme Versicherung, Alles nur auf den ordentlichen gesetzlichen Wegen zu bewirken?

So gewiß Wir seyn können, sie werden bei klarer Besinnung einsehen, daß sie von ihrem Geschäftsführer etwas nach seinen Kräften Unmögliches erwarten, so getrost glauben Wir annehmen zu dürfen, keiner von ihnen habe es so weit in der Verkehrtheit gebracht, daß er von großen Verwirrungen in der Welt, vom allgemeinen Unglücke, was Gott verhüten wolle! die Erfüllung seines Wunsches hoffe.

i. Aber desto mehr müssen Wir beklagen, daß sie das Glück eines Priesters lediglich nach materiellen Genüssen berechnen, und daß die warme Ergriffenheit von ihrem Berufe ihnen so ganz fremd ist, welche die größten Charaktere unserer Kirche ausgezeichnet hat, die in segensreichem heiligen Wirken das Glück ihres Lebens gefunden, demselben alle irdischen Wünsche untergeordnet haben. Sie glaubten ihrem erhabenen Berufe nur dadurch genügen zu können, daß sie, entbunden von zeitlichen Verhältnissen und den

Sorgen derselben, ganz und ungetheilt der Kirche angehörten, und sich allein den Sorgen für das höhere Wohl der Gläubigen weihten. Daher glänzen die Verdienste des Johannes Chrysostomus, Basilius, Gregor von Nazianz und Nißa, des Augustinus, Hilarius und Anderer in einem so herrlichen Lichte, und werden als Vorbilder treuer Hirtenpflege in der Geschichte des Christenthums ewig glänzen.

k. Jahrhunderte vor ihnen entsagten vortreffliche Männer, als sie in's Presbyterium aufgenommen wurden, den früher eingegangenen ehelichen Verbindungen durch ein frommes Uebereinkommniß mit ihren Gemahlinnen, um sich ganz ihrer Amtspflicht hinzugeben, und dafür einzig und mit ganzer Seele zu leben. Das thaten sie aus freien Stücken, wo kein Gesetz es gebot. Diese Sitte ward in der alten Kirche so allgemein, daß erst damals, als sich einige in's Priesterthum einreihen wollten, ohne sich zu dieser Entsagung zu verstehen, die Kirchenhäupter, mißtrauend ihrem wahrhaft priesterlichen Sinne, die ersten Canones festsetzten, welche zur Aufnahme in's Presbyterium diese Entsagung bedingten.

l. Die Sache bestand vor irgend einem ausdrücklichen Gesetze; sie bestand durch Jedes eigene Ueberzeugung, daß das christliche Lehr- und Hirtenamt die Gesammtkräfte derjenigen erheische, die sich ihm widmen. Sie dünkten sich für ein solches Opfer reichlich entschädigt durch die segensreichen Früchte rastlos erfüllter Berufspflicht. Wo dieses Gefühl, für fremdes Wohl, zum Gedeihen der Kirche im Tagwerke Gottes und Christi thätig zu seyn, und in gottgefälliger Anstrengung, den inneren Beifall seines eigenen Herzens zu gewinnen, keinen Anklang findet; wo es durch die Einsprache irdischer Bedürfnisse und Wünsche überschrien wird; wo Alles lieber gehöret wird, als was des Geistes ist, bei diesen sollte man wünschen, der Gedanke, geistlich zu werden, möchte nie in ihnen entstanden seyn.

m. Wenn sie aber das weniger anspricht, können andere Betrachtungen nicht ohne Eindruck an ihnen abgehen. Sind etwa allein ihnen keine Beispiele von würdigen Priestern bekannt, die in Zeiten großen Unglücks den Armen der Gemeinde ihre Vorräthe aufthaten und ihre Ersparnisse aufwendeten, um sie gegen Hunger und Mangel zu schützen, oder dem sinkenden Glücke guter Menschen zu Hülfe zu eilen, und eine Familie zu retten? Sind sie ihnen nicht bekannt, die würdigen Priester, die ihren von Jahren und Schwächen gebeugten Eltern ein Asyl im Pfarrhause gegen ein hülfloses Alter eröffnen, bedrängten Geschwistern unter die Arme greifen, oder der Trost und die Zuflucht der hinterlassenen Waisen der Ihrigen sind? Dünkt sie dieses schöne Bewußtseyn nicht belohnend und herzerhebend? Wo können sie das, wenn ihnen nicht das Kirchengesetz, was man den Priestern verhaßt machen will, die Mittel anböte, inne zu werden, wie seliger es ist, zu geben als zu empfangen? Apostelg. XX. 35.

n. Noch weit beklagenswerther ist es, daß sie nicht einmal ihre äußere Ehre berathen. Jedermann verhüllet Schwächen, und decket wunde Theile des Charakters umsichtig zu. Die Glieder des Leibes, sagt der Apostel, die wir für unehrbar halten, diese umhüllen wir mit desto größerer Achtsamkeit, und das was Schaam erregt, behandelt man mit desto größerer Wohlanständigkeit. I. Kor. XII. 23. Dasselbe Gefühl, mit Rücksicht auf die Schwachheit des Gemüthes, wohnet allen Menschen bei; es ist ihnen angeboren, und wo es erloschen ist, stellet sich ein Zustand ein, der dem Psychologen höchst bedenklich erscheint. Es ist ihnen zwar die Verschweigung ihrer Namen zugesichert. Warum sollen sie verschwiegen bleiben, wenn man sie mit Ehre nennen kann? Einmal müssen sie doch zu Tage kommen, wenn die Sache je zu Berathung vorgelegt würde. Viele sind ja jetzt schon bekannt: ob zu ihrem Lobe, mögen sie selbst Richter seyn.

o. Nehmen wir an, es stehe in ihrer Macht, den lästigen Cölibat abzuschaffen: glauben sie wohl, das Volk werde sich willig darein ergeben, es werde sogleich den verheiratheten Pfarrer für den Seinigen anerkennen? Sie werden wahrscheinlich einen Haufen Leichtfertiger auf ihre Seite bringen; aber den besseren Theil, dem seine Religion ein theueres, ererbtes Gut, eine tröstliche Hinterlassenschaft seiner Väter ist, wird sie verachten, ihre Lehre verschmähen, keine Sacramente von ihren Händen empfangen, nie die geheimsten Anliegen seines Gewissens in ihrer Brust niederlegen, nicht einmal von ihnen die letzten Aussöhnungen auf dem Sterbebette annehmen. Sie werden einen Zustand in ihren Gemeinden herbeiführen, wie er jenseits des Rheines war in den Zeiten der größten Verwirrung, so sich einige Gemeindeglieder an einen geschwornen, andre an einen ungeschworenen Priester anschlossen, jeder Theil mit Heftigkeit dem anderen gegenüber trat, mit wildem Hasse sich wechselseitig verfolgte; wo die ehehin friedlichen Familienbande zertrümmert, Kinder mit Eltern im Kampfe lagen, jedes Gefühl verunreinigt, jedes Haus mit Zwist und Frevel erfüllt wurde. Soll etwa dieser Zustand in unserem Vaterlande, in Deutschland, in einem großen Theile von Europa, mitten in den größten Aufregungen, die alle Staaten bedrohen, auf diesem Wege künstlich erzeugt; soll die Revolution von der religiösen Seite, wo noch die Palme des Friedens wehet, angefacht, gehoben, zum vollen Ausbruche gebracht werden? Wie abscheulich, wer etwas Solches wollen könnte, und wie schlecht der Priester, der die Hand dazu böte!

p. Allein man soll das Volk über den Cölibat belehren! Das können sie nicht: es wird sie für betheiligt halten, für eingenommene unlautere Prediger ihrer Heirathslust. Kann unser Pfarrer nichts Gescheidteres thun, wird die Gemeinde erwiedern, als vom Heirathen der Geistlichen zu predigen, und zu kinderlehren?

q. Halten sie es etwa für eine Kleinigkeit, Institutionen, die durch Jahrhunderte Wurzel geschlagen haben, durch die Gewohnheit befestigt, durch das Alterthum geheiligt, durch die öffentliche Meinung gehandhabt sind, der Menge profan zu machen, dem Volke aus dem Herzen zu reißen; könnte das geschehen, ohne das Volk vorher in Masse verschlechtert zu haben?

r. Und wie kurzsichtig! Kann man das Cölibatgesetz einzeln für gewisse Gegenden abschaffen? Das katholische Princip ist Einheit, so wie im Glauben so auch in den Kirchensatzungen. Das Gesetz muß allgemein zurückgenommen werden, oder allgemein bestehen. Wie kann es dem kleinen Häuflein Irregeführter zu Sinne kommen, die Denkart von hundertfünfzig Millionen Menschen, die der katholischen Kirche huldigen, umstimmen zu wollen.

s. Ueberlegt, wogegen Ihr ankämpfet, was Ihr unternehmet, oder wozu Ihr ein Werkzeug werden sollet. Und nun empfehlen Wir Euch, geliebte Brüder, Gott und dem Worte seiner Gnade, der da Macht hat, Euch aufzurichten, und Euch zu geben ein Erbtheil unter allen seinen Heiligen. Apostelgesch. XX. 32. Die Gesunden bedürfen des Arztes nicht; nur die Kranken haben seiner nöthig. Matth. IX. 12. Unter vielem und demüthigem Gebete rufen Wir für Beide die göttliche Gnade an, und ertheilen Euch mit inniger Liebe Unseren erzbischöflichen Segen.

Papst Gregors XVI. Enzyklika "Mirari Vos"
15. August 1832

Hic autem vestram volumus excitatam pro religione constantiam adversus foedissimam in clericalem coelibatum coniurationem, quam nostis effervescere in dies latius, connitentibus cum perditissimis Nostri aevi philosophis nonnullis etiam ex ipso ecclesiastico ordine, qui personae obliti munerisque sui, ac blanditiis abrepti voluptatum, eo licentiae proruperunt, ut publicas etiam atque iteratas aliquibus in locis ausi sint adhibere principibus postulationes ad disciplinam illam sanctissimam perfringendam. Sed piget de turpissimis hisce conatibus longo vos sermone distinere, vestraeque potius religioni fidentes committimus, ut legem maximi momenti, in quam lascivientium tela undique sunt intenta, sarctam, tectam custodiri, vindicari, defendi, ex sacrorum canonum praescripto, omni ope contenditis.

Papst Gregor XVI. an die Bischöfe der Oberrheinischen Kirchenprovinz
4. Oktober 1833

Atque hic primo occurrunt ea quae fautores faedissimae coniurationi contra clericalem caelibatum, cuius legem criminari aperte licet non audeant, sicut alii faciunt, audacter tamen non minus quam false effutiunt. Sane quod volunt clericos caelibatui servando impares, et quorum adeo corrupti depravatique sunt mores, ut nulla spes emendationis affulgeat, ad statum laicalem esse deiiciendos, ita ut validas etiam coram Ecclesia nuptias possint conciliare; id menti Tridentinorum patrum in sess. 7, can. 9, *de Sacramentis in genere,* atque in sess. 23, cap. 4 et can. 4 explicatae, haud certe est consentaneum. Equidem Nos fugit quibus artibus oecumenici concilii doctrinam in pravum sensum conentur detorquere.

Contendunt itaque iuxta Tridentini sententiam eum, qui semel fuit sacerdos, laicum rursus fieri non posse auctoritate propria, posse autem auctoritate Ecclesiae, nomine Ecclesiae singulos episcopos intelligendo, quibus clericos ad laicalem eum statum redigendi faciunt potestatem: characterem autem, qui in ordine imprimitur, inde a Concilio indelebilem dici affirmant, quod sacramentum Ordinis iterari nequeat, non quod sacerdos praedicto modo fieri minime posset laicus; ipsum denique characterem inter nupera Scholasticorum placita adnumerare haud horrent. At talia comminiscentes quid aliud reapse efficiunt, nisi ut per se patet turpiter cavillando et contra germanum praedictorum Tridentini decretorum universaeque de eis Ecclesiae sensum obnitendo, errores erroribus cumulare?

"Resultate der Berathungen der in Leipzig versammelt gewesenen Vertreter sämmtlicher Christkatholischen Gemeinden"
Diözesanarchiv Trier, Bestand B III 12, 2. Bd.1: Der Rogeanismus in der Diözese Trier 1844-1846, Nr.10. Die Versammlung in Leipzig fand Ende März 1845 statt.

Bestimmungen über die Glaubenslehre

1. Die Grundlage des christlichen Glaubens soll uns einzig und allein die heilige Schrift sein, deren Auffassung und Auslegung der von der christlichen Idee durchdrungenen und bewegten Vernunft freigegeben ist.

2. Als allgemeinen Inhalt unserer Glaubenslehren stellen wir folgendes Symbol auf: Ich glaube an Gott den Vater, der durch sein allmächtiges Wort die Welt geschaffen und sie in Weisheit, Gerechtigkeit und Liebe regiert. Ich glaube an Jesum Christum, unsern Heiland. Ich glaube an den heiligen Geist, eine heilige allgemeine christliche Kirche, Vergebung der Sünden und ein ewiges Leben. Amen.

3. Wir verwerfen das Primat des Papstes, sagen uns von der Hierarchie los, und verwerfen im Voraus alle Concessionen, welche möglicher Weise von der Hierarchie gemacht werden könnten, um die freie Kirche wieder unter ihr Joch zu beugen.

4. Wir verwerfen die Ohrenbeichte.

5. Wir verwerfen das Cölibat (erzwungene Ehelosigkeit).

6. Wir verwerfen die Anrufung der Heiligen, die Verehrung von Reliquien und Bildern.

7. Wir verwerfen die Ablässe, gebotenen Fasten, Wallfahrten und alle solche bisher bestehenden kirchlichen Einrichtungen, welche nur zu einer gesinnungslosen Werkheiligkeit führen können.

8. Wir stellen der Kirche und den Einzelnen die Aufgabe, den Inhalt unserer Glaubenslehren zur lebendigen, dem Zeitbewußtsein entsprechenden Erkenntniß zu bringen.

9. Wir gestatten aber völlige Gewissensfreiheit, freie Forschung und Auslegung der heiligen Schrift, durch keine äußere Autorität beschränkt, verabscheuen vielmehr allen Zwang, alle Heuchelei und alle Lüge, daher wir in der Verschiedenheit der Auffassung und Auslegung des Inhalts unserer Glaubenslehren keinen Grund zur Absonderung oder Verdammung finden.

10. Wir erkennen nur zwei Sakramente an: die Taufe und das Abendmahl, ohne jedoch die einzelnen Gemeinden in der Beibehaltung christlicher Gebräuche beschränken zu wollen.

11. Die Taufe soll an Kindern, mit Vorbehalt der Bestätigung des Glaubensbekenntnisses bei erlangter Verstandesreife, vollzogen werden.

12. Das Abendmahl wird von der Gemeinde, wie es von Christus eingesetzt worden ist, unter beiden Gestalten empfangen.

13. Wir erkennen die Ehe für eine heilig zu haltende Einrichtung an und behalten die kirchliche Einsegnung derselben bei; auch erkennen wir keine andern Bedingungen und Beschränkungen derselben an, als die von den Staatsgesetzen gegebenen.

14. Wir glauben und bekennen, daß es die erste Pflicht des Christen sei, den Glauben durch Werke christlicher Liebe zu bethätigen.

I. Vatikanisches Konzil (1869-1870)
Schema De vita et honestate clericorum

Caput III:

Haec igitur aliaque honestam clericorum vitam spectantia indefessae venerabilium fratrum nostrorum episcoporum vigilantiae commendantes, eosdem in Domino obsecramus, ut ea qua par est severitate et charitate plenam illam exerceant potestatem, a generali quoque Tridentino concilio et praedecessoribus nostris ipsis attributam, quam et nos inviolatam manere volumus et declaramus.

Quodsi clericus, propriae immemor dignitatis, in impudicitiae sordibus immundoque concubinatu versetur, vel mulierem, de qua possit haberi suspicio, in domo vel extra detinere aut ullam cum ea consuetudinem habere audeat, poenis a sacris canonibus, et generali praesertim Tridentina synodo impositis, etiam sine strepitu et figura iudicii, et sola facti veritate inspecta, contra eum procedatur. Ne tamen bono clericorum nomini macula nimis facile aspergatur, ac praecipitis et immaturi arbitrii argui umquam possit episcopus, atque ut in casu recursus pateat iustitia lati iudicii; idcirco, sacro approbante concilio, mandamus, ut extraiudiciales probationes ab episcopo collectae scripto consignentur documento in curia episcopali diligenter et caute asservando; simulque volumus, ut praescriptae a concilio Tridentino monitiones non omittantur, quas etiam extraiudiciali forma, sive in scriptis sive coram testibus, ita facere liceat, ut tamen de iis documentum in curia extet.

Altkatholische Kirche, 5. Synode. Aus der vierten Sitzung am Donnerstag, 13. Juni 1878

Der Bischof eröffnet die Sitzung um 3 Uhr nachmittags, das Protokoll der Sitzung wird verlesen und genehmigt.

Bischof: von Herrn Pf. Dr. Thürlings ist folgendes Unter-Amendement zum Antrag Michelis eingebracht worden:

"In Erwägung, 1) daß der Priestercölibat nicht dogmatischen, sondern nur disciplinären Charakter hat;

2) daß die sogenannten Cölibatsgesetze als Gesetz mit dem Geiste des Evangeliums und folglich auch mit dem Geiste der katholischen Kirche nicht im Einklange stehen;

3) daß durch den bestehenden Zwangscölibat vielfach im höchsten Grade ärgerliche und die Sittlichkeit im Volke tief schädigende Zustände hervorgerufen sind; und mit der ausdrücklichen Erklärung, daß hierdurch der wahren kirchlichen Bedeutung des freiwilligen, im Geiste des Opfers übernommenen Cölibates in keiner Weise zu nahe getreten werden soll;

beschließt die Synode:

1. Das der Eingehung einer Ehe durch einen Geistlichen vom Subdiakon aufwärts entgegenstehende Verbot des canonischen Rechts bildet in der altkatholischen Gemeinschaft weder ein Hinderniss für die Ehe von Seiten der Geistlichen, noch für die Verwaltung der Seelsorge durch einen verheiratheten Geistlichen;

2. Die dieser Bestimmung entgegenstehenden Beschlüsse der zweiten und dritten Synode sind aufgehoben;

3. Der einzelnen Gemeinde bleibt bis auf Weiteres das Recht gewahrt, über die Anstellung eines verheiratheten und die Beibehaltung eines sich verehelichenden Seelsorgsgeistlichen durch ihre ordnungsmässigen Organe selbständig zu entscheiden."

Papst Pius' X. Exhortatio an den Klerus
4. August 1908

Quippe hoc praesertim capite, dilecti filii, robur et virtus et fructus omnis sacerdotalis muneris continentia: hoc neglecto, exoritur quidquid in moribus sacerdotis possit oculos animosque fidelium offendere ...

Unum nimirum est quod hominem cum Deo coniungat, unum quod gratum efficiat, atque non indignum eius misericordia administrum: vitae morumque sanctimonia. Haec, quae demum est supereminens Jesu Christi scientia, sacerdoti si desit, desunt ei omnia ...

In vobis igitur intemerato semper honore floreat castimonia, nostri ordinis lectissimum ornamentum; cuius nitore sacerdos, ut adsimilis efficitur angelis, sic in christiana plebe venerabilior praestat sanctisque fructibus fecundior.

Codex Iuris Canonici (CIC),
27.5.1917 promulgiert, in Kraft seit 19.5.1918, dt. Übersetzung hier nach: Heribert Jone, Gesetzbuch der lateinischen Kirche, 1. Bd. Paderborn 1950 (2. Aufl.).

Kanon 132

§ 1

Kleriker, welche die höheren Weihen empfangen haben, dürfen nicht heiraten.

Außerdem sind die genannten Kleriker so zur Übung der Keuschheit verpflichtet, daß die Sünden gegen diese Tugend zugleich auch ein Sakrileg in sich schließen.

Als einzige Ausnahme von diesem Verbot kommt nur die Bestimmung von Kan. 214 § 1 in Betracht.

§ 2

Kleriker, die nur die niederen Weihen empfangen haben, dürfen zwar heiraten, aber durch Abschluß der Ehe scheiden sie ohne weiteres aus dem geistlichen Stande aus.

Nur dann scheidet ein solcher Kleriker durch Eingehung einer Ehe aus dem geistlichen Stande nicht aus, wenn seine Ehe ungültig war, weil er sie einging unter dem Einfluß von Gewalt und Furcht.

§ 3

Hat ein Verheirateter ohne päpstliche Dispens die höheren Weihen empfangen, so darf er diese nicht ausüben, selbst dann nicht, wenn er im guten Glauben gehandelt hat.

Kanon 133

§ 1

Die Kleriker sollen darauf schauen, daß sie nicht mit weiblichen Personen, wegen derer ein Verdacht entstehen könnte, zusammenwohnen, noch auch öfters mit ihnen zusammentreffen.

§ 2

Die Kleriker dürfen nur mit solchen Personen zusammenwohnen, auf die kein Verdacht fällt, entweder wegen der nahen Verwandtschaft (wie z.B. bei Mutter, Schwester, Tante und anderen nahen Verwandten) oder wegen ihres unbescholtenen Lebenswandels in Verbindung mit einem höheren Alter.

§ 3

Das Urteil darüber, ob ein Verdacht oder eine Gefahr entstehen könnte, steht dem Ortsordinarius zu. Dies gilt auch für jene Fälle, in denen zwar für gewöhnlich nichts zu befürchten ist, aber doch wegen besonderer Umstände eine Befürchtung angebracht ist.

Der Ortsordinarius kann den Klerikern auch verbieten, bestimmte weibliche Personen in ihrer Wohnung zu haben oder sich häufiger mit ihnen zu treffen.

§ 4

Kleriker, die dem Ordinarius hartnäckig nicht gehorchen, werden als Konkubinarier betrachtet.

Kanon 214

§ 1

Ein Kleriker, der durch schwere Furcht gezwungen eine höhere Weihe empfangen hat, kann durch richterlichen Entscheid in den Laienstand zurückversetzt werden.

Diese Zurückversetzung ist aber nur dann möglich, wenn der Kleriker nach Aufhören der Zwangslage den Weiheakt nicht gebilligt hat, weder ausdrücklich noch auch nur stillschweigend durch Ausübung der empfangenen Weihegewalten. Diese stillschweigende Billigung ist aber in der Ausübung der empfangenen Weihegewalten nur dann enthalten, wenn der Kleriker dadurch die klerikalen Verpflichtungen auf sich nehmen wollte.

Die Zurückversetzung erfolgt aber nur dann auch tatsächlich, wenn sowohl der Zwang als der Mangel einer nachträglichen Billigung rechtmäßig bewiesen ist.

Mit der Zurückversetzung in den Laienstand ist dann auch in diesem Falle die Befreiung von den Pflichten des Zölibates und des Breviergebetes verbunden.

Codex Iuris Canonici (CIC),
dt. übers. nach: Heribert Jone, Gesetzbuch des kanonischen Rechtes, III. Bd., Paderborn 1940.

Wer einen öffentlichen Ehebruch begangen hat oder im öffentlichen Konkubinat lebt oder wegen eines anderen Deliktes gegen das sechste Gebot rechtmäßig verurteilt worden ist, soll so lange von den kirchlichen Ehrenrechten ausgeschlossen werden, bis er sich aufrichtig bessert.

Lebt ein Kleriker in höheren Weihen im Konkubinat, dann soll er - mag er dem Weltklerus oder einer Ordensgenossenschaft angehören - zuerst ermahnt werden.

Bleibt die Ermahnung erfolglos, dann soll ein solcher Kleriker durch die Suspension a divinis, durch Entziehung des Einkommens aus dem Amte, dem Benefizium, der Dignität unter Einhaltung der Bestimmungen von Kan. 2176-2181 gezwungen werden, das unerlaubte Verhältnis aufzugeben und das gegebene Ärgernis wiedergutzumachen.

Hat sich ein solcher Kleriker mit Minderjährigen unter sechzehn Jahren schwer versündigt, oder sich des Ehebruches, der Notzucht, der Bestialität, der Sodomie, der Kuppelei, der Blutschande mit Verwandten oder Verschwägerten im ersten Grade schuldig gemacht, dann soll er suspendiert, als infam erklärt, jeden Amtes, jedes Benefiziums, jeder Dignität und überhaupt jeder Anstellung enthoben und in schweren Fällen mit Deposition bestraft werden.

Hat sich ein Kleriker in höheren Weihen in anderer Weise gegen das sechste Gebot vergangen, dann soll er der Schwere der Schuld entsprechend bestraft werden. Es kann ihm sogar auch sein Amt oder Benefizium genommen werden, besonders wenn er ein Seelsorgsamt bekleidet.

Papst Benedikt XV. an Kardinal-Erzbischof Csernoch von Gran
12. März 1919

Sed multo maiori Nobis aegritudini fuit quod accepimus, clericos quosdam ausos esse populariter comitia habere, ut de sanctissimis Ecclesiae legibus abolendis consultarent. Huic tantae tamque deplorandae officii oblivioni omnio Episcoporum est vehementissime reclamare, ut ad veritatem sanitatemque devii revocentur ...

Eosdem volumus admonitos quam dedeceat sacerdotem catholicum, qui in coercendis cupiditatibus ceteros anteire debeat, ipsum infirmiorem videri. Quam ob causam alte vehementerque denuntient Episcopi nullam prorsus ab Apostolica Sede de sacerdotalis continentiae lege permitti posse quaestionem, quae quidem lex ab ipsa tamquam peculiare ornamentum habetur Ecclesiae Latinae, eiusdemque fons quidam praecipuus actuosae virtutis.

Papst Benedikt XV. an Erzbischof Kordac von Prag
3. Januar 1920

Omni asseveratione affirmavimus, scilicet ecclesiastici caelibatus legem, ut praecipuum sacerdotii catholici decus eiusque virtutum optimarum fontem, sancte inviolateque esse retinendam, nec umquam futurum esse ut eam haec Apostolica Sedes abolere aut mitigare velit.

Papst Benedikt XV. an Erzbischof Kordac von Prag
29. Januar 1920

... nuntium illico accepimus, nonnullos Bohemia ecclesiasticos viros, animorum perturbationibus abreptos, ab Ecclesia Jesu Christi infeliciter defecisse ...

Supervacaneum quoque est, etiamnum dicere, Apostolicam Sedem, cum de rebus in Ecclesia populariter novandis, tum de coelibatus lege, qua Ecclesia latina tamquam insigni ornamento gloriatur, abroganda vel temperanda, numquam fore consensuram.

Papst Benedikts XV. Ansprache im Konsistorium der Kardinäle
16. Dezember 1920

Quin fuerunt etiam qui hoc asseverare non vererentur, propensam Apostolicam Sedem esse ad legis de sacro caelibatu severitatem mitigandam, ea lege solvendo qui ecclesiasticum ordinem deseruissent. Equidem hic morari et quam longe a vero totum hoc absit, ostendere, non sane putamus necessarium. Constat enim, si Latina viget floretque Ecclesia, magnam partem roboris gloriaeque eius ab ipso clericorum caelibatu manare, ob eanque rem omnino eum esse sartum tectum conservandum. Quod quidem numquam fortasse alias tam necesse fuit quam hoc miserrimo tempore, cum, in tantis tamque late diffusis corruptelarum illecebris, indomitae effrenataeque animorum cupiditates ubique dominantur, nec quidquam aliud hominibus esse videtur propositum, nisi temere indulgere sibi, fluxisque huius vitae voluptatibus perfrui. Catholicus igitur sacerdos qui ad perturbatos animi motus cohibendos ceteris dux debet esse, videat ne in hoc tanto officii munere ipse claudicet, verum omnes exemplo suo confirmare pergat, semperque meminerit

Sancti Siricii Pontificis sic hortantis: >ut a die ordinationis nostrae sobrietatis ac pudicitiae et corda nostra mancipemus et corpora<.

Itaque, Venerabiles Fratres, quod pluries iam Nos ex occasione professi sumus, idem nunc sollemniter affirmateque testamur, fore numquam ut haec Apostolica Sedes sanctissimam eam maximeque salutarem legem caelibatus ecclesiastici aliqua ex parte extenuando mitiget, nedum aboleat.

Konkordat zwischen dem Heiligen Stuhl und Italien
21. Februar 1929

Art. 5

Nessun ecclesiastico può essere assunto o rimanere in un impiego od ufficio dello Stato italiano o di enti pubblici dipendenti dal medesimo senza il nulla osta dell' Ordinario diocesano.

La revoca del nulla osta priva l'ecclesiastico della capacità di continuare ad esercitare l'impiego o l'ufficio assunto.

In ogni caso i sacerdoti apostati o irretiti da censura non potranno essere assunti nè conservati in un insegnamento, in un officio od in un impiego, nei quali siano a contatto immediato col pubblico.

Formel für die schriftliche Eidesleistung vor dem Empfang der Höheren Weihen, gemäß einer Instruktion der Kongregation für die Sakramente
27. Dezember 1930

Ego subsignatus N.N., cum petitionem Episcopo exhibuerim pro recipiendo subdiaconatus (seu diaconatus vel presbyteratus), Ordine, sacra instante Ordinatione, ac diligenter re perpensa coram Deo, iuramento interposito, testificor in primis, nulla me coactione seu vi, nec ullo impelli timore in recipiendo eodem sacro Ordine, sed ipsum sponte exoptare, ac lena liberaque voluntate eumdem velle, cum experiar ac sentiam a Deo me esse revera vocatum.

Fateor mihi plene esse cognita cuncta onera ceteraque ex eodem sacro Ordine dimanantia, quae sponte suscipere volo ac propono, eaque toto meae vitae curriculo, Deo opitulante, diligentissime servare constituo.

Praecipue quae coelibatus lex importet clare me percipere ostendo, eamque libenter explere atque integre servare usque ad extremum, Deo adiutore, firmiter statuo.

Denique sincera fide spondeo iugiter me fore, ad normam ss. Canonum, obtemperaturum obsequentissime iis omnibus, quae mei praecipient Praepositi, et Ecclesiae disciplina exiget, paratum virtutum exempla praebere sive opere sive sermone, adeo ut de tanti officii susceptione remunerari a Deo merear.

Sic spondeo, sic voveo, sic iuro, sic me Deus adiuvet et haec Sancta Dei Evangelia, quae manibus meis tango.

Pius XI. Enzyklika "Ad Catholici Sacerdotii"
20. Dezember 1935

a. lateinisch:

Praeclarissimum aliud, pietatique coniunctissimum, catholici sacerdotii ornamentum est ea morum castimonia, quam ut omnino diligenterque observent Latinae Ecclesiae clerici, maioribus Ordinibus initiati, tam gravi iubenter officio, ut, si deliquerint, sacrilegii rei eo ipso evadant (cfr. CIC can. 132, § 1). Quodsi eiusmodi lex Orientalis Ecclesiae administros non omnino tenet, iisdem tamen etiam ecclesiasticus caelibatus honori ducitur; atque interdum - cum praesertim de summis agitur hierarchiae gradibus - necessario requiritur atque praecipitur.

Cum sacerdotali ministerio hanc virtutem congruere vel humanae tantummodo rationis spe evincitur; quandoquidem enim "spiritus est Deus" (Joh 4,24), consentaneum prorsus videtur qui divino famulatui addicatur, eum quodammodo "corpore se exuere". Iam Romani veteres id decorum esse inspexerant; siquidem antiquissimam hanc legem: "Ad divos adeunto caste" maximus eorum orator proferens, hisce verbis interpretatur: "lex adire ad deos animo videlicet, in quo sunt omnia; nec tollit castimoniam corporis, sed hoc oportet intelligi, cum multum animus corpori praestet observeturque, ut casta corpora adhibeantur, multo esse in animis id servandum magis" (M.T.Cicero: De legibus, lib.II, cap. 8 et 10).

Atque in Veteris Testamenti codicibus Aaron filiisque eius Dei nomine a Moyse praeceptum erat ut per hebdomadam, qua eorum consecratio perficeretur, e Tabernaculo ne exirent, ideoque continentiam per eos dies servarent.

Atque ab Novae Legis administro, qui Veteris Legis sacerdoti tantopere praestat, maior castitatis mundities procul dubio requiritur. Prima sacri caelibatus lineamenta in tricesimo tertio Eliberitani Concilii canone describuntur (Conc. Eliberit. can.33), saeculo videlicet ineunte quarto habiti, cum adhuc saeviret christiani nominis insectatio; quod profecto rem iamdudum in more fuisse testatur. Hoc autem legis praescriptum nihil aliud facit nisi ut cuidam, ut ita dicamus, postulato, quod ex Evangelio Apostolorumque praedicatione oritur, vim praebeat atque addat. Quod Divinus Magister quem "florem Matris Virginis" (cfr.Brev. Rom., Hymn. ad Laudes in festo SS. Nom. Jesu) canimus, castitatis domum tanta aestimatione prosecutus est, ut id supra communem hominum virtutem efferret (cfr. Mt 19,11); quod inde a teneris unguiculis in Nazarethana domo cum Maria et Josepho, virginibus utrisque, educari voluit; quod integros castosque animos Joannis nempe Batistae et Evangelistae, peculiari caritate dilexit; quod denique gentium apostolus, fidelis ille evangelicae legis doctrinaeque Christi interpres, inaestimabiles virginitatis laudes praedicat - ad sollertiorem praesertim Dei famulatum quod attinet -: "Qui sine uxore est, sollicitus est quae Domini sunt, quomodo placeat Deo" (1 Kor.7,32); haec omnia, Venerabiles Fratres, non efficere non poterant, ut Novi foederis administrari et caeleste lectissimae virtutis huius invitamentum experirentur, et eorum numero eniterentur adscisci "quibus datum est capere verbum istud" (cfr. Mt 19,11), et observantem huic instituto obtemperationem sibi sponte imponerent, quod deinceps, in universa Latina Ecclesia, gravissimo ecclesiasticae auctoritatis praecepto sancitum est. Siquidem, quarto exeunte saeculo, Carthaginiense Concilium adhortatur: "ut quod Apostoli docuerunt, et ipsa servavit antiquitas, nos quoque custodiamus" (Conc. Carthag. II, can.2).

Neque vel praeclarissimorum orientalium Patrum documenta desunt, quae ecclesiastici caelibatus praestantiam efferant, quaeque testentur, hac etiam de re inter Latinam Orientalemque Ecclesiam tunc temporis consensionem iis in locis viguisse, in quibus severiori disciplinae obtemperaretur. Itaque - ut illustriora exempla adhibeamus - S. Epiphanius, quarto item exeunte saeculo, asseverat caelibatum ad subdiaconos usque pertinere: "Eum qui adhuc in matrimonio degit ac liberis dat operam, tametsi unius sit uxoris vir, nequaquam tamen ad diaconi, presbyteri, episcopi aut hypodiaconi, ordinem admittit (Ecclesia), sed eum dumtaxat qui ab unius uxoris consuetudine sese continuerit, aut ea sit orbatus; quod in illis locis praecipue fit, ubi ecclesiastici canones accurate servantur" (S. Epiphan.: Adv. haereses. Panar. 59,4; PG 41, 1024). At disertus prae omnibus videtur hac super causa S. Ephraemus Syrus, Diaconus Edessenus universaeque Ecclesiae Doctor, qui "Spiritus Sancti cithara merito appellatur" (Brev. Rom., d. 18 iun., lect. VI). Is nimirum Abraham Episcopum, amicum suum, per haec numeris adstricta verba, alloquitur: "Respondes nomini tuo, Abraham, quia tu quoque factus es pater multorum; sed quia tibi non est uxor, sicut Sara Abraham, ecce grex tuus est uxor tua. Educa filios eius in veritate tua, fiant tibi liberi spiritus et filii promissionis ut fiant heredes in Eden. O fructus pulcher castitatis, in quo sacerdotium complacuit, ... cornu efferbuit et unxit te, manus incubuit tibi et elegit te, Ecclesia optavit et dilexit te." (Carmina Nisibaena, carm. 19). Atque iterum: "Non sufficit sacerdoti et nomini eius, offerenti vivum corpus, purgare animum et mundare linguam et expurgare manus et clarum reddere totum corpus, sed omnino purus esse debet omni tempore, quia positus est sicut mediator inter Deum et genus humanum. Laudetur ille, qui mundavit ministros suos!" (Ibid.: Carm.18). Hoc pariter Chrysostomus asseverat: "sacerdotium obeuntem ita purum esse debere, ac si in caelis inter Potestates illas collocatus esset." (De sacerdotio, lib.III c.4; PG 48,642.)

Ceterum ipsa christiani sacerdotii excelsitas, itemque, ut S. Epiphanii sententia utamur, eius "incredibilis honor et dignitas" (Adv. haereses. Panar. 59,4; PG 41,1024), quam supra breviter presseque attigimus, summum evincit caelibatus decus illiusque legis opportunitatem, qua eiusmodi institutum sacris altaris administris praecipitur: qui officio fungitur, quod muneri quodammodo praestat supernorum spirituum "qui astant ante Dominum" (Tob 12,15), nonne omnino consentaneum est eum caelestem pro viribus vitam agere? Qui, "in iis, quae Domini sunt" (cfr. Lk 2,49; 1 Kor 7,32) totus esse debet, nonne eum a terrenis rebus abhorrere, eiusque "conversationem in caelis esse" (cfr. Phil 3,20) addecet? Qui ad aeternam hominum salutem ita sedulo continenterque contendat oportet, ut divinam Redemptoris operam pro sua parte persequatur, nonne eum opportunum est a propriae familiae curis animum vacuum solutumque habere, quae non mediocrem navitatis suae partem abstraherent ac distinerent?

Grande sane spectaculum est incensaque admiratione dignum, quod tam crebro in catholica Ecclesia evenit, iuvenes nempe levitas cernere, qui, antequam Subdiaconatus ordini initientur antequam scilicet divino famulatui ac cultui se omnino dedant, ultro libenterque polliceantur sese gaudiis atque solaciis esse abdicaturos, quae in alio vitae instituto honeste capessere possent. Ultro libenterque dicimus; namque, si, sacro ordine suscepto, iam non integrum iisdem neque liberum est terrenas nuptias inire, ad sacra tamen amplectenda munia nulla lege nullave persona coacti accedunt, sed propria cuiusque sua permoti voluntate (cfr. CIC, can.971).

Nihilo secius quae adhuc, ecclesiasticum caelibatum commendantes, verba fecimus non idcirco intelligi volumus, ac si Nobis in mente esset, absimilem illam disciplinam quodammodo improbare ac redarguere, quae in Orientalem Ecclesiam legitime invecta est; sed revera animus Noster eo unice spectat, ut eam veritatem efferamus, quam et praeclarissimam ducimus catholici sacerdotii gloriam, et quae videtur Nobís Sacratissimi Jesu Cordis consiliis ac votis, ad sacerdotum animos quod attinet, dignius aptiusque respondere.

b. deutsch:

Innig verbunden mit der Frömmigkeit, von der sie ihre Beständigkeit und ihren Glanz erhalten muß, ist die Keuschheit, der andere leuchtende Edelstein des katholischen Priestertums. Zu ihrer vollkommenen und allseitigen Beobachtung sind die Kleriker der höheren Weihen in der Lateinischen Kirche unter so schwerer Verpflichtung gehalten, daß die Verletzung dieser Verpflichtung ein Sakrileg wäre (Vgl. Cod. iur. can. c. 132, 1). Wenn auch ein derartiges Gesetz die Kleriker der Orientalischen Kirchen nicht in seiner ganzen Strenge verpflichtet, so steht doch auch bei ihnen der kirchliche Zölibat in Ehren und ist in bestimmten Fällen, zumal für die höchsten Grade der Hierarchie, eine notwendige und verpflichtende Forderung.

Einen gewissen Zusammenhang zwischen dieser Tugend und dem priesterlichen Amt nimmt schon die natürliche Vernunft selber wahr. Da "Gott Geist ist" (Joh. IV 24), scheint es angebracht, daß ein jeder, der sich seinem Dienste widmet und weiht, sich auch in gewisser Weise "von seinem Leibe frei mache". Schon die alten Römer hatten das Geziemende eines solchen Verhaltens erkannt. Eines ihrer Gesetze, das folgenden Wortlaut hat: "Man soll keusch zu den Göttern hintreten", wurde vom größten ihrer Redner erwähnt und mit der Erklärung erläutert: "Keusch befiehlt uns das Gesetz vor die Götter hinzutreten, nämlich keuschen Herzens, in dem alles beruht; und damit schließt das Gesetz die Keuschheit des Leibes nicht aus. Dies ist vielmehr so zu verstehen: da der Geist weit über dem Leibe steht und da schon auf die Keuschheit des Leibes zu achten ist, gilt diese Forderung noch weit mehr für die Herzen" (M. T. Cicero, De legibus, lib. II, cap. 8 u. 10). Im Alten Bunde wurde Aaron und seinen Söhnen von Moses im Namen Gottes befohlen, das Zelt nicht zu verlassen, und somit in den sieben Tagen bis zum Ende ihrer Weihezeit die Enthaltsamkeit zu beobachten (vgl. Levit. VIII 33-35).

Aber dem christlichen Priestertum, das viel erhabener ist als das alte, entspricht darum auch eine viel größere Reinheit. So findet sich denn die erste schriftliche Spur des kirchlichen Zölibatsgesetzes, die offenbar eine ältere Beobachtung des Zölibates voraussetzt, schon in einem Kanon des Konzils von Elvira (Konzil von Elvira, c. 33. Mansi 2, 11; Denzinger Nr. 52), aus dem Anfang des vierten Jahrhunderts, zu einer Zeit, da die Christenverfolgung noch wütete. Doch das Kirchengesetz hat nur zu einer strengen Verpflichtung erhoben, was eine gewisse, sagen Wir moralische Forderung, die ihren Ursprung im Evangelium und in der Predigt der Apostel hat, auferlegt. Die Hochschätzung, die der göttliche Meister für die Keuschheit hatte: er pries sie ja als etwas, was über die Fassungskraft der Menge hinausgeht (vgl. Matth. XIX 11.); die Tatsache, daß er selbst die "Blüte einer jungfräulichen Mutter" (Röm. Brevier, Namen Jesu-Fest, Laudeshymnus) ist und von Kindheit an in der jungfräulichen Familie Josephs und Marias aufwuchs, daß er eine besondere Vorliebe zeigte für reine Seelen wie für die beiden Johannes, den Täufer und den Evangelisten; der Umstand, daß der große Apostel Paulus, der treue Ausleger der evangelischen Gesetze und der Gedanken Christi, die unschätzbaren Vorzüge der Jungfräulichkeit verkündet, besonders hinsichtlich eines größeren Eifers im Dienste Gottes: "Wer unverheiratet ist, der ist um die Sache des Herrn besorgt, wie er dem Herrn gefalle" (I Kor. VII 32): alles das mußte die fast notwendige Wirkung haben, daß die Priester des Neuen Bundes den himmlischen Zauber dieser erhabenen Tugend spürten, daß sie sich bemühten, doch auch zur Zahl derer zu gehören, "denen es gegeben ist, jenes Wort zu verstehen" (Matth. XIX 11), und daß sie sich freiwillig die Beobachtung der Jungfräulichkeit auferlegten, die dann bald noch durch ein strenges kanonisches Gesetz in der ganzen Lateinischen Kirche zur Pflicht gemacht wurde: "Auch wir sollen", wie am Ende des 4. Jahrhunderts das zweite Konzil von Karthago erklärte, "üben, was schon die Apostel lehrten und was bereits in alter Zeit beobachtet wurde" (II. Konzil von Karthago (im Jahre 390), c. 2. Mansi 3, 693).

Es fehlt auch nicht an Zeugnissen berühmter orientalischer Väter, welche die Erhabenheit des katholischen Zölibats preisen und die beweisen, daß schon damals in den Gegenden einer strengeren Disziplin auch in diesem Punkte zwischen der Lateinischen und der Orientalischen Kirche Übereinstimmung herrschte. Der heilige Epiphanius bezeugt gegen Ende des 4. Jahrhunderts, daß der Zölibat sich schon auf die Subdiakone erstreckte: "Niemand, der in der Ehe lebt und sich um Kinder bemüht, wird von der Kirche zur Weihe des Diakons, Priesters, Bischofs oder des Subdiakons zugelassen, auch wenn es die erste Ehe war; nur den ist die Kirche bereit zu weihen, der die Lebensgemeinschaft mit seiner ersten und einzigen Gattin aufgegeben oder diese bereits durch den Tod verloren hat. Das geschieht vor allem an den Orten, wo die kirchlichen Kanones genau beobachtet werden" (Epiphanius, Adversus haeres. Panar., 59, 4. PG 41, 1024). Ganz besonders beredt ist in dieser Frage der heilige Diakon von Edessa und Kirchenlehrer Ephrem der Syrer, der mit Recht "Zither des Heiligen Geistes" genannt wird (Röm. Brevier, am 18. Juni, 6. Lesung). In einem seiner Lieder wendet er sich an seinen Freund, den Bischof Abraham: "Du bist wirklich", so sagt er ihm, "was dein Name sagt, Abraham, weil auch du Vater vieler geworden bist. Weil du aber keine Gattin hast, wie Abraham die Sara, siehe, so ist deine Herde deine Gattin. Erziehe ihre Kinder in der Wahrheit! Mögen sie dir Kinder des Geistes werden und Söhne der Verheißung, damit sie auch Erben werden in Eden. O schöne Frucht der Keuschheit! Du machtest das Priestertum wohlgefällig, ... das Horn schäumte über und salbte dich, die Hand lag auf dir und wählte dich aus, die Kirche rief und liebte dich" (Ephrem, Carmina Nisibaena, carm. XIX. Edit. Bickel, S. 112). An einer andern Stelle sagt er: "Es genügt nicht für den Priester, der den lebendigen Leib des Herrn opfert, Gedanken und Zunge zu läutern, die Hände zu reinigen und seinen ganzen Leib sauber zu halten, sondern er muß stets ganz rein sein, weil er als Mittler zwischen Gott und die Menschheit gestellt ist. Gepriesen sei, der da seine Diener gereinigt hat!" (Ders., carm. XVIII. Edit. Bickel, S. 112). Johannes Chrysostomus behauptet gleicherweise, daß "der Priester so rein sein muß, als ob er in den Himmel mitten unter die himmlischen Mächte versetzt wäre" (Johannes Chrisostomus, De sacerdotio, III 4. PG 48, 642).

Die höchste Angemessenheit des Zölibates und des Gesetzes, das ihn den Dienern des Altares zur Pflicht macht, wird schließlich auch durch die Erhabenheit selbst oder - nach einem Ausdruck des heiligen Epiphanius (Epiphanius, Adversus haeres. Panar., 59, 4. PG 41, 1024) - durch die "unglaubliche Ehre und Würde" des christlichen Priestertums, die Wir schon dargelegt haben, erwiesen. Wenn jemand ein Amt hat, das in gewisser Hinsicht selbst jenes der reinsten Geister überragt, die vor dem Herrn stehen (vgl. Tob. XII 15), ist es dann nicht das Richtige, daß er auch möglichst wie ein reiner Geist leben muß? Wer ganz "in dem sein muß, was des Herrn ist" (Luk. II 49; vgl. I Kor. VII 32), muß der dann nicht auch entsprechenderweise von den irdischen Dingen gänzlich losgelöst, muß sein Wandel nicht immer im Himmel sein? (vgl. Phil. III 20). Wenn jemand in der Sorge um das Heil der Seelen das Werk des Erlösers mit Eifer fortführen soll, ist es dann nicht wohl angemessen, daß er sich freihält von den Sorgen um eine eigene Familie, die einen großen Teil seiner Tätigkeit in Anspruch nähme?

Und es ist in Wahrheit ein bewundernswertes, in der katholischen Kirche jedoch häufiges Schauspiel, daß die jungen Leviten, bevor sie die heilige Weihe des Subdiakonates empfangen und sich damit dem Dienste und der Verehrung Gottes gänzlich weihen, freiwillig den Freuden und Annehmlichkeiten entsagen, die sie sich in einem andern Lebensstande ehrbarerweise gestatten dürften. Nach der Weihe sind sie allerdings nicht mehr frei, eine irdische Ehe einzugehen. Dennoch sagen Wir "freiwillig": weil sie nicht gezwungen durch irgend ein Gesetz oder eine Person zur Weihe hinzutreten, sondern aus eigenem freiem Willensentschluß (vgl. Cod. jur. can. c. 971).

Was Wir zur Empfehlung des kirchlichen Zölibates gesagt haben, wollen Wir aber keineswegs so verstanden wissen, als ob Wir in irgendeiner Form gegen den anders gearteten, in der Orientalischen Kirche rechtmäßig zugelassenen Brauch Tadel oder Vorwürfe erheben wollten. Wir sagen es einzig deshalb, um im Herrn jene Wahrheit zu preisen, die Wir für einen der größten Ruhmestitel des katholischen Priestertums halten und die Uns den Wünschen und Absichten des heiligsten Herzens Jesu in bezug auf die Seelen der Priester besser zu entsprechen scheint.

Dekret der Sacra Paenitentiaria Apostolica
18. April 1936

Lex sacri coelibatus inter Latinos adeo Sanctae Ecclesiae curae semper fuit atque est ut, si agatur de sacerdotibus, fere nunquam super ea retroactis temporibus dispensatum fuerit, nunquam prorsus, ne in mortis quidem periculo, in praesenti disciplina dispensetur.

Cui tamen, nequitia temporum, contingere aliquando soleat ut infelix aliquis sacerdos, suae vocationis oblitus in sacrilegum concubinatum lapsus, ob matrimonium etiam civiliter tantum attentatum aliasque gravissimas rationes, a cohabitatione sub eodem tecto cum suae desertionis complice, etsi forte tandem ad cor reversus, cessare impediatur, ideoque ad suae eiusdemque suae complicis conscientiae consulendum, data fide de absoluta perfectaque in posterum continentia perpetuo servanda, ad participationem sacramentorum more laicorum petat admitti, Sancta eadem Ecclesia, pro sua erga devios etiam filios materna sollicitudine, ei, quantum in se est, si et quando peculiaria id suadeant rerum adiuncta, subvenire non renuit. Quod quidem cum conscientiam praesertim respiciat, Sacrae Paenitentiariae Apostolicae *exclusive* reservari congruum visum est.

Re igitur collata per infrascriptum Cardinalem Maiorem Paenitentiarium cum Ss.mo D.N. Pio divina providentia Pp. XI, eadem Sanctitas Sua, in audientia diei 14 mensis Martii vertentis anni, eidem Cardinali Maiori Paenitentiario impertita, suprema Sua auctoritate decernere ac statuere dignata est ut, firma excommunicatione, de qua in canone 2388 § 1, absolutio ab ea in casu supra expositio et consequens supplicantis admissio ad sacramenta more laicorum suscipienda, ab ipsa tantum Sacra Paenitentiaria Apostolica, servata speciali procedendi forma et sub peculiaribus quibusdam cautelis et conditionibus ab eadem Sanctitate Sua patefactis ac praescriptis, concedi possint; et si forte concedantur ab aliquo sacerdote in periculo mortis, maneat obligatio ad ipsam Sacram Paenitentiariam recurrendi, ut praescribitur canone 2252 pro censuris a iure Sanctae Sedi specialissimo modo reservatis.

Hoc autem Decretum Sibi relatum in alia audientia diei 28 eiusdem mensis idem Ss.mus Dominus Noster in omnibus adprobare et confirmare dignatus est, mandans ut, quo solet modo, publici iuris fiat.

Contrariis quibuscumque etiam speciali mentione dignis non obstantibus.

L. Card. Lauri, Paenitentiarius Maior
S. Luzio, Regens

Declaratio: Super Decreto quod incipit "Lex Sacri Coelibatus" diei 18 aprilis 1936
4. Mai 1937

Evulgato per Commentarium Officiale Apostolicae Sedis (vol. XXVIII, pag. 242) Decreto, quod incipit "Lex sacri coelibatus" diei 18 aprilis 1936, quo absolutio ab excommunicatione de qua in can. 2388, § 1, quando agatur de sacerdote qui, matrimonio civiliter attentato, ad cor dein reversus, ad participationem sacramentorum more laicorum petat admitti, data quidem fide de absoluta perfectaque in posterum continentia perpetuo servanda, quamvis tamen ob gravissimas rationes cessare non valeat a cohabitatione sub eodem tecto cum suae disertionis complice,

Sacrae Paenitentiariae Apostolicae, excepto casu periculi mortis, reservatur, non defuerunt nec desunt Canonistae et Moralistae qui docuerint ac doceant casum hunc nihil differre a casu aliarum censurarum, quae in casibus urgentioribus remitti possunt sub quibusdam conditionibus et clausulis a quocumque confessario vi can. 2254.

Haec interpretatio, a praefati Decreti nedum sensu sed et littera prorsus absona, nullo modo defendi potest, eo praesertim quia expresse edicitur absolutionem de qua agitur *"ab ipsa tantum Sacra Paenitentiaria Apostolica*, servata speciali procedendi forma et sub peculiaribus quibusdam cautelis et conditionibus ab eadem Sanctitate Sua patefactis ac praescriptis", concedi posse.

Nihilominus, ad omnem, si quae adhuc forte superesset, dubitationem penitus auferendam, Ssmus Dominus Noster, in audientia infrascripto Card. Paenitentiario Maiori die 10 aprilis anni currentis impertita ad rem opportune interrogatus, suprema Sua auctoritate declarandum et, quo solet modo, publici iuris faciendum mandavit, hanc esse mentem Legislatoris, scilicet: Absolutionem a censura, de qua supra, ita esse Sacrae Paenitentiariae reservatam ut nemo unquam, excepto casu periculi mortis, ab ea absolvere possit, non obstante qualibet facultate, sive per can. 2254, § 1, sive per privilegium, sive denique per aliud quodcumque ius ceteroquin concessa.

L. Card. Lauri, Paenitentiarius Maior
S. Luzio, Regens

Papst Pius' XII. Ansprache "Sollemnis conventus" vom 24.6.1939

Der Priesterberuf verlangt von euch besondere Opfer. Das größte ist die restlose Hingabe an Christus im Zölibat. Prüft euch selbst! Und sollte sich der eine oder der andere diesem Opfer nicht gewachsen fühlen, dann beschwören wir ihn, das Seminar zu verlassen und sich nach etwas anderem umzusehen, um anderwärts ein ehrbares und gedeihliches Leben zu führen, anstatt mit Widerwillen im Heiligtum zu verbleiben, nicht ohne die Gefahr übrigens, ewig verloren zu gehen und der Kirche Schande zu bereiten. Jene aber, die dem Priesterstande bereits angehören oder zum Beitritt entschlossen sind, ermahnen Wir zur großmütigen und vorbehaltlosen Selbsthingabe.

Laßt euch im Opfermut nicht von den zahllosen Gläubigen übertreffen, die heute alles, selbst das bitterste Ungemach geduldig auf sich nehmen zur größeren Ehre Gottes und für den christlichen Glauben. Geht ihnen vielmehr in diesen Kämpfen mit dem guten Beispiel voran und scheut weder Mühe noch Arbeit, um ihnen im Leben und im Sterben die Gnade Gottes zu bringen.

Papst Pius XII. Motu Proprio über das Eherecht der Orientalischen Kirche vom 22. Februar 1949 (AAS, 41. Bd.; 1949)

Kapitel III, Kan. 48

§ 1. Matrimonium prohibet:

1° Votum publicum castitatis perfectae in professione simplici seu minore emissum;

2° Votum privatum virginitatis, castitatis perfectae, non nubendi, amplectendi statum religiosum, et, in ritibus in quibus clerici a recepto subdiaconatus ordine obligatione servandi sacrum caelibatum tenentur, suscipiendi subdiaconatum vel ordinem maiorem.

§ 2. Nullum votum, uno sollemni seu quod in professione maiore emittitur excepto, dirimit matrimonium, nisi id speciali Sedis Apostolicae praescripto pro aliquibus statutum fuerit.

Kapitel IV, Kan. 62

§ 1. Invalide matrimonium attentant clerici maiore ordine aucti.

§ 2. Subdiaconatui, aeque ac maioribus ordinibus, vis dirimendi matrimonium tribuitur.

Papst Pius XII. Motu Proprio über das Recht der Orientalischen Kirche (De causis contra sacram ordinationem) vom 6. Januar 1950 (AAS, 42. Bd.; 1950)

Sektion IV.

Can. 501

§ 1. In causis quibus impugnantur obligationes ex subdiaconatu vel maiore ordine contractae vel ipsa sacrae ordinationis validitas, libellus mitti debet ad Sacram Congregationem pro Ecclesia Orientali vel, si ordinatio impugnetur ob defectum substantialem sacri ritus, ad Sacram Congregationem Sancti Officii; et Sacra Congregatio definit utrum causa iudiciario ordine an disciplinae tramite sit pertractanda.

§ 2. Si primum, Sacra Congregatio causam remittit ad tribunal eparchiae quae clerico propria fuit tempore sacrae ordinationis, vel, si sacra ordinatio impugnetur ob defectum substantialem sacri ritus, ad tribunal eparchiae in qua ordinatio peracta fuit; pro gradibus vero appelationis standum praescripto can. 72-80.

§ 3. Si alterum, ipsamet Sacra Congregatio quaestionem dirimit, praevio processu informativo peracto a tribunali curiae competentis.

Can. 502

§ 1. Validitatem sacrae ordinationis accusare valet clericus aeque ac Hierarcha cui clericus subsit vel in cuius eparchia ordinatus sit.

§ 2. Solus clericus, qui existimet se ex sacra ordinatione obligationes ordini adnexas non contraxisse, potest declarationem nullitatis onerum petere.

Can. 503

Ea omnia quae tum in parte prima, tum in sectione prima et tertia huius secundae partis praescripta sunt servari etiam debent, nisi rei natura obstet, in causis contra sacram ordinationem.

Can. 504

Defensor vinculi sacrae ordinationis iisdem gaudet iuribus iisdemque tenetur officiis quibus defensor vinculi matrimonialis.

Can. 505

Quamvis actio instituta fuerit non super ipsamet sacrae ordinationis nullitate, sed super obligationibus tantum ex ipsa sacra ordinatione exsurgentibus, nihilominus clericus est ad cautelam ab exercitio ordinum prohibendum.

Can. 506

§ 1. Ut clericus liber sit ab obligationibus quae a vinculo ordinationis manant, requiruntur duae sententiae conformes.

§ 2. Quod ad appellationem attinet, in his causis serventur praescripta can. 493-497, de causis matrimonialibus.

Pius' XII. Adhortatio "Menti Nostrae" 23. September 1950

a. lateinisch

In earum rerum ordine operatur sacerdos, quae ad supernam vitam pertinent, cum eiusdem supernae vitae incrementa provehat, eamque cum mystico Jesu Christi Corpore communicet. Quamobrem negotiis illis vale dicat oportet, "quae sunt mundi", ut ea solummodo curet, "quae Domini sunt" (1 Kor 7,32-33). Cum igitur a saeculi sollicitutinibus liber esse debeat, seseque totum divino servitio mancipare, caelibatus legem Ecclesia constituit, quo magis etiam magisque manifestum omnibus pateat eum esse Dei administrum animorumque patrem. Qua quidem caelibatus lege potius quam paterni muneris officium omnino amittat sacerdos, in immensum revera adauget, quandoquidem non terrenae huic ac caducae vitae subolem parit, sed caelesti perpetuoque mansurae.

Quo splendidius autem sacerdotalis castimonia refulget, eo magis sacrorum administer fit una cum Christo "hostia pura, hostia sancta, hostia immaculata" (Missale Rom., can.).

Quam quidem castimoniam ut integerrimam, quasi inaestimabilis pretii thesaurum, omni cura servemus, opportunum ac necessarium est illi Apostolorum Principis adhortationi religiose obsequi, quam cotidie in horariis precibus repetimus: "sobrii estote, et vigilate" (1 Petr 5,8).

Advigilate utique, dilecti filii, quandoquidem castitati vestrae tot pericula occurrunt, tum ob mores publice pessumdatos, tum ob viciorum illecebras, quae vobis hodie tam facile insidiantur, tum denique ob nimiam illam necessitudinum libertatem, qua utriusque sexus cives utuntur, et quae interdum in sacri etiam ministerii exercitium irrepere audet. "Vigilate, et orate" (Mk 14,38), semper memores manus vestras res sanctissimas tangere; itemque memores vos esse consecratos Deo, eidemque debere unice servire. Vestis ipsa, quam geritis, quodammodo vos admonet ut non mundo, sed Deo vivatis. Omni igitur nisu omnique alacritate efficite, maternae confisi Deiparae Virginis tutelae, ut "nitidi, mundi, puri, casti, sicut decet ministros Christi et dispensatores mysteriorum Dei" (Pontificale Rom., In ordin. Diacon.) cotidie sitis.

Quam ad rem opportunum ducimus peculiari modo vos adhortari ut in mulierum consociationibus ac sodaliciis moderandis tales vos exhibeatis, quales sacerdotes addecet; familiaritatem omnem devitate; ac quotiescumque opera vestra necessaria est, eam utpote sacri administri impertite. Atque in iisdem consociationibus dirigendis navitatem vestram iis contineatis limitibus, quos sacerdotale ministerium vestrum postulat ...

Vigil quoque diligensque cura adhibenda est, ut sacrae militae tirones magni ducant, ament atque in animo suo pudicitiam tutentur, quippe in qua sit magnam partem positum quod eiusmodi vitae genus iidem sibi constituant, in eoque permaneant. Quae propterea, cum in humana consortione in tanta incurrat pericula, est quod, qui sacerdotalem dignitatem suscepturi sint, in illorum animis iamdiu firmiterque inhaeserit. Non modo igitur certiores clerici opportune fiant quid sint sacerdotum caelibatus ab iisdemque servanda castitas (cfr. CIC can. 132), quidve ea officii exigant, se de periculis etiam moneantur, quae hanc ob rem afferri ipsis possint. Cohortandi item sunt sacrorum alumni, ut iam a prima aetatula ab periculis praecaveant, ad eas confugiendo cupiditatum comprimendarum rationes, quas caelestium rerum magistri suadeant; quoniam quo erit cupiditatum firmior ac constantior moderatio, eo magis in ceteris virtutibus proficiet animus, uberioresque erunt sacerdotalis sollertiae fructus. Quodsi quis clericorum hac in re ad malum se praestiterit proclivem neque, experimento per aequum temporis spatium capto, ab improba propensione se removerit, is erit utique e Seminario exigendus, antequam sacris ordinibus initietur.

b. deutsch

Das Wirken des Priesters vollzieht sich in der Ordnung jener Dinge, die das übernatürliche Leben betreffen, da er für das Wachstum eben dieses übernatürlichen Lebens zu sorgen und es dem mystischen Leibe Christi mitzuteilen hat. Darum muß er allem entsagen, was "von dieser Welt ist", um sich nur um das zu kümmern, "was des Herrn ist" (I Kor. VII 32, 33). Da er also von allen irdischen Sorgen frei sein und sich ganz dem göttlichen Dienst widmen muß, hat die Kirche das Gesetz des Zölibates eingeführt, damit jedermann immer deutlicher erkenne, daß er ein Diener Gottes und Vater der Seelen ist. Durch den gebotenen Zölibat gibt der Priester keineswegs das Amt der Vaterschaft auf, er steigert es vielmehr ins Unermeßliche, da er nicht für dieses irdische und vergängliche Leben Nachkommenschaft zeugt, sondern für das himmlische und ewige Leben.

Je lauterer die priesterliche Keuschheit strahlt, desto mehr wird der Priester mit Christus zusammen "ein reines, ein heiliges, ein makelloses Opfer" (Römisches Missale, Canon).

Um aber diese Keuschheit als unschätzbares Gut mit aller Sorgfalt unversehrt bewahren zu können, ist es angezeigt und nützlich, jener Ermahnung des Apostelfürsten zu folgen, die wir täglich im Stundengebet wiederholen: "Seid nüchtern und wachsam" (I Petr. V 8).

Ja, seid wachsam, geliebte Söhne, denn eure Keuschheit ist von vielen Gefahren bedroht, sowohl durch den allgemeinen Sittenzerfall, als auch durch die Verlockungen der Laster, die euch heute allzu leicht umlauern, wie endlich durch die allzu große Freiheit im Verkehr zwischen den beiden Geschlechtern, die sogar in die Ausübung des heiligen Amtes einzudringen wagt. "Wachet und betet" (Mark. XIV 38) und vergeßt nie, daß eure Hände das Heiligste berühren; vergeßt auch nie, daß ihr Gott geweiht seid und nur ihm allein dienen dürft. Selbst die Kleidung, die ihr tragt, erinnert euch daran, daß ihr nicht der Welt, sondern Gott lebt. Bemüht euch daher mit aller Kraft und allem Eifer, daß ihr täglich unter dem mütterlichen Schutz der jungfräulichen Gottesmutter "rein, unbefleckt und keusch seid, wie es Dienern Christi und Spendern der göttlichen Geheimnisse ziemt" (Römisches Pontificale, Diakonatsweihe).

In diesem Zusammenhang scheint es Uns angezeigt, euch in besonderer Weise zu mahnen, daß ihr bei der Leitung von Frauenverbänden oder Frauenvereinen euch so betraget, wie es Priestern ziemt. Vermeidet alle Vertraulichkeiten, und wo eure Mitarbeit nötig ist, leistet sie als Priester. Bei der Leitung dieser Vereine beschränkt eure Tätigkeit auf das, was euer priesterliches Amt von euch fordert.

Doch es genügt noch nicht, durch die Keuschheit auf die Freuden des Fleisches zu verzichten und euren Vorgesetzten im Gehorsam den Willen freiwillig zu unterwerfen; ihr müßt auch euer Herz täglich mehr von Reichtum und irdischen Dingen losschälen. Inständig ermahnen wir euch, geliebte Söhne, die flüchtigen und vergänglichen Dinge dieser Welt nicht übermäßig zu lieben. Nehmt euch die heiligen Männer alter und neuer Zeit zum Vorbild, welche die gebührende Losschälung von äußeren Gütern und das tiefste Vertrauen auf die göttliche Vorsehung mit glühendem priesterlichem Eifer paarten. Sie haben Wunderbares vollbracht, im ausschließlichen Vertrauen auf Gott, der nie die nötige Hilfe versagt. (...)

Wachsame und kluge Sorge muß aufgewendet werden, damit die Rekruten des heiligen Dienstes die Keuschheit hochschätzen, sie lieben und in ihrem Herzen bewahren; denn an ihr liegt es zum großen Teil, daß sie diesen Lebensstand erwählen und darin verharren. Da diese Tugend im Umgang mit den Menschen zahlreichen Gefährdungen ausgesetzt ist, muß sie im Herzen der Anwärter auf die Priesterwürde schon früh und tief verwurzelt werden. Die Kleriker sollen daher nicht allein in zweckdienlicher Weise belehrt werden über Wesen und Pflichten des priesterlichen Zölibates und der standesgemäßen Keuschheit (vgl. Cod. iur. can., c. 132), sondern sie sollen auch vor den Gefahren gewarnt werden, die ihnen diesbezüglich drohen können. Ebenso müssen die Priesteramtskandidaten ermahnt werden, schon in ganz jungen Jahren, um den Gefahren vorzubeugen, zu jenen Mitteln in der Bekämpfung der Leidenschaften ihre Zuflucht zu nehmen, die ihnen die Lehrmeister des geistlichen Lebens empfehlen. Denn je fester und standhafter die Begierden in Zucht genommen werden, desto größere Fortschritte wird die Seele in den übrigen Tugenden machen, und desto erfolgreicher wird sich ihr priesterliches Wirken gestalten. Erweist es sich bei einem Kleriker, daß er auf diesem Gebiet zum Bösen neigt, und vermag er innert einer angemessenen Probezeit dieser schlimmen Neigung nicht Herr zu werden, so muß er unbedingt vor dem Empfang der heiligen Weihen aus dem Seminar entlassen werden.

Papst Pius XII. in seiner Ansprache vom 8.12.1950

His, quae adhuc dicta sunt, altera conectitur quaestio, quam explanare et enodare Nobis nunc cordi est: spectat ea rationem, qua clericus et religiosus ad suam morum perfectionem et absolutionem contendere debet.

Veritati absonum est asseverare clericalem statum, utpote talem et prout ex divino iure procedit, ob naturam suam cel saltem ob eiusdem naturae postulatum quoddam exposcere, ut ab eisdem sodalibus evangelica consilia serventur et hac de causa debere aut posse statum evangelicae perfectionis (acquirendae) appellari. Clericus igitur non vi divini iuris evangelicis consiliis paupertatis, castitatis, oboedientiae devincitur; ac praesertim non eodem modo devincitur eademque ratione, qua ex votis publice nuncupatis in religioso statu capessendo huiusmodi obligatio exoritur. Id autem non prohibet, quominus privatim suaque sponte clericus haec vincula siscipiat. Itidem quod Latini ritus sacerdotes sacrum coelibatum servare tenentur, inter clericalem et religiosum statum discrimen non aufert vel attenuat. Clericus vero regularis, non prout est clericus, sed prout est religiosus, evangelicae perfectionis condicionem et statum profitetur.

Quodsi Nos per Apostolicam Constitutionem "Provida Mater Ecclesia" ediximus formam quoque vitae, quam Saecularia Instituta sequuntur, autumandam esse evangelicae perfectionis statum publico agnitum iudicio, propterea quod eorum sodales evangelicis consiliis observandis aliquo modo astringuntur, hoc quoque nequaquam Nostrae nuper allatae contradicit sententiae. Nulla profecto ratio officit, quominus clerici in Saecularia Instituta coalescant ut, ad evangelicae perfectionis statum, huiusmodi vitae delectu et genere, contendant, sed tum ipsi quoque sunt in statu perfectionis acquirendae, non utpote clerici, sed utpote Saecularis Instituti gregales.

Huiusmodi enim Institutum evangelica consilia, quae, religiosi status propria, ibi summa perfectione in rem deducuntur, habet sane veluti vitae rationem, cui inhaereat, ita tamen complet, ut e statu regulari non pendeat, sed per se stet in externa vitae forma ad perfectionem nuper memoratam haud necessario pertinente.

Papst Pius' XII. Enzyklika "Sacra Virginitas" - Rundschreiben über die heilige Jungfräulichkeit vom 25.3.1954

a. lateinisch

... Dum autem in hac perfecta castitate unum ex tribus votis innititur, quibus religiosus status constat (cfr. CIC, can. 487), atque eadem ab Ecclesiae latinae clericis in maioribus ordinibus constitutis requiritur (cfr. CIC, can. 132 § 1) et ab Institutorum Saecularium sodalibus exigitur (cfr. Const. Apost. Provida mater, art. III, § 2), ipsa nihilo secius etiam apud non paucos floret, qui ad laicorum ordinem omnino pertinent; viri enim et mulieres habentur, qui in statu publico perfectionis non constituuntur, et tamen a matrimonio delectationibusque carnis ex proposito vel voto privato se omnino abstinent, ut liberius proximis inserviant et ut facilius arctiusque cum Deo animum coniungant suum ...

Cum autem nonnulli hodie habeantur, qui a recto itinere hac in re declinantes matrimonium adeo extollant, ut illud reapse virginitati praeponant, ideoque Deo dicatam castitatem et ecclesiasticum coelibatum detrectent, Nos doctrinam de excelso virginitatis munere in praesens potissimum declarare a tueri apostolici officii conscientia postulat, ut veritatem catholicam adversus hoc errores defendamus ...

Hoc igitur primarium propositum est, haec praecipua christianae virginitatis ratio: ad divina nempe unice contendere ac mentem animumque convertere; Deo in omnibus placere velle; eum impense recogitare; eidemque corpus ac spiritum omnino consecrare ...

Procul dubio - quod ipsi quoque palam animadverterunt - huius generis voluptas, quae ex matrimonio legitime oritur, haud improbanda in se est; quin immo castum connubium peculiari sacramento nobilitatur ac consecratur. Verumtamen est pari modo concedendum inferiores humanae naturae facultates, post miserum Adae casum, rectae rationi obsistere atque interdum etiam ad inhonesta facienda hominem compellere. Ut enim scribit Doctor Angelicus, usus matrimonii "retrahit animum ne totaliter feratur in Dei servitium" (S. Thom., Summa Th., II-II, q.186, a.4).

Quam quidem spiritualem corporis animique libertatem ut sacrorum administri adipiscantur, utque terrenis negotiis ne implicentur, Latina Ecclesia ab iisdem postulat ut votentes libenterque perfectae castitatis obligationi pareant (cfr. CIC, can. 132, § 1). "Quodsi eiusmodi lex - ut a Decessore Nostro imm. mem. Pio XI assertum est - Orientalis Ecclesiae administros non omnino tenet, iisdem tamen etiam ecclesiasticus coelibatus honori ducitur; atque interdum - cum praesertim de summis agitur hierarchiae gradibus - necessario requiritur atque praecipitur" (cfr. Litt. Enc. Ad catholici sacerdotii fastigium).

Considerandum praeterea est sacrorum administros, non idcirco solummodo quod apostolico munere funguntur, sed idcirco etiam quod altari inserviunt, matrimonio omnino abstinere. Etenim, si iam Veteris Testamenti sacerdotes, dum templi servitio fungebantur, ab usu matrimonii abstinebant, ne a Lege, sicut et ceteri homines, immundi declararentur (cfr. Lev.XV, 16-17; XXII, 4; 1 Sam XXI, 5-7; cfr. S. Siric. Papa, Ep. ad Himer.7; PL 56, 558-559), quanto magis opportunum est Jesu Christi administros, qui cotidie Eucharisticum offerunt Sacrificium, perpetua castitate pollere? Ad perfectam hanc sacerdotum continentiam quod attinet, S. Petrus Damiani haec interrogando admonet: "Si igitur Redemptor Noster tantopere dilexit floridi pudoris integritatem, ut non modo de virgineo utero nasceretur, sed etiam a nutritio virgine tractaretur, et hoc, cum adhuc parvulus vagiret in cunis, a quibus nunc, obsecro, tractari vult corpus suum cum iam immensus regnat in caelis?" (S. Petrus Dam., De coelibatu sacerdotum, c.3; PL 145, 384).

Hac de causa imprimis asservandum est - quod luculenter Ecclesia docet - sanctam virginitatem excellentia sua matrimonio praestare ...

Virginitas praeterea non ob externa solummodo incepta et opera, quibus ii facilius ac plenius se devovere possunt, quicumque eam amplectentur, fecunda est, sed ob perfectae etiam erga proximos caritatis formas, hoc est ob adhibitas eorum causa incensas supplicationes, et ob gravia incommoda hac eadem de causa sponte libenterque tolerata; quibus quidem Dei famuli ac Jesu Christi sponsae - ii praesertim atque illae, qui intra coenobii saepta aetatem traducunt - totam suam consecrarunt vitam.

Ac denique ipsa Christo consecrata virginitas talem per se testatur fidem ad caelorum regnum quod attinet, talem praebet erga Divinum Redemptorem amorem, ut haud mirum sit eam uberes edere sanctitatis fructus ...

Haec doctrina, qua statuitur virginitatem et coelibatum omnino excellere ac matrimonio praestare, iam a Divino Redemptore et a gentium Apostolo, ut diximus, patefacta fuit; itemque in sacrosancta Tridentina synodo (Sess. XXIV, can. 10) sollenniter fuit ut divinae fidei dogmata definita, et a Sanctis Patribus Ecclesiaeque Doctoribus concordi semper sententia declarata. Praeterea ut Decessores Nostri, ita Nosmet ipsi, quotiescumque occasio data est, eam etiam atque etiam explanavimus ac valde commendavimus.

(AAS, 49. Bd.; 1957)

Can. 68

Caelibatus clericorum eorundem statui ac divinorum ministeriorum exercitio dignius aptiusque respondens, prout fert unanimis Ecclesiae cum Orientalis tum Latinae traditio, ab omnibus in honore habendus est.

Can. 69

Nullus ad episcopalem ordinem promoveri potest qui non sit caelebs vel a matrimonii vinculo legitime solutus.

Can. 70

Subdiaconi omnesque clerici in maioribus ordinibus constituti ita a nuptiis arcentur ut, ad normam iuris,[1] ad matrimonium contrahendum inhabiles sint.

Can. 71

Quod attinet ad coniugatos, ad subdiaconatum vel ad maiores ordines admittendos aut absolute aut cum dispensatione sive Patriarchae sive loci Hierarchae, non autem Syncelli, vel etiam ad eosdem ab iisdem ordinibus arcendos, hae Litterae Apostolicae nihil innovant circa vigentem in unoquoque orientali ritu disciplinam.

Can. 72
In ritibus in quibus non admittuntur clerici coniugati:

1°Clerici subdiacono inferiores possunt quidem nuptias inire, sed initis nuptiis, ipso iure e statu clericali decidunt, nisi matrimonium fuerit nullum vi aut metu iisdem incusso;

2°Coniugatus qui sine dispensatione apostolica subdiaconatum vel ordines maiores, licet bona fide, suscepit, ab eorundem ordinum exercitio prohibetur.

Can. 73
Clerici, etiam coniugati, castitatis decore elucere debent. Qui contra castitatem peccaverint, ad normam iuris puniantur.

Can. 74
§ 1. Caveant clerici ne mulieres, de quibus suspicio esse possit, apud se retineant aut quoquo modo frequentent.

§ 2. Firmo can. 71, iisdem licet cum illis tantum mulieribus cohabitare, in quibus naturale foedus nihil mali permittit suspicari, quales sunt mater, soror, amita et huiusmodi, aut a quibus spectata morum honestas, cum provectiore aetate coniuncta, omnem suspicionem amoveat.

§ 3. Iudicare an retentio aut frequentatio mulierum, etiam illarum in quas communiter suspicio non cadit, in peculiari aliquo casu scandalo esse possit aut incontinentiae afferre periculum, ad Hierarcham loci pertinet, eiusdemque est clericos ab hac retentione vel frequentatione prohibere.

§ 4. Contumaces praesumuntur concubinarii.

Can. 75
Consuetudo vitae communis inter clericos caelibes laudanda est iisque suadenda, eaque, ubi viget, quantum fieri potest, servanda.

Can. 157
§ 1. Omnes qui e clericali statu ad laicalem legitime reducti aut regressi sunt, eo ipso amittunt officia, beneficia, iura ac privilegia clericalia et vetantur habitum ecclesiasticum induere.

§ 2. Subdiaconus et clericus maior, matrimonio ante receptam ordinationem legitime non iuncti, si ad statum laicalem reducantur, lege sacri caelibatus tenentur, salvo praescripto can.158.

Can. 158
Clericus qui metu gravi coactus subdiaconatum vel ordinem maiorem recepit, nec postea, remoto metu, eandem ordinationem ratam habuit saltem tacite per ordinis exercitium, volens tamen per talem actum obligationibus clericalibus se subiicere, ad statum laicalem, legitime probata coactione et ratihabitionis defectu, sententia iudicis redigatur, sine ullis clericalibus obligationibus.

Can. 68. - Pius XI, litt. encycl. *Ad catholici Sacerdotii fastigium*, 20 dec. 1935, II; S. C. de Prop. Fide, litt. 4 iul. 1833, n. IX. - Syn. Iosephi Patriarchae, 3 nov. 1596, can. II; Syn. Libanen. Maronitarum, a. 1736, pars II, cap. XIV, 35; Syn. prov. Alba-Iulien. et Fagarasien. Rumenorum, a. 1872, tit. VII, cap. III, *De Presbyteris coelibibus* ; Syn. Sciarfen. Syrorum, a. 1888, cap. VI, art. VII, 2.

Can. 69. - V. Fontes ad can. 85. - Syn. Trullan., a. 691, can. 12.

Can. 70. - 1 Cfr. Pius XII, litt. apost. *Crebrae allatae sunt* , Motu Proprio datae, 22 febr. 1949. can. 62

Syn. Chalcedonen., a. 451, can. 14; Benedictus XIV, const. *Etsi pastoralis*, 26 maii 1742, § VII, n. XXVI, XXVII; instr. *Eo quamvis tempore* , 4 maii 1745, § 34 ss.; ep. encycl. *Allatae sunt* , 26 iul. 1755, § 22; S. C. de Prop. Fide, instr. (ad Archiep. Fagarasien. et Alba-Iulien.), 24 mart. 1858. - Canones Apostolorum, 26; Syn. Ancyran., a. 314, can. 10; Syn. Carthaginen., a. 419, can. 4, 28, 73; Syn. Trullan., a. 691, can. 6, 30. - Syn. prov. Alba-Iulien. et Fagarasien. Rumenorum, a. 1872, tit. VII, cap. V, *De secundis nuptiis Clericorum in sacris constitutorum.*

Can. 71. - Innocentius III, litt. Cum olim, 5 sept. 1203; Benedictus XIV, ep. encycl. *Allatae sunt*, 26 iul. 1755, n. 22; Pius XI, litt. encycl. *Ad Catholici Sacerdotii fastigium*, 20 dec. 1935, II; S. C. de Prop. Fide, litt. 4 iul. 1833, n. IX. - Canonus Apostolorum, 5; Syn. Trullan., a. 691, can. 3, 6, 13, 30; Syn. Carthaginen., a. 419. can. 2; S. Cyrillus Alexandrin., can. 4; S. Nicephorus CP., can. 156. - Syn. Armen., a. 1911, 737; Syn. Alexandrin. Coptorum, a. 1898, sect. II, cap. III, art VII, § 5, I, III, IV; Syn. Iosephi Patriarchae, 3 nov. 1596, can. II; Syn. Libanen. Maronitarum, a. 1736, pars II, cap. XIV, 35; Collegii condendi regulae a Synodo in monasterio Ssmi Salvatoris celebrata, 11-14 maii 1811, pars II, Reg. VI; pars III, cap. I, Reg. III, IV, VI; Syn. prov. Alba-Iulien. et Fagarasien. Rumenorum, a. 1872, tit. VII, cap. IV, *De Presbyteris Coniugatis*; Syn. Sciarfen. Syrorum, a. 1888, cap. V, art. XIII, § 5, n. 3; cap. VI, art. VII, 1, 2.

Can. 72. - Canones Apostolorum, 26; Syn. Carthaginen., a. 419, can. 3, 4, 16, 28, 73. - Syn. Sciarfen. Syrorum, a. 1888, cap. VI, art. VII, 2.

Can. 73. - S. C. de Prop. Fide, instr. (ad Archiep. Fagarasien. et Alba-Iulien. Graeci Ritus), 24 mart. 1858. - S. Basilius M., can. 69. - Syn Alexandrin. Coptorum, a. 1898, sect. II, cap. III, art VII, § 6, 1, II; Syn. Libanen.

Maronitarum, a. 1736, pars III, cap. I, 15; Syn. Leopolien. Ruthenorum, a. 1891, tit. IX, cap. II, 7; Syn. Sciarfen. Syrorum, a. 1888, cap. VI, art. VII, 4.

Can. 74. - Syn. Nicaen. I, a, 325, can. 3; Syn. Nicaen. II, a. 787, can. 18. - Syn. Trullan., a. 691, can. 5; S. Basilius M., can. 88. - Rabbula, can. 27, 29.

§ 1. - Syn. Alexandrin. Coptorum, a. 1898, sect. II, cap. III, art. VII, § 6, 1, II; Syn. Libanen. Maronitarum, a. 1736, pars III, cap. I, 11; Syn. Ain-Trazen. Graeco-Melchitarum, a. 1835, can. 12; Syn. Leopolien. Ruthenorum, a. 1891, tit. IX, cap. II, 7, 8,; Syn. Zamosten, Ruthenorum, a. 1720, tit. X; Syn. Sciarfen. Syrorum, a. 1888, cap. VI, art. III, 1-3.

§§ 2, 3. - Syn Libanen. Maronitarum, a. 1736, pars III, cap. I, 12. - V. fontes ad § 1.

Can. 158. - Benedictus XIV, instr. *Eo quamvis tempore* , 4 maii 1745, § 21; ep. encycl. *Anno vertente* , 19 iun. 1750, § 7; S. C. de Prop. Fide (C. P.), 29 apr. 1754.

b. deutsch:

Wenn aber eines der drei Gelübde des Ordensstandes[1] auf dieser vollkommenen Keuschheit beruht und in der lateinischen Kirche[2] von den Klerikern mit den höheren Weihen und von den Mitgliedern der Weltlichen Institute[3] verlangt wird, so blüht sie gleichwohl auch bei nicht wenigen, die ganz dem Laienstand angehören. Gibt es doch Männer und Frauen, die zwar nicht dem öffentlichen Stand der Vollkommenheit zugehören, die aber dennoch kraft ihres Entschlusses oder eines Privatgelübdes der Ehe und der geschlechtlichen Lust vollständig entsagen, um mit größerer Freiheit den Nächsten zu dienen sowie leichter und inniger ihren Geist mit Gott zu vereinen.

Allen und den einzelnen dieser geliebten Söhne und Töchter, die - auf welche Weise auch immer - Leib und Seele Gott geweiht haben, wenden Wir Unser väterliches Sinnen zu und ermahnen sie eindringlichst, ihren heiligen Entschluß festigen und sorgsam ausführen zu wollen.

Da es aber heute manche gibt, die diesbezüglich vom rechten Wege abweichen und die Ehe so sehr herausheben, daß sie ihr tatsächlich den Vorzug vor der Jungfräulichkeit geben und damit die gottgeweihte Keuschheit und den kirchlichen Zölibat herabsetzen, verlangt es die Verantwortung des apostolischen Amtes, daß Wir die Lehre von den hohen Aufgaben der Jungfräulichkeit gerade heute darlegen und sichern, um die katholische Wahrheit gegen die Irrtümer zu verteidigen. (...)

Vor allem glauben Wir darauf hinweisen zu sollen, daß die Kirche die Hauptpunkte ihrer Lehre über die Jungfräulichkeit den Worten des göttlichen Bräutigams selber entnommen hat.

Denn als den Jüngern die in der Rede des Meisters offenbarten Bindungen und Lasten der Ehe sehr schwer erschienen und sie zu ihm gesagt hatten: "Wenn es zwischen Mann und Frau so steht, ist es nicht gut, zu heiraten"[4], da antwortete Jesus Christus, nicht alle würden dieses Wort fassen, sondern nur die, denen es gegeben sei; manche würden nämlich durch ein Gebrechen der Natur, andere durch Gewalt und Bosheit der Menschen von der Ehe abgehalten; wieder andere aber würden sich aus freiem Willen und Antrieb ihrer enthalten, und zwar "um des Himmelreiches willen"; dann schloß er mit den Worten: "Wer es fassen kann, der fasse es."[5]

In diesem Satz spricht also der göttliche Meister nicht von den körperlichen Hindernissen zu einer Eheschließung, sondern von dem geistigen Entschluß des freien Willens, für immer der Ehe und der geschlechtlichen Befriedigung zu entsagen. Wenn er nämlich die freiwilligen Ehelosen mit denen vergleicht, die von Natur oder durch Menschengewalt zum gleichen Verzicht gezwungen werden, lehrt uns dann der göttliche Erlöser nicht gerade dies, daß nämlich die Keuschheit, um wirklich vollkommen zu sein, stetig sein muß?

Dazu kommt - wie die heiligen Väter und die Kirchenlehrer sehr klar dargelegt haben -, daß die Jungfräulichkeit nur dann eine christliche Tugend ist, wenn wir sie "um des Himmelreiches willen"[6] auf uns nehmen; das heißt nur dann, wenn wir diesen Lebensstand deswegen ergreifen, um leichter für göttliche Dinge frei sein zu können, um einmal sicherer die ewige Seligkeit zu erreichen und um schließlich unbeschwerter auch die anderen mit voller Hingabe zum Himmelreich führen zu können. (...)

Es gibt noch einen weiteren Grund, weswegen alle jene, die sich ganz Gott und dem Heil des Nächsten hinzugeben verlangen, den jungfräulichen Stand auf sich nehmen. Es ist jener, den die heiligen Väter betonten, wenn sie von den Vorteilen derer handelten, die sich deshalb gänzlich den Gelüsten des Leibes enthalten, damit sie mehr durch die Erhebungen des geistlichen Lebens erfreut würden. Ohne Zweifel - so haben auch sie es klar ausgesprochen - ist die Lust dieser Art, die rechtmäßigerweise aus der Ehe entsteht, in sich nicht zu verwerfen; die keusche Ehe ist vielmehr durch ein besonderes Sakrament geadelt und geweiht. Gleichwohl ist ebenso zuzugeben, daß die niederen Fähigkeiten der menschlichen Natur seit dem elendlichen Fall Adams der rechten Vernunft widerstreiten und zuweilen auch den Menschen zu unehrbarem Tun treiben. "Der Gebrauch der Ehe", so schreibt der engelgleiche Lehrer, "zieht den Geist davon ab, sich gänzlich dem Dienst Gottes zu stellen."[7]

Damit die Diener des Heiligtums diese geistige Freiheit des Leibes und der Seele erlangen und nicht in irdische Geschäfte verstrickt seien, verlangt die Lateinische Kirche von ihnen, daß sie freiwillig und gern der Verpflichtung vollkommener Keuschheit folgen.[8] "Wenn", wie von Unserem hochseligen

Vorgänger Pius XI. gesagt wurde, "dieses Gesetz die Kleriker der orientalischen Kirche nicht schlechthin verpflichtet, so wird doch auch bei ihnen der kirchliche Zölibat in Ehren gehalten; und zuweilen, zumal wenn es sich um die höchsten Stufen der Hierarchie handelt, wird er notwendig gefordert und vorgeschrieben."[9]

Es ist ferner zu erwägen, daß die Verwalter der heiligen Geheimnisse nicht nur deshalb sich ganz der Ehe enthalten, weil sie ein apostolisches Amt versehen, sondern ebenso weil sie dem Altar dienen. Denn wenn schon die Priester des Alten Testamentes, während sie den Tempeldienst versahen, vom Gebrauch der Ehe abstanden, damit sie nicht wie auch die übrigen Menschen vom Gesetz als unrein erklärt würden[10], um wieviel mehr ist es angebracht, daß die Diener Jesu Christi, die täglich das eucharistische Opfer darbringen, in ständiger Keuschheit leben! Zu dieser vollkommenen Enthaltsamkeit der Priester nimmt der heilige Petrus Damiani Stellung mit der mahnenden Frage: "Wenn also unser Erlöser die Unversehrtheit der blühenden Reinheit so sehr geschätzt hat, daß er nicht allein aus jungfräulichem Schoß geboren, sondern auch von einem jungfräulichen Nährvater behütet wurde, und dies, da er noch als Kind in der Wiege weinte, von wem, so frage ich in allem Ernst, will er jetzt seinen Leib berühren lassen, da er schon unermeßlich im Himmel herrscht?"[11]

Auch aus diesem Grunde vor allem ist zu betonen, was die Kirche klar lehrt, daß die heilige Jungfräulichkeit durch ihre Erhabenheit die Ehe überrage. Dies hatte schon der göttliche Heiland seinen Jüngern als Rat für ein vollkommeneres Leben nahegelegt[12]; und der Apostel Paulus sagt zwar von dem Vater, der seine Tochter in die Ehe gibt: "Er tut wohl daran", fügt aber zugleich hinzu: "Und wer sie nicht verheiratet, handelt besser."[13] Beim Vergleich der Ehe mit der Jungfräulichkeit gibt derselbe Apostel seine Meinung mehr als einmal, besonders aber mit diesen Worten kund: "Ich wollte, ihr wäret alle wie ich ... Den Unverheirateten und den Witwen aber sage ich: Sie tun gut, wenn sie so bleiben wie auch ich."[14] Wenn also die Jungfräulichkeit, wie Wir schreiben, höher steht als die Ehe, so kommt dies zweifellos hauptsächlich daher, daß sie auf ein erhabeneres Ziel hinschaut, das es zu erreichen gilt[15]; ferner auch darin, daß sie höchst wirksam beiträgt zur gänzlichen Hingabe an den Dienst Gottes, während dagegen der Sinn des in die Bande und Geschäfte der Ehe verwickelten Menschen mehr oder weniger "geteilt" ist.[16] (...)

Man kann endlich auch nicht behaupten, wie es einige tun, die "gegenseitige Hilfe"[17], welche die Vermählten in der christlichen Ehe suchen, sei eine vollkommenere Hilfe zur Selbstheiligung als die Einsamkeit des Herzens, wie sie es nennen, der Jungfrauen und Ehelosen. Denn wenn auch alle im Stande vollkommener Keuschheit Lebenden auf menschliche Liebe dieser Art verzichtet haben, so kann doch deshalb von ihnen nicht behauptet werden, sie hätten durch diesen Verzicht ihre menschliche Persönlichkeit gleichsam vermindert oder beraubt. Empfangen sie doch von dem Spender aller himmlischen Gaben selbst eine geistliche Gabe, welche die von den Eheleuten einander geleistete "gegenseitige Hilfe" bis ins Unermeßliche übertrifft. Da sie sich ja ganz dem weihen, der ihr Ursprung ist und der sie selbst an seinem göttlichen Leben teilnehmen läßt, so verlieren sie sich nicht, sondern bereichern sich in höchstem Grade. Wer denn, wenn nicht die jungfräulichen Menschen, kann wahrer jenes wundervolle Wort des heiligen Paulus auf sich anwenden: "Nicht mehr ich lebe, Christus lebt in mir?"[18]

Darum urteilt die Kirche sehr weise, daß die Ehelosigkeit der Priester beizubehalten sei; sie weiß nämlich, daß dieselbe eine Quelle geistlicher Gnaden ist und bleiben wird, durch die sie immer enger mit Gott verbunden werden. (...)

Diese Flucht und eifrige Wachsamkeit, durch die wir uns sorgfältigst von den Gelegenheiten zur Sünde entfernen müssen, wurden von den heiligen Männern und Frauen aller Zeiten für die geeignetere Art gehalten, auf diesem Gebiet zum Siege zu kommen; heute scheinen jedoch nicht alle dieser Ansicht zu sein. Manche meinen nämlich, alle Christen, besonders aber die Diener des Heiligtums, seien nicht wie in früheren Zeiten von der Welt abzusondern, wie sie sich ausdrücken, sondern sie müßten in der Welt stehen und darum notwendigerweise das Wagnis auf sich nehmen und ihre Reinheit auf die Probe stellen, damit sich auf diese Weise klar zeige, ob sie eine starke Widerstandskraft haben oder nicht; darum sollten die jungen Kleriker alles sehen, um sich daran zu gewöhnen, und alles gelassenen Sinnes anschauen, was sich ihnen darbiete; sie könnten das Kino besuchen, auch von der kirchlichen Zensur verbotene Filme; sie könnten alle Zeitschriften einsehen, auch die unsittlichen; ja, auch die Liebesromane lesen, die im Verzeichnis der verbotenen Bücher aufgeführt werden oder schon vom Naturrecht verboten sind. Dies halten sie für zulässig, weil sie meinen, diese Schauspiele und Schriften seien heute die Geistesnahrung der großen Masse, deren Denken und Fühlen die verstehen müßten, die ihr helfen wollten. Es ist aber leicht einzusehen, daß dies ein falscher und äußerst schädlicher Grundsatz für die Heranbildung des Klerus und für die Anleitung zur Heiligung des ihm anvertrauten Berufs ist. Denn, "wer die Gefahr liebt, kommt darin um"[19]; hierin paßt gut die Mahnung des heiligen Augustinus: "Behauptet nicht, ihr habet reine Herzen, wenn ihr unreine Augen habt, da das unreine Auge der Bote des unreinen Herzens ist."[20]

Zweifellos hat diese unheilvolle Handlungsweise ihren Grund in einer großen Gedankenverwirrung. Wohl hat Christus der Herr zu den Aposteln gesprochen: "Ich habe euch in die Welt gesandt"[21]; aber vorher hatte er von ihnen gesagt: "Sie sind nicht von der Welt, wie ich auch nicht von der Welt bin"[22], und er bat seinen himmlischen Vater: "Ich bitte nicht, daß du sie aus der Welt nimmst, sondern daß du sie vor dem Bösen bewahrst."[23] Von der Kirche aber, die genau von denselben Grundsätzen durchdrungen ist, um die Priester von den bösen Reizen fernzuhalten, mit denen alle, die mitten in der Welt leben, leicht in Berührung kommen können, sind geeignete und weise Richtlinien[24] aufgestellt worden, durch welche die Heiligung ihres Lebens von den Sorgen und Vergnügungen der Weltmenschen ausreichend sichergestellt wird.

Weil nun der junge Klerus zum geistlichen Leben und zur Vollkommenheit des Priesters und Ordensmannes erzogen werden soll, ist er noch mit mehr Grund von der Unruhe der Welt fernzuhalten, bevor er hervortritt, seinen Kampf zu kämpfen; er soll für längere Zeit Aufnahme finden im Priesterseminar oder im Studienheim seines Ordens, um dort gewissenhaft unterwiesen und sorgfältig darin geschult zu werden, allmählich und klug an die Gegenwartsfragen heranzutreten und sie kennenzulernen nach den Richtlinien, die Wir selbst in der Apostolischen Unterweisung "Menti Nostrae" gegeben haben.[25] Denn welcher Baumgärtner wird seine Setzlinge, die wohl gute Auslese, aber noch zart sind, darum dem Unwetter aussetzen, damit sie eine Probe ihrer Stärke liefern, die sie überhaupt noch nicht besitzen? Zöglinge eines Priesterseminars und junge Ordensleute sind aber mit einer jungen und zarten Baumpflanzung zu vergleichen, die man noch schützen und Schritt für Schritt auf Widerstand und Kampf schulen muß.

Richtiger sicher und nützlicher handeln die Erzieher der zum Heiligtum berufenen Jugend, wenn sie dem Geist der jungen Menschen die Vorschriften christlicher Schamhaftigkeit einschärfen, die so machtvoll die jungfräuliche Unversehrtheit bewahrt und die man wirklich die Klugheit der Keuschheit nennen kann. Die Schamhaftigkeit sieht ja die hereinbrechende Gefahr voraus, sie verbietet, sich der Gefahr auszusetzen, und gebietet, auch den Umständen aus dem Wege zu gehen, die ein weniger Kluger nicht flieht. Schlechte und weniger ehrbare Reden liebt sie nicht, vor Unziemlichkeiten, auch nur im Kleinen, scheut sie zurück und hütet sich sorgfältig vor verdächtiger Vertraulichkeit mit Personen des anderen Geschlechtes, da sie dem Geist rät, dem Körper die gebührende Ehrfurcht zu erweisen, weil er Glied Christi[26] und Tempel des Heiligen Geistes ist[27]. Wer das christliche Zartgefühl besitzt, verabscheut jede Sünde der Unreinheit und zieht sich sofort von ihr zurück, sooft er von ihren Lockungen angezogen wird.

Anmerkungen:

1 Vgl. C.I.C., can. 487.

2 Vgl. C.I.C., can. 132, § 1.
3 Vgl. Const. Apost. Provida Mater, art. III, § 2; A.A.S. XXXIX, 1947, p. 121.
4 Mt 19,10.
5 Mt 19, 11-12.
6 Mt 19,12.
7 S. Thom., Summa Th., II-II, q. 186, a.4.
8 Vgl. C.I.C., can. 132, § 1.
9 Vgl. Litt. Enc. Ad catholici sacerdotii fastigium, A.A.S. XXVIII, 1936, 24-25.
10 Vgl. Lv 15,16-17; 22,4; 1 Sm 21,5-7; vgl. S. Siric. Papa, Ep. ad Himer. 7; P.L.LVI, 558-559.
11 S. Petr. Dam., De coelibatu sacerdotum, c. 3; P.L.CXLV, 384.
12 Vgl. Mt 19, 10-11
13 1 Kor 7,38.
14 1 Kor 7,7-8.
15 Vgl. S. Thom., Summa Th., II-II, q. 152, aa. 3-4.
16 Vgl. 1 Kor 7,33.
17 Vgl. C.I.C., can. 1013, § 1.
18 Gal 2,20.
19 Sir 3,27.
20 S. Augustin., Epist. 211, n. 10; P.L. XXXIII, 961.
21 Jo 17,18.
22 Jo 17,16.
23 Jo 17,15.
24 Vgl. C.I.C., can 124-142; vgl. S. Pius PP.X, Exhort. ad cler. cath., Haerent animo, A.A.S., XLI, 1908, pp. 565-573; Pius PP.XI, litt. enc. Ad catholici sacerdotii fastigium, A.A.S., XXVIII, 1936, pp. 23-30; Pius XII, Adhort. apost. Menti Nostrae, A.A.S. XLII, 1950, pp. 692-694.
25 Vgl. A.A.S. XLII, 1950, pp. 690-691.
26 Vgl. 1 Kor 4,15.
27 1 Kor 4,19.

Papst Johannes' XXIII. Enzyklika "Sacerdotii Nostri primordia" vom 1.8.1959

Johannes M. Vianney gab nicht nur durch seinen Verzicht auf irdisches Hab und Gut ein herrliches Beispiel, sondern auch durch die Abtötung seines Leibes. "Es gibt nur eine Möglichkeit, sagte er, sich durch Selbstverleugnung und Buße Gott so hinzugeben, wie es sich gebührt: nämlich die Ganzhingabe" (vgl. Vatik. Geheimarch., Bd. 227, S. 91). Das hat der heilige Pfarrer von Ars zeit seines Lebens bezüglich der Keuschheit mannhaft verwirklicht.

Dieses erhabene Vorbild der Keuschheit ist offenbar für die Priester unserer Zeit von besonderer Bedeutung. Denn von Amts wegen müssen sie leider in manchen Gegenden inmitten einer Umgebung leben, die durch lockere Sitten und ausgelassene Sinnenlust geradezu verseucht ist. Allzu oft bewahrheitet sich an ihnen das Wort des heiligen Thomas von Aquin: "Wegen der äußeren Gefahren ist es recht schwierig, in der Seelsorge tugendhaft zu leben" (Thomas von Aquin, Sum. theol. II-II q. 184 a. 8 in C.). Dazu kommt, daß sie sich oft vereinsamt fühlen und selbst bei den Gläubigen, um deren Seelenheil sie sich mühen, wenig Verständnis, wenig Unterstützung und Förderung finden. An sie alle, insbesondere aber an jene, die am meisten unter Vereinsamung leiden und auch am schwersten gefährdet sind, richten Wir neuerdings durch dieses Schreiben die inständige Mahnung: Euer ganzes Leben sei gewissermaßen ein strahlender Spiegel der Keuschheit! Der heilige Pius X. nannte ja diese Tugend mit Recht "die auserlesene Zierde unseres Standes" (Pius X., Mahnwort Haerent animo. Acta Pii X., Bd. IV, 260). Euch obliegt es, ehrwürdige Brüder, keine Mühe zu scheuen und nach Kräften dafür zu sorgen, daß eurem Klerus Lebens- und Arbeitsbedingungen geboten werden, die seinen Schaffenseifer möglichst begünstigen. Es gilt, mit allen Mitteln die Gefahren eines allzu einsamen Lebens zu bannen, unbedachtes und unkluges Verhalten durch rechtzeitige Ermahnungen zurecht zu weisen und schließlich die Verlockungen zu Müßiggang wie auch die übermäßige Beanspruchung durch äußere Betriebsamkeit in Schranken zu weisen. Hier ist es wohl angebracht, an die weisen Vorschriften zu erinnern, die Unser letzter Vorgänger im Rundschreiben Sacra Virginitas (vgl. Pius XII., Rundschreiben Sacra Virginitas über die gottgeweihte Jungfräulichkeit, vom 25. März 1954. AAS XLVI (1954) 161-191) erlassen hat.

Engelgleiche Reinheit, so berichtet man, umstrahlte das Antlitz des Pfarrers von Ars (vgl. Vatik. Geheimarch., Bd. 3897, S. 536). In der Tat, auch heute noch wird jeder aufmerksame Betrachter dieser Priestergestalt tief beeindruckt von der heldenmütigen Entschlossenheit, mit der dieser wackere Gefolgsmann Christi seinen Leib in Zucht hielt (vgl. I Kor. IX 27), aber auch von seiner hinreißenden Überzeugungskraft, die unabsehbare Scharen frommer Pilger mit geradezu überirdischer Zaubermacht in seinen Bannkreis zog. Aus seiner langjährigen Beichtpraxis kannte er nur allzu gut die schlimmen Folgen der unreinen Lust. Deswegen brach er manchmal in den Seufzer aus: "Gäbe es nicht unschuldige Seelen, um den durch unsere Sünden beleidigten Gott zu versöhnen, was hätten wir dann an Strafen zu gewärtigen!" Aber, so sehr er auch darauf beharrte, immer ermutigte er seine Zuhörer mit dem Zuspruch. "Die Bußwerke bringen so viel Wonne, so viel Seligkeit, daß man sie nie mehr lassen kann, wenn man einmal davon gekostet hat ... Auf diesem Weg sind nur die ersten Schritte mühsam" (vgl. Vatik. Geheimarch., Bd. 3897, S. 304).

Solch ein aszetisches Leben zum Schutz der Keuschheit läßt das Herz des Priesters durchaus nicht in unfruchtbarem Eigennutz verkümmern; es öffnet und weitet es vielmehr für die Bedürfnisse der Mitmenschen. Diesbezüglich bemerkte der heilige Johannes M. Vianney sehr treffend: "Ein reines Herz kann nicht anders als lieben, denn es hat Gott gefunden, den Quellgrund und Ursprung der Liebe" (hier wie noch an anderen Stellen fehlt in den AAS der Quellenverweis; Anmerkung des Herausgebers).

Wie viele und wie große Wohltaten erweisen doch der menschlichen Gesellschaft solche Männer, die frei von weltlichen Sorgen und einzig dem Dienste Gottes ergeben sind und ihr Leben, ihr Sinnen und ihre Kräfte für das Seelenheil ihrer Brüder einsetzen! Welch ein Segen für die Kirche ist ein Priester, der sich redlich bemüht, die Keuschheit unversehrt zu bewahren! Mit Unserem Vorgänger Pius XI. erachten Wir diese Tugend als die vornehmste Zierde des katholischen Priestertums, da "sie den Wünschen und Absichten des heiligsten Herzens Jesu in bezug auf die Seelen der Priester besser zu entsprechen scheint" (Pius XI., Rundschreiben Ad catholici sacerdotii. AAS XXVIII (1936) 28). Ist es nicht eben diese Absicht der göttlichen Liebe, die Johannes Maria Vianney meinte, als er den stolzen Satz schrieb: "Das Priestertum, das ist die Liebe des heiligsten Herzens Jesu" (vgl. Vatik. Geheimarch., Bd. 227, S. 29.)

Für den tugendhaften Gehorsam, der diesen Heiligen auszeichnete, gibt es zahllose Zeugnisse. Man kann wohl behaupten, daß die Ergebenheit seinen Oberhirten gegenüber, die er bei der Priesterweihe gelobt und unverbrüchlich bewahrt hat, ihm vierzig Jahre lang ein ununterbrochenes Willensopfer abforderte. Tatsächlich hatte er zeit seines Lebens ein brennendes Verlangen nach einem zurückgezogenen Dasein in stiller Einsamkeit. Er glaubte, das Seelsorgeramt sei für seine Schultern eine übergroße Bürde, die er zu wiederholten Malen loszuwerden trachtete. Geradezu bewundernswert ist sein Gehorsam gegen den Bischof. Wir wollen hier einige Zeugen zum Wort kommen lassen. Der eine berichtet: "Schon vom fünfzehnten Lebensjahr an verlangte ihn sehnlichst nach einem Leben in der Einsamkeit. Da aber dieser Wunsch unerfüllt blieb, war ihm die Freude an allem vergällt, was ihm das Leben sonst hätte bieten können" (vgl. ebd., Bd. 227, S. 74). Doch "Gott ließ nicht zu" - sagt ein anderer - "daß sein Vorhaben in Erfüllung ging. So hat die Vorsehung ohne Zweifel dafür gesorgt, daß der heilige Johannes Maria Vianney seinen Willen dem Gehorsam opferte und seine persönlichen Wünsche den Amtspflichten unterordnete; und somit hatte er jederzeit Gelegenheit, sich durch Selbstverleugnung zu bewähren" (vgl. ebd., Bd. 227, S. 39). Und ein dritter bezeugt: "Herr Vianney blieb Pfarrer von Ars einzig aus Gehorsam gegen seine Vorgesetzten, und er hat bis zum Tod auf diesem Posten ausgeharrt" (vgl. ebd., Bd. 3895, S. 153).

Papst Johannes XXIII. im Gespräch mit Etienne Gilson
Dezember 1960

Voulez-vous que je vous dise quelle est ma plus grande peine? Je ne dis pas comme homme, mais comme pape. Ma souffrance continuelle est la pensée de ces jeunes prêtres qui portent si courageusement le fardeau du célibat ecclésiastique. Pour certains d'entre eux, c'est un martyre. Oui, une sorte de martyre. Il me semble souvent que j'entends une sorte de plainte - oh! je ne parle pas d'ici, mais de beaucoup plus loin - comme si des voix demandaient que l'Eglise les libére de ce fardeau. Est-ce que je peux le faire?

Ce n'est pas impossible en soi. Le célibat ecclésiastique n'est pas un dogme. L'Ecriture ne l'impose pas. C'est meme facile. Nous prenons une plume, nous signons un acte et, demain, les prêtres qui le veulent pourront se marier. Mais nous ne le pouvons pas. Le célibat est un sacrifice que l'Eglise s'est imposé librement, généreusement, héroiquement. Je le disais récemment aux cardinaux: Accepteronsnous qu'on ne puisse bientôt plus dire: Unam, sanctam, castam ecclesiam? Nous ne le pouvons pas. Non, nous ne pouvons pas faire cela.

Dekret des Hl. Offiziums an alle Ortsbischöfe und Ordensoberen
2. Februar 1964

Sanctissimus D.N.D. Paulus Divina Providentia Papa VI, vehementer sollicitus de sacro coelibatu tuendo et immaculate servando, anxius tamen de illorum sorte, qui propriam sacerdotalem dignitatem et sacrae Ordinationis onera neglexerunt, eousque interdum devenientes ut sese mulieribus devincirent - quandoque etiam matrimonio civili, quod dicunt, attentato -, constituere dignatus est in Suprema Sacra Congregatione S. Officii specialem Commissionem, cui posthac munus exclusivum competat examini subiciendi omnes ac singulos casus de sacra Ordinatione et adnexis oneribus (causis non exceptis de quibus in can. 214 C.I.C.), hoc nimirum fine ut, sedula indagatione ac prudenti iudicio praehabitis, ipsorum Sacerdotum spirituali bono consulatur, ita tamen ut coelibatus sacerdotalis magis corroboretur atque sua integritate refulgeat.

Itaque omnibus Em.mis ac Exc.mis locorum Ordinariis atque Moderatoribus Generalibus Familiarum Religiosarum, adnexum huic documento *"Quaestionarium"* mittitur, quo ipsi, post correptionem paternam adhibitam effectu tamen non sequuto, utentur ad omnia elementa colligenda necessaria et utilia ad perficiendos processus de Sacerdotibus lapsis apud supra dictam Commissionem in S. Officio, quae enixe et expedite adlaborabit ad causas rite perpendendas et solvendas.

Ast Summus Pontifex magnopere exoptat ut, quantum possibile est, defectionum ac praevaricationum causae et occasiones radicitus evellantur, diligentiori adhibita cura tum in candidatis ad Sacerdotium seligendis, tum in eorum vocatione provehenda atque conscientia de castitatis ac coelibatus pondere et pulchritudine mature efformanda, tum denique in iunioribus Levitis sedulo vigilandis et adiuvandis in sacro animarum ministerio. Qua de causa, praeter ea quae de hac re Sacris Congregationibus de Seminariis ac de Religiosis decernenda competunt, ipsi Ordinarii et Moderatores Generales severius examen disponent circa candidatorum ad Sacerdotium sive physicam sanitatem (peritorum etiam sententia rogata), sive indolem, praesertim propensionem ad castam vitam ducendam, sive tandem vocationem. Item maxima sollicitudo adhibenda erit ad aptos Seminariorum Superiores eligendos, praesertim spiritus Moderatores, qui non facili indulgeant educandi methodo, sed criteriis et supernaturalibus et naturalibus, iuxta sanae psychologiae ac paedagogiae normas, sacrae iuventae in sortem Domini vocatae difficultatibus, discriminibus, votis vigili prudentia et efficaci adiuvamine occurrant.

Praeterea idem Summus Pontifex, paterna miseratione compulsus et plurium Em.morum et Exc.morum Patrum Oecumenici Concilii Vaticani II precibus et votis obsecundans, disponere dignatus est ut Commissio S. Officii casus etiam perpendat illorum Sacerdotum, qui iamdiu in concubinatu vel in attentato matrimonio civilii versantur, quorumque aetas satis provecta est ac vera conditio vix nota. Huiusmodi casus Commissio illa, proponentibus Ordinariis necnon Moderatoribus Generalibus, suscipiet atque, facto verbo cum Sanctissimo, iisdem Ordinariis facultatem communicabit adsistendi talium Sacerdotum matrimonio conscientiae, quod quidem matrimonium coram ipso loci Ordinario sine testibus et notario erit celebrandum cuiusque acta in secreto Curiae tabulario erunt asservanda et S. Officio notificanda.

Ita fiet ut devii Sacerdotes, qui cum sua familia hactenus male conversati sunt, deinceps, gratia divina auxiliante, conscientiae pace recuperata et expiandi studio humiliter concepto, vitam christiane ducant.

Hae autem benignae Summi Pontificis providentiae cum locorum Ordinariis et familiarum religiosarum Moderatoribus Generalibus tantummodo communicantur, qui caute ac prudenter iisdem utentur, graviter onerata eorum conscientia de secreto servando.

Card. A. Ottaviani
Secretarius S. Officii

P. Parente

Adsessor

Schriftliche Intervention von Bischof Pieter Koop von Lins (Brasilien) während des II. Vatikanischen Konzils
7. Oktober 1965

Ehrwürdige Väter!

Schon zu Beginn sage ich Euch, was ich vorhabe: Um die Kirche in unseren lateinamerikanischen Ländern zu retten, muß möglichst bald ein Klerus aus verheirateten und ausgezeichnet beleumundeten Gliedern eingeführt werden. Dennoch bliebe das Gesetz des kirchlichen Zölibats in Kraft. Es ist statistisch erwiesen, daß die katholische Kirche in der Welt allgemein und in Lateinamerika im besonderen wegen des Bevölkerungszuwachses und der Angriffe des Atheismus, der Sekten und der großen nichtkatholischen Religionen immer mehr zurückgeht. Die Hauptursache dafür ist der Mangel an Priestern und Berufungen von ehelosen Menschen zum Priestertum. Dieser Mangel wächst von Tag zu Tag, wenn man den Bevölkerungszuwachs berücksichtigt. Lateinamerika stellt ein Drittel der Weltkirche dar. Dennoch arbeiten hier nur 6 Prozent der Priester der ganzen Welt. In 35 Jahren, also im Jahre 2000, wird Lateinamerika 600 Millionen Menschen zählen. Es wird dann die Hälfte der katholischen Kirche bilden und 150 000 Priester brauchen, wenn für jeweils 5000 Seelen ein Seelsorger vorhanden sein soll, ohne daß dabei der anormalen Größe des Gebietes Rechnung getragen wäre, das jeder dieser Priester zu versorgen hätte. Die Einführung des Diakonats verringert wohl den Ernst der Lage, wird jedoch völlige Abhilfe nicht schaffen. Vor allem aus seelsorglichen Gründen, um den Glauben so vieler Menschen zu retten, um das Bußsakrament und die Eucharistie zu spenden, um die Krankenölung zu geben, um die Liturgie des Wortes und vor allem der Eucharistie zu feiern, brauchen wir dringend Priester ...

Verehrte Väter und eifrige Hirten! Im Blick auf das Gebot Gottes schlage ich Euch zur Wahrung und Weckung des Glaubens vor, daß das Konzil die Möglichkeit eröffnet, geeignete Laien zum Priestertum zuzulassen, die schon verheiratet sind, und zwar seit wenigstens fünf Jahren. Nach einer Vorbereitung auf das Priestertum, die nicht zu lang sein soll, sollen sie das Priesteramt als Stellvertreter und Hilfspriester ausüben; sie sollen wenigstens kleinen Gemeinden vorstehen während der Zeiten ihrer Vakanz. Diese Praxis wäre völlig dieselbe wie die, die seit Anbeginn in den orientalischen Kirchen geübt wird, wo es sehr verdienstvolle und wahrhaft apostolische Priester gibt, die verheiratet sind.

Die aus dem Volk ausgewählten verheirateten Priester würden ihren Ehestand, ihre Familie und ihren wirtschaftlich-sozialen Status einbringen, die ihrer Amtsführung zweifellos eine große Wirksamkeit schenken würden. Ganz von ihrem Bischof abhängig, würden sie vor allem für kleine Gemeinschaften an bestimmten Orten arbeiten, indem sie ihre Freizeit dazu benutzen. So wäre gar nichts geändert. Aber ein neues Instrument der Seelsorge wäre geschaffen, das heute und künftig unseren betrüblichen kirchlichen Verhältnissen Heilung schafft. Im übrigen sollen sich die Bischöfe keinen Illusionen hingeben: die Kirche in Lateinamerika ist in höchster Gefahr, die Entscheidung drängend: entweder vervielfache man die Zahl der ehelosen und verheirateten Priester, oder man blicke dem Fall der lateinamerikanischen Kirche entgegen.

Ich schlage darum den Vätern vor, daß dem Artikel des Dekrets folgende Sätze hinzugefügt werden: "Da die Zahl der ehelosen Priester in den unermeßlichen Gebieten der Kirche völlig ungenügend ist und infolge der Bevölkerungsvermehrung immer mehr schwindet, beschließt das Konzil, eingedenk des Wohles einer Masse von Seelen, die es zu retten gilt, in Übereinstimmung mit dem Gebot Gottes: Es soll den nationalen Bischofskonferenzen mit der Billigung des Papstes zustehen zu entscheiden, ob man zum Wohle der Seelen mit der Zustimmung des römischen Pontifex das Priestertum Männern von reifem Alter übertragen soll, die schon wenigstens seit fünf Jahren im Ehestand leben nach den Regeln, die der Apostel Paulus in den Briefen an Titus und Timotheus aufgestellt hat."

Papst Pauls VI. Brief an Kardinal Eugene Tisserant
10. Oktober 1965

Siamo stati informati che alcuni Padri Conciliari hanno intenzione di proporre nelle prossime adunanze la questione sul celibato dei chierici nella Chiesa latina, cioè se questa legge che congiunge in qualche modo il celibato al sacerdozio sia da conservarsi o meno. A tal proposito, senza voler affatto limitare la libertà dei Padri nel manifestare il loro parere, desideriamo che essi sappiano essere nostro parere che non si abbia un pubblico dibattito su una materia, che esige somma prudenza ed è di tanta importanza: ed essere ancora nostro proposito, per quanto è in noi, non solo di conservare questa legge antica, sacra e provvidenziale, ma anche di rafforzare l'osservanza, richiamando i sacerdoti della Chiesa latina alla coscienza delle cause e delle ragioni, che oggi, sopratutto oggi, fanno si che la legge stessa, grazie alla quale i sacerdoti possono consacrare tutto il loro amore soltanto a Cristo e dedicarsi totalmente e generosamente al servizio della Chiesa e delle anime, debba essere considerata come adattissima.

II. Vatikanisches Konzil: Dekret "Optatam Totius", über die Ausbildung der Priester, am 12.10.1965 insgesamt angenommen, am 28.11.1965 promulgiert; hier nach: Lexikon für Theologie und Kirche, 2. Aufl., Das zweite Vatikanische Konzil, Konstitutionen, Dekrete und Erläuterungen, Teil II., Freiburg 1967.

10. Alumni qui secundum proprii ritus sanctas firmasque leges venerandam coelibatus sacerdotalis traditionem sequuntur, diligenti cura educentur ad hunc statum, in quo societati coniugali propter regnum caelorum renuntiantes (cfr. Matth. 19,12), Domino adhaerent amore indiviso[1] novo Foederi intime congruente, futuri saeculi resurrectionis testimonium exhibent (cfr. Lc.20,36)[2] et aptissimum consequuntur auxilium ad eam perfectam caritatem continuo exercendam, qua in ministerio sacerdotali omnia omnibus fieri valeant[3]. Alte persentiant quam grato animo ille status suscipi debeat non quidem solum ut lege ecclesiastica praeceptus, sed ut pretiosum donum Dei humiliter impetrandum, cui gratia Spiritus Sancti excitante et adiuvante, libere et generose respondere properent.

Officia et dignitatem christiani matrimonii, quod amorem inter Christum et Ecclesiam repraesentat (cfr. Eph.5,22,23), alumni debite cognoscant; perspiciant autem virginitatis Christo consecratae praecellentiam[4], ita ut optione mature deliberata ac magnanimi, integra corporis et animi deditione Domino se devoveant.

De periculis quae eorum castitati maxime in praesentis temporis societate occurrunt, moneantur[5]; aptis praesidiis divinis humanisque adiuti, matrimonii renuntiationem ita integrare addiscant ut ipsorum vita et operositas ex coelibatu non modo ullum patiatur detrimentum, sed potius ipsi altius animi corporisque dominium pleniorisque maturitatis profectum acquirant atque Evangelii beatitudinem perfectius percipiant.

Anmerkungen:

1 Cfr. Pius XII, Litt. Encycl. *Sacra Virginitas* , 25 mart. 1954: A.A.S. 46 (1954) pp. 165 ss.

2 Cfr. S. Cyprianus, *De habitu virginum* , 22: PL 4, 475 - S. Ambrosius, *De virginibus* I, 8, 52: PL 16, 202 s.

3 Cfr. Pius XII, Adhort. Apost. *Menti Nostrae* : A.A.S. 42 (1950) p. 663.

4 Cfr. Pius XII, Litt. Encycl. *Sacra Virginitas* , l. c., pp. 170-174.

5 Cfr. Pius XII, Adhort. Apost. *Menti Nostrae* , l. c., 664 et 690 s.

II. Vatikanisches Konzil: Dekret "Presbyterorum Ordinis", über Dienst und Leben der Priester, 7.12.1965 endgültige Abstimmung und Promulgierung; hier nach: Lexikon für Theologie und Kirche, 2. Aufl., Das zweite Vatikanische Konzil, Dokumente und Kommentare, Teil III, Freiburg 1968.

16. Perfecta et perpetua propter Regnum coelorum continentia a Christo Domino commendata[1], per decursum temporum et etiam nostris diebus a non paucis christifidelibus libenter accepta et laudabiliter observata, ab Ecclesia speciali modo pro vita sacerdotali semper permagni habita est. Est enim signum simul et stimulus caritatis pastoralis atque peculiaris fons spiritualis foecunditatis in mundo[2]. Non exigitur quidem a sacerdotio suapte natura, uti apparet ex praxi Ecclesiae primaevae[3] et ex traditione Ecclesiarum Orientalium, ubi praeter illos qui cum omnibus Episcopis ex dono gratiae coelibatum eligunt servandum, sunt etiam optime meriti Presbyteri coniugati: dum vero ecclesiasticum coelibatum commendat, Sacrosancta haec Synodus nullo modo absimilem illam disciplinam immutare intendit, quae in Orientalibus Ecclesiis legitime viget, omnesque illos peramanter hortatur, qui in matrimonio presbyteratum receperunt, ut, in sancta vocatione perseverantes, plene et generose vitam suam gregi sibi commisso impendere pergant[4].

Coelibatus vero multimodam convenientiam cum sacerdotio habet. Missio enim sacerdotis integra dedicatur servitio novae humanitatis, quam Christus, victor mortis, per Spiritum suum in mundo suscitat, quaeque originem suam "non ex sanguinibus, neque ex voluntate carnis, neque ex voluntate viri, sed ex Deo" (Io.1,13) habet. Per virginitatem autem vel coelibatum propter Regnum coelorum servatum[5], Presbyteri nova et eximia ratione Christo consecrantur, Ei facilius indiviso corde adhaerent[6], liberius in Ipso et per Ipsum servitio Dei et hominum sese dedicant, Eius Regno ac operi regenerationis supernae expeditius ministrant, et sic aptiores fiunt qui paternitatem in Christo latius accipiant. Hoc ergo modo, coram hominibus profitentur se velle indivise muneri sibi commisso dedicari, fideles scilicet despondendi uni viro, illosque exhibendi virginem castam Christo[7], et sic arcanum illud evocant connubium a Deo conditum et in futuro plene manifestandum quo Ecclesia unicum Sponsum Christum habet[8]. Signum insuper vivum efficiuntur illius mundi futuri, per fidem et caritatem iam praesentis, in quo filii resurrectionis neque nubent neque ducent uxores[9].

His rationibus in mysterio Christi Eiusque missione fundatis, coelibatus, qui prius sacerdotibus commendabatur, postea in Ecclesia Latina omnibus ad Ordinem sacrum promovendis lege impositus est. Quam legislationem, ad eos qui ad Presbyteratum destinantur quod attinet, Sacrosancta haec Synodus iterum comprobat et confirmat, confidens in Spiritu donum coelibatus, sacerdotio Novi Testamenti tam congruum, liberaliter a Patre dari, dummodo qui sacerdotium Christi per Sacramentum Ordinis participant, immo et universa Ecclesia, humiliter et enixe illud expetant. Exhortatur etiam haec Sacra Synodus omnes Presbyteros, qui sacrum coelibatum gratia Dei confisi libera voluntate secundum exemplum Christi acceperunt ut, illi magno animo et toto corde inhaerentes, atque in hoc statu fideliter perseverantes, agnoscant praeclarum illud donum, quod a Patre sibi datum est quodque a Domino tam aperte extollitur[10], necnon prae oculis habeant magna mysteria, quae in eo significantur atque adimplentur. Quo magis autem perfecta continentia in mundo huius temporis a non paucis hominibus impossibilis reputatur, eo humilius et perseverantius Presbyteri gratiam fidelitatis, numquam petentibus denegatam, una cum Ecclesia expostulabunt, cuncta subsidia supernaturalia et naturalia insimul adhibentes, quae omnibus praesto sunt. Normas praesertim asceticas quae ab experientia Ecclesia probantur et quae in mundo hodierno haud minus necessariae sunt, sequi ne omittant. Rogat itaque haec Sacrosancta Synodus non solum sacerdotes, sed et omnes fideles, ut eis hoc pretiosum donum coelibatus sacerdotalis cordi sit, petantque omnes a Deo, ut Ipse illud donum Ecclesiae suae semper abundantur largiatur.

Anmerkungen:

1 Cfr. Matth.19,12.

2 Cfr. Conc. Vat. II, Const. dogm. de Ecclesia, *Lumen Gentium* , n. 42: A.A.S. 57 (1965) pp.47-49.

3 Cfr. 1 Tim.3,2-5; Tit.1,6.

4 Cfr. Pius XI, Litt. Encycl. *Ad catholici sacerdotii* , 20 dec. 1935: A.A.S. 28 (1936) p.28.

5 Cfr. Matth.19,12.

6 Cfr. 1 Cor.7,32-34.

7 Cfr. 2 Cor.11,2.

8 Cfr. Conc. Vat. II, Const. dogm. de Ecclesia, *Lumen Gentium* , nn. 42 et 44: A.A.S. 57 (1965) pp.47-49 et 50-51;
Decr. de accommodata renovatione vitae religiosae, *Perfectae caritatis* , n. 12: A.A.S. 58 (1966) p.707.

9 Cfr. Lc.20,35-36; Pius XI, Litt. Encycl. *Ad catholici sacerdotii* , 20 dec. 1935: A.A.S. 28 (1936) pp.24-28; Pius XII,
Litt. Encycl. *Sacra virginitas* , 25 mart. 1954: A.A.S. 46 (1954) pp.169-172.

10 Cfr. Matth.19,11.

Papst Pauls VI. Enzyklika vom 24.6.1967 "Sacerdotalis coelibatus" - "Über den priesterlichen Zölibat"

An die Bischöfe, an die Mitbrüder im Priestertum und an die Gläubigen des ganzen katholischen Erdkreises

Ehrwürdige Brüder, geliebte Söhne, Gruß und Apostolischen Segen

Der priesterliche Zölibat heute
1 Der priesterliche Zölibat, den die Kirche seit Jahrhunderten wie einen kostbaren Edelstein hütet, bewahrt seinen ganzen Wert auch in unserer Zeit, die durch eine tiefgreifende Wandlung der Geisteshaltung und ihrer Strukturen charakterisiert ist.

Im Einflußbereich neuaufbrechender Geistesrichtungen hat sich auch das Bestreben, ja sogar der ausdrückliche Wunsch gezeigt, die Kirche zu einer Überprüfung dieser ihrem Wesen entsprechenden Einrichtung anzuregen, deren Bejahung nach Auffassung von einigen in der heutigen Zeit und in der heutigen Welt problematisch, ja fast unmöglich geworden ist.

Einlösung Unseres Versprechens
2 Diese Situation, die das Gewissen mancher Priester und junger Priesterkandidaten beunruhigt und verwirrt, bei vielen Gläubigen aber Bestürzung hervorruft, drängt Uns, nicht länger mit der Erfüllung des den Konzilsvätern gegebenen Versprechens zu zögern; ihnen hatten Wir ja Unsere Absicht kundgetan, dem priesterlichen Zölibat in der heutigen Zeit neuen Glanz und neue Lebenskraft zu geben. In der Zwischenzeit haben Wir lange und inständig um die Uns notwendige Erleuchtung und Hilfe des Heiligen Geistes gebetet und vor Gott die Gutachten und Bittgesuche geprüft, die Uns aus allen Teilen der Welt, insbesondere von nicht wenigen Oberhirten der Kirche, erreichten.

Bedeutung und Umfang der Frage
3 Die bedeutsame Frage nach dem priesterlichen Zölibat in der Kirche war lange Zeit in ihrer ganzen Bedeutung und ihrem Umfang vor Uns gestanden: soll auch heute noch jene strenge und zugleich erhebende Verpflichtung weiter bestehen für diejenigen, die die Höheren Weihen zu empfangen gedenken? Ist die Beobachtung einer solchen Verpflichtung heute möglich, ist sie heute angebracht? Wäre nicht die Zeit gekommen, die Bindung zu lösen, die in der Kirche das Priestertum mit dem Zölibat vereint? Könnte diese schwere Verpflichtung nicht dem einzelnen zur freien Wahl gestellt werden? Würde nicht dadurch das priesterliche Wirken begünstigt, die ökumenische Annäherung erleichtert? Wenn aber die in sich wertvolle Verpflichtung des

priesterlichen Zölibats weiter bestehen bleiben soll, durch welche Überlegungen soll sie dann heute als ein angemessener Weg zu priesterlicher Heiligung aufgezeigt werden?

Wirklichkeit und Probleme

4 Unsere Aufmerksamkeit hat sich besonders den Problemen zugewandt, die in verschiedener Form gegen die Beibehaltung der priesterlichen Ehelosigkeit vorgebracht worden sind und werden. Ein so schwerwiegendes und verflochtenes Problem legt Uns kraft Unseres Apostolischen Amtes die Pflicht auf, mit nüchternem Blick die konkrete Wirklichkeit und die dadurch aufgeworfenen Fragen zu sehen; dies jedoch im Lichte der Wahrheit, die Christus ist, wie es Unser Amt und Unsere Sendung verlangen, und in dem Bestreben, den Willen dessen zu erfüllen, der Uns zu diesem Amte berufen hat, um Uns der Kirche als das zu erweisen, was Wir sind: Diener der Diener Gottes.

Einwände gegen den priesterlichen Zölibat

Der Zölibat im Lichte des Neuen Testamentes

5 Zu keiner Zeit mehr als heute ist die Frage des priesterlichen Zölibates mit größerer Gründlichkeit unter ihren verschiedenen Gesichtspunkten behandelt worden, so auf dem Gebiete der Glaubenslehre, der Geschichte, der Soziologie, der Psychologie und der Pastoral, meistens in der rechten Absicht, wenn auch manchmal im Ausdruck verfehlt.

Betrachten wir ganz sachlich die hauptsächlichen Einwände, die gegen die Vorschrift des priesterlichen Zölibates erhoben werden.

Der erste Einwand scheint seinen Ursprung von der höchsten Autorität zu nehmen, vom Neuen Testament, das die Lehre Christi und der Apostel bewahrt. Es verlangt nicht die Ehelosigkeit jener, die dem heiligen Dienst obliegen, sondern stellt sie als freiwillig zu übernehmende Verpflichtung anheim auf Grund einer außerordentlichen Berufung oder eines besonderen Charisma (Mt 19, 11-12). Jesus selbst hat bei der Wahl der Zwölf diese Bedingung nicht gestellt, wie auch die Apostel sie nicht stellten für diejenigen, die an die Spitze der ersten christlichen Gemeinden gestellt wurden (vgl. 1 Tim 3, 2-5; Tit 1, 5-6).

Die Kirchenväter

6 Die innere Beziehung, die die Kirchenväter und die christlichen Schriftsteller im Laufe der Jahrhunderte zwischen der Berufung zum Priestertum und der gottgeweihten Jungfräulichkeit festgelegt haben, hat ihren Ursprung in einer Geisteshaltung und geschichtlichen Gegebenheit, die von

der unsrigen sehr verschieden sind. Oft wird in den Schriften der Väter dem Klerus nicht so sehr der Zölibat empfohlen als vielmehr die eheliche Enthaltsamkeit. Die für die vollkommene Keuschheit der Diener des Heiligtums angeführten Gründe scheinen bisweilen von übertriebenem Pessimismus wegen der leibverhafteten Situation des Menschen beeinflußt zu sein, oder werden nahegelegt von allzu persönlichen Vorstellungen von Reinheit, die man für die Berührung geweihter Gegenstände für erforderlich hielt. Zudem würde die aus der Väterzeit stammende Begründung nicht mehr allen sozial-kulturellen Verhältnissen entsprechen, in die die Kirche heute zur Wirksamkeit durch ihre Priester gerufen ist.

Priesterberuf und Zölibat

7 Ein häufig vorgebrachter Einwand besteht darin, daß durch die geltende Zölibatsvorschrift das Charisma des Priesterberufes mit dem Charisma der vollkommenen Keuschheit als Lebensstand der Diener Gottes faktisch zusammenfällt; so wirft sich die Frage auf, ob es richtig ist, denen den Weg zum Priestertum zu verwehren, die zwar den Ruf zum Heilsdienst verspüren, nicht aber zum ehelosen Leben.

Zölibat und Priestermangel

8 Die Aufrechterhaltung des priesterlichen Zölibats in der Kirche würde außerdem schwersten Schaden dort zufügen, wo der Priestermangel, der selbst vom Konzil mit großem Kummer festgestellt und beklagt worden ist, dadurch schwierige Verhältnisse schafft, daß er die Verwirklichung des Heilsplanes beeinträchtigt, ja zuweilen die ersten Schrittte der Glaubensverkündigung in Frage stellt. Der besorgniserregende Priestermangel wird daher tatsächlich von einigen der Belastung durch die Zölibatsverpflichtung zugeschrieben.

Schattenseiten des Zölibats

9 Es fehlt nicht an Stimmen, die die Überzeugung aussprechen, daß durch die Priesterehe nicht nur die Möglichkeit zu Unglaube, Unordnung und beklagenswertem Abfall - schmerzliche Wunden für die ganze Kirche - vermieden würde, sondern daß damit auch den Priestern die Möglichkeit zu einem noch vollkommeneren Zeugnis im Bereich der eigenen Familie gegeben wird, wovon sie jetzt noch ausgeschlossen sind.

Vergewaltigung der Natur?

10 Man behauptet auch mit Nachdruck, daß der Priester sich auf Grund seiner Ehelosigkeit in einer unnatürlichen physischen und psychologischen Lage befindet, die dem inneren Gleichgewicht und der Reifung seiner menschlichen Persönlichkeit abträglich ist; so kann es geschehen - sagt man -, daß der Priester oft innerlich geradezu austrocknet, daß es ihm an menschlicher

Wärme, an voller Lebens- und Schicksalsgemeinschaft mit seinen Brüdern fehle und er zu einer Einsamkeit gezwungen sei, die Bitterkeit und Niedergeschlagenheit mit sich bringe.

Bedeutet all dieses nicht vielleicht ungerechte Vergewaltigung und ungerechtfertigte Verachtung menschlicher Werte, die doch mit dem göttlichen Werk der Schöpfung gegeben und in das von Christus vollbrachte Erlösungswerk aufgenommen sind?

Unzulängliche Ausbildung

11 Wenn man dann die Art und Weise beachtet, wie der Priesterkandidat zur Annahme einer so schwerwiegenden Verpflichtung gelangt, so wendet man ein, daß diese in der Praxis das Ergebnis einer passiven Haltung ist, hervorgerufen durch eine Ausbildung, die nicht ganzheitlich ist noch der menschlichen Freiheit genügend Rechnung trägt, aber nicht das Ergebnis einer echten persönlichen Entscheidung ist; denn der Erkenntnisgrad und die Möglichkeit der Selbstentscheidung des jungen Mannes sowie eine körperlich-seelische Reife sind noch ungenügend entfaltet und in jedem Fall dem Wesen, den objektiven Schwierigkeiten und der Dauer der übernommenen Verpflichtung nicht gewachsen.

Der rechte Standpunkt

12 Es ist Uns nicht unbekannt, daß noch andere Einwände gegen den priesterlichen Zölibat vorgebracht werden können: ein vielschichtiges Problem, das die gängige Vorstellung vom Leben an empfindlicher Stelle trifft und ihr von der göttlichen Offenbarung her ein neues Licht aufstrahlen läßt. Eine endlose Reihe von Schwierigkeiten wird sich für diejenigen ergeben, die "dies nicht fassen" (Mt 19, 11), die die "Gabe Gottes" (vgl. Jo 4, 10) nicht kennen oder sie vergessen und kein Empfinden haben für die überlegenere Logik einer solchen Lebensauffassung, noch für deren wunderbare Wirkkraft und überströmende Fülle.

Zeugnis der Vergangenheit und der Gegenwart

13 Diese Reihe von Einwänden scheint die erhabene, durch die Jahrhunderte andauernde Stimme der Oberhirten der Kirche und der Lehrer des geistlichen Lebens zum Schweigen bringen zu wollen; sie scheint dem Zeugnis zu widersprechen, das eine grenzenlose Schar heiliger und treuer Diener Gottes durch ihr Leben gegeben hat, da sie die Ehelosigkeit zum Gegenstand und Zeichen ihrer gänzlichen und freudigen Hingabe an das Mysterium Christi gemacht haben. Nein, diese Stimme klingt auch heute noch laut und klar. Sie kommt nicht nur aus der Vergangenheit, sondern auch aus der Gegenwart. Immer darauf bedacht, die Tatsachen zu sehen, können Wir die Augen nicht verschließen vor dieser großartigen, überraschenden Wirklichkeit: es gibt auch

heute noch in der Kirche Gottes, in allen Teilen der Welt, wo sie ihre heiligen Stätten errichtet hat, unzählige Diener des Heiligtums - Subdiakone, Diakone, Priester, Bischöfe - die den Zölibat, dem sie sich freiwillig geweiht haben, in makelloser Reinheit leben; und an ihrer Seite dürfen wir nicht die unendliche Schar Ordensmänner und Ordensfrauen, auch junger Menschen und Laien übersehen, die alle treu zur übernommenen Verpflichtung vollkommener Keuschheit stehen: diese wird gelebt nicht aus Verachtung der göttlichen Gabe des Lebens, sondern aus einer erhabeneren Liebe zum neuen Leben, das aus dem Ostergeheimnis strömt, sie wird gelebt in mutiger Strenge, in froher geistlicher Haltung, in musterhafter Unversehrtheit und auch mit einer verhältnismäßigen Leichtigkeit. Dieses großartige Schauspiel bekundet eine einzigartige Wirklichkeit des Reiches Gottes, wie es inmitten der modernen Gesellschaft lebendig ist, der es demütigen, wohltätigen Dienst leistet als "Licht der Welt" und "Salz der Erde" (vgl. Mt 5, 13-14); Wir können Unsere Bewunderung nicht verschweigen: darin weht ohne Zweifel der Geist Christi.

Bestätigung der Richtigkeit des Zölibates

14 Wir sind der Auffassung, daß die bestehende Vorschrift des priesterlichen Zölibates auch heute noch mit dem priesterlichen Heilsdienst verbunden sein muß. Sie muß dem Priester Halt sein in seiner ausschließlichen, totalen und für immer gegebenen Entscheidung zur alleinigen und höchsten Liebesgemeinschaft mit Christus sowie zum Dienst für Gott und seine Kirche, und muß seinem Leben die besondere, kennzeichnende Note geben, in der Gemeinde der Gläubigen wie in der weltlichen Gemeinschaft.

Die Gewalt der Kirche

15 Sicher, das Charisma der Berufung zum Priestertum, die auf den Gottesdienst und den religiösen und seelsorglichen Dienst am Volk ausgerichtet ist, ist verschieden von dem Charisma, das zur Wahl der Ehelosigkeit als eines Gott geweihten Lebensstandes führt (s.o. Nr. 5, 7); aber die Berufung zum Priestertum, obwohl von Gott eingegeben, wird endgültig und wirksam erst durch die Anerkennung und Annahme von seiten derer, die in der Kirche die Gewalt und die Verantwortung haben für den Dienst an der kirchlichen Gemeinschaft; und deshalb obliegt es der kirchlichen Autorität, je nach den zeitlichen und örtlichen Verhältnissen zu bestimmen, wie beschaffen tatsächlich die Männer sein müssen und welche Eigenschaften bei ihnen gefordert sind, damit sie für den religiösen und seelsorglichen Dienst der Kirche als geeignet angesehen werden können.

Die Zielsetzung des Rundschreibens

16 Im Geist des Glaubens halten Wir deshalb die Gelegenheit für günstig, die Uns von der göttlichen Vorsehung angeboten wird, um die tieferen Gründe für

den gottgeweihten Zölibat aufs neue und in einer den Menschen unserer Zeit mehr entsprechenden Art zu erläutern; denn wenn die gegen den Glauben erhobenen Einwände "den Geist zu einem gründlicheren und tieferen Verständnis" desselben anspornen können, so gilt das ebenso für die kirchliche Gesetzgebung, die das Leben der Gläubigen ordnet.

Es bewegt Uns dazu die Freude, bei dieser Gelegenheit und von diesem Gesichtspunkt aus den göttlichen Reichtum und die göttliche Schönheit der Kirche Christi zu betrachten, die dem menschlichen Auge nicht immer unmittelbar wahrnehmbar ist, da sie ein Werk der Liebe des göttlichen Hauptes der Kirche ist und sich in jener vollkommenen Heiligkeit offenbart (vgl. Eph 5, 25-27), die den menschlichen Geist in Erstaunen versetzt und die zu verstehen rein menschlich-natürliche Kräfte nicht ausreichen.

I. Teil

1. Die Gründe für den gottgeweihten Zölibat

Konzil und Zölibat

17 Sicher ist, wie das Zweite Vatikanische Konzil erklärt hat, die Jungfräulichkeit "nicht von der Natur des Priestertums gefordert, wie sich aus der Praxis der Urkirche und der Tradition der Ostkirche ergibt", aber dasselbe Konzil hat keinen Zweifel gehegt, das bestehende alte heilige, providentielle Gesetz des priesterlichen Zölibats feierlich zu bekräftigen, und dabei hat es auch die Motive dargelegt, die dieses Gesetz allen denen gegenüber rechtfertigen, die die göttlichen Gaben im Geiste des Glaubens und mit der Glut eines hochherzigen Gemüts zu schätzen wissen.

Alte Argumente in neuem Licht

18 Nicht erst heute denkt man über die "vielfache Angemessenheit" (a.a.O.) des Zölibats für die Diener Gottes nach, und wenn auch die ausdrücklich vorgebrachten Gründe verschieden gewesen sind gemäß der verschiedenen Geisteshaltung und der verschiedenen Lage, so waren sie doch immer von spezifisch christlichen Überlegungen eingegeben, an deren Grund sich die Intuition der eigentlich tieferen Motive findet. Diese können deutlicher ins Licht treten, nicht ohne den Einfluß des Heiligen Geistes, den Christus den Seinen versprochen hat zur Erkenntnis der künftigen Dinge (vgl. Jo 16, 13) und um im Volke Gottes das Verständnis des Geheimnisses Christi und der Kirche wachsen zu lassen, auch durch die Erfahrung, die im Laufe der Zeit von einer tieferen Einsicht in die geistlichen Dinge gegeben wird.

Christologische Bedeutung des Zölibats

Neues Licht durch Christus

19 Das christliche Priestertum, das etwas Neues ist, kann nur im Lichte der von Christus, dem Ewigen Hohenpriester, gebrachten neuen Lehre begriffen werden, der das Priesteramt als reale Teilhabe an seinem, dem einzigen Priestertum eingesetzt hat. Der Diener Christi und Verwalter der Geheimnisse Gottes (1 Kor 4, 1) hat daher in ihm auch das unmittelbare Vorbild und das höchste Ideal (vgl. 1 Kor 11, 1). Der Herr Jesus, der Eingeborene Sohn Gottes, vom Vater in die Welt gesandt, wurde Mensch, auf daß die der Sünde und dem Tode unterworfene Menschheit erneut gezeugt würde und durch eine neue Geburt (Jo 3, 5; Tit 3, 5) ins Himmelreich eingehe. Ganz hingegeben an den Willen des Vaters (Jo 4, 34; 17, 4) vollendete Christus durch das Ostergeheimnis diese neue Schöpfung (2 Kor 5, 17; Gal. 6, 15) und führte so in die Zeit und die Welt eine neue, erhabene, göttliche Lebensform ein, die auch den irdischen Zustand der Menschheit umwandelt (vgl. Gal 3, 28).

Ehe und Jungfräulichkeit in der neuen Lehre Christi

20 Die Ehe, die nach dem Willen Gottes das erste Schöpfungswerk fortsetzt (Gn 2, 18), erhält, in den vollen Heilsplan aufgenommen, auch ihrerseits einen neuen Sinn und neuen Wert. In der Tat, Jesus hat ihre ursprüngliche Würde wiederhergestellt (Mt 19, 1-8), hat sie geehrt (vgl. Jo 2, 1-11) und erhoben zur Würde eines Sakraments und geheimnisvollen Zeichens seiner Vereinigung mit der Kirche (Eph 5, 32). Im Erweis der gegenseitigen Liebe, in Erfüllung der ihnen eigenen Aufgaben und im Streben nach der ihnen eigenen Heiligkeit, wandern so die christlichen Eheleute auf das himmlische Vaterland zu. Aber Christus, Mittler eines erhabeneren Bundes (Hebr 8, 6) hat auch einen neuen Weg geöffnet, auf dem das Geschöpf, der Mensch, vollständig und unmittelbar dem Herrn anhängend und nur um den Herrn und seine Angelegenheiten besorgt (1 Kor 7, 33-35), auf eine deutlichere und vollendetere Weise die zutiefst erneuernde Wirklichkeit des Neuen Testaments vor Augen führt.

Jungfräulichkeit und Priestertum des Mittlers Christus

21 Christus, der Eingeborene Sohn des Vaters, ist schon kraft seiner Menschwerdung zum Mittler bestellt zwischen Himmel und Erde, zwischen dem Vater und dem Menschengeschlecht. In voller Harmonie mit dieser Sendung blieb Christus sein ganzes Leben hindurch im Stand der Jungfräulichkeit, der seine vollständige Hingabe an den Dienst Gottes und der Menschen bezeichnet. Diese tiefgreifende Verbindung zwischen der Jungfräulichkeit und dem Priestertum in Christus spiegelt sich auch in jenen wider, die das Glück haben, an der Würde und an der Sendung des Mittlers

und Ewigen Hohenpriesters teilzunehmen, und diese Teilhabe wird um so vollkommener sein, je mehr der Diener des Heiligtums von Banden des Fleisches und des Blutes frei ist.

Zölibat um des Himmelreiches willen

22 Jesus, der die ersten Diener des Heils auswählte und sie in das Verständnis der Geheimnisse des Reiches Gottes eingeführt wissen wollte (Mt 13, 11; Mk 4, 11; Lk 8, 10), als ganz besondere Mitarbeiter Gottes und seine Sendboten (2 Kor 5, 20), und der sie Freunde und Brüder nannte (Jo 15, 15; 20, 17), für die Er sich selbst weihte, damit sie in Wahrheit geweiht seien (Jo 17, 19), versprach überreiche Belohnung allen, die um des Reiches Gottes willen Haus, Familie, Frau und Kinder verlassen würden (Lk 18, 29-30). Darüber hinaus empfahl Er auch mit geheimnis- und erwartungsvollen Worten eine noch vollkommenere Weihe an das Himmelreich durch die Jungfräulichkeit, infolge einer besonderen Gabe (Mt 19, 11-12). Die Antwort auf dieses göttliche Charisma hat zum Motiv das Himmelreich (ebd. V. 12); und gleichfalls von diesem Reich (Lk 18, 30), vom Evangelium (Mk 10, 29) und vom Namen Christi (Mt 19, 29) her sind Jesu Einladungen an die Apostel begründet, schwierige Verzichtleistungen auf sich zu nehmen um einer innigeren Teilnahme willen an seinem Lose (vgl. Mk, ebd.).

Zeugnis für Christus

23 Das Geheimnis der neuen Lehre Christi, all dessen, was Er ist und bedeutet - der Inbegriff der höchsten Ideale des Evangeliums und des Reiches - eine besondere Kundmachung der Gnade, die aus dem Ostergeheimnis des Erlösers strömt: das alles macht also die Wahl der Jungfräulichkeit begehrens- und schätzenswert von seiten der von Christus Berufenen, in dem Wunsche nicht nur teilzuhaben an seinem Priesteramt, sondern auch mit Ihm seinen Lebensstand zu teilen.

Fülle der Liebe

24 Die Antwort auf die göttliche Berufung ist eine Antwort der Liebe auf die Liebe, die Christus uns in so erhabener Weise erwiesen hat (Jo 15, 13; 3, 16); sie umgibt das Mysterium in der besonderen Liebe für die Seelen, die Er seinen Anruf zu höchstem Einsatz hat vernehmen lassen (vgl. Mk 10, 21). Die Gnade vervielfacht mit göttlicher Kraft die Forderungen der Liebe, die, wenn sie echt ist, vollständig, ausschließlich, beständig, dauernd ist, ein unwiderstehlicher Ansporn zu jeglichem Heroismus. Deswegen ist die Wahl der gottgeweihten Ehelosigkeit von der Kirche immer als "Zeichen und Ansporn der Liebe" betrachtet worden: Zeichen einer Liebe ohne Vorbehalt, Ansporn einer Liebe, die sich allen öffnet. Wer vermag je in einem sich so vollständig hinschenkenden Leben, und das um der Gründe willen, die Wir

dargelegt haben, die Zeichen geistlicher Armut oder des Egoismus sehen, während sie doch ein seltenes und überaus bezeichnendes Beispiel ist und sein muß eines Lebens, das als Triebkraft die Liebe hat, in der der Mensch die ihm ausschließlich eigene Größe ausdrückt? Wer wird je an der sittlichen und geistlichen Fülle eines solchen Lebens zweifeln können, das nicht einem beliebigen, wenn auch noch so edlen, Ideale geweiht ist, sondern Christus und seinem Werk für eine neue Menschheit, an allen Orten und zu allen Zeiten.

Bemühungen um tieferes Verständnis
25 Diese biblische und theologische Sicht, die unser Priesteramt mit dem Christi verbindet, und die in der vollständigen, ausschließlichen Hingabe Christi an seine Heilssendung das Beispiel und den Grund sieht für unsere Angleichung an die Christus, dem Erlöser, eigene Form der Liebe und des Opfers, scheint Uns so tief und so reich an spekulativer und praktischer Wahrheit, daß Wir Unsere Einladung richten an euch, ehrwürdige Brüder, an diejenigen, die sich dem Studium der christlichen Lehre widmen, an die Lehrer und Führer im geistlichen Leben, und an alle Priester, die fähig sind, ihre Berufung in übernatürlichem Licht zu durchschauen: Wir laden alle ein, das Priestertum in dieser Sicht weiter zu studieren und tiefer einzudringen in seine innerste, fruchtreiche Wirklichkeit, so daß das Band zwischen Priestertum und Zölibat immer besser gesehen werde in seiner leuchtenden, heroischen Logik der alleinigen, unbegrenzten Liebe zu Christus dem Herrn und zu seiner Kirche.

Ekklesiologische Bedeutung des Zölibats

Der Zölibat und die Liebe Christi und des Priesters zur Kirche
26 "Ergriffen von Christus Jesus" (Phil 3, 12) bis zur vollständigen Selbsthingabe an Ihn, gleicht sich der Priester an Christus auch vollkommener an in der Liebe, mit der der Ewige Hohepriester die Kirche, seinen Leib, geliebt hat und sich ganz für sie hingegeben, um sich eine herrliche, heilige, makellose Braut zu bereiten (vgl. Eph 5, 25-27).

Die gottgeweihte Jungfräulichkeit der Diener des Heiligtums macht in der Tat die jungfräuliche Liebe Christi zu seiner Kirche und die jungfräuliche übernatürliche Fruchtbarkeit dieses Ehebundes sichtbar, kraft der die Gotteskinder nicht aus Fleisch und Blut geboren sind (Jo 1, 13).

Einheit und Harmonie im Leben des Priesters: der Dienst am Wort
27 Indem sich der Priester dem Dienst des Herrn Jesus und seines mystischen Leibes weiht, in der durch die vollständige Selbsthingabe leichter zu erlangenden Freiheit, verwirklicht er in vollkommenerer Weise die Einheit

und die Harmonie seines Priesterlebens. Es wächst in ihm die Befähigung zum Hören des Wortes Gottes und zum Gebet. Das von der Kirche behütete Wort Gottes erweckt ja im Priester, der darüber täglich betrachtet, es lebt und den Gläubigen verkündet, stärksten und tiefsten Widerhall.

Offizium und Gebet

28 Wie Christus allein auf die Dinge Gottes und der Kirche bedacht (vgl. Lk 2, 49; 1 Kor 7, 32-33), erhält sein Diener so, dem Beispiel des Hohenpriesters folgend, der immerdar lebt, um im Angesicht Gottes für uns Fürsprache einzulegen (Hebr 9, 24; 7, 25), von der aufmerksamen und frommen Verrichtung des Breviergebetes, in dem er seine Stimme der Kirche leiht, die zusammen mit ihrem Bräutigam betet, unaufhörlich Freude und inneren Antrieb, und fühlt das Bedürfnis, länger auszuharren im Gebet, das von jeher eine dem Priester zukommende Aufgabe ist (Apg 6, 2).

Dienst an der Gnade und an der Eucharistie

29 Das ganze weitere Leben des Priesters erlangt einen größeren Reichtum an Bedeutung und Heilswirksamkeit. Seine persönlichen Anstrengungen zur Selbstheiligung erhalten aus dem Dienst an der Gnade und an der Eucharistie, die alles Heilsgut der Kirche umfaßt, kraftvolle Anregung: der Priester, der in der Person Christi handelt, wird eins mit der Opfergabe, wenn er am Altar sein eigenes Leben ganz darbringt, das die Zeichen des Opfers trägt.

Ein reiches und erfülltes Leben

30 Welche andere Überlegungen könnten Wir noch anstellen über das Wachsen des Priesters in Fähigkeit, im Dienst, in Liebe, im Opfer für das ganze Volk Gottes? Christus hat von sich gesagt: "Wenn das Weizenkorn nicht in die Erde fällt und stirbt, bleibt es für sich allein; wenn es aber stirbt, bringt es viele Frucht" (Jo 12, 24), und der Apostel Paulus zögerte nicht, sich täglichem Sterben auszusetzen, um in seinen Gläubigen einen Ruhmestitel in Christus Jesus zu besitzen (1 Kor 15, 31). So wird auch der Priester im täglichen Sich-selbst-sterben, in dem aus Liebe zu Christus und seinem Reich getragenen Verzicht auf die an sich berechtigte Liebe zu einer eigenen Familie, in Christus die Herrlichkeit eines ganz erfüllten und fruchtreichen Lebens finden, denn wie Christus und in Ihm liebt er alle Gotteskinder und gibt sich ihnen hin.

Der ehelose Priester in der Gemeinde der Gläubigen

31 In der Gemeinde der ihm anvertrauten Gläubigen ist der Priester der unter ihnen gegenwärtige Christus; daher ist es im höchsten Grade angemessen, daß er in allem dessen Bild wiedergibt und dessen Beispiel ganz besonders folgt: in seinem persönlichen Leben wie seinem priesterlichen Dienst. Seinen

Kindern in Christus ist der Priester Sinnbild und Unterpfand der erhabenen neuen Seinsformen des Reiches Gottes, die er ausspendet, während er sie selber in vollkommenerem Grade besitzt und den Glauben und die Hoffnung aller Christen bestärkt, die ja als solche verpflichtet sind, die Keuschheit gemäß dem ihnen zukommenden Stand zu beobachten.

Seelsorgliche Wirksamkeit des Zölibats

32 Die Weihe an Christus auf Grund eines neuen hohen Titels, wie es der Zölibat ist, ermöglicht außerdem dem Priester, wie man leicht sieht, auch im praktischen Leben die größte Wirkungskraft und die beste psychologische und gefühlsmäßige Eignung zur ständigen Ausübung jener vollkommenen Liebe, die es ihm in weit umfassenderer und konkreterer Weise erlaubt, sich ganz für alle aufzuopfern (2 Kor 12, 15), und sichert ihm selbstverständlich größere Freiheit und Verfügbarkeit in der Seelsorge zu, in seiner tätigen, liebevollen Gegenwart in der Welt, zu der Christus ihn gesandt hat (Jo 17, 18), um allen Kindern Gottes ganz und gar zu geben, was er ihnen schuldet (Röm 1, 14).

Eschatologische Bedeutung des Zölibats

Das Verlangen des Volkes Gottes nach dem himmlischen Reich

33 Das Reich Gottes, das nicht von dieser Welt ist (Jo 18, 36), ist hier auf Erden in geheimnisvoller Weise gegenwärtig und wird seine Vollendung mit der glorreichen Ankunft des Herrn Jesus erlangen. Von diesem Reich ist die Kirche hier unten der Keim und Anfang; und während sie langsam, aber sicher wächst, strebt sie nach dem vollkommenen Reich und verlangt mit allen Kräften danach, sich mit ihrem König in der Herrlichkeit zu vereinen. Das pilgernde Volk Gottes ist in der Geschichte auf dem Weg zu seinem wahren Vaterland (Phil 3, 20), wo sich die göttliche Kindschaft der Erlösten in ihrer Fülle (1 Jo 3, 2) zeigen wird und wo die verklärte Schönheit der Braut des göttlichen Lammes in endgültiger Weise erstrahlen wird.

Der Zölibat als Zeichen der himmlischen Güter

34 Unser Herr und Meister hat gesagt, daß "man bei der Auferstehung weder heiratet und verheiratet wird, sondern wie die Engel Gottes im Himmel ist" (Mt 22, 30). In der Welt des Menschen, in der man so sehr durch die weltlichen Sorgen gebunden und oft genug von den Begierden des Fleisches beherrscht ist (1 Jo 2, 16), ist das kostbare göttliche Geschenk der vollkommenen Enthaltsamkeit um des Himmelreiches willen eben "ein besonderes Zeichen der himmlischen Güter", kündet die Gegenwart der letzten Zeiten des Heils auf der Erde an (vgl. 1 Cor 7, 29-31) mit der Ankunft einer neuen Welt und nimmt in gewisser Weise die Vollendung des Reiches

vorweg, indem sie dessen höchste Güter bejaht, die eines Tages in allen Kindern Gottes aufleuchten werden. Sie ist deshalb ein Zeugnis des notwendigen Ausgerichtetseins des Volkes Gottes auf das letzte Ziel der irdischen Pilgerschaft und ein Ansporn für alle, den Blick zu den Dingen oben zu erheben, wo Christus zur Rechten des Vaters sitzt und unser Leben mit Christus in Gott verborgen ist, bis er sich in der Herrlichkeit offenbaren wird (Col 3, 1-4).

2. Der Zölibat im Leben der Kirche

Das Altertum

35 Allzu lang, aber lehrreich genug, wäre das Studium der geschichtlichen Dokumente über den kirchlichen Zölibat. Es genüge folgender Hinweis. Im christlichen Altertum bezeugen die Väter und kirchlichen Schriftsteller die Verbreitung der freiwilligen Übung des Zölibats bei den Dienern des Heiligtums, sowohl im Osten wie im Abendland, und zwar, weil er in besonderem Maße ihrer vollkommenen Hingabe an den Dienst Christi und der Kirche entspricht.

Die Kirche des Westens

36 Seit dem Beginn des 4. Jahrhunderts hat die Kirche durch verschiedene Provinzialkonzile und die Päpste die Beobachtung des Zölibats bekräftigt, ausgedehnt und bestätigt. Es waren vor allem die obersten Hirten und Lehrer der Kirche Gottes, Hüter und Deuter des überlieferten Glaubensgutes und der geheiligten christlichen Bräuche, die den kirchlichen Zölibat in den verschiedenen Epochen der Geschichte förderten und wiederherstellten, auch wenn sich Widerstände im Klerus selbst zeigten und die Sitten der im Verfall begriffenen Gesellschaft dem Heroismus der Tugend nicht förderlich waren. Die Verpflichtung zum Zölibat wurde dann feierlich von dem Ökumenischen Konzil von Trient bestätigt und schließlich in das Gesetzbuch des kanonischen Rechtes aufgenommen (can. 132, § 1).

Das päpstliche Lehramt der jüngsten Zeit

37 Die unserer Zeit am nächsten stehenden Päpste entfalteten größten Eifer im Lehramt, um den Klerus zu erleuchten und zur Einhaltung des Zölibats anzuspornen. Und Wir wollen es nicht versäumen, dem frommen Andenken Unseres unmittelbaren Vorgängers in besonderer Weise zu huldigen, der noch in den Herzen der Menschen weiterlebt und der auf der Römischen Synode mit der aufrichtigen Zustimmung des Klerus unserer Stadt Rom verkündete: "Es betrübt Uns ..., daß man von gewisser Seite fälschlich gemeint hat, es sei angemessen und entspräche auch dem Willen der katholischen Kirche, auf das

zu verzichten, was durch Jahrhunderte eines der edelsten und reinsten Ruhmesblätter ihres Priestertums war und bleibt. Das Gesetz des kirchlichen Zölibats und die Sorge, ihm Geltung zu verschaffen, bleibt immer ein Ansporn, an die Kämpfe jener heroischen Zeiten zu denken, in denen die Kirche Christi zu kämpfen hatte und ihren dreifachen ruhmreichen Namen zum Siege führte, der immer Devise des Sieges ist: Kirche Christi, frei, rein und katholisch."

Die Kirche im Osten

38 Wenn die Gesetzgebung der Ostkirche mit Hinblick auf den Zölibat des Klerus, so wie sie endgültig auf dem Trullanum vom Jahre 692 festgelegt und öffentlich vom Zweiten Vatikanischen Konzil anerkannt worden ist, eine andere ist, dann findet das unter anderem seinen Grund in der verschiedenen geschichtlichen Situation jenes edlen Zweiges der Kirche, zu welcher der Heilige Geist in segenbringender und übernatürlicher Weise beigetragen hat. Wir wollen diese Gelegenheit dazu benutzen, dem gesamten Klerus der orientalischen Kirchen Unsere Wertschätzung und Unsere Hochachtung auszudrücken und in ihm Beispiele der Treue und des Eifers anzuerkennen, die ihn aufrichtiger Verehrung würdig machen.

Stimme der Väter der Ostkirche

39 Aber zugleich bestärkt Uns die Verteidigung der Jungfräulichkeit durch die Orientalischen Väter darin, auf der Beobachtung der Disziplin bezüglich des Zölibats des Klerus zu beharren. So klingt beispielsweise in Unserem Herzen die Stimme des heiligen Gregor von Nyssa wider, die uns in Erinnerung ruft, daß "das jungfräuliche Leben ein Bild der Glückseligkeit ist, die uns in der zukünftigen Welt erwartet"; und nicht weniger bestärkt Uns darin das auch heute aktuelle Loblied, das der heilige Johannes Chrysostomus dem Priestertum gewidmet hat und das beabsichtigt aufzuzeigen, daß zwischen dem privaten Leben des Dieners des Altares und der Würde, mit der er im Hinblick auf seinen heiligen Dienst bekleidet ist, notwendigerweise volle Übereinstimmung herrschen muß: "... es ziemt sich, daß derjenige, der zum Priestertum hinzutritt, so rein ist, als wäre er im Himmel."

Beredte Hinweise in der östlichen Überlieferung

40 Weiterhin ist es nicht nutzlos, zu bemerken, daß auch im Osten nur unverheiratete Priester zu Bischöfen geweiht werden, und daß die Priester nach ihrer Weihe keine Ehe eingehen können, gibt zu verstehen, daß auch jene ehrwürdigen Kirchen in einem bestimmten Maße den Grundsatz des priesterlichen Zölibats besitzen wie auch den einer gewissen Angemessenheit des Zölibats für das christliche Priestertum, von dem die Bischöfe den Gipfel und die Vollendung innehaben.

Die Treue der Kirche zu ihrer eigenen Überlieferung

41 Auf keinen Fall kann die Kirche in geringerer Treue zu ihrer alten Tradition stehen, und es ist undenkbar, daß sie durch Jahrhunderte einem Weg gefolgt ist, der, statt den geistlichen Reichtum der einzelnen Seelen und des Volkes Gottes zu fördern, diesen in gewisser Weise aufs Spiel gesetzt hätten oder daß sie durch willkürliches rechtliches Eingreifen die freie Entfaltung der tiefsten Wirklichkeiten der Natur und der Gnade unterbunden hätte.

Besondere Fälle

42 Kraft der grundlegenden Norm in der Leitung der katholischen Kirche, die Wir oben angedeutet haben (Nr. 15), wird einerseits das Gesetz bestätigt, daß bei denen, die zu den heiligen Weihen zugelassen werden, die freie und unwiderrufliche Wahl des Zölibats erforderlich ist; andererseits aber kann die Prüfung der besonderen Umstände verheirateter Priester zugestanden werden, die Kirchen oder christlichen Gemeinschaften angehören, welche noch von der katholischen Einheit getrennt sind, und die aus dem Verlangen dieser Einheit in voller Weise teilhaftig zu werden und in ihr das heilige Amt auszuüben, zu den priesterlichen Funktionen zugelassen werden könnten, allerdings nur unter solchen Bedingungen, die keine nachteiligen Folgen für die herrschende Disziplin bezüglich des Zölibats mit sich bringen können. Und daß die Autorität der Kirche nicht vor der Ausübung dieser Gewalt zurückschreckt, davon zeugt die von dem letzten ökumenischen Konzil in Aussicht gestellte Möglichkeit, das Diakonat auch Männern reifen Alters zu übertragen, die in der Ehe leben.

Bekräftigung

43 Aber all das bedeutet keine Auflockerung des geltenden Gesetzes und darf nicht als Vorspiel zu seiner Abschaffung gedeutet werden. Und statt einer solchen Annahme nachzugeben, die in den Seelen die Kraft und die Liebe, aus denen der Zölibat sicher und glücklich wird, schwächt und die wahre Lehre, die seine Existenz rechtfertigt und seinen Glanz verherrlicht, verdunkelt, ist eher das Studium zur Verteidigung der geistlichen Auffassung und des sittlichen Wertes der Jungfräulichkeit und des Zölibats zu fördern.

Vertrauen der Kirche

44 Die heilige Jungfräulichkeit ist eine besondere Gabe, aber die gesamte Kirche unserer Zeit, feierlich und universal durch ihre verantwortlichen Hirten vertreten und in Hochachtung, wie Wir sagten, vor der Disziplin der Orientalischen Kirchen, hat ihre volle Sicherheit im Geist zu erkennen gegeben, indem sie lehrte, "daß die Gabe des Zölibats, die dem Priestertum des Neuen Testaments so sehr entspricht, in freigebiger Weise vom Vater gewährt wird unter der Bedingung, daß diejenigen, welche im Sakrament der

Weihe am Priestertum Christi teilhaben, und die Kirche insgesamt es in Demut und Eindringlichkeit erbitten."

Das Gebet des Volkes Gottes

45 Wir rufen im Geiste das gesamte Volk Gottes zusammen, auf daß es zur Erfüllung seiner Pflicht, zur Mehrung der Priesterberufe beizutragen, inständig den Vater aller, den göttlichen Bräutigam der Kirche und den Heiligen Geist, der sie beseelt, anflehe, daß er, auf die Fürsprache der Seligen Jungfrau und Mutter Christi und der Kirche, in unserer Zeit in besonderer Weise jene göttliche Gabe ausgieße, mit der der Vater sich nicht zurückhält, und daß die Seelen sich im Geiste tiefen Glaubens und hochherziger Liebe auf sie vorbereiten. So sollen in unserer Welt, die der Herrlichkeit Gottes bedarf (vgl. Röm 3, 23), die Priester in immer vollkommenerer Weise dem einzigen und höchsten Priester gleichgestaltet werden, sollen sie ausstrahlende Herrlichkeit Christi sein (2 Cor 8, 23) und soll durch sie "die Herrlichkeit der Gnade" Gottes in der Welt unserer Tage vermehrt werden (vgl. Eph 1, 16).

Die Welt von heute und die priesterliche Ehelosigkeit

46 Ja, ehrwürdige und liebe Brüder im Priestertum, die Wir "im Herzen Jesu Christi" lieben (Phil 1, 8), gerade die Welt, in der wir heute leben, die sich in einer Krise des Wachstums und der Umgestaltung befindet und die zu Recht auf die menschlichen Werte und die menschlichen Eroberungen stolz ist, bedarf dringend des Zeugnisses eines Lebens, das den höchsten und heiligsten Werten geweiht ist, damit auch dieser unserer Zeit nicht das seltene und unvergleichliche Licht der erhabensten Eroberungen des Geistes fehle.

Der Priestermangel

47 Unser Herr Jesus wagte es, die gewaltige Aufgabe der Verkündigung des Evangeliums der damals bekannten Welt einer Handvoll Männer anzuvertrauen, die jeder ihrer Zahl und Fähigkeit nach für ungenügend angesehen hätte, und dieser "kleinen Herde" befahl er, den Mut nicht zu verlieren (Lk 12, 32), da sie mit Ihm und durch Ihn dank seinem beständigen Beistand (Mt 28, 20) den Sieg über die Welt erringen würde (Jo 16, 33). Jesus hat uns auch ermahnt, daß das Reich Gottes eine tiefinnerliche und geheime Kraft besitzt, die es ihm ermöglicht, zu wachsen und zur Reife zu kommen, ohne daß der Mensch es weiß (Mk 4, 26-29). Die Ernte des Reiches Gottes ist groß, und der Arbeiter sind noch wie am Anfang wenige; sie sind sogar niemals so zahlreich gewesen, daß das menschliche Urteil diese Zahl als ausreichend hätte ansehen können. Aber der Herr des Reiches fordert, daß wir bitten, der Herr der Ernte möge die Arbeiter auf sein Feld schicken (Mt 9, 37-38). Den Rat und die Klugheit der Menschen kann man nicht über die geheimnisvolle Weisheit Dessen setzen, der in der Geschichte des Heils die

Weisheit und Macht des Menschen durch seine Torheit und Schwäche herausgefordert hat (1 Kor 1, 20-31).

Glaubensmut

48 Wir appellieren an den Mut des Glaubens, um die tiefe Überzeugung der Kirche zum Ausdruck zu bringen, nach der eine verbindlichere und hochherzigere Antwort auf die Gnade, ein ausdrücklicheres und größeres Vertrauen auf ihre geheimnisvolle und umwälzende Macht, ein offeneres und vollständigeres Bekenntnis zu dem Geheimnis Christi, sie allen menschlichen Berechnungen und äußerem Anschein zum Trotz in ihrer Sendung zur Rettung der ganzen Welt nie unterliegen lassen werden. Jeder muß wissen, daß er alles in Dem vermag, der allein den Seelen die Kraft (Phil 4, 13) und seiner Kirche das Wachstum gibt (1 Kor 3, 6-7).

Die Wurzel des Problems

49 Man kann nicht vorbehaltlos glauben, daß mit der Aufhebung des kirchlichen Zölibats von selbst und in beträchtlichem Maße die Zahl der Priesterberufe zunähme: Die heutige Erfahrung der Kirchen und kirchlichen Gemeinschaften, die ihren Amtsträgern die Ehe erlauben, scheint für das Gegenteil zu sprechen. Die Ursache der Verminderung der Priesterberufe ist anderswo zu suchen, vor allem: zum Beispiel im Verlust oder der Schwächung des Sinnes für Gott und das Heilige in den einzelnen und den Familien, in der verminderten Wertschätzung der Kirche als Institution des Heils durch Glaube und Sakramente. Darum ist es notwendig, dieses Problem in seiner wahren Wurzel zu untersuchen.

3. Der Zölibat und die menschlichen Werte

Der Zölibat und die Liebe

50 Die Kirche, wie Wir oben sagten (vgl. Nr. 10), weiß sehr wohl, daß die Wahl der gottgeweihten Ehelosigkeit, die ja eine Reihe strenger Verzichte mit sich bringt, welche den Menschen im tiefsten berühren, auch große Schwierigkeiten und Probleme schafft, für die die Menschen von heute besonders feinfühlig sind. Es könnte in der Tat scheinen, daß der Zölibat nicht im Einklang mit der feierlichen Anerkennung der menschlichen Werte von seiten der Kirche und des letzten Konzils steht; aber bei einer aufmerksameren Betrachtung ergibt sich, daß das vom Priester aus Liebe zu Christus vollzogene Opfer der menschlichen Liebe, wie sie in der Familie gelebt wird, in Wirklichkeit eine einzigartige Huldigung an diese Liebe ist. Es wird ja in der Tat allgemein anerkannt, daß die menschliche Kreatur zu allen Zeiten Gott das geopfert hat, was dessen, der gibt, und dessen, der empfängt, würdig ist.

Gnade und Natur

51 Andererseits kann und darf die Kirche aber ebensowenig übersehen, daß bei der Wahl des Zölibats - wenn sie mit menschlicher und christlicher Klugheit und Verantwortlichkeit geschieht - die Gnade den ersten Platz hat, welche nicht zerstört und der Natur keine Gewalt antut, sondern sie erhebt und ihr übernatürliche Fähigkeiten und Kraft verleiht. Gott, der den Menschen erschaffen und erlöst hat, weiß, was er von ihm verlangen kann, und gibt ihm alles, dessen er bedarf, um das tun zu können, was sein Schöpfer und Erlöser von ihm verlangt. Der heilige Augustinus, der in weitem Maße und schmerzlich die Natur des Menschen in sich selbst erfahren hatte, rief aus: "Gib das, was du befiehlst, und befiehl, was du willst."

Die tatsächliche Schwere der Verpflichtung

52 Eine ehrliche Kenntnis der wirklichen Schwierigkeiten des Zölibats ist sehr nützlich für den Priester, ja notwendig, denn er muß sich in voller Bewußtheit Rechenschaft von dem geben, was sein Zölibat fordert, um echt und nutzbringend zu sein; aber die gleiche Ehrlichkeit verpflichtet dazu, diesen Schwierigkeiten keinen größeren Wert und kein schwereres Gewicht beizumessen, als sie im menschlichen und religiösen Zusammenhang haben, und sie nicht für unlösbar zu erklären.

Der Zölibat ist nicht gegen die Natur

53 Es ist nach allem, was die Wissenschaft nunmehr festgestellt hat, nicht richtig, immer noch zu wiederholen (vgl. Nr. 10), daß der Zölibat gegen die menschliche Natur sei, da er im Gegensatz zu legitimen physischen, psychologischen und affektiven Ansprüchen stehe, deren Erfüllung notwendig wäre, um die menschliche Persönlichkeit zur Vollendung und zur Reife zu bringen. Der Mensch, der nach Gottes Bild und Gleichnis geschaffen ist (Gen 1, 26-27), ist nicht nur Fleisch, und der Geschlechtstrieb ist nicht alles in ihm; der Mensch ist auch und vor allem Einsicht, Wille, Freiheit: Fähigkeiten, dank denen er dem All überlegen ist und bleiben muß: sie machen ihn zum Herrn über seine eigenen physischen, psychologischen und affektiven Begierden.

Der tiefere Beweggrund zum Zölibat

54 Der wahre und tiefere Beweggrund zur gottgeweihten Ehelosigkeit ist - Wir haben es bereits gesagt - die Wahl eines innigeren und vollkommeneren persönlichen Verhältnisses zum Geheimnis Christi und der Kirche, zum Nutzen der gesamten Menschheit: es kann kein Zweifel bestehen, daß bei dieser Wahl jene höchsten menschlichen Werte die Möglichkeit finden, sich mit größter Intensität zu verwirklichen.

Der Zölibat als Erhöhung des Menschen

55 Die Wahl des Zölibats enthält in sich keine Unkenntnis und keine Verachtung des Geschlechtstriebes und des Gefühlslebens, was für das physische und psychologische Gleichgewicht schädlich wäre, vielmehr erfordert sie ein klares Verständnis, eine aufmerksame Selbstbeherrschung und eine weise Erhebung der eigenen Psyche auf eine höhere Ebene. Auf diese Weise trägt der Zölibat, indem er den Menschen ganzheitlich erhebt, effektiv zu seiner Vervollkommnung bei.

Der Zölibat und die Reifung der Persönlichkeit

56 Das natürliche und legitime Begehren des Mannes, eine Frau zu lieben und eine Familie zu gründen, wird gewiß vom Zölibat überwunden, aber es kann nicht gesagt werden, daß Ehe und Familie der einzige Weg zur gesamtheitlichen Reifung der menschlichen Persönlichkeit sind. Im Herzen des Priesters ist die Liebe nicht erloschen. Geschöpft aus der reinsten Quelle (vgl. 1 Jo 4, 8-16), geübt zur Nachahmung Gottes und Christi, ist die übernatürliche Liebe, wie jede echte Liebe, fordernd und konkret (vgl. 1 Jo 3, 16-18), erweitert sie den Horizont des Priesters ins Unbegrenzte, vertieft und weitet sie sein Verantwortungsbewußtsein - welche das Zeichen einer reifen Persönlichkeit ist -, bildet in ihm als Ausdruck einer höheren und weiteren Vaterschaft eine Fülle und Feinheit der Empfindungen aus, die ihn in überströmendem Maße bereichern.

Die gottgeweihte Ehelosigkeit und die Ehe

57 Das ganze Volk Gottes muß Zeugnis ablegen vom Geheimnis Christi und seinem Reich, aber dies Zeugnis ist nicht eindeutig gleich für alle, während die Kirche es ihren Söhnen, die Laien und verheiratet sind, überläßt, das notwendige Zeugnis eines echten und ganz und gar christlichen Ehe- und Familienlebens zu geben, vertraut sie ihren Priestern das Zeugnis eines Lebens an, das völlig der neuen und begeisternden Wirklichkeit des Reiches Gottes geweiht ist. Wenn auch dem Priester eine persönliche und unmittelbare Erfahrung des ehelichen Lebens abgeht, so fehlt ihm doch sicher auf Grund seiner Bildung, seines Amtes und durch die Gnade seines Standes nicht eine vielleicht noch tiefere Kenntnis des menschlichen Herzens, die es ihm gestatten wird, zu jenen Problemen Zugang in ihrem Ursprung zu finden und so eine vollgültige Hilfe in Rat und Beistand für die Eheleute und die christlichen Familien zu sein (vgl. 1 Kor 2, 15). Die Gegenwart des Priesters, der seinen Zölibat in voller Hingabe lebt, wird bei den christlichen Familien die geistliche Weite jeder Liebe unterstreichen, die dieses Namens würdig ist, und sein persönliches Opfer wird den Gläubigen, die durch das heilige Band der Ehe verbunden sind, die Gnade einer echten Einheit verdienen.

Die Einsamkeit des ehelosen Priesters

58 Es ist wahr: Der Priester ist durch seinen Zölibat ein auf sich allein gestellter Mensch, aber seine Einsamkeit ist nicht Leere, denn sie ist von Gott und dem überfließenden Reichtum seines Reiches erfüllt. Außerdem hat er sich auf diese Einsamkeit, die innerliche und äußerliche Fülle von Liebe sein muß, vorbereitet, er hat sie bewußt gewählt und nicht etwa aus Stolz, sich von den anderen zu unterscheiden, nicht um sich der allgemeinen Verantwortlichkeit zu entziehen, nicht um sich seinen Brüdern zu entfremden oder aus Geringschätzung der Welt. Ausgesondert aus der Welt, ist der Priester dennoch nicht von dem Volke Gottes getrennt, denn er ist eingesetzt zum Wohle der Menschen (Hebr 5, 1), vollkommen der Liebe geweiht (vgl. 1 Kor 14, 4 ff.) und dem Werk, für das der Herr ihn angenommen hat.

Christus und die priesterliche Einsamkeit

59 Bisweilen wird die Einsamkeit schmerzlich auf dem Priester lasten, aber deshalb wird er es doch nicht bereuen, sie hochherzig gewählt zu haben. Auch Christus blieb in den tragischsten Stunden seines Lebens allein, verlassen selbst von denen, die Er als Zeugen und Gefährten seines Lebens erwählt und bis ans Ende geliebt hatte (Jo 13, 1), aber er erklärte: "Ich bin nicht allein, denn der Vater ist mit mir" (Jo 16, 32). Wer es gewählt hat, ganz Christus anzugehören, wird vor allem in der Vertrautheit mit ihm und in seiner Gnade die Kraft des Geistes finden, die notwendig ist, um die Schwermut zu zerstreuen und die Entmutigungen zu überwinden; es wird ihm nicht der Schutz der Jungfrau und Mutter Jesu fehlen, die mütterliche Sorge der Kirche, deren Dienst er sich geweiht hat; es wird ihm nicht die liebende Fürsorge seines Vaters in Christus, des Bischofs, fehlen, und ebensowenig wird ihm die innige Brüderlichkeit seiner Mitbrüder im priesterlichen Amt, noch der Trost des gesamten Volkes Gottes abgehen. Und wenn auch Feindseligkeit, Mißtrauen und Gleichgültigkeit der Menschen seine Einsamkeit bisweilen recht bitter machen können, so wird er doch wissen, daß er auf diese Weise in eindringlicher Deutlichkeit dasselbe Schicksal mit Christus teilt wie ein Apostel, der nicht über dem steht, der ihn gesandt hat (vgl. Jo 13, 16; 15, 18), wie ein Freund, der zu den schmerzlichsten und herrlichsten Geheimnissen des göttlichen Freundes, der ihn erwählt hat, zugelassen ist, damit er in einem scheinbaren Leben des Todes geheimnisvolle Früchte des Lebens bringe (vgl. Jo 15, 15-16, 20).

Junge Christen befragen die Kirchen. Gespräch u.a. mit Weihbischof Walther Kampe, München 1968

Frage: Hat nicht die Art und Weise der Behandlung sexueller Probleme seitens der Kirche ihre Ursache in der zölibatären Lebensform der Priester?

Weihbischof Walther Kampe:

Das dürfte wohl etwas übertrieben sein. Ich habe jahrelang in Gegenden gelebt, in denen es verheiratete und unverheiratete Priester gibt, nämlich in den Ländern der sog. unierten Kirchen. Das sind Ostkirchen, die mit Rom uniert, d.h. vereinigt sind, jedoch verheiratete Priester kennen. Ich habe es in diesen Ländern sehr oft erlebt, daß Menschen mit ihren Eheproblemen gerade zum unverheirateten Priester gekommen sind, weil sie sich von ihm ein objektiveres Urteil erwartet haben, einen größeren Abstand zur sexuellen Sphäre, die er deswegen nüchterner, klarer und realistischer zu beurteilen vermag als jemand, der die Belastung einer eigenen Ehe zu tragen hat. Die Erfahrung zeigt, daß die Geistlichen aus ihrer pastoralen Kenntnis heraus mehr Verständnis haben, auch in sexuellen Fragen, als man allgemein annimmt. Natürlich kann es auch vorkommen, das sei unbestritten, daß ein Priester mit seiner eigenen Ehelosigkeit nicht recht fertig wird, daß er Verhärtungen erliegt und deswegen für seine Gläubigen in gewisser Hinsicht schwer ertragbar wird. Doch solche Dinge können auch in einer Ehe vorkommen, die nicht bewältigt wird und sich deshalb auf den Beruf nachteilig auswirkt, also auch auf den des Seelsorgers.

Frage: Gerade unter den jungen Katholiken schwindet das Verständnis für die Ehelosigkeit des Priesters immer mehr. 77 Prozent der 18- bis 24jährigen befürworten die Priesterehe. Aber auch der größte Teil der übrigen Bevölkerung lehnt die Ehelosigkeit des Priesters ab. In Holland, nach einer Schätzung von Kardinal Alfrink, sind es 60 Prozent. In der Bundesrepublik treten nach Umfragen des Bielefelder Emnidinstituts 84 Prozent dafür ein, daß Priester heiraten dürfen, darunter mehr als zwei Drittel (69 Prozent) der Katholiken. (Siehe SPIEGEL Nr. 46 v. 6.11.67, Seite 113).

Man kann die Ratschläge eines zölibatären Priesters an Eheleute mit den Ratschlägen eines Schwimmlehrers vergleichen, der vom Ufer aus Anweisungen erteilt, ohne jemals selbst geschwommen zu haben. Warum hat der Papst die Diskussion über die Zölibatsfrage auf dem Konzil nicht zugelassen?

Weihbischof Walther Kampe:

Sie stellen mir da eine Menge Fragen, die nicht mit einem Mal beantwortet werden können. Zunächst einmal müßte man deutlich unterscheiden, was denn nun eigentlich die Menschen meinen, die auf eine solche Umfrage geantwortet haben. Mir scheint, daß sie dafür eintreten, daß der Zölibat für den Priester nicht bedingungslos verpflichtend sein sollte. Sie wünschen also, daß es neben den unverheirateten Priestern auch verheiratete Priester gibt, daß also ein Priester eine Ehe eingehen kann. Daraus kann man keine unbedingte Verurteilung des Zölibats ableiten. Man möchte nur aus dem verpflichtenden Gesetz des Zölibats herauskommen. Es wäre aber ohne Zweifel - und ich meine, daß ich da mit den meisten Katholiken übereinstimme - ein ungeheurer Verlust nicht nur für die Kirche, sondern für die gesamte Menschheit, wenn es keine Menschen mehr gäbe, die, nicht aus einer Unfähigkeit heraus, sondern aus freiem Entschluß, um einer höheren Gabe willen, auf die Ehe verzichten, damit sie freier und ungehinderter Christus und den Menschen dienen können. Das meint schon Paulus, wenn er sagt: Wer heiratet, der ist gebunden, der hat Verpflichtungen seiner Frau, seinen Kindern gegenüber, und es wäre sehr schlecht, wenn er diesen Verpflichtungen nicht nachkommen wollte und könnte. Wir wissen, daß heute sehr viele Menschen in führenden Stellungen vor diesem Problem stehen: ihre Ehe, ihr Familienleben leidet, weil sie durch den Beruf zu sehr beansprucht werden. Wir wollen daher, daß der Priester ganz seinem seelsorgerlichen Beruf lebe und keine anderen Bindungen eingehe. Nicht, weil diese Bindungen schlecht oder verwerflich wären, ganz im Gegenteil! Der Priester, der auf die Ehe verzichtet, muß wissen, daß er auf ein hohes, ja auf ein höchstes Gut verzichtet, solange man im rein menschlichen Bereich bleibt. Er sollte dieses Opfer in Freiheit bringen, um den Menschen auf seine Weise dienen zu können.

Ob es eines Tages wie in den Ostkirchen auch verheiratete Priester geben wird, das weiß ich nicht. Das kann im Augenblick noch niemand sagen. Es würden sich dann neue Probleme stellen. Jemand, der die östlichen Verhältnisse kennt, weiß sehr gut, daß es eben auch in der Ehe Probleme gibt, nicht nur im Zölibat. Ich möchte aber doch noch hinzufügen, daß in einer Zeit sexueller Verfallenheit, in der die Menschen mit ihren Trieben nicht mehr fertig werden, sondern von ihnen überwältigt werden, die Kirche ein Zeichen geben sollte, daß der Mensch, auch gegenüber der Sexualität, Freiheit hat. Der zölibatär Lebende gibt sein Mannsein oder sein Frausein nicht auf und darf es auch nicht aufgeben. Eine ganz andere Frage ist, in welcher Weise er davon Gebrauch macht. Die Geschichte beweist, daß gerade solche Beispiele den Eheleuten Hilfe geleistet haben. Auch die Kirchentradition lehrt, daß Jungfräulichkeit und eheliches Leben in einer tiefen Entsprechung zueinander stehen. Wenn es das nicht mehr gäbe: freiwillige Ehelosigkeit, freiwilligen Verzicht auf die Ehe, so wäre den Eheleuten sicherlich wenig gedient, d.h., es würde ihnen etwas fehlen, das sie für ihr eigenes eheliches Leben nötig haben, damit es nicht an der eigenen egoistischen Triebhaftigkeit erstickt.

Frage: Glauben Sie, daß man die Dikussion und die Lösung dieses Problems noch längere Zeit wird umgehen können? Im vergangenen Jahr sind allein in den Niederlanden 60 Priester aus dem kirchlichen Dienst ausgeschieden, weil sie nicht länger zölibatär leben wollten. Die Zahlen in Italien liegen ungleich höher.

Weihbischof Walther Kampe:

Die Kirche muß angesichts dieser Lage zweierlei tun, und sie ist im Begriff, es zu tun. Sie sollte niemanden halten, der zu der Überzeugung kommt, daß er für den kirchlichen Dienst nicht geeignet ist oder daß er die Lasten, die ihm dieser Dienst auferlegt, nicht tragen kann. Einen solchen Menschen sollte man freigeben und dispensieren. Das ist auch bereits geschehen. Auf der anderen Seite wird es notwendig sein, die Erfahrungen der modernen Psychologie anzuwenden, um junge Theologen besser auf das priesterliche Amt vorzubereiten. Wir haben bessere Möglichkeiten als die Vergangenheit, und wir sollten sie nutzen. Das hat auch der Papst in seiner Enzyklika über den Zölibat sehr klar gesagt.

Außerordentliche Bischofskonferenz der deutschen Bischöfe: Wort zu den Fragen des Glaubens und des kirchlichen Lebens (Auszug) 28. Dezember 1968

... Ebenso wie die theologische Grundlegung des Priestertums wird heute die Frage nach der Ehelosigkeit der Priester diskutiert. Das Priestertum war nicht zu allen Zeiten mit dem Zölibat verbunden. Er folgt auch nicht mit innerer Notwendigkeit aus dem Priestertum, wie das Beispiel der Ostkirchen zeigt, wenngleich auch bei ihnen die Ehelosigkeit hoch geschätzt ist und nur die Unverheirateten zum Bischofsamt zugelassen werden. Das Zweite Vatikanische Konzil hat die in der lateinischen Kirche seit Jahrhunderten geltende Regelung bejaht und bekräftigt. Es hat damit das Vertrauen und die Hoffnung verbunden, daß Gott die Berufung zum ehelosen Leben geben werde, wenn die ganze Kirche demütig und inständig darum bittet (vgl. Dekret über Dienst und Leben der Priester, 16). In Zusammenhang dieses kurzen Wortes können nicht alle Gründe genannt werden, die das Konzil bewogen haben, an der Verbindung von Priestertum und Ehelosigkeit festzuhalten. Ein wichtiger Grund ist die durch das Evangelium und die überlieferte Auffassung der Kirche bestimmte Einsicht, daß die Vorläufigkeit dieser Welt und die Erwartung des kommenden Gottesreiches besonders in der Ehelosigkeit des Priesters zeichenhaft zum Ausdruck kommen. Ein weiterer Grund liegt in der durch die Ehelosigkeit ermöglichten Freiheit und Verfügbarkeit für den Dienst am Volke Gottes.

Wir wissen um die ernsten Schwierigkeiten, die dem Zölibat heute erwachsen, vor allem aus dem tiefgreifenden Umbruch des gesellschaftlichen Lebens und aus der Änderung in der Denk- und Verhaltensweise des

Menschen. Unbeschadet der Argumente für oder gegen den Zölibat halten wir es für notwendig, uns klar zu den Beschlüssen des Konzils zu bekennen und der mancherorts zu beklagenden Verwirrung durch einige Feststellungen entgegenzutreten. Alle Priester haben den Zölibat nach jahrelanger Prüfung in einem freiwilligen Entschluß um des Reiches Gottes willen auf sich genommen. Priestern, die der Heilige Vater von ihrer Verpflichtung entbindet, wollen wir helfen, daß sie einen anderen Beruf ergreifen können. Gott allein steht das Urteil zu, wie dieser Schritt für den einzelnen Menschen zu bewerten ist. Wir können aber keinen ausgeschiedenen Priester erneut mit Aufgaben betrauen, die einem Priester oder Diakon vorbehalten sind. Alle Priester und Priestergruppen, die sich gegen die Zölibatverpflichtung wenden, sollen ehrlich sagen, wie sie weiterhin zu ihrem persönlichen Entschluß der Ehelosigkeit stehen. Es geht nicht an, daß in der Gemeinschaft der Kirche in dieser Frage eine Unklarheit besteht und daß so eine Atmosphäre wächst, die das Leben in der Ehelosigkeit erschwert. Die jungen Männer, die sich auf das Priestertum vorbereiten, müssen wir bitten, sich freiwillig und ohne Vorbehalt für die Ehelosigkeit zu entscheiden, damit sie zum priesterlichen Amt zugelassen werden können. Wer glaubt, er sei für diese Lebensform nicht geeignet, möge rechtzeitig eine andere Berufswahl treffen. Alle Glieder der Kirche fordern wir auf, dem Anruf des Konzils zu folgen und Gott zu bitten, daß er die Berufe zur Ehelosigkeit und zum Priestertum schenke, deren sein Volk in dieser Zeit bedarf.

Wir haben einige Sorgen ausgesprochen, die uns gegenwärtig in der Verantwortung unseres Bischofsamtes tief bewegen. Wir fühlten uns verpflichtet, dazu ein deutliches Wort zu sagen, damit über die Haltung der Bischöfe keine Zweifel entstehen können. Priester und Laien bitten wir, dieses Wort mit demselben Ernst aufzunehmen, mit dem es gesprochen ist. Wir alle müssen uns gemeinsam mit der Kraft unseres Glaubens, mit der Geduld christlicher Hoffnung und im liebenden Dienst aneinander bemühen, die schweren Aufgaben zu bewältigen, die sich uns aus der gegenwärtigen Situation stellen. Möge uns der Herr der Kirche mit seiner Gnade und mit seinem Segen stärken für das Zeugnis der Herrlichkeit Gottes, die in ihm in unsere menschliche Geschichte eingegangen ist, aus Liebe zu uns und um unseres Heiles willen.

Glauensverkündigung für Erwachsene, Deutsche Ausgabe des Holländischen Katechismus, Nijmegen 1968.

Der Priester ehelos

Seit unvordenklichen Zeiten ist es in der Kirche üblich, daß der Bischof unverheiratet ist und bleibt. In der westlichen Kirche gilt dies auch für die

Priester; in der Ostkirche kann ein Verheirateter wohl Priester werden, aber ein Priester darf nach seiner Weihe nicht mehr heiraten. Der Grund dafür ist das Bewußtsein, daß die Aufgabe eines Leiters in der Kirche besonders dienend und lebensspendend ist. Diese Bindung von Priestertum und Ehelosigkeit ist also sehr sinnvoll. Natürlich wäre es aber auch anders möglich, was allein die Tatsache schon beweist, daß die Priester der Ostkirche und evangelische Geistliche oft hervorragende Seelsorger sind.

Man kann öfters die Bemerkung hören, die unverheirateten Priester könnten schlecht in Eheangelegenheiten Rat erteilen. Die Praxis zeigt aber, daß viele Menschen gerade mit dem unverheirateten Priester gerne über solche Fragen sprechen. Er verfügt oft über große Erfahrungen aus vielen Gesprächen. Und gibt nicht auch ein Psychologe der Eheberatungsstelle seine Ratschläge stärker von seinem Studium und seiner Erfahrung aus der Praxis her als aus seiner eigenen Ehe? Vieles liegt doch von Fall zu Fall wieder anders. Ordensleute und Priester sind oft auch begnadete Erzieher. Wegen ihrer oft langjährigen pädagogischen Erfahrung können sie, wenigstens manchmal - es gibt auch Fälle von Erstarrung - das Kind in einer Weise verstehen, wie dies nicht alle Eltern können.

Welt- oder Bistumspriester haben kein Gehorsams- oder Armutsgelübde. Wohl versprechen sie dem Bischof bei der Weihe den Amtsgehorsam. Und was die weltlichen Güter betrifft: es ist ihnen klar, daß eine gewisse Kargheit zu einem Leben der Wortverkündigung und der Sakramentenspendung dazugehört. In manchen Ländern leben sie sogar sehr arm, ärmer als manche Ordensleute, die keinen persönlichen Besitz haben.

Europäisches Bischofssymposium (7.-10.7.1969): Schlußerklärung des Sekretariates; in: Die europäischen Bischöfe und die Neu-Evangelisierung Europas, in der Reihe: Stimmen der Weltkirche Nr. 32, 10/1991

Manche Priester lehnen die pflichtmäßige Verbindung von Zölibat und Priestertum ab. Andere - und ihre Stimmen überwiegen - verlangen eine vertiefte Motivierung des Zölibats, sowie eine Verbesserung der Voraussetzungen für ihr Leben und ihren priesterlichen Dienst; sie versprechen sich davon eine bessere Hilfe für ihr Engagement, wie es die Kirche in der heutigen Welt von ihnen erwartet.

Versammlung europäischer Priestergruppen: Resolution über den Zölibat
Chur, 8. Juli 1969

Das Problem des Zölibats der Priester ist von nun an in aller Öffentlichkeit aufgeworfen. Aber ein Großteil der Hierarchie verweigert eine öffentliche Diskussion des Problems, weil er ihre Folgen fürchtet. Diese Erörterung entspricht einem Streben nach Ehrlichkeit und Glaubwürdigkeit der Lebensführung. Wie anderswo, so wollen wir auch auf diesem Gebiet Klarheit schaffen. Unser Ziel ist es, die bleibenden Werte des Priestertums aufzuzeigen und uns im Verhältnis zu den nunmehr gewandelten soziologischen und kulturellen Gegebenheiten anders einzustellen. Es geht uns um die Respektierung der Freiheit der Person, um die Aufwertung der Sexualität zwischen Mann und Frau, um den Aufstieg der Frau innerhalb der Gesellschaft.

Unsere Überlegung führt uns dazu, nicht den Sinn des Zölibats, sondern nur seinen Pflichtcharakter und die Bedingungen neu zu überdenken, unter denen er von den Priestern der lateinischen Kirche gelebt wird.

1. Wir stellen fest:
a) daß der Pflichtzölibat dem Geist des Evangeliums widerspricht. Aus Bibel und Tradition gibt es keine zwingenden Argumente dafür;
b) daß viele Priester und Priesteramtskandidaten die obligatorische Verbindung von Priestertum und Zölibat ablehnen;
c) daß immer mehr Priester und Laien sich die Frage nach der Beziehung von Priestertum und Zölibat stellen;
d) daß verheiratete Männer das Priestertum anstreben;
e) daß verheiratete Priester ihr Amt in der lateinischen Kirche ohne Einschränkung ausüben;
f) daß immer mehr Priester, wenn sie im Amt bleiben wollen, sich durch das kirchliche System gezwungen sehen, eine heimliche Ehe zu führen. Das widerspricht der persönlichen Freiheit und Würde des Menschen und ist erniedrigend, besonders für die betroffenen Frauen;
g) daß die in der Geschichte vorherrschende Verneinung und Mißachtung der Frau und des Geschlechtlichen sowie die Abwertung der Ehe gegenüber dem Zölibat heute unerträglich ist;
h) daß die "Laisierung" eine Diffamierung für Laien und Priester darstellt und als ungerechtfertigt abzulehnen ist;
i) daß das Zölibatsgesetz eine negative Auslese unter den Priesteramtskandidaten und nicht selten den Weggang der besten Priester bewirkt.

2. Wir unterstreichen:
a) Eines ist erreicht: Die gegenwärtige Form des Pflichtzölibats der Priester ist grundlegend in Frage gestellt.
b) Es ist klar erkannt und gesagt, daß Priestertum und Zölibat nicht von sich aus miteinander verbunden sind.
c) Der Zölibat hat in christlicher Sicht prophetische Bedeutung. Der gesetzliche Zwang verdeckt gegenwärtig seinen Sinn, macht ihn unglaubwürdiger und weniger wirksam.
d) Es ist unrecht, Priester, die heiraten wollen, der Untreue gegenüber dem einmal gegebenen Wort zu beschuldigen.
e) Das Argument für den Zölibat als Begründung eines "ungeteilten Dienstes" widerspricht den Erfahrungen. Es ist ein Affront gegenüber den anderen Riten, christlichen Konfessionen und anderen Berufen.

3. Wir wollen:
a) daß der Pflichtcharakter des Zölibats von den Bischofskonferenzen und anderen Versammlungen - die Synode eingeschlossen - amtlich aufgehoben wird;
b) unsere Solidarität zwischen verheirateten und unverheirateten Priestern bekunden;
c) daß in Beratung mit der örtlichen Glaubensgemeinschaft eine Weiterbeschäftigung von verheirateten Priestern in vollem Umfang gewährleistet wird;
d) gemeinsam mit dem ganzen Volk Gottes eine neue Stellung des Priesters suchen, eine Stellung, aufgebaut auf der freien Wahl des Lebensstandes;
e) daß die Lösung der Zölibatsfrage nicht von Rom allein entschieden wird, sondern vom ganzen Volk Gottes in den territorialen Kirchen.

Die Ehelosigkeit um des Himmelreiches willen.
Zehn Thesen von Joseph Kardinal Höffner, Erzbischof von Köln, hier nach: Kath. Frauenbildung, 71. Jg., 1970, Heft 3.

I. Gerade in der Welt von heute ist die um des Himmelreiches willen gelebte Ehelosigkeit des Priesters ein eschatologisches Zeichen, das der gläubigen Gemeinde zeigt, wohin sie eigentlich unterwegs ist.

Bei aller Vielfalt und Gegensätzlichkeit der weltanschaulichen Auffassungen lassen sich in der modernen pluralistischen Gesellschaft doch zwei Grundzüge erkennen: eine weitverbreitete rationalistische und naturalistische Denkweise, die an die Machbarkeit der Welt glaubt, dem Religiösen und Übernatürlichen jedoch kritisch und fremd gegenübersteht, sowie die auffallend starke Weitung des materiellen Lebensstandards. Diesem Horizontalismus gegenüber ist die Ehelosigkeit um des Himmelreiches willen eine

Herausforderung und eine gültige Form radikaler Jüngerschaft, und es wäre irrig, ihr etwa den Einsatz in den Entwicklungsländern als eine verständlichere und bessere Zeugnisform entgegenzusetzen.

Der unverheiratete Priester, so lehrt das Zweite Vatikanische Konzil, ist "ein lebendiges Zeichen der zukünftigen, schon jetzt in Glaube und Liebe anwesenden Welt, in der die Auferstandenen weder freien noch gefreit werden". Er weist durch sein Leben "auf jenen geheimnisvollen Ehebund hin", in dem die Kirche einem einzigen Bräutigam, Christus, vermählt ist, und er wird "leichter ungeteilten Herzens" und "ungehinderter" Christus folgen und "in reichem Maße den Dienst der Vaterschaft in Christus" übernehmen können. Mithin ist die Ehelosigkeit um des Himmelreiches willen, wenn sie auch nicht "von der Natur des Priestertums notwendig gefordert" wird, doch "in vielfacher Hinsicht dem Priestertum angemessen" (Konzilsdekret "Presbyterorum ordinis", 16). Die priesterliche Ehelosigkeit ist "Ausdruck unserer vollen Verfügbarkeit für das uns total in Anspruch nehmende Amt" ("Schreiben der deutschen Bischöfe über das priesterliche Amt" vom 11. November 1969, S. 78). Die eigentliche Frage, vor die der Priester in der modernen Gesellschaft gestellt ist, lautet: Ist der unsere ganze Existenz bis zum Letzten, bis zum Äußersten anfordernde Dienst (vgl. 2 Tim 4, 5), Vater und Bruder einer Gemeinde zu sein und in ihr das Amt der Versöhnung zu tun, auch heute noch eine lohnende und notwendige Aufgabe? Wer auch nur ein wenig vom Ringen und Suchen des Menschen von heute weiß, wird es nicht wagen, diese Frage mit Nein zu beantworten.

Der holländische Journalist Michel van der Plas, der an der fünften Plenarversammlung des holländischen Pastoralkonzils teilgenommen hat, schrieb am 17. Januar 1970 in "Elseviers Weekblad", er habe sich darüber gewundert, daß es auf der Plenarversammlung kaum zu einer "positiven Behandlung" der Ehelosigkeit um des Himmelreiches willen gekommen sei. Als der Jesuitenpater Dr. van der Meer Zeugnis für die Ehelosigkeit habe ablegen wollen, habe er einen "murrenden Nörglersaal" gegen sich aufgebracht. Das ist bedauerlich.

II. Der Vorwurf, die Ehelosigkeit um des Himmelreiches willen mache den katholischen Priester weltfremd und hindere ihn daran, diese Welt zu heiligen und die irdischen Lebensverhältnisse auf das Ewige auszurichten, ist theologisch falsch und widerspricht den geschichtlichen Tatsachen.

Der Prior der evangelischen Mönchsgemeinschaft von Taizé, Roger Schutz, hat auf der fünften Plenarversammlung des holländischen Pastoralkonzils eine Botschaft verlesen lassen, die uns aufhorchen läßt. "Männer und Frauen, die den Zölibat für Christus leben", so heißt es in dieser Botschaft, haben damit "einen Auftrag zur grenzenlosen Offenheit empfangen, ein tief menschliches Verständnis für jede Situation, für jeden Nächsten"; sie sind "um Christi und der Frohbotschaft willen gerufen, im Zölibat Bruder (oder Schwester) aller zu sein". Die geforderte Offenheit für alle Menschen muß der ehelos lebende Priester immer als Ziel vor Augen haben, auch wenn - infolge menschlicher Schwäche - die Verwirklichung oft hinter der Forderung zurückbleibt.

Auch die Geschichte lehrt, daß die Ehelosigkeit um des Himmelreiches willen den Priester keineswegs blind macht für die Nöte der Menschen und für die Mißstände in Gesellschaft und Wirtschaft. Im 19. Jahrhundert, dem Jahrhundert der "Sozialen Frage", haben sich die katholischen Priester keineswegs auf individuelle Tröstungsversuche, auf bloße "Jenseitsbezogenheit" beschränkt, sondern der Seelsorge den Weg in das moderne soziale Leben geöffnet. In der katholischen Arbeiterbewegung, in der Kolpingsfamilie, im Volksverein, in der Caritasbewegung usw. haben katholische Priester gemeinsam mit den Laien Hervorragendes geleistet.

III. Das Zweite Vatikanische Konzil hat sich weder gegen die Belange der Kirche noch gegen die Rechte irgendeines Menschen vergangen, als es bestimmte, daß nur jene Männer zu Priestern geweiht werden dürfen, an die ein doppelter Gnadenruf Gottes ergangen ist: der Ruf zum Priestertum und der Ruf zur Ehelosigkeit um des Himmelreiches willen.

Im Oktober 1965 fand in der Konzilsaula eine eigene Abstimmung darüber statt, ob die priesterliche Ehelosigkeit um des Himmelreiches willen erhalten bleiben solle (Konzilsdekret "Optatam totius", Nr. 10, erster Satz, über den gesondert abgestimmt wurde). Von 1.989 Stimmberechtigten stimmten 1.971 dafür, 16 dagegen. Zwei Stimmen waren ungültig. Bei der Schlußabstimmung über das Priesterdekret am 7. Dezember 1965 haben sich die Konzilsväter mit der überwältigenden Mehrheit von 2.390 Ja-Stimmen gegen 4 Nein-Stimmen für die Beibehaltung der priesterlichen Ehelosigkeit in der lateinischen Kirche entschieden.

Nicht selten wird behauptet, in der Welt von heute sei die Kirche kraft göttlichen Rechtes verpflichtet, auf die Ehelosigkeit der Priester zu verzichten, weil nur auf diese Weise eine ausreichende Zahl von Priesterberufen gesichert werden könne. Viele seien zwar zum Priestertum, aber nicht zur Ehelosigkeit berufen. Die "Entkoppelung" von Priesteramt und Zölibat sei ein Gebot der Stunde. Das Zweite Vatikanische Konzil hat zu dieser Frage ein entscheidendes Wort, ein Schlüsselwort gesprochen. Es stellt das Bekenntnis zum priesterlichen Zölibat unter das Zeichen der Hoffnung auf Gott. Die Kirche, so sagt das Konzil, vertraut darauf, daß der Vater "die Berufung zum ehelosen Leben" einer ausreichenden Zahl von Männern verbunden mit der Berufung zum Priestertum geben wird, wenn die Priester "zusammen mit der ganzen Kirche demütig und inständig darum bitten" ("Presbyterorum ordinis", 16). Papst Paul VI. hat in seinen Weltrundschreiben über die priesterliche Ehelosigkeit das Festhalten der Kirche zum Zölibat erneut bekräftigt. In den

Bistümern der Bundesrepublik Deutschland sind im Jahr 1969 rund 250.000 Knaben katholisch getauft worden. Ist es vermessentlich, wenn wir Gott bitten, daß er etwa 800 dieser Jungen die doppelte Gnadengabe der Berufung zum Priestertum und zur Ehelosigkeit um des Himmelreiches willen schenken möge?

IV. Die "Entkoppelung" von Priesteramt und Zölibat wird auf die Dauer nicht zur Behebung des Priestermangels führen

Die Richtigkeit dieser Aussage wird durch die Verhältnisse in den orthodoxen und evangelischen Kirchen bestätigt. Die vom alexandrinischen Patriarchat herausgegebene Zeitschrift "Pantainos" (Jan. 1969) klagt, daß es in der griechisch-orthodoxen Kirche Ägyptens - trotz der Priesterehe - fast keine Berufe mehr gebe. In der anglikanischen Kirche ist der Priesternachwuchs "zahlenmäßig mangelhaft" (K. Algermissen, Konfessionskunde, 8. Aufl., 1969, S. 6506). Auf dem Symposion der europäischen Bischöfe in Chur erklärte Kardinal Suenens am 10. Juli 1969: "Die protestantischen Kirchen von England haben 3.000 unbesetzte Stellen, obwohl sie verheiratete Geistliche haben". Die evangelische Kirche West-Berlins berichtet, daß von 373 Pfarreien 50 nicht besetzt sind. Die lutherische Kirche Oldenburgs zählt 583.000 Mitglieder, aber - trotz Heirat - nur etwa 200 Pastoren. Demgegenüber haben die 216.000 Katholiken Oldenburgs - trotz Zölibat - der Kirche 362 Priester geschenkt, die in Oldenburg, in anderen Teilen Deutschlands und in der Weltmission wirken. Wie das Ja zur Ehelosigkeit, so ist auch das Ja zum priesterlichen Dienst eine Entscheidung des Glaubens. Die Kirche ist in ihrer Geschichte noch nie durch ein Weniger, sondern immer nur durch ein Mehr an Christushingabe erneuert worden.

V. Wie die Berufung zum Priestertum, so ist auch die Berufung zur Ehelosigkeit um des Himmelreiches willen eine gnadenhafte Erwählung durch Jesus Christus

Christus verheißt jenen die Gaben Gottes, die "um des Reiches Gottes willen" bereit sind, "Haus oder Eltern oder Geschwister oder Frau oder Kinder" zu verlassen (Lk 18, 29; Mt 19, 29). Sowohl die Berufung zum Priestertum als auch die Berufung zur Ehelosigkeit sind nur im Glauben zu begreifen. Beide sind ihrem Wesen nach auf die Gemeinschaft der Kirche bezogen. Es wäre deshalb falsch, das Priestertum als auf die Kirche bezogenes Amt der angeblich rein individuellen Gnadengabe der Ehelosigkeit gegenüberzustellen.

Gewiß, die Ehelosigkeit bedeutet einen erheblichen Einschnitt in das menschliche Leben, da "tiefere Neigungen der menschlichen Natur" sehr unmittelbar berührt werden (Konzilsdekret "Perfectae caritatis", 12). Nur wer die Zeichen der Berufung ernst und nüchtern geprüft hat und zu der Überzeugung gelangt ist, daß Gott ihm diese Gnadengabe geschenkt hat, darf im Vertrauen auf den Herrn das Wagnis in freier Entscheidung auf sich nehmen. "Wer es fassen kann, der fasse es" (Mt 19,12).

Die Ehelosigkeit um des Himmelreiches willen ist weder ein geschlechtsfeindlicher Manichäismus noch eine Beschämung der Verheirateten, sondern ein einzigartiger Ausdruck bräutlicher Liebe zu Christus. In der Welt von heute ist auch die Ehe nicht leicht. Das zeigt die Zahl der 525.049 Ehen, die in den Jahren 1958 - 1967 in der Bundesrepublik geschieden worden sind. Der ehelose Priester soll für die Brüder und Schwestern da sein als Diener ihrer Freude (vgl. 2 Kor 1, 24).

VI. Der Vorwurf, die Kirche zwinge durch die Koppelung von Priestertum und Zölibat jemanden zur Ehelosigkeit, ist eine Verleumdung.

Die Kirche fragt die jungen Männer eines Bistums, wer von ihnen davon überzeugt sei, daß ein doppelter Gnadenruf Gottes an ihn ergangen ist: der Ruf zum Priestertum und der Ruf zur Ehelosigkeit um des Himmelreiches willen. Die Entscheidung setzt ein jahrelanges Prüfen der Zeichen der Berufung voraus. Gott ruft nicht durch eine göttliche Stimme oder durch eine wunderbare Eingebung, sondern durch konkrete Zeichen, durch die auch sonst einem gläubigen Christen der Wille Gottes im täglichen Leben klar wird. Solche Zeichen der Berufung sind die beharrliche innere Neigung, das Angesprochensein, die psychische, physische, sittliche und geistige Eignung, die Reinheit der Beweggründe sowie die Annahme durch die Kirche. Der Bischof ist nur dann berechtigt, einem Diakon bei der Priesterweihe die Hände aufzulegen, wenn der Diakon nach ernster und nüchterner Prüfung zu der redlichen Überzeugung gelangt ist, daß der Herr ihm die doppelte Gnadengabe geschenkt hat. Wer das Priestertum anstreben, die Ehelosigkeit jedoch als "pflichtmäßig mit der Übernahme der Priesterweihe verbunden", das heißt als "von einem anderen her festgelegt" annehmen würde (eine solche Gesinnung unterstellt Anton Antweiler im Klerusblatt, 15.1.1970, Seite 28 den Weihekandidaten), ohne sich ernstlich geprüft zu haben, ob der Herr ihm die Gnade des "Fassenkönnens" gegeben hat, würde vermessentlich und sündhaft handeln. Im "Schreiben der deutschen Bischöfe über das priesterliche Amt" vom 11. November 1969 heißt es ausdrücklich (Seite 78), daß die "uns von Jesus Christus ermöglichte Ehelosigkeit" eine "Gnadengabe" ist, die wir "um des Himmelreiches willen", also nicht als lästige, von außen auferlegte Bedingung übernehmen. Auch die französische Bischofskonferenz hat sich auf ihrer Vollversammlung zu Lourdes im November 1969 zur "Ganzhingabe des Zölibats" kraft der Gnade Gottes bekannt. Weil der Bischof niemanden zwingt, Priester zu werden, zwingt er auch niemanden, ehelos zu leben. Die Freiheit der Entscheidung liegt beim vom Herrn Angerufenen selber. Die Kirche erklärt lediglich, daß sie niemanden zum Priester weiht, der nicht nach redlicher Selbstprüfung davon überzeugt ist, daß der Herr ihm die doppelte Gnadengabe des Priestertums und der Ehelosigkeit geschenkt hat.

Der holländische Dekan Joosten von Echt erklärte auf dem holländischen Pastoralkonzil: "Wir zölibatären Priester haben als freie Männer dieses Priesteramt gewählt. Wir wünschen nicht als zahnlose Muffel angesehen zu werden. Wir sind keine Trottel, es sei denn in der Torheit des Kreuzes, welche der Herr seliggepriesen hat".

Nicht selten wird gesagt, der Zölibat gehöre in die klösterliche Gemeinschaft, könne aber nicht die Lebensform des Bistumspriesters sein. Erstaunlicherweise scheint jedoch die Zölibatskrise in den Klöstern nicht geringer als im Bistumsklerus zu sein. In den Jahren 1964 - 1968 sind von den 20.000 katholischen Bistumspriestern der Bundesrepublik insgesamt 195 (= 0,97 %) und von den 5.000 Ordenspriestern 85 (= 1,7 %) aus dem priesterlichen Dienst ausgeschieden.

VII. Weil der Mensch selbstverantwortliche Person ist, ist er der endgültigen, nicht mehr widerrufbaren Entscheidung fähig: der endgültigen Entscheidung auf einen anderen Menschen hin in der Ehe, aber auch der endgültigen Entscheidung zur Ehelosigkeit um des Himmelreiches willen, die der heilige Paulus "das Seligere" nennt (1 Kor 7, 40).

Die Verwirrung des sittlichen Bewußtseins hat dazu geführt, daß heute die Rücknahme einer als endgültig verstandenen Entscheidung von vielen verharmlost oder gar als mutig und heldenhaft hingestellt wird. Gewiß, ein Priester, der später erkennt, daß er sich bei der Prüfung der Zeichen seiner Berufung geirrt hat, erhält von der Kirche Dispens, wie die Kirche auch jenen dispensiert, der die Gnadengabe der Ehelosigkeit durch eigene Schuld - denn auch das ist möglich - verloren hat. Der bereits erwähnte Journalist Michel von der Plas weist in seinem Bericht über das holländische Pastoralkonzil ("Elseviers Weekblad", 17.1.1970) darauf hin, daß viele Laien mit der Frage ringen, "wie die Entscheidung der Priester für die Ehe mit dem einmal gegebenen Treueversprechen zu vereinbaren ist. Viele sagen: Wir Eheleute müssen uns doch auch an unsere Gelöbnisse halten. Ist das Gelöbnis, den Zölibat zu halten, weniger bindend als die Treueversprechen der Verheirateten?"

VIII. Die Freiheit der persönlichen Entscheidung darf weder durch Druckausübung zur Übernahme der Ehelosigkeit noch durch Druckausübung gegen die Bereitschaft zur Ehelosigkeit beeinträchtigt werden.

Es mag sein, daß in früheren Zeiten junge Männer zum Priestertum und zum Zölibat gedrängt worden sind. Heute droht eher die Gefahr, daß die gegen den Zölibat voreingenommene öffentliche Meinung die Freiheit der Entscheidung zum Zölibat einschränkt. Der Pater von Taizé, Roger Schulz, erklärte in der bereits erwähnten Botschaft an das holländische Pastoralkonzil, heute werde die Berufung zur Ehelosigkeit von einigen "im Namen eines integralen Humanismus" in Zweifel gezogen, als ob der Ehelose "unmöglich ein vollwertiger Mensch" sein könne. Um jungen Theologie-Studenten um jeden Preis die Freiheit zu geben, sich nicht an die Ehelosigkeit zu binden, nimmt man ihnen schließlich die Freiheit, sich zur Ehelosigkeit zu bekennen. In ähnlicher Weise wird ja auch versucht, Papst Paul VI. und die Bischöfe durch massiven Druck der öffentlichen Meinung zur "Entkoppelung" von Priestertum und Zölibat zu zwingen.

IX. Die "Entkoppelung" von Priesteramt und Zölibat wird zur "Koppelung" von Priesteramt und Ehe führen

Die Erfahrungen der Orthodoxen Kirchen, der Anglikanischen Kirchengemeinschaften, der Kirchen des Lutherischen Weltbundes, der Kirchen des Reformierten Weltbundes, der Altkatholiken, der Methodisten, der Baptisten, der Mennoniten usw. zeigen, daß es nach der "Entkoppelung" in etlichen Jahrzehnten auch in der katholischen Kirche keine ehelosen Bistumspriester mehr geben wird. Der Zölibat wird entweder ganz verschwinden - wie in den meisten getrennten Kirchen - oder sich wie in den Orthodoxen Kirchen in die Klöster zurückziehen. Die Entscheidung zur priesterlichen Ehelosigkeit ist nämlich bei all ihrer Intimität eine Wir-Entscheidung. Wenn 80 % der Theologen eines Priesterseminars ihre Mädchen haben, werden sich auch die restlichen 20 % dem herrschenden Milieu anschließen. Auch wird es auf die Dauer nicht möglich sein, daß es in einem Dekanat, in dem die meisten Priester ihre Frauen haben, noch zwei oder drei Pfarrhäuser ohne Frau gibt. Hier gilt das soziologische Gesetz des "leichteren Weges".

Der Einwand, die These vom völligen Verschwinden oder vom Rückzug des Zölibats in die Klöster verkenne die innere Macht der göttlichen Gnade, trifft nicht zu. Die Gnadengabe der Ehelosigkeit ist - wie jede Gnade - weder Zwang noch Magie, sondern ein Angebot der Liebe Gottes, das der Angerufene in freier Entscheidung annehmen, aber auch zurückweisen kann. Darf man behaupten, daß der Herr mit dem Angebot der Gnadengabe der Ehelosigkeit an den evangelischen Kirchen vorbeigehe? Und doch schreibt der evangelische Theologe J. C. Hampe von den evangelischen Kirchen, daß "in ihnen die Ehelosigkeit des Pfarrers gar nicht denkbar" sei. (In: Der Zölibat. Hrsg. von F. Böckle, Mainz 1968, S. 23). Es fehlt hier die Wir-Entscheidung.

Kardinal Alfrink von Utrecht schreibt zwar in einem am 22. Januar 1970 an die Bischöfe Mitteleuropas gerichteten Brief, nach der Entkoppelung werde man nach Mitteln suchen, "die ein gutes Funktionieren des Weltpriester-Zölibats in der Kirche gestatten". Die holländischen Bischöfe seien bereit, "alles ihnen Mögliche" zur Verwirklichung dieses Zieles zu tun. Nähere Angaben werden freilich nicht gemacht. Die geschichtlichen Erfahrungen aller getrennten Kirchen lassen diesen Plan von vornherein als aussichtslos erscheinen.

X. Die Zölibatskrise unserer Zeit darf nicht isoliert gesehen werden. Sie hängt innerlich mit der Priesterkrise, der Kirchenkrise und der Glaubenskrise zusammen.

Wie berechtigt es ist, die genannten Krisen in ihrer inneren Verbundenheit zu sehen, zeigt der zur Vorbereitung der fünften Sitzung des holländischen Pastoralkonzils ausgearbeitete "Ontwerp-Rapport". Besonders die Aussagen, die in diesem Schriftstück über das priesterliche Amt und über die Sendung der Kirche gemacht werden, sind bestürzend.

Wir Bischöfe fragen: Können Männer oder Frauen ohne Priesterweihe die Eucharistie feiern? Wird das priesterliche Amt von der Gemeinde übertragen? Ist das Priesteramt ein moderner Sozialberuf? Erschöpft sich die Sendung der Kirche im Kampf gegen gesellschaftliche Unterdrückung? Der "Ontwerp-Rapport" enthält Thesen, die der Grundhaltung des "Schreibens der deutschen Bischöfe über das priesterliche Amt" (11. November 1969) widersprechen. Auch ist es für uns Bischöfe alarmierend, daß sich in manchen Ländern zum Kampf gegen den Zölibat der Kampf gegen die Unauflöslichkeit der Ehe gesellt.

Papst Paul VI. hat in den letzten Tagen (am 1. und 2. Februar 1970) erneut bekräftigt, daß die Ehelosigkeit um des Himmelreiches willen eine Bedingung für den Empfang der Priesterweihe ist und bleiben wird. Von dieser Ordnung abzugehen, hieße "einer Liebes- und Opfertreue untreu werden", für die sich die lateinische Kirche "mit ungeheurem Mut und in evangelischer Ausgeglichenheit" entschieden hat. Wir Bischöfe danken dem Heiligen Vater für dieses Bekenntnis.

Papst Pauls VI. Ansprache vom 1. Februar 1970

Geliebte Söhne und Töchter! Wir brauchen euer Gebet! Unter den großen Anliegen, die der Hilfe Gottes bedürfen, und für die Wir zusammen mit den guten und treuen Christen beten, die für Uns und in Unseren Anliegen zum Herrn beten, ist eines, das Uns sehr am Herzen liegt und von dem heute viel die Rede ist: der Heilige Zölibat der Priester.

Er ist ein Hauptgesetz unserer lateinischen Kirche.

Man kann ihn nicht aufgeben oder in Diskussion stellen: das hieße zurückschreiten; hieße einer Liebes- und Opfertreue untreu werden, die unsere lateinische Kirche nach langer Erfahrung, mit ungeheurem Mut und in evangelischer Ausgeglichenheit sich auferlegt hat in dem jahrhundertelangen Bemühen strenger Auslese und beständiger Erneuerung ihres Amtspriestertums, von dem die Vitalität des gesamten Gottesvolkes abhängt.

Gewiß ist er eine sehr hohe und sehr anspruchsvolle Anforderung, deren Befolgung außer einem unwiderruflichen Vorsatz, eines besonderen Charismas bedarf, das heißt einer höheren und inneren Gnade (Mt 19, 12; 19, 20; 1 Kor 7, 7). Diese Gnade befähigt zur Übereinstimmung mit der Berufung zur einzigen Nachfolge Christi und zur Übereinstimmung mit der bedingungslosen Antwort des Jüngers, der alles verläßt, um ihm zu folgen und sich vollkommen und ausschließlich und mit ungeteiltem Herzen dem Dienst an seinen Brüdern und der christlichen Gemeinde zu widmen.

Das alles macht den kirchlichen Zölibat zu einem höchsten Zeugnis für das Reich Gottes, einem einmaligen und beredten Zeichen der Werte des Glaubens, der Hoffnung und der Liebe, zu einer unvergleichlichen Bereitschaft zu vollem Dienst in der Seelsorge, zu einer beständigen Aszetik christlicher Vollkommenheit. Ja, er ist schwierig, aber gerade dieses Kennzeichen macht ihn den jungen und glühenden Menschen anziehend. Und er ist mehr denn je gültig für die Erfordernisse unserer Zeit. Wir sagen noch mehr: er kann leicht werden, er ist eine Quelle der Freude, er ist schön, ist katholisch. Wir müssen ihn beibehalten und verteidigen und müssen heute zum Herrn beten, daß wir alle, Berufene und Nichtberufene, den Zölibat immer tiefer verstehen, und daß alle, die Laien sowie der Welt- und Ordensklerus ihn immer mehr achten und ehren.

Möge die Jungfrau, für die zum priesterlichen Dienst Auserwählten, uns seine Würde, seine Möglichkeit und Notwendigkeit aufzeigen.

Eingabe des Vereins katholischer deutscher Lehrerinnen (VkdL) an die Deutsche Bischofskonferenz in Essen-Heidhausen zur Frage des Religionsunterrichts und zur Zölibatsfrage vom 7.2.1970.

Die neueste Erklärung des Heiligen Vaters zum kirchlichen Zölibat und die gleichgerichtete Verlautbarung der nordrhein-westfälischen Bischöfe zu dieser Frage haben wir dankbar zur Kenntnis genommen. Unser Dank gilt zugleich den zahllosen Priestern der katholischen Kirche in aller Welt, die durch ihr persönliches Beispiel einer opferbereiten, ungeteilten Hingabe an ihren Dienst Zeugnis geben für die geistige Kraft priesterlicher Existenz in ungebrochener Menschlichkeit. Besonders in Zeiten der Verfolgung erweist es sich, zu welcher menschlichen Größe der ungeteilte priesterliche Dienst fähig ist. Unsere Organisation, die sich nicht scheut, die personale und soziale Bedeutung einer ungeteilten Berufsausübung auch in manchen weltlichen Berufen aufzuzeigen (ohne dies als Norm fordern zu wollen) und in deren Reihen zahlreiche Mitglieder im Laien- wie im Ordensstand ohne Einbuße an Menschlichkeit ein erfülltes eheloses Leben praktizieren, verfolgt mit

Aufmerksamkeit und Sorge die gegenwärtige, leider oft oberflächlich geführte Diskussion um den Zölibat.

Die gläubigen Katholiken haben ein Recht darauf, daß die Zölibatsdiskussion nicht nur einseitig geführt und dadurch ein falsches Bild vermittelt wird. Es geht nicht an, daß ein verschwindend kleiner Prozentsatz von Priestern, die infolge persönlicher Schwierigkeiten, die keineswegs bagatellisiert werden sollen, am Zölibat scheiterten, sich heute unwidersprochen als Bahnbrecher des Fortschritts gebärden und forciert eine Meinungsbildung betreiben, die den Eindruck erweckt, als sei ihre Auffassung die Norm und die Kirche habe sich aus Nächstenliebe und Sorge um den Priesternachwuchs dem Wunsche nach Lockerung der Zölibatsverpflichtung anzupassen.

Der hohe Einsatz, den der Priester vor der Weihe mit dem Zölibatsversprechen wagt, hat auch heute höchsten Wert. Die Vielzahl der Gläubigen, die keine Schlagzeilen liefern, aber zu diesen Priestern stehen, weiß ihnen Dank. Wir sind davon überzeugt, daß auf Dauer nur das Festhalten an einem unverfälschten Priesterbild junge Menschen anziehen wird. Dieses Priesterbild kann nicht "attraktiv" in dem heute üblichen Sinne sein und nicht allein soziologisch darstellbare Rolleneigenschaften aufweisen, es trägt primär charismatische Züge in der Nähe des Kreuzes. Nicht Nachgiebigkeit in prinzipiellen Anforderungen ist heute das Gebot der Stunde, sondern bleibend gültige Maßstäbe, die den jungen Menschen unter den Anruf Gottes fordern und seine Gnade erfahrbar machen. Es ist tief bedauerlich, daß vereinzelte Priester, die ihr freiwillig gegebenes Versprechen zur Ehelosigkeit gebrochen haben, in Massenmedien ein peinliches Schauspiel bieten, indem sie sich mit ihren Frauen als Helden und Opfer "päpstlicher Engstirnigkeit" produzieren. Das Argument, die Zölibatspflicht sei heute anachronistisch, da die Bedeutung von Liebe und Ehe in der katholischen Kirche erst jetzt richtig gesehen würde und der verheiratete Priester deshalb auch der verständnisvollere Seelsorger sein könne, würde - wenn auch ungewollt - zugleich die positiven Möglichkeiten eines ehelosen Lebens in der Welt entwerten und für unsere Kirche eine große Verarmung bedeuten. Im Zeichen der kraftvollen Erneuerung, wie sie das II. Vaticanum erstrebt, wäre dies ein unvereinbarer Widerspruch.

In einer Zeit der Überbetonung der Sexualität ist der kirchliche Zölibat Zeichen des Widerspruchs und des Wagnisses zu unverkürzter Gläubigkeit aus der Kraft des Geistes und des Herzens. Würde die Kirche daran rütteln, so gäbe sie mehr als ein kirchliches Gebot preis, sie würde auch die Gläubigen irremachen. Nach unseren Beobachtungen gibt es nicht wenige Stimmen auch evangelischer Christen, ja sogar Nichtgläubiger, die einer Lockerung des kirchlichen Zölibats in der katholischen Kirche verständnislos gegenüberstünden, und Sekten machen sich die Differenzen innerhalb der Kirche bereits für ihre Zwecke nutzbar.

Wir erwarten deshalb zuversichtlich, daß die Deutsche Bischofskonferenz sich in dieser kritischen Stunde der Kirche einmütig hinter das Wort des Papstes für die uneingeschränkte Beibehaltung des Zölibates der Priester stellen und damit auch für die kommende gemeinsame Synode der deutschen Bistümer keinen falschen Spekulationen Auftrieb geben wird.

Schreiben der Bischöfe des deutschsprachigen Raumes über das priesterliche Amt. Eine Biblisch-Dogmatische Handreichung. Sekretariat der Deutschen, Österreichischen u. Schweizerischen Bischofskonferenz, 1970, Nachdruck 1981.

Alle wissen, daß die Verbindung von Zölibat und Priestertum nicht absolut notwendig ist. Die Ehelosigkeit des Priesters hat jedoch einen guten Sinn. Ein Grund liegt darin, daß der priesterliche Dienst das ganze Leben des Amtsträgers in Anspruch nimmt und eine ungeteilte Hingabe an seine Aufgabe erfordert. Jesus Christus, der Ersthirt, hatte nichts anderes im Sinn als diese seine Aufgabe, die er durch seinen Tod vollendete. So verlangt auch der Hirtendienst des Priesters ungeteilte Bereitschaft und aufopfernde, vom Glauben getragene Fürsorge für die ihm Anvertrauten. Der eschatologische Charakter des Priestertums zielt auf Vorbehaltlosigkeit und Freiheit für die priesterliche Aufgabe (vgl. 1 Kor 7,29ff.). Daraus ergibt sich die volle Verfügbarkeit des Priesters für jeglichen Dienst in der Kirche und für alle Menschen. Ein anderer Grund für die priesterliche Ehelosigkeit wird durch den Anspruch nahegelegt, den der Inhalt der christlichen Botschaft an das persönliche Leben des Amtsträgers stellt. Wenn das kirchliche Dienstamt die Vergegenwärtigung des Priestertums Jesu Christi ist, der sein Leben hingibt, dann steht es dem Priester gut an, daß auch er um des Himmelreiches willen einen Verzicht leistet, der ihn selbst durchgreifend beansprucht und sein ganzes Leben einbezieht. So gibt der Priester durch seine Ehelosigkeit ein nachdrückliches Zeugnis für Jesus Christus, dem der Glaubende sich anheimgibt, ohne Furcht, durch diesen schwerwiegenden Verzicht keine Erfüllung des Lebens zu finden. Da es auch heute unsere Aufgabe ist, das Christliche zu verdeutlichen, muß die christliche Ehelosigkeit als eine echte Möglichkeit menschlicher Existenz im Geiste Jesu Christi anerkannt und gelebt werden.

Kongregation für die Glaubenslehre: Richtlinien und Brief über die Rückversetzung eines Klerikers oder Religiösen in den Laienstand
13. Januar 1971

A. Richtlinien

NORMAE AD APPARANDAS IN CURIIS DIOECESANIS ET RELIGIOSIS CAUSAS REDUCTIONIS AD STATUM LAICALEM CUM DISPENSATIONE AB OBLIGATIONIBUS CUM SACRA ORDINATIONE CONEXIS

I - De iis quae sunt experienda ante propostitionem casuum ad Sanctam Sedem, ut quis a propositio valedicendi sacerdotio resiliat

1. Antequam causam reductionis ad statum laicalem cum dispensatione ab oneribus cum sacra ordinatione conexis ad Sacram Congregationem pro Doctrina Fidei proponant, Ordinarii quorum interest, nimirum Ordinarii dioecesani pro sacerdotibus saecularibus, Superiores maiores pro religiosis, per congruum tempus omnia experiri debent ut orator ad difficultates quas patitur superandas adiuvetur (cfr. Paulus VI, Litt. Enc. "Sacerdotalis caelibatus", n.87), exempli gratia translatione a loco ubi periculis est obnoxius, opem ferentibus, pro casuum natura, confratribus et amicis oratoris, consanguineis, medicis et psychologis.

2. Quod si his omnibus incassum cedentibus, orator pergat dispensationem postulare, locus erit colligendis informationibus ad rem necessariis.

II - De natura investigationis ad informationes colligendas

1. Ut Sacra Congregatio pro Doctrina Fidei ex cognitione causae iudicet an reductio ad statum laicalem cum dispensatione ab oneribus proponi possit Summo Pontifici, non sufficiunt supplices preces oratoris, sed omnino necesse est ut his precibus suffragentur informationes a competente auctoritate ecclesiastica collectae, ratione quae infra n. III indicatur. Quae quidem investigatio ad hoc instituitur ut pro rei veritate pateant argumenta vi quorum orator postulat reductionem ad statum laicalem cum dispensatione ab oneribus, ut nempe interrogationibus, documentis, testium depositionibus, peritorum in re medica iudicio aliisque huiusmodi, detegatur an preces oratoris veritate nitantur.

2. Haec tamen investigatio non praesefert notas processus iudicialis. Ipsa non spectat ad demonstrandam, ad normam canonum 1993-1998, invaliditatem sacrae ordinationis vel susceptionis onerum, sed tantum ad dispensationem ab oneribus concedendam, si casus ferat, sacerdoti qui simul

ad statum laicalem reducitur. Hac de causa competens auctoritas non debet constituere proprie dictum tribunal, sed, sive per se sive per delegatum sacerdotum, investigationem peragere quae potius pertinet ad officium pastorale. At haec investigatio iuxta definitas regulas est peragenda, propositis nempe definitis quaestionibus et definitis acceptis responsionibus, et finale votum ipsius auctoritatis pro rei veritate est promendum.

3. Investigatio spectat praesertim ad ea quae sequuntur:

a) Generalia oratoris: tempus et locus nativitatis, "praecedentia" quae vocant, seu "anamnesis", et adiuncta familiae ex qua orator ortus est, conformatio morum, studia, scrutinia de ipso lata pro suscipiendis sacris ordinibus, et si orator est religiosus etiam pro nuncupandis votis, tempus et locus sacrae ordinationis, curriculum ministerii sacerdotalis, condicio iuridica in qua nunc versatur, sive in foro Ecclesiae sive in foro civitatis, et his similia.

b) Causae et adiuncta, seu circumstantiae, difficultatum quibus orator premitur, vel defectionis: ante ordinationem, ut morbi, immaturitas sive in ordine physico sive in ordine psychico, lapsus quoad VI praeceptum Decalogi tempore formationis in Seminario vel religioso Instituto, impulsus ex parte familiae, errores Superiorum, sive fori interni (dummodo accedat oratoris licentia) sive fori externi, in iudicando de vocatione; post ordinationem, defectus accomodationis sacro ministerio, angustiae seu crisis in vita spiritus vel in ipsa Fide, errores circa caelibatum et sacerdotium, mores dissoluti, et alia huiusmodi.

c) Fides quam orator meretur: an scilicet ea quae in precibus eius habentur rei veritati respondeant.

d) Interrogatio testium ad rem facientium, ut sunt parentes, fratres et sorores, superiores et condiscipuli in Seminario vel Novitiatu, Superiores et confratres in ministerio, quatenus expediat.

e) Pro casuum natura, et quatenus conferre possint, examina peritorum ex officio in re medica, psychologica, psychiatrica.

Auctoritas cui munus incumbit peragendae investigationis illa omnia addere potest quae utilia noverit ad casus pleniorem intellegentiam. Omnia quae praecedunt sub iuramento pro posse proferantur et secreto tegantur.

4. Orator, postquam preces suo Ordinario porrexerit et donec responsio S. Congregationis pervenerit, est ad cautelam ab exercitio ordinum prohibendus (cfr. can. 1997).

III - De auctoritate competente cui munus incumbit peragendae investigationis.

1. Per se officium proponendi Summo Pontifici, per Sacram Congregationem pro Doctrina Fidei, casum reductionis ad statum laicalem, cum dispensatione ab oneribus, pertinet ad proprium oratoris Praelatum, id est

ad Ordinarium loci incardinationis quoad sacerdotes dioecesanos, ad Superiorem maiorem quoad sacerdotes religiosos.

2. Ordinarius incardinationis vel Superior maior religiosus ad peragendam investigationem iuxta praesentes Normas praevia licentia Sacrae Congregationis pro Doctrina Fidei non indiget, sed illam in genere peragit iure et officio suo.

Investigatione completa, competens auctoritas acta mittet ad Sacram Congregationem pro Doctrina Fidei.

Hoc vero Sacrum Dicasterium casum quam primum perpendet et, si censuerit postulationi favendum esse, proponet Beatissimo Patri, Cui uni pertinet decernere an reductio cum dispensatione concedenda sit necne.

3. Quando sacerdos orator longe abest a propria dioecesi vel a sede proprii Superioris maioris,

a) Si quidem ad proprium Ordinarium, sive dioecesanum sive religiosum, recurrerit, curae erit ipsi Ordinario rogare Ordinarium loci, in quo habitualiter orator degit, ut investigationem instituat, et ad hoc omnia scitu utilia cum isto Ordinario communicare.

b) Si recurrerit ad Ordinarium loci, in quo habitualiter degit, curae erit huic Ordinario certiorem facere proprium Praelatum, sive dioecesanum sive religiosum, oratoris, ab eoque requirere ea quae pro instituenda investigatione necessaria sunt.

In utroque casu, Ordinarius loci, in quo orator habitualiter degit, acta interrogatorii transmittet ad Praelatum proprium oratoris, sive dioecesanum sive religiosum, addito suo voto.

4. Ex proportionata causa, sacerdos orator petere potest a Sacra Congregatione pro Doctrina Fidei ut casus, praeter nunc recensitam regulam, alii auctoritati committatur ac proprio Ordinario, sive dioecesano sive religioso. Sed etiam in hoc casu, Ordinarius cui Sacra Congregatio pro Doctrina Fidei commiserit investigationem faciendam, requirere debet sub secreto ab Ordinario dioecesano vel religioso proprio oratoris opportunas informationes et votum; acta vero in hoc casu directe transmittet ad Sacram Congregationem pro Doctrina Fidei.

5. Semper cum agitur de oratore religioso et quoties orator sacerdos saecularis in propria dioecesi non degit, Ordinarius loci, in quo ipse commoratur, a competente auctoritate rogabitur qui sentiat de timendo vel non timendo scandalo orituro ex dispensationis concessione et ex canonico oratoris matrimonio.

IV - Acta transmittenda ad S. Congregationem pro Doctrina Fidei

Expleta investigatione, Ordinarius proprius oratoris, sive dioecesanus sive religiosus, ad Sacram Congregationem pro Doctrina Fidei haec quae his recensentur transmittere debet:

1) supplices preces scripto ab oratore exaratas;

2) acta ipsius investigationis (Cfr. n.III,3);

3) votum suum, in quo agere debet etiam de iis quae expertus est ad iuvandum oratorem pro superandis difficultatibus, deque iis quae adhibere intendit ad vitandum scandalum ex dispensationis concessione forte oriturum inter fideles;

4) in casibus recensitis sub n.III,5°) votum Ordinarii loci commorationis oratoris de scandalo timendo vel non timendo in illo loco.

Curent omnino competentes auctoritates ut acta completa transmittantur: ita causae cito expedientur; si enim deest necessarium aliquod documentum, casus solutio protrahitur.

V - Rescriptum reductionis ad statum laicalem cum dispensatione ab oneribus cum sacra ordinatione conexis

1. Rescriptum complecitur inseparabiliter reductionem ad statum laicalem et dispensationem ab oneribus ex sacris ordinibus manantibus. Numquam oratori fas est duo illa elementa seiungere, seu alterum accipere et prius recusare. Si orator est religiosus, Rescriptum continet etiam dispensationem a votis.

Ipsum insuper, quatenus opus sit, secumfert absolutionem a contractis censuris et legitimationem prolis.

Rescriptum vim suam exserit a momento notificationis a competenti Praelato oratori factae.

2. Rescriptum mittitur ad Praelatum proprium oratoris, videlicet ad Ordinarium dioecesanum pro sacerdotibus saecularibus, ad Superiorem maiorem pro religiosis, ut cum oratore communicetur, excepto casu de quo n.III,4°).

3. Si orator est sacerdos dioecesanus extra propriam dioecesim versans, vel religiosus, Ordinarius loci incardinationis vel Superior religiosus maior Ordinarium loci commorationis habitualis oratoris certiorem faciet de pontificia dispensatione, eumque, si casus ferat, rogabit ut Rescriptum cum oratore communicet et necessarium delegationem pro matrimonii canonici celebratione concedat. Si vero peculiares circumstantiae aliud suadeant, praedictus Ordinarius ad Sacram Congregationem recurrat.

4. In Libris baptizatorum paroeciae sive oratoris sive compartis adnotetur consulendum esse Ordinarium loci si quando notitia vel documenta exquirantur.

VI - Condiciones servandae sacerdoti dispensato

1. Per se sacerdos ad statum laicalem redactus et ab oneribus cum sacerdotio conexis dispensatus, et a fortiori sacerdos matrimonio iunctus, abesse debet a locis in quibus notus est eius status sacerdotalis. Ordinarius loci commorationis oratoris, de communi consilio, quatenus opus sit, cum Ordinario proprio incardinationis vel cum Superiore maiore religioso, dispensare poterit ab ista clausula Rescriptum afficiente, si oratoris dispensati praesentia scandalum paritura non praevidetur.

2. Quod attinet ad celebrationem canonici matrimonii, per se Ordinarius curet ut a quacumque pompa vel adparatu abstineatur et coram sacerdote probato ac sine testibus vel, si opus fuerit, cum duobus testibus, illud peragatur, cuius acta in secreto Curiae tabulario adserventur.

Ad Ordinarium loci commorationis una cum Praelato proprio oratoris, sive dioecesano sive religioso, pertinet determinare quomodo dispensatio, et pariter celebratio matrimonii, secreto sit tegenda vel communicari possit, debitis sub cautionibus, cum oratoris propinquis, amicis et conductoribus (datore di lavoro, employeur, employeur), ut bonae famae ipsius oratoris consultum sit iuribusque oeconomico-socialibus ex novo statu laici et uxorati manantibus.

3. Si vero sacerdos ad statum laicalem redactus et ab oneribus cum sacra ordinatione conexis dispensatus fidem datam de vitando scandalo non servat, immo etiam casum suum publici iuris facit ad scandalum provocandum (adhibitis proelo, radio-televisificis instrumentis aliisque id genus), impellente mala voluntate spernendi sacrum caelibatum, Ordinariis quorum interest, etiam Superiori religioso in casu religiosorum, vulgare fas erit sacerdotem de quo agitur redactum esse ad statum laicalem et ab oneribus dispensatum eo quod Ecclesia illum sacerdotii exercitio non idoneum censuit.

4. Ordinarius, ad quem spectat Rescriptum cum oratore communicare, hunc enixe hortetur, ut vitam Populi Dei, ratione congruente cum nova cius vivendi condicione, participet, aedificationem praestet, et ita amantissimum Ecclesiae filium se exhibeat. Simul autem eidem notum faciat cuilibet sacerdoti ad statum laicalem redacto et ab oneribus dispensato vetitum esse ne:

a) ullam ordinis sacri functionem peragat, salvis iis quae habentur can. 882 et 892 § 2;

b) ullam partem liturgicam agat in celebrationibus cum populo, ubi eius condicio est nota, neve umquam homiliam habeat;

c) ullum officium pastorale gerat;

d) munere Rectoris (vel alio munere directivo), Directoris spiritualis et Docentis fungatur in Seminariis, Facultatibus Theologicis et similibus Institutis;

e) itemque ne munere Directoris scholae catholicae neve munere magistri religionis in quibuslibet scholis, catholicis aut secus, fungatur. Attamen

Ordinarius loci, pro suo prudenti iudicio, potest in casibus particularibus permittere ut sacerdos ad statum laicalem redactus et ab oneribus cum sacra ordinatione conexis dispensatus, religionem doceat in scholis publicis, ex exceptione etiam in scholis catholicis, dummodo ne scandalum aut admiratio sit timendum.

5. Ordinarii quorum interest, inter quos Superior maior religiosorum, paterna et pastorali caritate prosequantur sacerdotes redactos ad statum laicalem et dispensatos ab oneribus cum sacra ordinatione conexis, et pro posse in necessariis ad vitam honeste sustentandam subveniant.

VII - De Casibus in quibus ex officio est procedendum

Congrua congruis referendo, ea quae in his regulis statuta sunt pro casibus in quibus sacerdotes sponte petunt reductionem ad statum laicalem cum dispensatione ab oneribus ex sacra ordinatione manantibus, applicanda sunt etiam in casibus in quibus aliquis sacerdos, vel ob pravam vitam, vel ob errores in doctrina, vel ob aliam gravam causam, videtur post necessariam investigationem reducendus ad statum laicalem et simul ex misericordia dispensandus ne periculum aeternae damnationis incurrat.

B. Brief

Litteris Encyclicis "Sacerdotalis caelibatus" die 24 iunii 1967 datis, Summus Pontifex Paulus VI alloquebatur "paterno amore, magna trepidatione ac dolore ... infelices illos ... in sacerdotio fratres, sed semper dilectissimos ac desideratissimos, qui, cum in animo impressum gerant sacrum signum Presbyteratus Ordinem collatum, nihilominus ab officiis in sacerdotali consecratione susceptis misere desciverunt."

Quo quidem in documento, Summus Pontifex, memoratis rationibus ob quas Ecclesia quibusdam sacerdotibus concedere censet reductionem ad statum laicalem cum dispensatione ab onere servandi caelibatum, admonet "nihil non esse temptandum, ut vacillans labansque frater persuasione possit ad animi tranquillitatem, ad fiduciam, ad paenitentiam atque ad pristinam resumendam alacritatem revocari. Atque tunc tantum cum visum fuerit fieri non posse, ut sacerdos ad bonam frugem compellatur, tum demum infelicem Dei ministrum a sibi concredito munere exsequendo esse eximendum." Addit vero Beatissimus Pater "quodsi aliquando fiat ut, quamvis is reduci non possit ad sacerdotii partes rursus sustinendas, sinceram tamen bonamque ostendat voluntatem christianae vitae ducendae, ut laicum decet, Apostolica Sedes, omnibus diligentissime perpensis, collatisque cum loci Ordinario vel cum Superiore religioso consiliis, potiorem habens amorem quam dolorem, postulatam dispensationem interdum concedit ..." (AAS 59 [1967] 690-692).

Sane vero, Summi Pontifices Pius XII et Johannes XXIII f.r. et Paulus VI Supremae tunc Sacrae Congregationi Sancti Officii examinandas commiserant supplices preces pro reductione ad statum laicalem cum dispensatione ab onere servandi caelibatum, ut casus favorabili iudicio dignos Pontificiae Audientiae exhiberet.

Quapropter hoc Sacrum Dicasterium, die 2 februarii 1964, "omnibus E.mis et Exc.mis Locorum Ordinariis atque Familiarum Religiosarum Moderatoribus Generalibus" litteras misit quibus nuntiabatur constitutam esse specialem Commissionem, penes ipsam Sacram Congregationem, cui id muneris incumberet ut postulationes pro reductione ad statum laicalem cum dispensatione ab onere servandi caelibatum perpenderet. Quibus quidem litteris adnexae erant "Normae ad causas parandas de S. Ordinatione eiusque oneribus", iuxta quas Ordinarius loci habitualis commorationis oratoris (qui etiam "actor" vocabatur) Tribunal constituere debet, constans Iudice, Defensore Vinculi Sacrae Ordinationis et Actuario, ad conficiendum processum ritu iudiciali. Interrogatorium oratoris 27 articulos continet, "Iudiciale examen" vero parentum et testium 22 et 32 respective.

Inde vero a diuturno tempore, plurimi E.mi et Exc.mi Episcopi et Religiosorum Moderatores Generales petiverunt ut regulae servandae ad simpliciorem formam redigerentur ac consequenter contraheretur tempus solutioni causarum impendendum, sive in Curiis dioecesanis sive in hac Sacra Congregatione.

Haec considerans, Plenarius Coetus huius S. Congregationis die 3 Decembris 1969 habitus, decrevit normas hic memoratas esse abrogandas et iis novas simpliciores esse sufficiendas. Beatissimus Pater autem relatam Sibi E.morum et Exc.morum Patrum decisionem ratam habuit.

Itaque haec Sacra Congregatio ea quae Episcopi et Generales Moderatores suggesserant per ordinem digessit, et contulit cum conclusionibus quas experiendo deprompserat ex milibus casuum ex omnibus fere orbis terrarum partibus ad se delatorum. Inde deductae sunt Normae hae novae, quas Beatissimus Pater Sibi suppositas die 14 Decembris 1970 approbare dignatus est.

Hisce nunc Litteris novae Normae cum singulis locorum Ordinariis et Religiosorum Institutorum clericalium Moderatoribus Generalibus communicantur; Generales autem Moderatores rogantur ut illas notas faciant omnibus suae Religionis Superioribus Maioribus (Provincialibus et Provincialibus assimilatis).

Hae porro Litterae et ipsae Normae solis iis qui hic nominati sunt innotescere debent, et ideo vetitum est ne publici iuris fiant.

Potissima discrimina inter Normas anno 1964 latas et has praesentes nunc illustranda veniunt.

1) Loco "processus iudicialis" in Tribunali instructi nunc fit simplex investigatio, cui propositum est detegere utrum motiva in petitione dispensationis ab onere caelibatus allata valeant et utrum ea quae orator asserit veritate nitantur. Huiusmodi investigatio igitur minus habet rigoris iuridici et magis regitur pastoralibus rationibus, simplicioreque via procedit: id tamen semper sanctum esto ut ad obiectivae veritatis cognitionem investigatio ducat.

2) Normae anno 1964 latae totum processum Ordinario loci commorationis habitualis oratoris committebant,qui quidem poterat non esse proprius Ordinarius oratoris sacerdotis saecularis et numquam erat proprius Superior maior oratoris religiosi. Novae vero Normae munus peragendae investigationis committunt proprio Ordinario oratoris, sive dioecesano sive religioso.

Quod si orator longe absit a propria dioecesi vel a sede sui Superioris maioris religiosi, Normae mandant praedictis competentibus auctoritatibus, seu praelatis, ut Ordinarium loci in quo orator degit datis litteris rogent pro peragenda investigatione.

3) In hac Sacra Congregatione examen actorum a competente Praelato missorum ad simpliciorem regulam accomodabitur. Supposita igitur integritate actorum, examen solvendo casui peragendum intra breve temporis spatium continebitur. Si votum competentis Praelati erit favorabile et votum huius S. Congregationis illud prius ratum habebit, statim dispensatio ab onere servandi caelibatum a Beatissimo Patre petetur; quae si concessa fuerit, eiusdem Rescriptum brevi mittetur eidem illi Praelato qui casum proposuit.

4) Hactenus Rescriptum reductionis ad statum laicalem cum dispensatione ab onere caelibatus servandi mittebatur adnexum litteris Ordinario loci commorationis oratoris, ipsa vero Sacra Congregatio certiorem faciebat Ordinarium proprium incardinationis oratoris vel Superiorem maiorem religiosum. Deinceps vero ille idem Praelatus qui vi incardiantionis vel professionis religiosae orator suberat quique casus investigationem peregit, Rescriptum cum oratore communicabit, vel per se vel per Ordinarium loci commorationis ipsius oratoris.

5) Novae Normae competenti Praelato (Ordinario incardinationis, Superiori maiori religioso, Ordinario loci in quo orator commoratur) concedunt facultatem dispensandi, pro eorum prudentia et quatenus opus sit, oratorem ab obligatione, hactenus valde stricta, servandi secretum circa dispensationem et canonicam matrimonii celebrationem.

6) Ad Normas quae n.VI habentur, post crebras consultationes et diligens examen peractum in coetu mixto huius S. Congregationis et aliorum competentium Dicasteriorum deventum est; ipsas vero peculiari ratione Beatissimus Pater ratas habuit.

Haec quidem in Normis nunc editis potiore aliqua ratione immutant et complent Normas anno 1964 latas. At ipsis Normis praesupponendum est,

Normarumque usum regere debet praegrave officium, omnibus Episcopis Superioribusque religiosis incumbens, quo etiam se obstrictam persentit haec S. Congregatio, cui in primis Summus Pontifex satisfacere intendit, omnia experiendi (antequam recursus instituatur ad Supremam Ecclesiae Auctoritatem pro solvendis casibus misericordia dignis, quos memorant Encyclicae Litterae "Sacerdotalis caelibatus") ut sacerdotes qui discedendi temptatione laborant suas difficultates vincant.

Porro hae Litterae Normaeque adnexae Sacrae Congregationis Pro Doctrina Fidei firmum vivaxque desiderium testantur Episcopis Superioribusque Maioribus religiosis opem ferendi ut periclitantes sacerdotes ad bonam frugem revocentur.

Haec dum pro munere nostro communicamus, impensos obsequii nostri sensus libenter pandimus nosque profitemur in Domino addictissimos.

Franciscus Card. Seper, Praefectus

Paulus Philippe, a Secretis

Kongregation für die Glaubenslehre: Reskript auf das Dispensgesuch eines Priesters an den zuständigen Diözesanbischof

Eminentissime Domine,

petiit reductionem ad statum laicalem cum dispensatione ab omnibus oneribus e sacris Ordinibus (et a religiosa Professione) manatibus, non excepto onere servandi legem sacri coelibatus.

SS.mus D.N. PAULUS, Divina Providentia Papa VI,

die ...., habita relatione de casu a Sacra Congregatione Pro Doctrina Fidei, adnuere dignatus est pro gratia iuxta sequentes Normas:

1. Rescriptum complectitur inseparabiliter reductionem ad statum laicalem et dispensationem ab oneribus ex sacris ordinibus manantibus. Numquam oratori fas est duo illa elementa seiungere, seu alterum accipere et prius recusare. Si orator est religiosus, Rescriptum continet etiam dispensationem a votis.

Ipsum insuper; quatenus opus sit, secumfert absolutionem a contractis censuris et legitimationem prolis.

Rescriptum vim suam exserit a momento notificationis a competenti Praelato oratori factae.

2. Si orator est sacerdos dioecesanus extra propriam dioecesim versans, vel religiosus, Ordinarius loci incardinationis vel Superior religiosus maior Ordinarium loci commorationis habitualis oratoris certiorem faciet de pontificia dispensatione, eumque, si casus ferat, rogabit ut Rescriptum cum oratore communicet et necessariam delegationem pro matrimonii canonici

celebratione concedat. Si vero peculiares circumstantiae aliud suadeant, praedictus Ordinarius ad Sacram Congregationem recurrat.

3. Per se sacerdos ad statum laicalem redactus et ab oneribus cum sacerdotio conexis dispensatus, et a fortiori sacerdos matrimonio iunctus, abesse debet a locis in quibus notus est eius status sacerdotalis. Ordinarius loci commorationis oratoris, de communi consilio, quatenus opus sit, cum Ordinario proprio incardinationis vel cum Superiore maiore religioso, dispensare poterit ab ista clausula Rescriptum afficiente, si oratoris dispensati praesentia scandalum paritura non praevidetur.

4. Quod attinet ad celebrationem canonici matrimonii, per se Ordinarius curet ut a quacumque pompa vel adparatu abstineatur et coram sacerdote probato ac sine testibus vel, si opus fuerit, cum duobus testibus, illud peragatur, cuius acta in secreto Curiae tabulario adserventur.

Ad Ordinarium loci commorationis una cum Praelato proprio oratoris, sive dioecesano sive religioso, pertinet determinare quomodo dispensatio, et pariter celebratio matrimonii, secreto sit tegenda vel communicari possit, debitis sub cautionibus, cum oratoris propinquis, amicis et conductoribus (datore di lavoro, employeur, employeur), ut bonae famae ipsius oratoris consultum sit iuribusque oeconomico-socialibus ex novo statu laici et uxorati manantibus.

5. In Libris baptizatorum paroeciae sive oratoris sive compartis adnotetur consulendum esse Ordinarium loci, si quando notitia vel documenta exquirantur.

6. Ordinarius, ad quam spectat Rescriptum cum oratore communicare, hunc enixe hortetur, ut vitam Populi Dei, ratione congruente cum nova eius vivendi condicione, participet, aedificationem praestet, et ita amantissimum Ecclesiae filium se exhibeat. Simul autem eidem notum faciat cuilibet sacerdoti ad statum laicalem redacto et ab oneribus dispensato vetitum esse ne:

a) ullam ordinis sacri functionem peragat, salvis iis quae habentur can. 882 et 892 par.2;

b) ullam partem liturgicam agat in celebrationibus cum populo, ubi eius condicio est nota, neve umquam homiliam habeat;

c) ullum officium pastorale gerat;

d) munere Rectoris (vel alio munere directivo), Directoris spiritualis et Docentis fungatur in Seminariis, Facultatibus Theologicis et similibus Institutis;

e) itemque ne munere Directoris scholae catholicae neve munere magistri religionis in quibuslibet scholis, catholicis aut secus, fungatur. Attamen Ordinarius loci, pro suo prudenti iudicio, potest in casibus particularibus permittere ut sacerdos, ad statum laicalem redactus et ab oneribus cum sacra ordinatione conexis dispensatus, religionem doceat in scholis publicis, ex exceptione etiam in scholis catholicis, dummodo ne scandalum aut admiratio sit timendum.

Denique Ordinarius ei aliquod opus pietatis vel caritatis imponat. Tempore autem opportuno curet brevius referre ad Sacram Congregationem de peracta exsecutione, et si qua tandem fidelium admiratio exoriatur, prudenti explicatione providere.

Contrariis quibuscumque minime obstantibus.

Ex Aedibus S. C. Pro Doctrina Fidei, die ...

Bischofssynode in Rom: Dokument über den Priesterdienst
30. November 1971

a. lateinisch

4. (Caelibatus)

a) Fundamentum caelibatus.

Caelibatus sacerdotum plene concordat cum vocatione ad apostolicam sequelam Christi necnon cum responso, omnis exceptionis nescio, hominis vocati, qui servitium pastorale assumit. Per caelibatum sacerdos Dominum suum sequens, se pleniore modo promptum et paratum demonstrat et, viam crucis aggrediens, cum gaudio paschali quodammodo eucharistice consummari cupit.

Si autem caelibatus in spiritu Evangelii, in oratione et vigilantia, cum paupertate, laetitia, honorum despectu, amore fraterno vivitur, signum est, quod diu latere non potest, sed efficaciter Christum hominibus etiam nostrae aetatis proclamat. Nam verba hodie vix aestimantur, sed vitae testimonium, *radicalismum* evangelicum ostendens, virtutem habet vehementer trahendi.

b) Causarum in unum convergens ratio.

Caelibatus uti optio personalis, pro aliquo bono maioris momenti etiam mere naturali, personae humanae plenam maturitatem et *integrationem* promovere potest; idque magis dicendum de caelibatu propter regnum caelorum assumpto, uti patet in vita tot sanctorum necnon fidelium, qui vitam caelibem viventes pro Deo et hominibus sese prorsus impenderunt progressum humanum et christianum promovendo.

In humano cultu hodierno, in quo valores spirituales valde obnubilantur, sacerdos caelebs praesentiam Dei absoluti significat, qui ut ad Eius imaginem nos renovemus invitat. Ubi autem valor *sexualitatis* ita exaggeratur, ut genuinus amor oblivioni tradatur, caelibatus propter Regnum Christi homines ad altitudinem amoris fidelis revocat et ultimum sensus vitae patefacit.

Recte insuper sermo fit de valore caelibatus uti signi eschatologici. Omnem *contingentem* valorem humanum superans, sacerdos caelebs Christo ut bono ultimo et absoluto speciali modo se consociat atque libertatem filiorum Dei anticipando manifestat. Plene agnito valore signi et sanctitatis matrimonii christiani, caelibatus propter Regnum clarius ostendit illam *pneumaticam* fecunditatem seu virtutem generatricem Novae Legis, qua Apostolus se in Christo patrem et matrem suarum communitatum esse novit.

Ex hac peculiari Christi sequela sacerdos vim et virtutem potiorem haurit ad Ecclesiam aedificandam; quae virtus nonnisi intima ac permanenti coniunctione cum Eius Spiritu servari et augeri potest. Hanc coniunctionem cum Christo fidelis Populus Dei in suis pastoribus agnoscere vult et discernere potest.

Per caelibatum sacerdotes facilius corde indiviso Deo servire possunt et pro ovibus sese inpendere ita ut plenius promotores evangelizationis et ecclesiasticae unitatis esse queant. Ideo sacerdotes, etsi numero pauciores sed praeclaro hoc vitae testimonio fulgentes, maiore fecunditate apostolica pollebunt.

Caelibatus sacerdotalis est insuper testimonium non modo unius tantum personae, sed vi communionis peculiaris, quo membra Presbyterii inter se devinciuntur, etiam socialem notam induit, utpote testimonium totius ordinis sacerdotalis populum Dei ditans.

c) Caelibatus in Ecclesia Latina servandus.

Salve maneant Ecclesiarum Orientalium traditiones, prout nunc vigent in variis territoriis.

Ecclesia ius habet et officium determinandi formam *concretam* ministerii sacerdotalis et proinde etiam seligendi candidatos aptiores, certis qualitatibus humanis et supernaturalibus insignitos. Cum Ecclesia Latina caelibatum ut condicionem *sine qua non* ad sacerdotium suscipiendum exigit (cf. PO 16), hoc non facit propterea quod putet hunc vitae modum esse unicam viam ad sanctificationem assequendam. Id facit sedulo considerans formam *concretam* ministerium exercendi in communitate ad aedificationem Ecclesiae.

Propter intimam et multiformem cohaerentiam inter munus pastorale et vitam caelibem, lex vigens sustinetur: qui enim libere vult *disponibilitatem totalem*, quae est nota distinctiva huius muneris, libere etiam suscipit caelibem vitam. Candidatus hanc vitae formam non ut ab *extrinseco* impositam, sed potius ut manifestationem liberae suae donationis, quae ab Ecclesia per Episcopum acceptatur et rata habetur, sentiat oportet. Hoc modo lex tutela et praesidium fit libertatis, qua sacerdos se Christo donat, et tamquam "iugum suave" evadit.

d) Condiciones caelibatui faventes.

Novimus plane caelibatui in mundo hodierno difficultates peculiares undequaque impendere, quas ceterum per saeculorum decursum iam pluries sacerdotes experti sunt. Difficultates vero presbyteri superare possunt, si promoveantur condiciones aptae, nempe: vitae interioris incrementum ope orationis, abnegationis, caritatis ardentis erga Deum et proximum, aliisque subsidiis vitae spiritualis; aequilibrium humanum per ordinatam insertionem in compaginem socialium relationum; fraterna cum aliis presbyteris et cum Episcopo consuetudo et conversatio, pastoralibus structuris ad hoc melius aptatis, adiuvante quoque communitate christifidelium.

Fatendum est caelibatum ut Dei donum servari non posse, nisi candidatus ad eum congruenter praeparetur. Inde ab initio candidati attendant oportet ad rationes positivas pro caelibatu eligendo, neque se obiectionibus turbari sinant, quarum cumulatio et continua oppositio potius est signum valorem pristinum in discrimine positum esse. Meminerint insuper virtutem, qua Deus nos confortat, semper adesse iis, qui Illi fideliter et integre servire contendant.

Sacerdos, qui exercitium ministerii reliquit, aeque et fraterne tractetur; etsi in servitio Ecclesiae adiutricem operam praebere potest, non tamen admittatur ad actus sacerdotales exercendos.

e) Lex caelibatus.

Lex caelibatus sacerdotalis in Ecclesia Latina vigens integre servari debet[1].

* * *

f) De ordinatione virorum matrimonio iunctorum.

Duae formulae propositae sunt suffragationibus Patrum:

Formula A: Salvo semper Summi Pontificis iure, ordinatio presbyteralis virorum matrimonio iunctorum non admittitur ne in casibus quidem particularibus.

Formula B: Solius Summi Pontificis est, in casibus particularibus, ob necessitates pastorales, attento bono universalis Ecclesiae, concedere ordinationem presbyteralem virorum matrimonio iunctorum provectioris tamen aetatis et probatae[2].

1 Exitus suffragationis: Placet 168. Non placet 10. Placet iuxta modum 21. Abstentiones 3.

2 Iuxta dispositiones a Praesidibus datas suffragationes habitae sunt non per placet aut non placet, sed electionem unius aut alterius formulae (Prima formula, seu A, obtinuit 107 suffragia, altera, seu B, 87. Abstentiones fuerunt 2 et 2 pariter vota nulla).

b. deutsch

(hier dt. Übers. hrsg. von der Deutschen Bischofskonferenz, Übers. d. Textes: Hans Urs von Balthasar, Trier 1972, in der Reihe: Arbeitshilfen Nr. 2)

Der priesterliche Zölibat

a) Grundlagen

(1) Der priesterliche Zölibat steht in vollem Einklang mit der Berufung zur apostolischen Nachfolge Christi und mit der vorbehaltlosen Antwort des Berufenen, der den apostolischen Dienst antritt. Durch den Zölibat folgt der Priester bereiter und verfügbarer seinem Herrn nach. Mit österlicher Freude ist er bereit, den Kreuzweg mitzugehen, und möchte sich gleichsam eucharistisch mitverteilen lassen.

(2) Wenn der Zölibat im Geist des Evangeliums, mit Gebet und Wachsamkeit, in Armut und Freude, unter Geringschätzung äußerer Ehren und in brüderlicher Liebe gelebt wird, dann wird er zu einem Zeichen, das nicht lange verborgen bleiben kann, vielmehr auch den Menschen unserer Zeit wirkungsvoll Christus verkündet. Worte bedeuten heutzutage wenig, das Zeugnis des Lebens aber, das den Radikalismus des Evangeliums offenbart, hat mitreißende Kraft.

b) Angemessenheitsgründe

(3) Schon als persönliche Entscheidung für ein hohes, auch rein natürliches Gut kann Ehelosigkeit einen Menschen zu seiner vollen Reife und Entfaltung bringen. Das gilt erst recht von der Ehelosigkeit, die um des Himmelreiches willen übernommen wird, wie das Leben so vieler Heiligen und Gläubigen beweist, die ehelos blieben und sich ganz für Gott und die Menschen verzehrten und so beitrugen zum Wohl der Menschheit und der Christenheit.

(4) In der modernen Kultur, in der die geistigen Werte so verdunkelt sind, weist der ehelose Priester auf die Gegenwart des absoluten Gottes hin, der einlädt, uns nach seinem Bild zu erneuern. Wo die Sexualität derart überbetont wird, daß darüber die echte Liebe dem Vergessen anheimfällt, erinnert die Ehelosigkeit um des Himmelreiches willen die Menschen an die Hochwerte liebender Treue und stellt ihnen den letzten Sinn des Lebens vor Augen.

(5) Mit Recht wird ferner der Wert des Zölibats als eines eschatologischen Zeichens betont. Der ehelose Priester stellt alle vergänglichen menschlichen Werte hintan, um sich Christus als dem höchsten und unbedingten Gut ausdrücklich anzuschließen. So offenbart er im voraus die Freiheit der Kinder Gottes. Bei voller Anerkennung des Zeichen- und Heiligkeitswertes der christlichen Ehe läßt doch die Ehelosigkeit um des Himmelreiches willen jene pneumatische Fruchtbarkeit oder Zeugungskraft des Neuen Bundes deutlicher werden, kraft derer der Apostel sich als Vater und Mutter seiner Gemeinden gewußt hat.

(6) Aus dieser besonderen Nachfolge Christi schöpft der Priester mehr Kraft und Eignung zum Aufbau der Kirche. Diese Kraft kann freilich nur

durch innige dauernde Verbundenheit mit dem Geist Christi gewahrt und vermehrt werden. Eben diese Verbundenheit mit Christus will das Gottesvolk in seinen Hirten wahrnehmen, und es ist auch durchaus imstande, sie zu erkennen.

(7) Durch die Ehelosigkeit kann der Priester leichter ungeteilten Herzens Gott dienen und sich seiner Herde widmen, sich auch entschiedener für die Verkündigung und die kirchliche Einheit einsetzen. Eine geringere Zahl von Priestern, die dafür dieses leuchtende Lebenszeugnis geben, wird deshalb mit größerer apostolischer Fruchtbarkeit wirken (als eine größere Zahl anderer).

(8) Der priesterliche Zölibat ist schließlich nicht das Zeugnis einer Einzelperson. Wegen der engen Gemeinschaft, die die Glieder des Presbyteriums untereinander verbindet, hat er auch seinen sozialen Aspekt: er ist ein Zeugnis des gesamten Priesterstandes, womit dieser das Volk Gottes bereichert.

c) Beibehaltung des Zölibats in der lateinischen Kirche

(9) Die Traditionen der Ostkirchen, wie sie jetzt in den verschiedenen Ländern in Kraft sind, sollen unangetastet bleiben.

(10) Die Kirche hat das Recht und die Pflicht, die konkrete Form des priesterlichen Dienstes festzulegen. Somit hat sie auch das Recht und die Pflicht, die geeigneten Kandidaten auszuwählen, die mit bestimmten menschlichen und übernatürlichen Eigenschaften begabt sind. Wenn die lateinische Kirche den Zölibat als unerläßliche Bedingung für das Priestertum fordert (PO 16), tut sie dies nicht in der Meinung, dieser Weg führe als einziger zur Heiligung. Sie tut es aufgrund einer sorgsamen Überlegung, welche konkrete Form der Amtsausübung in der Gemeinde zur Auferbauung der Kirche die beste sei.

(11) Wegen des innersten und vielfältigen Zusammenhangs zwischen Seelsorge und ehelosem Leben bleibt das geltende Gesetz in Kraft. Wer nämlich aufgrund freier Entscheidung die volle Verfügbarkeit will, die das unterscheidende Merkmal dieses Amtes ist, der wird auch frei das ehelose Leben auf sich nehmen. Der angehende Priester soll diese Lebensform nicht als etwas von außen ihm Aufgezwungenes empfinden, sondern vielmehr als den Ausdruck seiner freien Selbsthingabe, die von der Kirche durch den Bischof angenommen und bestätigt wird. So wird das Gesetz zum Schutz und Schirm der Freiheit, mit der sich der Priester Christus überantwortet. Und es wird zu einem "milden Joch".

d) Günstige Voraussetzungen für den Zölibat

(12) Natürlich drohen dem Zölibat heutzutage von allen Seiten große Schwierigkeiten. Die Priester haben übrigens solche im Lauf der Jahrhunderte

schon mehrfach erfahren. Sie können sie überwinden, wenn sie geeignete Voraussetzungen dafür schaffen, nämlich: Wachstum des innern Lebens durch Gebet, Selbstverleugnung, tiefe Liebe zu Gott und zum Nächsten, andere Hilfen des geistlichen Lebens; auch ein natürliches seelisches Gleichgewicht durch organische Einordnung in ein Gefüge mitmenschlicher Beziehungen; brüderlicher Umgang und Gedankenaustausch mit den Mitbrüdern im Amt und mit dem Bischof. Dazu müssen freilich die pastoralen Strukturen verbessert werden und auch die Gemeinde muß mithelfen.

(13) Der Zölibat, als ein Gottesgeschenk, läßt sich ferner nur halten, wenn die jungen Theologen entsprechend darauf vorbereitet werden. Von Anfang an müssen sie auf die positiven Gründe für die Entscheidung zum Zölibat achten. Sie sollen sich durch keine Einwände verwirren lassen, deren Häufung und dauerndes Trommelfeuer eher ein Zeichen dafür ist, daß hier ein erstrangiger Wert zur Entscheidung steht. Sie sollen auch bedenken, daß Gott mit seiner Kraft denen stets nahe ist, die sich anstrengen, ihm treu und in ungeteilter Hingabe zu dienen.

(14) Priester, die ihr Amt aufgeben, sollen mit Billigkeit und Brüderlichkeit behandelt werden. Sie können im Dienst der Kirche tätig sein, dürfen aber nicht mehr zur Verrichtung priesterlicher Funktionen zugelassen werden.

e) Das Zölibatsgesetz

(15) Das ist der lateinischen Kirche geltende Gesetz des priesterlichen Zölibats soll uneingeschränkt beibehalten werden (Ausgang der Abstimmung: 168 Ja-, 10 Neinstimmen. Für Verbesserungen des Textes 21, Enthaltungen 3).

f) Die Weihe verheirateter Männer

(16) Zwei Formen wurden den Vätern zur Abstimmung vorgelegt:

Formel A: Unbeschadet der päpstlichen Rechte wird die Priesterweihe von verheirateten Männern nicht gestattet, auch nicht in Sonderfällen.

Formel B: Dem Papst allein steht es zu, in Sonderfällen, aus pastoralen Gründen, unter Berücksichtigung des Wohls der Gesamtkirche, die Priesterweihe verheirateter Männer zu gestatten, die jedoch in reifem Alter stehen und von unbescholtenem Lebenswandel sein sollen (Auf Anordnung der Präsidenten wurde nicht mit Placet (Ja) und Non placet (Nein) abgestimmt, sondern es wurden die beiden Formeln zur Wahl gestellt. Die erste Formel (A) erhielt 107 Jastimmen, die zweite (B) 87 Jastimmen. Enthaltungen: 2, ungültige Stimmen: 2).

**Papst Pauls VI. Ansprache an die Kardinäle und Prälaten der Römischen Kurie
23. Dezember 1971**

In questo quadro, l'impegno spontaneo e completo del sacro celibato, tradizionale nella Chiesa Latina, non poteva non avere nel Sinodo l'espressione che conosciamo, non solo di convinta conferma, ma di rinnovamento attuale e storico.

I Padri, pur non ignorando le difficoltà presenti della vita del Clero, non hanno trovato anacronistico questo modo di rispondere all'esigenza dell'amore di Christo, selezionando per il ministero sacerdotale solo coloro che per carisma die vocazione e di grazia scelgono con libertà, e per la libertà del loro pieno ed esclusivo servizio, il sacro celibato. Esso hanno ritenuto il celibato non un ostacolo isolante alla missione del Sacerdote nel mondo moderno, ma piuttosto una qualificazione, in parte reagente, in parte penetrante, per dialogare con esso, con il vigore evangelico del sale e della luce (Cfr. Mt 5,13). Noi siamo certi che sia la presente e sia ancor più• la giovane e futura generazione del clero accoglieranno volentieri tale disciplina, e la vivranno con umile splendore. La apprezza chi ama, col cuore aperto allo Spirito Santo, e immolato al miglior rendimento del proprio servizio alla Chiesa e al Popolo di Dio. Le vocazioni fioriranno se la Croce ne sara la potente attrattiva.

**Die Regel von Taizé zum Zölibat,
aus: Warten auf das Ereignis Gottes,
Freiburg/ Basel/ Wien 1972**

Wenn das Zölibat eine größere Verfügbarkeit dafür schafft, für Gottes Sache zu sorgen, kann man es nur annehmen, um sich noch mehr dem Nächsten hinzugeben mit der Liebe Christi selbst.

Unser Zölibat bedeutet weder Unterdrückung menschlicher Zuneigung noch Indifferenz, sondern es beruft uns zur Wandlung unserer natürlichen Liebe. Christus allein bewirkt die Verwandlung der Leidenschaften in völlige Liebe zum Nächsten. Wenn der Egoismus der Leidenschaften nicht von einer wachsenden Großmut übertroffen wird, wenn du nicht mehr von der Beichte Gebrauch machst, um dem Bedürfnis zu wehren, dich selbst bestätigt zu finden - wie es in jeder Leidenschaft steckt -, wenn dein Herz nicht dauernd erfüllt ist von einer unermeßlichen Liebe, dann kannst du nicht mehr Christus in dir lieben lassen, und dein Zölibat wird dir zur drückenden Last.

Dies Werk Christi in dir verlangt unendlich viel Geduld.

Die Reinheit des Herzens ist allen natürlichen Neigungen entgegen.

Die Unreinheit, auch die der Gedanken, hinterläßt psychische Spuren, die nicht immer gleich von Beichte und Absolution getilgt werden. Es geht also darum, in einem steten Neubeginn zu leben - wie eben der Christ, der niemals mutlos wird, weil er immer Vergebung findet.

Die Reinheit des Herzens hängt eng zusammen mit der Transparenz. Kein Zurschaustellen deiner Schwierigkeiten, aber auch kein Sich-Verschließen, als wärest du ein Übermensch, aller Kämpfe enthoben!

Weise von dir jeden Gefallen an Vulgärem. Bestimmte Scherze lassen bei Brüdern, die zu kämpfen haben, um sich in der Reinheit des Herzens zu erhalten, die Schwierigkeiten neu aufleben.

Ein gewisses Sich-gehen-Lassen verschleiert den wahren Sinn des vollen persönlichen Einsatzes zum Leben in der Keuschheit, der schwer ist, aber von der Freude getragen. Du sollst wissen, daß dein Verhalten und deine Haltung ein Zeichen sind, dessen Vernachlässigung uns hemmen kann auf dem gemeinsamen Weg.

Die Reinheit des Herzens kann nur gelebt werden in dem spontanen und fröhlichen Lossagen von sich selbst, um sein Leben hinzugeben für die, die man liebt. Und diese Selbsthingabe setzt voraus, daß man es hinnimmt, in seinem Empfinden oft verletzt zu werden.

Es gibt keine Freundschaft ohne reinigendes Leiden.

Es gibt keine Nächstenliebe ohne das Kreuz. Das Kreuz allein läßt uns erkennen, wie unergründlich tief die Liebe ist.

Kongregation für die Glaubenslehre: Erklärung zu den Richtlinien vom 13. Januar 1971
26. Juni 1972

Die XIII Januarii 1971 hoc Sacrum Dicasterium novas Normas statuit ad apparandas sive in Curiis Dioecesanis sive in Curiis Generalitiis Religionum Clericalium causas reductionis sacerdotum ad statum laicalem cum dispensatione ab omnibus oneribus e Sacris Ordinibus manantibus.

Memorata publicatione peracta nonnulla dubia ac difficultates huic Sacrae Congregationi propositae fuerunt praesertim quoad interpretationem quarundam dispositionum in Normis statutarum.

Ad dicta dubia seu difficultates solvendas vel devindendas, hoc Sacrum Dicasterium, Ordinariorum sollicitudinis particeps, haec consideranda proponit authentico modo praedictas Normas interpretando in materia gravi et peculiariter ardua.

I. Hoc Sacrum Dicasterium Ordinarios enixe adhortatur ut, pro eorum laudanda prudentia, "opportune et importune" Sacerdotibus qui in crisi vocationis versantur paterne assistere velint ne in re tam gravis momenti, tum pro eorum ipsorum futuro, tum pro bono Ecclesiae, praecipitantur agant, nec dispensationem sine gravibus obiectivis rationibus petant.

Revera praesertim his ultimis temporibus nonnulli qui ob repentinam crisim dispensationem expostulaverant postea propriam petitionem revocabant cum iam Sacrum Dicasterium casum perpendebat.

Alii autem post communicatum Rescriptum gratiae iam impertitae eam acceptare noluerunt ut sacerdotii exercitium servarent, divina gratia moti ac angoribus conscientiae cruciati.

Sunt denique et qui, dispensatione obtenta et matrimonio coram Ecclesia celebrato, fidem etiam matrimonialem prodiderunt.

Novae Normae non eum finem habent ut gratia dispensationis cuicumque petenti indiscriminatim concedatur, sed tantum ut ad simpliciorem formam investigationes ab Ordinariis peragendae reducantur.

II. Ad n.II,3,b, Normarum: "Causae et adiuncta seu circumstantiae difficultatum quibus orator premitur", sunt elementa praecipua investigationis ab Ordinariis peragendae ut Sacro Dicasterio referre possint quibus rationibus oratoris petitio fulciatur. Hae autem rationes firmari debent etiam aliis notitiis et adiunctis ex ipsis investigationibus forte manantibus (cfr. n.II,3,c,d,e) et Voto quo ipse Ordinarius circa ipsam petitionem propriam mentem manifestat. Dispensatio autem non veluti "automatice" conceditur, sed rationes proportionate graves requiruntur.

Huius S. Congregationis est allatus rationes perpendere et in singulis sententiam dicere, considerando non tantum ipsius Oratoris bonum spirituale, sed et bonum Ecclesiae Universae, integra servata lege sacri caelibatus.

Hac de causa non quaecumque rationes propositae semper sufficientes seu validae censendae sunt ad imploratam gratiam obtinendam. Ita sufficientes dici nequeunt: a) simplex voluntas nubendi, b) legis sacri coelibatus contemptus, c) attentatum matrimonium civile vel praestituta dies pro matrimonii celebratione cum spe dispensationem sic facilius obtinendi.

Petitiones igitur quae unice memoratis rationibus fulciri apparent Ordinarii huic Sacrae Congregationi ne mittant, praesertim dum agitur de sacerdotibus qui tantum a paucissimis annis Sacram Ordinationem acceperint.

III. Ad propositum ducibium an Ordinarii applicare possint can. 81 CIC etiam cum de dispensatione a sacro coelibatu agitur, "Negative" respondendum est. Haec enim dispensatio unice et personaliter Summo Pontificii reservatur (cfr. De Episcoporum muneribus, n.IX,1).

Proinde matrimonium forte celebratum quin concessa fuerit ab ipsa Sede Apostolica dispensatio quavis validitate caret.

IV. Rescriptum reductionis ad statum laicalem et dispensationis ab oneribus suam vim plene exercet immediate a momento notificationis ex parte Ordinarii, nec ulla acceptatio ex parte Oratoris requiritur. Opportuna cautela,

Sacra Congregatio numquam directe cum Oratore dispensationis Rescriptum communicat, sed semper Ordinario id mittit, ut occasione Rescripti executionis, ipsum Oratorem modo magis personali moneat quoad vitam christianam ducendam ad animae propriae aeternam salutem promerendam et christifidelium aedificationem.

Si vero, Rescripto notificato, Orator poenitentia motus voluntatem manifestat perseverandi in exercitio sacerdotii, ipse pariter a quovis sacerdotali munere iure suspensus censendus est quia ipsa notificatione ad statum laicalem reductus est; attamen potest Sacrae Congregationi novam petitionem porrigere pro readmissione in statum clericalem. Ipsa autem Sacra Congregatio, post congruum probationis tempus, attento favorabili Voto Ordinarii, decernet de opportunitate proponendi novam gratiam Summo Pontifici.

V. Verbis "similibus Institutis" quae in n. VI, 4, d, "Normarum" inveniuntur, intelligi debent:

a) Facultates, Instituta, Scholae etc., scientiarum ecclesiasticarum vel religiosarum (v.g. Facultates Juris Canonici, Missionologiae, Historiae Ecclesiasticae, Philosophiae vel Instituta Pastoralia, Paedagogiae Religiosiae, Catecheticae, etc.). Apud memorata Instituta nullum docendi munus sacerdotibus dispensatis committi potest, immo ipsi a dicto munere omnino recedant oportet ante dispensationis concessionem.

b) Quaevis alia superiora studiorum centra, etiam ab Ecclesiae auctoritate stricte non dependentia in quibus etiam theologicae vel religiosae disciplinae doceantur. Apud haec Instituta memoratis sacerdotibus dispensatis committi nequeunt disciplinae proprie theologicae vel ipsis intime conexae (e.g. paedagogia religiosa et catechetica). In dubio quoad disciplinas theologicae conexas, res a S. Congregatione pro Doctrina Fidei, collatis consiliis cum S. Congregatione pro Educatione Catholica, dirimetur.

VI. Haec Sacra Congregatio confidit nonnullorum expectationes explevisse ut, difficultatibus solutis, faciliori via Normae datae integre servari possint.

Franciscus Card. Seper, Praefectus

+ Paulus Philippe, a Secretis

Grußadresse von Direktor Dr. Schäfer (Bonn), anläßlich der Papstaudienz für die Deutsche Regentenkonferenz 22. Juli 1973

Beatissime Pater!

Nos, Rectores Seminariorum Germaniae, hisce diebus in Villam Sancti Pastoris in unum convenimus, ut inter negotia conventus annualis quaestionem illa centralem deliberemus: quomodo nempe alumni manuducantur ad fidem;

quomodo insuper fides illorum fundamentalis profundior reddatur meditatione, oratione, sacro silentio.

Duo sunt momenta, quae regunt conventus nostros; momenta, dico, quibus et hospites nostri semper afficiuntur et quae ita elucidari possunt.

Viget inter omnes vera illa fraternitas, qua unusquisque nostrum communi operi libere contribuere queat, quot ex suo habeat ideas, inceptus, navitates, difficultates.

Secundum momentum extollo confidentiam, quae totum laborem pervadit, quae nititur et fulcitur firma spe, qua credimus Spiritum Christi, Domini nostri, numquam deesse Ecclesiae in itinere suo.

Tali spiritu imbuti ad Te venimus, Beatissime Pater.

Grato animo verbum Tuum audire cupimus. Concedas, rogamus, ut nos quoque et illa omnia - quamvis breviter - proferamus, quae nos movent in instituendis Sacrorum alumnis. Primo quidem laeto constatare oportet nos omnes in exsequendo munere nostro experiri quanti pretii alumni habeant illa omnia, quae ad vitam spiritualem spectant, id est, ad vitam, quae ex fide vivitur, quae in fidem ducit.

Tali modo conditio magni ponderis habetur, qua praeparatio profundior ad munus sacerdotale optime nutritur et alitur. - Insuper dicendum est, magni emolumenti esse omnes inceptus, - praesertim exercitationes practicas in ministerio pastorali - qui cohaerentiam inter studia theologica et praxim pastoralem fovent. Denique laudanda est sincera voluntas alumnorum, qua anhelant communionem fraternam et ad cooperationem pastoralem tendunt. Momenta ista positiva, quae ultimis annis magis magisque sese manifestant, quaeque corrispondent medullae Rationis Fundamentalis Institutionis Sacerdotalis, confidentiam nostram roborant relate ad tempora futura.

Inter bona faustaque, quae proposuimus, silentio praeterire non possumus sollicitudines, quae nos premunt et affligunt. Quotidie vitam agimus communem cum iuvenibus, qui sacerdotium appetunt. Quorum numerus ultimis hisce annis et in nostra patria et in Ecclesia Universali continuo decrevit. Praesertim affligimur facto deplorando, quod multi - sunt circiter quinquaginta per centum - relinquunt viam ad Sacerdotium, quam magno zelo incoeperunt; saepe iuvenes optimi indolis.

Huius conditionis multae habentur rationes. Per primum nosmetipsi necnon confratres nostri in discrimen poni videmur. Vita enim nostra sacerdotalis non videtur talem inspirationem suppeditare, qua iuvenes convincuntur ut et ipsi ad talem vitae statum attrahantur. Insuper addendum venit institutionem theologicam nonobstante immenso opere perpetrato non iam sufficere, ut alat intentionem et desiderium Sacerdotii. Non semel et ipsi alumni nobis indicant, quare renuntient Sacerdotio; dicunt enim incapaces esse sese identificandi cum Ecclesia concreta, quod iure meritoque a sacerdote exigatur.

Multi alumni denique renuntiant vocationi sacerdotali propter legem coelibatus. Desiderant quidem esse sacerdotes, pretio aestimant vitam caelibem propter regnum coelorum, semetipsos autem capaces non sentiunt ad tale onus assumendum. Nos dolore afficimur, cum videamus illos declinare a via coepta.

Officium nostrum in illo esse nobis persuasum est, ut semitas aperiamur, quomodo etiam nostris diebus vita sacerdotalis in sequela Christi iuxta Magisterium Ecclesiae magis authentica reddatur.

Nec minus remanet nobis problema solvendum, quomodo necessitatibus pastoralibus occurratur, quae propter penuriam sacerdotum in multis paroeciis nostris existunt ac de die in diem increscunt.

Rogamus Te, Beatissime Pater, ut nos adiuves consilio et opere Tuo.

Quamvis tribulationem patimur, non angustiamur. Plena fiducia et firma fide credimus verbo Domini: "Ecce, ego vobiscum sum omnibus diebus usque ad consummationem saeculi" (Mt 28,18).

Paene perpendere valemus onus, quod aggravat cor Successoris Sancti Petri. Ideoque pollicemur et promittimus nos semper memores esse in cunctis orationibus nostris et in Missae Sacrificio, sollicitudinum, quas fers, omnium Ecclesiarum et mundi universi.

Bischof Heinrich Tenhumberg (Münster): Artikel zum Zölibat in der Kirchenzeitung von Münster "Kirche und Leben" Nr. 49/1973 (9.12.1973); hier nach: Der Bischof antwortet, II. Bd. Kirche im Gespräch, Kevelaer 1974.

Jesus berief zwar verheiratete Männer in den Kreis seiner engsten Vertrauten. Er forderte aber gleichzeitig einen weitgehenden Verzicht auf die Lebensgemeinschaft in Ehe und Familie. Die ständigen Wanderungen mit Jesus zeit seines irdischen Lebens und die apostolischen Aufgaben in der Urkirche bedeuteten praktisch die Trennung von Haus und Heimat. In den Evangelien finden sich zahlreiche Stellen, an denen Jesus von denen, die er berief oder die zum engeren Jüngerkreis gehören wollten, eine radikale Unabhängigkeit von familiären Bindungen verlangte: "Einen anderen forderte er auf: Folge mir! Der entgegnete: Herr, laß mich zuvor hingehen und meinen Vater begraben. Jesus erwiderte ihm: Laß die Toten die Toten begraben; du aber geh und verkündige das Reich Gottes! Wieder ein anderer sagte: Ich will dir folgen, Herr; laß mich aber vorher von meiner Familie Abschied nehmen. Jesus erwiderte ihm: Keiner, der seine Hand an den Pflug legt und zurückschaut, taugt für das Reich Gottes" (Lk 9,59-62).

Petrus selbst und die übrigen Apostel haben ihre Familien hintangestellt, um ganz frei zu sein für ihre neue Berufung und Lebensaufgabe. Im

Matthäusevangelium sagt Petrus ausdrücklich: "Wir haben alles verlassen und sind dir nachgefolgt" (19,27). Die Verheißung, die Jesus im Anschluß daran ausspricht, läßt klar erkennen, daß mit dem "alles verlassen" auch der Verzicht auf Haus und Familie gemeint ist: "Ja, jeder, der Haus, Bruder, Schwester, Vater, Mutter, Kind und Acker um meines Namens willen verläßt, wird das Hundertfache dafür erlangen und das ewige Leben erben" (19,29).

Es ist also von diesen Männern im Grunde viel mehr verlangt worden als von den heutigen Priestern unserer Kirche. Denn es ist leichter, unverheiratet in den besonderen Dienst Christi und der Kirche zu treten, als sich von den ehelichen und familiären Bindungen zu lösen, wie es den ersten Aposteln zugemutet wurde.

Damals wie heute ist das Entscheidende für den Verzicht auf die Ehe die entsprechende Gnadengabe dazu. Die Gnadengabe der Ehelosigkeit um des Reiches Gottes willen bedeutet, daß sich jemand vom Rufe Christi und von seiner Frohen Botschaft so ergreifen läßt, daß der Einsatz für Gott und für die Menschen ihn ganz ausfüllt und er deshalb auf die Ehe verzichten kann. Es gibt verschiedene Gnadengaben. Auch die Berufung und Befähigung zu einem Leben in christlicher Ehe und Familie kann man eine Gnadengabe nennen, eine Gabe Gottes zur Auferbauung des Leibes Christi. Es gibt manche Gründe dafür, daß die Kirche den Nachwuchs für den Priesterdienst aus denjenigen auswählt, die sich für diese Gnadengabe der Ehelosigkeit um des Reiches Gottes willen öffnen und auf Dauer dazu fähig sind. In den vergangenen Jahren ist darüber viel geschrieben und auch gestritten worden. Ich möchte das alles hier nicht wiederholen.

Nur eines möchte ich noch bemerken. In der Frage "Warum dürfen Priester nicht heiraten?" klingt oft ein gewisses Bedauern mit, so als ob die Kirche ihnen das Schönste und Beglückendste im menschlichen Leben hartherzig vorenthielte. Demgegenüber möchte ich betonen - und da spreche ich gewiß für die große Mehrheit meiner Mitbrüder im Priesteramt -, daß wir uns keineswegs bedauernswert vorkommen. Wir haben uns sehr bewußt und überlegt für diese Lebensform entschieden. Ein Leben im Dienste der Frohen Botschaft hat seine eigene Freude und sein eigenes Glück. Ein eheloses Leben um des Reiches Gottes willen kann ein sehr erfülltes Leben sein. Gewiß hat es bisweilen auch seine eigenen Nöte und Schwierigkeiten, wie sie in anderer Weise ja auch den Eheleuten nicht erspart bleiben. Entscheidend für ein erfülltes Dasein und ein dauerhaftes Lebensglück ist ja letzten Endes nicht dieser oder jener Beruf, dieser oder jener "Stand" - verheiratet oder unverheiratet -,sondern die Übereinstimmung mit Gott und mit sich selbst. Entscheidend ist das Hineinwachsen und Hineinreifen in jene Form und Bestimmung, die jedem einzelnen Menschen unverwechselbar und persönlich von Gott zuteil wird.

Leitgedanken für die Ausbildung im Seminar. Erziehung zur priesterlichen Aszese,
herausgegeben von der Kongregation für das katholische Unterrichtswesen im April 1974, Nr. 53

Unerläßlichkeit aszetischen Bemühens

Die Ausbildung zum Priestertum und insbesondere zum priesterlichen Zölibat verlangt eine Aszese nicht nur allgemeiner Art, sondern besonderer Prägung, höher jedenfalls als die von allen Christen geforderte, und zugeschnitten auf die besondere Situation der Bewerber um das Priestertum; eine strenge, aber nicht niederdrückende Aszese, die in der überlegten und beharrlichen Übung jener Tugenden besteht, die aus dem Menschen einen Priester machen. Das Priesterleben verlangt eine wahrhaft männliche äußere und innere Aszese, welche die treue Erfüllung der übernommenen Verpflichtungen verbürgt und guten Erfolg erhoffen läßt. Das Bemühen um christliche Vollkommenheit verlangt eine Aszese der Selbstverleugnung, die gleichzeitig eine Aszese der Befreiung ist. Die Abtötung ist nach dem II. Vatikanischen Konzil Ausübung einer königlichen Macht und unerläßlich, um die Herrschaft der Liebe zu verwirklichen. Liebe und Abtötung ergänzen sich wechselseitig: die Abtötung macht den Menschen frei und schafft Raum für die Liebe, die Liebe ihrerseits erleichtert die Abtötung. Der Priesterkandidat ist ein Mensch, der von der "Gnade der Berufung" getroffen wurde, die ihm das kostbare Geschenk des keuschen Lebens macht. Je mehr er sich dessen bewußt wird, umsomehr sollte er sich angespornt fühlen, dieses große Geschenk mit Dankbarkeit entgegenzunehmen und mit voller Freiheit großmütig zu beantworten, die der Kandidat mit seinem ganzen Leben geben will.

Gemeinsame Synode der Bistümer in der Bundesrepublik Deutschland Würzburg, 25. Mai 1974

a. Intervention von Bischof Heinrich Tenhumberg (Münster) im Namen der Bischofskonferenz

Im Namen der Bischofskonferenz möchte ich zum Abschluß dieses Teils der Diskussion folgendes sagen dürfen.

1. Die Bischofskonferenz bejaht noch einmal den Weg, den uns die Kommission VII in ihrer Vorlage vorgeschlagen hat, nämlich alle unsere Bemühungen darauf zu konzentrieren, die Gemeinden zu verlebendigen, durch eine Vitalisierung und Intensivierung der Gemeinden auch das Problem der kirchlichen Berufe zu lösen oder einer Lösung näherzubringen.

2. Die deutschen Bischöfe halten mit der Bischofssynode von Rom 1971 an der Verbindung von priesterlichem Dienst und Ehelosigkeit um des Himmelreiches willen unabdingbar fest.

3. Die Einführung der sogenannten viri probati in der jetztigen Situation von Kirche und Gesellschaft würde nach Überzeugung der Bischöfe über kurz oder lang zur Auflösung des Zölibats führen; ich betone: in der jetzigen Situation von Kirche und Gesellschaft. Es mag andere Situationen geben, in denen es andere Beurteilungen geben kann. Nach unserer Überzeugung ist dies heute in unserer Situation nicht möglich.

4. Wir sind daher bemüht und bitten um die Hilfe aller, die mit uns Verantwortung tragen, die Bereitschaft junger Menschen zum ehelosen priesterlichen Dienst zu wecken.

Ich danke für alle Hinweise, die in dieser Richtung während der Debatte in der Synodenaula gemacht worden sind. Sowohl unsere Priester als auch die Priesteramtskandidaten und jene, die eine Neigung zum priesterlichen Dienst spüren, brauchen diese Ermutigung. Priesterberufe wachsen nur in einer Atmosphäre der Offenheit für den Heiligen Geist, d.h. auch für den Rat des Evangeliums zur Ehelosigkeit um des Himmelreiches willen. Diesen Geist aber gilt es in unseren Gemeinden zu wecken, zu erneuern und zu vertiefen. Wir haben die Zuversicht unseres Glaubens, die Zuversicht auf das Wort des Herrn: "Bittet, und ihr werdet empfangen"; denn wir folgen ja nur Seiner Mahnung: "Bittet den Herrn der Ernte, daß er Arbeiter in seine Ernte sende."

5. Wir werden darum in den kommenden Jahren in Verfolg der vielen Vorschläge, die in unseren Diözesen gemacht worden sind, bemüht sein, den priesterlichen Dienst, den Diakonat und die anderen pastoralen Dienste insgesamt zu entfalten, zusammenzuordnen und ihnen die Erfüllung ihrer Aufgaben zu erleichtern. Bevor wir eine Entwicklung der Kirche, wie sie in mehr als 1500 Jahren gewachsen ist, abbrechen oder gefährden, glauben wir, zuerst alle anderen Möglichkeiten ausschöpfen zu müssen. Nach unserer Überzeugung sind sie bisher nicht ausgeschöpft.

Darum bitten wir Sie alle, in den kommenden Monaten und Jahren mit den Bischöfen daran zu arbeiten, daß wir durch die Verlebendigung unserer Gemeinden eine hinreichende Zahl junger Menschen für den priesterlichen Dienst und alle anderen pastoralen Dienste in unseren Gemeinden gewinnen.

6. Wenn Gottes Wille dann in der Kirche eine Situation schafft oder durch menschliche Mitarbeit oder auch menschliches Versagen entstehen läßt, die seinen Willen dahin deutlich ausdrückt, daß es neben dem Dienst der ehelosen Priester den Dienst verheirateter Priester geben müsse, wenn also die pastorale Not in einem solchen Ausmaß auswachsen würde, daß diese Lösung nahegelegt ist, wird kein Bischof sich über den durch die Situation deutlich ausgesprochenen Willen Gottes stellen wollen. Keiner von uns ist fixiert auf seine

eigene Einsicht und sein eigenes Wollen. Die Bischöfe bleiben stets offen für die rechte Erkenntnis des Willens Gottes.

Darum sind wir auch auf Ihren Dienst, Ihren Rat und Ihre Meinungsäußerung hingewiesen. Ich danke Ihnen darum auch für alles, was Sie aus Ihrer Einsicht zu dieser schweren Frage in der Meinungsbildung der Aula beigetragen haben.

b. Texte der Synode

Beschluß: Dienste und Ämter 10.5.1975, hier: nach der offiziellen Gesamtausgabe, I. Bd. Freiburg 1976.

Die Priesterausbildung muß orientiert sein an den künftigen pastoralen Aufgaben.

Da der Dienst des Priesters den ganzen Menschen mit all seinen Fähigkeiten beansprucht, sind unabdingbare Voraussetzungen: Entfaltung eines lebendigen Glaubens, Bindung an die kirchliche Gemeinschaft, Einübung in Gebet und Meditation, gründliches Studium der Theologie und Einführung in die Methoden der Kooperation.

Eine Neugestaltung des theologischen Studiums und der praktisch-pastoralen Ausbildung des Priester ist dringend notwendig. Sie muß vor allem zu einer Konzentration und gegenseitigen Abstimmung der einzelnen Fächer führen und sich stärker als bisher an den Aufgaben des Priesters und an den Lehr- und Lernmethoden der Erwachsenenbildung orientieren. Dabei muß die spirituelle Bildung intensiviert und müssen die Humanwissenschaften (Psychologie, Soziologie und Pädagogik) in gebührendem Umfang berücksichtigt werden. Bei allen Reformen bildet aber die Vermittlung der Glaubensinhalte die Grundlage des theologischen Studiums.

Zur theologischen Grundinformation, zur menschlichen und geistlichen Einführung in den Glauben und zur Zusammenschau der verschiedenen theologischen Fächer ist ein "Theologischer Einführungskurs" in den ersten Studiensemestern dringend nötig; er soll wissenschaftliche und spirituelle Einführung miteinander verbinden.

Neben dem theologischen Studium muß genügend Zeit für die praktische Einführung in den Dienst zur Verfügung stehen. Es empfiehlt sich, im Zusammenhang mit der anstehenden Studienreform zu überprüfen, ob überdies ein Soziales Jahr eingeführt werden soll, zumal Theologiestudenten, die sich auf das geistliche Amt vorbereiten, auf Antrag vom Wehrdienst zurückgestellt werden können.

Es ist auch zu prüfen, welche Kenntnisse in Latein, Griechisch und Hebräisch von jedem Theologen verlangt werden müssen und wie die Aufarbeitung geleistet werden kann (z.B. durch Ferien- und Intensivkurse).

Die bisherigen Erfahrungen zeigen, daß auf ein Seminar als geistliches Ausbildungszentrum nicht verzichtet werden kann. Es soll in das geistliche Leben einführen und die Erfahrung der Gemeinschaft mit Gleichgesinnten vermitteln. Beides ist heute für den Weg zum Priesterberuf unerläßlich. Dabei erweist es sich von großer Bedeutung, daß die Großkommunitäten in kleinere Wohn- und Lebensgemeinschaften aufgegliedert und die persönlichen Kontakte zwischen den Studenten und den verantwortlichen Priestern intensiviert werden.

Für eine begrenzte Zeit im Verlauf der Ausbildung sind mit Erlaubnis des Bischofs (auch außer den sog. "Freisemestern") zwei Modelle als Ergänzung Seminarerziehung möglich: das Leben in einer Gruppe am Studienort oder eine "vita communis" in Verbindung mit einem Gemeindepfarrer. Gerade hier müssen geistliche Hilfe und brüderliche Gemeinschaft gesichert sein. Gemeinschaften außerhalb des Seminars müssen in regelmäßigem Kontakt den Verantwortlichen der Priesterausbildung stehen.

Im Hinblick auf den gemeinsamen Dienst in der Gemeinde sind über die Vorlesungen hinaus gemeinsame Veranstaltungen mit den Laientheologen vorzusehen, soweit dies mit Rücksicht auf die verschiedene Aufgabenstellung und Lebensform sinnvoll und durchführbar ist.

Die Entscheidung zum Priesterberuf soll nicht bis kurz vor die Priesterweihe hinausgeschoben werden. Die Admissio soll eine klare Absichtserklärung auch für die Übernahme des ehelosen Lebens bedeuten. Da die menschliche Reife, die als ein unwiderrufliches Ja zum ehelosen Leben notwendig ist, durch einen längeren pastoralen Einsatz als Diakon gefördert wird, bleibt weiterhin zu überlegen, ob das Zölibatsversprechen erst mit der Priesterweihe verknüpft werden soll. Dadurch käme auch die Angemessenheit der Ehelosigkeit für den priesterlichen Dienst besser zum Ausdruck.

Damit sich die Priester, aber auch die Diakone und alle anderen Mitarbeiter im pastoralen Dienst ohne ungebührliche Anfangsschwierigkeiten in den Gemeindedienst einarbeiten können, sollen ihnen begleitende Hilfen angeboten werden.

Wie alle Berufe bedarf auch der Priester heute dringender als früher der ständigen theologischen, pastoralen und spirituellen Fortbildung. Dazu sind institutionell geregelte Formen erforderlich. Aus- und Fortbildung müssen eine Einheit bilden. Die begonnenen Reformen sind in allen Diözesen weiterzuentwickeln.

Die gezeichnete pastorale Notsituation verpflichtet vor allem dazu, neue Zugangswege zum priesterlichen Dienst zu eröffnen.

In letzter Zeit sind erste Versuche unternommen worden, um bereits berufstätige junge Männer im Anschluß an eine fachgebundene Hochschulreife oder eine mehr praxisbezogene Ausbildung zum Priestertum zu führen. Da bisher noch kaum Erfahrungen vorliegen, ist ein endgültiges Urteil nicht möglich. Bei Experimenten dieser Art sollte man folgende Gesichtspunkte beachten:

- Die Anforderungen dürfen im Verhältnis zur akademischen Ausbildung nicht herabgesetzt, sie müssen vielmehr anders akzentuiert werden. Auch wenn die akademische Ausbildung in Zukunft nicht mehr der einzige Zugangsweg sein sollte, darf die Ausbildung in der Theologie und in den einschlägigen Humanwissenschaften nicht so verkürzt werden, daß die Priester ihrem Dienst nicht mehr gewachsen sind.
- Es muß vermieden werden, daß verschiedene Klassen von Priestern entstehen. Deshalb sollen die Priesteramtskandidaten der verschiedenen Ausbildungswege engen Kontakt miteinander pflegen.
- Es sollen schon bald für alle Diözesen einheitliche Rahmenrichtlinien erarbeitet und erprobt werden. Dabei sollen Vertreter der theologischen Fakultäten, der Priesterausbildung und der Seelsorge beteiligt werden.

Zur Suche nach neuen Zugangswegen zum Priestertum gehört auch die Prüfung der Frage, ob in Ehe und Beruf bewährte Männer zur Priesterweihe zugelassen werden sollen und ob die Zölibtatsgesetzgebung grundsätzlich geändert werden soll.

Es stehen sich in dieser Frage verschiedene Standpunkte gegenüber. Die einen verweisen vor allem auf die alarmierende Situation im Priesternachwuchs einerseits und auf die theologisch ausgebildeten Laien, die zum pastoralen Dienst in den Gemeinden bereit sind, andererseits; sie betonen aber auch die großen menschlichen Probleme, die der Zölibat für manche Priester in unsrer gewandelten gesellschaftlichen Situation mit sich bringt. Sie verweisen darauf, daß nicht für jeden die Berufung zum priesterlichen Dienst mit der Berufung zur Lebensform der christlichen Ehelosigkeit verbunden sein muß und daß Gott seine Gaben verschieden verteilt. Andere betonen die besondere Angemessenheit der ehelosen Lebensform für den priesterlichen Dienst; sie bezweifeln, ob durch die Weihe von in Ehe und Beruf erprobten Männern bzw. durch die Freigabe der Zölibatsverpflichtung tatsächlich eine genügend große Zahl von Priestern für die absehbare Zukunft zu erwarten ist; sie verweisen darauf, daß die gegenwärtige Priesterkrise nicht allein und nicht zuerst eine Zölibatskrise ist, und sie befürchten, daß eine Änderung der Zölibatsgesetzgebung zum gegenwärtigen Zeitpunkt über kurz oder lang faktisch zu einer Zurückdrängung des ehelosen Priestertums führen würde.

Eine Entscheidung fällt nicht leicht, da die frei gewählte Ehelosigkeit für das Priestertum und für die Kirche insgesamt ohne Zweifel einen hohen Wert darstellt. Andererseits müssen, wenn die Heilssorge der Kirche schwerwiegend gefährdet ist, alle noch so wichtigen Gesichtspunkte, die nicht aus Gründen der verbindlichen Glaubenslehre (iure divino) notwendig sind, zurücktreten. Es wird deshalb allgemein anerkannt, daß außerordentliche pastorale

Notsituationen die Weihe von in Ehe und Beruf bewährten Männern erfordern können.

Die Gemeinsame Synode kann aufgrund des Beschlusses der Deutschen Bischofskonferenz vom 13.4.1972 in dieser Frage keine Entscheidung treffen. Um so mehr sind die Bischöfe verpflichtet zu prüfen: Ist eine solche pastorale Notsituation heute in absehbarer Zukunft in Deutschland gegeben? Welche konkreten Modelle lassen sich entwickeln, um einen geordneten Heilsdienst in den Gemeinden sicherzustellen?

Sicher muß man sich vor der Illusion hüten, daß allein durch eine Änderung des Zölibatsgesetzes ein Ausweg aus den Schwierigkeiten gefunden werden könnte. Die Erfahrungen aus der Kirchengeschichte und in den anderen christlichen Kirchen machen eine solche folgenschwere Entscheidung keineswegs leichter. Darum bauen viele Mitglieder der Synode darauf, daß sich auch zukünftig genügend junge Männer für den zölibatären priesterlichen Dienst bereiterklären werden. Andererseits zwingt die gegenwärtige Situation die Verantwortlichen, das Problem des ehelosen Priestertums unter dem leitenden Gesichtspunkt der Heilssorge zu prüfen. In jedem Fall hält die Synode in der geistlichen Kraft der Hoffnung daran fest, daß der Herr der Kirche auch künftig eine hinreichende Zahl von Priestern für den Dienst in den Gemeinden berufen wird.

Das geistliche Leben der Priester

Der Priester, der in Christi Person und Auftrag handelt, ist ganz und gar darauf angewiesen, aus dem Geist Christi zu leben; nur so wird sein Dienst glaubwürdig, nur so ist er fähig, in den ihn oft überfordernde Beanspruchungen standzuhalten; nur so wird auch seine Menschlichkeit gewahrt und erfüllt. Er ist in Dienst genommen für die Verkündigung des Evangeliums, für die sakramentale Vergegenwärtigung des Heilswerks Christi, für die Teilnahme an seiner Hirtensorge, an seinem Bruderdienst. Von daher bestimmen sich die Quellen seines geistlichen Lebens: Gottes Wort, auf das er persönlich hören und das er persönlich verwirklichen muß, ehe er es anderen bezeugt; die Sakramente, aus denen er selber leben muß, ehe er sie anderen weiterreicht; das Beispiel Christi, das ihn prägen muß, um die ganze Gemeinde prägen zu können.

Geistliches Leben steht nicht neben dem pastoralen Dienst, sondern ist seine Mitte. Der Priester braucht darum Zeiten der Besinnung und Erneuerung, aber auch der Entspannung und Erholung. Es bedarf der Gelassenheit, die ihn befähigt, stets neu den Ausgleich der Meinungen im Dienst an der Einheit zu suchen, der Zuversicht, die sich durch Mißerfolg und Vergeblichkeit nicht entmutigen läßt, der Wachsamkeit, um auf die Zeichen und Pläne Gottes auch im

Alltag zu achten, zuhöchst der Liebe, die ihn vor Isolation bewahrt und immer neu auf die Menschen zugehen läßt. So wird er den Engführungen des Aktivismus und der Resignation zugleich entgehen. Sein Leben dringt durch zur inneren Einheit von Gebet und Alltag, von pastoralem Einsatz und persönlicher Frömmigkeit.

Der Rat des Evangeliums zur ungeteilten Nachfolge Jesu Christi gilt für den Priester in besonderer Weise.

Der Geist der Armut verlangt vom Priester Anspruchslosigkeit in Lebensstil und Lebenshaltung. Selbst wenn er sich an den allgemeinen Lebensbedingungen orientiert, darf er sich von dem Drang nach Geld und Konsumgütern nicht beherrschen lassen. Maßstäbe für seinen Lebensstil sind ihm gesetzt durch den Dienst an der Gemeinde und seine Verpflichtung für die Ärmeren, besonders im Hinblick auf bedürftige Mitbrüder in anderen Ländern. Der Priester soll sich auszeichnen durch Großzügigkeit im Geben und Schenken.

Um dem Gehorsam Christi zu entsprechen, muß der Priester auf Anregungen und Kritik anderer hinhören und eingehen. Er muß vor allem die Gemeinschaft mit seinem Bischof wie mit der Gesamtkirche verwirklichen; dazu gehört auch die Bereitschaft, für einen Einsatz in unterschiedlichen Situationen zur Verfügung zu stehen. Immer wieder muß er sich die Frage stellen, ob sein Verhalten autoritär ist oder autoritär wirkt.

Der ehelos lebende Priester verzichtet in der Nachfolge Jesu auf eine eigene Familie, um ganz frei zu sein für das Reich Gottes (vgl. Mt 19, 12) und um alle Kräfte der größeren "Familie Gottes" (vgl. Mk 10, 29f) zu schenken. Wer die Ehelosigkeit in Freiheit übernimmt, sich in ungeteiltem Dienst Jesus Christus, seinem Herrn, schenkt und für die Menschen lebt (vgl. 1 Kor 7, 32-35), setzt damit ein Zeichen für die vom Geist Christi gewirkte Freiheit der Kinder Gottes. Er erfährt trotz aller menschlichen Probleme, die in verschiedener Weise jedem Stand eigen sind, menschliche Erfüllung und menschliches Glück. Die Gemeinden müssen ihre Priester in dieser Lebensform stützen und junge Menschen zu ihrer Übernahme ermutigen.

Das geistliche Leben des Priesters gelingt nur, wo man miteinander spricht, betet und handelt, einander das Zeugnis des Glaubens und der Liebe gibt, einander trägt und Vergebung schenkt. Das erfordert den geistlichen Austausch der Priester untereinander, mit Angehörigen aus geistlichen Gemeinschaften und vor allem mit den Gemeinden.

Pastoralkonferenzen und Tage der geistlichen Besinnung (Rekollektionen) sollen der gegenseitigen Bestärkung im Glauben, der Lösung von Konflikten und dem brüderlichen Einvernehmen dienen. Ihre Gestaltung steht in der Verantwortung aller Priester.

Priestergemeinschaften als freiwilligen Zusammenschlüssen zur Pflege einer gemeinsamen Spiritualität und Priesterarbeitsgemeinschaften soll in der

Diözese genügend Raum zur Entfaltung gegeben werden. Auch Solidaritätsgruppen und ähnliche Gruppierungen können einen Beitrag zum Dienst der Kirche an den Menschen und an der Gesellschaft leisten. Alle Zusammenschlüsse von Priestern müssen die Sorge für das ganze Presbyterium und seine Einheit im Auge behalten.

Ausscheiden aus dem priesterlichen Dienst

Bei seiner Weihe verpflichtet sich der Priester vor Gott und der Kirche für immer zum priesterlichen Dienst. Priester, die aus ihrem Dienst ausscheiden, sei es, daß sie sich außerstande sehen, diesen Dienst weiter auszuüben, sei es, daß sie um Laisierung bitten, um heiraten zu können, haben meist hart um diesen Entschluß gerungen.

Die Priester sollen aber auch bedenken, welche Belastungen für die Gemeinden und für ihre Mitbrüder durch ihr Ausscheiden aus dem Amt entstehen.

Jede Gemeinde muß sich der Verantwortung für ihre Priester bewußt sein und sich beim Ausscheiden eines Priesters fragen, ob sie diese Verantwortung ernst genug genommen hat. Im einzelnen Fall muß von den Gliedern der betroffenen Gemeinde menschliche Not gesehen und eine Gewissensentscheidung respektiert werden.

In Mitsorge für die Priester, die aus ihrem Dienst ausscheiden, empfiehlt die Synode die folgenden Grundsätze:

- Damit das Leben des ausscheidenden Priesters menschlich, religiös und beruflich nicht scheitert, sollen sich alle Verantwortlichen dafür einsetzen, daß er in Freiheit einen seinem Bildungsstand angemessenen Beruf - innerhalb oder außerhalb des kirchlichen Dienstes - wählen kann. Die Diözesen sollen soweit als möglich die hierzu notwendigen wirtschaftlichen Hilfen zur Verfügung stellen. Dazu gehört auch eine angemessene soziale Sicherung für Krankheit und Alter als Grundlage für die Versicherungen im neuen Beruf. Für ausscheidende Ordenspriester soll die Ordensgemeinschaft nach den gleichen Grundsätzen sorgen.
- Will ein aus dem Amt geschiedener Priester einen vollberuflichen kirchlichen Dienst, der auch Laien zugänglich ist, übernehmen, so sollen ihm unter Berücksichtigung der persönlichen Umstände und Voraussetzungen wie des allgemeinen Interesses der Kirche und der pastoralen Notwendigkeiten nach Prüfung des Einzelfalles durch den Bischof derartige Stellen offenstehen.
- Die genannten Grundsätze gelten in entsprechender Weise auch für diejenigen Männer und Frauen, die aus dem hauptberuflichen Dienst der Kirche als Diakone oder Ordensleute ausscheiden. (...)

Heißes Eisen: Zölibat

Die Zölibatsfrage bzw. die Frage der Zulassung von in Ehe und Beruf bewährten Männern zur Priesterweihe (viri probati) stand bei der Arbeit der Sachkommission wie in den Diskussionen in der Vollversammlung von Anfang bis zum Ende mit zur Diskussion. Da es sich hier jedoch um ein universalkirchliches Gesetz handelt, konnte die Synode von vornherein keine eigentliche Entscheidung fällen, sondern höchstens ein entsprechendes Votum an den Papst richten.

Bei der Diskussion eines solchen Votums war von Anfang an eines nie umstritten: die Bedeutung des Zeichens der frei gewählten Ehelosigkeit für die Kirche und die innere Angemessenheit dieses Zeichens für den priesterlichen Dienst. Die Synode stellt eindeutig fest, daß "die frei gewählte Ehelosigkeit für das Priestertum und für die Kirche insgesamt ohne Zweifel einen hohen Wert darstellt". Die innere Begründung sieht die Synode nicht nur funktional im Freisein für den pastoralen Dienst, sondern in erster Linie personal in der durch die Nachfolge Jesu und in der durch den ungeteilten Dienst des Priesters für Jesus Christus, seinen Herrn, geschenkten Freiheit. Die Synode unterstreicht diese biblische Begründung außerdem durch die Erfahrung vieler Priester, wonach die frei gewählte Ehelosigkeit "trotz aller menschlichen Probleme", die in verschiedener Weise jedem Stand eigen sind, "menschliche Erfüllung und menschliches Glück" bedeuten kann.

Auf der anderen Seite war es von Anfang an ebenso unumstritten, daß die frei gewählte Ehelosigkeit nicht notwendig mit dem priesterlichen Dienst verbunden ist, ja daß sie als Zulassungsbedingung dann zurückgestellt werden muß, "wenn die Heilssorge der Kirche schwerwiegend gefährdet ist". Es wurde deshalb "allgemein anerkannt, daß außerordentliche pastorale Notsituationen die Weihe von in Ehe und Beruf bewährten Männern erfordern könne". Der Streit - soweit er innerhalb der Sachkommission geführt wurde - ging im wesentlichen um zwei Fragen: ist eine solche pastorale Notsituation heute und in absehbarer Zukunft in Deutschland gegeben? Diskutiert wurden außerdem die menschlichen Probleme, die der Zölibat für viele Priester in unserer gewandelten gesellschaftlichen Situation mit sich bringt. Kaum eine Rolle spielten dagegen mehr ideologisch eingefärbte Argumente wie etwa, der Zölibat verstoße gegen die Menschenrechte oder er sei ein Ausdruck repressiver Herrschaftsstrukturen u.ä.

Die Sachkommission diskutierte alle diese Fragen mit großer Verantwortung, ohne daß sich schon eine Lösung abzeichnete. Am 13.4.1972 machte jedoch die Deutsche Bischofskonferenz ihr Einverständnis mit dem Beratungsgegenstand "Dienst und Amt des Priesters in den Gemeinden" davon abhängig, daß die Frage der Zulassung verheirateter Männer zum Priestertum aus dem Beratungsgegenstand ausgeklammert wird. Die Zentralkommission nahm diese Entscheidung am 1.5.1972 mit Überraschung und Bedauern zur Kenntnis. Sie verwies darauf, daß angenommen werden mußte, dieses Thema sei als eine der Prioritäten des Themenkreises VII mit der Billigung des Themenplanes auch von der Bischofskonferenz grundsätzlich bereits gebilligt. Auf dieser Basis beruhte auch der Verweis des Votums der Sachkommission IX zur Frage der viri probati an die Sachkommission VII. Der Präsident der Synode erläuterte die Entscheidung der Bischofskonferenz vor der Vollversammlung dahingehend, daß die "viri probati" kein Beratungsgegenstand im Sinne des Status, also keine Beschlußvorlage, sein können, daß diese Frage aber im Zusammenhang mit den anderen Beratungsgegenständen berührt werden kann und "wohl auch berührt werden muß".

Der Beschluß der Deutschen Bischofskonferenz löste in der Kommission und in der Vollversammlung der Synode eine Vertrauenskrise aus. Es drohte der vorübergehende Auszug von etwa einem Drittel der Synodalen. An die Erklärung des Präsidenten schloß sich am späten Nachmittag und frühen Abend des 13.5.1972 eine erregte Debatte an. Sie war keine Bischofsbeschimpfung, wie nachher gesagt wurde. Niemand bestritt die Letztverantwortung der Bischöfe. Die Kritik bezog sich auf den Stil ihrer Amtsführung. Die Interventionen von Bischof Stein (Trier), der von einem Lernprozeß der Bischöfe sprach (Prot. II, 371), und von Weihbischof Moser (Rottenburg), der um Vergebung bat, falls die Bischöfe Fehler gemacht hätten (ebd. 376), schufen wieder eine Vertrauensgrundlage. Innerhalb der Sachkommission wurden die entstandenen Unklarheiten und Mißverständnisse durch eine Erklärung von Bischof Tenhumberg (Münster) auf der Sitzung vom 12.-14.6.1972 ausgeräumt.

Die Synode versuchte aus der schwierigen Situation das Beste zu machen. Sie versuchte die Argumente Pro und Contra zu sammeln und die Kriterien herauszuarbeiten, die für die Lösungen des Problems in Frage kommen. Auf diese Weise wollte und konnte sie einen Beitrag zur Klärung leisten. Sie wollte jedoch loyal sein und die Entscheidung selbst den Bischöfen überlassen. Sie tat dies freilich nicht ohne den gleichzeitig an die Bischöfe gerichteten Appell, zu prüfen, welche konkreten Modelle sich entwickeln lassen, um einen geordneten Heilsdienst in den Gemeinden sicherzustellen. In dem ihr verbliebenen Bereich entwickelte die Synode viele Reformvorschläge. Ob die damit vorgeschlagenen Maßnahmen pastoral ausreichen, kann erst die Zukunft erweisen. In der Zölibatsfrage selbst bestanden innerhalb der Sachkommission und der Vollversammlung bis zum Schluß deutlich unterschiedene Standpunkte. Immer mehr setzte sich jedoch die ernüchternde Einsicht durch, daß sich die Zölibatsfrage gegenwärtig rein argumentativ kaum entscheiden läßt. Jedem Argument kann ein Gegenargument entgegengesetzt werden. Ein großer Konsens, wie er für die Entscheidung einer so gewichtigen Frage notwendig wäre, wäre nicht zu erreichen gewesen. So war man auch unabhängig vom Beschluß der Deutschen Bischofskonferenz an die Grenzen der Diskussion und des durch Abstimmung Entscheidbaren gestoßen. Obwohl die Frage aus pastoralen wie aus menschlichen Gründen drängte, erwies sie sich als im Augenblick nicht entscheidungsreif.

Eine künftige Entscheidung dieser Frage ist nur aus der geistlichen Kraft des Glaubens möglich. In dieser Perspektive erweist sich das bloße Festhalten am Gesetz als geistlich wertlos, ja schädlich, da es zur hoffnungslosen Überforderung des einzelnen und damit zu schweren menschlichen Problemen führen muß, wenn er dabei nicht getragen ist von der eigenen Überzeugung und der Überzeugung in der kirchlichen Gemeinschaft. Umgekehrt wäre aber eine Änderung des Zölibatsgesetzes zum gegenwärtigen Zeitpunkt in der Situation der Bundesrepublik Deutschland (die Situation in Missionsgebieten oder in Lateinamerika steht hier nicht zur Debatte) im Grunde eine bloße Anpassung, die geistlich ebensowenig fruchtbar sein könnte. So führt der Streit um das bloße Zölibatsgesetz zum gegenwärtigen Zeitpunkt in keiner Richtung wirklich weiter.

Geistlich weiterführend kann im Augenblick nur die Intensivierung eines lebendigen Glaubens in lebendigen Gemeinden sein. Allein daraus können auf die Dauer wieder mehr geistliche Berufe erwachsen; allein daraus kann auch wieder ein besseres Verständnis für die freiwillig gewählte Ehelosigkeit entstehen; allein daraus kann in Zukunft aber auch die geistliche Freiheit zur Änderung des Zölibatsgesetzes geschenkt werden. Auf diese geistliche Fruchtbarkeit eines lebendigen Glaubens setzt der Synodentext. Er ist deshalb angesichts der bedrängenden pastoralen Situation in einem viel tieferen Sinn ein Dokument der christlichen Hoffnung, als sogenannte zukunftsweisende Beschlüsse es sein können, und es spricht vieles dafür, daß die Synode trotz aller Unzulänglichkeiten bei der Behandlung dieses Themas mit diesem Beschluß nicht nur das nach Lage der Dinge hier und heute Mögliche, sondern auch das in der gegenwärtigen Situation am meisten Nötige gesagt und getan hat.

Bischof Georg Mosers Ansprache "Zum Zölibat des Priesters" bei einer Tagung des Päpstlichen Werkes für geistliche Berufe, die vom 30. September bis 2. Oktober 1975 in Stuttgart-Hohenheim stattfand. Das Thema der Tagung lautete: "Christliche Ehelosigkeit heute verkündigen".

Ehelosigkeit ist ein Thema, das uns alle immer wieder bewegt. Es handelt sich hier nicht nur um ein abstrakt theologisches oder rein kirchenrechtliches Problem; dieses Thema betrifft zutiefst unsere persönliche Existenz und unseren Lebensstil. Wie sehr die Ehelosigkeit zur Zerreißprobe werden kann, geht aus dem Bekenntnis eines immer wieder angefochtenen Priesters hervor. "Es gibt Augenblicke", bekannte er, "in denen ich das Wort Zölibat nicht mehr hören kann. Es weckt in mir dann die Assoziation an eine Zelle, in der ich gefangen bin. Ja, es kommt mir in solchen Augenblicken leichter vor, unter einer Diktatur zu leben als im Zölibat." Die Ehelosigkeit hat, wie gesagt, mit unserer ganzen Existenz zu tun. Es geht da um uns Priester, die wir versuchen, dem bei der Priesterweihe gelobten Adsum seine Lauterkeit und Schwungkraft zu bewahren; es geht um die Glaubwürdigkeit unseres eigenen Daseins.

Kirchliches Amt und Ehelosigkeit des Priesters

In der teilweise heftig geführten Zölibatsdiskussion der letzten Jahre wurde oft genug darauf hingewiesen, daß Amt und Dienst des Priesters nicht zwingend das ehelose Leben fordern. Die Zölibatsverpflichtung ist ein menschliches, kein göttliches Gesetz. Sie wissen: Das Zweite Vaticanum sagt, die Ehelosigkeit sei "nicht vom Wesen des Priestertums selbst gefordert", und es erinnert an "die Praxis der frühesten Kirche und die Tradition der Ostkirche", "wo es neben solchen, die aus gnadenhafter Berufung zusammen mit allen Bischöfen das ehelose Leben erwählen, auch hochverdiente Priester im Ehestand gibt" (Dekret über Dienst und Leben der Priester, Nr. 16). Weil das so ist, sollte man die Diskussion über den Zölibat keineswegs als unzulässig abtun oder sie gewaltsam unterdrücken. Die Besinnung über diese Fragen kann uns zu immer neuem Nachdenken über den Sinn unserer Ehelosigkeit anregen. Ein Mitbruder versicherte: "Es ist gut, daß wir über die Zölibatsverpflichtung so intensiv diskutieren, daß wir das Pro und Contra mit aller Offenheit gegeneinander abgewogen haben. Ich war dadurch gezwungen, in einem - allerdings harten - geistigen Ringen wieder ganz bewußt und ganz persönlich Stellung zu beziehen. Fast möchte ich sagen: Früher war ich *auch* Zölibatär; heute lebe ich den Zölibat in neuer Freiheit." Auch die Leitung der Kirche - denken wir etwa an die Bischofssynode - hat sich dem Gespräch nicht verschlossen. Wenn sie bis heute der Auffassung ist, die Zölibatsverpflichtung sei nicht aufzugeben, so hat dies nichts mit der absurden Idee zu tun, man wolle eben ein bewährtes Macht- und Druckmittel in der Hand behalten. Vielmehr vertritt die Leitung der Kirche "Angemessenheitsgründe", jene Gründe also, die nach wie vor für die Ehelosigkeit des Priesters sprechen.

Die Angemessenheitsgründe

Das Zweite Vaticanum erklärte ausdrücklich, der Zölibat sei "in vielfacher Hinsicht dem Priestertum angemessen" (Dekret über Dienst und Leben der Priester, Nr. 16). Welche Argumente sind da stichhaltig? Zunächst - so lautet die erste Begründung - bleibt der ehelose Priester mobil und verfügbar. Wer wollte das bestreiten? Ohne familiäre Bindungen können wir besser für jene da sein, die unseres Dienstes bedürfen. Weil wir der dauernden Verantwortung für eine eigene Familie enthoben sind, können wir uns freier der Sorge für die Glieder unserer Gemeinden hingeben. Diese Ungebundenheit, diese unbelastete Freiheit erlaubt es uns, dorthin zu gehen, wohin wir gerufen sind.

Jedoch, es gibt hier gleich eingrenzende Gesichtspunkte und Erfahrungen. Wir müssen einräumen, daß viele Menschen, die verantwortungsvolle Ämter bekleiden, genügend Zeit für die eigene Familie aufbringen und vorbildlich für sie einstehen. Man kann uns daher entgegenhalten: Wissenschaftler, Politiker, Ärzte, Amtsträger anderer christlicher Kirchen und bereits verheiratete Entwicklungshelfer setzen sich in ihrer Arbeit so unbedingt ein wie wir, und viele führen dennoch eine harmonische Ehe. Ja, noch mehr: Gerade aus ihrer Ehe erhalten sie neuen Schwung, neue Zuversicht für ihren Dienst an den Mitmenschen. Darum bleibt dem Argument, der ehelose Priester sei in höherem Maße verfügbar, nur eine beschränkte Überzeugungskraft. Außerdem wäre dies eine zu pragmatische Begründung unserer Ehelosigkeit. Es ist durchaus verständlich, wenn unsere jungen Theologen sich damit nicht begnügen, obwohl uns mancher evangelische Pastor mahnt, wir sollten den Gesichtspunkt der Verfügbarkeit ernsthaft genug bedenken. Ein Argument, das leider für die ganze Weltkirche immer wieder neu bedeutsam wird, muß in diesem Zusammenhang zusätzlich angemerkt werden: Der ehelose Priester kann in Zeiten der Verfolgung nicht so leicht erpreßt oder unter Druck gesetzt werden wie das möglich wäre, wenn er Ehepartner und Familie hätte. Wie naheliegend wäre es für Diktatoren, den verheirateten Priester durch Sippenhaft, durch Quälerei oder Lebensbedrohung seiner Familie zu knebeln.

Ein weiterer Angemessenheitsgrund, der stärkeres theologisches Gewicht hat, lautet: Als ehelose Amtsträger künden wir die Wahrheit, daß die Gestalt dieser Welt vergeht; daß alle menschlichen Werte und Ordnungen vorläufig sind; daß die volle Herrschaft Gottes und die letzte Lebensform des Menschen erst im Kommen ist. So sind wir, um Worte des Konzils anzuführen, "ein lebendiges Zeichen der zukünftigen, schon jetzt in Glaube und Liebe anwesenden Welt, in der die Auferstandenen weder freien noch gefreit werden" (Nr. 16). Uns ist es demnach in besonderer Weise aufgetragen, die Hoffnung auf den neuen Himmel und die neue Erde zu bezeugen. Freilich wird man auch sagen müssen, daß nicht allzu vielen diese Zeichenhaftigkeit ohne weiteres einleuchtet. Trotzdem dürfen wir nicht unterschätzen, welche Provokation darin liegt. Gegenüber den Vielen, die "nur auf den Boden stieren" (Dante), die sich beschlagnahmen lassen von den Verpflichtungen und Wünschen der Stunde - gegenüber diesen Vielen braucht es Menschen, die durch ihre Ehelosigkeit darleben, wie sehr unser zeitliches Dasein unter dem Gesetz der Vorläufigkeit steht. Zu sehr ist der Mensch geneigt, den irdischen Werten Absolutheitscharakter beizumessen. Weithin bestimmend ist jene Denkweise geworden, die, stimuliert von der Ideologie des machbaren Glücks, nur noch die Selbstverwirklichung im Heute kennt, eine Selbstverwirklichung, zu deren Wesensmerkmalen der sich unaufhörlich steigernde Lustgewinn zählt. Emanzipation heißt die Parole: Selbstfindung, Selbstverfügung, eigene Bestimmung der Wege und Werte. Mehr als Worte kann hier die ehelose Lebensform des Priesters die umfassenden, weiterführenden Perspektiven bekunden. Durch die eigene Existenzweise machen wir die Wahrheit anschaulich: So bedeutsam alle menschlichen Belange, Bindungen, Werte und Erfahrungen auch sind: wir müssen uns offenhalten für Größeres, in dem das Jetzige erst seinen vollen Sinn erfährt. Solches Schwimmen gegen den Strom verlangt indes eine wohlbegründete Unabhängigkeit vom Trendverhalten, erfordert Standhaftigkeit und jene Liebeskraft, die über die Selbstverwirklichung hinaus zur Selbsthingabe befähigt.

Der letzte Angemessenheitsgrund für unsere Ehelosigkeit, auf den wir bei der gebotenen Kürze dieser Ansprache eingehen, erschließt wohl einen noch tieferen Sinn des Zölibats. Ich meine die persönliche, vorbehaltlose Freundschaft mit Christus, die radikale Christusnachfolge. Der Apostel Paulus hat sie in den klassischen Satz gefaßt: "Nicht mehr ich lebe, sondern Christus lebt in mir." Diese restlose Offenheit für ihn übersteigt weit ein bloßes Rabbi-Jünger-Verhältnis. Der ehelose Priester nimmt mit dem Gekreuzigten die Last der Passion auf sich und dient mit dem Auferstandenen dem neuen Leben der Erlösten. Sein ganzes Sein ist von Karfreitag und Ostern geprägt. Die Christusgemeinschaft macht ihn selbst zum Weizenkorn, das erst fruchtbar wird, wenn es, der Erde überantwortet, stirbt.

Nicht vom Negativen her, nicht von einem Verlust an Liebesfähigkeit kann die Ehelosigkeit überhaupt begriffen werden. Was da zunächst als menschlicher Mangel erscheint und für den gesunden Mann ein nur unter bitterem Schmerz vollziehbares Opfer ist - es wendet sich durch die Hingabe an Christus, durch die erstrebte Einheit mit ihm ins Positive und bildet die Voraussetzung für eine reiche Entfaltung der ganzen Existenz. Die wahre priesterliche Ehelosigkeit gewährt die ungeteilte Freiheit für den in Christus ankommenden und persönlich anrufenden Gott. Nur wenn diese personale, immer wieder neu zu suchende Christusverbundenheit den Priester belebt, vereinsamt er menschlich nicht, erleidet er keine Verkümmerung des Humanum. Der Priester kann nicht "auch noch religiös" sein in dem Sinn, daß er neben all seinen Aufgaben sozusagen noch einen religiösen Bereich pflegt. Seine Freundschaft mit Christus muß vielmehr der geistige Lebensraum sein, aus dem sein Beten, sein Sorgen, sein apostolisches Tun und die Früchte des Geistes erwachsen. Nur dann kann man von Entkrampfung und Freiheit reden. Nur wenn der

Priester aus solcher Sinnfülle heraus lebt, wirkt er auf seine Umgebung gelöst und frei, fern von Verschrobenheit oder gar Selbstsucht.

Ehelosigkeit nicht isoliert betrachten

Die Ehelosigkeit des Priesters kann nur überzeugen, wenn sie im Gesamt einer umfassend christlichen Daseinsgestaltung gelebt wird. Sie muß eingebunden sein in einen Lebensstil, der sich in allen Bereichen als christlich erweist. Wer beispielsweise die Ehelosigkeit durch Geltungssucht kompensiert, durch Prestigestreben oder Machtverlangen, der wartet vergeblich auf die apostolische Ausstrahlung des Zölibats. Auch der Mensch der Gegenwart hat einen scharfen Blick dafür, ob einer in der Ganzheit seines Lebens seine Berufung wach hält oder ob er sich für die Ehelosigkeit durch irgendwelche Egoismen schadlos hält. Wie könnte einer seine Ehelosigkeit als sinnvolles Opfer betrachten, wenn er gleichzeitig ein liebloser Streithammel, ein habgieriger Raffer, ein raffinierter Gourmand wäre oder wenn er seinen Hobbies mehr nachgehen würde, als es je ein Familienvater in normalen Verhältnissen tun kann? Ehelosigkeit verliert ihren Sinn und ihre Zeichenhaftigkeit, wo sie durch ein schlaues Junggesellendasein unterlaufen wird. Zur christlichen Ehelosigkeit gehört, daß wir sie in Verbindung mit den anderen evangelischen Räten leben. Zölibatäres Leben müssen wir in Bezug sehen zu den Lebensforderungen, die uns als Christen insgesamt gestellt sind. Ehelosigkeit ist keine isolierte Tugend.

Christliche Ehelosigkeit ist eine ständige Aufgabe

Jede Lebensform hat ihre eigenen Probleme, auch der Zölibat. Und wie Konflikte zu allen Lebensgebieten gehören, so auch zum Zölibat. Der Ehelose ist mit seiner Bereitschaft zum Verzicht und mit seinem Versprechen, sich in äußerster Hingabe seinem Herrn zu verbinden, nicht einfach fertig; er muß sich seinen inneren Standort immer wieder neu erringen, ohne dabei einer Selbstbemitleidung oder gar einem Gejammer zu verfallen. Müssen nicht auch die Eheleute ein Leben lang ihr Jawort durchtragen? Sie verwirklichen es nur, wenn sie Tag für Tag neu um Liebe und Treue ringen. Den Ehelosen in der Nachfolge Christi ergeht es nicht anders, schließlich handelt es sich bei unserer priesterlichen Lebensform auch nicht um den Ausdruck einer hohen Stunde oder um eine Phase religiöser Ergriffenheit, sondern um eine für immer übernommene Aufgabe. In aller Nüchternheit und Wachheit sollten wir sehen, daß wir bei unserem Adsum in einem Alter standen, in dem auch andere Menschen unwiderrufliche Lebensentscheidungen treffen.

Wer Rückschläge, Spannungen oder Enttäuschungen an sich selbst erlebt, muß deshalb nicht resignieren, auch dann nicht, wenn die Kämpfe jahrzehntelang immer wieder zu bestehen sind. Und keiner, der in Treue weiterficht, damit er endlich sein ganzes Ja vor Gott und den Menschen lebe, braucht sich ängstlich zu verkriechen. Im Gegenteil. Er sollte Kontakt halten zu Mitbrüdern wie zu Ehepaaren, um von der Energie und tapferen Haltung anderer zu gewinnen. "Zum Leben gehört die Entscheidung zu Wegen, die man nie mehr in umgekehrter Richtung gehen kann, und das große Wunder enthusiastischer, gnadenhafter Freiheit kommt nur zu seiner eigenen Vollendung in der nüchternen Gestalt der Pflicht, der Treue und des Aushaltens bis zum Ende. Was man als Gnade empfing, muß immer nochmals als Treue erworben werden" (Karl Rahner). Wer diese Treue in einer bestimmten Phase seines Lebens nicht mehr aufbringen konnte und vielleicht an ihr schuldig geworden ist, der soll und darf wissen, daß es in jedem Leben, welche Form auch immer einer bestehen muß, Schuld und Zurücknahme der Schuld gibt. Versöhnung, Vergebung bedeutet für ihn neues Angenommensein - nicht in der Theorie, vielmehr als Kraft für den weiteren Weg.

Die christliche Ehelosigkeit bleibt eine wahre Lebensform, weil Jesus selbst sie vorgelebt hat. Ja, christliche Ehelosigkeit ist nicht nur irgendeine Möglichkeit, sie ist eine mächtige Chance, die wir auch heute in der Kirche nicht verscherzen dürfen. Wir alle, die wir diese Chance gewagt haben, sollten sie neu beleben, sie jungen Menschen erhellen und vermitteln und sie zur Ehre Gottes wie zum Heil unserer Mitmenschen nach bestem Vermögen verwirklichen.

Die Diözesansynoden in der Schweiz,
hier nach: Alois Müller (Hrsg.): Die Synode zum Thema ... Glaube-Kirche-kirchliche Dienste, Schweizer Synode 72, Einsiedeln 1977.

Zunächst erklären die Synoden ihre Hochschätzung für den Zölibat als eine "um des Himmelreiches willen" gewählte Lebensform. Sie verstehen ihn als Zeichen für eine besondere Hingabe an das Reich Gottes, würdigen ihn in diesem Sinn als Geschenk des Heiligen Geistes an die Kirche und stellen fest, daß in der lateinischen Kirche mit der Zeit durch ein allgemeines Kirchengesetz die Ausübung des priesterlichen Amtes mit der zölibatären Lebensform verbunden wurde.

Dann wird aber darauf hingewiesen, daß im Volk Gottes auch verheiratete Menschen hauptamtlich kirchliche Dienste ausüben, auch solche Dienste, die bisher von Priestern geleistet wurden. Es wird namhaft gemacht, daß auch in der Schweiz die Verbindung von Zölibat und Priesteramt zur Diskussion gestellt wird, unter Verweis auf Umfrageergebnisse und auf die Tatsache der verheirateten Priester in den orientalischen Kirchen, auch den katholischen. Wenn dabei die Basler Synode festhält, daß nach dem Zeugnis der Bibel und der Urkirche auch die Ehe eine dem Priesteramt angemessene Lebensform sein kann, dann sagt sie eigentlich nur das, wovon der gesamtschweizerische Text ausging.

Und nun äußern die Synoden ihre eigene Auffassung:

"Die Sinnhaftigkeit der Verbindung von Zölibat und priesterlichem Amt soll immer neu aufgezeigt werden. Andererseits ist die jetzige Gesetzgebung im Licht des Evangeliums und der Geschichte der Kirche neu zu bedenken. Eine solche Überprüfung (und Änderung: Basel) der Gesetzgebung hat zu erfolgen im Zusammenhang mit der nachkonziliären Entwicklung, unter Beachtung der verschiedenen geistigen Strömungen, die sich um die Erneuerung der Kirche bemühen (Basel: und vor allem unter Berücksichtigung der heutigen seelsorgerlichen Bedürfnisse").

"Die Synode bittet deshalb den Bischof und die Schweizerische Bischofskonferenz, sich in der Gesamtkirche mit Nachdruck für eine solche Überprüfung und Veränderung einzusetzen".

Weihe verheirateter Männer (viri probati): Ein Christ, welcher mit dem vollen Gemeindeleitungsamt betraut ist, ist im biblischen Sinn ein Presbyter. Nun aber sind in manchen Diözesen manche verheiratete Laien schon mit dem vollen Gemeindeleitungsamt betraut. Also sind solche zu Presbytern zu ordinieren.

Das ist das einfache Schlußfolgerungsverfahren, welches zur Forderung führt, in bestimmten Fällen sollten "bewährte Männer", die verehelicht sind, zu Priestern geweiht werden können. Natürlich funktioniert diese Überlegung nicht nur hinterher. Es mag auch einmal heißen: Wenn wir diesen Mann weihen könnten, könnten wir ihm eine Gemeinde anvertrauen.

Tatsache ist, daß es heute in der Schweiz eine bestimmte Anzahl solcher Männer schon gibt, die als Priester mit der Seelsorge in den auch schon zahlreichen "verwaisten" Gemeinden oder unterbesetzten Regionen betraut werden könnten. In dieser Sache kamen die Synoden alle zu folgender Empfehlung:

"Die Diözesansynoden ersuchen daher die Bischofskonferenz, sie möge mit folgender Bitte an die zuständigen Stellen gelangen:

Die Bischöfe sollen auch in der lateinischen Kirche im Leben und im kirchlichen Dienst bewährte verheiratete Männer zu Priestern weihen dürfen, wenn die Bedürfnisse es erfordern und die Voraussetzungen gegeben sind. Dies soll angesichts der heute geltenden Regelung als Ausnahmefall verstanden sein."

Mit zwei Dritteln des Schweizer Klerus von 1971 wünschen 1975 also auch alle Synoden in diesem Punkt eine Änderung der Gesetzgebung.

Wie konnte es zu dieser klaren Stellungnahme für eine Veränderung kommen? Weil man weiß, daß die Weihe der viri probati der einzige Punkt ist, über den der derzeitige Papst, Paul VI., als strikten Ausnahmefall allenfalls zu diskutieren bereit wäre. Er äußerte das in einem Brief an den Kardinalstaatssekretär Villot als Antwort auf den holländischen Vorstoß (s. SKZ 138 (1970) Nr. 6, 82). Der Papst hatte auch der Bischofssynode von 1971 gestattet, über dieses Thema zu diskutieren, doch kamen dann die Bischöfe nach intensiver Diskussion zu folgendem Mehrheitsbeschluß: "Unbeschadet der Rechte des Papstes wird die Weihe verheirateter Männer nicht zugelassen, auch nicht in Einzelfällen" (s. SKZ 139 (1971) Nr. 45, 622). Die Mehrheit der Bischofssynode wollte also die viri probati nicht, wollte es aber auch nicht gerade dem Papst verbieten, sich anders zu entscheiden.

Man kann über diese Situation und diese Abwägungen denken wie man will, sie führten dazu, daß in der Frage der viri probati der erste Schritt und der einzig mögliche Schritt in Richtung auf eine Entwicklung erkannt wurde, weshalb die Empfehlung an die Bischofskonferenz verabschiedet werden konnte.

Wiedereingliederung verheirateter Priester

Vor dem 2. Februar 1964 gab es für einen Priester des lateinischen Ritus keine Möglichkeit, sich je in seinem Leben noch gültig zu verheiraten, er hätte denn in einem Prozeß nachweisen können, daß er nur unter dem Zwang schwerer Furcht die höheren Weihen empfangen hatte. Ein geheimes Schreiben des Heiligen Offiziums vom 2. Februar 1964 an die Bischöfe eröffnete dann die neue Praxis, von der Papst Paul VI. in seiner Enzyklika "Sacerdotalis caelibatus" vom 24. Juni 1967 zum erstenmal öffentlich sprach. Nach weiteren Richtlinien der Glaubenskongregation vom 13. Januar 1971 und vom 26. Juni 1972 gab die Schweizerische Bischofskonferenz ihrerseits am 4. Juli 1972 Ausführungsbestimmungen heraus für die Behandlung der Dispensgesuche und den Einsatz der dispensierten Priester im kirchlichen Dienst. Diese Richtlinien gehen bis an die Grenzen des römischerseits Ermöglichten und sind beispielhaft für ihre menschliche und pastorale Haltung. Der allgemeine Grundsatz lautet: Ein dispensierter Priester darf im kirchlichen Dienst das tun, was ein Laie mit derselben Ausbildung tun könnte.

Die Hauptüberlegungen der Synoden zu dieser Frage sind nun die folgenden. Wenn auch die Zurücknahme des Zölibatsversprechens als Unordnung erscheint, so sind solche Priester durch die Dispens und die kirchlich geschlossene Ehe in eine neue Ordnung eingetreten. "Manche Gläubige" seien sogar der Meinung, solche Priester könnten auf ihren Wunsch ihren priesterlichen Dienst wieder ausüben in Gemeinden, in denen die Bereitschaft besteht, sie aufzunehmen. Die Diözesansynoden wünschen die "möglichst weitgehende" Anwendung der schweizerischen Richtlinien. Die "manchen Gläubigen" waren offenbar auch an den Synoden vertreten. Der St. Galler Kommissionsbericht enthält ziemlich kategorische Äußerungen zum ganzen Themenkreis. In der Basler Synode vereinigte der Isako-Vorschlag, die volle Wiedereingliederung der verheirateten Priester neu zu prüfen, 120 Ja- ohne Neinstimmen bei 25 Enthaltungen. Aber ein solches Votum hätte nach berufener Auslegung dem Anliegen keinen Dienst erwiesen. Darum gelangte es nicht in den endgültigen Text.

Papst Johannes Paul II.: Schreiben an alle Priester der Kirche zum Gründonnerstag 1979, 8.4.1979, in der Reihe: Verlautbarungen des Apostolischen Stuhls, Nr. 7.

Bedeutung des Zölibats

Gestattet mir, hier kurz auf das Problem des priesterlichen Zölibats einzugehen. Ich will es in zusammenfassender Weise tun, da es schon gründlich und umfassend während des Konzils, sodann in der Enzyklika Sacerdotalis Caelibatus und schließlich auf der ordentlichen Sitzung der Bischofssynode von 1971 behandelt worden ist. Diese Überlegungen haben sich als notwendig erwiesen, sei es um das Problem noch ausgereifter darzustellen, sei es um den Sinn jener Entscheidung noch eingehender und tiefer zu erörtern, die die lateinische Kirche seit vielen Jahrhunderten getroffen hat, der sie treu zu bleiben suchte und auch in Zukunft treu bleiben will. Das in Frage stehende Problem ist so bedeutend und schwerwiegend, seine Verbindung mit der Sprache des Evangeliums so eng, daß wir in diesem Fall nicht in anderen Kategorien denken können als in jenen, deren sich das Konzil, die Bischofssynode und der große Papst Paul VI. bedient haben. Wir können nur versuchen, das Problem tiefer zu verstehen und ausgewogener darauf zu antworten, indem wir uns von den verschiedenen Einwänden freimachen, die schon immer - und so auch heute - gegen den priesterlichen Zölibat vorgebracht wurden, wie auch von den verschiedenen Deutungen an Hand von Kriterien, die dem Evangelium, der Überlieferung und dem Lehramt der Kirche fremd sind. Diese Kriterien, so fügen wir hinzu, erweisen sich, was ihre anthropologische Zuverlässigkeit und Begründung angeht, als sehr zweifelhaft und von nur relativem Wert.

Im übrigen dürfen wir uns über die vielen Einwände und Kritiken nicht allzu sehr wundern, die sich in der Zeit nach dem Konzil verschärft haben, heute jedoch hier und dort wieder schwächer zu werden scheinen. Hat Jesus Christus nicht, als er seinen Jüngern das Problem der Ehelosigkeit "um des Himmelreiches willen" darlegte, die bezeichnenden Worte hinzugefügt: "Wer es fassen kann, der fasse es?" (Mt 19, 12). Die lateinische Kirche wollte und will weiterhin, daß nach dem Beispiel Christi, unseres Herrn, entsprechend der apostolischen Lehre und der ganzen diesbezüglichen Tradition alle jene, die das Weihesakrament empfangen, diesen Verzicht um des Himmelreiches willen auf sich nehmen. Diese Tradition ist jedoch mit der Achtung vor den verschiedenen Traditionen anderer Kirchen verbunden. Sie stellt eine Charakteristik, eine Besonderheit und ein Erbe der lateinischen katholischen Kirche dar, der diese viel verdankt. Die Kirche ist entschlossen, diese Tradition fortzusetzen trotz aller Schwierigkeiten, denen eine solche Treue vielleicht ausgesetzt ist, wie auch trotz der verschiedenen Anzeichen der Schwäche und Krise bei einzelnen Priestern. Wir sind uns alle bewußt, daß wir "diesen Schatz in irdenen Gefäßen tragen" (vgl. 2 Kor 4, 7), und dennoch wissen wir recht gut, daß es ein Schatz ist.

Und warum ist es ein Schatz? Wollen wir mit dieser Auffassung etwa den Wert der Ehe und die Berufung zum Familienleben abwerten? Oder unterliegen wir vielleicht der manichäischen Verachtung des menschlichen Leibes und seiner Funktionen? Wollen wir etwa irgendwie die Liebe herabmindern, die Mann und Frau zur Ehe und zur leiblichen Einheit in der Ehe führt, so daß sie "ein Fleisch" werden? (Gen 2, 24; Mt 19, 6) Wie sollte es für uns möglich sein, so zu denken und zu argumentieren, wo wir doch wissen, glauben und mit dem hl. Paulus verkünden, daß die Ehe ein "großes Geheimnis" ist im Hinblick auf Christus und die Kirche? (vgl. Eph 5, 32) Doch entspricht keines der Motive, mit denen man uns zuweilen davon zu "überzeugen" sucht, daß der Zölibat nicht mehr angebracht sei, der Wahrheit, die die Kirche verkündet und im Leben durch die Verpflichtung zu verwirklichen sucht, die alle Priester vor ihrer heiligen Weihe übernehmen. Das wesentliche, eigentliche und angemessene Motiv findet sich in der Wahrheit, die Christus verkündet hat, als er von der Ehelosigkeit um des Himmelreiches willen sprach, und die der hl. Paulus herausstellt, wenn er schreibt, daß in der Kirche jeder "seine Gnadengabe" hat (vgl. 1 Kor 7, 7). Der Zölibat ist eine solche Gnadengabe des Geistes. Eine ähnliche, wenn auch andere Gnadengabe ist in dem großen Geheimnis des Ehesakramentes enthalten, in der Berufung zu wahrer und treuer ehelicher Liebe, die auf leibliche Nachkommenschaft ausgerichtet ist. Alle wissen, wie grundlegend diese Gnadengabe für den Aufbau der großen Gemeinschaft der Kirche, des Volkes Gottes, ist. Wenn aber diese Gemeinschaft ihrer Berufung in Jesus Christus voll entsprechen will, so muß in ihr notwendig auch in entsprechendem Maße die andere Gnadengabe, nämlich die Gnade des Zölibates "um des Himmelreiches willen" (Mt 19, 12), verwirklicht werden.

Warum aber verbindet die lateinische katholische Kirche diese Gnadengabe nicht nur mit dem Leben jener Menschen, die in den Ordensgemeinschaften das Ideal der evangelischen Räte im engeren Sinn übernehmen, sondern auch mit der Berufung zum hierarchischen Priestertum und Dienst? Sie tut es deswegen, weil der Zölibat "um des Reiches willen" nicht nur ein eschatologisches Zeichen ist, sondern auch große soziale Bedeutung für den Dienst am

Volk Gottes im gegenwärtigen Leben hat. Der Priester wird durch seinen Zölibat zum "Menschen für die anderen", und zwar anders als jemand, der sich mit einer Frau zu ehelicher Gemeinschaft verbindet und so ebenfalls als Bräutigam und Vater zum Menschen für die anderen wird, vor allem im Bereich der eigenen Familie: für seine Braut und zusammen mit ihr für die Kinder, denen er das Leben schenkt. Indem der Priester auf diese den Verheirateten eigene Vaterschaft verzichtet, sucht er eine andere Vaterschaft, ja fast sogar eine andere Mutterschaft, wenn er an die Worte des Apostels von den Kindern denkt, für die er Geburtswehen leidet. (vgl. 1 Kor 4, 15; Gal 4, 19). Sie sind Kinder seines Geistes, Menschen, die der Gute Hirt seiner Sorge anvertraut hat. Es sind viele Menschen, mehr als eine normale menschliche Familie umfassen kann. Die pastorale Berufung der Priester ist groß und nach der Lehre des Konzils sogar universal: sie richtet sich auf die ganze Kirche (vgl. II. Vat. Konzil, Dekret über Dienst und Leben der Priester Presbyterorum Ordinis, 3. 6. 10. 12) und ist daher auch missionarisch. Normalerweise ist sie an den Dienst für eine bestimmte Gemeinschaft des Volkes Gottes gebunden, wo jeder Aufmerksamkeit, Sorge und Liebe erwartet. Soll das Herz des Priesters für einen solchen Dienst, für solche Sorge und Liebe verfügbar werden, so muß es frei sein. Der Zölibat ist so Zeichen einer Freiheit, die sich zum Dienst bereit macht. Aufgrund dieses Zeichens ist das hierarchische oder Dienst-Priestertum nach der Tradition unserer Kirche unmittelbar auf das gemeinsame Priestertum der Gläubigen hingeordnet.

Prüfung und Verantwortung

Die oft verbreitete Ansicht, der priesterliche Zölibat sei in der katholischen Kirche eine den Empfängern des Weihesakramentes rein gesetzlich auferlegte Verpflichtung, beruht auf einem Mißverständnis, wenn sie nicht gar wider besseres Wissen vertreten wird. Es ist uns allen bekannt, daß es nicht so ist. Jeder Christ, der das Weihesakrament empfängt, verpflichtet sich zum Zölibat voll bewußt und freiwillig, nachdem er sich mehrere Jahre lang durch gründliche Prüfung und eifriges Gebet darauf vorbereitet hat. Er fällt die Entscheidung für ein Leben im Zölibat nur, nachdem er zur festen Überzeugung gelangt ist, daß Christus ihm zum Wohl der Kirche und zum Dienst für die anderen diese Gnadengabe schenkt. Erst dann verpflichtet er sich, den Zölibat während des ganzen Lebens zu halten. Offensichtlich verpflichtet eine solche Entscheidung nicht nur kraft des von der Kirche aufgestellten Gesetzes, sondern auch kraft der personalen Verantwortung. Es geht hier darum, das Christus und der Kirche gegebene Wort zu halten. Das Stehen zu einem Wort ist zugleich Verpflichtung und Zeichen der inneren Reife des Priesters. Es ist Ausdruck seiner personalen Würde. Das zeigt sich mit aller Deutlichkeit, wenn die

Treue zu dem Christus versprochenen, bewußt und freiwillig übernommenen lebenslangen Zölibat schwer wird, auf die Probe gestellt oder Versuchungen ausgesetzt wird, alles Dinge, die dem Priester ebenso wenig wie irgendeinem anderen Menschen und Christen erspart bleiben. In dieser Prüfung muß jeder seinen Halt in noch innigerem Gebet suchen, um dadurch in sich jene Haltung der Demut und Aufrichtigkeit Gott und dem eigenen Gewissen gegenüber wiederzufinden, die sich als Kraftquelle und Stütze für das erweist, was ins Wanken geraten ist. Daraus erwächst eine Zuversicht, die der des hl. Paulus gleicht, wenn er sagt: "Alles vermag ich durch ihn, der mich stark macht" (Phil 4, 13). Die Erfahrung zahlreicher Priester bestätigt diese Wahrheiten, und auch die Wirklichkeit des Lebens bekräftigt sie. Wer sie annimmt, legt damit die Grundlage für seine Treue zu dem Christus und der Kirche gegebenen Wort. Er bleibt zugleich im echten Sinne sich selber, seinem Gewissen, seiner eigenen Menschenwürde treu. An all das gilt es vor allem in Stunden der Krise zu denken, um nicht gleich um Dispens zu ersuchen, als ob es sich um einen reinen Verwaltungsakt und nicht vielmehr um eine tiefreichende Gewissensfrage und eine Probe auf die eigene Menschlichkeit handelte. Gott hat ein Recht darauf, daß jeder von uns sich dieser Prüfung stellt, wenn es schon wahr ist, daß das irdische Leben für jeden Menschen eine Prüfungszeit bleibt. Gott will aber auch zugleich, daß wir siegreich aus solchen Prüfungen hervorgehen, und er schenkt uns dazu die entsprechende Hilfe.

Vielleicht ist es gut, hier mit einigem Grund darauf hinzuweisen, daß die Verpflichtung zur ehelichen Treue, wie sie sich aus dem Ehesakrament ergibt, in ihrem Vollzug ähnliche Pflichten mit sich bringt und zuweilen für die verheirateten Männer und Frauen zu ähnlichen Prüfungen und Erfahrungen führt, so daß auch sie in dieser "Feuerprobe" den Wert ihrer Liebe erweisen müssen. Die Liebe ist ja in all ihren Dimensionen nicht nur Gabe, sondern auch Aufgabe. Fügen wir schließlich noch hinzu, daß unsere Brüder und Schwestern im Ehestand mit Recht von uns Priestern und Seelsorgern ein gutes Beispiel und das Zeugnis der Treue zum Beruf bis in den Tod hinein erwarten. Es ist die Treue zur Berufung, die wir im Weihesakrament so wie sie im Sakrament der Ehe übernommen haben. Auch in diesem Zusammenhang und in diesem Sinne müssen wir unser Dienst-Priestertum als dem allgemeinen Priesertum zugeordnet betrachten, das allen Gläubigen eigen ist, den Laien und besonders jenen, die in der Ehe leben und eine Familie bilden. So tragen wir zum "Aufbau des Leibes Christi" bei (Eph 4, 12); andernfalls würden wir, anstatt seinen Aufbau zu fördern, seinen geistigen Zusammenhalt schwächen. Mit diesem Aufbau des Leibes Christi ist auch die echte Entwicklung der menschlichen Persönlichkeit eines jeden Christen - so wie die eines jeden Priesters - eng verbunden, die sich nach dem Maß der Gnadengaben Christi vollzieht. Eine Beeinträchtigung des geistigen Zusammenhalts der Kirche kommt ganz gewiß nicht der Entwicklung der menschlichen Persönlichkeit zugute und trägt auch nicht zu ihrem rechten Verständnis bei.

Verfahrensanordnung in Fällen der Laisierung von der Kongregation für die Glaubenslehre vom 14. Oktober 1980

1. Der Begleitbrief:

An alle Ortsordinarien und die Oberen klerikaler Ordensgemeinschaften

1. Mit dem Brief zum Gründonnerstag des Jahres 1979 an alle Priester der Kirche bezog sich der Papst Johannes Paul II. - wie er selbst sagte - auf die Lehre, die vom Zweiten Vatikanischen Konzil und danach von Paul VI. in der Enzyklika "Sacerdotalis caelibatus" und zuletzt von der Bischofssynode im Jahre 1971 dargelegt wurde und stellt wieder klar heraus, wie hoch der priesterliche Zölibat in der lateinischen Kirche geschätzt werden muß. Es handelt sich um eine Angelegenheit von großer Bedeutung - so erinnert der Heilige Vater -, die durch ein besonderes Band mit dem Wort des Evangeliums verbunden ist.

Dem Beispiel des Herrn Jesus Christus folgend und nach der apostolischen Lehre und der ihr eigenen Tradition wollte die lateinische Kirche und will auch jetzt noch, daß alle, die das Weihesakrament empfangen, diesen Verzicht nicht nur als eschatologisches Zeichen, sondern auch als "Zeichen einer gewissen Freiheit, die dem Amt angemessen ist", auf sich nehmen.

Der Heilige Vater weist nämlich darauf hin: "Ein jeder Christ, der dieses Sakrament empfangen wird, verpflichtet sich mit vollem Bewußtsein und in voller Freiheit zum Zölibat, nachdem er eine mehrjährige Vorbereitung absolviert, in dieser Sache genaue Überlegungen angestellt und viel gebetet hat. Dann erst trifft er die Entscheidung, ein eheloses Leben zu führen, wenn er fest davon überzeugt ist, daß Christus ihm diese Gabe zum Nutzen der ganzen Kirche und zum Dienst an den anderen gewährt. ... Es ist klar, daß eine so gefaßte Entscheidung verpflichtet, nicht nur aufgrund eines von der Kirche gegebenen Gesetzes, sondern aus dem Bewußtsein der vom Menschen ausdrücklich übernommenen Pflichten.

Außerdem ist es wichtig, daß man zu dem Christus und der Kirche gegebenen Versprechen steht. "Schließlich erwarten verheiratete Christen mit vollem Recht von den Priestern" - fügt Seine Heiligkeit hinzu - "ein gutes Beispiel und das Zeugnis der Treue zur Berufung bis zum Tod."

2. Dennoch hatten Schwierigkeiten, denen sich Priester im Laufe der letzten Jahre ausgesetzt sahen, dazu geführt, daß aus ihren Reihen nicht wenige die

Dispens von den ihnen durch den Empfang der Priesterweihe auferlegten Verpflichtungen und besonders die Dispens vom Zölibat forderten.

Wegen der weiten Verbreitung der Tatsache, die der Kirche einen schweren Schlag versetzte - und sie deshalb bis ins Innerste verletzte - und den Hirten und der ganzen christlichen Gemeinde bleibenden Schmerz zufügte, ist der Heilige Vater Johannes Paul II. vom Anfang seines apostolischen Dienstes an zur Überzeugung gekommen, daß es notwendig sei, Forschungen über die jetzige Situation, über ihre Gründe und über die zu schaffende Abhilfe anzustellen.

3. Man muß sich davor hüten, daß eine so wichtige Sache wie die Dispens vom Zölibat als ein Recht betrachtet wird, das die Kirche ohne Unterscheidung allen ihren Priestern gewähren muß; wo doch im Gegenteil als ordentliches Recht zu betrachten ist, daß der Priester durch die Hingabe seiner selbst Christus und dem ganzen Volk Gottes verbunden ist, welche deswegen von ihm die Bewährung der versprochenen Treue erwarten, unbeschadet der großen Schwierigkeiten, die ihm in diesem Leben zustoßen können.

Zu hüten ist sich in gleicher Weise davor, die Dispens vom Zölibat im Laufe der Zeit als Resultat eines quasi automatischen Verwaltungsvorgangs auf höchster Ebene zu betrachten (vgl. Gründonnerstagsbrief 1979, Nr. 9).

Sehr große Güter müssen in der Entscheidung gegeneinander abgewogen werden. Zum ersten: das Wohl des Priesters, der um Dispens ersucht und der glaubt, daß diese die einzige Lösung seines eigenen Lebensproblems sei, dessen Last er nicht länger tragen zu können glaubt; dann: das allgemeine Wohl der Kirche, die nicht gleichmütig ertragen kann, daß nach und nach das gesamte priesterliche Gefüge aufgelöst wird, das zur Erfüllung ihres Auftrags unbedingt notwendig ist; schließlich: das besondere Wohl der Ostkirche bzw. der Bischöfe mit ihrem Presbyterium, die vom Eifer bewegt werden, soweit es möglich ist, die notwendigen apostolischen Kräfte zu bewahren und zugleich für das Wohl aller christlichen Gemeinden zu sorgen, für die der Dienst des Amtspriestertums als ein Recht und eine Notwendigkeit zu betrachten ist.

Hier kommen vielfältige Aspekte der Angelegenheit in die Überlegung hinein, die gegeneinander unter Bewahrung von Gerechtigkeit und Liebe abzuwägen sind. Keiner von ihnen darf vernachlässigt, viel weniger noch weggelassen werden.

4.Im Bewußtsein der vielfältigen in diese Fragen eingeschlossenen Aspekte, die traurige persönliche Bedingungen in sich tragen, und zugleich der Notwendigkeit, alles in christlichem Geist zu betrachten, hat der Heilige Vater beschlossen - den die meisten Bischöfe durch ihr Wissen beraten haben - eine angemessene Zeitspanne festzusetzen, um mit Hilfe seiner Mitarbeiter zu einer klugen und gut begründeten Entscheidung bezüglich der Annahme der Untersuchung und der Entscheidung über die Gesuche, die sich auf Dispens vom Zölibat beziehen, zu kommen.

Als Frucht dieser reifen Überlegung ist das anzusehen, was nun kurz dargelegt wird. Die eifrige Sorge, alle in dieser Sache vorgebrachten Aspekte abzuwägen, hat die Normen angeregt und beeinflußt, nach denen von nun an mit den zum apostolischen Stuhl gesendeten Gesuchen zu verfahren ist.

Selbstverständlich ist es unbedingt notwendig, daß diese Normen nicht vom pastoralen Geist getrennt werden, der sie beseelt.

5. In der Behandlung der Gesuche, die zum apostolischen Stuhl gesendet werden, abgesehen von den Fällen der Priester, die ihr priesterliches Leben seit langem aufgegeben haben und eine unabänderliche Situation zu sanieren wünschen, nimmt die Heilige Glaubenskongregation den Fall jener in Betracht, die die priesterliche Weihe nicht hätten empfangen dürfen, da ein Mangel an Freiheit und Verantwortungsbewußtsein bestand, oder weil die zuständigen Vorgesetzten nicht in der Lage waren, rechtzeitig klug und angemessen zu beurteilen, ob der Kandidat wirklich fähig sein würde, ständig ein Leben im gottgeweihten Zölibat zu führen.

Außerdem ist in dieser Angelegenheit jegliche leichtfertige Handlungsweise zu vermeiden, die, da sie die Bedeutung des Priestertums, die heilige Beschaffenheit der Weihe und den Ernst der im voraus eingegangenen Verpflichtungen herabsetzt, größten Schaden bringen und sicher traurige Verwunderung und Skandal bei den meisten Christgläubigen hervorrufen kann.

Deswegen muß die Dispensangelegenheit durch eine Fülle einleuchtender Argumente, sowohl was deren Zahl als auch deren Triftigkeit angeht, unterstützt werden. Dieselbe Sorge, die Dinge in ernsthafter Weise und zur Sicherung des Wohls der Christgläubigen zu behandeln, führt dazu, daß jene Gesuche nicht angenommen werden, die nicht im Geist der Demut vorgetragen werden.

6. Bei dieser schwierig zu lösenden Aufgabe, die ihr vom Heiligen Vater anvertraut ist, hat es die Heilige Kongregation für die Glaubenslehre für gut befunden, daß sie die Hoffnung auf die volle und treue Unterstützung aller betroffenen Ordinarien setzen kann. Sie selbst zeigt sich zu jeglicher Hilfeleistung bereit, welche dieselben erbitten. Ebenso vertraut sie ganz auf die einsichtsvolle Beachtung der dargelegten Normen, da deren pastorales Bemühen als gut bekannt vorausgesetzt wird, was sich darauf bezieht, auf diesem Gebiet die notwendigen Bedingungen zu schaffen zum Dienst an der Kirche und zum Wohl der Priesterschaft, zur Pflege des geistlichen Lebens sowohl der Priester als auch der Christengemeinden.

Schließlich weiß dieses Dikasterium, daß jene auf keine Art und Weise ihre Pflicht der geistlichen Vaterschaft gegenüber allen ihren Priestern vergessen können, besonders gegenüber denen, die in schweren Gewissenskonflikten stehen, und ihnen ihre stärkste und wiederum notwendige Hilfe zum leichteren und freudigeren Bewahren der Pflichten, die am Tag der Ordination gegenüber dem Herrn Jesus Christus und dessen heiliger Kirche übernommen worden sind, gewähren und alles im Herrn versuchen, was den wankenden Bruder zur inneren Ruhe, Vertrauen, Reue und zur Wiederaufnahme des vorherigen Eifers zurückrufen kann, wobei die Mitbrüder, Freunde, Verwandte, Ärzte und Psychologen je nach Verschiedenheit der Fälle Hilfe leisten (vgl. Enz. "Sacerdotalis caelibatus", Nr. 87 und 91).

7. Diesem Schreiben wird die Verfahrensordnung beigefügt, welche bei der Zusammenstellung der Unterlagen, die zu einem Antrag auf Dispens vom Zölibat gehören, anzuwenden ist.

Indem wir dies kraft unseres Amtes mitteilen, bekunden wir nachdrücklich unsere Hochachtung und verbleiben im Herrn.

Franciscus Card. Seper
Praefekt

Fr. Hieronymus Hamer, O.P.
Sekretär

2. Die Verfahrensordnung

Art. 1: Der für die Annahme des Gesuchs zuständige und zur Verhandlungseröffnung befähigte Ordinarius ist der Ordinarius des Ortes der Inkardinierung oder der Generalobere, wenn es sich um einen Angehörigen einer klerikalen Ordensgemeinschaft päpstlichen Rechts handelt.

Art. 2: Wenn es unmöglich ist, bei dem zuständigen Ordinarius das Verfahren zu eröffnen, kann der Ordinarius des Ortes, in dem der Bittsteller sich gewöhnlich aufhält, das Verfahren eröffnen. Bei Vorliegen eines angemessenen Grundes kann die Heilige Glaubenskongregation auch einen anderen Ordinarius delegieren.

Art. 3: Das Gesuch, das vom Bittsteller zu unterscheiben ist, muß neben Familienname, Vorname und allgemeinen Angaben des Bittstellers wenigstens in groben Zügen die Tatsachen und Argumente angeben, auf die sich der Bittsteller zur Begründung seines Gesuchs stützt.

Art.4: Wenn das Gesuch eingegangen ist, entscheidet der Ordinarius, ob dem Gesuch nachgegangen wird, und im positiven Fall suspendiert er den Bittsteller vorläufig von der Ausübung priesterlicher Vollmachten, es sei denn, er hält es zum Schutz des guten Rufes des Priesters selbst oder zur Wahrung des Wohls der Gemeinde für notwendig, daß jener sein Amt weiterhin ausübt. Gleichfalls trägt er entweder selbst oder durch einen geeigneten, bewährten und speziell beauftragten Priester Sorge für die Eröffnung des Verfahrens, bei dem ein Protokollführer anwesend sein muß, der die Vorgänge aktenkundig macht.

Art. 5: Der Bischof oder der beauftragte Priester verhört den auf die Wahrheit vereidigten Bittsteller nach genau bestimmten, vorher festgelegten Fragen; er hört, wenn möglich, die Vorgesetzten aus der Zeit der Ausbildung oder fordert deren schriftliche Aussagen an; andere Zeugen examiniert er. Schließlich sammelt er die Dokumente und andere Beweisstücke unter Hinzuziehung von Fachgutachten, falls das angebracht erscheint.

Art. 6 Das Verhör des Bittstellers muss alle notwendigen und nützlichen Elemente zur Durchführung der Untersuchung enthalten, nämlich:

a) Allgemeine Angaben des Bittstellers; sittlicher Lebenswandel: Studien; Skrutinien des Bittstellers vor dem Empfang der Heiligen Weihen und auch, wenn der Bittsteller ein Ordensmann ist, solche vor der Ablegung der Gelübde; Zeit und Ort des Empfangs der Heiligen Weihen; Stationen des priesterlichen Dienstes; derzeitige juristische Situation des Bittstellers, sowohl kirchen- als auch zivilrechtlicherseits, und dergleichen mehr.

b) Gründe und Ursachen des Defekts wie auch die Umstände, die die Annahme der priesterlichen Verpflichtungen beeinträchtigt haben könnten.

Art. 7: Nach Verfahrensschluß werden alle Akten in dreifacher Ausfertigung zusammen mit nützlichen Angaben zur Beurteilung der Beweisstücke an die Heilige Kongregation für die Glaubenslehre übersendet, einschließlich der Versicherung, daß die Angaben der Wahrheit entsprechen und daß ein Skandal nicht befürchtet werden muß.

Art. 8: Die Heilige Kongregation berät und beschließt, ob das Gesuch an den Heiligen Vater weiterzuleiten ist, ob die Aufstellung zu ergänzen ist oder ob das Gesuch als unbegründet zurückzuweisen ist.

3. Der Fragebogen:

Der Text des folgenden Fragebogens "zur eidlichen Vernehmung des Bittstellers" stammt aus dem Jahre 1979 und wurde Priestern zugesandt, die den Antrag auf Laisierung gestellt hatten. Dieser Fragenkatalog steht nicht in direktem Zusammenhang mit den Normen von 1980. Allerdings unterschied sich bereits das Frageschema von 1971 (abgedruckt u.a. in: Friedhelm Luthe, Der Berufswechsel der Priester. Eine empirische Studie, Düsseldorf 1971, S. 238-242) nur unwesentlich von dem hier wiedergegebenen Katalog aus dem Jahre 1979. So ist anzunehmen, daß auch in heutigen Fällen der Laisierung Fragen wie die genannten gestellt werden.

Fragen zur eidlichen Vernehmung des Bittstellers

1. Familienname, Vorname, Name der Eltern, Beruf des Vaters, Tag und Ort der Geburt, jetzige Anschrift, jetzige Tätigkeit.

2. Haben Sie zu den Familienverhältnissen, in denen Sie aufgewachsen sind, zu Ihrer Kindheit und Jugendzeit einschließlich Ihrer Schulzeit bis zur Erlangung der Reifeprüfung (Abitur) etwas Besonderes anzumerken?

Wann und wo machten Sie ihre Reifeprüfung?

3. a) Seit wann, wie und aus welchem Grunde entwickelte sich in Ihnen der Gedanke, Priester zu werden?

b) Hatten Sie zeitweise auch an eine andere Berufswahl gedacht? - Wenn ja, aus welchen Gründen, und welche Berufe standen Ihnen hierbei vor Augen?

c) Sind Sie in Ihrem Entschluß zum Theologiestudium und zum Priestertum von anderen beeinflußt, gedrängt oder gar gezwungen worden? - Welchen Einfluß hatte auf Ihre Berufswahl Ihre Umwelt: Eltern, Geschwister, Lehrer, Verwandte und Bekannte?

d) Wann haben Sie sich endgültig zum Theologiestudium und zum Priestertum entschlossen? - Erfolgte dieser Ihr Entschluß aus Ihrem eigenen freien Ermessen? - Oder hätten Sie, wenn Sie es allein frei zu bestimmen gehabt hätten, einen anderen Beruf erwählt? - Wenn ja, welchen Beruf? Aus welchen Gründen kam es nicht dazu?

e) Rückblickend aus Ihrer heutigen Situation:

Welche erheblichen Gründe glauben Sie bei Ihrer Berufswahl nicht berücksichtigt zu haben? - Wie können Sie Ihre heutige diesbezügliche Auffassung näherhin erläutern und begründen?

4. a) Wo und wann bis wann verweilten Sie in einem kirchlichen Seminar?

b) Welches Verhältnis gewannen Sie zum Seminarleben: Hatten Sie Schwierigkeiten in Ihrem Verhältnis zu Ihren Vorgesetzten (Direktor bzw. Regens, Spiritual), im Zusammenleben mit den Mitalumnen?

c) Sind Sie im Hinblick auf das Priestertum genügend religiös-aszetisch unterrichtet und ausgebildet worden? - Wie stand es mit Ihrem persönlichen religiös-aszetischen Leben (Gebet, Betrachtung, Sakramentenempfang, Mitmachen der vorgeschriebenen religiösen Übungen), welches innere Verhältnis gewannen Sie hierzu? - Haben Sie die Ihnen zuteilgewordenen liturgischen Dienste (Teilnahme am Chorgebet, Altardienst) gerne und mit innerer Teilnahme erfüllt?

d) Hatten Sie in dieser Zeit Berufsschwierigkeiten, Bedenken hinsichtlich Ihrer Eignung zum geistlichen Stande? - Wenn ja, welcher Art waren diese? - Mit wem haben Sie Ihre Berufsschwierigkeiten besprochen, und was ist Ihnen dabei angeraten worden? - Hatten Sie auch zeitweise die Absicht, zwecks Berufswechsel das Seminar zu verlassen - Wenn ja, aus welchen Gründen, und warum ist es nicht dazu gekommen?

e) Wie stand es mit Ihrer seelisch-geistigen Reife in geschlechtlicher Hinsicht? - Welch inneres Verhältnis hatten sie zum Zölibat als der von Ihnen mit den höheren Weihen zu übernehmenden Lebensform gewonnen? - In welchem

Verhältnis standen Sie zur Frauenwelt? - Haben Sie hierzu etwas Besonderes zu bemerken?

5. a) Wo, wann und von wem haben Sie die höheren Weihen empfangen?

b) Sind Sie über das Wesen der Weihen und die mit ihnen zu übernehmenden Verpflichtungen genügend unterrichtet worden? - Hatten Sie hierin genügende Einsicht? - Hatten Sie aufgrund Ihrer Einsicht die Weihen und deren Verpflichtungen innerlich bejaht? - Wenn nicht, geben Sie hierzu bitte nähere Erläuterungen.

c) Sind Sie in Ihrem jeweiligen Entschluß zu den Weihen von jemanden beeinflußt, gedrängt oder gar gezwungen worden? - Wenn ja, von wem und in welcher Weise?

d) Aus welchen Gründen haben Sie sich weihen lassen? Kam Ihr Entschluß aus eigenem, freien Ermessen oder folgten Sie einer inneren, Ihnen damals nicht bewußten Notwendigkeit? Sind Sie heute der Auffassung, bei Ihrer damaligen Entscheidung zu den hl. Weihen erhebliche Gründe nicht beachtet zu haben? - Wenn ja, welche Gründe sind dies, und wie begründen Sie Ihre heutige diesbezügliche Auffassung?

e) Haben Sie zum Verlauf Ihrer Weihetage, Ihres Primiztages etwas Besonderes zu bemerken?

7. a) Von wann ab begannen für Sie ernsthafte Bedenken, Zweifel an Ihrem priesterlichen Leben und Wirken (priesterlicher Existenz)? - Welcher Art waren diese Bedenken?

b) Was haben Sie unternommen, um diese Ihre Schwierigkeiten zu überwinden? - Haben Sie sich darüber mit jemandem beraten? - Wenn ja, mit wem, und was ist Ihnen dabei angeraten worden?

c) Wann haben Sie sich endgültig entschlossen, Ihr priesterliches Leben und Ihre seelsorgliche Tätigkeit aufzugeben, und wann haben Sie es tatsächlich aufgegeben? - Geschah dies widerrechtlich oder im Einverständnis mit Ihrem Bischof?

d) Welche Gründe haben Sie letztlich bewogen, Ihr priesterliches Leben und Wirken aufzugeben?

e) Welche Pläne haben Sie für Ihre Zukunft?

f) Sind Sie bereits eine bürgerliche Ehe eingegangen? - Wenn ja, mit wem, wann und wo? - Wenn nein, stehen Sie in einem engeren Verhältnis zu einem Mädchen, einer Frau? - Wenn ja, machen Sie bitte hierüber nähere Angaben.

8. a) Welche Gründe können Sie anführen für Ihre Bitte um Zurückversetzung in den Laienstand und um Befreiung von Ihren Weihepflichten?

b) Sind Sie in Ihrem Gewissen überzeugt, daß Sie zum geistlichen Stand, zum Priestertum nicht geeignet, befähigt sind und deshalb keinen "Beruf" haben?

9. Haben Sie sonst noch etwas zu bemerken, was Ihnen zur Durchführung dieses kirchlichen Verfahrens wichtig erscheint?

Das Protokoll wird verlesen

10. Gibt die Niederschrift Ihre heutigen Aussagen vollständig und richtig wieder? - Wünschen Sie etwas zu verbessern, hinzuzufügen, zu streichen?

Congregatio Pro Doctrina Fidei: Documenta inde a Concilio Vaticano Secundo expleto edita (1966-1985), Vatikan 1985

a. Omnibus Locorum Ordinariis et Moderatoribus Generalibus Religionum Clericalium (AAS LXXII 2, 1980, pp.1132-1135)

1. Per Litteras ad universos Ecclesiae sacerdotes datas in feria V Hebdomadae Sanctae anno 1979, Summus Pontifex Ioannes Paulus II sese referens - ut Ipse aiebat - ad doctrinam a Concilio Vaticano II, deinde a Paulo VI in Encyclicis Litteris *Sacerdotalis caelibatus* ac postremo a Synodo Episcoporum anno 1971 pertractatam, rursus clara in luce posuit quanta in aestimatione habendus sit caelibatus sacerdotalis in Ecclesia Latina.

Agitur de re magni momenti - Beatissimus Pater commonet - quae peculiari vinculo coniungitur cum Evangelii sermone. Exemplum Christi Domini secuta et secundum apostolicam doctrinam Traditionemque sibi propriam, Ecclesia Latina voluit etiamque nunc vult ut omnes illi qui Ordinis recipiunt sacramentum, amplectantur hanc renuntiationem non solum ut signum eschatologicum, sed etiam ut "signum alicuius libertatis quae vicissim ad ministerium destinatur".

Animadvertit enim Summus Pontifex: "quilibet Christianus, Ordinis recepturus sacramentum, officio sese caelibatus obstringit plena quidem cum conscientia ac libertate, postquam plurium annorum praeparationem absolvit in eamque rem deliberationem accuratam et precem plurimam contulit. Tunc solum init consilium vitae in caelibatu ducendae, cum firmiter sibi persuasit Christum sibi *donum* illud concedere ad totius Ecclesiae emolumentum aliorumque famulatum... Perspicuum hinc est consilium sic captum iam obligare non tantum ob aliquam legem ab Ecclesia latam, sed etiam ex ipsa conscientia officiorum nominatim ab homine susceptorum. Interest propterea ut stetur datis Christo atque Ecclesiae promissis". Tandem christifideles matrimonio vincti iusto iure a sacerdotibus exspectant - addit Sanctitas Sua - "exemplum bonum ac testimonium fidelitatis erga vocationem usque ad mortem".

2. Difficultates tamen, quas praesertim ultimorum annorum decursu sacerdotes experti sunt, effecerunt ut haud parvus eorum numerus postulaverint dispensationem ab obligationibus ex ipsorum sacerdotali ordinatione manantibus, peculiarique modo dispensationem a caelibatu. Ob latam diffusionem huius facti - quod acerbum intulit vulnus Ecclesiae, hoc modo penitus perculsae in suo ipsius vitae fonte, quodque iugi dolore afficit Pastores cunctamque christianam communitatem - Summus Pontifex Ioannes Paulus II inde ab initio supremi Sui ministerii apostolici in persuasionem pervenit de necessitate investigationis instruendae circa rerum condicionem inde ortam, eius causas et opportuna remedia adhibenda.

3. Revera cavendum est, ne tam gravis momenti causa, cuiusmodi est dispensatio a caelibatu, habeatur tamquam ius, quod Ecclesia agnoscere debeat indiscriminatim proprium omnium suorum sacerdotum; dum e contra verum ius illud censendum est, quod sacerdos per sui oblationem contulit Christo cunctoque Populo Dei, qui propterea ab ipso exspectant observantiam fidelitatis promissae, gravibus non obstantibus difficultatibus, quae hac in vita illi occurrere possunt. Pariter cavendum est ne dispensatio caelibatu labente tempore haberi possit tamquam effectus quasi automaticus alicuius summarii processus administrativi (cfr. Litt Summi Pontificis Ioannis Pauli II, *Ad universae Ecclesiae Sacerdotes, adveniente Feria V in Cena Domini*, n. 9). Nimis magna bona hic in discrimen adducuntur: bonum in primis ipsius sacerdotis dispensationem petentis, qui aestimat hanc esse unicam solutionem proprii problematis existentialis, cuius pondus putat se iam sustinere non posse; deinde bonum generale Ecclesiae, quae aequo animo ferre non potest pedetemptim dissolvi sacerdotalem compaginem, quae omnino est necessaria suo muneri adimplendo; denique bonum particulare Ecclesiarum localium scilicet Episcoporum cum suo Presbyterio, qui studio moventur servandi, quantum fieri potest, vires apostolicas necessarias, ac simul etiam omnium coetuum christifidelium, pro quibus servitium sacerdotii ministerialis censendum est ius et necessitas. Hinc in considerationem veniunt multiplices rei aspectus, qui inter se componendi sunt, iustitia et caritate servatis: nullus eorum neglegi aut multo minus reici potest.

4. Conscius igitur de multis iisdemque implexis huius quaestionis aspectibus, qui secumferunt tristes personales condiciones, ac simul necessitatem animadvertens omnia considerandi secundum spiritum Christi, Beatissimus Pater - Cui plurimi Episcopi una cum notitiis consilia suppeditaverunt - statuit congruum temporis spatium sumere ut, adiuvantibus suis cooperatoribus, deveniret ad prudentem eamque firmis rationibus innixam deliberationem, circa aceptationem, examen et resolutionem petitionum, quae dispensationem a caelibatu respiciunt.

Fructus huius maturae considerationis habenda sunt ea quae nunc breviter exponuntur. Studiosa cura expendendi omnes aspectus, qui hac in re proferantur, suggessit atque inspiravit normas, iuxta quas posthac instituendum erit examen petitionum, quae ad Sedem Apostolicam mittentur. Uti patet, necesse omnino est, ut huiusmodi normae nullo modo separentur a spiritu pastorali, quo eaedem animantur.

5. In examine peragendo petitionum, quae ad Sedem Apostolicam mittuntur, praeter casus sacerdotum qui, sacerdotali vita iamdiu relicta, rerum statum a quo recedere nequeunt, sanare exoptant, Sacra Congregatio pro Doctrina Fidei considerandum suscipiet illorum casum, qui ordinationem sacerdotalem recipere non debuerant, quia scilicet vel debitus libertatis vel responsabilitatis respectus defuit, vel competentes Superiores opportuno tempore non valuerunt modo prudenti ac satis idoneo iudicare, num candidatus reapse aptus esset ad vitam perpetuo ducendam in caelibatu Deo dedicato.

Vitanda praeterea est hac in re quaevis levis agendi ratio, quae, cum sacerdotii significationem, sacram indolem ordinationis et gravitatem obligationum antea susceptarum imminuat, maximum sane potest detrimentum afferre et certe tristem admirationem et scandalum apud plurimos christifideles inducere. Quare dispensationis causa demonstranda erit ope argumentorum numero et soliditate praestantium. Eadem cura, ut res serio modo procedant et christifidelium bonum in tuto ponatur, efficiet, ut non admittantur petitiones illae, quae exhibeantur aliter ac animo humilitate affecto.

6. In arduo absolvendo hoc munere sibi a Romano Pontifice concredito, Sacra Congregatio pro Doctrina Fidei probe novit se spem collocare posse in plena ac fidenti cooperatione omnium Ordinariorum, quorum intererit. Ipsa paratam se praebet ad omnia auxilia, quae iidem optaverint, ministranda. Item plane confidit in prudenti ab iis praestanda observantia normarum propositarum, cum bene cognitum habeat eorum pastorale studium, quod attinet ad gignendas in hoc campo condiciones necessarias ad serviendum Ecclesiae et sacerdotii bono, nec non ad consulendum spirituali vitae tum presbyterorum tum christianorum communitatum. Denique hoc Dicasterium scit ipsos oblivisci nullo modo posse sua spiritualis paternitatis officia erga omnes suos sacerdotes, eos praesertim qui in gravi animi discrimine versantur, ut iisdem praebeant firmissimum suum prorsusque necessarium auxilium, ad facilius iucundiusque tuenda munia sumpta die ordinationis erga Dominum Iesum Christum eiusque Sanctam Ecclesiam, omnia in Domino experiendo quae vacillantem fratrem possint ad animi tranquillitatem, ad fiduciam, ad poenitentiam atque ad pristinam resumendam alacritatem revocare, opem ferentibus, pro casuum diversitate, confratribus, amicis, consanguineis, medicis ac psychologis (cfr. Litt. Enc. *Sacerdotalis caelibatus,* n. 87 et 91).

7. Hisce Litteris adnectuntur normae de modo procedendi, quas servare oportet in apparandis documentis spectantibus ad petitionem dispensationis a caelibatu.

Haec dum pro munere nostro communicamus, impensos obsequii nostri sensus libenter pandimus nosque profitemur in Domino addictissimos.

Franciscus Card. Seper, Praefectus

Fr. Hieronymus Hamer, O.P., Archiep. tit. Loriensis, Secr.

b. Normae de Dispensatione a Sacerdotali Coelibatu ad Instantiam Partis (AAS LXXII 2, 1980, S. 1136-1137)

Normae substantiales

Art. 1

§1. Praeterquam aliis modis in iure statutis clericalis status amittitur eo ipso per Rescriptum dispensationis a sacerdotali coelibatu ad instantiam partis. (Haec amissio distinguitur ab ea quae haberi potest: 1) per Rescriptum Sanctae Sedis "manente tamen lege sacri coelibatus"; 2) per sententiam vel decretum de invaliditate sive ordinationis sive susceptionis onerum; 3) per irrogationem poenae, ac denique; 4) "ex officio".)

§2. Dispensatio a sacerdotali coelibatu unice reservatur Summo Pontifici qui eam concedit per competens Dicasterium, servatis iis quae sequuntur.

Art. 2

Sancta Sedes dispensationem a sacerdotali coelibatu concedit, propter causas ordinationi praeexistentes quae assumptionem obligationum clericalium vitiarunt, sacerdotibus qui numquam ordinari debuissent quia debita carebant libertate vel responsabilitate (ob metum gravem aut non sufficientem mentis discretionem) vel idoneitate (ob gravem defectum physicum vel moralem).

Art. 3

Praeterquam in urgenti mortis periculo dispensatio non conceditur ob causas post sacram ordinationem exortas, nisi agatur de sacerdotibus qui amultis iam annis ab obligationibus cum sacra ordinatione conexis defecerint, nec ulla appareat spes vitae sacerdotalis reassumptionis, et ipsi sincere et aperte poenitentes dispensationem petant.

Art. 4

Sacerdos, qui petitionem ad obtinendam dispensationem a sacerdotali coelibatu introduxerit, est ad cautelam ab exercitio sacrorum Ordinum prohibendus, nisi, ad protegendam bonam famam ipsius sacerdotis vel ad bonum communitatis tuendum, Ordinarius huiusmodi exercitium prorsus necessarium esse iudicaverit.

Art.5

§1. Dispensatione obtenta, sacerdos, una cum statu clericali eo ipso amittit iura huic statui propria, dignitates et officia ecclesiastica nec ceteris obligationibus una cum statu clericali conexis adstringitur;

§2. Praeterea exclusus manet ab exercitio sacri ministerii ac propterea nequit homiliam habere. Insuper nequit fungi ministerio extraordinario sacrae Communionis distribuendae nec potest officium gerere directivum in ambitu pastorali;

§3. Item nullum munus absolvere potest in Seminariis et in Institutis aequiparatis. In aliis Institutis studiorum gradus superioris, qui quocumque modo dependent ab Auctoritate ecclesiastica, munere directivo vel officio docendi fungi nequit;

§4. In iisdem vero Institutis studiorum gradus superioris ab Auctoritate ecclesiastica non dependentibus nullam disciplinam proprie theologicam vel cum ipsa intime conexam tradere potest;

§5. In Institutis autem studiorum gradus inferioris dependentibus ab Auctoritate ecclesiastica munere directivo vel officio docendi fungi nequit nisi Ordinerius, pro suo prudenti iudicio et remoto scandalo, ad munus docendi quod attinet, aliter decernere aestimaverit. Eadem lege tenetur sacerdos dispensatus in tradenda Religione in Institutis eiusdem generis non dependentibus ab Auctoritate ecclesiastica;

§6. In dubio circa dependentiam Institutorum ab Auctoritate ecclesiastica necnon circa naturam disciplinae, res dirimatur collatis consiliis cum Sacra Congregatione pro Educatione Catholica.

§7. Sacerdos orator recedat oportet a dictis muneribus, quibus forte fungatur, ante dispensationis concessionem.

Art. 6

Sacerdos qui statum clericalem amisit, nonnisi per Apostolicae Sedis Rescriptum denuo inter clericos adscribi potest.

Normae procedurales

Art. 1

Ordinarius competens ad petitionem recipiendam et ad instructionem causae peragendam est Ordinarius loci incardinationis vel Superior maior, si agatur de sodale Instituti clericalis vitae consecratae iuris pontificii.

Art. 2

Si impossibile sit causam apud proprium Ordinarium instruere, potest rogari Ordinarius loci in quo habitualiter degit orator, ut causam instruat. Ex proportionata vero causa Sacra Congregatio pro Doctrina Fidei delegare potest etiam alium Ordinarium.

Art.3

In petitione quae ab oratore subscribi debet, praeter nomen et cognomen et generalia oratoris, indicari etiam debent saltem generatim facta et argumenta quibus innititur orator ad petitionem suam substinendam.

Art. 4

Recepta petitione, decernat Ordinarius an sit locus procedendi, et, in casu affirmativo, moneat oratorem de suspensione de qua in articulo 4 (*Normae subst.*), itemque sive per se ipsum sive per sacerdotem aptum et probatum, ad hoc specialiter selectum, curet instructionem causae, in qua adesse debet actuarius qui fidem de actis faciat.

Art. 5

Episcopus vel sacerdos instructor oratorem, praemisso iureiurando de veritate dicenda, accuratis et definitis quaestionibus ad hoc specialiter redactis interroget; superiores temporis formationis, si possibile sit, audiat vel eorum depositiones scriptas requirat; alios testes, sive ab oratore inductos sive a se ipso vocatos, examinet; denique documenta aliasque probationes colligat, opera peritorum, si opportunum fuerit, adhibita.

Art. 6

Interrogatiorum vero oratoris omnia elementa necessaria et utilia ad investigationem peragendam praebere debet, scilicet: *a*) generalia oratoris: tempus et locum nativitatis, praecedentes vitae notitias, adiuncta familiae ex qua orator ortus est, conformationem morum, studia, scrutinia de ipso ante sacrorum Ordinum susceptionem et etiam, si orator est religiosus, ante votorum nuncupationem, tempus et locum sacrae ordinationis; curriculum ministerii sacerdotalis; condicionem iuridicam in qua nunc versatur sive in foro Ecclesiae sive in foro civitatis et his similia; *b*) causas et adiuncta defectionis necnon circumstantias quae assumptionem obligationum clericalium vitiare potuerint.

Art. 7

Peracta instructione, omnia acta, in triplici exemplari, adiectis indicationibus utilibus ad aestimandas probationes, transmittantur ad Sacram Congregationem pro Doctrina Fidei una cum voto Ordinarii de rei veritate et de non timendo scandalo.

Art.8

Sacra Congregatio causam discutiet et decernet utrum petitio sit Romano Pontifici commendanda vel instructio complenda vel petitio reicenda utpote fundamento destituta.

Has Normas in Conventu ordinario huius S. Congregationis deliberatas, Summus Pontifex PP. Ioannes Paulus II, in Audientia infrascripto Cardinali Praefecto concessa, adprobavit.

Romae, ex Aedibus S. Congregationis pro Doctrina Fidei, die 14 octobris 1980.

Franciscus Card. Seper, *Praefectus*
Fr. Hieronymus Hamer, O.P., Archiep. tit. Loriensis, *Secr.*

Codex Iuris Canonici/ Codex des kanonischen Rechtes, 25.1.1983 durch Papst Johannes Paul II. promulgiert, gültig seit 1. Advent 1983, Kevelaer 1983.

Can. 247 - § 1. Ad servandum statum caelibatus congrua educatione praeparentur, eumque ut peculiare Dei donum in honore habere discant.

Can. 247 - § 1. Auf die Einhaltung des zölibatären Standes sind sie durch eine entsprechende Erziehung vorzubereiten; sie haben zu lernen, ihn als eine besondere Gabe Gottes in Ehren zu halten.

Can. 277 - § 1. Clerici obligatione tenentur servandi perfectam perpetuamque propter Regnum coelorum continentiam, ideoque ad coelibatum adstringuntur, quod est peculiare Dei donum, quo quidem sacri ministri indiviso corde Christo facilius adhaerere possunt atque Dei hominumque servitio liberius sese dedicare valent.

§ 2. Debita cum prudentia clerici se gerant cum personis, quarum frequentatio ipsorum obligationem ad continentiam servandam in discrimen vocare aut in fidelium scandalum vertere possit.

§ 3. Competit Episcopo dioecesano ut hac de re normas statuat magis determinatas utque de huius obligationis observantia in casibus particularibus iudicium ferat.

Can. 277 - § 1. Die Kleriker sind gehalten, vollkommene und immerwährende Enthaltsamkeit um des Himmelreiches willen zu wahren; deshalb sind sie zum Zölibat verpflichtet, der eine besondere Gabe Gottes ist, durch welche die geistlichen Amtsträger leichter mit ungeteiltem Herzen Christus anhangen und sich freier dem Dienst an Gott und den Menschen widmen können.

§ 2. Die Kleriker haben sich mit der gebotenen Klugheit gegenüber Personen zu verhalten, mit denen umzugehen die Pflicht zur Bewahrung der Enthaltsamkeit in Gefahr bringen oder bei den Gläubigen Anstoß erregen könnten.

§ 3. Dem Diözesanbischof steht es zu, darüber eingehendere Normen zu erlassen und über die Einhaltung dieser Pflicht in einzelnen Fällen zu urteilen.

Can. 290 - Sacra ordinatio, semel valide recepta, numquam irrita fit. Clericus tamen statum clericalem amittit:

1. sententia iudiciali aut decreto administrativo, quo invaliditas sacrae ordinationis declaratur;
2. poena dimissionis legitime irrogata;
3. rescripto Apostolicae Sedis; quod vero rescriptum diaconis ob graves tantum causas, presbyteris ob gravissimas causas ad Apostolica Sede conceditur.

Can. 290 - Die einmal gültig empfangene heilige Weihe wird niemals ungültig. Dennoch verliert ein Kleriker den klerikalen Stand:

1. durch richterliches Urteil oder durch Verwaltungsdekret, in dem die Ungültigkeit der heiligen Weihe festgestellt wird;
2. durch die rechtmäßig verhängte Strafe der Entlassung;
3. durch Reskript des Apostolischen Stuhles; dieses Reskript wird aber vom Apostolischen Stuhl Diakonen nur aus schwerwiegenden Gründen, Priestern aus sehr schwerwiegenden Gründen gewährt.

Can. 291 - Praeter casus de quibus in can. 290, n. 1, amissio status clericalis non secumfert dispensationem ab obligatione caelibatus, quae ab uno tantum Romano Pontifice conceditur.

Can. 291 - Außer den in can. 290, n. 1 genannten Fällen bringt der Verlust des klerikalen Standes nicht die Dispens von der Zölibatsverpflichtung mit sich, diese wird einzig und allein vom Papst gewährt.

Can. 1037 - Promovendus ad diaconatum permanentem qui non sit uxoratus, itemque promovendus ad presbyteratum, ad ordinem diaconatus ne admittantur, nisi ritu praescripto publice coram Deo et Ecclesia obligationem caelibatus assumpserint, aut vota perpetua in instituto religioso emiserint.

Can. 1037 - Ein unverheirateter Weihebewerber für den ständigen Diakonat und ebenso ein Weihebewerber für den Presbyterat dürfen zur Diakonenweihe erst zugelassen werden, wenn sie nach dem vorgeschriebenen Ritus öffentlich vor Gott und der Kirche die Zölibatsverpflichtung übernommen bzw. die ewigen Gelübde in einem Ordensinstitut abgelegt haben.

Katholischer Erwachsenen-Katechismus, Das Glaubensbekenntnis der Kirche, Deutsche Bischofskonferenz (Hrsg.), Kevelaer/München etc. 1985.

In der lateinischen Kirche sind die Bischofs- und die Priesterweihe mit der Verpflichtung zum Zölibat verbunden, d.h. mit der Pflicht, ehelos und in vollkommener Keuschheit zu leben. Diese Verpflichtung ist vom Wesen des Priestertums nicht gefordert, wie die Praxis der frühesten Kirche und die Tradition der Ostkirchen zeigen; sie muß außerdem im Zusammenhang mit der Sorge für die Seelen, dem obersten Gesetz in der Kirche, gesehen werden. Sie wird in der lateinischen Kirche vom 4. Jahrhundert an von verschiedenen Synoden immer wieder betont, aber erst im 11. Jahrhundert als allgemeines Gesetz erlassen. Das II. Vatikanische Konzil hat dieses Gesetz erneut gebilligt und bekräftigt (vgl. PO 16). Nach den Aussagen des Konzils ist die Zölibatsverpflichtung dem Priestertum in mehrfacher Hinsicht angemessen. Die freiwillige Ehelosigkeit um des Himmelreiches willen (vgl. Mt. 19, 12) ist ein besonderes Zeichen der Nachfolge Jesu, der selbst ehelos lebte, des ungeteilten Dienstes für Jesus Christus und seine "Sache" (vgl. 1 Kor 7, 32), Zeichen der vollkommenen Hingabe für Gott und die Menschen, des neuen Lebens und der kommenden Welt, die der Priester in besonderer Weise zu bezeugen hat.

Mit dieser Begründung sind die mannigfachen Schwierigkeiten dieses Gesetzes nicht verkannt. Das Konzil geht in der geistlichen Kraft der Hoffnung davon aus, daß der Herr seiner Kirche auch künftig eine hinreichende Zahl von Priestern für den Dienst in den Gemeinden berufen wird, wenn nur die Priester selbst und die Kirche insgesamt inständig darum bitten. Der Priestermangel in vielen Ländern der Welt muß Anlaß sein, um das Entstehen von mehr Initiativen und Verantwortlichkeit in den Gemeinden selbst zu aktivieren. Daß der gegenwärtige Priestermangel in vielen Ländern der Welt ein Symptom einer tieferliegenden und umfassenderen Krise darstellt und nicht isoliert durch die bloße Änderung eines Gesetzes behoben werden kann, wird nicht zuletzt dadurch deutlich, daß in unserer Zeit nicht nur die Ehelosigkeit, sondern auch Ehe und Familie in eine tiefe Krise geraten sind. Beides hängt (...) zutiefst zusammen.

Allgemeine Synode der verheirateten katholischen Priester und ihrer Frauen
Zweite Session 1985

Dokument 1: Vereinbarkeit der Sakramente des Priestertums und der Ehe

Die hier repräsentierten verheirateten katholischen Priester und ihre Frauen legen auf der Basis des definierten Glaubens der Kirche einstimmig Zeugnis ab für die folgenden katholischen Wahrheiten.

1. Da alle Sakramente der Kirche aus derselben Quelle, nämlich von Christus her stammen, können Priesterweihe und Ehesakrament nicht unvereinbar sein, sondern müssen im selben Empfänger zusammenkommen können, wie im Osten, so im Westen der Kirche.

2. Die Ermächtigung der Apostel und aller Verkünder des Evangeliums, eine Schwester (im Glauben) als Ehefrau in die Gemeinden mitzuführen (1

Kor 9, 5), ist eine von Christus den Aposteln verliehene Vollmacht und gehört darum zum unveränderlichen ius divinum, das vom kirchlichen Gesetzgeber nicht aufgehoben werden kann. Es ist überdies ein fundamentales Menschenrecht.

3. Die sogenannte Laisierung eines Priesters ist dogmatisch unmöglich und wenn sie nur aus dem Grunde geschieht, weil der Priester das Sakrament der Ehe empfangen will, ein Unrecht.

4. Jede Gemeinde hat das Recht auf die für sie notwendigen Dienste, und das Recht, geeignete Kandidaten dafür zu präsentieren. Die von Christus eingesetzte apostolische Autorität hat die Pflicht, die Kandidaten, die sie als geeignet anerkennt, durch Handauflegung einzusetzen.

5. Außer den theologischen Gründen gibt es auch pastorale Gründe, die für die Aufhebung der Zölibatsverpflichtung sprechen.

I.a. Die Priester in fast allen Ländern der Erde sind überaltert.

b. Die Seminarien bleiben fast überall leer, mit Ausnahme einiger Länder.

c. Bis zu einem Drittel der katholischen Pfarreien haben keinen eigenen Priester.

d. Ein Fünftel der lateinischen Priester hat geheiratet.

e. Die päpstlichen Dispensen für konvertierte Pfarrer, als Priester verheiratet zu bleiben, haben Ungleichheit und Rechtsunsicherheit geschaffen.

II.a. Die Zeichen des charismatischen Zölibats einerseits und der ehelichen Gemeinschaft andererseits wären klarer und leuchtender.

b. Die menschliche Reifung der nicht zum Zölibat berufenen Priester wäre weniger behindert.

c. In der Leitung der Kirche wären auch die Verheirateten vertreten, so daß die Interessen aller berücksichtigt werden könnten; das wäre eine Bereicherung für die Kirche.

d. Die Frauen wären in einer gewissen Weise an den Entscheidungsprozessen der Kirche beteiligt.

e. Viele Priester wären besser in das Leben der Gläubigen integriert.

f. Der menschenunwürdige Zustand heimlicher Partnerschaften zwischen Priestern und Frauen, unter dem vor allem die Frauen zu leiden haben, und die damit verbundenen Zwielichtigkeiten wären beendet.

g. Die angestrebte Annäherung an die anderen christlichen Konfessionen, die alle die Priesterehe zulassen, wäre bedeutend erleichtert.

Ariccia, den 30. August 1985

Giustino Zampini, Präsident

Paolo Camellini, Sekretär

+ Jeronimo Podestà, Co-Präsident

Heinz-Jürgen Vogels, Koordinator

Diözesansynode Rottenburg-Stuttgart 1985/86, bestätigt und zur Veröffentlichung gegeben durch Bischof Georg Moser am 18.5.1986.

Neue Zugangswege zum priesterlichen Dienst

Die Gemeinsame Synode der Bistümner in der Bundesrepublik Deutschland hat anerkannt, "daß außerordentliche pastorale Notsituationen die Weihe von in Ehe und Beruf bewährten Männern erfordern können". Die Diözese Rottenburg-Stuttgart erkennt diese Notsituation für sich als gegeben. Der sich in den nächsten Jahren noch verschärfende Priestermangel bereitet große Sorge. Denn für die Gemeinden gerät der gemeinsame Glaubens- und Lebensweg mit dem Priester, besonders aber die Eucharistiefeier als die Mitte ihres Lebens, in Gefahr.

Votum:
Aus Heilssorge für die Gemeinden bittet die Synode der Diözese Rottenburg-Stuttgart die Deutsche Bischofskonferenz, die Frage der Priesterweihe von in Ehe und Beruf bewährten Männern neu zu überdenken und die nötigen Schritte zu unternehmen.

Aus dem Amt geschiedene Priester

Das Ausscheiden von Priestern aus ihrem Amt und die Folgen dieses Schrittes geben in vielfacher Hinsicht Anlaß zur Sorge. Dazu kommt, daß derzeit kaum Laisierungen ausgesprochen werden.

Votum:
Die Synode bittet den Bischof, sich weiter dafür einzusetzen, daß es Priestern, die aus dem Amt geschieden sind und am Glauben und an der Gemeinschaft der Kirche festhalten, ermöglicht wird, weiterhin am Leben der Kirche voll teilzunehmen.

Diakonat der Frau

Die Gemeinsame Synode der Bistümer in der Bundesrepublik Deutschland hat sich eingehend mit der Frage der Zulassung von Frauen zum sakramentalen Diakonat befaßt und empfohlen, die in Teilen der alten Kirche geübte Praxis der Weihe von Diakoninnen womöglich wieder einzuführen.

Votum:
Die Synode der Diözese Rottenburg-Stuttgart macht sich das Votum der Gemeinsamen Synode der Bistümer in der Bundesrepublik Deutschland zueigen und bittet den Apostolischen Stuhl, "die Frage des Diakonates der Frau ent-

sprechend den heutigen theologischen Erkenntnissen zu prüfen und angesichts der gegenwärtigen pastoralen Situation womöglich Frauen zur Diakonatsweihe zuzulassen."

Papst Johannes Paul II.: Schreiben an die Priester zum Gründonnerstag 1988, 25.3.1988, in der Reihe: Verlautbarungen des Apostolischen Stuhls, Nr. 84.

Maria ist Jungfrau und Mutter, und auch die Kirche, die sich an sie als ihr eigenes Vorbild wendet, erkennt sich darin wieder, weil auch sie "Mutter und Jungfrau" genannt wird. Sie ist Jungfrau, weil "sie das Treuewort, das sie dem Bräutigam gegeben hat, unversehrt und rein bewahrt". Nach der Lehre des Epheserbriefes (vgl. Eph 5, 32) ist Christus der Bräutigam der Kirche. Die bräutliche Bedeutung der Erlösung drängt jeden von uns, die Treue zu dieser Berufung zu bewahren, durch die wir an der erlösenden Sendung Christi, des Priesters, Propheten und Königs, Anteil erhalten haben.

Die Analogie zwischen der Kirche und der Jungfrau Maria hat eine besondere Aussagekraft für uns, die wir unsere priesterliche Berufung mit dem Zölibat verbinden, wodurch wir uns "um des Himmelreiches willen zur Ehe unfähig gemacht haben". Wir erinnern uns an das Gespräch, in dem Christus den Aposteln die Bedeutung dieser Entscheidung erklärt (vgl. Mt 19, 12) und wollen uns darum bemühen, die Motive dafür voll zu begreifen. Wir verzichten freiwillig auf die Ehe und auf die Gründung einer eigenen Familie, um Gott und den Brüdern dienen zu können. Man kann sagen, daß wir auf die Vaterschaft "nach dem Fleisch" verzichten, damit in uns die Vaterschaft "nach dem Geist" heranreift und sich entfaltet, die, wie schon gesagt, zugleich mütterliche Merkmale aufweist. Die bräutliche Treue zum Bräutigam, die in dieser Lebensform ihren besonderen Ausdruck findet, läßt uns am innersten Leben der Kirche teilnehmen, die sich nach dem Beispiel der Jungfrau Maria darum bemüht, "das Treuewort, das sie dem Bräutigam gegeben hat, unversehrt und rein" zu bewahren.

Auf Grund dieses Modells, ja, des Prototyps, den die Kirche in Maria findet, muß unsere priesterliche Entscheidung für den lebenslangen Zölibat auch in ihrem Herzen hinterlegt werden. Wir müssen zu dieser Jungfrau-Mutter unsere Zuflucht nehmen, wenn wir auf unserem gewählten Lebensweg Schwierigkeiten begegnen. Mit ihrer Hilfe müssen wir uns um ein immer tieferes Verständnis dieses Weges und seine immer vollkommenere Bejahung in unseren Herzen bemühen. Schließlich muß sich in unserem Leben diese Vaterschaft "im Geist" entfalten, die eine der Früchte davon ist, daß wir uns "um des Himmelreiches willen für die Ehe unfähig gemacht haben".

Bei Maria, die die einzigartige Erfüllung jener biblischen "Frau" des Protoevangeliums (vgl. Gen 3, 15) und der Offenbarung des Johannes (vgl. Offb 12, 1) darstellt, wollen wir auch die rechte Kontaktfähigkeit zu den Frauen erlernen, jene Haltung ihnen gegenüber, wie sie uns Jesus von Nazaret selber gezeigt hat und die an vielen Stellen des Evangeliums zum Ausdruck gebracht wird. Dies ist ein wichtiges Thema im Leben eines jeden Priesters, und das Marianische Jahr hält uns dazu an, es besonders aufzugreifen und zu vertiefen. Der Priester muß aufgrund seiner Berufung und seines Dienstes in neuer Weise die Würde und Berufung der Frau, sei es in der Kirche oder in der Welt von heute, entdecken. Er muß zutiefst begreifen, was Christus uns allen sagen wollte, als er mit der Samaritanerin sprach (vgl. Joh 4, 7-42) und die von der Steinigung bedrohte Ehebrecherin verteidigte (vgl. Joh 8, 1-11), als er sich zu jener Frau bekannte, der "ihre vielen Sünden vergeben wurden, weil sie so viel Liebe gezeigt hat" (vgl. Lk 7, 36-50), und mit Maria und Marta in Betanien sprach (vgl. Lk 10, 41-42); Joh 11, 1-44) und der schließlich vor allen anderen den Frauen die Osterbotschaft von seiner Auferstehung (vgl. Mt 28, 1-10) anvertraut hat.

Bischof Jacques Gaillots "Erklärungen zur Priesterweihe für verheiratete Männer und zur Frage der verheirateten Priester vom 25. Oktober 1988

Zur Priesterweihe für verheiratete Männer

Wenn wir uns als Bischöfe zu Fragen des Dienstes und Lebens der Priester äußern, ist es da nicht auch an der Zeit, einmal den gegenwärtigen Wandel zu ermessen und mit der Freiheit in die Zukunft zu blicken, die uns das Evangelium gibt?

Angesichts der in Gesellschaft und Kirche eingetretenen Veränderungen stellt sich mir die Frage nach der Möglichkeit, auch verheiratete Männer zu Priestern zu weihen.

Die sinkende Zahl und das Älterwerden unserer Priester sind ein schwerwiegendes pastorales Problem. Wir sind inzwischen die gesellschaftliche Institution mit dem höchsten Anteil alter Menschen im aktiven Dienst.

Zahlreiche Christen beweisen heute ihre Reife im Glauben und übernehmen vielfältige Aufgaben im Apostolat, gleichzeitig aber fehlt es uns an Priestern, um ihren Erwartungen und Bedürfnissen zu entsprechen.

Die Sonntagsgottesdienste ohne Priester haben gewiß ihren Sinn. Sie haben aber auch den Nachteil, daß sie den priesterlichen Dienst auf die Vollmacht reduzieren, Brot und Wein zu konsekrieren. Gleichzeitig trägt die Abwesenheit von Priestern dazu bei, die Symbolkraft und strukturelle Bedeutung des ordinierten Priesteramtes für den Glauben der Kirche bewußtseinsmäßig zu schwächen. Können wir es uns noch lange leisten, den Mangel nur zu verwalten und hinhaltende Lösungen zu suchen, ohne den Bedürfnissen des Gottesvolkes zu ihrem Recht zu verhelfen?

Zur Frage der verheirateten Priester

Ich mache mir Gedanken über das Profil des Priestertums von morgen, wie es sich mit der Wiedereingliederung der Priester von Écône und in geringerem Maß auch bei anderen traditionell ausgerichteten Gruppierungen abzeichnet.

Es ist in der Tat bemerkenswert, wie sehr man sich bemüht, um Leute zurückzuhalten, die in vielen wesentlichen Punkten des Glaubens weit vom Zweiten Vatikanischen Konzil entfernt sind, während man sich mit dem Abschied von hochwertigen Priestern abfindet, nur weil sie ihr Zölibatsversprechen gebrochen haben.

Dieses Zweierlei im Verhalten stellt mich vor einige Fragen. Warum sollte man nicht Priestern die Dispens vom Zölibat zugestehen, wenn sie im Streben nach Gemeinschaft mit der Kirche darum bitten? Wie lange wollen wir uns den Dienst verheirateter Priester versagen, die für einen Einsatz in der Kirche auch weiterhin bereit sind?

Warum sollen wir die Augen vor pastoralen Situationen verschließen, in denen die Bedürfnisse so sehr nach Linderung schreien, daß man sich fragen muß, ob wir wirklich noch auf das Volk Gottes hören?

Besteht nicht ein Widerspruch zwischen den Notsituationen und den Möglichkeiten, die wir dagegen einsetzen könnten?

Diözesansynode Hildesheim 1989/90, in Kraft gesetzt durch den Bischof 20.11.1990, Hildesheim 1990,: Erstes pastorales Bewährungsfeld: Gemeinde angesichts der abnehmenden Zahl von Priestern und der gemeinsamen und je eigenen Verantwortung von Priestern und Laien.

Das Festhalten an der Praxis, (fast) nur Unverheiratete zu Priestern zu weihen, stellt in den Augen vieler ein veränderbares kirchliches Gesetz höher als die Sorge darum, daß die Gemeinden in ausreichender Zahl Priester haben, um z.B. mit ihnen regelmäßig die heilige Eucharistie feiern zu können. Viele wünschen daher, daß die Entscheidung für die Lebensform der Ehelosigkeit nicht mehr zur Vorbedingung für den priesterlichen Dienst gemacht wird. Es mehren sich auch die Erwartungen, im gemeindlichen Dienst bewährte Mitarbeiter zum Priestertum zuzulassen. Zahlreiche Christen aus unseren Gemeinden begreifen es nicht, daß Priester, die die Lebensform der Ehe wählen, ihren priesterlichen Dienst aufgeben müssen.

Wir haben über diese verschiedenen Themen zwar gesprochen, sie aber nicht abschließend behandelt, zumal sie zum Teil auch mehr in die Themenstellung anderer Synodengruppen fallen. Wir setzen uns dafür ein, daß die obengenannten Strukturen, Gesetze und Praktiken überprüft und gegebenenfalls geändert werden.

Darum bittet die Synode, daß auch nach ihrem Abschluß der Priesterrat und der Diözesanrat der Katholiken an diesen Problemen weiterarbeiten.

Schon jetzt aber haben wir uns zu folgendem Votum entschlossen:

Die Hildesheimer Diözesansynode tritt dafür ein, daß Priester die Ehelosigkeit um des Himmelreiches willen leben. Sie dankt den Priestern für dieses Zeugnis und ermutigt sie, dieser Lebensform treu zu bleiben.

Die Mehrheit der Mitglieder der Synode befürwortet aber zugleich, daß künftig auch verheiratete Männer zur Priesterweihe zugelassen werden, die sich im Leben und im Glauben sowie im Dienst in der Gemeinde bewährt haben. Sie bittet den Papst darum, zu prüfen, ob er dem Bischof die dazu notwendigen Befugnisse geben kann. Sie richtet an ihren Bischof die Bitte, dieses Votum in geeigneter Weise der Deutschen Bischofskonferenz und dem Papst vorzutragen.

**Diözesansynode Augsburg 1990,
Inkraftsetzung der Dokumente durch den Bischof am 2.2.1991, publiziert am 10.3.1991, Donauwörth 1991.**

Familien verheirateter Priester, die aus ihrem Amt geschieden sind

Situation: Familien verheirateter Priester, die aus ihrem Amt geschieden sind, befinden sich in der Pfarrgemeinde, in der sie leben, oftmals in einer nicht einfachen Situation. Pfarrgemeinden, Priester und betroffene Familien tun sich mitunter schwer, zu einem befriedigenden Umgang miteinander zu finden. Ein ermutigendes und aufbauendes Wort würde manch betroffener Familie guttun.

Der Bischof hält die persönliche Beziehung mit diesen Priestern aufrecht. Die Diözese trägt entsprechend der kirchenrechtlichen Bestimmung dafür Sorge, daß ein aus dem Amt geschiedener Priester mit seiner Partnerin beziehungsweise Familie ausreichende Unterstützung erfährt.

Pastorale Zielsetzung

Pfarrgemeinden, Priester und Familien aus dem Amt geschiedener verheirateter Priester sollten das Gespräch miteinander suchen, damit sie Nöte und Belastungen im Umgang mit dieser Situation kennen. So könnten miteinander Schritte zu einer sinnvollen Integration in die Pfarrgemeinde bedacht und gefunden werden.

Aus Jacques Gaillot: Eine Kirche, die nicht dient, dient zu nichts. Erfahrungen eines Bischofs, Freiburg 1990

Ich kenne freie und verantwortliche Christen, die der Kirche nahestehen. Sie erwarten von der Kirche keine Anweisungen bei den Entscheidungen, die sie zu treffen haben. Sie sind aber höchst aufgeschlossen für ein Wort des Evangeliums, das ihr Gewissen erhellt. Sie sind froh, wenn sie besser erkennen, woran sie ihr Handeln orientieren können, weil es nicht leicht ist, sich in einer Gesellschaft, die auf Grundlagen des Überflusses, des Profits und der Konkurrenz beruht, als Christ zu verhalten. Es werden vielerlei Lebensweisen in unserer Gesellschaft angeboten: Wie soll man da herausfinden, welche Wahl sich am Evangelium inspiriert? Dieses gemeinsame Unterwegssein, dem echtes Begegnen und Teilen vorausgehen muß, hat mich in den vergangenen Monaten bewegt, in verschiedenen Bereichen das Wort zu ergreifen, die alle mit der Zukunft der Menschen und mit der Verkündigung des Evangeliums zu tun haben. So kam es, daß ich auf der Bischofskonferenz in Lourdes einmal die Frage nach einer Weihe verheirateter Männer angesprochen habe. Ich habe allen Respekt vor der kirchlichen Ordnung in diesem Bereich, und meine Stellungnahme wollte weder als Protest noch als Provokation verstanden sein. Als Hirte, dem die Kirche von Évreux anvertraut ist, achte ich sorgfältig auf die missionarischen Erfordernisse der christlichen Gemeinden und besonders auch der jungen Menschen. Bei meinen Pastoralbesuchen stellen mir Christen, an deren Sinn für die Kirche nicht zu zweifeln ist, immer wieder die Frage nach der Priesterweihe für verheiratete Männer.

Diese Christen wissen, daß es ohne Priester keine Kirche gibt und daß die Eucharistie die Kirche auferbaut. Seit sie selbst für das Leben und die Sendung der Kirche Verantwortung übernommen haben, entdecken sie die Bedeutung und Notwendigkeit des priesterlichen Dienstes. Aufgrund ihrer Glaubensreife und ihrer vielfältigen Engagements im Apostolat stellen sie hohe Ansprüche an die Priester, die sie brauchen. Wir leben in einer Zeit starker evangelischer Lebendigkeit, in der auch die Getauften selbst aus den Quellen schöpfen wollen.

Meine Aufgabe als Hirte ist es, für die geistlichen Bedürfnisse der Gemeinden zu sorgen und ihnen die nötigen Mittel zu geben, damit sie leben und im Glauben wachsen können. Was zählt, ist das Wohl, sind die Bedürfnisse des Volkes Gottes.

Dieses Volk hat ein Recht darauf, daß alles unternommen wird, damit ihm die von Christus angebotenen Geschenke auch bereitstehen. Als Hirte bin ich aber auch besorgt, wenn ich sehe, daß die gegenwärtige Praxis das Volk Gottes in ernste Nöte bringt. Ordnet die Kirche hier nicht das Wohl dieses Volkes disziplinarischen Gewohnheiten unter? Bringt sie nicht Wasserhähne an Stellen an, wo der Herr eigentlich Quellen erschlossen hat? Solche Fragen habe ich mir als Hirte gestellt, der um die Sendung besorgt ist und der weiß, daß diese Sendung Vorrang hat vor dem Lebensstand der Priester.

Es tut mir weh, wenn ich sehe, wieviel Kraft und Großherzigkeit gebremst, beengt, verschüttet wird, die doch in den pastoralen Dienst an den Glaubenden einfließen könnte. Ich bin persönlich dem Zölibat um Jesu und des Evangeliums willen zutiefst verbunden, einem Zölibat, der die pastorale Liebe anregt und der auch für die Gesellschaft von heute noch zeichenhaft bleibt.

Wenn das Zweite Vatikanische Konzil bekräftigt, daß es den Zölibat für das priesterliche Leben vorzieht, erwähnt es aber gleich anschließend auch die verheirateten Priester in den Ostkirchen: "Wenn diese Heilige Synode dennoch den kirchlichen Zölibat empfiehlt, will sie in keiner Weise jene andere Ordnung ändern, die in den Ostkirchen rechtmäßig Geltung hat; vielmehr ermahnt sie voll Liebe diejenigen, sie möchten in ihrer heiligen Berufung ausharren und weiterhin mit ganzer Hingabe ihr Leben für die Ihnen anvertraute Herde einsetzen" (Dekret über Dienst und Leben der Priester, Nr.16).

Die Verpflichtung der Priester zum Zölibat muß wieder stärker als überlieferte Praxis unserer Kirche gesehen werden, die heute in den östlichen Bereichen ihres Verbreitungsgebietes gleichzeitig auch einen verheirateten Klerus kennt und respektiert. Dieser meist nur wenig bekannte Tatbestand ist aufschlußreich. Die katholischen Priester der Ostkirchen könnten sich eines Tages durchaus auch hier bei uns wiederfinden, wenn die Wechselfälle der Geschichte sie zwingen sollten, ihr Land zu verlassen (was heute im Libanon geschieht, läßt diese Möglichkeit keineswegs als Gedankenspielerei erscheinen). Dann hätten wir bei uns ebenfalls verheiratete Priester, die die Messe feiern und ihr Amt ausüben.

Ich weiß, daß es keine Wundermittel gibt und daß die örtlichen Gegebenheiten in der ganzen Welt sehr verschieden sind. Angesichts der uns drohenden Erstickung erscheint es mir aber wünschenswert, daß sich die Gemeinden mit dieser Frage in der Freiheit auseinandersetzen können, die das Evangelium gibt. "Was alle betrifft, muß auch von allen besprochen werden" lautet ein altes Sprichwort.

In der Vollversammlung in Lourdes habe ich noch eine zweite Angelegenheit vorgetragen, die allerdings auf einer anderen Ebene liegt und die man mit der vorherigen nicht vermengen sollte. Es ging dabei um die Priester, die verheiratet sind und deshalb ihr Amt nicht mehr ausüben. Viele von ihnen leiden darunter, sich von der Kirche ignoriert oder zurückgestoßen zu fühlen. Sie haben die besten Jahre ihres Lebens und ihrer Jugend in den Dienst der Kirche gestellt, aber von dem Tag an, an dem sie heirateten, sind sie nichts mehr. Ich wollte in Lourdes inmitten der Bischöfe einmal vielen von ihnen meine Stimme leihen und ein befreiendes Wort für sie laut aussprechen.

Man darf die verheirateten Priester nicht vergessen. Gott liebt sie. Im Evangelium gibt es keine ausweglose Situation. Welche Vergangenheit ein Mensch auch hat, ihm wird eine Zukunft angeboten. Wir versagen uns heute den Dienst, den verheiratete Priester der Kirche gern leisten würden, während viele Gemeinden von allen Seiten danach rufen.

Früher wäre mir eine solche Fragestellung nie in den Sinn gekommen.Und wenn es jemand gewagt hätte, sie vorzutragen, hätte ich mich innerlich dagegen gesträubt. Inzwischen aber habe ich durch allzu viele persönliche Lebensberichte zu mehr Wohlwollen und Verständnis für unlösbare Konfliktsituationen gefunden; allzu viele Gesprächspartner haben mir die Notwendigkeit einer Parteinahme der Hoffnung einsichtig gemacht und haben mein Verhältnis zum Leben und zum Evangelium verändert.

Papst Johannes Paul II.: Nachsynodales Schreiben "Pastores dabo vobis" an die Bischöfe, Priester und Gläubigen über die Priesterbildung im Kontext der Gegenwart, 25.3.1992 (Verlautb. Apost. Stuhl, Nr. 105).

Die geistliche Formung dessen, der zu einem ehelosen Leben berufen ist, muß den künftigen Priester mit besonderer Sorgfalt darauf vorbereiten, den Zölibat in seinem eigentlichen Wesen und in seinen wahren Zielsetzungen, also in seinen evangeliumsgemäßen geistlichen und pastoralen Begründungen kennenzulernen, zu achten, zu lieben und zu leben. Voraussetzung und Inhalt dieser Vorbereitung ist die Tugend der Keuschheit, die alle menschlichen Beziehungen kennzeichnet und die dazu anleitet, "nach dem Beispiel Christi eine aufrichtige, menschliche, brüderliche, persönliche und opferfähige Liebe zu allen und zu jedem einzelnen zu erproben und zu bekunden".

Die Ehelosigkeit der Priester trägt das Merkmal der Keuschheit. Ihre prägenden Charakteristika lassen sich im Blick auf die Priester so umschreiben: "Sie verzichten um des Himmelreiches willen (vgl. Mt 19, 12) auf die eheliche Gemeinschaft, hangen dem Herrn mit ungeteilter Liebe an, wie sie dem Neuen Bund in besonderer Weise entspricht; sie geben Zeugnis für die Auferstehung in der künftigen Welt (vgl. Lk 20, 36) und gewinnen besonders wirksame Hilfe zur ständigen Übung jener vollkommenen Liebe, die sie in ihrer priesterlichen Arbeit allen alles werden läßt". In diesem Sinne kann der priesterliche Zölibat weder als eine bloße Rechtsnorm noch als eine ganz äußerliche Bedingung für die Zulassung zur Priesterweihe angesehen werden. Er ist vielmehr als ein Wert zu begreifen, der tief mit der heiligen Weihe verbunden ist, die den Priester Jesus Christus, dem Guten Hirten und Bräutigam der Kirche, gleichförmig macht, und daher als die Wahl einer größeren und ungeteilten Liebe zu Christus und zu seiner Kirche und in voller, freudiger Verfügbarkeit des Herzens für den priesterlichen Dienst. Der Zölibat ist als eine besondere Gnade, als ein Geschenk anzusehen: "Nicht alle können es erfassen, sondern nur die, denen es gegeben ist" (Mt 19, 11). Gewiß handelt es sich um eine Gnade, die ihren Empfänger nicht von der bewußten und freien Antwort entbindet, sondern diese mit einzigartiger Kraft von ihm fordert. Dieses Charisma des Geistes schließt auch die Gnade ein, daß derjenige, der sie empfängt, das ganze Leben treu bleibt und mit Selbstlosigkeit und Freude die damit verbundenen Verpflichtungen erfüllt. In der Ausbildung zum priesterlichen Zölibat muß das Bewußtsein vom "kostbaren Geschenk Gottes" gewährleistet sein; es wird zum Gebet und zur Wachsamkeit anleiten, damit das Geschenk vor allem, was es bedrohen könnte, geschützt wird.

Der ehelos lebende Priester wird seinen Dienst im Volk Gottes besser erfüllen können. Indem er den evangelischen Wert der Jungfräulichkeit bezeugt, wird er insbesondere die christlichen Eheleute dazu anhalten können, das "große Sakrament" der Liebe des Bräutigams Christus zu seiner Braut, der Kirche, in seiner Fülle zu leben, so wie auch seine Treue im Zölibat für die Treue der Eheleute hilfreich sein wird.

Die Bedeutung und die Schwierigkeit der Hinführung zur priesterlichen Ehelosigkeit, insbesondere unter den heutigen sozialen und kulturellen Gegebenheiten, haben die Synodenväter zu einer Reihe von Anträgen veranlaßt, deren bleibende Gültigkeit im übrigen von der Weisheit der Mutter Kirche bestätigt wird. Ich lege sie hier als Kriterien wieder vor, die bei der Erziehung zur Keuschheit im Zölibat befolgt werden sollten: "Die Bischöfe sollen zusammen mit den Rektoren und den Spiritualen der Seminare Grundsätze festlegen, Kriterien und Hilfen anbieten für den Unterscheidungsprozeß auf diesem Gebiet. Von größter Wichtigkeit für die Erziehung zur Keuschheit im Zölibat sind die Sorge des Bischofs und das brüderliche Leben unter den Priestern. Im Seminar, das heißt in seinem Ausbildungsprogramm, soll der Zölibat mit aller Klarheit, ohne jede Doppeldeutigkeit und in seinem positiven Gehalt dargestellt werden. Der Seminarist soll über einen hinreichenden Grad psychischer und sexueller Reife sowie über ein eifriges und echtes Gebetsleben verfügen und unter der Führung eines geistlichen Begleiters stehen. Der Spiritual soll dem Seminaristen dabei helfen, daß er zu einer reifen und freien Entscheidung gelangt, die sich auf die Wertschätzung der priesterlichen Freundschaft und der Selbstbeherrschung sowie auch auf die Annahme der Einsamkeit und auf ein in rechter Weise verstandenes physisches und psychologisches Persönlichkeitsbild gründet. Darum sollen die Seminaristen die

Lehre des II. Vatikanischen Konzils, die Enzyklika Sacerdotalis caelibatus und die 1974 von der Kongregation für das katholische Bildungswesen herausgegebene Instruktion über die Erziehung zum priesterlichen Zölibat gut kennen. Damit der Seminarist den priesterlichen Zölibat in freier Entscheidung um des Himmelreiches willen auf sich nehmen kann, ist es notwendig, daß er um die christliche und wahrhaft menschliche Natur sowie um den Zweck der Geschlechtlichkeit in der Ehe und im Zölibat Bescheid weiß. Es ist auch notwendig, die gläubigen Laien über die dem Zölibat eigenen evangelischen, spirituellen und pastoralen Motivationen zu unterweisen, so daß sie den Priestern durch Freundschaft, Verständnis und Zusammenarbeit behilflich sein können".

Aus dem "Schreiben der Deutschen Bischöfe über den priesterlichen Dienst"
vom 24. September 1992

Die Gemeinden, die das Maß am bisher Gewohnten nehmen, verstehen oft die Verringerung der Zahl der Eucharistiefeiern nicht. Sie äußern darum oftmals Unverständnis darüber, daß Laientheologen nicht zu Priestern geweiht werden. Sie sagen: "Ist die zölibatäre Lebensweise der Priester so wichtig, daß man ihr ein Kernstück der bisherigen Seelsorge opfert? Gibt es nicht in der unierten Ostkirche eine andere Praxis, die auch katholisch ist?"

Manche Priester wissen zudem nicht recht, wie sie mit den Laientheologinnen und Laientheologen umgehen sollen. Sie stehen vor der Notwendigkeit, Zusammenarbeit in einer Weise zu lernen und einzuüben, wie sie bisher nicht notwendig war. Und dieses Lernen ist für beide Seiten schwierig. (...)

Die großen inneren und äußeren Belastungen können das Gefühl hervorrufen, menschlich zu verkümmern. In diesem Zusammenhang sind konkret auch Schwierigkeiten mit der Lebensform "Ehelosigkeit" und deren Infragestellung zu nennen. Nicht nur, daß sich immer mehr Stimmen erheben, welche den Zölibat als eigentlichen Grund des mangelnden Priesternachwuchses ansehen, nicht nur, daß sich für viele Priester die Frage nach der konkreten Gestalt zölibatären Lebens stellt, sondern die Lebensform der Ehelosigkeit selbst findet in den Gemeinden immer weniger Resonanz und Zustimmung. Nicht wenige Priester leiden unter einem inneren Zwiespalt: Das Leben ohne Ehepartnerin macht sie unsicher oder auch gehemmt gegenüber mitmenschlicher Nähe; gleichzeitig vermissen sie Wärme und Geborgenheit in ihrem nächsten Umfeld. Folgen dieses Zwiespaltes sind oft mangelnde Selbstorganisation, Suche nach bequemen Lösungen, fehlende Durchhaltekraft, innere und äußere Vereinsamung. Hinzu kommt, daß die durch die öffentlichen Medien sexualisierte Atmosphäre Triebwünsche mobilisiert, die etliche Priester in innere Unruhe treiben. Freilich leiden auch viele Eheleute unter dem mangelnden Schutz des Intimbereichs und unter dem Fehlen eines schützenden und bergenden Raumes für ganzheitlich gelebte, personale Liebe und Intimität.

Diese sowohl von außen wie von innen gegebene Infragestellung der Lebensform verbindet sich mit den zuvor genannten Schwierigkeiten priesterlichen Tuns, so daß viele Priester oft kaum mehr einen Ort finden, der sie innerlich Ruhe, Identität und Frieden erleben läßt. Manche sind verwundet. "Das Feuer der Begeisterung, das am Beginn der priesterlichen Tätigkeit gebrannt hat, ist in Freudlosigkeit eingeäschert. Es gibt - mehr als zugestanden wird - eine Abstumpfung der Gefühle, eine ungeistliche Spannungslosigkeit, eine Ungeistigkeit des Denkens; es gibt Verbitterung, Resignation, Ersatzbefriedigungen..."[1] Kein Wunder, daß Flucht in Aktivismus, Betäubung (Alkoholismus, Tablettensucht), unehrliche Zölibatspraxis sowie Oberflächlichkeit in den mitbrüderlichen Beziehungen zunehmen. Viele Priester fühlen sich seit der gemeinsam erlebten Seminarzeit alleingelassen und auf sich selbst zurückgeworfen. Sie haben oft niemand, mit dem sie offen sprechen können, ja sie fühlen sich sprachlos, da sie die Fähigkeit und den Mut verloren haben, im Austausch mit Mitbrüdern und Freunden eine Lösung ihrer Schwierigkeiten zu suchen. (...)

Und Jungfräulichkeit heißt auch: eine möglichst große Weite der Liebe üben, da wir "in besonderer Weise für die Familie Gottes verantwortlich sind, die einen Erstanspruch an uns hat und - gegenüber der Primärorientierung an der eigenen Familie - viele Menschen, mehr als eine normale menschliche Familie, umfassen kann."[2] Der ehelose Mensch will auf Christus und seine Lebensform verweisen: auf seine einzigartige Freiheit für Gott und seine Offenheit für die Menschen. (...)

Besondere Probleme gibt, wie wir sahen, vielen Mitbrüdern die priesterliche Lebensform auf. Dabei sind die Schwierigkeiten des Priesters oft nicht von prinzipiell anderer Natur als die vieler engagierter Christen, für die sich gleichfalls die Fragen stellen: Wie kann ich in der heutigen Welt als Christ leben? Wie kann ich Zeiten zu Gebet und zum Hinhören auf das Evangelium finden? Wo erhalte ich geistlichen Austausch, geistliche Anregung und geistliche Begleitung? Gewiß, für den Priester stellt sich dabei als besonderes Problem der Zölibat, der heute wie selten zuvor in unserem Jahrhundert umstritten ist und in vielerlei Hinsicht zu leiden gibt.

Das *erste* Interesse sollte nicht darin bestehen, fruchtlos über Sein oder Nicht-Sein des Zölibats zu diskutieren, sondern zu fragen: Wie kann er heute sinnvoll verwirklicht werden? Welche Chancen stecken in ihm? Welche Möglichkeiten zu einem erfüllten menschlichen, christlichen und priesterlichen Leben bieten sich in ihm an?

Selbst diejenigen, die heute den Zölibat überwiegend als Last erfahren, haben dazu einmal ja gesagt und wurden dazu berufen. Solche Grundentscheidungen tragen aber nur, wenn es uns gelingt, ihnen in jeder Lebensphase neu zuzustimmen und sie je in neuer Weise zu realisieren. Das Wort an Timotheus "Entfache die Gnade Gottes wieder!" (2 *Tim* 1,6) gilt darum nicht nur hinsichtlich des empfangenen Amtscharismas, sondern in bezug auf jeden Ruf Gottes, ebenso auf den Ruf, zusammen mit dem priesterlichen Dienst auch die Ehelosigkeit zu übernehmen. So bitten wir darum, liebe Mitbrüder, daß Sie sich mit uns neu der Gabe und Aufgabe der Ehelosigkeit um des Reiches Gottes willen stellen. "Ich bin in den Dienst des Feuers genommen. Daß ich anstecke, ist wichtiger als alles. Praktisch bedeutet das, daß ich Zeit, Herz, Leben ungeteilt freihalten soll für das offenbarende und rettende Wort des Herrn, damit es mich selbst erreicht, damit ich es selbst erst lebe, konkretisiere, um es mit meiner Existenz zu verdeutlichen und so weiterzusagen. Und das wohl ist Sinn auch meines Zölibats: daß ich die brennende Erwartung einer Wirklichkeit, die alles im hiesigen und vorläufigen erfahrbare Glück überbietet, wachhalte."[9]

So gesehen ist der Zölibat ein Geschenk, das wir empfangen haben für uns selbst, aber vor allem auch, um es einzusetzen in den Dienst an unseren Brüdern und Schwestern. Dies als etwas Glückendes und Beglückendes zu erfahren, ist heute nicht einfach. Doch wer sich immer wieder um eine persönliche Begegnung mit Jesus Christus, dem Auferstandenen und uns Sendenden, bemüht, kann auch dessen innewerden, daß die Ehelosigkeit "in den Dienst des Feuers" stellt, daß sie im eigenen Herzen die Sehnsucht auf eine Erfüllung wachhält, die nur der Herr zu geben vermag, und daß sie die Chance größerer Freiheit für den Einsatz an den uns anvertrauten Menschen schenkt.

Täglich dürfen wir dem Herrn begegnen. Im Stundengebet weiten wir unseren Blick und werden Fürbitter für die Welt; die Psalmen sprechen die großen und kleinen Belange des Lebens an und künden Gottes Nähe in Freud und Leid, in Glück und Unglück. Wer gelernt hat, sich auf diese Gedanken immer wieder einzulassen und das Erlebte damit zu verbinden, der wird aus den vereinnahmenden Sorgen des Augenblicks herausgeholt und "in die Weite geführt" (*Ps* 18,20). Daneben helfen uns auch andere Formen des Betens, den Alltag zu heiligen, wie z.B. das Stoßgebet, die Visitatio vor dem eucharistischen Herrn oder die betende Auswertung des Tages. Diese wenn auch kurzen Kontakte mit dem Herrn lassen uns in dem Bewußtsein leben, daß der Herr es ist, der das Haus unseres Lebens baut - sonst bauen die Bauleute vergebens (vgl. *Ps* 127,1).

Wir wollen nicht harmonisierend beschwichtigen. Der Zölibat bedeutet zunächst einmal "Verzicht auf Geborgenheit, Anerkennung und Liebe, der dem Ehelosen zu schaffen macht, und das um so mehr, als die Anonymität der Gesellschaft zunimmt und der einzelne - zumal der junge Priester - kein selbstverständliches Zuhause hat."[4] Und es ist auch richtig: "Man muß die Glaubenswahrheit vom ewigen Leben schon tief ergründen, und man muß eine gesunde Skepsis gegenüber allen Humanismen an den Tag legen, wenn man ein Leben wählt, das im Fragment verbleibt. Ehelosigkeit wird, wenn man es recht besieht, ausgelitten."[5]

Mit diesem Stichwort Leiden ist aber nicht eigentlich etwas Negatives gesagt, sondern ein positives Ziel hervorgehoben. Denn leiden "sollte den Ehelosen in die Nähe zu all jenen Menschen rücken, die an der Last ihres Lebens schwer tragen, zu den Leidenden, an den Rand Gedrängten, zu jenen, die niemals die Erfahrung der Liebe machen durften, zu den Gescheiterten aller Art, zu den Kranken. Der Ehelose ist für sie ein Zeichen der Hoffnung, daß auch ein Leben im Fragment menschlich und mit Würde bestanden werden kann, eine stille, unaufdringliche Geste der Brüderlichkeit ... Viel zu wenig wird bedacht, daß auch der Verheiratete über weite Strecken seines Lebens an der Ehelosigkeit teilhat. Die Zeit der Ehe ist davon nicht ausgenommen. Keine eheliche Gemeinschaft ist so gelungen und so intensiv, daß nicht auch Räume des Unausgefüllten zurückbleiben. Menschen können einander nur in Gott lieben, und das heißt, auf Hoffnung hin."[6] An der Seite der Armen und Leidenden sowie der Menschen, deren Partnerschaft in der Krise steht, mißglückt oder gar scheitert, und für sie sich einsetzend, stehen auch die eigenen Krisen und Anfechtungen in einer anderen Perspektive. Sie können zu Zeichen solidarischen Mitseins und stellvertretender Hoffung werden.

Mit Sicherheit kann der Zölibat - und das sollte auch in der Seminarerziehung ohne jeden Zweifel deutlich werden - nicht mit zusammengebissenen Zähnen übernommen und gelebt werden, gleichsam als Preis, den man für die Weihe bezahlt. Er läßt sich nur leben im bewußten Einsatz für Gott und sein Reich, das in der communio der Glaubenden sichtbar beginnen möchte. Natürlich sind mit diesen Überlegungen die Probleme, wie denn der Zölibat heute lebbar ist, nicht schon beseitigt. Auch darüber sollten wir offen miteinander sprechen, uns zugleich aber auch mitteilen, was uns hilft, die Schwierigkeiten in diesem Bereich zu überwinden.

Zu einem gelingenden zölibatären Leben gehören freundschaftliche Beziehungen und die Verbundenheit mit Menschen, denen wir uns anvertrauen können. Priestersein heißt nicht ein Insel-Dasein führen. Auch Jesus rief seine Jünger nicht aus der Familie heraus, um sie zu isolieren, sondern um sie als seine neue Familie zu sammeln. Diese neue Familie ist gewiß zunächst einmal die Gemeinde, in der der Priester den Hirtendienst ausübt und Mitchrist unter Mitchristen ist. Aber sind unsere Gemeinden wirklich Räume gemeinsamen Lebens, in denen man miteinander den Weg der Nachfolge Jesu gehen kann, Räume, in denen einer den anderen trägt? Nur so können sie auch für den

Priester bergender Lebensraum sein. Wo dies nicht der Fall ist, wird die Krise der Gemeinde auch leicht zur eigenen Krise.

Als Priester stehen wir aber nicht nur mit den Christen in unseren Pfarreien in Gemeinschaft, sondern als Geweihte und besonders Beauftragte gehören wir im Presbyterium mit unseren Mitbrüdern zusammen.

Hinter der Wirklichkeit des Presbyteriums stehen Urideen des Evangeliums. Schon Jesus sandte seine Jünger zwei und zwei vor sich her, damit sie zu zweit, also kollegial, das Reich Gottes in Wort und Tat bezeugen. Er ruft seine Jünger zwar aus alten menschlichen Bindungen heraus, stellt sie aber gleichzeitig in die neue Familie seiner Brüder und Schwestern hinein. Durch den Heiligen Geist wurde ihnen am Pfingsttag die Einmütigkeit der Sendung an der Welt geschenkt, die sich in der Kirche durchhalten soll. So üben auch die Hirten ihren Dienst solidarisch aus. "Im Neuen Testament wird hingewiesen auf gegenseitige brüderliche Besuche (*Apg* 21,17-18; *Gal* 2,1-10), auf den Austausch von Briefen (*Kol* 4,16), auf die Aussendung von Amtsträgern in neu entstehende Gemeinden (*Apg* 11,19-26; 13,1-3), auf Kollekten zugunsten von notleidenden Kirchen (2 *Kor* 8-9), auf gegenseitige Absprachen, um zu gemeinsamen Entscheidungen zu kommen (*Apg* 15,1-35)."[7]

Diese wenigen Hinweise zeigen, daß der besondere geistliche Dienst der Einbindung in eine Gemeinschaft bedarf. Daraus entwickelte sich folgerichtig die Einsicht: Der Priester steht im Presbyterium und in der Gemeinde, der Bischof im Presbyterium und im Bischofskollegium.

Gewiß, der primäre Sinn der kollegialen Struktur des Amtes besteht darin, die durch den Vorsteher repräsentierte Einzelgemeinde oder -diözese in das Ganze der kirchlichen communio einzugliedern. Aber Kollegialität bedeutet *auch*, daß der einzelne Amtsträger in seiner Gemeinde tätig ist als jemand, der in der brüderlichen Gemeinschaft der übrigen amtlich beauftragten Jünger Christi eingebunden ist und gerade so auf den Herrn und Meister der Jüngerschaft verweist und auf das Ziel aller Wege Gottes: die allumfassende communio zwischen Gott und den Menschen sowie der Menschen untereinander.

An dieser Stelle möchten wir erinnern, daß wir uns denen, die oft unter tragischen Umständen den Dienst verlassen haben, verbunden wissen. Wir dürfen sie nicht abschreiben, sondern sollten sie zumindest durch unsere Kontakte die Gemeinschaft spüren lassen.

Im Zweiten Vatikanischen Konzil wurde mit großem Nachdruck auf die Bedeutung des Presbyteriums hingewiesen, ohne daß diese Anregungen seither in größerem und intensiverem Maße in die Wirklichkeit umgesetzt wurden. Darum möchten wir die wichtigsten Sätze über das Presbyterium hier noch einmal anführen:

"Die Ältesten [mögen] die Jüngeren wahrhaft als Brüder annehmen und ihnen bei den ersten Arbeiten und Schwierigkeiten ihres Dienstes zur Seite stehen. Ebenso seien sie bemüht, deren - wenn auch von der eigenen verschiedene - Mentalität zu verstehen und ihr Beginnen mit Wohlwollen zu fördern. Die Jungen mögen in gleicher Weise das Alter und die Erfahrung der Älteren achten, mit ihnen Fragen der Seelsorge besprechen und willig zusammenarbeiten. Der Geist der Bruderliebe verpflichtet die Priester, die Gastfreundschaft zu pflegen, Gutes zu tun und ihre Güter zu teilen, wobei ihre besondere Sorge den kranken, bedrängten, mit Arbeit überlasteten, den einsamen, den aus ihrer Heimat vertriebenen Mitbrüdern gelten soll sowie denen, die Verfolgung leiden. Sie sollen sich auch gern und mit Freude treffen, um sich zu erholen, in Erinnerung an die Worte, mit denen der Herr selbst die müde gewordenen Apostel einlud: "Kommt her, ihr allein, an einen einsamen Ort und ruht ein wenig aus" (*Mk* 6,31). Damit die Priester darüber hinaus im geistlichen Leben und für die Erweiterung ihrer Kenntnisse aneinander Hilfe haben, damit sie besser in ihrem Dienst zusammenarbeiten können und vor Gefahren geschützt sind, die vielleicht dem Einsamen drohen, soll das gemeinsame Leben oder eine Art Lebensgemeinschaft unter ihnen gefördert werden ... Schließlich werden sich die Priester, aufgrund der gleichen Gemeinschaft im Priestertum, in besonderer Weise denen gegenüber verpflichtet wissen, die unter irgendwelchen Schwierigkeiten leiden ... Mit brüderlicher Liebe und großer Herzensgüte sollen sie aber denen zur Seite stehen, die in irgendwelchen Punkten versagt haben; für sie müssen sie sich mit inständigem Gebet bei Gott verwenden und sich ihnen gegenüber stets als wahre Brüder und Freunde erweisen" (*Presbyterorum ordinis*, Nr. 8).

Von diesen hier angesprochenen Vorstellungen sind wir gewiß noch ein großes Stück entfernt. Wäre es aber nicht an der Zeit, einen neuen Schritt zur Verwirklichung zu unternehmen - nicht nur, um den Schwierigkeiten zölibatären Lebens besser begegnen zu können, sondern *auch* um so eine neue Hilfe, neue Ermutigung, neues Vertrauen zu empfangen? Wir brauchen Orte des offenen Gespräches und Räume des Vertrauens. Wir wissen, daß gerade dazu auch wir Bischöfe unseren Beitrag leisten müssen.

Der eben zitierte Text führt uns zu einem letzten wichtigen Punkt, der Frage nach der Lebensform der Priester. Es "soll das gemeinsame Leben oder eine Art der Lebensgemeinschaft unter ihnen gefördert werden..." (*Presbyterorum ordinis*, Nr. 8). Die Schwierigkeiten, die es für viele Priester hinsichtlich eines eigenen Haushaltes mit einer Haushälterin gibt, sind bekannt und brauchen hier nicht wiederholt zu werden; nur wenige Alternativen zu dieser Lebensform, die vermutlich auch in Zukunft noch Bedeutung haben wird, sind bisher genügend erprobt. Wo Priester keinen eigenen Haushalt mehr führen können und sich mehr oder minder allein im Pfarrhaus durchschlagen, entstehen meist neue Probleme: Wenn solche alleinstehenden Priester nach Hause kommen, finden sie ein leeres, nicht selten kaltes und ungepflegtes Zuhause. Auch Besucher merken dies: Das Pfarrhaus wird oft als unfreundlich empfunden, jedenfalls nicht als ein Haus, in dem man gern zu Gast ist. Das färbt auch auf den Priester selbst ab: Manche haben kein Daheim und empfinden das auch. So ist es kein Wunder, daß in dieses Defizit hinein, das viele auf Dauer nicht aushalten, Ersatzbeheimatungen kommen, z.B. häufiger Besuch in bestimmten Familien oder Gruppen.

Angesichts dieser Schwierigkeiten, aber auch im Blick darauf, daß besondere Zeugenschaft für das Evangelium in der communio zu geschehen hat, empfiehlt sich auch ein communialer Stil für die Lebensweise des Priesters. Um nicht mißverstanden zu werden: Es wird immer Priester geben, die Einzelkämpfer sind. Manche möchten und können so leben. Die Frage ist nur, ob das die normale priesterliche Berufung sein kann, ob nicht viele darin überfordert sind und es auch deshalb bisweilen zu ausweglosen Schwierigkeiten kommt. Von hier aus sollten wir uns intensiver mit den verschiedenen Weisen einer vita communis auseinandersetzen, die - wie wir gesehen haben - auch das Zweite Vatikanische Konzil warm empfiehlt.

Ebenso gehört die Zugehörigkeit zu Priestergemeinschaften in diesen Problembereich hinein. Eigentlich sollte jeder Priester - zumal auch dann, wenn er sich nicht in eine Priestergemeinschaft eingliedern möchte - bei einem oder zwei anderen Mitbrüdern regelmäßigen Gesprächskontakt suchen, selbst wenn dafür weite Wege notwendig sind. Da die üblichen Begegnungen im normalen Konveniat zwar auch zukünftig wichtig sein werden, aber bisweilen in Gefahr stehen, konventionell zu erstarren, sind mannigfaltige Kontakte zwischen befreundeten Priestern zu empfehlen: Ferien und Rekollektionen im kleinen Kreis Gleichgesinnter, gemeinsames Erleben von Natur und Kultur und ähnliches. Auch die regelmäßige Verbindung zu einem Kloster kann einen Priester geschwisterliches Vertrauen und Geborgenheit erfahren lassen, die leiblich und seelisch aufrichten.

Es mag zunächst überraschen, wenn in diesem Zusammenhang auch die geistliche Bedeutung der Mutter unseres Herrn für die priesterliche Existenz erwähnt wird. Doch wie "Lumen Gentium" Maria zur Sprache bringt im Kontext der Kirche, so gehört sie auch um ihrer besonderen Stellung in der communio sanctorum willen in den Lebenskreis priesterlicher Existenz. In Maria ist jenes Ja Gottes zur Menschheit und jenes Ja der Menschheit zu Gott grundlegend gesprochen, dessen Zeuge und Diener der Priester ist. Wie sie dieses Ja nicht nur für sich selber, sondern für alle bezeugt und spricht, so ist auch priesterlicher Dienst in dieses Dasein Gottes für alle und in das Dasein aller vor Gott eingefügt. Es gehört zu jenem Sich-Anvertrauen Jesu an die Jünger, die er in seinen Dienst an der Kirche ruft, daß er ihnen auch seine Mutter schenkt und anvertraut (vgl. *Joh* 19,27). Für viele Priester vieler Generationen und recht unterschiedlicher Prägung ist das Leben mit der Mutter des

Herrn zu einer tragfähigen Hilfe geworden, Gemeinschaft mit dem Herrn und Gemeinschaft im Herrn zu leben.

So gibt es viele ermutigende Perspektiven gerade auch für die Lebensgestaltung des zölibatären Priesters. Auch hier gilt es, die Augen aufzumachen, um gemeinsam Chancen und Möglichkeiten zu entdecken. Das soll kein billiger Trost sein. Der christliche Realismus weiß darum, daß die gläubige, am Evangelium orientierte Existenz in der Welt letztlich nicht aufgeht, daß sie angefochten bleibt, umgeben von Problemen und Schwierigkeiten, die sich nicht lösen lassen, daß sie auf Widerspruch und Widerstand stößt, von außen, nämlich von der Welt um uns herum und von innen, d.h. von den unbekehrten Zonen des eigenen Herzens. Deshalb gibt es auch keine glatte Antwort auf die Probleme unseres priesterlichen und seelsorgerlichen Lebens. Es wird darin immer auch das Anstößige, Ärgerliche, Nichtaufgehende des Kreuzes geben. Das gehört zum Leben eines jeden Christen.

Fulda, am Grab des hl. Bonifatius, 24. September 1992

1 Spiritual M. Scheuer. Der Weltpriester und die evangelischen Räte, in: Theologische Informationen 62 (1990) 1-2.

2 Dienst an der größeren Liebe zu Christus. Schreiben Johannes Paul II. an die Priester "Liebst du mich mehr" (Joh 21,15), mit einem Kommentar von H.U. von Balthasar, Freiburg 1979, 38.

3 H. Spaemann, Der Geistliche und der Geist. Vom Geheimnis der "Beziehung" im Leben und Wirken des Priesters, in: Rundbrief der deutschsprachigen Bruderschaften der Priester-Gemeinschaft Jesus-Caritas, März 1981, 9.

4 K. Demmer, Kann der Zölibat heute gelebt werden? Gedanken und Fragen aus Anlaß der Bischofssynode, in: Herder-Korrespondenz 44 (1990) 475.

5 Ebd., 475-476.

6 Ebd., 476.

7 Gruppe von Dombes, Das episkopale Amt. Überlegungen und Vorschläge zum Wächteramt und zum Amt der Einheit in der Teilkirche, in: G. Gassmann / H. Meyer (Hrsg.), Das kirchenleitende Amt. Dokumente zum interkonfessionellen Dialog über Bischofsamt und Papstamt. (Ökumenische Dokumente 5), Frankfurt 1980, 27.

Kardinal Meisner zur Debatte um die Zukunft des Zölibats. (Presseamt des Erzbistums Köln, 15. Oktober 1992)

Frage: Herr Kardinal, die Zweifel am Zölibat werden lauter und in den Chor der Kritiker und Skeptiker stimmen neuerdings auch Würdenträger und namhafte Funktionäre der Katholiken ein. Wie erklären Sie sich die plötzliche Belebung dieser Diskussion?

Kardinal Meisner: Der Hauptgrund liegt meines Erachtens in der gegenwärtigen Glaubenskrise. Diese Diskussion zeigt einen erschreckenden Mangel an

Glaubenswissen und auch an Glaubenserfahrung. Eine zölibatäre Lebensform ist nur plausibel, wenn es Jesus Christus gibt. Wer Christi Existenz nicht mehr erfährt, wer ihn nicht mehr im Herzen spürt und an ihn glaubt, für den ist ein Zölibatärer in der Tat ein Verrückter oder Kranker. Christus sagt ausdrücklich im Hinblick auf die Ehelosigkeit um des Himmelreiches willen: "Wer es fassen kann, der fasse es". Es ist erschütternd, daß heute so viele Christen dies nicht nur nicht fassen können, sondern auch nicht begreifen, vielleicht sogar nicht einmal tolerieren wollen, daß andere es fassen. Der Zweifel am Zölibat ist im Grunde ein Zweifel an der Wirklichkeit und Erfahrbarkeit Gottes. Als ob Gott in seinem menschgewordenen Sohn Christus nicht das Herz eines jungen Mannes für einen solchen Weg begeistern könnte. Erlauben Sie mir, das Wort eines Kirchenvaters, des Heiligen Basilius des Großen zu zitieren, das wir Priester am vergangenen Sonntag im Brevier gelesen haben. Dort heißt es: "Da wir das Gebot der Gottesliebe erhalten haben, besitzen wir vom ersten Augenblick unseres Daseins an eine angeborene Kraft und Fähigkeit zu lieben. Der Nachweis dafür wird nicht durch äußere Gründe geführt, ein jeder kann es in sich und von sich selbst lernen. Von Natur aus streben wir nach dem Guten und Schönen, wenn auch dem einen dies, dem anderen jenes schön und gut erscheint. Ebenso lieben wir, ohne daß man erst lehren muß, was uns durch Verwandtschaft verbunden ist und umfangen ganz von selbst alle, die uns Gutes tun, mit Wohlwollen. Nun frage ich: Was ist wunderbarer als die Schönheit Gottes? Was könnte schöner und lieblicher gedacht werden als die Herrlichkeit Gottes? Welche Sehnsucht könnte so heftig und mächtig sein wie jene, die Gott der Seele eingibt, wenn sie vom Bösen gereinigt ist und aufrichtig sagt: Ich bin krank der Liebe (Hohes Lied 5,8)? Ganz unaussprechlich ist das Leuchten der göttlichen Schönheit."

Frage: Basilius der Große lebte im vierten Jahrhundert. Manche Theologen und Laien von heute meinen, der Zölibat müsse neu begründet werden, wenn man an ihm festhalten wolle.

Kardinal Meisner: Die Zölibatskritiker erwecken mitunter den Eindruck, nicht zu wissen, wovon sie eigentlich reden. Der Zölibat muß nicht neu begründet werden. Er ist letztlich nicht eine Frage des Kirchenrechts oder der Dogmatik, sondern eine Frage des Glaubens an Gott, der einem Menschen so nahe kommen kann, daß dieser die Partnerschaft mit Gott allen anderen Partnerschaften vorzieht. Zölibat ist also nicht Verzicht, sondern Bevorzugung. Wer das nicht fassen kann, der sollte wenigstens seine mangelnde Gotteserfahrung anderen nicht aufzwingen wollen. Der Zölibat ist nicht mit soziologischen, psychologischen oder pädagogischen Kategorien zu fassen, sondern nur mit theologischen und spirituellen. Ohne Gebet, ohne Zwiesprache mit dem Herrn gibt es keinen Zugang zum Zölibat. Ich betone noch einmal: Wer Gott in dieser Weise nicht ernst nehmen kann, dem bleibt die Wirklichkeit des Zölibats verschlossen. Allerdings habe ich manchmal den Eindruck, als habe die Kritik am Zölibat auch eine Alibi-Funktion für jene, die sich von der Radikalität der eigenen Christusnachfolge dispensieren wollen.

Frage: Es könnte also auch am Klerus liegen, daß eine solche Diskussion überhaupt wieder belebt wird?

Kardinal Meisner: Es ist sicher eine berechtigte Frage, ob wir Priester den Glanz, den uns ein solches Leben mit Gott verleiht, noch genügend aufleuchten lassen in unserem Dasein. Wir sprechen mit Recht von einer Theologie der Arbeit, von einer Theologie der weltlichen Werte, von einer Theologie des Apostolates und vergessen dabei oft die Theologie selbst, nämlich das eine Notwendige: unsere persönliche, liebende Antwort auf die Botschaft Gottes an uns in Anbetung, Danksagung und Lobpreis. Gerade die Zölibatsdiskussion in der Kirche zeigt, wie sehr das Niveau des Glaubens als persönliche Begegnung mit Gott in den letzten Jahren gesunken ist.

Frage: Wäre der Verzicht auf das Zölibat nicht ein Mittel, um den Priestermangel zu beheben?

Kardinal Meisner: Dazu ist zweierlei zu sagen. Zum einen wäre die Aufhebung des Zölibats sicher kein Weg, den Priestermangel zu beheben. Ehekrisen oder gar Ehescheidungen würden den Einsatz von solchen Priestern so stark einschränken, daß wir de facto weniger Priester hätten als jetzt. Das ist kein Zweckpessimismus, keine Horrorvision. Schauen Sie nur einmal in andere Kirchengemeinschaften, die den Zölibat nicht kennen. Zum zweiten haben wir eigentlich keinen Priestermangel, sondern einen Mangel an wirklichen Christen. Wenn etwa heute der Besuch des Gottesdienstes zahlenmäßig so schwach geworden ist, dann hat das zur Folge, daß zum Beispiel auch das Reservoir, aus dem Priesterberufungen hervorgehen können, kleiner geworden ist. Aber im Vergleich zu Zahl der Kirchenbesucher gibt es eigentlich gar keinen Priestermangel. Da nämlich der Kirchenbesuch rapider zurückgegangen ist als die Zahl der Priesterberufungen und der pastoralen Gemeindereferenten und -referentinnen, haben wir heute mehr pastorale Mitarbeiter für eine kleiner werdende Herde als in früheren Zeiten. Das ist auch ein Gesichtspunkt, der mitzubedenken ist.

Frage: Woran liegt es denn Ihrer Meinung nach, daß die Menschen so wenig Zugang haben zur Welt Gottes, so wenig Interesse aufbringen für sein Wirken in der Welt und somit auch den Zölibat nicht verstehen oder nicht verstehen wollen?

Kardinal Meisner: Theologisch gesehen liegt es darin begründet, daß viele den Weltgeist mit dem Heiligen Geist verwechseln. Der Heilige Geist läßt uns in unserem Innern verstehen, was die Kirche uns von außen zuspricht. Ich darf an dieser Stelle den orthodoxen Metropoliten Ignatius Hazin zitieren. Er sagt: "Ohne den Heiligen Geist ist Gott fern, bleibt Christus in der Vergangenheit, das Evangelium ein totes Buch, die Kirche nur eine Organisation, die Autorität nur Herrschaft, die Mission nur Propaganda, der Kult eine Beschwörung und christliches Handeln eine Moral für Sklaven." Denken nicht viele Menschen, auch getaufte heute so? Der Metropolit sagt weiter: "Aber mit dem Heiligen Geist erhebt sich der Kosmos und stöhnt in den Geburtswehen des Königsreiches. Ist der auferstandene Christus da, ist das Evangelium die Kraft des Lebens, bedeutet die Kirche die dreieinige Gemeinschaft, ist Autorität ein befreiender Dienst, ist die Mission ein Pfingsten, ist die Liturgie Gedenken und Vorwegnahme, ist das menschliche Handeln verherrlicht."

Menschlich gesehen darf man sicher sagen, daß die Kirche niemanden daran hindert, Glaube, Hoffnung und Liebe in Fülle zu leben. Ja, wenn alle Glieder der Kirche das täten, und zwar in allen Bereichen, in denen sie Sachkompetenz besitzen, dann wäre es um das Christentum in unserer Welt und um die Werte in unserer Gesellschaft nicht schlecht bestellt. Christus macht die Zahl der Arbeiter in seinem Weinberg ja ausdrücklich vom Gebet der Gläubigen abhängig: "Bittet den Herrn der Ernte um Arbeiter für seine Ernte." Der Mensch des Gebetes hält das Erbetene für möglich und Gott für mächtig genug, es zu geben. Eine solche Gebetshaltung, die letztlich Glaubenshaltung ist, öffnet gleichsam das Herz Gottes, trägt die Berufenen und stärkt sie in der Anfechtung. Das dauernde Infragestellen des Zölibats wirkt nicht gerade berufsfördernd, zum Beispiel für Theologiestudenten. Von katholischen Christen müßte man schon erwarten können, daß für sie dieses Thema zu ernst, zu gewichtig und zu heilig ist, um es dem Urteil einer im Grunde nichtchristlichen Öffentlichkeit zu überlassen oder um dadurch eine zweifelhafte Publizität zu erheischen. Das ist auch eine Frage des Anstands und der Fairness. Noch einmal: Wer es fassen kann, der fasse es, und wer es nicht fassen will, der möge doch bitte diejenigen in Ruhe lassen, die sich auf diese Weise für Gott und den Menschen begeistern.

Frage: Sie werfen den Kritikern des Zölibats eine unlautere Haltung vor?

Kardinal Meisner: Nein, keine unlautere Haltung, sondern eine gewisse Krämergeist-Haltung. Das möchte ich schon sagen. Und auch das hat Jesus erlebt. Denken Sie an die Salbung in Bethanien. Maria von Bethanien schüttet den ganzen kostbaren Inhalt des Salböls über die Füße des Herrn, so daß vom Duft des Öls das ganze Haus erfüllt war. Und daneben stand der kleinkarierte Rechner, der Spießer und Verräter Judas. Man hätte das noch verkaufen können, war sein Kommentar. Der Herr ergreift Partei für Maria und ihre großzügige, in den Augen der kleinmütig Berechnenden freilich verschwenderische Geste. Wenigen hat der Herr ein solches Denkmal gesetzt wie dieser Maria, als er sagt: "Überall in der ganzen Welt, wo dieses Evangelium verkündet wird, wird man auch zu ihrem Andenken erzählen, was sie getan hat." (Matth. 26,13) Ja, dieses Flair der Großzügigkeit sollte auch die Herzen der

Gläubigen und das ganze Haus der Kirche erfüllen. Ich frage diese Kleinmütigen: Ist es denn dieser Herr auch heute nicht wert, daß Menschen ihr ganzes Leben an ihn allein verschenken oder, wenn Sie so wollen, verschwenden? Und ich frage mich selbst: Ist es nicht normal, daß dagegen die Krämerseelen, die Rechner, die geistlichen Pfennigfuchser aufstehen? Es ist normal, bedauerlich ist allerdings, daß es heute so viele davon gibt in unsrer Kirche. Wir haben freilich einen Trost: All' die vielen wiegen nicht den einen Einzigen und Unvergleichlichen auf. Man ergreift nicht die zölibatäre Lebensform, weil viele zustimmen, sondern weil Gott ruft. Liebe läßt sich nur mit Liebe beantworten. Das ist keine Frage von Demokratie, Kasse oder Statistik.

Frage: Ist der Zölibat heute nicht schwerer zu leben als etwa in früheren Zeiten?

Kardinal Meisner: Ich sagte bereits, daß der Zölibat seinen Ursprung nicht in der Soziologie oder in der Psychologie hat, sondern in Gott. Als Ebenbild des dreifaltigen Gottes ist anthropologisch und theologisch ein Dasein für sich allein gar nicht möglich. Die Priesterweihe verurteilt einen Menschen auch nicht zu einem Solistendasein, sondern beheimatet ihn in eine neue Gemeinschaft, nämlich in das Presbyterium des Bistums mit dem Bischof an der Spitze. Weil es leider das Pfarrhaus mit Pfarrer, Kaplan und Haushälterin weithin nicht mehr gibt, sind nun andere, neuere Formen des gemeinsamen Lebens im Presbyterium zu suchen und zu experimentieren. Der Priester darf nicht zum Single werden!

Frage: Geben Sie dem Zölibat noch eine Zukunft?

Kardinal Meisner: Ja, und zwar jetzt erst recht. Denn der Zölibat hat seine Grundlage nicht, wie gesagt, in den soziologischen Verhältnissen um uns oder in unserer momentanen Einstellung in uns, sondern allein im rufenden und beschenkenden Gott. Gott allein genügt. Das gilt auch heute in einer Welt, in der der Mensch oft meint, die Welt und er genügten sich selbst. Wer so denkt, weiß meistens auch oder ahnt zumindest, daß dies gar nicht stimmt. Aber sie wollen es nicht wahrhaben, daß einem Menschen Gott allein genügen kann, wie es in der zölibatären Existenz eben aufleuchtet, selbst in menschlicher Schwachheit. Und deshalb nehmen sie Anstoß an dieser Form der Existenz. Aber Gott ist der immer größere Gott, wir werden ihn mit unseren Vorstellungen nie einfangen. Der Zölibat ist eine Gabe dieses liebenden Gottes - und zwar eine kostbare - an seine Kirche. Diese Gabe hat durch die Jahrhunderte hindurch das Leben der Kirche bereichert. Ein Verzicht darauf wäre ein großer Schritt hin zur Verarmung der Kirche. Sie geriete in die Rolle des Hans im Glück, der mit einem Goldklumpen seinen Weg begann und mit einem Schleifstein endete. Die Kirche macht, zumindest in unseren Breiten, heute den Eindruck, daß sie mehr aufgibt als sie aufnimmt. Sie hat im pfarrlichen Leben weithin das Bußsakrament verloren, ebenso die eucharistische Andacht, etc. Das Festhalten am Zölibat ist keine Frage allein des Dogmas oder des Kirchenrechts, sondern der Liebe und Treue. Die Braut Kirche wird ihrem Bräutigam Christus treu bleiben und eine Form dieser Treue ist die liebevolle Ganzhingabe im Zölibat an Christus, das volle Ja zu diesem Gott, der uns dazu befähigt, der uns beschenkt. Es gibt auch andere Formen der Ganzhingabe an Gott, zum Beispiel in der christlichen Ehe oder im Ordensleben oder in einer anderen Berufung. Und wir wissen: Gott vergibt keine Leihgaben. Wenn Gott schenkt, dann nicht nur befristet auf heute oder morgen, sondern für immer. Wer das so sieht, für den ist die Frage nach der Zukunft des Zölibats kein Thema.

Papst Johannes Paul II. in seiner Rede an die ostdeutschen Bischöfe am 14. November 1992

Die Tatsache, daß eine Gesellschaft, die weithin nicht mehr von christlichen Wertvorstellungen geprägt ist, der Sexualität und folglich auch der Keuschheit einen veränderten Stellenwert zuordnet, der der christlichen Ehe und der priesterlichen Ehelosigkeit kaum noch Rechnung trägt, darf uns keineswegs entmutigen, noch unseren eingegangenen Verpflichtungen untreu werden lassen. Ehe- und Zölibatskrise hat als Letztursache den allgemeinen Glaubensschwund, der sich bei jungen Menschen als Orientierungsschwäche und Bindungsmüdigkeit auswirkt.

Der Verständniszugang zur Ehelosigkeit des Priesters läßt sich nur durch das Leben aller drei evangelischen Räte als Wesenszug priesterlicher Existenz erreichen: Armut und Gehorsam gehören unabdingbar zur Ehelosigkeit. Sie müssen stellvertretend für die ganze Kirche gelebt werden. In der Tat erinnert auch das nachsynodale Apostolische Schreiben *Pastores dabo vobis* daran, das "bevorzugter Ausdruck" der Radikalität des Evangeliums, "die verschiedenen >evangelischen Räte<" sind, "die Jesus in der Bergpredigt vorschlägt (vgl. Mt 5-7); unter diesen Räten sind die Lebenshaltungen von Gehorsam, Keuschheit und Armut eng miteinander verbunden: Der Priester ist berufen, sie entsprechend jenen Bedingungen und Zielsetzungen und gemäß jenen ursprünglichen Sinngehalten zu leben, die Quelle und Ausdruck der ihm eigenen Identiät sind" (Nr. 27). (...)

Laßt Euch durch nichts in Eurem Bemühen entmutigen, bei der Zulassung zu den heiligen Weihen eine strenge Auswahl zu treffen. Nicht die Zahl, sondern die Qualität ist entscheidend. Gott ruft durch seine Kirche. Andererseits bedarf es jedoch des inständigen Gebetes der Gläubigen: "Bittet den Herrn der Ernte, Arbeiter für seine Ernte auszusenden" (Mt 9,38). Gott hat die Macht, das Erbetene zu geben und die, die er berufen hat, im Alltag ihres priesterlichen Dienstes zu tragen.

Erzbischof Dr. Johannes Dyba, Bischof von Fulda, an die Seminaristen des Fuldaer Priesterseminars am 1. Advent 1992.
Nachdruck u.a. in der Offertenzeitung für die Katholische Geistlichkeit und engagierte Gläubige Nr. 1/Januar 1993.

Nachdem wir Bischöfe uns kürzlich mit einem besonderen Schreiben an unsere Priester gewandt haben, möchte ich auch an Sie, unsere Priesteramtskandidaten im Fuldaer Priesterseminar ein eigenes Wort richten. Dazu besteht um so mehr Anlaß, als in den letzten Monaten verstärkt Äußerungen kolportiert wurden, nach denen die zölibatäre Lebensform des Priesters oder die in apostolischer Tradition gewachsenen Zulassungsbedingungen zum priesterlichen Amt in Frage gestellt oder geändert werden sollten.

Wenn Sie aber in einem Punkt das Recht auf eine sichere und klare Auskunft haben, dann in diesem, der ja für Ihr weiteres Leben von großer Bedeutung ist. Und deshalb meine ich, daß schon die Fairneß es gebietet, Ihnen ganz deutlich zu sagen, daß die katholische Weltkirche beim Zölibat des Priesters bleibt.

Wir stehen da ganz auf dem Boden des II. Vatikanischen Konzils, das sich mit überwältigender Mehrheit (2390 Ja-Stimmen gegen 4 Nein-Stimmen) für den priesterlichen Zölibat entschieden hat als einem "lebendigen Zeichen der zukünftigen, schon jetzt in Glaube und Liebe anwesenden Welt, in der die Auferstandenen weder freien noch gefreit werden" (Presbyterorum ordinis 16).

Ebenso eindeutig hat sich die Römische Bischofssynode entschieden und hinzugefügt: "Eine geringere Zahl von Priestern, die dafür dieses leuchtende Lebenszeugnis geben, wird deshalb mit größerer apostolischer Fruchtbarkeit wirken als eine größere Zahl anderer" (Bischofssynode 1971, Nr. 20).

Schließlich möchte ich Sie an die Worte erinnern, die uns Papst Johannes Paul II. in Fulda selbst am 17. November 1980 zugerufen hat: "In Christus hat der Mensch ein Anrecht auf solche Größe. Und die Kirche hat durch denselben Christus ein Anrecht auf das Geschenk dieses Menschen: auf eine Gabe, durch die der Mensch sich selbst ganz an Gott verschenkt, bei der er auch den Zölibat erwählt um des Himmelreiches willen, um der Diener aller zu werden".

So sage ich Ihnen als Ihr Bischof in aller Offenheit: Ich will keinen von Ihnen zum Priester weihen, der den Zölibat bloß auf sich nimmt, weil das Kirchenrecht es so vorsieht. Ich will Sie nur dann zu Priestern weihen, wenn Sie den Zölibat aus Liebe zu Christus auf sich nehmen, um als Jünger Christi denen anzugehören, die all das verlassen haben, um ihm nachzufolgen.

Sie wissen, daß der Zeitgeist auch an vielen unserer Gläubigen in den Gemeinden nicht spurlos vorübergegangen ist. So kann ich Ihnen das Geschenk der ungeteilten Wertschätzung Ihrer Ganzhingabe vielerorts nicht mehr anbieten. Dazu hat der Papst den deutschen Bischöfen in Fulda gesagt: "Daß der Sinn für die Evangelischen Räte und für die priesterliche Ehelosigkeit weithin abnimmt, bedeutet ebenso einen geistlichen Notstand wie der Priestermangel selbst."

Es ist ja in der Tat ein höchst zweifelhaftes Wohlwollen, wenn man in Gemeinden, die jahrzehntelang den ungeteilten Dienst ihres Pfarrers angenommen haben, plötzlich die Abschaffung des Zölibats als Patentlösung anbietet. Katholiken, die in dieser Richtung argumentieren, sollten bedenken, daß sie damit das II. Vatikanische Konzil nicht verwirklichen, sondern verraten.

Bitte bedenken Sie auch, daß die Kirche noch nie durch ein Weniger, sondern immer nur durch ein Mehr an Hingabe und Christusnachfolge erneuert worden ist. Die großen Erneuerer der Kirche, der heilige Bonifatius, der heilige Franz von Assisi, die heilige Theresia von Avila, der heilige Karl Borromäus, sind nicht für Lockerungen und Abstriche eingetreten. Sie haben vielmehr die radikale Herausforderung des Gekreuzigten verkündet.

Dieser ebenso heiligen wie bewährten Tradition wollen wir im Bistum Fulda folgen. Liebe Seminaristen, Sie wissen, daß wir nur ein "kleines" Bistum sind und durch Mehrheitsmeinungen nicht verwöhnt werden. Aber gerade aus kleinen Zellen hat der Herr oft neues Leben für seine Kirche erweckt; gerade aus der Treue im Sturm des Abfalls und der Verfolgung ist immer ein neuer Aufbruch hervorgegangen.

Darum zur Ermutigung in diesen stürmischen Zeiten zwei Worte aus der Weltkirche (Bischofssynode 1971):

"Die Häufung und das dauernde Trommelfeuer" der Welt gegen den Zölibat sind "eher ein Zeichen dafür, daß hier ein erstrangiger Wert zur Entscheidung steht." und "Worte bedeuten heutzutage wenig, das Zeugnis des Lebens aber, das die ursprüngliche Radikalität des Evangeliums offenbart, hat mitreißende Kraft!"

Ihr Bischof

Erzbischof Johannes Dyba in der Frankfurter Allgemeinen Sonntagszeitung Nr. 50 vom 13.12.1992, S. 4.

Am Zölibat scheiden sich wieder einmal die Geister. Die einen sehen den Priester im Zölibat in seiner persönlichen Entfaltung gehemmt oder gar seiner Menschenrechte beraubt. Das stimmt zwar mit dem neuen Trend vieler Frauen und Männer, die gerade um der freien Entfaltung ihrer Persönlichkeit willen das Single-Dasein der Ehe vorziehen, ganz und gar nicht überein - aber die

Gefahr besteht ja offensichtlich nicht im Egoismus des einzelnen, sondern in der Hingabe an die Kirche.

Andere meinen, durch Abschaffung des Zölibats sei dem Priestermangel abzuhelfen und die allgemeine Lage der Kirche zu verbessern. Wer das meint, sollte sich allerdings zunächst einmal in den christlichen Religionsgemeinschaften umschauen, die den Zölibat nicht haben. Sind da die Gottesdienste häufiger, die Kirchen voller? Oder herrscht da nicht eine viel größere Leere? Und wer meint, der verheiratete Priester wäre der große Ausweg für die Kirche, der soll mir im Hinblick auf die heutige Krisensituation in vielen evangelischen Pfarrhäusern auch sagen, wohin wir dann mit den geschiedenen Priestern hingehen sollen und wohin mit den zurückgelassenen Frauen?

Mehrere kirchliche Vertreter haben in jüngster Zeit geglaubt, darauf hinweisen zu müssen, daß der Zölibat ja kein Dogma und "nur" vom Kirchenrecht her geboten sei. Daran ist richtig, daß die Zölibatsfrage eine typische Entscheidungssache der Kirche ist. Nur dürfen da zwei entscheidende Punkte nicht geflissentlich übersehen werden. Einmal: Es gibt Gründe für die Ehelosigkeit des Priesters, und es gibt Gründe dagegen. Aber das muß einmal entschieden werden, weil eine endlose Zölibatsdebatte allen Betroffenen die Grundlage ihrer Lebensentscheidung verunsichert. Wer das endlos "ausdiskutieren" will, nimmt in Kauf, daß sein Priesterseminar sich leert, bevor er damit an ein Ende gekommen ist.

Und er übersieht, zweitens, daß die Entscheidung in Wirklichkeit ja längst gefallen ist. Das II. Vatikanische Konzil, dessen Verwirklichung ja von vielen kritischen Stimmen immer wieder angemahnt wird, hat sich mit der überwältigenden Mehrheit von 2390 zu 4 Stimmen für den Zölibat entschieden als ein "lebendiges Zeichen der zukünftigen, schon jetzt in Glaube und Liebe anwesenden Welt, in der die Auferstandenen weder freien noch gefreit werden".

Ebenso eindeutig hat sich die Römische Bischofssynode von 1971 entschieden und hinzugefügt: "Eine geringere Zahl von Priestern, die dafür dieses leuchtende Lebenszeugnis geben, wird deshalb mit größerer apostolischer Fruchtbarkeit wirken als eine größere Zahl anderer." Schließlich hat der Papst nie den geringsten Zweifel daran gelassen, daß die katholische Weltkirche am Zölibat des Priesters festhält, den sie als ein Geschenk des Heiligen Geistes gegen alle "menschlichen Schwächen und menschlichen Strategien" ansieht. Erst vor wenigen Tagen hat Johannes Paul II. vor den Vorsitzenden der europäischen Bischofskonferenz bestätigt, daß die katholische Kirche "dem Charisma treu bleibt, das sie von ihrem Herrn und Meister erhalten und angenommen hat".

Wer danach heute noch so tut, als sei der Zölibat in der katholischen Kirche eine offene Frage, pinselt an Trugbildern. Natürlich wird sich niemand der

Illusion hingeben, daß wir in dieser Sache nichts mehr hören werden. Der Zölibat gehört nun einmal zu den Zeichen, denen widersprochen wird. Das hat er gemeinsam mit der - viel existentielleren - hierarchischen Struktur der Kirche, ihrer Beschränkung des Weiheamtes auf das männliche Geschlecht und anderen Merkmalen, die der Kirche von Jesus Christus gegeben und von der apostolischen Tradition bewahrt und entwickelt wurden. Das alles ist Andersgläubigen ein Ärgernis und Heiden eine Torheit. Das wird so bleiben, und das muß auch so sein, ja es ist uns vorausgesagt: "Wäret ihr von der Welt, so würde die Welt euch als ihresgleichen lieben. Weil ihr aber nicht von der Welt seid, sondern ich euch aus der Welt erwählt habe, darum haßt euch die Welt." (Joh. 15, 19) Gerade der Sinn des Zölibats erschließt sich natürlich nur dem Gläubigen und näherhin dem, der Begegnung mit Gott und den Ruf Gottes erlebt hat. Wenn wir mit Menschen ohne diese Glaubenserfahrungen über den Zölibat sprechen, ist das natürlich so, als diskutierte man mit Blinden über Rembrandt oder mit Gehörlosen über Beethoven. In dieser Konfrontation also müssen wir bleiben, und diese Spannung müssen wir durchhalten ohne Fluchtversuche durch falsche Brückenschläge in den Geist dieser Welt. Wenn Johannes XXIII., den ich in seinen letzten Jahren noch aus der Nähe kennenlernen durfte, von der Öffnung zur Welt sprach - darin wollte er sie umarmen, sie an seine starke Brust ziehen und ihr aus vollen Kräften christliches Pneuma einhauchen. Was würde er zu Leuten sagen, die sich unter Berufung auf ihn von der Welt umarmen lassen, bis ihnen die letzte christliche Puste ausgeht?

Die gegenwärtige Lage der Kirche in Deutschland beschert mir fast täglich das Erlebnis des "déjà vu", denn sie gleicht fast aufs Haar der Situation der Kirche in den Niederlanden - vor 25 Jahren! Als man alles zu hinterfragen und katholische Positionen zu berennen begann, trat allerdings der halbe holländische Episkopat innerhalb weniger Jahre zurück, resignierte buchstäblich (3 Diözesanbischöfe und 1 Weihbischof bei 7 Bistümern) - und das etwa 10 Jahre vor der Altersgrenze. Später schrieb dann einer dieser Bischöfe in seinen Memoiren bedauernd: "Wir hätten viel eher mutiger sein sollen!"

Zölibat? 1966 hatte das Erzbistum Utrecht noch 26 Neupriester. 1991 - 25 Jahre später -, nach langen der Zölibatsdebatte gewidmeten und völlig nachwuchslosen Jahren, wieder ganze zwei. Das Beispiel Holland zeigt, daß das Versagen einer Bischofsgeneration die Kirche auf Jahrzehnte hinaus niederwerfen kann. Darum ist es für uns an der Zeit, klar zu sagen, was als Frucht der Tradition einschließlich des II. Vatikanum oder, wie Hierarchie und Weiheamt, als Wesenselement der einen, heiligen, katholischen und apostolischen Kirche nicht zur Diskussion steht und was andererseits in gemeinsamer Beratung durchaus noch verbessert werden kann.

Vor allem aber ist es an der Zeit, die Zielrichtung der ganzen kirchlichen Diskussion zu überprüfen. Sollten wir die Augen nicht endlich wieder vom eigenen Nabel zum Himmel richten? Wir haben jahrzehntelang über die Frage diskutiert: Was erwarten die Menschen heute von der Kirche? Die Frage ist frusterzeugend, denn der Erwartungen sind viele, und zum großen Teil widersprechen sie einander sogar - wir können sie überhaupt nicht abschließend beantworten. Aber das ist auch gar nicht die entscheidende Frage für unser Leben und unsere Zukunft; die lautet nämlich: Was erwartet Gott vom Menschen heute? Und diese Frage können wir beantworten: Da kann die Kirche den Menschen wirklich helfen, die in der heutigen Verwirrung auf der Suche nach Frieden, Glück und Sicherheit sind.

So viele "träumen" heute von einer Kirche in Utopia. Darf ich auch einmal träumen? Dann von einem Volk Gottes, das nicht zusammenkommt, um sich auseinander-zusetzen, sondern um "ein Leib und ein Geist zu werden in Christus" (Meßkanon III).

Mediaevistik
Internationale Zeitschrift für interdisziplinäre Mittelalterforschung
Herausgegeben von Peter Dinzelbacher

[illegible]

[illegible]

[illegible] in deutschsprachigen Ländern [illegible] Periodikum, in dem vornehmlich [illegible] Forschung [illegible] Mittelalter vorgelegt wurden, [illegible] vertreten wäre.

[illegible] Zeitschrift MEDIAEVISTIK [illegible]

[illegible]

[illegible]

Verlag Peter Lang · Frankfurt a.M. · Berlin · Bern · New York · Paris · Wien
Auslieferung: Verlag Peter Lang AG, Jupiterstr. 15, CH-3000 Bern 15
Telefon (004131) 9411122, Telefax (004131) 9411131

[illegible]